清代避諱研究：

e 考據的學術實踐

Redefining Qing Dynasty Naming Taboo: E-Textual Research as a Sinological Method

黃一農 著

顒 弘 胤 玄
琰 曆 禛 燁
儀 淳 奕 旻
礽 湉 詝 寧

國立清華大學出版社
2024

謹以此書紀念陳垣先生《史諱舉例》
出版九十週年 (1933-2023)

並獻給

北京中國國家圖書館
臺北故宮博物院
美國哈佛大學燕京圖書館
日本國立國會圖書館、國立公文書館等單位
暨 Bookget 的開發者朱德偉先生

感謝他們讓文史工作者得以充分運用大量珍貴電子古籍

《清代避諱研究：e考據的學術實踐》

黃一農

圖表目次：

補白：側記寫書期間的片鱗半爪，非關學術，僅為補各章末尾的留白

凡 例

1. 為與讀者有最大互動，本書精心製作了 207 張圖表，以方便讀者對照判讀。而為節省空間並較清楚呈現文字，部分文獻的版式有時亦會在不改變內容的情形下略加剪輯壓縮。又，製圖時為配合古書的表述習慣，圖中鍵入之漢字均儘量從右至左排列，原文的識讀則用楷體字。
2. 本書為尋求具統計意義的材料，圖表往往大量使用「中國方志庫」（如未說明即指初集及二集，此因三集乃收全國總志及專志、雜志、外志），並以截圖的方式具體呈現如何避諱。由於所摘引的志書甚多，故除非正文中另有討論，就不一一列入參考文獻。各圖表中出自「歷代詩文集總庫」「四庫系列數據庫」「中國基本古籍庫」「雕龍」的詩文集，亦循此例，不另出註。讀者可透過各資料庫回查，亦不難自各研究型圖書館查出紙本的出版或收藏資訊。
3. 在引文中以（ ）表示原註，以〔 〕表筆者的加註說明。
4. 中曆之年月日用中文字，西曆之年月日則用阿拉伯數字，古人年齡以傳統的虛歲（出生即滿周歲）計算。
5. 滿文轉寫均參照穆麟德 (Paul Georg von Möllendorff) 音譯法，並用斜體字表示，以與漢語拼音區隔。橫排正文中的滿文均逆時鐘轉 90° 表述。
6. 各章中的註釋採用簡式，詳細之參考文獻則整理在書末。惟網絡上各貼文之網址（查索時間均可繫於成書時），如無特別必要，就不再臚列書末。又由於各研究型圖書館的書目檢索系統現多已詳細上網，故許多收入大型叢書的重印文獻，其所在冊數或出版年份就不贅記。
7. 為便於讀者查對，文中之古文獻除特別重要的版本外，均儘量引用常見於各研究型圖書館的大型叢書（如四庫系列等），並使用原頁碼。
8. 本書中的人物履歷常參考中研院製作的「人名權威：人物傳記資料庫」。
9. 書中對各種諱字出現頻率的統計，因受文本漫漶或人工計數的影響，偶或有少許誤差，但相信應不太會影響分析的結果。
10. 因受篇幅限制，書末未能附上索引。但為發揮 e 時代的特色，筆者特商請出版社設計了一套系統 (http://thup.site.nthu.edu.tw)，讓讀者可在網上對全書內容進行任意字句之檢索，相信應可在研究時提供更大助益。

【補白1：李子柒、脆李與紫嘯鶇】

好友李家維教授宣稱睡前常會看一段網紅李子柒的影片，我也是粉絲，因我們對田園生活都深懷憧憬。寫書期間內人文仙總提醒，工作與生活必須保持平衡，因此今年我們努力學習親力親為，花了不少心力製作脆梅與脆李，並泡製梅酒……。我在南庄獅頭山旁的書齋二寄軒（棲居於家維莊園「荒堂」的一隅），並未栽種梅子樹，但鄉下人情厚醇，隔了兩、三個山頭的友人小彭，會邀我們去採梅，當發現他家的梅子已被親友採得所剩無幾時，還又安排轉去「蹂躪」他鄰居葉君的梅園。至於我幾年前自種的一棵桃接李，今年因特別施肥照顧，質與量都長得令人期待，沒想到老是發出尖銳叫聲的紫嘯鶇，竟提早我們一個禮拜搶收，且還十分挑剔，常啄了一口就棄置地上！但想起牠可是山野原生態的大腕，咱就只好摸摸鼻子謝主隆恩，因到底牠還讓我釀了幾罐口感甜甜又帶點微微果酸的脆李。

❶鄰居家採的梅子
❷揭竿而起的半農
❸今年收成的李子
❹有點醜但製作用心的脆梅與脆李
❺紫嘯鶇啄過就棄置一地的李子

第一章　避諱學的現況與機遇（代序）

美國加州大學洛杉磯分校 (UCLA) 的秦漢史權威勞榦 (1907-2003) 院士曾於 1990 年訪問新竹清華大學，筆者當時甫自美國從天文學轉行文科，以「初聘」的臨時身分在歷史研究所任職。勞先生的演講令人印象深刻，他提出當代史學有四個常遭學界忽視的支柱：官制、曆法、避諱與音韻，並舉例闡述其重要性。一晃三十多年就過去了，很慚愧，我迄今還是沒能一窺音韻學的堂奧，但曆法曾為我先前研究科學史時的專業之一。在治史和學習的過程中，我也不斷補強官制的相關知識，更偶而需要處理以避諱斷代的課題。

改行之初，我曾有一段時間將興趣聚焦在敦煌具注曆日，[1] 其中一件羅振玉 (1866-1940) 所藏編號為「散 0674」的殘曆（圖表 1.1），令我對歷史研究該追求的境界有過深刻體悟。羅氏嘗在《敦煌石室碎金》(1925) 中將此曆重排刷印，並作題記曰：

> 右殘曆存三十行，首尾均佚，起正月廿七日，訖二月二十三日，以「正月大建」「晦日值壬申」「二月朔值癸酉」考之，殆後晉高祖天福四年曆也。每七日注「密」字，與《七曜曆》及《後唐天成丙戌曆》同……「丙」字皆避唐諱作「景」……又唐天寶十二載及會昌六年亦正月癸卯朔、二月癸酉朔，此姑定為後晉者，以書迹與後唐與宋淳化比例而知之，且歐洲所藏殘曆皆五季、北宋物，未見唐代曆也。

[1] 具注曆日乃指以鋪註為主要內容的曆書，亦即後世所稱的民曆，其編製向來是官方天文機構最主要的職事。披上天文神秘外衣並納入數字神秘意義的陰陽選擇之學，即透過曆日的頒行而深刻影響社會的各個層面。雖然曆書的發行量一直為中國古代各類書籍中最大的，但因其內容深具時效性，以致能留存後世的反而不多。

羅氏不嫻曆學，以致其所用推判年代的方法有頗多可議之處：如他並不了解敦煌曆之晦朔及月盡不同於中土，且不知月建干支為考定殘曆年代的重要依據。[2] 又，其所提「歐洲所藏殘曆，皆五季、北宋物，未見唐代曆」的論據，亦無充分學術理由。事實上，現存的敦煌本具注曆日中，即至少有二十件成於唐亡之前。[3]

查「散 0674」殘曆中所有的「丙」字皆改書成「景」，知其編製必在唐朝立國 (618) 之後（此因唐高祖之父名李丙，又名李昺、李昞）。[4] 又，此曆在二月十日條下，記「驚蟄，二月節，桃始華」字樣，從該用詞更可推判成書應在開元十七年 (729)《大衍曆》行用之後。[5] 此外，筆者還發展出一套有系統的推斷程序，透過曆中的鋪註規則、節候安排、紀月及紀日次序、曆式特徵、避諱用字等不同角度，[6] 嘗試以多重且獨立的方式進行考訂，最後推得該殘曆只能是後晉（定都開封）高祖天福四年 (939) 敦煌當地所編，此與羅氏以錯誤論證得出的結果恰合！

---

2 敦煌雖長期被吐蕃統治，然當地漢人因生活上常需參考曆日的吉凶宜忌，遂自行編曆，惟所推朔日偶與中原曆相差一、兩天，閏月也可能有差。前人在考訂敦煌殘曆的年代時，大都未能提供一邏輯上完備的推論，常誤將敦煌曆的朔閏直接對照中原曆以斷代，且未曾由曆中的用語及避諱，分析其可能的年代上下限。

3 本章有關敦煌曆日的討論，均請參見黃一農，《制天命而用：星占、術數與中國古代社會》，頁 133-180。

4 毛漢光等編輯的《唐代墓誌銘彙編附考》（從唐初至開元）中，共出現至少 410 個干支使用「景」字，但亦有 50 幾處直書「丙」，知在唐代前半葉不避「丙」字的情形已不罕見。五代時更是如此，如同光二年、同光四年及長興四年等後唐時編的敦煌本曆日，即皆未見避「丙」字。

5 唐初行用傅仁均的《戊寅曆》，當時據古法乃以正月中氣為啟蟄、二月節氣為雨水，高宗麟德三年(666)雖改用李淳風的《麟德曆》，仍遵循之。直到開元十七年行用僧一行等所作的《大衍曆》時，始復依東漢的《四分曆》以雨水為正月中氣、驚蟄為二月節氣，並沿用迄今。當時改啟蟄為驚蟄，蓋避西漢景帝劉啟的名諱。

6 敦煌曆日有時仍沿用一些曾因唐諱而改字的用語，如以「虎始交」為「武始交」（避唐高祖之祖李虎），「治病」改稱「理病」或「療病」（避唐高宗李治）。

圖表 1.1：羅振玉所藏「散 0674」的敦煌殘曆。

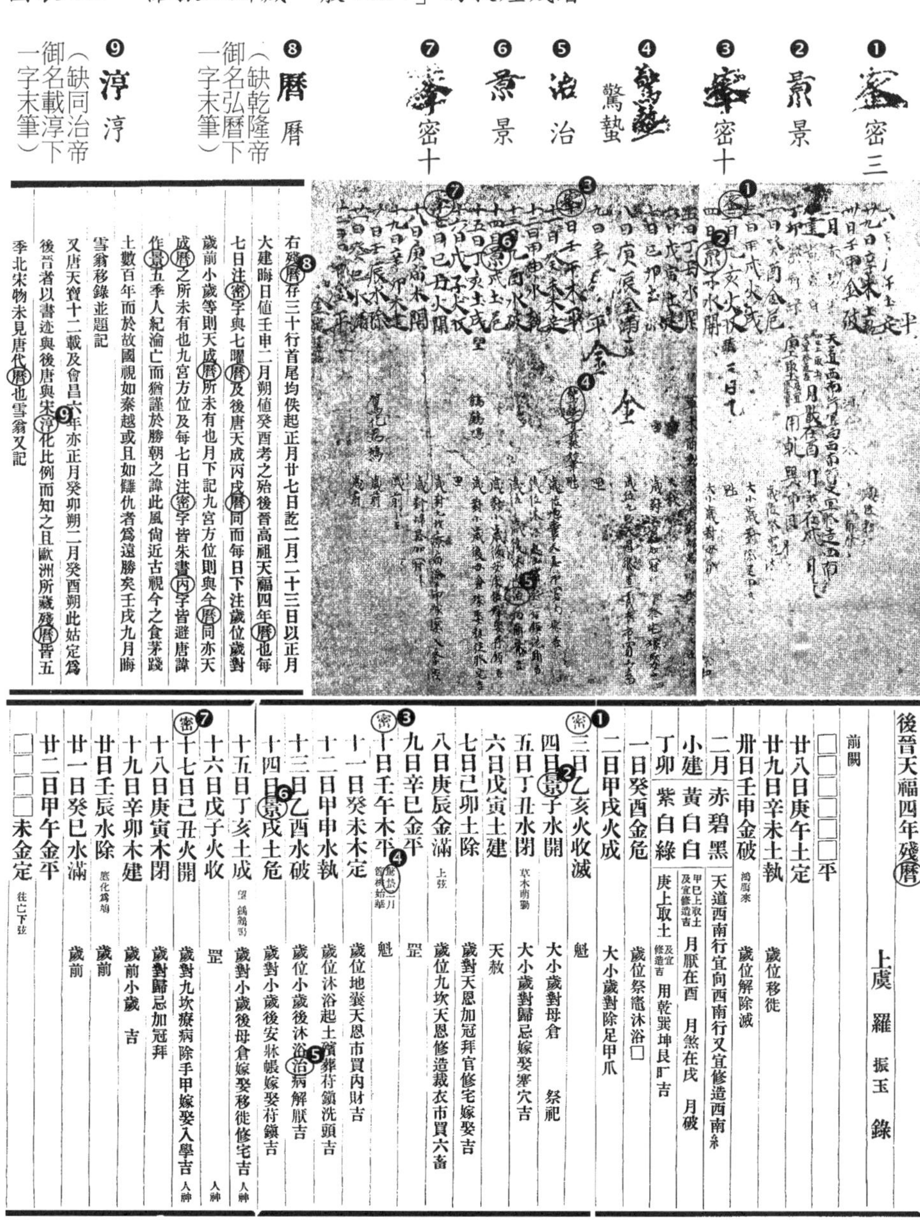

後晉天福四年殘曆

上虞　羅振玉　錄

前闕

□□□□□□平
廿八日庚午土定
廿九日辛未土執　歲位移徙
卅日壬申金破　鴻鴈來　歲位解除滅
二月　赤碧黑　天道西南行宜向西南行又宜修造西南糸
小建　黃白白　甲巳上取土及宜修造吉　月厭在酉　月煞在戌　月破
丁卯　紫白綠　庚上取土及宜修造吉　用乾巽坤艮𠁼吉
一日癸酉金危　歲位祭寵沐浴□
二日甲戌火成　大小歲對除足甲爪
三日乙亥火收滅　魁
四日景子水開　大小歲對母倉　祭祀
五日丁丑水閉　草木萌動　大小歲對歸忌嫁娶塟穴吉
六日戊寅土建　天赦
七日己卯土除　歲對天恩加冠拜官修宅嫁娶吉
八日庚辰金滿　上弦　歲位九坎天恩修造裁衣市買六畜
九日辛巳金平　罡
十日壬午木平　驚蟄二月節桃始華　魁
十一日癸未木定　歲位地囊天恩市買內財吉
十二日甲申水執　歲位沐浴起土殯葬苻鎮洗頭吉
十三日乙酉水破　歲位小歲後沐浴治病解厭吉
十四日景戌土危　歲對小歲後安牀帳嫁娶苻鎮吉
十五日丁亥土成　望　鶡鴠　歲對小歲後母倉嫁娶移徙修宅吉　人神
十六日戊子火收　罡　人神
十七日己丑火開　歲對九坎療病除手甲嫁娶入學吉　人神
十八日庚寅木閉　歲對歸忌加冠拜
十九日辛卯木建　歲前小歲　吉
廿日壬辰水除　鷹化爲鳩　歲前
廿一日癸巳水滿　歲前
廿二日甲午金平
□□□□未金定　往亡下弦

右殘曆存三十行首尾均佚起正月廿七日訖二月二十三日以正月大建晦日值壬申二月朔值癸酉考之殆後晉高祖天福四年曆也每七日注密字與七曜曆及後唐天成丙戌曆同而每日下注歲位歲對歲前小歲等則天成曆所未有也月下記九宮方位則與今曆同亦天成曆之所未有也九宮方位及每七日注密字皆朱書丙字皆避唐諱作景五季人紀淪亡而猶謹於勝朝之諱此風尚近古視今之食茅踐土數百年而於故國視如秦越或且如讎仇者爲遠勝矣壬戌九月晦雪翁移錄並題記

又唐天寶十二載及會昌六年亦正月癸卯朔二月癸酉朔此姑定爲後晉者以書迹與後唐與宋淳化比例而知之且歐洲所藏殘曆皆五季北宋物未見唐代曆也雪翁又記

由於此曆的編纂時間，恰在自認承繼大唐正統的後唐新滅，且石敬瑭又臣事契丹之際，故筆者合理懷疑此本抄寫之人很可能因不齒石氏，就以敬避「丙」字的唐諱（後唐之人已不嚴遵），刻意宣洩其心中的不滿以及緬懷故國（李淵建立的大唐及李存勖建立的後唐）之情。但此舉或僅屬抄寫者的個人行為，因敦煌在五代時多與中原各政權保持友好關係，如天福年間石敬瑭所遣赴于闐冊封的使臣張匡鄴途經敦煌時，割據當地的刺史曹元深即曾郊迎，並問使者天子起居，其父曹議金亦受追贈為太師。

清代周榘的《廿二史諱略》，以後晉時嘗因石敬瑭高祖名璟而避「景」字，然因天福初曾為避石敬瑭名中的「敬」，而改竟（與「敬」同音）陵縣為景陵縣，[7] 且石敬瑭即位後才擔任貝州行軍司馬的唐景思，[8] 也未因敬避而改名，知在編「散 0674」曆日時，似不曾有須避「景」字之規定。亦即，此本中的「景」字，應不具另一層因鄙視石晉而故意犯該朝諱例的涵意。

如果前述的推論正確，那麼我們會發現做為一位歷史工作者，竟然有機會透過自身研究，去體會數千公里外、一千多年前、一位不知名小人物的心境：在天福三年初冬的某天，當他借抄隔年新曆（此為漢人生活上所習用）時，驀然想起臣事契丹的石敬瑭於當年八月被賜名「兒皇帝」，[9] 不齒之餘，他內心強烈的民族情感或就此爆發，遂將曆中頻繁出現的「丙」字（每十日會有一日的天干為丙），蓄意改書為大唐常見的諱字「景」。該敬避行為應非抄者（距李淵所建立的大唐，已相隔後梁、後唐、後晉等政權）的慣習，因該曆仍可見未避唐高宗李治御名的「治病」一詞！

---

7 後晉初因避諱改竟陵縣為景陵縣，雍正四年又因避聖祖仁皇帝所葬的景陵，而易名天門縣，以縣西的天門山名之。參見周榘，《廿二史諱略》，頁 20；《新五代史》，卷 60，頁 744；王希琮等修，張錫穀等纂，《天門縣志》，卷 4，頁 4-5。

8 《新五代史》，卷 49，頁 557。

9 葉隆禮，《契丹國志》，卷 2，頁 9。

當筆者揣摩研究「散 0674」至此，驟然一想，或許這就是許多歷史工作者夢寐以求卻罕有機緣遭逢的特殊感受。再細看滿清遺老羅振玉（1924 年曾奉留居紫禁城的溥儀之召入值南書房，1932 年後更出任滿洲國參議）為此曆所寫的題識，發現原先未特別留意的缺筆鉛字「曆」與「淳」，竟都關涉清諱。羅氏在誤打誤撞推斷出此殘本為天福四年曆日後，慨稱「五季人紀淪亡，而猶謹於勝朝之諱」，更歎「此風尚近古，視今之食茅踐土數百年，而於故國視如秦越或且如讎仇者為遠勝」，盛讚抄寫者敬避唐諱的風骨，並譏諷民初的一些人。

其實，該曆日的抄寫者並非以諱字表達對李唐的尊敬（時人常不避大唐之諱），而應只是藉此表達對石敬瑭行徑的不齒。羅振玉在題為「上虞羅氏排印本」的《敦煌石室碎金》《雪堂叢刻》《明季三孝廉集》等書中，亦多以缺筆方式敬避諸清帝之名（此舉對民國閱讀者的影響最少，惟有些作法不同於清代的明文諱例），展現其對前朝的政治認同（圖表 1.2）！

圖表 1.2：羅振玉於民初所排印書籍中的清諱。

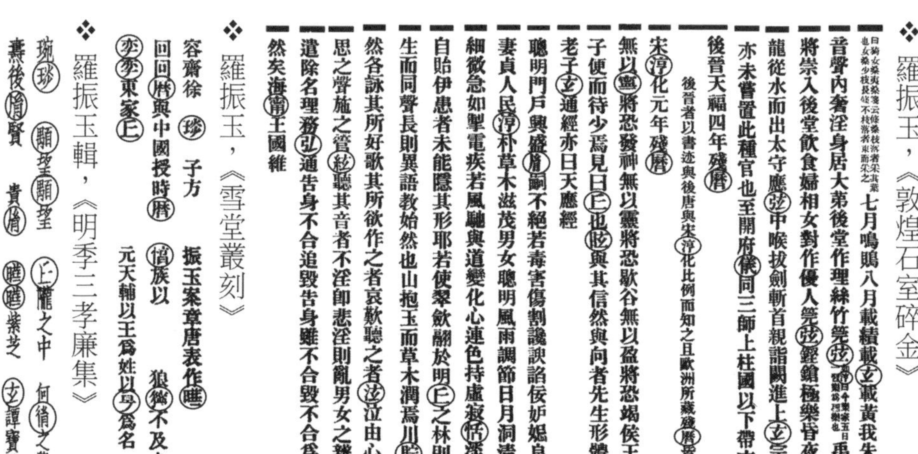

圖表 1.3： 勞榦院士墨寶。

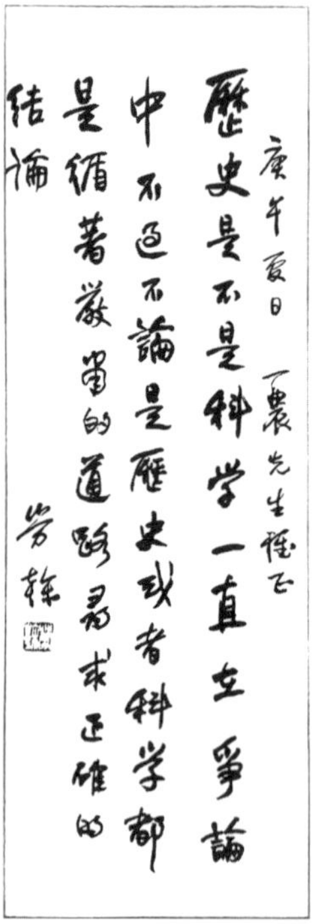

筆者平生僅親炙過一次的勞榦先生，在前述演講後題了幅字給我，他是這樣寫的：「歷史是不是科學，一直在爭論中。不過不論是歷史或者科學，都是循著嚴肅的道路，尋求正確的結論。」（圖表 1.3）勞先生以科學與史學的本質相近，鼓勵我這位貿然自理轉文的後輩（小他幾乎五十歲），能不畏險阻往前邁進。

然而，隨著研究工作的開展，我開始思索史學是否與科學一樣，都追求客觀與理性？做為一位歷史工作者，個人的情感是否在研究過程中有介入的空間？前述敦煌殘曆的故事，加上先前改治紅學的過程中常遭遇可否以避諱斷代的爭論，均促使筆者在學術研究的最後幾里路，動念撰寫一本有關清代避諱學的專書。

避諱的起源可能早自商周時期，[10] 狹義是指敬避帝王或尊長之名而以其它字樣替代，廣義則還會因出於禁忌、厭憎或信仰等理由而改用其它字詞（如見第 11 章有關太平天國避諱的討論），雖然每個字詞避改的方式常不一致，但仍有一些慣用且具體的模式可循。陳垣（1880-1971；字援庵）先生的《史諱舉例》(1933) 稱「避諱常用之法有三：曰改字，曰空字，曰缺筆」，何大安院士的〈史諱中的音韻問題〉(2014)，則進一步分析諱改有「諱訓」（以同義互訓之字相代）「諱形」（更改字中部分筆畫的書寫方式，包含缺筆及

[10] 虞萬里，《中國古代姓氏與避諱起源》，頁 190-384。

空字）及「諱音」（代以音近之字，即所謂「嫌名」）三類。但無論何種選擇，該替代之字或字組必須能提供足夠暗示，否則與受眾的溝通就有困難。[11]

由於清代的文字獄（指統治者羅織文字犯禁之罪名以遂行迫害的案件）中，「干犯廟諱」往往成為當事人罪狀的旁證（有稱乾隆間文字獄涉及犯諱者即有 41 起，約佔該朝總數的 1/3），[12] 故本書也將探討幾個與避諱相關且具代表性的文字獄，期盼能更深刻了解犯諱所可能造成的影響。相對地，因受限於個人學力，筆者很慚愧地得將滿文避諱的討論，以及音韻與避諱間的關係，留待其他學者深探。

至於以「e 考據的學術實踐」為副標題，原本是帶些負氣的情緒，此因近年我屢屢遭遇兩岸一些擁有高聲量話語權或學術資源操控權的學界人士，他們不願理性正視大數據的新研究環境（視使用者有原罪），更在未讀、未審的情形下，就恣意抨擊筆者的「e 考據」只是靠關鍵詞檢索在電腦前做考證（甚至有認為以此方法找材料乃「勝之不武」）。[13] 學界中人當然有權批評同行的治學方法，但也應有義務提供足夠的學術論據。其實，一研究者是否以傳統翻書或電子檢索的方式耙梳材料（實際情形往往需要兼用），不應成為關心的焦點，而在於他能否充分掌握史料，並正確辨讀且遂行推論。

細思「傳統」之所以為「傳統」，就因為它是可以或必須不斷蛻變的，「傳統」的染色體中本未帶有「故步自封」的基因，它之所以被許多人護持傳承，不僅因是萃取自先前世代的精髓，且它在面對衝擊與刺激後，還

---

11 何大安，〈史諱中的音韻問題〉。

12 王西明，《清朝文字獄中的避諱研究》。

13 此純屬誤解，如袁枚《隨園詩話》有一則筆記提到《紅樓夢》及曹雪芹家族事，而不同版本卻出現重大異文，筆者即曾花費幾個月時間走訪兩岸多家大型圖書館，在廣泛瀏覽《隨園詩話》的四十多種版本之後，嘗試透過對其編纂過程以及版本變化的深入分析，釐清了此則涉紅文字出現異同與袁枚錯引他人材料的可能原因。參見黃一農，〈袁枚《隨園詩話》編刻與版本考〉；黃一農，〈袁枚《隨園詩話》中涉紅記事新考〉。

可以接受新的養分並內化成新的「傳統」。筆者因此決定不避高調地在書名加上關涉「e 考據」的副標題，如果有人仍不屑一讀，那他們在辨別版本時或許就只能自求多福了。[14]

清人所撰有關避諱的專書，應以周廣業 (1730-1798) 多達 46 卷的《經史避名彙考》最突出。被譽為「中國現代四大史學家」之一的陳垣先生，在其《史諱舉例》自序中即稱譽《經史避名彙考》「集避諱史料之大成」！周氏為浙江海寧人，乾隆四十八年中舉，曾在京參與分校《四庫全書》，五十六年掌安徽廣德州的復初書院，嘉慶三年卒。周書始撰於乾隆二十七年，至其逝世前不久才完成初稿，或因卷帙龐大，以致一直未能刊傳。與周廣業同里的知交周春 (1729-1815)，在嘉慶七年序《蓬廬文鈔》（此乃周廣業兩子編輯亡父作品而成）時，曾臚列他未刊的著作，內有《古今避名彙考》一書，其名略異於同書所收嘉慶二年撰文之《經史避名彙考》自序。[15] 疑周廣業原本是要收羅「古今」的避諱史料，[16] 但在長達三十多年的編纂過程中，遭逢乾隆四十二年《字貫》案爆發以來的一連串文字大獄（參見第 6 章），曾為四庫館臣的周氏或鑒於類似內容動輒得咎，甚至釀成逆案，遂以明末為下限，並改書名為「經史避名彙考」。[17]

---

14 人生有時候常峰迴路轉！我得要感謝其中一位網紅教授所提供的逆增上緣，他在網上直播時批評「e 考據」的一段出格言論，不僅扮演「臨門一腳」的角色，令本書多了副標題，更讓我決定重新調整未來的寫書計畫，將原本還停留在空中樓閣的《e 考據與文史研究》一書，提前到 2024 年開春後就動筆。

15 周廣業，《蓬廬文鈔》，卷 3，頁 16-17。

16 《經史避名彙考》的內容皆不涉及清代國諱，但出現 8 處「順治」、6 處「康熙」、2 處「乾隆」：如卷 21 記乾隆五十一年北闈所出的試帖詩「蓬瀛不可望」事；卷 39 記康熙朝翰林院檢討朱彝尊因曾祖名國祚，故在刻《明詩綜》時特別請人填諱，將「祚」字均缺末筆。情理上，周廣業原本的規劃應包羅順治至乾隆四朝，以達到「古今」之全，因所將增加的工作量，相對於明代以前的各個朝代而言，並不會太大。

17 此段參見鄭炳純，〈記周廣業的《經史避名彙考》〉。

陳垣《史諱舉例》論述了避諱的方法、種類及其對史學研究的意義，並揭舉「避諱學」之名，稱「民國以前，凡文字上不得直書當代君主或所尊之名，必須用其他方法以避之，是之謂避諱」，且謂「研究避諱而能應用之於校勘學及考古學者，謂之避諱學。避諱學亦史學中一輔助科學也」。語言文字學家楊樹達 (1885-1956) 大讚「自有此書，而避諱之學卓然成為史學中之一專科，允為不祧之名著」，胡適 (1891-1962) 亦頌揚此書「一面是結避諱制度的總帳，一面又是把避諱學做成史學的一種新工具」，[18] 學界一般亦以陳氏初步建立了現代避諱學的學科體系，惟書中有關清諱（從入主中原以來共傳 10 帝 268 年）的內容較顯單薄（圖表 1.4）。

張惟驤《歷代諱字譜》(1932) 一書，乃以表格形式按音韻排列從西漢至清朝帝王的名諱（圖表 1.5 及 1.6），雖無明確出處且缺乏深入討論，但畢竟整理出比前人較詳細的清諱。王彥坤《歷代避諱字彙典》(2009) 則在前人的基礎上，匯錄了迄今為止最豐贍的諱字材料，該書乃處理廣義之避諱，包括敬諱、忌諱與憎諱三種情況，共收諱字 1,043 條。[19] 作者在序中自稱：

> 本書在廣泛吸收前人避諱研究成果的基礎上寫成，其中特別是利用了清代周廣業氏《經史避名彙考》的豐富避諱材料，借鑒了民國張惟驤氏《歷代諱字譜》以諱字立條目的編寫體例，採納了近人陳垣先生《史諱舉例》中的某些避諱學理論……又吸取了吳良祚先生《太平天國避諱研究》中關於太平天國避諱的諸多實例。

具體指出其特色是集前人研究之大成，且提供了方便的檢索系統。惟因他未運用大數據時代的嶄新數位工具，以致仍停留在收羅點狀避諱史料的層次，既未對諱字在實際使用時的各種多元方式進行線狀或面狀的深入研究，

18　楊樹達，《積微居小學金石論叢》，頁 389；曹伯言、季維龍，《胡適年譜》，頁 605。

19　王彥坤，《歷代避諱字彙典》，凡例。

也未討論如何以避諱之有無進行斷代。此外，春花的單篇專論〈清代皇帝御名避諱制及滿漢文避諱字譜〉亦頗有特色，惟其對滿文避諱的整理，或受限於篇幅等原因，仍有許多待補充及需訂正之處。[20]

陳垣等前輩勾勒出以避諱進行考證的各種可能途徑，使其成為歷史學中斷代研究的重要手段，[21] 但由於先前過眼或可全文檢索的文獻相當有限，不易掌握歷史語境裡如何或是否敬避的大量實例，以致相關論著常偏重於析分避諱的規定、類型與方式，對社會上如何避諱的實際情形，因欠缺大數據的研究環境，多未能提供足夠數量或份量的論據，且對所使用的一些重要史料，亦未作深入探究，以致連一些基本認知也屢現誤區。[22]

雖然目前商用或公益的文史資料庫已頗多（總量逾 100 億字），但筆者此研究最常用的還是北京愛如生數字化技術研究中心所開發的「中國方志庫」。該庫可供全文檢索，目前已出版的前三集包含共約 6,000 部志書（內容超過 12 億字，各書的編纂時間也大多明確），由於同一地方通常存有歷代遞修的多個版本，且各省通志及府、州、縣志所敘述的人、事、物屢有重疊，故對同一名詞在不同時間的諱改情形，可提供許多交叉比對的機會。此外，「中國方志庫」所涵蓋的地域具有普遍性，編纂者亦廣泛涉及知識界各個階層，具備了足夠的統計意義。

---

20 春花，〈清代皇帝御名避諱制及滿漢文避諱字譜〉。

21 朱露川，〈陳垣《史諱舉例》的思想、結構和方法論意義〉。

22 先前各避諱學專書的簡介，可參見卞仁海，《中國避諱學史》，頁 271-287。

圖表 1.4：陳垣《史諱舉例》中的清諱。

第八十二清諱例

清之入據中原與拓跋耶律完顏諸氏同明人譯其景祖曰教場或曰叫場清人自書曰覺昌明人譯其顯祖曰他失清人自書曰塔克世明人譯其太祖曰奴兒哈赤清人自書曰努爾哈赤譯音無定字無所庸其諱也入關久始效宋明人避諱清之避諱自康熙帝之漢名玄燁始康熙以前不避也雍乾之世避諱至嚴當時文字獄中至以詩文筆記之對於廟諱御名有無敬避爲順逆憑證乾隆四十二年江西舉人王錫侯字貫案卽因凡例中列康雍兩朝廟諱及乾隆御名未將其字分析如所云上一字從玄從厶下一字從火從日者固已照例缺筆矣又因廟諱御名列在孔子諱後以此大遭乾隆之忌遂興大獄焉當時上諭有曰閱其進到之書第一本敍文後凡例竟將聖祖世宗廟諱及朕御名字樣開列深堪髮指此實大逆不法爲從來未有之事罪不容誅卽應照大逆律問擬以申國法而快人心以諱殺戮多人眞從來未有之事惲敬大雲山房襍記乃云陳弘謀乾隆三十二年三月授東閣大學士始奏請將原名改用宏字前此敭歷數十年一切奏摺書名均與御名上一字同以此見淸朝之寬大俞樾茶香室續鈔謂御名無不避之理前此當已改寫宏字惟部册尚未追改至授東閣大學士始請將部册改作宏字耳俞說是也

乾隆時不特淸朝廟諱有禁李廌濟南集有漢徹方秦政之句北史文苑傳敍有頡頏漢徹之句館臣亦遵痛斥飭令改爲漢武並將此諭載之四庫提要卷首使天下知皇帝之尊百世下猶可爲厲也道咸而後諱例漸寬前此二名皆諱道光後上一字與親王同者不諱今故宮中門號有寧字者當時亦未盡改易蓋國力至此已衰矣

世次 帝號所出	名諱	舉例
清一 世祖 愛新覺羅氏	福臨	第二字名福全其始固無所謂避諱
二 聖祖 世祖子	玄燁	以元曄字代稱范曄爲范蔚宗玄武門改神武
三 世宗 聖祖子	胤禛	胤以允字代明史張佳允申佳允堵允錫進士題名碑本作胤改王士禛爲士正又改士禎
四 高宗 世宗子	弘曆	以宏歷字代改明弘治年號爲宏治改時憲曆爲時憲書
太子永璉	永璉	論語瑚璉也試場不以命題
五 仁宗 高宗子	顒琰 初名永琰	簡明目錄改宋俞琰爲俞琬韻目上聲二十八琰改爲儉
六 宣宗 仁宗子	旻寧 初名綿寧	寧以甯代
七 文宗 宣宗子	奕詝	
八 穆宗 文宗子	載淳	淳寫作湻
八 德宗 宣宗孫 父醇賢親王奕譞	載湉	
九 末帝 宣宗曾孫 父醇親王載灃	溥儀	唐紹儀改名紹怡後復之

第八十二清諱例　百八

右稿民國十七年曾在燕京學報發表

圖表 1.5： 張惟驤《歷代諱字譜》中的清諱（一）。

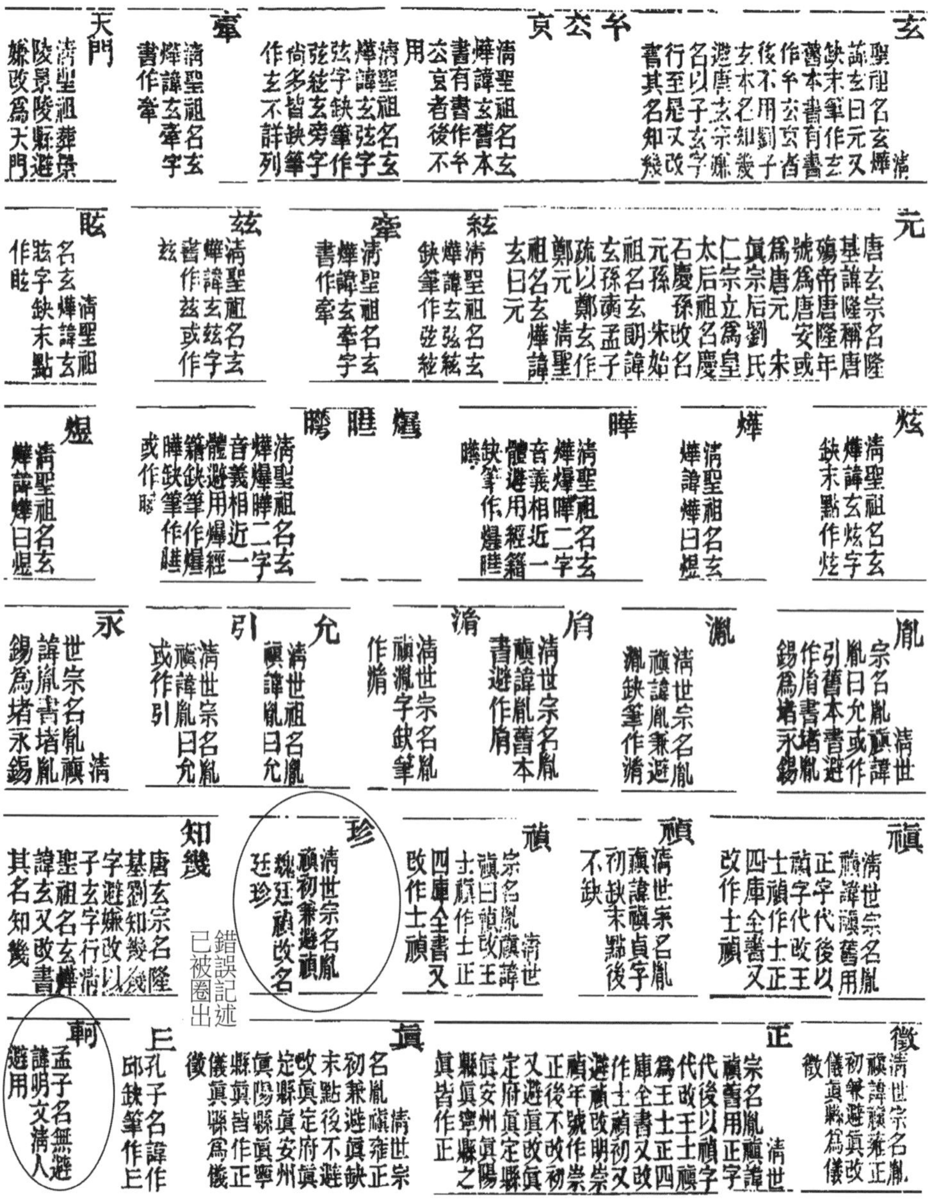

錯誤記述已被圈出

圖表 1.6：張惟驤《歷代諱字譜》中的清諱（二）。

弘 清高宗名弘曆諱弘曰宏又缺筆作弘偏旁字缺末點紭字可通作紘綋泓字不可通作浤浤書為弘治年號為宏治弘光為宏光

宏 清高宗名弘曆諱弘曰宏書明弘治年號為宏治弘光為宏光

歷 厤 清高宗名弘曆諱曆曰歷歷字本從厤從止改從厤從心缺筆作厤書明萬曆年號為萬歷永曆為永歷

曆 清高宗名弘曆諱曆曰歷缺筆作厤曆數字用氣數代曆本稱時憲書萬年曆稱萬年書書明萬曆年號為萬歷永曆為永歷

強 清高宗名弘曆諱弘強字上本厶避作口

强 清高宗名弘曆强字上本厶避作口

氣 清高宗名弘曆曆數字以氣數代

錯誤記述已被圈出

時憲 清高宗名弘曆諱曆改曆書為時憲書

書 清高宗名弘曆諱曆改萬年曆為萬年書

顒 清仁宗名顒琰諱顒缺末二筆作顒殿板書遇周顒等古人名皆改作禺

顒 清仁宗名顒琰諱顒缺末二筆作顒

禺 清仁宗名顒琰諱顒殿板書遇周顒等古人名皆改作禺

琰 清仁宗名顒琰諱琰改右下火字作又又缺筆作琰琰韻改以儉字為首

璉 清端慧太子名永璉諱璉曰連

連 清端慧太子名永璉諱璉曰連

旻 清宣宗名旻寧旻字缺中點作旻

寧 清宣宗名旻寧諱寧心字改寫一畫一撇咸豐四年諭以甯字代

甯 清宣宗名旻寧諱寧改心字為一畫一撇作甯咸豐四年諭以甯字代

奕 清文宗名奕詝諱奕缺末筆作奕

詝 清文宗名奕詝諱詝缺末筆作詝

苧 宁 紵 貯 佇 清文宗名奕詝諱詝此五字皆缺末筆

詝 清文宗名奕詝諱詝缺筆作詝

佇 清文宗名奕詝諱詝此五字皆缺末筆

譞 清德宗父醇賢親王名奕譞譞字避諱

淳 清穆宗名載淳諱淳齋[?]作淳

湉 清德宗名載湉諱湉缺筆作湉光緒三年王家璧奏准或以恬字代

湉 清德宗名載湉諱湉缺筆作湉

恬 清德宗名載湉諱湉初缺筆光緒三年王家璧奏准或以恬字代

儀 清遜帝名溥儀避儀缺一撇作儀改儀徵縣為揚子儀門為宜門

儀 清遜帝名溥儀避儀缺一撇作儀

揚子 清遜帝名溥儀避儀改儀徵縣為揚子

宜 清遜帝名溥儀避儀改儀門為宜門

熹 朱子名無避諱明文清人避用

夷 清初諱夷四庫全書書夷作彝乾隆四十二年十一月下諭禁止

彝 清初諱夷四庫全書書夷作彝乾隆四十二年十一月下諭禁止

狄 清初諱狄四庫全書書狄作敵乾隆四十二年十一月下諭禁止

敵 清初諱狄四庫全書書狄作敵乾隆四十二年十一月下諭禁止

此外，拙著也使用「漢籍全文資料庫」「雕龍」「書同文古籍數據庫」，以及愛如生「中國基本古籍庫」「歷代詩文集總庫」「中國譜牒庫」「中國辭書庫」等大型資料庫。再者，近幾年來有約 30 萬種的中文古籍（包含許多善本），被典藏機構掃描公開（圖表 1.7），[23] 其中的方志、別集、韻書及字書類古籍（包含各種版本），對避諱研究的助益亦頗大。

在這一波數位革命中，海峽兩岸以收藏豐富聞世的臺北中研院、北京中科院、第一歷史檔案館、上海圖書館等機構，以及許多知名的研究型大學圖書館，選擇了蜻蜓點水式的參與。倒是日本國立國會圖書館、國立公文書館、早稻田大學圖書館、東京大學東洋文化研究所，以及 HathiTrust 數字圖書館（整合了以美國為主的 200 多間藏書機構）等單位的表現令人稱道，它們為方便讀者使用，不僅提供高清彩色圖檔讓網友閱覽，且允許全書下載。相對地，圖表 1.7 中有些單位雖開放部分典藏，然因擔心有人圖利，故只提供在網上逐頁瀏覽，[24] 加上受限於伺服器的網速，翻讀時的低效率常令讀者難以忍受，無法充分感受其欲分享人類共同文化遺產的誠意。

在 2022 年新冠疫情仍肆虐全球之際，一個由朱德偉先生編寫的軟體 Bookget，啟動了一場對文史工作者助益頗大的小型革命，其設計初衷是希望能快速下載可逐頁瀏覽的已公開影像或文本。此一僅在少數社群流通的開源軟體 (open source software)，[25] 幾經改版後，目前共可支持全世界數十個數字圖書館的下載。Bookget 的橫空出世，令漢學界對古籍的運用可到達更高的檔次。

---

23 如以中國國家圖書館為首的「中華古籍資源庫」，即提供了約 10 萬種古籍。此外，FamilySearch、上海圖書館等單位亦已公開了逾 10 萬部家譜。

24 此或擔心有人將全書拿去出版（該市場應不大），然若全面開放，反令謀利無門。

25 有關 Bookget 新版本的公布與討論，主要見於「書格」網站，這是一個有溫度且令人感動的線上古籍圖書館，致力於分享並介紹有價值的古籍善本，其分享內容限定為公有領域的書籍。參見 https://www.shuge.org//meet/search/bookget/ 以及 github.com/deweizhu/bookget。

圖表 1.7：可逐頁瀏覽、全書下載或受 Bookget 支持的數字圖書館。

編號	數字圖書館及網址
1	中華古籍資源庫（中國國家圖書館等機構） http://read.nlc.cn/thematDataSearch/toGujiIndex
2	國家哲學社會科學文獻中心 https://www.ncpssd.org/
3	中國家譜知識服務平台（上海圖書館） https://jiapu.library.sh.cn/#/
4	美國哈佛大學燕京圖書館 https://library.harvard.edu/libraries/yenching
5	美國國會圖書館 https://www.loc.gov/collections/chinese-rare-books/
6	美國普林斯頓大學圖書館 https://library.princeton.edu/
7	美國 FamilySearch 家譜網站 https://www.familysearch.org/search/catalog
8	美國 HathiTrust 數字圖書館 https://www.hathitrust.org/
9	日本京都大學圖書館 https://rmda.kulib.kyoto-u.ac.jp/
10	日本國立國會圖書館 http://dl.ndl.go.jp/
11	日本宮內廳書陵部 https://db2.sido.keio.ac.jp/kanseki/
12	日本東京大學東洋文化研究所 http://shanben.ioc.u-tokyo.ac.jp/list.php
13	日本國立公文書館（含內閣文庫） https://www.digital.archives.go.jp/
14	日本東洋文庫 http://dsr.nii.ac.jp/toyobunko/
15	日本早稻田大學圖書館 https://www.waseda.jp/library/
16	日本京都大學人文科學研究所 https://www.zinbun.kyoto-u.ac.jp/
17	日本東京國立日本文學研究所 https://kokusho.nijl.ac.jp/?ln=en
18	大英圖書館 http://www.bl.uk/manuscripts/
19	英國牛津大學博德利圖書館 https://digital.bodleian.ox.ac.uk/collections/chinese-digitization-project/
20	德國柏林國立圖書館 https://digital.staatsbibliothek-berlin.de/
21	韓國國家圖書館 https://lod.nl.go.kr/ 或 https://www.dlibrary.go.kr/
22	法國國家圖書館 https://gallica.bnf.fr/
23	香港中文大學圖書館 https://repository.lib.cuhk.edu.hk/sc/collection/
24	香港科技大學圖書館 https://lbezone.hkust.edu.hk/rse/
25	圖書文獻數位典藏資料庫（臺北故宮博物院）https://rbk-doc.npm.edu.tw/
26	古籍與特藏文獻資源資料庫（臺北國家圖書館） http://rbook.ncl.edu.tw/

以筆者治避諱學的經歷為例，Bookget 的出現已大大改變了工作模式。如我常需透過「中國方志庫」查索不同朝代之志書對某一諱字的處理方式，因該庫的設計往往將改筆、增筆或缺筆的諱字視同原字，無法分別搜尋，故還得逐條細究其字形，但庫中圖檔的解析度有時又不夠高，導致判斷不易（然此環境已讓傳統學者難以想像）。這時，檢索中國國家圖書館等單位共建的「中華古籍資源庫」（其中「數字方志」有 6,528 種），常有機會獲見相關志書的高清圖檔。再者，因「中國方志庫」迄今所涵蓋的約 6,000 種志書，可能僅為存世的不到半數，同一地方有些未被收錄的志書現亦可能在網上獲得（使用 Bookget 往往可快速下載全書），雖仍無法進行全文檢索，但常已大有助於判斷人、事、地之名曾否因避諱而改字。

換句話說，由高價之商業資料庫、免費之數字圖書館以及 Bookget 軟體所架構的新研究環境，已變成 e 時代文史工作者不可或缺的利器。本書即以清代避諱為例，嘗試融合數位與傳統的 e 考據之法，演示如何在短期間內將一領域的學術深度與廣度開拓至全新的境界。[26] 這種新的研究環境與方法，應可對漢學中的許多課題提供前所未見的機遇。

此書是我自美返臺並改行從事文科三十多年來，唯一未受國科會補助的重要學術成果，由於寒心匿名評審制度已變成學術霸凌的工具，故不願再向公部門丐求研究經費，單純以一個「學術自由人」的身分做自己想做的事。[27] 去年春毅然拋離紅圈之初，雖頗不捨該長達十多年的生命探險，但孤身墾殖在生疏領域時，所感受到空山靈谷內的清新空氣，很快就激起我另一波學術熱情。

---

26 e 考據成功與否的關鍵，在於得先營造可行性較高且邏輯論理清晰的問題意識，接著在傳統文史研究的基礎之下，充分掌握紙本文獻與可檢索的數位資料，並以最有效率的方式嘗試解決問題。

27 參見黃一農，《二重奏：紅學與清史的對話》，自序；黃一農，《曹雪芹的家族印記》，後記（頁 568-570）。

過去一年多新冠疫情肆虐期間，我幾乎心無旁鶩地以每天至少 8-10 小時的工作量，投注在此新研究。當許多與傳統認知有差異的相關事例被次第耙梳出來後，有時會感覺清人避諱似無明確章法，然在有系統地檢索並透過 e 考據之法分析數千種方志、文集以及大量各式檔案後，發現新的知識體系竟然開始逐漸成形（如第 3 章有關缺筆「胤」字起自何時、第 6 章王錫侯《字貫》犯諱案與乾隆朝禁書運動的關係、第 7 章清人的「自我壓抑」現象如何影響其對「胡虜夷狄」用字的轉變、第 8 章有關端慧皇太子永璉諱法等討論），其感覺就如同北宋・王安石在〈江上〉七絕中「青山繚繞疑無路，忽見千帆隱映來」的詩意。

最後，筆者衷心感謝好友蔡能賢教授、李家維教授、鄧克文博士以及徐清祥董事長，理工背景的他們，在我曲折的學術生命中，曾以各種不同方式俠氣相挺，讓我擁有一個令人欣羨的寫作環境，雖然四人都說打死讀不下我的書（只好自嘲是因「學術性較高」且「隔行如隔山」）！在過去這 18 個月朝乾夕惕的研究與撰寫過程，我所服務之新竹清華大學「科技考古與文物鑑定研究中心」與「人文社會研究中心」的同仁，均給予筆者不少支持。此外，薛龍春、黃振萍、張瑞龍、吳國聖、吳鵬、林天人、楊儒賓、謝豐帆、張月琴等教授，以及高樹偉、張建、任曉輝、盧正恒、蔡嵐婷、陳炯弢等友人，亦提供許多寶貴意見或協助，謹此一併誌謝。尤其，要特別感謝細心回查並校改文本的孫韻潔，以及精心造字並修圖排版的高淑悅兩女史，若無她們的思辨批評與挑剔琢磨，本書恐很難呈現如今面貌。當然，我還是會獨自承擔所有文責。

2023 年 9 月初稿完成於耕讀所在的苗栗二寄軒

（好友孫大川教授賜題）

【補白 2：苦瓜、麻竹筍與鏈鋸】

我右手拿的是女婿送的德國製 Stihl GTA26 充電式小型鏈鋸——斜槓筍農「創獲」的 fancy 工具，用來採摘夏秋間盛產的麻竹筍雖俐落，但有時還是會卡住，就像用 e 考據之法在文史森林中挖寶一樣！晨起採完筍，為避免變苦，得馬上進行剝、切、煮的工序，但要變成一鍋無敵銷魂的酸菜筍肉湯，就還缺友朋（別懷疑，很可能就是你）帶上山的頂級排骨了！

淋浴冲洗掉一身汗臭，滿室剛煮的筍香伴隨新泡的金萱茶，再襯著窗邊發自伏藏師江敏吉先生所賜藏香的淡雅味道，一早經山林「自然能」充飽電的工作狂，又到了打開電腦開始穿越歷史的時間了！但腦海裡還老想著老婆大人今天會做什麼當午餐，因為她還摘了不少苦瓜呀！

這幾年的山上生活，讓我累積了一些有關麻竹的知識：鮮筍長到約 1.5 米高時最肥美，將其剝殼後，需先削去粗糙的底部以及硬實的竹節，剩下幾圈的細嫩竹筒以及尾端的實心根部，才是大自然賜予老饕的珍饈。現在每到公曆的 8 月，大清早我就會忙不迭地去察看二寄軒旁的麻竹叢，希望見到那年夏天第一根冒出土的嫩筍，因為接下來就是長約三個月的盛產期！

在二寄軒耕讀自賞的農夫、農婦

第二章　順、康間對避諱的態度*

先前學界誤以順治朝對帝名「福臨」有「二名不偏諱」之規定，並稱康熙帝繼位後旋因避諱改玄武門為神武門。其實，在雍正元年十一月初九日之前，清朝從不曾頒布面對一般大眾的具體諱例。康熙朝對皇帝玄燁及皇太子胤礽名字的改筆或改字(出現頗多不同作法)，多屬個案或個人的自主行為。但清廷也曾嚴責朝鮮肅宗在奏文中未能以最敬謹的避諱表達藩屬國對宗主國的尊崇。亦即，若以諱字的出現與否進行清初文獻斷代的推判，必須特別小心。本章也顯現e考據的新思維可為避諱學提供前所未見的機遇。

一、前言

筆者先前研究中歐交流史時，已發現清朝自雍正帝登基後始嚴諱例，此前多屬自由心證，但對順、康時期部分人士究竟如何敬避皇帝或太子之名，以及這一時期的避諱是否可作為斷代的標準，仍存在許多認知上的盲點，甚至停留在「人云亦云」的層次。[1]

以北京的玄武門為例，前人多以康熙即位後就必須敬避帝名為常識，遂泛稱「清代因避康熙帝玄燁名諱，改稱神武門」，[2] 或在未提供任何論據的情形下，逕稱改名發生在康熙朝重修此門（尚未發現有文獻記此事）時。[3] 本章即憑藉大數據所提供的嶄新研究環境，嘗試對順、康兩朝的避諱情狀，作一較全面且深入的探討與釐正。

---

* 本章已據拙文〈大數據時代避諱學的新機遇：以清初為例〉(2022)大幅增補改寫。

[1] 黃一農，《兩頭蛇：明末清初的第一代天主教徒》，頁 266-267。

[2] 孟凡人，《明代宮廷建築史》，頁 189。

[3] 如見曹景洲，《北京沿途導遊詞》，頁 205。

二、論順治朝無諱例

皇太極第九子原名 *fangkala*（方喀拉），漢名「福臨」應是在他成為皇位繼承人後才有的，取「福祉降臨」之意。[4] 學界先前有研究誤認清朝在入關之初已存在避諱制度，此因王建 (2002) 於晚清學者徐珂 (1869-1928) 所編纂的《清稗類鈔》中發現一則記事曰：

> 順治壬辰〔九年〕諭：「臣民等如有以"景"字、"泰"字命名，而下一字係"齡""林"等字者，兩字相連，兩音相協，如"策丹""玉福"之原名者，自當更改。其用"景"字、"泰"字命名者，原不在敬避之列。」丙申〔順治十三年〕諭：「"聖""謨"二字，豈臣下所可命名？嗣後遇有此等命名，不合者，即當留意更正。」[5]

其中「聖謨」本指聖人治天下的宏圖大略，後亦被用作稱頌帝王謀略之詞，故以此為名者，易讓人有自詡為聖賢或帝王之嫌。至於「景齡」與「泰林」，王建等學者以其為人名，雖不知究竟是何人，但稱順治帝既然諭命臣民避其名諱，則臣下焉有不避帝名「福臨」之理，遂「斷定」順治時已有避諱制度。[6] 亦即，他們以當時乃實行《禮記・曲禮上》所謂「二名不偏諱」之制（指名中二字連用時才要避諱；但從唐代開始，諱法日益嚴苛，單一字往往即須避諱），只要「福臨」二字不連用，就無需敬避。惟其說顯然與實際狀況不合，因在順、康兩朝的文本中，屢可發現即使御名「福臨」兩字相連出現，亦未見有缺筆或改字的情形（圖表 2.1），知官方當時顯然並不重視避諱此詞。

---

4 楊珍，〈順治朝滿文檔案札記〉。

5 徐珂，《清稗類鈔》，冊 16，頁 23-24。

6 參見王建，《中國古代避諱史》，頁 248-249；張瑩，〈淺議清朝的避諱（國諱）制度〉。

圖表 2.1： 清代文本中的「福臨」二字。

❖ 錢謙益，《列朝詩集》（順治九年刊本），丁集，卷3，頁34

穰穰降康當福臨君不見通天洪臺耀日月

❖ 黃居中、楊淳，《靈臺志》（順治十五年序刊本），卷2，頁12

非以其莞秖禍福臨下有赫也耶

❖ 白胤謙，《東谷集》（順治刻康熙續刻雍正補刻本）

續刻文，卷12，頁3

復白撫臺

老公祖以文武兼資福臨敝晉一草一木悉被

❖ 程良玉，《易冒》（康熙三年刊本），卷5，頁9

凡國占皆喜福臨而惡鬼動此其大象也

❖ 茅成鳳纂修，《建平縣志》（康熙三十九年刊本），卷24，頁13

難支本年春二月幸值父臺福臨下邑諮訪民瘼生

❖ 陳允錫，《史緯》（康熙間刊本），卷322，頁33

聊生晚不得早聞此言然亦在子孫之福臨而以自體遺之

❖ 葉泰，《山法全書》（康熙刊本），卷19，頁41

貪巨武三吉神水若朝來是福臨冢內祥烟皆紫氣見

❖ 湯斌，《湯潛庵先生集》（同治五年刊本），卷上，頁42

之耳某以爲成功可操券而待也歲序聿新藉便恭候景

福臨楮匆匆語無倫敘伏惟鑒原

❖ 《清穆宗實錄》，卷220，頁902

義民山西省段福臨等二名

❖ 《續雲南通志稿》（光緒二十四年刊本）

卷130，頁14

蘇啟祿劉福臨

❖ 「清代歷朝起居注」

◆ 道光十年正月二十九日條

公中佐領員缺著擬正之福臨保補放

◆ 道光十九年十月十八日條

武定營參將忠福臨元鎮中營遊擊湛

◆ 道光十九年十二月十二日條

縣廩生姚福臨妻徐氏

◆ 道光二十一年十二月十二日條

汪氏民朱福臨

◆ 咸豐六年十月十五日條

曹福臨廖文光張光球

◆ 同治六年五月初九日條

補用知府興福臨桂縣知縣鹿傳霖

即使到了雍正朝初頒諱例（見第4章）後，仍可見「福臨」二字連用。譬如「清代歷朝起居注」資料庫中，即記福臨保於道光十年正月二十九日補放公中佐領員缺，道光十九年十二月十二日有清苑縣廩生姚福臨、二十一年十二月十二日有民朱福臨、咸豐六年十月十五日有勇目曹福臨之名。《清穆宗實錄》同治六年十二月三十日條中，也發現旌表名單內有義民「山西省段福臨」（圖表2.1）。又，《欽定科場條例》等官書對廟諱的記載均起自康熙帝，從未言及順治朝有諱例，且《愛新覺羅宗譜》記順治帝所生次子福全，以及胤禛在康、雍之際所生皇七子福宜、皇八子福惠、皇九子福沛，嘉慶十年生之宗室多臨等，名中皆不避「福」或「臨」。

清人對帝名「欲說還休」的情形，在乾隆四十二年的王錫侯《字貫》案中可略窺一二（詳見第6章），當時庭訊王氏為何要在《字貫》凡例內將廟諱（本朝先皇帝）、御名（當朝皇帝）、聖諱（通常專指聖人，但有時亦泛指廟諱或御名）開寫，他供稱：

> 少年時未知廟諱、御名，是後來科舉時才知道的，恐怕少年人不知避忌，故此於書內開寫，使人人知曉。至將孔子名諱開列於前，是我從前進場時，見場內開出應避諱的條規，是將孔子開列於前，故此我照著寫的。但我將廟諱、御名排寫直書，這就是我該死處。[7]

可知一般人並不一定習知廟諱和御名，王錫侯自呈是在求取科名的過程中才得知。[8] 又，即使是導致他被以大逆問罪的那頁列有帝名之凡例，也未提及順治帝！

更有甚者，前引《清稗類鈔》中所謂臣民若有以「“景” 字、“泰” 字命

---

7 《清代文字獄檔》，頁676。

8 咸豐《欽定科場條例》有稱當時「每遇科場，監臨及知貢舉官將敬避之處先期張掛曉諭」，且謂「士子等身列膠庠，經學政及各學教官平時訓示周詳，於敬避字樣自宜素悉」。參見杜受田等修，英匯等纂，《欽定科場條例》，卷42，頁16。

名，而下一字係“齡”“林”等字」者即該避諱，先前學界一直未提出合理解釋，亦不知為何名為策丹、玉福者可更名。經耙梳「漢籍全文資料庫」的《清實錄》後，筆者赫然發現《清稗類鈔》該段文字的繫年有誤，此條乃綜合嘉慶九年六月及十三年六月之旨（徐珂誤「嘉慶」為「順治」），[9] 內容是討論漢字應否避「景陵〔康熙帝陵寢〕」和「泰陵〔雍正帝陵寢〕」，諭令此後只有「兩字相連，兩音相協」者（如「景齡」「景林」「泰齡」「泰林」等），才需敬避，而名字若與「扯淡」（如策丹）和「迂腐」（如玉福）等粗俗不雅之詞諧音（滿文無聲調）者，亦可改名。[10]

類似情形亦可見於此前，如嘉慶八年四月初二日賞已革廣東布政使常齡藍翎侍衛，並以其為烏里雅蘇台參贊大臣，尋命他改名常安。由於同日大學士等曾議奏列聖、廟諱恭避字樣，命「於聖祖仁皇帝聖諱下一字，用“煜”字恭代；世宗憲皇帝聖諱下一字，用“禎”字恭代」，故疑前述改「常齡」之舉，應是避諱嘉慶帝在易州太平峪為己所營造的昌陵（本年工程甫畢，故或已於稍早命名，且準備於十月奉移七年前去世的孝淑皇后入地宮），此因常齡的滿語讀音與漢文「昌陵」的發音相似。[11]

再者，經查「中國方志庫」和「中國譜牒庫」，迄清末雖仍偶見有以「聖謨」為名者，但多為一般百姓。至於《清實錄》和《清代縉紳錄集成》中，[12] 在嘉慶初年之前雖可見陶聖謨、王聖謨、聞聖謨、陳聖謨等文武官員，但其後則確未見名為「聖謨」者，知用此名恐觸官場之忌。湖南綏靖

---

9 其主要文句幾乎皆摘引自《清仁宗實錄》，卷 130，頁 762、卷 197，頁 618-619。又，若「景齡」「泰林」乃「景陵」「泰陵」的諧音，則《清稗類鈔》此條所繫的順治九年必誤，因康熙帝與雍正帝此時皆尚未出生，不可能已為其陵寢命名。本書中所引《清實錄》的頁碼，均出自「漢籍全文資料庫」。

10 有縣丞樊泰欲更名為樊仲翔、貢生張景超欲改名張步超，即均遭駁回，因該諭乃禁止臣下的清語命名與山陵稱號有所相重，且其下一字亦非「齡」「林」等字。參見奎潤等修，詹鴻謨等纂，《欽定科場條例》，卷 42，頁 13-14。

11 《清仁宗實錄》，卷 111，頁 479、卷 116，頁 543。

12 《清代縉紳錄集成》的部分內容可在愛如生的「中國譜牒庫（初集）」檢索。

鎮標中營守備張聖謨即因此於嘉慶十三年六月奉旨改名張謨，理由是「"聖謨" 二字豈臣下所可命名」！[13] 事實上，該詞已逐漸轉成皇帝的專屬代稱，如科考時即規定「聖天子、皇上、聖主、一人、聖謨、聖鑒……」等詞皆須擡寫。[14] 也就是說，順治朝實無避諱制度，先前許多學者的理解皆誤。

古書畫專家張伯駒（1898-1982；曾任北京故宮博物院專門委員、國家文物鑒定委員會委員，吉林省博物館副館長），在其編印的《春遊瑣談》中收錄惲寶惠（字公孚）的〈避諱改名〉一文，內稱：

> 清世祖諱福臨，本為滿文譯音。當時議避此兩字，世祖諭曰：「不可因朕一人使天下人無福。」於是民間對於「五福臨門」等字連用者概不避也。自聖祖諱玄燁以次，則無不避，若誤犯之，則視為大不敬矣。[15]

其中所指順治帝嘗稱「不可因朕一人使天下人無福」以及民間因此不避「五福臨門」等連用之字兩事，皆無文獻根據。事實上，康熙以後各朝仍可見有將「福臨」二字連用者（圖表 2.1）。

又，王士禛《池北偶談》有云：「順治中改嘉興府崇德縣為石門縣，以避太宗年號也。」[16] 然道光《石門縣志》稱「國朝崇德縣屬嘉興府，康熙元年以縣名上同太宗文皇帝年號，改名石門縣」，且嘉慶《欽定大清會典事例》亦以改名在康熙元年，[17] 嘉慶《桐鄉縣志》則指在康熙二年。[18] 由於官方文獻記此政事的可信度應較高，知改名不發生於順治間，而此也非一般敬避帝名之諱例。

---

13 《清仁宗實錄》，卷 197，頁 618-619。

14 《臨文便覽》，〈擡頭字樣〉。

15 此文收入張伯駒等，《春遊瑣談》，頁 63。

16 王士禛，《池北偶談》，卷 4，頁 28。

17 耿維祜修，潘文輅纂，《石門縣志》，卷 1，頁 3；托津等，《欽定大清會典事例》，卷 27，頁 2-3。

18 李廷輝修，徐志鼎纂，《桐鄉縣志》，卷 1，頁 12。

三、論康熙朝的諱例

中國國家圖書館藏吳達海等纂的《大清律集解附例》有云：

> 凡上書，若奏事誤犯御名及廟諱者，杖八十；餘文書誤犯者，笞四十；若為名字觸犯者（誤非一時，且為人喚），杖一百。其所犯御名及廟諱，聲音相似、字樣各別及有二字止犯一字者，皆不坐罪。

書首的〈御製大清律序〉繫於順治三年五月，稱「朕再三覆閱，仍命內院諸臣較訂妥確，乃允刊布」，至四年三月成書。中研院傅斯年圖書館亦藏一本，但因內文至少有十幾條律例點明為康熙初年訂定，且最晚的繫年是書末〈大清律新例〉內於康熙三年三月新增的幾條，知該本應為康熙初年的增修本。此書的文字雖多襲自《大明會典》，[19] 然因制訂及刊刻清朝第一部法典的工作想必極其慎重，故從傅圖藏本中的 10 個「玄」字全未避諱一事（圖表 2.2），知清朝入關之初的諱法較鬆，很可能只須遵古禮「二名不偏諱」的原則。

再查康熙二十九年《大清會典》（書中 10 個「玄」字僅 1 個未缺筆）中處罰犯諱者的律例，基本上亦同前書，且一直維持至清末，只不過宣統《欽定大清現行刑律》中改杖、笞為罰金，該刑最輕是一等罰（銀五錢），最重為十等罰（銀十五兩），上書奏事犯諱者乃處以八等罰（銀十兩），其餘文書誤犯者處四等罰（銀二兩），而若名字與御名或廟諱相同者，則處以十等罰。雖然有清一代對違犯御名及廟諱的律例，均稱若是音似但字樣有別，或「二字止犯一字」，皆無庸坐罪（圖表 2.2），但雍正以後各朝的實際情形常嚴峻得多。

---

[19] 趙用賢等，《大明會典》，卷 162，頁 17。

圖表 2.2： 明清律例中對犯諱的處罰。

❖ 趙用賢，《大明會典》（萬曆間刊本） 卷162，頁17

上書奏事犯諱
凡上書若奏事誤犯御名及
廟諱者杖八十。餘文書誤犯者笞四十。若爲名字觸
犯者杖一百。其所犯御名及
廟諱聲音相似字樣分別。及有二字止犯一字者皆
不坐罪○若上書及奏事錯誤當言原免而言

❖ 伊桑阿等，《大清會典》（康熙二十九年刊本） 卷112，頁27

上書奏事犯諱
凡上書若奏事誤犯
御名及
廟諱者。杖八十。餘文書誤犯者笞四十。若爲名字觸犯
者杖一百。其所犯
御名及
廟諱聲音相似字樣各別。及有二字止犯一字者皆不
坐罪○若上書及奏事錯誤當言原免而言不

孝玄孫嗣皇帝　孝玄孫嗣皇帝
孝(玄)孫嗣皇帝　孝玄孫嗣皇帝　卷60，頁17-19
奔玄孫嗣皇帝　卷61，頁22
房玄齡　卷63，頁3
玄孫緦麻　玄孫婦無服　玄緦　卷70，頁16-17
僣用玄黃紫三色　卷116，頁21

❖ 吳達海等，《大清律集解附例》（中國國家圖書館藏順治四年初刊本）

上書奏事犯諱
凡上書若奏事誤犯御名及
廟諱者杖八十餘文書誤犯者笞四十若爲名字觸
犯者誤非一時且爲人喚杖一百其所犯御名及
大清律 公式卷之三 三 丙
廟諱聲音相似字樣各別及有二字止犯一字者皆
不坐罪○若上書及奏事錯誤當言原免而

（傅斯年圖書館藏康熙三年左右增修本）

(玄)孫緦麻　(玄)孫婦無服　本宗九族五服正服之圖
(玄)緦　妻爲夫族服圖
(玄)孫　(玄)孫女　(玄)孫　服制
(玄)同嫡孫　卷1，頁41
(玄)爲小器物　卷12，頁3
僣用(玄)黃紫三色　卷12，頁14
(玄)武門　卷13，頁1

❖ 奕劻等，《欽定大清現行刑律》（宣統二年排印本） 卷4，頁6

上書奏事犯諱
凡上書若奏事誤犯御名及廟諱者處八等罰
餘文書誤犯者處四等罰若爲名字觸犯者
誤非一時且爲人喚處十等罰其所犯御名及廟諱聲
音相似字樣各別及有二字止犯一字者皆
不坐罪○若上書及奏事錯誤當言原免而

康熙《永平府志》在穆維乾小傳中記曰：

> 穆維乾……學問淵博，領順治乙酉鄉薦〔順治二年舉人〕……陞翰林院典簿。時修《四書》滿漢講意，[20] 至「羔裘元冠不以弔」，掌院葉公方藹為犯聖諱商於同僚，俱不能對。公曰：「大字仍原字以尊經，小註改“元”字以避諱。」掌院詢何所本，公曰：「《中庸》“慎獨”乃原字，小註改“謹”字。」掌院大悟云：「余自幼疑此，今始知朱子為避諱也。」[21]

翰林院掌院學士（康熙十七至二十年任）葉方藹在編纂滿、漢文的官定《四書》時，因《論語‧鄉黨》有「羔裘玄冠不以弔」句犯御名上一字，而商於同僚，該院典簿穆維乾答以《中庸》正文有「君子慎其獨」句，朱熹 (1130-1200) 於是在註釋中用「謹」代「慎」來敬避宋孝宗 (1127-1194) 趙眘（「慎」的古文）之例，建議官刻《論語》可仿其意，在書「羔裘玄冠不以弔」句時，仍用原字以尊經，小註則改用「元」字代「玄」。

知清律於順、康兩朝雖循前朝的傳統訂定了犯諱的罰則，但因只要不直接使用與帝名相同的兩字即可（因此無需明確規定分別遇此二字的書寫方式），故亦罕見被治罪的相關案例。隨著入主中原日久，許多官員對避諱益加敬謹：如在康熙二十年以後刊刻的《四書》中，註解如犯御名即改字；康熙二十九年《大清會典》中所有的 10 個「玄」字，除 1 個漏避外，[22] 餘皆敬缺末筆（圖表 2.2）。下文即舉例深入探討。

20　葉方藹曾於十九年四月請頒發《尚書講義》。參見《清聖祖實錄》，卷 89，頁 1131。

21　宋琬纂修，張朝琮續修，《永平府志》，卷 20，頁 28。

22　漏避與否的判斷通常可從其統計學上的意義為依歸，如康熙《大清會典》中的 10 個「玄」字，共有 9 個缺末筆，知編刻者對避諱應相當在意，而未缺筆的 1 個「玄」字，最可能是漏避所致。

（一）《時憲曆》或《通書》中的「玄」字

由於康熙朝並無具體諱例，只有遵古禮「二名不偏諱」的寬鬆原則，故避御名者或多屬自主行為：如天文官吳明炫即自行改名明烜（見第 3 章）；籍隸內務府包衣的曹寅弟曹宣，也很可能因當差時與皇帝互動的機會較多，且「玄」「宣」發音甚近，遂主動避嫌名，將其名的滿、漢文改成 “*ciowan*” 與「荃」，並刻有「曹宣今名荃」一印。[23]

清諱應自雍正帝始嚴，他在康熙六十一年十二月（登基後次月）假皇太后之言，將兄弟名中的行字「胤」全改成「允」。雍正元年十一月初九日更下諭：

> 古制，凡遇廟諱字樣，於本字內但缺一筆，恐未足以伸敬心，昨朕偶閱《時憲曆》二月月令內，見聖祖仁皇帝聖諱上一字，不覺感痛。嗣後中外奏章文移，遇聖諱上一字，則寫「元」字，遇聖諱下一字，則寫「燁〔同 “爗” 字，下文即不再區分〕」字。[24]

因康熙帝卒於六十一年十一月十三日，而欽天監依例在十月朔頒行翌年《時

---

23 羅盛吉以曹宣（尖音 *siowan*）不可能因避康熙帝御名「玄〔團音 *hiowan*〕」而改名「荃」，否則以其兄曹寅與康熙帝的親近互動，曹寅應不敢自號「荔軒」，而不避與下一字發音相同的「玄」！然當時旗人學習漢語應有尖團不分的通病，因分析清代入關前的《舊滿洲檔》以及順治乃至康熙初年的滿漢對音文獻，「一直反映出見精組細音字相混的現象，這當是當時滿族人所操非標準漢語口語的語言實際，是滿族人在學習漢語時受母語干擾出現的結果」（王為民語）。對曹宣而言，或因分不太清「宣」和「玄」（兩字只有聲母不同），故他還是決定自行改名以避御名。又，荔軒的「軒」，滿文原本該拼成 *hiyan*，但在明清之際開始有了新的讀音 *hiowan*，故對曹寅（或清初的滿人）來說，「軒」字可能可以兩讀：*hiyan*（與玄的韻母不同）或 *hiowan*。加上康熙朝尚無具體諱例，故曹寅以「荔軒」為號，並不必然有犯諱之嫌（事實上，在曹寅所重刻的宋・丁度等《集韻》一書中，缺筆及不缺筆的「玄」字即均見）。參見羅盛吉，〈清朝滿文避諱漫議〉；王為民，〈滿文文獻與尖團音問題〉。感謝新竹清華大學語言所謝豐帆老師的指教。

24 《清世宗實錄》，卷 2，頁 62、卷 13，頁 233-234。

憲曆》，[25] 知帝駕崩時應已頒布《大清康熙六十二年歲次癸卯時憲曆》並大量刊傳。待雍正帝於康熙六十一年十一月二十日登基後，監官為因應新年號且癸卯曆還不曾開始使用，故應會從速改雕必要之版（只需改頭尾各一葉），並以「大清雍正元年歲次癸卯時憲曆」之名重新刊傳，今北京故宮博物院圖書館即藏有此年的兩種異名曆書。[26] 若康熙朝早有諱例，前引雍正元年諭旨應在說明該如何避先帝御名時，亦提及舊律令中的相關規定。[27]

中國國家圖書館藏康熙十五、十八、五十三、六十一年官刻的《時憲曆》（應為當年最暢銷書之一[28]），均不避節候中「玄鳥至」「玄鳥歸」的首字；[29] 但有私家編纂的《大清康熙五十五年歲次丙申便覽全備通書》，卻自主敬缺「玄」字末筆。《大清雍正二年歲次甲辰便覽溪口通書》則未避「玄」，此或因其刻在前一年十月朔之前不久，[30] 而雍正帝於元年十一月才首頒涉及諱例的諭旨，稱他在新刻雍正二年曆中痛心見到「玄鳥至」一詞，故諭令以後凡遇「玄」字，均應寫成「元」（此為宋代已行用的傳統諱例，見後文），但這對一個多月前就大量刊傳的《大清雍正二年歲次甲辰便覽溪口通書》而言，已來不及更改。至於中國國家圖書館所藏的《大清雍正九年歲次辛亥時憲曆》，則遵旨改書成「元鳥至」「元鳥歸」（圖表 2.3）。

---

25 允祿等，《大清會典》，卷 246，頁 1。

26 春花，〈論清代頒行曆"時刻表"內的地名特點〉。

27 如咸豐四年即稱「嗣後凡遇宣宗成皇帝廟諱，缺筆寫作"寍"者，悉改寫作"甯"」。參見崑岡等修，劉啟端等纂，《欽定大清會典事例》，卷 344，頁 15。

28 黃一農，《制天命而用：星占、術數與中國古代社會》，頁 133。

29 中國傳統曆法將一年劃分為二十四氣，以十二個節氣和十二個中氣相間排列，每氣又再分成三候。二月中氣為春分，分玄鳥至、雷乃發聲、始電三候；八月節氣為白露，分鴻雁來、玄鳥歸、群鳥養羞三候。

30 雍正五年《宮中檔》奏摺稱當時蘇、松地方有私印《溪口全書》者，「公然於朝廷未曾頒曆之先，各處呈送」，以因應市場的時效性。因其內容「便於算命選日」，故四處「沿門送書求賞」。參見臺北故宮博物院文獻編號 402014279；黃一農，《制天命而用：星占、術數與中國古代社會》，頁 291-323。

圖表 2.3： 中國國家圖書館藏曆書或通書中的「玄」字寫法。

大清康熙十八年歲次己未時憲曆

二月大 建丁卯

八月大 建癸酉

❶ 玄鳥至

❷ 玄鳥歸

大清康熙五十三年歲次甲午時憲曆

二月小 建丁卯

八月小 建癸酉

❸ 玄鳥至

❹ 玄鳥歸

大清康熙六十一年歲次壬寅時憲曆

二月大 建癸卯

八月小 建己酉

❺ 玄鳥至

❻ 玄鳥歸

大清雍正二年歲次甲辰便覽溪口通書

二月大 建丁卯

大清康熙五十五年歲次丙申便覽全備通書

凶神 勾陳 玄武 朱雀 白虎 天刑 天牢 天雷 螣蛇

❼ 玄武

❽ 玄武

《大清雍正九年歲次辛亥時憲曆》

二月大 建辛卯

八月大 建丁酉

❾ 元鳥至

❿ 元鳥歸

（二）康熙朝的御名表述情形

康熙朝中國社會自主避御名的方式，除缺筆外，改字時也出現多樣選擇，且同一文本中避諱與不避常混見。如筆者在耙梳元代狀元王文燁及明代進士虞德燁的材料時，即可從歷來方志見到「燁」的各種諱法：缺末筆、改部首（如替以「曄」「爗」）、兼用兩方式，或以「華」「煜」「煌」「熠」取代（圖表 2.4），這些「燁」的改字多採用原本就已存在的異體字或音義相近字，其多樣性遠超過陳垣所謂的「玄燁，以“元煜”字代」！而即使在雍正元年十一月之後，也不曾皆依新頒諱例統一寫成「元」和「爗」（事實上，避諱時通常只要不直書御名之字，即可被接受），更偶可發現少數的漏避。

陳垣以「煜」代「燁」之說，應出自乾隆帝在修《欽定四庫全書》時的諭旨，因原先恭代之「爗」字係「燁」的古體，未足以示敬，故令館臣若遇人名觸犯此字者，有字號則書字號，無字號則改用「煜」。然因科場條例仍規定寫「爗」，嘉慶八年遂下令「一切官私文字」皆寫成「煜」，否則即視同違式。[31] 清人還常將「燁」字的避諱擴及至「曄」，如《四庫》中的范曄（字蔚宗）《後漢書》，即題為范蔚宗撰，趙曄的《吳越春秋》亦題為趙煜撰。今《文淵閣四庫全書》除可見 42 個漏避改的「燁」，還出現 232 個「范煜」、3 個「范燵」、546 個「范蔚宗」、1488 個「范曄」、970 個「范曅」，知館臣並不曾採取一致的作法。其實，順治朝之前的文獻已常見「范蔚宗」，康熙朝以後更屢見未缺筆的「范曄」（亦有一些下一字缺末筆）；此外，同書中也可見兼用「范曄」「范蔚宗」者，如陳繼儒在崇禎間出版的《晚香堂集》及黃叔琳在乾隆十二年刊傳的《史通訓故補》即然（圖表 2.5）。又，除《御定佩文韻府》外，康熙朝的字書或韻書（應較會反映官方態度）尚未發現有將「曄」缺筆或改字者（圖表 2.6 及 2.7）。

---

31 托津等，《欽定大清會典事例》，卷 276，頁 13-14。

圖表 2.4： 虞德燁與王文燁兩進士人名在明清方志中的寫法。

❖《（崇禎）義烏縣志》
虞德燁 卷9，頁38
虞德燁字光卿號紹東 卷14，頁17

❖《（康熙）義烏縣志》
立祠以祀邑人虞德燁惠元元精嚴 卷10，頁15
虞德燁字光卿號紹東 卷14，頁32

❖《（乾隆）浙江通志》
虞德燁義烏人雲南參政 卷133，頁4

❖《（乾隆）芷江縣志》
虞德燁浙江義烏人進士萬曆十四年任 卷7，頁4

❖《（嘉慶）義烏縣志》
紫垣宣化坊華溪虞德燁為立明 卷1，頁31
青瑣陳謨坊華溪虞德燁為立明 卷1，頁31
虞德燁字光卿號紹東守愚孫 卷15，頁14

❖《（宣統）金華府志》
虞德燁號紹東隆慶辛未進士事中南京理光祿卿歷 卷17，頁27

❖《（同治）茶陵州志》
劉琳孫字存吾嘗國路總管入鄉賢天歷庚午王文燁榜按史改至順元年 卷17，頁3

❖《（同治）崇仁縣志》
至順元年庚午王文燁榜 卷7-2，頁7

❖《（光緒）宣城縣志》
至順庚午王文燁榜 卷13，頁13

❖《（同治）靖安縣志》
至順元年庚午王文燁榜 卷8，頁6

❖《（嘉慶）西安縣志》
至順元年庚子王文燁榜 卷26，頁23

❖《（道光）吉水縣志》
至順元年庚午王文燁榜 卷20，頁14

❖《（嘉靖）江西通志》
至順元年庚午王文燁榜 卷11，頁52

❖《（康熙）鄒平縣志》
兩狀元坊為元劉汝翼王文燁立 卷2，頁17
進士 按進士之科始於唐而邑無聞焉五代田敏宋王舉皆詭登科宋開起元劉汝翼王文燁劉文芳皆試舉進士今俱於人物 卷5，頁1

❖《（康熙）安福縣志》
至順元年王文燁榜劉聞 卷2，頁42

❖《（康熙）江西通志》
至順庚午科王文燁榜 卷17，頁84

❖《（乾隆）安陽縣志》
徐昺大曆二年登王文燁榜 卷7，頁4

❖《（乾隆）浙江通志》
至順元年庚子王文燁榜 卷129，頁45

❖《（同治）麗水縣志》
至順元年庚午王文燁榜 卷9，頁18

❖《（同治）饒州府志》
至順元年庚午王文燁榜 卷14，頁38

❖《（同治）安福縣志》
至順元年庚午王文燁榜 卷8，頁44

❖《（光緒）吉水縣志》
至順元年庚午科王文燁榜 卷28，頁13
至順元年庚午王文燁榜

圖表 2.5：明清文獻中對「范曄」的寫法。

❖ 鍾惺，《隱秀軒集》（天啟二年刊本）

意有不得逞亦蟻封盤馬意也范蔚宗

❖ 馬之駿，《妙遠堂全集》（天啟七年刊本）

所傳扁鵲倉意范蔚宗所傳華陀無論其設

❖ 董其昌，《容臺文集》（崇禎三年刊本）

婦德不著閫外而范蔚宗後漢書特爲立傳至與
必盡以至女師婦順又倣劉向范曄之凡例而爲

❖ 戴澳，《杜曲集》（崇禎間刊本）

不逞也借問其有可不朽與否耳范蔚宗

❖ 陳繼儒，《晚香堂集》（崇禎間刊本）

公者即東山不出洛下不相而班孟堅蘭臺范蔚宗之
之卜筮董直之斷獄平子洛下之星曆班固范曄之與
而有禮豈非劉氏之女宗母師哉劉向范曄傳列女凡

❖ 曹履吉，《博望山人稿》（崇禎十七年刊本）

逐於萬里之外范蔚宗恨多公家之言少事外遠

❖ 陳孝威，《壺山集》（順治間刊本）

范蔚宗作賊自鄙其他臨難偷活屈膝乞全者

❖ 徐政修，馬驌纂，《鄒平縣志》（順治十七年刊本）

范蔚宗不作王子功臣侯表以致一代封爵無

❖ 郎遂，《杏花邨志》（康熙二十四年刊本）

范曄東漢陳壽三國自晉以

❖ 劉淇，《助字辨略》（康熙五十年刊本）

疑許之辭論語朞月而已可也此借可之辭文范
曄後漢書自叙班氏最有高名既任情無例雅志

❖ 陳夢雷，《古今圖書集成・山川典》（雍正銅活字本）

山九門有之范曄采合而書之於志曰碣石有山在

❖ 陳夢雷，《古今圖書集成・家範典》（雍正銅活字本）

范曄傳曄家樂器服玩並皆珍麗妓妾亦盛飾母住

❖ 陳夢雷，《古今圖書集成・草木典》（雍正銅活字本）

出八九始范曄以諸香品時輩後侯朱虛撰百官本

❖ 黃叔琳，《史通訓故補》（乾隆十二年刊本）

簡質叙致温雅味其宗旨亦孟堅之亞歟爰洎范
曄始革其流遺弃史才矜衒文彩後來所作他皆
傳是也如此標格足為詳審至范曄舉例始全錄

❖ 武億，《群經義證》（嘉慶二年刊本）

御座步就東廂口詠范蔚宗後漢書贊云獻生
不辰身播國屯終我四百永作虞賓遂入北城
貧而樂案野容叢書或者謂范曄舉孔子稱貧而樂道富而

（此圖表乃耙梳自「典海」「雕龍」等資料庫，因篇幅所限，未能詳列卷頁）

圖表 2.6：康熙《御定佩文韻府》內府刻本對御名及東宮名的寫法。

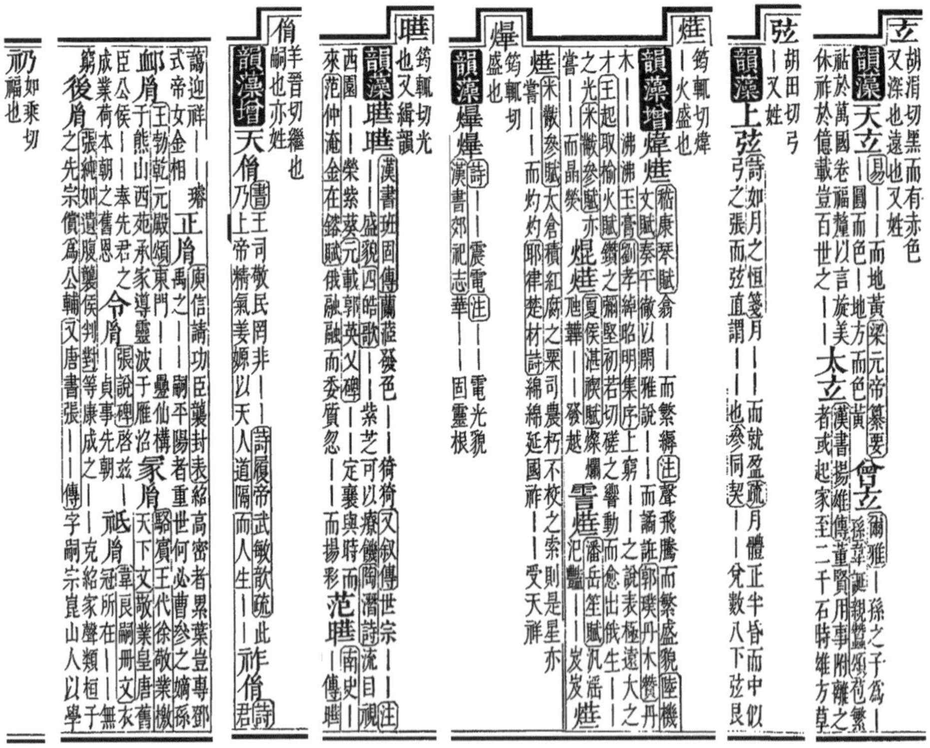

再者，拜近年一些中文古籍收藏單位開放政策的澤惠，大量古書的各種版本開始可在網上查閱。筆者發現由張玉書等奉敕編纂的《康熙字典》（康熙五十五年刊本），乃以缺末筆的方式敬避「玄」「燁」二字，且註明其為「御名」，但對順治帝福臨之名則否。至於《廣韻》（康熙六年刊本）、《字學正本》（康熙八年刊本）、《諧聲品字箋》（康熙十六年刊本）等民間出版物，則完全未考慮避諱。倒是曹寅於康熙四十五年在揚州使院重刻宋代丁度等的《集韻》一書時，缺筆及不缺筆的「玄」均見，但對「燁」「曄」二字，則無避諱（圖表 2.7）。

圖表 2.7：康熙朝字書或韻書中對御名的寫法。

❖ 張玉書等，《康熙字典》（康熙五十五年刊本）

❖ 李京，《字學正本》（康熙八年刊本）

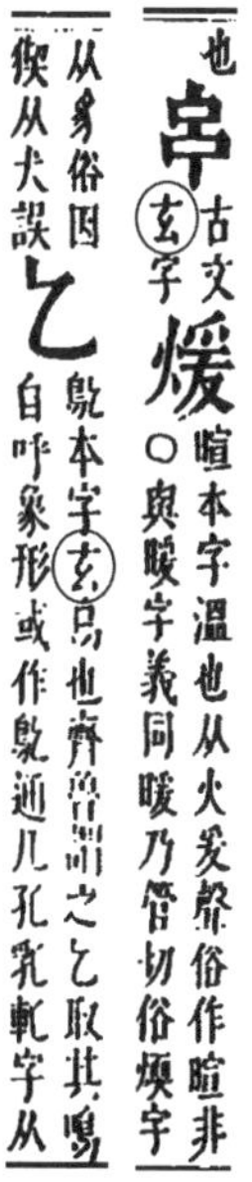

❖ 虞德升，《諧聲品字箋》（康熙十六年刊本）

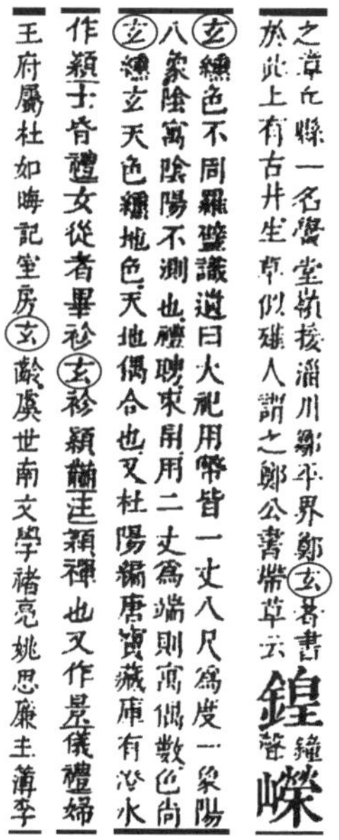

❖ 陳彭年等撰，《廣韻》（康熙六年刊本）

❖ 丁度，《集韻》（康熙四十五年揚州使院刊本）

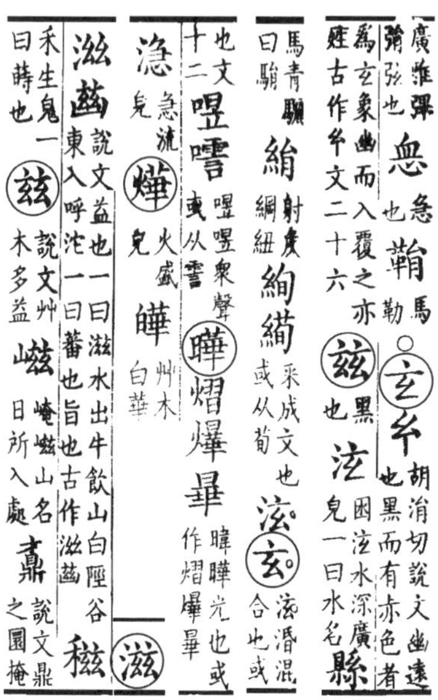

康熙朝其它方志同樣可略見此情狀，如康熙九年《永州府志》刻本中有3個「熚」及2個「燁」字，皆未缺筆，但全書的38個「玄」字均缺末筆；康熙三十四年刻《河南通志》中共有21個「熚」及441個「玄」字，僅約57個「玄」以缺末筆的方式敬避；至於康熙五十二年刻《安福縣志》，共有5個「熚」字，均未缺筆；12 個「玄」字當中，4個未缺筆、4個缺末筆、3個缺首筆、1個首末筆均缺。相對於「玄」字的缺筆，「熚」字的缺筆尤少見，[32] 知康熙時人對避諱並不嚴謹（前引方志皆為地方官主導編纂），且較注重御名的上一字，故若以此斷年時應特別小心。

王彥坤在其《歷代避諱字彙典》中亦按：

> 至《史通・因習篇》：「范曄既移題目於傳首，列姓名於卷中，而猶於列傳之下，注為《列女》《高隱》等目。」錢氏《養新餘錄》卷中引之，首句乃作「蔚既移題目於傳首」，但稱范曄字「蔚宗」之前一字，則割裂矣。[33]

稱錢大昕以范曄別字「蔚宗」的前一字來表達敬避御名之意。然錢書或僅是單純漏刻了「宗」字，因同葉有一處就以「蔚宗」稱呼范曄，且同書另有一處以「范蔚宗」稱之，並未皆以「蔚」代指「蔚宗」。[34]

至於曹寅參與編纂的康熙內府刻《御定佩文韻府》中，「玄」「熚」「曄」「胤」皆缺末筆，「燁」「礽」則未避（圖表2.6）。惟同書乾隆朝

---

32 在「中國方志庫」所收404種康熙朝刊刻的志書中，提及「玄」字者共312種，其中曾出現缺筆「玄」字者為237種(76%)；出現「熚」字者有123種，其中出現缺筆「熚」字者只有13種(11%)。此故，雍正帝在論及御名之避諱時，即嘗概稱「從來只諱上一字，近來將下一字都要諱，覺太煩」（詳見第4章第1節）。

33 王彥坤，《歷代避諱字彙典》，頁331。

34 錢大昕，《十駕齋養新餘錄》，卷中，頁1及11。雖然傳統亦有僅取用名號的首字尊稱他人，但後皆加一單字的敬詞（如號東坡居士的蘇軾被稱「坡公」，號外廬的侯兆麟被稱「外老」），而罕見只以名號中之一字逕稱（應不會稱蘇軾為「坡」、侯外廬為「外」）。惟在私人信件或日記中，對極親密之人或有此稱謂。

的文淵閣四庫鈔本中，則有未避改的「玄」字 6 個、「胤」字 2 個，以及 10 個「范曄」、16 個「范曤」。雖然康熙帝與曹寅的主屬關係十分密切，[35] 但同為曹寅刊刻的《集韻》和《御定佩文韻府》，避諱與否的情形即不一，知當時律令上應無明確規定。事實上，在諱法已頒的時代，即使是官方色彩較重的文本，有時亦難免出現漏避（見後文）。

再以位於紫禁城景陽宮東側的「玄穹寶殿」為例，北京故宮網站稱其「後避康熙皇帝諱，更名為天穹寶殿」，[36] 然查不晚於康熙十六、七年繪製的《皇城宮殿衙署圖》（詳見後文）和乾隆十五年完成的《清內務府京城全圖》，[37] 卻均記作「玄穹寶殿」，只是後圖的「玄」缺末筆（圖表 2.8 及 2.11）。又，因雍正七年正月有《天穹寶殿陳設底檔》的檔名，[38] 且雍正元年七月至四年六月的內務府造辦處活計檔中，更數次提及「天穹寶殿」或「天穹殿」之名，知「玄穹寶殿」至遲在雍正元年七月應已改書成「天穹寶殿」，但這並不表示改名就一定發生在康熙帝即位之初。而從《清內務府京城全圖》中仍見「玄穹寶殿」一詞，知內廷或仍有人習慣以舊名稱之。

另，《清內務府京城全圖》上共發現十多處宮中建物的名中有「玄」字，如使用缺筆「玄」字的大高玄殿、觀玄庵、崇玄觀、玄應廟、玄極觀、玄帝廟（四處）、崇玄門、玄恩廟、宏玄庵等（圖表 2.8），由於其數不少（僅闡玄殿、玄壇廟的「玄」字未缺筆），不應全已更名，但仍沿用舊稱！不知是否因是先帝御旨興建或命名，且先前雍正帝只規定「奏章文移〔未直指宮殿、廟宇〕」應改「玄」為「元」（第 4 章第 1 節），遂未敢更名？

---

35 黃一農，《曹雪芹的家族印記》，頁 205-360。

36 https://www.dpm.org.cn/explore/building/236542.

37 2009 年紫禁城出版社曾以《清乾隆內府繪製京城全圖》之名重印《清內務府京城全圖》，日本東京的國立情報學研究所亦已將全圖數位化，並在網上提供免費閱覽與檢索，參見 http://dsr.nii.ac.jp/beijing-maps/。

38 王子林，〈天穹寶殿考〉；宋曈，〈雍正時期暢春園的職能轉變〉。

圖表 2.8：乾隆《清內務府京城全圖》上出現缺筆「玄」字的地名。

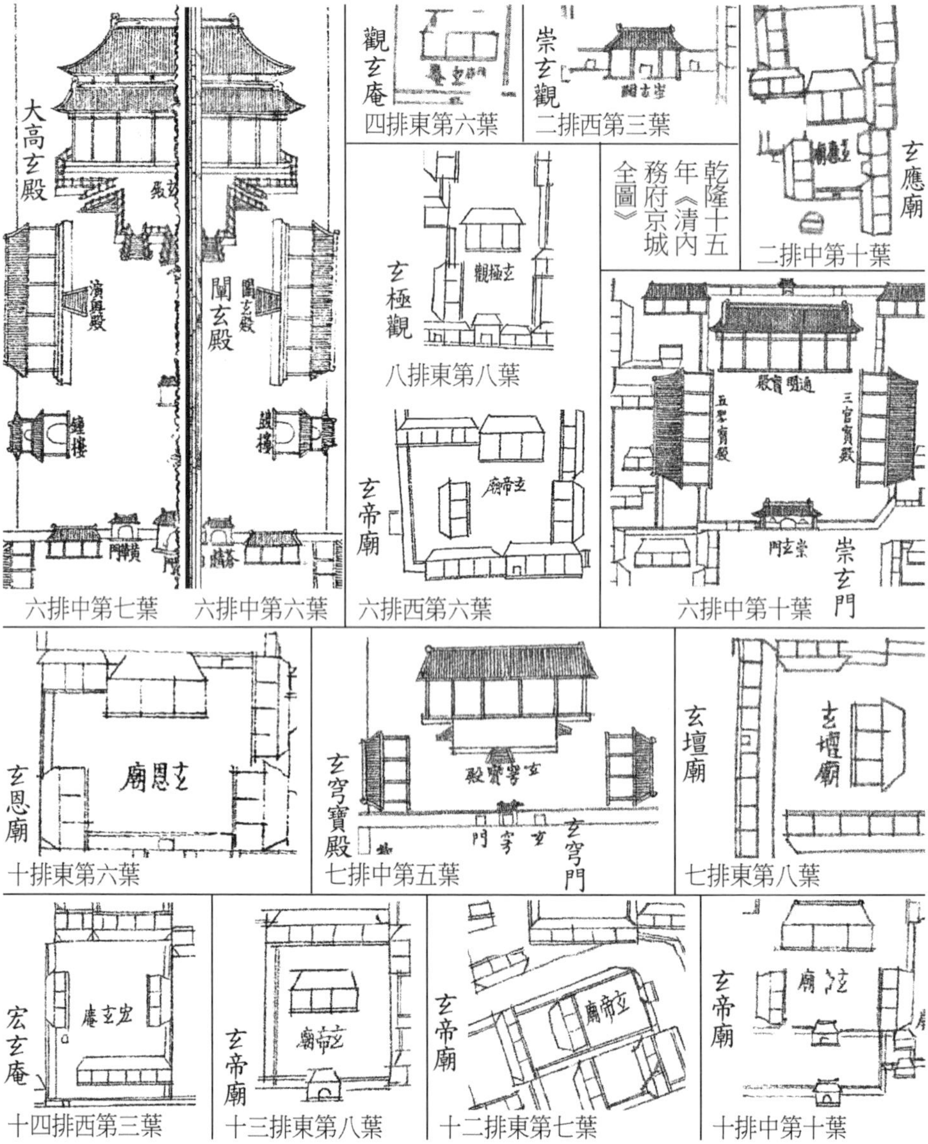

（三）「玄武門」改名「神武門」的時間

明永樂十八年 (1420) 建北京城，次年元旦起正式遷都，《皇明典禮志》有云：「廟社、郊祀、壇場、宮殿、門闕規制悉如南京……宮後門曰玄武門。」[39] 但在近人所撰介紹故宮的大量著述中，多在無論據的情形下，以康熙即位後旋因敬諱帝名而改「玄武門」為「神武門」，或逕稱改名發生在康熙朝重修此門（史料未記此事）之時。

文史學界對改名一事的看法亦然，如陳垣在其名著《史諱舉例》中稱：

> 一、世祖，愛新覺羅氏，福臨，第二子名福全，其始固無所謂避諱。
>
> 二、聖祖，世祖子，玄燁，以「元」「煜」字代，稱范曄為范蔚宗，玄武門改神武。

點出順治帝次子福全並不避其父福臨的漢名，更在未提供論證的情形下，指清諱始自康熙帝即位。[40]

清史名家杜家驥 (1949-) 在討論清代制度時，亦循陳垣之說：

> 康熙的名字叫玄燁，有一個「玄」字，皇宮的北門玄武門到清代康熙繼位後就叫神武門了。玄孫，改稱元孫，康熙繼位以後的文獻都這麼改稱。[41]

此外，古籍研究專家李致忠 (1938-) 在其屢被當作教材的《古書版本鑒定》一書中，也記曰：

---

[39] 郭正域，《皇明典禮志》，卷 19，頁 2-3。

[40] 此段參見陳垣，《史諱舉例》，頁 108-109。

[41] 杜家驥，《杜家驥講清代制度》，頁 297。

> 北京故宮的後門原名玄武門，這是符合古時前朱雀、後玄武、左青龍、右白虎的格局的。但因清聖祖名玄燁，改「玄」為「神」，名為神武門了。在古書中若出現了神武門字樣，則此書之刻當在康熙及康熙以後了。若稱玄武門，則此書之作之刻當在康熙以前。[42]

主張古書中若出現玄武門或神武門之名，即可用以判斷其年代是在康熙帝即位之前或之後。其它晚近出版的避諱專書，亦持同樣說法。[43] 又如《古本小說集成提要》所收眾書的解題，也皆以康熙前期做為避諱「玄」字與否的界線。[44]

考量尚未發現清代有記何時將故宮「玄武門」改名為「神武門」的文獻記載，我們或許得透過大數據仔細耙梳相關用例並斷出其年代後，才有機會理清此事。由於「玄」字的避諱有時會改用「元」字，筆者因此透過大數據有系統地查索出現「玄武門」「元武門」或「神武門」的清代文獻，排除許多只是借用「神武掛冠」之典或關涉「玄武門之變」的內容，將範圍限縮在實指北京此門者。[45] 圖表 2.9 即從各種資料庫共耙梳出十幾條材料，其中出自詩文別集者，多可從其編年體例推判撰寫時代。

---

42 李致忠，《古書版本鑒定》，頁 288。

43 如見王建，《中國古代避諱小史》，頁 285-288。

44 如見《古本小說集成提要》，頁 83-84、86、221-222、226、372-373。

45 古代涉及神武門或玄武門的知名史事主要有二：1.《南史》稱陶弘景「家貧……脫朝服挂神武門，上表辭祿」（卷 76，頁 1897），遂有「神武掛冠」之典，以喻辭官歸隱；當時南朝以建康（今南京）為都，該「神武門」本名「神虎門」，因避唐高祖之祖父李虎之名而諱改。2. 唐高祖武德九年(626)發生「玄武門之變」，李淵次子李世民在都城長安的玄武門發動流血政變，殺死太子李建成，稍後李淵將皇位禪讓給李世民，是為唐太宗，開啟了「貞觀之治」。此兩史事所發生的地點皆不在北京！

圖表 2.9：清初文獻中的「玄武門」「元武門」及「神武門」。

❖ 屈大均輯，《廣東文選》（康熙二十六年刊本）

北京賦　明・黃佐　卷24，頁34及43

於焉再睹蓋自玄武門外出北上中山勢蜿蜒而

❖ 白胤謙，《東谷集》（順治康熙間刊本）

春日玄武門同劉憲石先生　順治初年　卷13，頁5

❖ 吳達海等纂，《大清律集解附例》（康熙初年刊本）

凡擅入皇城午門東華西華玄武門及禁苑者　卷13，頁1

❖ 《清代起居注冊・康熙朝》

康熙十一年壬子正月二十四日辛未

上隨輦步行至神武門乘馬隨輦出神武門排設

❖ 錢澄之，《田間詩集》（康熙二十九年刊本）

煤山　康熙十二年　卷19，頁4

玄武門通一水環君王遺恨滿煤山廷爭未必南遷謬

❖ 王士禛，《帶經堂集》（康熙五十年刊本）

元武門邊侍直餘淋漓飛白紀恩初從今不羨鍾

康熙十七年閏三月　卷33，頁2

❖ 高士奇，《隨輦集》（康熙二十八年或稍後刊本）

神武門

賜觀西洋進貢獅子恭紀　康熙十七年八月　卷3，頁12

❖ 葉方藹，《葉文敏公集》（康、雍間遞鈔本）

八月六日於神武門賜觀西洋進貢獅子　康熙十七年八月　無頁碼

❖ 陳廷敬，《午亭集》（康熙四十一年刊本）

上御神武門召觀西洋進貢獅子　康熙十七年，卷21，頁9

❖ 張英，《存誠堂詩集》（康熙四十三年刊本）

八月六日于神武門觀西洋進貢師子恭紀

康熙十七年　應制詩，卷3，頁2

❖ 顧景星，《白茅堂集》（康熙間刊本）

萬歲山 遼始築土山宋宣和中汴京築艮岳每鑾幸群鳥飛鳴主山者唱萬歲山鳥雀迎鑾金主移艮岳花石于此亦號萬歲山歷代爲游幸之所

禁城朝日敞曈曨元武門前望鬱蔥種就虬龍皆遶殿

康熙十八年　卷20，頁9

❖ 顧汧，《鳳池園詩集》（康熙五十年刊本）

景山侍宴　康熙二十四年　卷4，頁24

神武門前映夕陽蕃王簇簇賜冠裳筵開別殿依

❖ 王熙，《王文靖公年譜》（康熙四十六年刊本）

上巡幸邊外早於神武門外送　康熙卅二年　頁73

❖ 揆敘，《益戒堂自訂詩集》（雍正二年刊本）

詠門神次查夫子韻六首　康熙卅二年

神武門前投刺少略煩蛛網綴纓冠 用沈石田語　卷2，頁8-9

❖ 魏荔彤，《懷舫詩集》（康、雍間刊本）

水湖口登舟晚行憶京師　康熙五十二年

神武門前亦日衰有誰相憶到沙汀　卷6，頁8

❖ 唐祖價，《陳恪勤公年譜》（道光間刊本）

康熙五十九年五十八歲　康熙五十九年　卷下，頁1

在　武英殿　謝夫人歸湘　出繼子樹英補弟子員

京師地震神武門樓鴟吻墮時與左通政陳允恭中

現將較重要的幾條析探如下：

1. 白胤謙《東谷集》康熙間刻本有〈春日玄武門同劉憲石先生〉，此詩往後數第23首為〈哭孫二如總憲二首〉，[46] 該詩乃悼念卒於順治六年十月的左副都御史孫昌齡，[47] 知玄武門在順治初尚未改名。
2. 增修於康熙三年左右的《大清律集解附例》，可見「凡擅入皇城午門、東華、西華、玄武門及禁苑者，各杖一百」之律。[48] 亦即，紫禁城的北門至少在康熙三年仍名為「玄武門」。又，在康熙二十九年序刊的《大清會典》以及雍正三年內府遞刻的《大清律集解附例》中，「玄武門」已改「神武門」，[49] 且後書不再出現任何「玄」字。
3. 起居注館設立於康熙十年八月，清代《起居注冊》除部分缺佚外，即起自康熙十年九月，迄於宣統三年十二月。查「書同文古籍數據庫」中的「清代歷朝起居注」，康熙朝未見任何「玄」及「燁」，而「神武門」則有280筆，最早於十一年正月二十四日條兩度出現「神武門」之名，知康熙十一年正月之前應已改名「神武門」。

綜前，「玄武門」改名「神武門」很可能發生在康熙三至十一年間。事實上，我們尚未發現「神武門」一名見於康熙十一年正月以前的文本。

但「玄武門」或「元武門」之名至十七、八年應仍有人使用，如顧景星《白茅堂集》中賦於康熙十八年的〈萬歲山〔景山或煤山之別名〕〉，即見「元武門前望鬱蔥」句（圖表2.9）。顧氏是此年正月才應博學鴻儒之詔抵京，或因還不太習慣新名，遂仍稱「玄武門」，只是將「玄」字避改成「元」。由於《白茅堂集》康熙刻本有逾百處出現「玄」字，全都以各種

46 白胤謙，《東谷集》，詩，卷13，頁5-10。

47 《清世祖實錄》，卷46，頁370。

48 吳達海等纂，《大清律集解附例》，卷13，頁1。

49 伊桑阿等纂，《大清會典》，卷41，頁20；朱軾、常鼐等纂修，《大清律集解附例》，卷13，頁2。

方式敬避御名：大多缺末筆，但亦可見改「玄」為「元」，或刻作「玄〔形似“玄”，但未缺筆〕」的情形（圖表 2.10），且同一名詞（如「鄭玄」「玄武」「玄鳥」「玄冥」「玄龜」等）的避諱之法常不一致，故應只是臨文的隨性選擇。由於《白茅堂集》初刻於康熙四十三年甲申歲，而〈萬歲山〉一詩並未使用已改多年的「神武門」一名，知原詩句乃用「元武門」。[50]

至於葉方藹、陳廷敬、張英、高士奇等人在康熙十七年八月初六日應皇帝之邀觀西洋貢獅時，何以在所賦詩中將地點全記為「神武門」（圖表 2.9）？此或因其皆為臣僚奉皇帝之命所作的應制詩，帶有濃厚的官方色彩，自當特別注意使用已正式更改的新名。

圖表 2.10：顧景星《白茅堂集》康熙間刻本中「玄」字的表述。

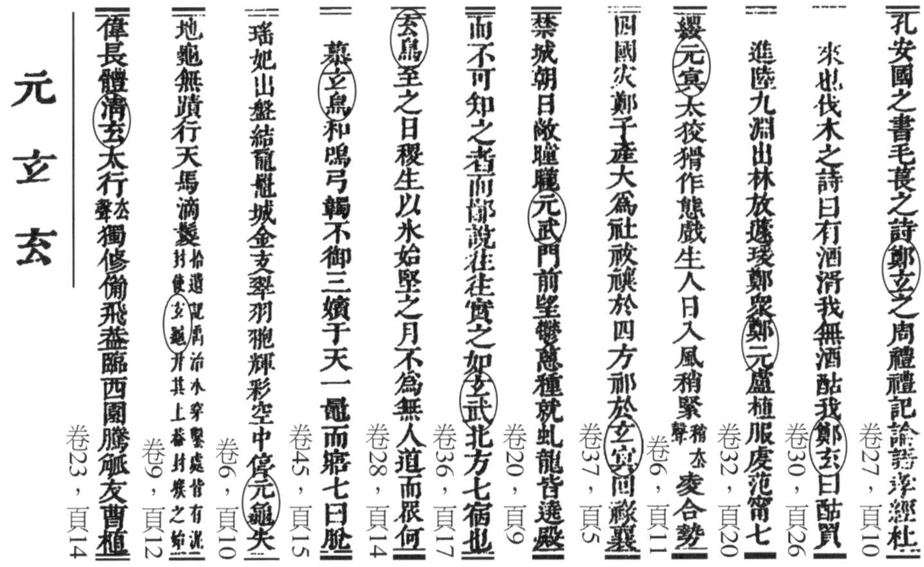

孔安國之書毛萇之詩鄭玄之周禮禮記論語孝經杜　卷27，頁10
來也伐木之詩曰有酒湑我無酒酤我鄭玄曰酤買　卷30，頁26
進臨九淵出林放逐豕鄭衆鄭元盧植服虔范甯七　卷32，頁20
纓元冥太狡猾作態戲生人日入風稍緊稍太聲麥合勢　卷6，頁11
因國次鄭子產大爲社祓禳於四方祁於玄冥回祿襄　卷37，頁5
禁城朝日敞曈曨元武門前望鬱蔥種就虬龍皆遠壓　卷20，頁9
而不可知之者而鄒說往往實之如玄武北方七宿也　卷36，頁17
玄鳥至之日稷生以冰始堅之月不爲無人道而服何　卷28，頁14
慕玄鳥和鳴弓韣不御三嬪于天一鼂而嫏七日毈　卷45，頁15
瑤妃山盤結龍蟠城金支翠羽飽輝彩空中停元龜失　卷6，頁10
地黿無蹟行天馬滿髮拾遺記禹治水穿鑿處皆有迹封使玄龜并其上印封埃之跡　卷9，頁12
偉長體清玄太行太公聲獨修偏飛蓋臨西園騰觚友曹植　卷23，頁14

元
玄
玄

50 若在顧昌刊刻其父遺集時，才將原本的「玄武門」諱改為「元武門」，那就不易理解他為何不逕改成早已行用多年的新名「神武門」，此舉且不影響詩句平仄。

另，臺北故宮博物院所藏的《皇城宮殿衙署圖》是現存清代最早勾勒北京皇城建築佈局的輿圖，學界先前對其繪製時間的判斷迄無共識，但均落在順治十幾年至康熙二十幾年間（見後文）。值得注意的是，由於圖上明確記載宮後門為「神武門」（圖表 2.11 右下），這對判斷「玄武門」何時改名一事相當關鍵，有必要深入探索。

劉敦楨 (1935) 考核《皇城宮殿衙署圖》的建物後，發現圖中未標注景山官學（康熙二十五年設）、奉宸苑（二十三年設）、造辦處（二十九年設），故推估此圖應成於康熙中葉以前。又因未見康熙十八年建成的毓慶宮（圖表 2.11），疑該圖繪成或更在此前。[51]

王子林 (2014) 因康熙二十二年才開工重建的文華殿、啟祥宮、咸福宮（後兩者今屬西六宮），及二十五年重建成的延禧宮、永和宮、景陽宮（屬東六宮），[52] 俱未見於《皇城宮殿衙署圖》，故以繪製時間在康熙二十二年之前。[53] 李燮平 (2016) 指出《皇城宮殿衙署圖》仍見完成於順治十四年的上帝壇，但他認為該壇廢於十八年正月十三日，故主張此圖可能是其間繪成。然康熙帝應不至於甫即位（正月初九日）就急著下令將其父興建才三年多的祭祀場所拆毀！據《清實錄》記載，當時只是請諸臣詳議告祭昊天上帝的地點，尋以「冬至祀天於南郊」的古禮較隆重，故將禁中上帝壇的祀天禮「罷祭」，康熙皇帝遂自此定於每年的十一月冬至大祀天於圜丘，親祭如儀。[54] 此故，圖表 2.11 右上角雖漏書上帝壇之名，但其規制（包含西門外供祭祀時宰殺牲物的省牲亭）仍清楚可見，並未遭拆毀。

---

51 劉敦楨，〈清皇城宮殿衙署圖年代考〉。

52 于敏中，《國朝宮史》，卷 12，頁 32、卷 13，頁 3。

53 王子林，〈慈寧宮大佛堂考〉。

54 《清世祖實錄》，卷 113，頁 882；《清聖祖實錄》，卷 1，頁 43；《皇朝文獻通考》，卷 92，頁 1、卷 116，頁 16；朱慶征，〈順治朝上帝壇：昭事殿始末談〉；李燮平，〈明至清初時期的養心殿〉。

圖表 2.11：《皇城宮殿衙署圖》上的部分建物。

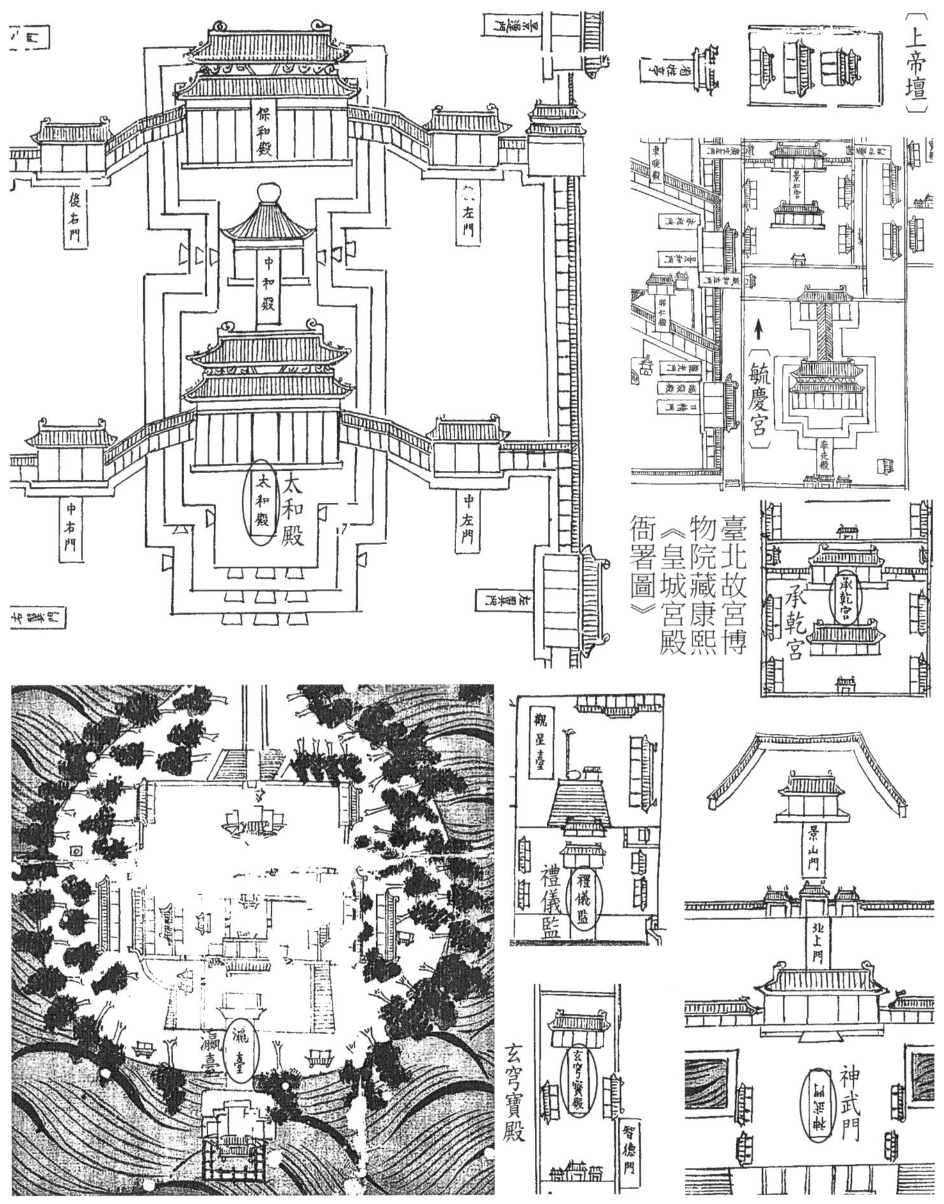

臺北故宮博物院藏康熙《皇城宮殿衙署圖》

王其亨及張鳳梧 (2020-2021) 在審視《清內務府京城全圖》（乾隆十五年繪製）與《皇城宮殿衙署圖》的異同，並對照相關文獻後，另有新發現：

1. 康熙十八年十二月初三日太和殿遭祝融焚毀，皇帝因此下詔罪己，但《皇城宮殿衙署圖》上太和殿連同兩翼的抄手斜廊赫然皆在（圖表 2.11）。
2. 滿文《內務府雜錄檔》詳記康熙十六年四月十二日承乾宮抱廈油飾核銷事，[55] 然《皇城宮殿衙署圖》中的承乾宮並無抱廈（圖表 2.11），《清內務府京城全圖》上則明顯可見。
3. 《皇城宮殿衙署圖》並未反映造園大師張然自康熙十七年起整建瀛臺與淑清院的新貌。

二人以《皇城宮殿衙署圖》的紀實性頗強，應是典制的重要載體，故主張繪製時間當在康熙八年十一月太和殿、乾清宮修造完成前後。[56] 然此圖是為配合竣工所繪的假說，純屬主觀臆測，並無任何文獻支撐。亦即，根據前述自劉敦楨 (1935) 以來史事與圖示間的對比考證，目前僅可推知《皇城宮殿衙署圖》的繪製下限在康熙十六、七年左右。

又，查索「書同文古籍數據庫」中的「韓使燕行錄」，發現朝鮮使節對此門的稱謂並不一致，寫「玄武門」者有金昌業《稼齋燕行錄》（康熙五十一年）、金士龍《燕行錄》（乾隆五十六年）、金正中《燕行錄》（乾隆五十八年）、徐有聞《戊午燕錄》（嘉慶二年）等，寫「神武門」者有崔德中《燕行錄》（康熙五十一年）、黃晸《癸卯燕行錄》（雍正元年）、洪大容《湛軒燕記》（乾隆三十年）、李押《燕行記事》（乾隆四十二年）、朴趾源《熱河日記》（乾隆四十五年）、李在學《燕行記事》（乾隆五十八年）等，其中徐長輔《薊山紀程》（嘉慶八年）更兼用兩名。知「玄武門」在康熙三至十

---

55 曹振偉，〈紫禁城東、西六宮脊部彩畫調查研究〉。

56 王其亨、張鳳梧，〈康熙《皇城宮殿衙署圖》解讀〉。

一年間改名為「神武門」後，仍有許多人（包含朝鮮使臣）以舊名稱呼，惟書寫時有時會以缺筆「玄」字敬諱。

（四）朝鮮肅宗改立側室張氏為妃事

雖然大量實例均顯示康熙朝並未嚴避御名，但當時是否已有相關法令，只不過因罕有人遵守以致形同具文，則尚未明朗。專治避諱學的卞仁海在《清聖祖實錄》中發現當時似乎存有諱例，此因康熙二十九年八月二十四日條有云：

> 朝鮮國王李焞遵旨回奏，前請封側室張氏疏內有應避諱字樣，不行避諱，又稱「德冠後宮」，實屬違例，惟候嚴加處分。得旨：李焞著從寬免議。[57]

朝鮮國王即以奏文中未避諱而遭斥責。

《朝鮮王朝實錄》記肅宗李焞於十五年（康熙二十八年）正月十五日以昭儀張氏（十四年十月生庶長子，因是獨子，翌年正月初十日被賜號「元子」，康熙五十九年繼位為景宗）為禧嬪。五月十三日更晉陞為王妃，且告宗廟、社稷。[58] 八月肅宗遣使赴清，陳奏其廢繼妃閔氏並改立張氏的原因，《同文彙考》記其奏文曰：

> 朝鮮國王臣姓諱謹奏，為請冊立繼室事。緣臣德薄不克刑家，廢室閔氏（四字缺），有難主壼。敢將廢黜等因，仰瀆宸聽。蘋蘩不可無主，內職不可久曠。副室張氏系出令家，德冠後宮，且生胤子。母以子貴，禮合進位。伏乞皇上，特命該部，誕降誥命、冠服，使小邦臣民獲覩寵光，不勝幸甚。除顒俟慶賴外，

57 《清聖祖實錄》，卷 148，頁 638；卞仁海，《中國避諱學史》，頁 211。

58 《朝鮮王朝實錄》，肅宗實錄，卷 20，頁 3 及 5、卷 21，頁 9；景宗實錄，卷 1，頁 1。

緣係請冊立繼室事理云云。康熙二十八年八月十九日。[59]

《朝鮮王朝實錄》亦錄有主要文字，知所缺四字應為「失德滋甚」。

康熙二十八年十二月十九日，返國的朝鮮奏請使報稱：「清人以奏文中"後宮"二字，謂諸侯不當用，且有"玄"字，犯其所諱，頗責之。」領議政的朝鮮大臣權大運在回應肅宗的問詢時曰:「天子諸侯之嬪御皆稱"後宮"，不知其為違禮，犯諱固有失，可以此為答。」[60] 先前十月三十日的康熙朝《起居注冊》記清帝在接見朝鮮使臣後，曾問訊大學士伊桑阿曰：「此奏表內稱伊室為"後宮"，且遇皇太子名亦不避諱，於例可否？」伊桑阿答曰：「外藩將伊室稱為"後宮"，非禮；不避皇太子名，尤屬不合。」諭旨遂命將「表內違式之處」察議具奏。[61] 知清廷的不滿有二：一是以朝鮮國王之妃不應稱「後宮」，[62] 二是認為奏文中的「胤」字應避皇太子名諱。

但清廷對犯諱的內容似未詳告，以致朝鮮使臣誤認是未避「玄」字。此應只可能指奏文內抨擊廢妃「失德滋甚」中的「滋」字（圖表 2.12），[63] 因該字常作「滋」，亦即，將部首之外的部件寫成兩個並排的「玄」。查歷代的字書或韻書，該部件有三種寫法：「玄」部的「玆」、「艸」部的

59 鄭昌順等編，《同文彙考》，原編，卷 1，頁 31。《朝鮮王朝實錄》繫於康熙二十八年八月十一日。

60 《朝鮮王朝實錄》，肅宗實錄，卷 21，頁 51。

61 清代各朝的《起居注冊》皆可在書同文之「清代歷朝起居注」資料庫中檢索，至於紙本可參見北京中華書局的《雍正朝起居注冊》《清代起居注冊‧康熙朝》及臺北聯經出版公司的《清代起居注冊》，另見廣西師範大學出版社的《乾隆帝起居注》《嘉慶帝起居注》《光緒帝起居注》《宣統帝起居注》。因均為編年體，本書即不再詳註。

62 經查清朝入主中原後的《朝鮮王朝實錄》，可發現類似「特陞先王後宮李氏爵為淑儀」「仁嬪即宣廟後宮」「張貴人即仁祖後宮」之敘述比比皆是。

63 該奏文未見「玄」「燁」二字，且朝鮮肅宗時，已曾因所上的冬至賀表內未諱「玄」字而受責（見後文），故擬文的官員不應再有明顯犯諱的情事，但對「滋」字是否該避或需如何避諱，則可能並無概念。

「茲」、「八」部的「玆」，其中後兩者多被視為異體字。[64] 李焞的正式奏文原或書作「失德滋甚」，《同文彙考》所錄文字之所以缺此四字，或因朝鮮以為其中的「玄」字犯諱。

經查《集韻》的宋刊本，發現「玄」字雖因避宋代始祖趙玄朗之名而缺末筆，[65] 但「玆」與「滋」字卻均無缺筆。至於景鈔宋刊本的《類篇》以及明刻的《四聲篇海》，不僅「玄」字未缺筆，且書中只見「滋」，而無「滋」（圖表 2.13）。此外，康熙六年《廣韻》以及康熙八年《字學正本》均未避「玄」字；康熙十六年《諧聲品字箋》中的「玄」字，有的缺筆，有的不缺；康熙四十五年《集韻》亦作「玆」「滋」（圖表 2.7）。知即使在李焞改立王妃之後，康熙朝的中國亦少有人於寫「滋」時，以缺兩「玄」字末筆的方式敬避帝名。[66]

---

64 《康熙字典》以「滋……又通作玆」（巳集上，頁 89-90）、「"茲""玆"二字音同義別，从"玄"者……此也姓也；从"艸"者……國名，今各韻書互相蒙混……今从《說文》幷各書，重為訂正」（午集上，頁 2）。此書因有官方色彩，故對「玄」「玆」（未見「滋」）中的「玄」，均缺末筆，但對「茲」「滋」中的「幺」則不缺筆。

65 宋真宗大中祥符五年(1012)以趙氏始祖自天界降臨，下旨「聖祖名玄朗，詔中外毋斥犯」。宋代因此有將「玄」避改成「真」「天」或「元」者，如在王致遠於理宗淳祐七年(1247)所摹刻的《蘇州石刻天文圖》上，記十二次分野包含「元枵」，但元順宗至元三年(1377)所刻的王應麟《六經天文編》上，即將其復名為「玄枵」。參見李攸，《宋朝事實》，卷 7，頁 8；黃一農，〈蘇州石刻天文圖新探〉。

66 即使在此事發生之後，朝鮮文獻亦未嚴避清帝名諱（但在奏呈清廷的官方文書上應會較先前謹慎），如《肅宗實錄》在記李寅燁及李玄逸之名時，或《憲宗實錄》在記崔在燁及李玄璣時，「玄」及「燁」二字就均未缺筆或改字。此外，《朝鮮王朝實錄》在景宗二年十二月十六、十七日曾六度提及甫即位的雍正帝，皆直書「胤禛」之名，而未避諱（卷 10，頁 37 及 58）。英祖十一年乾隆帝登基，十月十九日朝鮮觀象監奏稱「頒曆不遠，聞"曆"字犯新皇名，命改以"時憲書"」（卷 40，頁 42），但《實錄》中仍始終未避改「弘」「曆」二字。

圖表 2.12： 朝鮮肅宗請封側室張氏之史料。

❖《朝鮮王朝實錄》 肅宗十五年（康熙二十八年）八月十一日

○甲戌謝恩兼陳奏奏請使東平君杭副使申厚載書狀官權持將行 上引見時領議政權大運等議定奏文其奏 廢妃曰義在正家禮貴處變臣繼妃閔氏性度違戾不但不順乎臣身以至語犯 先臣王及 先妃不可以仍奉蘋蘩之祀惟不克欽承大朝寵命是懼謹依禮經諸侯出夫人之文詢于臣庶告于祖廟將閔氏廢置私第敢此陳奏其奏立妃曰臣德薄不克刑家 廢室閔氏失德滋甚有難主壼敢將廢黜等因仰瀆宸聽蘋蘩不可無主內職不宜久曠副室張氏系出令家德冠後宮且生胤子毋以子貴禮合進位伏乞皇上特命該部誕降誥命冠服使小邦臣民獲覩寵光厚載白 上曰奏文中有語犯 先臣王及 先妃等語彼若問之則不可不預具其說而對之故議于相臣或以為當曰語及 先王 先后不恭不敬或以為當曰假托 先王 先妃所不道之教臣等實難決定未知何以則可也 上曰其以假托 先王 先妃所不道之教對之仍賜虎皮等物甚厚且教曰使臣急行矣必未及具資裝其令管運餉使優賜之 卷21，頁29

肅宗十五年十二月十九日

時奏請使杭等馳狀言其竣事且曰清人以奏文中後宮二字謂諸侯不當用且有玄字犯其所諱頗責之至有贖金之罰 上問大運等曰將何以荅之大運曰天子諸侯之嬪御皆稱後宮不知其為違禮犯諱固有失可以此為荅附奏於謝恩之行 上從之 上曰清人索廢妃誥命則亦何以荅之德遠大運等請以已火為對大運曰姜嬪之廢誥命已火清人無所問矣 上曰苟有問也當對以已火清使竟亦不問 卷21，頁51

○己卯冊禧嬪張氏為王妃前年有是命而因未經莊烈王后祥禫故未行冊禮至是始設都監而行之其玉冊文曰 王若曰

（中略）

彤管之譽故茲教示想宜知悉 大提學閔黯製進 教命文曰 王若曰震宮毓祥纔行冊儲之典坤極宣號肆舉建妃之儀欲資陰功寔本風化咨爾張氏動遵內則德冠後宮性稟幽閑足儷義於南國躬侯溫凊曾逮事於 東朝何幸奉擲之餘果有完叙之慶宗社之重有托天佑家邦春秋之義可稽毋以子貴適當中饋之曠允叶內壼之尊念 成廟故事之猶存有足徵者待商宗喪制之既免在禮當然茲涓孟冬之辰爰正長秋之位茲遣臣議政府領議政權大運行兵曹判書閔黯持節備禮冊命為王妃龜章翟茀備典冊而生耀玉匣珠襦隆物采而增煥於戲守位而必敬必戒助治而克儉克勤麟趾播休國勢可固於磐石鷄鳴進警諫言佇聞於入宮毋替姙姒之徽音永膺 祖宗之休烈故茲教示想宜知悉 弘文提學柳命天製進

肅宗十六年十月二十二日 卷22，頁40

❖《同文彙考·原編》 卷41，頁36-37

22 禮部知會准請及奏文違式咨 互封典

禮部為知會事主客清吏司案呈本部題前事內開臣等議得朝鮮國王姓某奏稱副室張氏禮合進位特命該部誕降誥命等因照例給與誥命封為朝鮮國王妃另行請旨該國王奏請本內應行迴避字樣不行回避又稱德冠後宮俱屬違例殊欠敬慎應將朝鮮國王姓某罰銀五千兩可也等因康熙二十八年十一月十二日題本月十七日奉旨這違例之處着該國王姓某明白回奏餘依議欽此欽遵到部奉此相應移咨可也云云 康熙二十八年十二月 日

陳謝奏文違式奏 互陳奏 製 閔黯 使 全城君 混

朝鮮國王臣姓諱謹奏為遣辭做錯致勤聖命敢暴微情以竢嚴誅事本年正月初五日承准禮部咨節該云云 議得止移咨可也 自臣等見上原咨 等因臣欽此除欽遵外竊照小邦偏荷大朝憐憫之恩獲保藩屏皆大朝之賜也小邦凡於事大之禮靡不盡心而至于咨奏文字尤加謹焉別設一司愼簡乃僚俾掌其事每當使行前期撰出臣僚齊會再三查准逮至拜表之日更查于慕華舘少無差謬然後始敢封進今此奏文中以字應迴避又稱德冠後宮俱屬違例禮部有罰銀之議而不料聖明反下明白回奏之命臣始焉驚惶繼而感激有以見皇上明見萬里無微不燭閱小邦自暴之路也奏聞文字固當致謹而昏不覺察至敬之地未免錯誤此固出於僻陋寡聞之致雖曰無情終涉不謹戰灼震駭無所容措緣係遣辭做錯致勤聖命敢暴微情以竢嚴誅事理云云 康熙二十九年五月十二日 卷41，頁37

❖《清聖祖實錄》 康熙二十九年八月二十四日

○壬午。朝鮮國王李焞遵旨回奏。前請封側室張氏疏內。有應避諱字樣。不行避諱。又稱德冠後宮。實屬違例。惟候嚴加處分。得旨。李焞著從寬免議。 卷148，頁638

圖表 2.13：明代以前韻書中涉及康熙帝御名之字。

❖ 司馬光等，《類篇》

玄幽遠也黑而有赤色者爲玄象幽而入覆之也凡玄之類皆从玄古文作𢆯 胡涓切 玄又熒絢切泫或作玄 文二重音一
茲 津之切說文黑也引春秋傳何故使吾水茲一曰蓐也此也亦姓又牆之切龜茲西域國名又新茲切水名文一
滋 滋 𦿊 津之切說文益也一曰滋水出牛飲山白陘谷東入呼沱一曰蕃也旨也古作滋𦿊滋又牆之切文三重音一
澬 牆之切水名在定州旱則竭文一
治
又鼻墨切趙魏謂𤈦曰僃文三重音一
𤈦 蜜北切火皃文一
爗 熠 域及切暐爗光也或作熠又並域輒切說文盛也引詩爗爗震電熠又席入切又弋入切文二重音三
燁 及域切火盛皃又域輒切盛也文一重音一
熻 迄及切博雅爇也文一
熗 遏合切藏火也
方時側也引易日昃之離或作昊昃文三
曄 暈 域及切暐曄光也或作暈又並域輒切文二重音一
噏 迄及切日乾物也文一
曝 暱 乞及切曝也或作暱文二
𣅀 極曄切乾
力涉切日欲入也文一
曬 眤輒切煩也文一
𣆲 域輒切說文光也文一

臺北故宮博物院藏景鈔宋刊本

❖ 丁度等，《集韻》

玄𢆯 胡涓切說文幽遠也黑而有赤色者爲玄象幽而入覆之亦姓古作𢆯文二十六
茲 黑也
泫 泫水深廣皃一曰水名
蕬 蕬 莵蕬艸
𡟭 媗 女字或从司
茲 兹 津之切說文黑也引春秋傳何故使吾水茲一曰蓐也此也亦姓古作𢆯文二十四
𪏆 深黑色
孜 說文汲汲也引周書孜孜無怠
孳 孶 說文汲汲生也籀作孶
孖 一產二子通作孳
茡 艸名若也
𡥞 也
孜 也
𤥚 𤥚 說文克也一曰仔肩任也
滋 滋 𦿊 說文益也一曰滋水出牛飲山白陘谷東入呼沱一曰蕃也旨也古作滋𦿊
稵 禾生皃一曰蒔也
茲 說文艸木多益
嵫 崦嵫山名日所入
鼒 說文鼎之圜掩上者引詩鼐鼎及鼒通作鎡
鎡 鎡錤鉏也
𦿊 說文
嵫 也
𦽳 艸名一曰蘠蒻艸密皃
轉 器
熠 弋入切說文盛光也引詩熠燿宵行文四
昬 聚皃一曰多也
蝗 蝗 蜻蛉蟲名螢火也或从昱
煜 域及切爗也文十二
煜 曅 暐曅光也或作熠爗暈
曅 熠 爗 暈
𡁒 火盛皃
𣅀 急流皃
曄 艸木白華
雪 雪 雩 雨聲
霅 霅 𩅦 馬豪也
騽 馬豪也
吸 迄及切說

中國國家圖書館藏宋刊本

❖ 文儒等，《四聲篇海》

龜部今改于此 《玄 胡涓切 部第二十四 字凡七
玄 胡涓切幽遠也又黑也 𢆯 古文
茲 子之切此也黑也又音玄
玆 來年也或作 𢆯 胡黑
𤣥 作妙精也 𤣥 亦沼切今
𤣥 作妙也
● 𤣥 二力
𤣥 手切
《熊 乎弓 部
𤓰 水名一
𤣥 所於切水名一
溪 口兮切 下皃又桑谷切
渶 一渊也
滑 一川也
𣽅 水也
溥 㳫古切大也
滋 子怡切水名又長也益也液也
𤈦 同
燁 爲輒切火光也
熙 火熲切光也
𤊕 廣也爆也
爗 大弋
燿 未然也
熺 餘律切光皃
熊 子從切火行皃
熑 子刀
𤈦 爲輒切火
燋 子焦切傷火
燬 火也
𤈦 弋照切光也與曜同
爆 爲輒切火盛或作燁
𤏐 徐醉切塞上亭守烽者
𤑔 奴皓切熱皃
𤑆 力協切火声也
𤐤 付逼切火乾肉也
爁 力敢切火貌也
燿 火光也
𤊯 息浅
燻 音訓火乾物也
𤑈 烏痕切說文炮炙也以微火溫肉也
● 𤒐 奴典切
𤓏 音亦火其之皃
𤒟 音妙
𤏸 燒
㸁 音爆義同
暛 思可切明也
昌 必民切古文
暝 亡定切夜也
𤌨 乞義切日光也
曄 為輒切光也
暈 同上義見說文

臺北故宮博物院藏明刊本

肅宗十六年正月二十一日清使宣張氏誥命，然因肅宗得為十四年八月病卒的曾祖母莊烈王后守孝二十七個月，故至十六年十月二十二日始正式為張氏行冊立王妃禮，而肅宗在冊文（內有數個「玆」字）中仍稱她「德冠後宮……母以子貴」，只不過刪去原奏文中的「且生胤子」句，以避用東宮名諱的首字「胤」（圖表 2.12）。[67]

康熙帝應非不滿朝鮮國王李焞黜棄正嫡，並改以側室為妻之舉，其在乎的主要是藩屬國對「事大之禮」敬謹與否。此一態度屢見於《同文彙考》，該書此前即記有不少類似之事：[68]

1. 肅宗四年所上的冬至賀表內未諱「玄」字，因「應行迴避字樣，不行迴避」，本該罰銀五千兩，但於五年正月獲「從寬免罰」。[69]
2. 肅宗五年七月李焞因前事獲寬免而進箋謝恩，並特遣使齎方物至北京謝罪，然該箋內卻將「謝」字訛寫成「賀」字，遭斥責。
3. 肅宗七年二月有民眾「違禁越江取木皮做繩」，朝鮮國王因此遭康熙帝罰銀一萬兩，後雖獲寬免，但他在九月所上謝恩表內的述旨，稱「奉旨朝鮮國王着減罰銀一萬兩」，清廷以原奉之旨是「李焞着從寬免罰」，兩者文字甚為不符（「減」「免」二字的層次有異，後者表示全數豁除），且謂述旨不應不將姓名寫出，故裁罰銀五千兩。
4. 肅宗十一年三月因謝祭箋內誤用「哀詔」及「敝藩」等字，又上咨文及方物謝罪。

前述朝鮮肅宗遭責奏文中不該稱其妃為「後宮」且未避諱的事件，初亦裁罰五千兩銀。

該冊立張氏為王妃一事應給人吹毛求疵的感覺，朝鮮因此回奏曰：

---

67 《朝鮮王朝實錄》，肅宗實錄，卷 19，頁 44、卷 21，頁 29、卷 22，頁 7 及 40。
68 鄭昌順等編，《同文彙考》，原編，卷 41，頁 23-36。
69 金海一，《燕行日記》，冊 28，頁 213、218。

> 小邦凡於事大之禮靡不盡心，而至于咨奏文字尤加謹焉，別設一司，慎簡乃僚，俾掌其事，每當使行，前期撰出，臣僚齊會，再三查准。逮至拜表之日，更查于慕華舘，少無差謬，然後始敢封進。今此奏文中以字應廻避，又稱「德冠後宮」俱屬違例，禮部有罰銀之議，而不料聖明反下明白回奏之命，臣始焉驚惶，繼而感激，有以見皇上明見萬里，無微不燭，開小邦自暴之路也！[70]

指稱己國設有專門單位負責處理與清朝的關係。

情理上，清朝如確存在相關諱例，朝鮮官員不應不知且不注意，疑當時應無明文規定。[71] 但清廷或希望朝鮮能主動透過最敬謹的避諱以表達對宗主國的尊崇，而此不僅包括御名，還有皇太子的名諱。再者，即使清初不曾頒有正式律令，康熙帝仍可堅稱此為中土不成文的禮法。亦即，朝鮮改妃一事並不能用來論證當時清朝已頒有諱例。

康熙帝於二十四年正月親謁太廟祭享，發現贊禮郎在宣讀祝版時，至其名就「聲輒不揚」，因而諭旨稱：「"父前子名"，《禮》經所載，朕對越〔指答謝頌揚〕之次，惟懼誠敬稍有未至，無以昭格神靈。為子孫者，通名於祖、父，豈可涉於慢易，嗣後俱高聲朗讀，無庸顧忌。」[72] 三十九年十一月《起居注冊》有御史朱廷鋐條奏「孔聖之名宜行避諱」，王熙、吳琠、熊賜履、張英等儒臣俱表示難行，諭批：「若皆如此避諱，則其字相值甚多，此本著發還。」知康熙帝對類此涉及避諱之事是採取較開放的態度，遂使清代直至雍正以後才頒布具體的諱例，並要求臣民遵循。

---

70 鄭昌順等編，《同文彙考》，原編，卷 41，頁 37。

71 事實上，縱使在康熙四十五年曹寅於揚州使院重刻宋代《集韻》一書中，也僅部分「玄」字缺末筆，且「滋」「胤」皆無避諱！

72 《清聖祖實錄》，卷 119，頁 244。

四、小結

本章充分利用大數據的新研究環境，在努力提出論理明晰的問題意識後，即嘗試竭澤而漁地耙梳歷史語境裡的用例，以辨正成說或論證新說。綜前所述，先前學界有關清初避諱的認知幾乎均待商榷，如誤以不太重視避諱的順治朝，對帝名「福臨」仍有「二名不偏諱」之規定，且誤認康熙帝繼位後，因避御名旋改玄武門為神武門，並改稱范曄為范蔚宗。其實，清初並無具體諱例，順治朝甚至對「福臨」的連用都無需敬避；康熙朝對御名「玄燁」的缺筆或避字（出現一些不同作法），則多屬個案（如康熙三至十一年間「玄武門」的改名）或個人的自主行為（如吳明炫、曹宣的改名），官方迄未見明確律令。故若一清代文本避「玄」或「燁」時，我們雖可判斷應成於康熙朝或之後，但若未避，並不能就此得出是成於康熙帝登基之前。

清廷直至雍正元年十一月初九日，才首次頒布面對一般大眾的諱例，具體要求臣民該如何避改「玄燁」二字。然社會對諱例的遵循，通常還需一段適應期，而性質愈官方的文本（如奏摺、官書等）或場合（如科考），想必就愈嚴謹，[73] 惟詳細狀況尚需進一步深究。經翻查「中國方志庫」中共65種雍正朝刊刻的方志，即可發現在326個「玄」字當中，有108個不避諱（約佔1/3），許多文本且是時避、時不避。雍正二年的《歸善縣志》（共40個「玄」字）、六年的《重修陝西乾州志》（11個）、十年的《平谷縣志》（5個）和十三年增修的《巢縣志》（6個），更幾乎是全書均未缺改「玄」

73 如以雍正五年武英殿本《御定子史精華》160卷為例，其中即無「玄」「禛」二字，2個「燁」皆作「爗」，96個「胤」全缺末筆。此外，「房玄齡」皆改作「房元齡」（凡40個，只一處誤為形近的「房九齡」；卷94，頁18）、「鄭玄」改為「鄭元」、「玄武」改為「元武」。此外，雍正十年刊的《大清會典》250卷中亦無「玄」「燁」「胤」「禛」等字。參見允祿、吳襄等纂，《御定子史精華》；允祿等，《大清會典》。

字，此一現象超乎迄今所有避諱學界的知識經驗，應促使文史學門重新反思傳統上對以避諱斷代一事的過分樂觀。

此外，雍正八年《興縣志》（書內增補之記事最晚至乾隆十四年）中的5個「玄」字，全未缺筆，此志未見「胤」「禎」二字，且將35個「崇禎」全刻作「崇正」，明顯敬避雍正帝的嫌名。由於修此書之大總裁包含雍正五年至乾隆五年間巡撫山西的覺羅石麟、雍正七至十年間提督山西學政的翰林院侍讀朱曙蓀，編輯則有雍正四至七年擔任國子監祭酒的孫嘉淦，[74]從這些官員的身分地位，可知當時對前朝帝名並未嚴避。

再查「中國方志庫」的共533種乾隆朝方志刻本，發現在2,588個「玄」字當中，有347個不避諱（約佔13%），知漏避的情形不難見到。但整本書大部分未避「玄」字者，僅發現乾隆十六年的《永寧縣志》（7個皆未避）及二十年的《瀘溪縣志》（15個未避，1個缺末筆）等少數幾本。綜前所論，雖然雍正帝在即位後便對一般臣民頒布了第一個諱例，明令敬避聖祖廟諱，然雍正、乾隆朝方志仍可見未敬避「玄」字者（圖表2.14），可見諱例的頒布時間無法作為斷代的絕對界線！

至於「玄」字的避諱，除改用「元」字外，較常見缺末筆的形式，但雍正朝志書中亦零星出現缺首筆者，然因數量不多，故筆者初未能判斷是否為製作雕版時的不慎失誤。惟筆者在乾隆九年《上饒縣志》的27個「玄」字當中，發現有17個缺首筆，8個缺末筆，2個不確定；乾隆二年《寧州志》的19個「玄」字當中，缺首筆者14個，缺末筆5個；又，乾隆二十八年《滇黔志略》的13個「玄」字當中，更可見10個同缺首、末筆，其餘3個缺末筆。知缺首筆以及同時缺首末筆的「玄」字，亦均為避諱的表現方式（圖表2.15），而此兩種先前不太為人知的字，也展現了中國古代避諱的多樣性。

74 程雲等修，孫鴻淦等纂，《興縣志》，卷首，修志姓氏。

圖表 2.14：雍、乾方志中未避諱的「玄」字。

❖《太平府志》（雍正四年刊本）
玄帝廟在城內北 卷18，頁3
玄帝廟在州治南 卷18，頁5
玄壇廟在州治南 卷18，頁5
玄帝廟在治西北 卷18，頁8
張衡思玄賦 卷44，頁10

❖《舒城縣志》（雍正九年刊本）
玄宗開元二十一年 卷4，頁6
玄宗開元元年 卷8，頁3
加謚玄聖文宣王 卷8，頁3
奠玄宮道士 卷25，頁1
死矢相保玄雲 卷30，頁8
草玄何日就 卷30，頁16
大羹玄酒千年事 卷30，頁17
玄壇不應鶴孤還 卷30，頁19

❖《巢縣志》（雍正八年刊本）
鄭康成名玄高人一直子 卷10，頁13
遂瑗　鄭玄 卷10，頁14
默運玄化 卷19，頁9
玄武神于廟左 卷19，頁10
玄武之祠 卷19，頁10
玄彝之使 卷19，頁36

❖《興縣志》（乾隆十四年據雍正八年刊本增補本）
玄帝廟 卷13，頁16
玄帝廟 卷16，頁1
玄帝祠一蓋玄帝 卷17，頁5
玄黃之職 卷18，頁10

❖《江華縣志》（雍正七年刊本）
玄參 卷4，頁14
鄭康成名玄 卷6，頁11
鄭　鉉　玄作鉉避聖祖諱 卷6，頁14
玄扃另開關 卷10，頁4

❖《臨汾縣志》（雍正八年刊本）
得玄肯 卷4，頁48
通玄寺 卷5，頁12
張玄素 卷6，頁26
學出玄孫 卷6，頁33
舜曰玄德 卷6，頁35
獨玄覽本圖 卷7，頁12
玄真條焉 卷7，頁44
玄奮動令 卷7，頁52
爲害在玄中 卷8，頁11

❖《潞安府志》（乾隆卅五年刊本）
玄懿之德 卷27，頁11
若玄既集 卷27，頁11

❖《雅州府志》（乾隆四年刊本）
玄冥領洞 卷15，頁65
追隨玄晏 卷15，頁66

圖表 2.15：文獻中缺首筆、末筆以及首末筆皆缺的「玄」字。

❖《上饒縣志》（乾隆九年刊本）

玄鳥　高旭玄　幹玄機　玄悟逝　玄旨古
如玄巖　玄鶴因　釋玄祚
玄妙觀　守玄之請　周玄著
作四玄　玄祖島洲　樺玄旨　玄妙觀
探玄山　玄政以　高玄殿　爲玄度　探玄旨
大山玄　祀玄殿　高玄神　玄殿左　孤玄卒
玄悟禪　玄旨上

❖《寧州志》（乾隆二年刊本）

三玄因　三玄命　陳玄邦　而玄孫　玄水之
字玄生　出玄妙　同玄豹　太玄天　玄玄旨
無玄草　議玄客　玄如郭　玄泉彥　崇玄教
石爲玄　翊玄化　達玄孫

❖《滇黔志略》（乾隆二十八年刊本）

玄宗開　玄宗天　青玄洞　雄太玄　須玄林
通玄峯　玄峯年　玄宗　玄宗開　吞玄烏
有玄鹿　多玄猿　玄孫扶

張惟驤《歷代諱字譜》稱，唐代史學家劉知幾（字子玄）因避東宮李隆基的嫌名，遂改以字行，[75] 至康熙朝又因諱玄燁的上一字，其名再被改書為「知幾」（圖表 1.5）。鑒於康熙朝尚無明確諱例，此說的成立與否或可藉由大數據的協助加以驗證。查南宋寶慶元年 (1225) 高似孫序刊的《史略》，即名之為「劉知幾」。[76] 此外，「中國方志庫」共見 483 條「劉知幾」，有 21 條出現在明代及順治朝的志書，297 條散見康熙至宣統各朝；至於「劉子玄」，除 20 條出現在明代及順治朝的志書外，其它清代志書中

[75] 《舊唐書》，卷 102，頁 3168-3171。
[76] 高似孫，《史略》，卷 1，頁 14。

只有7條（6條康熙朝、1條嘉慶朝）。知「劉子玄」和「劉知幾」二名至少在明代已混用，而從雍正朝以迄宣統朝的志書，確實少見稱其為「劉子玄」者。然因乾隆《文淵閣四庫全書》中仍出現323條「劉子玄」、138條「劉子元」及660條「劉知幾」，故疑《歷代諱字譜》的說法有待商榷，康熙以後的文本並未全改回「劉知幾」，將「玄」字避改的情形仍頗多。

本章中亦有部分篇幅聚焦在清朝唯一被公開冊立卻又兩度遭廢黜的皇太子胤礽，雖然康熙朝並未頒布敬避東宮名諱的律令，但當時社會仍有人主動以各種方式避改其名。此事學界罕知，即使是在有關胤礽的專著中亦未提及。[77] 且康熙帝還曾為使藩屬國對「事大之禮」更加敬謹，切責朝鮮肅宗的奏文未避胤礽名。[78] 亦即，清代文本中以缺筆方式避諱的「胤」字，並非起自雍正帝胤禛的登基，而是出現在胤礽被冊立東宮期間，但此應多屬自主行為，且無普遍性（詳見第3章第1節）。

由於康熙朝尚未明文規定諱例，且避諱的方式通常頗為多元，故當出現「玄」「燁」「胤」「礽」等字的各種變體時，並不一定屬避諱之舉，惟缺筆就較有可能是敬避所致。亦即，若欲以這些諱字斷代，就需特別小心。

77 如見申紅寶，《康乾盛世下的鄭家莊：從康熙帝兩廢太子看清朝百年皇權之爭》。

78 朝鮮肅宗雖因康熙二十八年的立妃奏文中未避清諱而遭切責，但他在三十八年仍封次子李昑為延礽君，此與當時清朝皇太子胤礽之名犯重一字。知清廷在立妃事件後，似仍未對朝鮮應否避「礽」字有明確規範。參見《朝鮮王朝實錄》，肅宗實錄，卷33，頁55。

第三章　康熙朝自行避諱的案例

康熙朝未曾頒布具體諱例，但回回曆官吳明炫卻為避御名而改名明烜。此外，筆者透過 e 考據之法耙梳千餘部明清方志與別集後，發現康熙間亦有人主動避改皇太子胤礽（音「成」；十四年獲封儲君）之名，其中許多是因與玄燁、胤礽父子過從甚密，而依禮避諱，詞學大家成德即因此改滿名為 *singde*。又，通常避皇太子之名者，也都嚴避御名。但這些應均屬自主行為，因尚未見有未避康熙帝或皇太子之名而遭罪的情形。

一、康熙朝曾否敬避皇太子胤礽之名？

周廣業《經史避名彙考》第 26 卷專論皇太子名該否避諱，稱歷代對此看法不一，有反對者主張太子雖是未來國君，但亦為臣子，地位尚不確定。以明朝為例，既可見避改者，亦有人不避，如崇禎三年封慈烺 (1629-1644) 為皇太子後，賀烺（萬曆三十八年進士）就改名世壽、林日烺（萬曆四十四年進士）改名日瑞、湯啟烺（天啟二年進士）改名啟祥，但崇禎三、四年間在廉州任指揮的劉維烺就未避改。[1] 再者，崇禎中後期刊刻的文獻也大多未避「烺」字（據「四庫系列數據庫」「中國方志庫」等）。

那麼無明文諱例的康熙朝，究竟是否避皇太子胤礽的名諱？經查當時的中國社會確有人將「胤」「礽」二字缺改，但直書者亦所在多有（圖表 3.1），下文將詳考此舉的原因、普遍性以及當事人的背景。

---

1 高得貴修，張九徵等纂，朱霖等增纂，《鎮江府志》，卷 36，頁 53；魏荔彤修，陳元麟纂，《漳州府志》，卷 14，頁 13、卷 23，頁 30；于琨等修，《常州府志》，卷 17，頁 36、卷 24，頁 48；張國經纂修，《廉州府志》，卷 1，頁 38。

圖表 3.1： 康熙朝文本中對「胤」和「礽」的寫法。

❖《埔陽志》（康熙二十五年刊本），卷2，頁12
康熙三年知縣禹昌胤仍改縣前照壁為平政坊

❖《廣東通志》（康熙三十六年刊本），卷13，頁117
牛肚灣巡檢司 鄒胤礽山陰人吏員康熙四年任

❖《永昌府志》（康熙間刊本），卷14，頁19
劉嘉胤

❖《桐鄉縣志》（康熙二十五年刊本），卷1，頁24
雲龍閣在南司東萬曆壬子知縣胡舜胤建

❖《安慶府志》（康熙六十年刊本），卷3，頁50
知縣王世胤重修城樓

❖《四川敘州府志》（康熙間刊本），卷3，頁23
皇清康熙丙午科熊胤復

❖《揚州府志》（康熙間刊本），卷22，頁71
軒轅胤山東萊平人進士康熙六年授江都令

❖《高邑縣志》（康熙二十四年刊本），卷上，頁28
康熙十年知縣牟嘉胤重修數年三轅劉瑜來

❖《魚臺縣志》（康熙三十年刊本），卷14，頁22
王廣胤胄施人康熙四季任

❖《河南通志》（康熙三十四年刊本），卷16，頁4
皇清順治九年知縣姜光胤重修

❖《撫州府志》（康熙四年刊本），卷15，頁25
楊胤第拔貢現任梧州同知 朱家胤

胤 胤 胤 胤 胤 胤 胤 胤

礽 礽 礽 礽

❖《與袁堂文集》（康熙四十六年刊本） 卷2，頁1
簪紱雲礽奕奕甲于

❖《去偽齋文集》（康熙三十三年刊本） 卷1，頁3
一人衍千萬世雲礽之脉

❖《汪仁峰先生文集》（康熙間刊本） 卷19，頁37
大理寺評事張君諱礽之妻

❖《留青新集》（康熙間刊本） 卷12，頁72
開千葉雲礽

❖《徽州府志》（康熙三十八年刊本）
王大礽字顧 卷9 頁58
四年十書官寓揚 王大礽 卷9 頁58
張礽以子芝封大理寺評事 卷11，頁48

❖《金文通公集》（康熙二十五年刊本） 卷14，頁22
代有聞人顯仕雲礽濟

❖《鄞縣志》（康熙二十五年刊本） 卷11，頁28
賁緯礽後改蔚

❖《廣東通志》（康熙三十六年刊本） 卷13，頁117
鄒胤礽山陰人吏員康熙四年任

❖《新會縣志》（康熙二十九年刊本） 卷6，頁23
鄒訒礽浙江山陰縣人由吏員康熙四年任

胤礽生於康熙十三年五月初三日，十四年十二月十三日被冊封為皇太子，四十七年九月以其幼弟胤禶（音「械」）暴卒時無動於衷，且先前有「弒逆」之嫌，遭廢並幽禁咸安宮。四十八年三月因爭儲諸皇子間的矛盾激化，康熙帝為緩和情勢，復立胤礽，五十一年十月又以其狂妄、大失人心再廢。胤礽為儲君的三十多年間享有極高地位，不僅服飾、儀仗、器用多與皇帝的規格相差無幾，且每年逢萬壽節、冬至、元旦及皇太子千秋節，諸王、貝勒、文武大臣除向皇帝行三跪九叩禮，還要再赴東宮向皇太子行二跪六叩禮。[2]

學界原本都以為敬避「胤」字起自雍正帝即位之後，但經有系統地耙梳「中國方志庫」等資料庫後，發現實際情形較此更加複雜。由於許多方志的版本未繫具體年份（如僅稱「康熙間」），故筆者就先耙梳內容，找出書中繫年最晚的事件，暫定其為出版年（實際時間有可能略晚），且將一些值得商榷的志書分析如下：

1. 題為順治十五年刻本的《息縣志》，有 1 個缺首撇的「胤」字，[3] 另有 11 個「胤」、30 個「胤」、1 個「胤」。惟因其內文有 13 處康熙朝的記事，最晚的繫年在康熙十九年，知版本繫年有誤。
2. 題為康熙元年刻本的《續安丘縣志》，共有 5 個「胤」字，其中 1 個缺末筆。然因書中有數十處康熙朝的記事，最晚有至二十四年者，顯然版本推斷失誤。[4]
3. 題為康熙十三年刻本的《汾西縣志》，有 2 處在記「王錫胤」的末一字時，均寫成「胤」。此缺筆應是雍正以後重刷時挖改所致，因

[2] 申紅寶，《康乾盛世下的鄭家莊：從康熙帝兩廢太子看清朝百年皇權之爭》，頁 172-177。

[3] 邵光胤修，宣洪猷纂，《息縣志》，卷 10，頁 74。

[4] 王訓纂修，《續安丘縣志》，卷 11，頁 37、卷 13，頁 19。「中國方志庫」將書名誤為「續安邱縣志」。

同書共 7 個「禎」字以及至少 32 個「真」字（其餘 3 個難以分辨）皆因避胤禎的下一字而缺末筆。

4. 題為康熙十三年刻本的《曹州志》，共見 19 個「胤」字，內有 2 個缺末筆。但在中國國家圖書館所藏的康熙十三年本，則發現所有的「胤」字並無缺筆，[5] 知前者為經挖改的後印本，後者為初刊本。
5. 題為康熙十二年增修的《黿白縣志》，可見有 6 處之「呂胤礽」被寫成「呂　礽」。因書中最晚記康熙二十三年事，且發現至少有 31 個「崇禎」的「禎」字以及 85 個「萬曆」的「曆」字，遭剷版留白，知此本最可能是根據康熙十二年刻本增修的康熙二十三年刻本，並在乾隆以後重刷時被挖改（圖表 3.4）。
6. 康熙十二年刻的《高唐州志》雖有 1 處「胤」字（缺末筆的曲鉤；卷 11，頁 15），然因同書中另可見多達 31 處「胤」及「胤」，無一缺筆，故疑孤例的「胤」或非遭剷板以避諱所致，[6] 而是刻字不完全或雕版上的筆劃脫漏，否則，為何 32 處僅此 1 例？
7. 康熙三年的《揚州府志》內有 23 個未缺筆的「胤」「胤」「胤」及 1 個「胤」，後者結體居中，疑纂修者只是偶用了源自宋人避趙匡胤名的寫法，而非有意避清諱。

前述幾部志書中，有些雖題為康熙十四年以前刻本，但實際上多為稍後挖改後印的。至於《高唐州志》的「胤」及《揚州府志》的「胤」兩極罕見的孤例，應無關避諱。

經訂正相關的版本繫年，並排除後印之挖改本後，在「中國方志庫」所收的 75 部崇禎及順治朝刊刻志書中，共發現有 748 個各種寫法的「胤」

[5] 佟企聖修，蘇毓眉等纂，《曹州志》，卷 7，頁 16 及 27。Bookget 只用了 66 秒即將中國國家圖書館所藏此志的 20 卷分別下載成 PDF 檔，全書共 81.5 Mb。

[6] 此書中共見 2 個「玄」字（卷 2，頁 8 及 18）以及 8 個「玄」。該未避御名的「玄」，從統計學的角度可歸為漏避，由於康熙朝尚無明文諱例，故那時的避諱之舉可能較不嚴謹。

（「𦙍」字的使用在順治朝甚至還大幅超過「胤」字；圖表 3.2），無一缺筆。[7] 查宋代曾因避宋太祖趙匡胤名諱而寫「胤」為「胤」（如見圖表 3.8 中的宋刻本《尚書》），但在明清之際該宋諱顯然已很少行用。事實上，經粗略耙梳「中國方志庫」中的 429 種明代方志刊本以及「典海」中約 200 種元刻本，尚未發現缺筆「胤」字。

至於康熙朝 404 部志書中的 2,242 個各種「胤」字，內含 98 個缺筆的「胤」「胤」、66 個缺右側的「胤」或「胤」、[8] 723 個 (32%) 正體的「胤」（起筆作撇，末筆為一豎曲鉤），還有 1,184 個 (53%) 異體字（如在起筆上加一撇或改成「彳」，或將末筆上加一撇）。由於這些缺筆以外的多種異體字，均可見於明末至順治間的方志中（圖表 3.3），令人合理懷疑缺筆「胤」字有可能是康熙朝才出現的避諱表現（見後文）。[9]

此外，65 部雍正朝志書中的 112 個各種「胤」字（圖表 3.2），除了 9 個缺筆的「胤」「胤」，另見 20 個「胤」或「胤」，還有 52 個使用各式「胤」之異體字（這些非主流的另類作法，若在遭到質疑時，仍可辯稱未直接觸犯應諱之字）。其餘的 30 個「胤」字（占總數的 27%），則明顯屬於漏避。換句話說，雍正朝時許多人對避御名的上一字仍不十分嚴謹。

另，康熙二十年知麟遊縣的費緯祁，後改名緯祹（音「陶」）；[10] 康熙三十六年《廣東通志》所記四年擔任巡檢的「鄒胤祁」，在二十九年《新

---

7 文中類似統計均已排除鈔本及後世的重刻本，又因有些文本的內容漫漶不清，需以肉眼逐一判斷，故計算或略有出入，但因樣本數夠高，故結論應具統計意義。

8 如其中康熙四十七年《平陽府志》的 30 個「胤」字全作「胤」，康熙三十三年《新城縣志》則有 13 個「胤」、7 個「胤」。

9 筆者先前曾在康熙朝的文本中見到一些缺筆「胤」字，當時未解此舉可能與東宮胤礽有關，遂逕以缺筆「胤」字為俗字。參見黃一農，《曹雪芹的家族印記》(2022)，頁 363-366；此誤在四川人民出版社 2024 年即將出書的簡體字版中已訂正。

10 汪源澤修，聞性道纂，《鄞縣志》，卷 11，頁 28；吳汝為修，劉元泰纂，《麟遊縣志》，卷 3 下，頁 34。

會縣志》中卻被改寫成「鄒訒〔音“認”〕礽」；[11] 康熙三十八年《徽州府志》兩見將「王大礽」寫成「王大礽」（圖表 3.1）。這些應皆是避胤礽之名，而與皇四子無關（康熙朝文本罕見避「禛」，見後文），因胤禛當時還只是奪嫡鬥爭中的諸子之一，直到玄燁駕崩，才凌越諸兄弟掌握政權。

由於「礽」字較罕用，故康熙朝避諱的實例並不多。文獻中有將「礽」寫作「礽」，此應為異體字，而非避諱新創，因在康熙十一年《高州府志》中，即可見「呂胤礽」之名（圖表 3.4），[12] 而刊刻此志書時胤礽尚未出生，且該書共出現 16 個「玄」和 2 個「燁」，無一避諱！

圖表 3.2：「中國方志庫」所收從崇禎至雍正刻本中的「胤」字。

	胤	⿰亻胤	⿰彳胤	⿰彳胤	⿸厂胤	其它俗體	⿰𠂉乚	⿸厂月	其它缺筆	無法細辨	總數
崇禎朝（30 種）	167	71	163	6	0	25	0	0	0	9	441
順治朝（45 種）	33	37	182	30	1	11	0	0	0	13	307
康熙朝（404 種）	723	157	749	126	16	136	32	66	66	171	2,242
十四年前（92 種）	183	78	290	24	2	52	1	0	1	23	654
十五年後（312 種）	540	79	459	102	14	84	31	66	65	148	1,588
雍正朝（65 種）	30	3	41	4	1	3	7	2	20	1	112

11 賈雒英修，薛起蛟等纂，《新會縣志》，卷 6，頁 23；金光祖纂修，《廣東通志》，卷 13，頁 117。

12 蔣應泰纂，黃雲史增修，《高州府志》，卷 4，頁 28。

圖表 3.3：明末至順治間方志中各種「胤」字的表述。

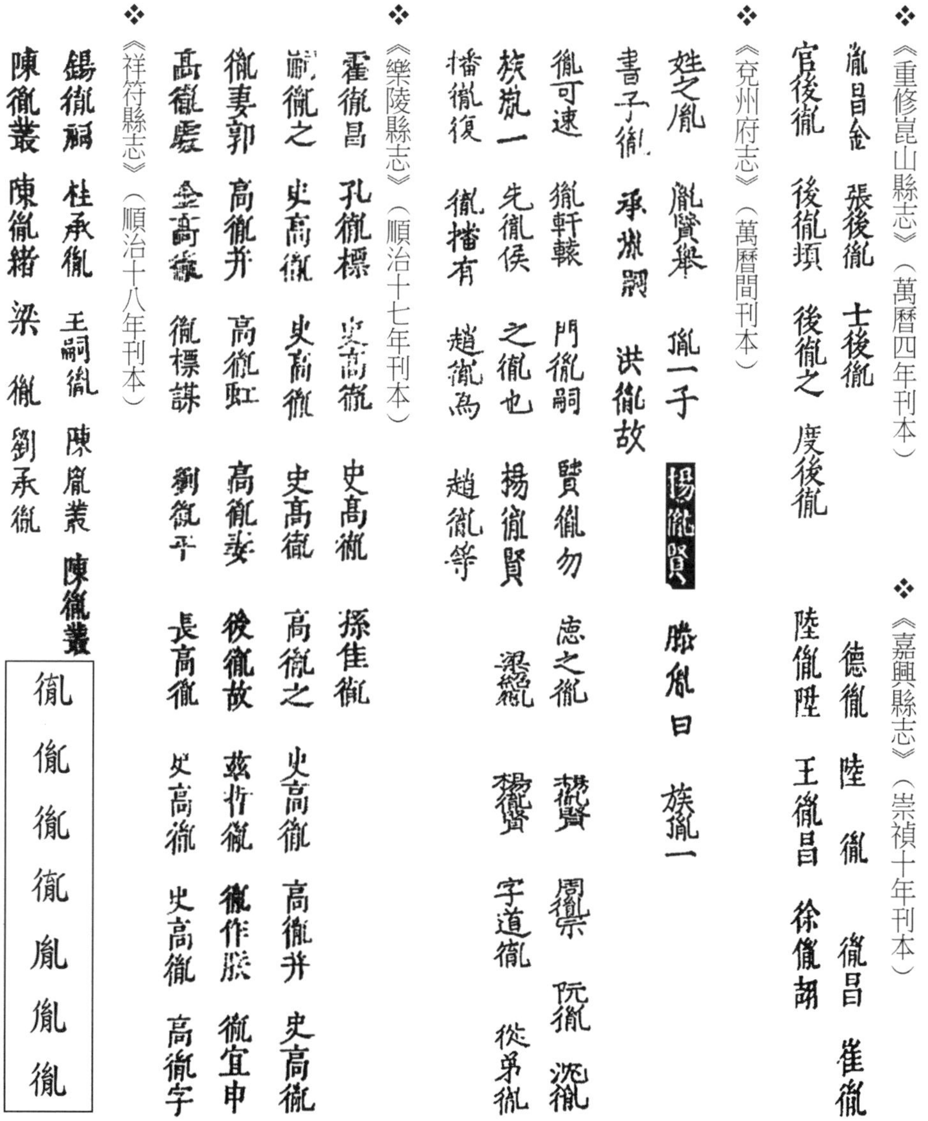

❖《重修崑山縣志》（萬曆四年刊本）

胤昌金　張後胤　士後胤

官後胤　後胤頊　後胤之　度後胤

❖《嘉興縣志》（崇禎十年刊本）

德胤　陸胤　胤昌　崔胤

陸胤陞　王胤昌　徐胤朝

❖《兗州府志》（萬曆間刊本）

姓之胤　胤賢舉　胤一子　揚胤賢　滕胤曰　族胤一

書子胤　承胤嗣　洪胤故

胤可速　胤軒轅　門胤嗣　賢胤勿　忠之胤　贊胤　圖胤　阮胤　沈胤

族胤一　先胤侯　之胤也　揚胤賢　胤　揚胤賢　字道胤　從弟胤

播胤復　胤播有　趙胤為　趙胤等

❖《樂陵縣志》（順治十七年刊本）

霍胤昌　孔胤標　史高胤　史高胤　孫佳胤

蔵胤之　史高胤　史高胤　史高胤　高胤之　史高胤　高胤升　史高胤

胤妻郭　高胤升　高胤虹　高胤妾　後胤故　蔡竹胤　胤作賦　胤宜中

高胤慶　金高胤　胤標誅　劉胤平　長高胤　史高胤　史高胤　高胤宇

❖《祥符縣志》（順治十八年刊本）

錫胤嗣　杜承胤　王嗣胤　陳胤業　陳胤叢

陳胤叢　陳胤緒　梁　胤　劉承胤

胤　胤　胤　胤　胤　胤　胤

又，從「中國方志庫」亦可搜得萬曆《紹興府志》的「周礽」、萬曆《新脩餘姚縣志》的「胤礽」、天啟《衢州府志》的「趙士礽」「汪礽」、崇禎《寧海縣志》的「雲礽」等名。有意思的是，明人呂胤礽與康熙朝廢太子同名，但乾隆以後文獻卻可見有將呂氏名中的「胤」改為「允」「印」，或改「礽」為「仍」者，康熙《電白縣志》的乾隆後印本更乾脆將「胤」字剷板變成單名（圖表 3.4）。其中改「礽」為「仍」之舉，應為原先避胤礽之名的遺緒，而「胤」的改字則有些是因避雍正帝的御名。

既然有清一代的缺筆「胤」字明確在入康熙朝後才開始出現，且該朝還有一些避諱「礽」字的事例，筆者因此決定進一步耙梳在康熙十四年十二月胤礽被冊立為儲君前後刊刻的方志，看其是如何書寫「胤」字。結果發現「中國方志庫」於此前的所有約 654 個「胤」字當中，僅《高唐州志》及《揚州府志》各有 1 處缺筆，此與康熙朝在十五年之後的 312 部志書（共 1,588 個「胤」字中有約 162 個缺筆）截然有別（圖表 3.2），知康熙朝「胤」字的缺筆確為避胤礽名諱的獨特表現，而非俗字或異體字。

圖表 3.4：文獻中對明代餘姚舉人呂胤礽的各種寫法。

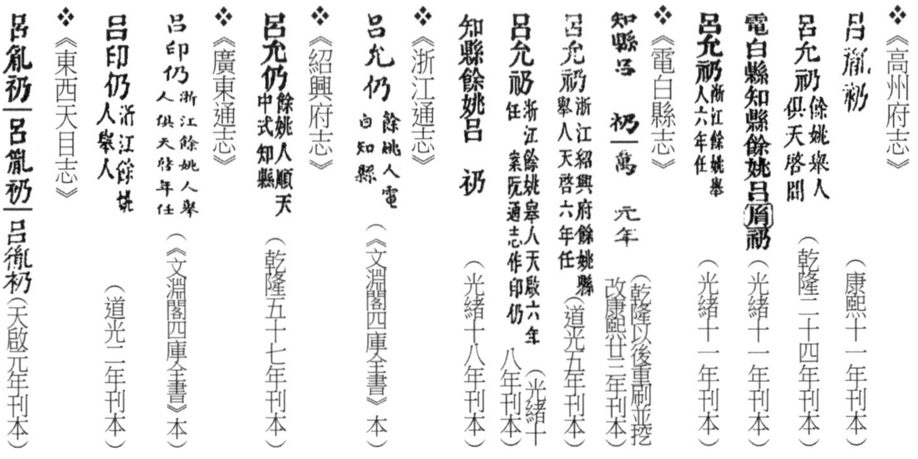

❖《高州府志》
呂胤礽（康熙十一年刊本）
呂允礽 餘姚舉人 俱天啓間（乾隆二十四年刊本）
電白縣知縣餘姚呂胤礽（光緒十一年刊本）

❖《電白縣志》
呂允礽 浙江餘姚舉人六年任（光緒十一年刊本）
知縣呂　礽｜萬　元年（乾隆以後重刷並挖改康熙廿三年刊本）
呂允礽 浙江紹興府餘姚縣舉人天啓六年任（道光五年刊本）
呂允礽 浙江餘姚舉人天啟六年任 案阮通志作印仍（光緒十八年刊本）
知縣餘姚呂　礽（光緒十八年刊本）

❖《浙江通志》
呂允仍 餘姚人電白知縣（《文淵閣四庫全書》本）

❖《紹興府志》
呂允仍 餘姚人順天中式知縣（乾隆五十七年刊本）

❖《廣東通志》
呂印仍 浙江餘姚人舉人俱天啓年任（《文淵閣四庫全書》本）
呂印仍 浙江餘姚人舉人（道光二年刊本）

❖《東西天目志》
呂胤礽｜呂胤礽｜呂胤礽（天啟元年刊本）

圖表 3.6 整理出「中國方志庫」中缺筆「胤」字≧3 個的康熙十五年以後刊刻志書，或全書各種「胤」字≧10 個，且至少有 1 個出現缺筆。在此 14 種方志中共出現 293 個「胤」字，內有 90 個缺筆 (31%)；這些志書另可見 6 個各種「礽」字，其中包含 2 個「礽」以及 1 個「礽」；[13] 但 38 個「禛」字，則無一缺筆；至於所有的 929 個「玄」字中，有 522 個缺改 (56%)，若排除《河南通志》，在其餘 489 個「玄」字中更有多達 459 個缺改 (94%)；所有 50 個「燁」字，有 16 個缺改 (32%)，這些很可能皆為避諱康熙帝玄燁與皇太子胤礽的表現（與皇四子胤禛無關）。至於「玄」「燁」二字避改率的差距，或因當時並無明文諱例，且康熙時人自主敬避時又較重視御名的上一字（第 4 章第 1 節），故有此現象。

圖表 3.5：康熙朝文獻中「玄」「燁」「胤」「礽」「禛」的寫法。

❖《四川敍州府志》（康熙二十六年刊本）
以答玄貺　景玄　景玄樓　劄溝玄白　道玄
閩玄論野　玄妙觀　玄妙　蕉玄梓童

❖《青州府志》（康熙六十年刊本）
鄭玄　房玄齡　玄都壇　房玄齡　井玄
譚玄　安車玄纁　崇玄　玄宮
唐天寶玄黙歲　飛玄雪

❖《漳州府志》（康熙五十四年刊本）
朱玄齡　徐玄度　許載玄　郭玄祐　黃玄錄
燕爾雅謂之乙詩謂之玄鳥禮記曰仲春之月玄鳥至祠于高禖
葉燁　傅燁　錢燁　李燁然　房星燁
戴燁　陳燁　戴燁　曹文燁　燁然
曹文燁　曹文燁　燁然　燁焉

❖《徽州府志》（康熙三十八年刊本）
王大礽　王大礽　張礽

❖彭師度，《彭省廬先生文集》（康熙六十一年刊本）
曾玄玉立胤商珠呈　胤嗣　賢胤亢宗

❖彭而述，《讀史亭集》（康熙四十八年刊本）
麻副戎名胤揚　劉承胤　念胤子　天地玄默
玄霜　玄宗　謝玄　深玄崖匿　玄冥　燁燁

❖王士禛，《帶經堂集》（康熙五十年刊本）
新城王士禛貽上　士禛取急　新城王士禛貽上

---

[13] 見於《常熟縣志》，然因此書出現 4 個缺末筆的「胤」字、101 個缺改的「玄」字，故該孤例的「礽」，亦有可能是藉用異體字以表達對皇太子的避諱。

圖表 3.6：康熙朝方志中「玄」「燁」「胤」「礽」「禛」寫法的統計。

康熙朝出版之方志[a]（刊刻之康熙年）	「胤」正體	「胤」俗體	「胤」缺筆	「禛」（缺筆）	「玄」[b]（缺改）	「燁」[c]（缺改）	「礽」[d]（增缺筆）
《萊陽縣志》(17)	0	2	5	1 (0)	4 (3)	0 (0)	0 (0)
《揚州府志》(23)	6	16	4	18 (0)	81 (79)	6 (0)	0 (0)
《臨晉縣志》(25)	1	0	7	0 (0)	44 (39)	0 (0)	0 (0)
《四川敍州府志》(26)	5	0	3	0 (0)	9 (9)	0 (0)	0 (0)
《常熟縣志》(26)	16	5	4	0 (0)	107 (101)	4 (0)	1 (1)
《上蔡縣志》(29)	0	1	11	0 (0)	19 (17)	0 (0)	0 (0)
《新城縣志》(33)	0	0	20	2 (0)	25 (24)	0 (0)	0 (0)
《安慶府望江縣志》(34)	0	30	2	1 (0)	33 (30)	0 (0)	0 (0)
《河南通志》(34)	17	81	0	6 (0)	440 (63)	21 (2)	1 (0)
《徽州府志》(38)	0	0	16	2 (0)	101 (99)	0 (0)	3 (2)
《茌平縣志》(49)	0	0	3	0 (0)	6 (6)	1 (0)	1 (0)
《漳州府志》(54)	0	1	8	0 (0)	37 (36)	14 (14)	0 (0)
《江都縣志》(56)	1	7	4	5 (0)	2 (1)	1 (0)	0 (0)
《青州府志》(60)	0	14	3	3 (0)	21 (15)	3 (0)	0 (0)
統 計	46	157	90	38 (0)	929 (522)	50 (16)	6 (3)

a 本表僅鎖定「中國方志庫」中那些缺筆「胤」字≧3 個的方志，或全書各種「胤」字≧10 個，且至少有 1 個出現缺筆的方志。

b 「玄」字的缺改，指缺首筆、末筆或首末筆皆缺，以及改用「㐰」字的情形。如《四川敍州府志》即可見 5 例首尾均缺、2 例缺首筆、2 例缺末筆；《青州府志》除 6 例不易辨識外，其餘 15 例皆作「㐰」。

c 「燁」字的缺改，指缺筆（末筆或最末兩筆）的「燁」「爗」，或改用「爗」字。如《漳州府志》即有 12 例缺筆的「燁」以及 2 例缺筆的「爗」。

d 「礽」的增缺筆，指寫成「礽」或「礽」。

前述對康熙朝缺筆「胤」字的研究，主要根據方志，那其它類型的文獻，是否亦支持此論證？筆者遂仔細梳理了先前過眼的幾部書，發現：

1. 《四部叢刊初編》曾景印康熙五十三年朱彝尊《曝書亭集》的原刊本，此書是朱氏晚年親自刪定，收順治二年迄康熙四十八年所作詩文，由其友人曹寅捐資，於四十八年秋開始付刻，十月彝尊卒，至五十三年六月始由其孫刻成。是書的鐫刻恰發生在四十八年三月胤礽復立及五十一年十月再廢兩事件的前後不久。此刊本內共發現缺筆的「胤」16 個、「胤」1 個、「玄」79 個，但 15 個「禛」以及 249 個「丘」則皆未缺改。由於如此大量的「丘」字，均未依雍正三年十二月的諭旨避改為「邱」，知是書的刊刻最可能在此前。至於該「胤」字缺最末一豎曲鉤的寫法，應非俗體，因右側殘留的一撇，並非中文「左中右結構字」會使用的組成部件，這應是因避太子胤礽名諱所致。[14] 再從書中的 79 個「玄」字全缺末筆之舉，推知當事人對避諱十分敬謹。

2. 康熙十九年納蘭成德出貲鐫刻徐乾學等輯的《通志堂經解》，其中《書疑》有 4 個「胤」、1 個「丘」，《書古文訓》有 17 個「胤」、2 個「胷」（「胤」的異體字）、24 個「丘」以及 19 個「玄」。

3. 秦松齡《毛詩日箋》的康熙三十九年序刊本，有 7 個「胤」、8 個「玄」、14 個「丘」。又，書首〈王阮亭先生手柬〉所署「王士禛」的末一字，並未缺筆。

4. 姚潛《姚後陶先生遺稿》的康熙五十五年刊本，可見 1 個「胤」、1 個缺末筆的「泫」、4 個「丘」、1 個「弘」（圖表 3.7）。

---

14 類此的諱字宋代曾使用，如在中國國家圖書館藏張九成《橫浦先生文集》的宋刻本中，8 個「胤」字內有 4 個「胤」及「胤」「胤」「胤」「胤」各 1 個。又，胤礽雖於五十一年再廢，但或因開雕之初，書稿已先由善書者依版式寫於紙上，且三年來有些「胤」字已刻於雕板，故所有「胤」字還是以原先敬避的形式完成。

5. 遼寧大學圖書館藏葛震編輯的《四言史徵》，因書中出現不少缺筆「胤」字，故先前曾被斷定為雍正版本。此書封面有「芷園藏板」字樣，前有曹荃（號芷園，康熙四十七年卒）撰於康熙三十三年的序，指稱是為紀念故友葛震（三十一年卒）所刻。內文共見 12 個「肻」、3 個「胤」、227 個「玄」、4 個「燁」、154 個「丘」、238 個「弘」（圖表 3.8）。由於在葛震逝世三十多年後的雍正朝，已近繁華尾聲的曹家（雍正五年年底遭抄沒）或已無人有強烈動機重拾此書加以精刻，還在板心刻上曹荃（過世已十幾年）的別號「芷園」，故筆者合理懷疑此書非雍正版本，而應為康熙間曹荃刻本（最晚的序為宋犖在康熙三十九年所撰）。至於內文為何只避「玄」卻不避「燁」，或因在無明文諱例的康熙朝，「從來只諱上一字」（此據雍正元年八月二十二日諭旨，參見圖表 4.12）。

圖表 3.7：《姚後陶先生遺稿》康熙五十五年刊本的書影。

則竊有間左丘明司馬子長范曄班固陳壽諸人或名止
十年不置妾媵匡牀丈室蕭然老僧客或以嗣胤規先生
如也序先生詩爲之泫然隕涕云康熙丙申嘉平六日年
家後學唐祖命謨於邗江程氏之雙梧小閣

姚後陶先生遺稿
後學 晉陵唐祖命薪禪 同邑程 庭且碩 集較

張菊人余澹心吳薗次集飲虎丘山寺分得青字

中秋雨中未赴陳階六給諫之約賦此酬之
水勢頻年氣未收誰家秋思入箜篌一樽未醉陳遵宅片
雨先侵庾亮樓屢陟山川驚翰墨幾經烽燧到林丘桂宮
高處難回首只恐征軺逼蒯緱

朱闌花盡芳香平原座上翩躚雀舞孫弘閣外宛轉鶯簧
柳絮飛如雪休留連一丘一壑故園花月萬里黃河須破

❖ 姚濬，《姚後陶先生遺稿》
廣州中山大學圖書館藏康熙五十五年刊本

圖表 3.8：《四言史徵》的書影及其諱字。

❖ 遼寧大學圖書館藏康熙曹荃刻本

芷園敘

（中略）

康熙三十三年歲次甲戌孟秋長白曹荃書於澂藝山房

四言史徵卷一

長白曹　荃芷園甫註釋

頓丘葛　震星巖甫編輯

古歙程麟德蔚窯甫較訂

更始劉玄稱爲皇帝割席流汗豪傑解體 新市平林諸將共立更始將軍

奇紬名山理斯要眇載範斯文弘旉玄藻從祖曰玄得道

太祖皇帝 姓趙氏名匡胤涿郡人父弘殷仕周檢校司徒岳州防禦使天水男娶杜氏生匡胤

仲康肇位官師相規羲和湎淫亂日廢時王命胤侯六師

於四裔 二十二人 四嶽九官十二牧也 爛然星陳日月光華弘於一人

陽爲拙栁惠爲工丞相封侯公孫弘始 封平津侯 曲學阿世濟

兵千人破門而入具得其状出謂崔胤曰主上所爲如此豈可理天下廢昏立明自古有之爲社稷大計非不順也 胤不敢違季述召百官陳兵殿庭作胤等状請太子監國 胤及百官皆署之將士大呼入思政殿帝驚起季述等出

申胤曰　胤數　崔胤與　崔胤迎　崔胤全　崔胤列　殺胤過　趙匡胤　初政燁然　燁然可觀　顧盼燁然　顧盼燁然

（《四言史徵》全書無「禛」「礽」）

❖ 北京大學圖書館藏宋刻本《尚書》

胤征第四 古文作胤後　夏書　孔氏傳

羲和湎淫廢時亂日胤往征之作胤征 胤國之君受王命往

康之後沈湎於酒過差非度廢天時亂甲乙

❖ 杜澤遜，《四庫存目標注》，頁1400

四言史徵十二卷　國朝葛震撰

内府藏本（總目）。〇《武英殿第一次書目》：「《四言史徵》十二本。」〇遼寧大學藏清雍正曹氏芷園刻本，卷一題「長白曹荃芷園甫註釋，頓丘葛震星巖甫編輯，古歙程麟德蔚窯甫較訂」。半葉八行，行二十二字，白口，四周雙邊，版心下刻「芷園」二字。前有康熙二十七年九月陳廷敬序，康熙三十九年宋犖序，康熙三十三年曹荃序。封面刻「芷園藏板」，鈐「御賜萱瑞堂」印。卷内鈐「靜遠齋果郡王圖書記」、「果親王府圖書記」等印記。按：此本寫刻極精，初印清朗。曹荃序云：「録成命梓，用契葛君。」原即據此定為康熙三十三年曹荃芷園刻本。唯細檢卷一第十葉「胤侯六師」，卷八第一葉「姓趙氏，名匡胤」，「胤」字均缺末筆，且結體居中，不似後來剷版，「弘」字不避，則係雍正時刊版。究係康熙三十三年刻本之重刻，抑係當時未刊，至雍正始刻成，尚待勘驗。《存目叢書》據以影印。清華大學藏一部據劉薔女士查驗係同版。中央民大、華東師大均有康熙芷園刻本，未知與此異同。

前述這些文本的當事人，或均因與皇室關係特別，而尊禮法敬避康熙帝的上一字「玄」以及東宮名的上一字「胤」。如徐乾學於康熙十五年任左春坊左贊善，二十年充日講起居注官，而左春坊為東宮官署，是康熙十四年所復設詹事府的從屬機構，[15] 掌東宮講讀箋奏；秦松齡在二十三年前後亦任左春坊左諭德；[16] 成德為十五年進士，旋入為侍衛，曾師事徐乾學（見下節）；朱彝尊於二十年充日講起居注官。

曹寅與皇帝更密近，自稱「從幼豢養」，嘗於胤礽甫封東宮時在其身旁值宿當差，二十出頭則改為侍候康熙帝筆墨，並歷任鑾儀衛的整儀尉、治儀正，再陞授三等侍衛，後因受帝信賴而獨攬江寧織造大權長達約二十年，兩女還被指婚給平郡王納爾蘇及青海親王羅卜藏丹津。[17] 在康熙年間刊刻的曹寅《楝亭詩鈔・楝亭詩別集・楝亭詞鈔・楝亭文鈔》（無「胤」或「礽」），所有21個「玄」字即皆敬缺末筆。又，姚潛與曹寅的賓主之誼至少有二十八年，姚潛在康熙二十年就館於曹家，曹寅且為其「築室於紅板橋北」，還替他治喪、送葬。[18] 至於曹寅弟曹荃，除以正白旗包衣的身分常為皇室當差服務外，也可能因其家深受康熙帝厚恩而更加敬謹。

此外，因「歷代詩文集總庫」「四庫系列數據庫」（兩者收書有重複）可方便進行版本篩選，故筆者從其所收錄之約千種康熙朝詩文別集中，發現有四、五百種出現「胤」字，凡3,000多處。接著，再從中挑出缺筆「胤」字≧3個的別集（圖表3.9），[19] 並嘗試細探各書中遇玄、燁、胤、礽、禛等字時的寫法。

---

15 《清聖祖實錄》，卷58，頁751。左春坊下設左庶子、左諭德、左中允、左贊善等職。

16 《清聖祖實錄》，卷116，頁208。

17 黃一農，《曹雪芹的家族印記》，頁205-360。

18 蘭良永，〈新發現《後陶遺稿》考察報告〉。

19 為簡化表述，如王崇簡的《青箱堂詩集》《青箱堂文集》，即合稱《青箱堂集》。

圖表 3.9：康熙朝別集中「玄」「燁」「胤」「礽」「禛」寫法的統計。

康熙朝出版之清人別集[a]（刊刻之康熙年）	「胤」[b] 正體	俗體	缺筆	「禛」（缺筆）	「玄」[c]（缺改）	「燁」[d]（缺改）	「礽」[e]（增缺筆）
陸棻《歷朝賦格》(25)	1	0	11	0 (0)	9 (4)	18 (7)	0 (0)
王崇簡《青箱堂集》(28)	15	0	40	3 (0)	44 (7)	4 (0)	1 (1)
錢澄之《田間詩集》(29)	1	0	3	0 (0)	16 (15)	0 (0)	0 (0)
張沐《春秋疏略》(34)	3	0	4	0 (0)	36 (24)	0 (0)	0 (0)
徐乾學《憺園文集》(36)	0	0	7	0 (0)	35 (35)	0 (0)	1 (1)
秦松齡《毛詩日箋》(39)	0	0	7	1 (0)	8 (8)	0 (0)	0 (0)
吳震方《朱子論定文鈔》(42)	0	0	6	0 (0)	45 (45)	3 (2)	0 (0)
宋犖《筠廊偶筆》(45)	0	0	8	1 (0)	19 (19)	0 (0)	0 (0)
彭而述《讀史亭集》(48)	0	0	11	0 (0)	67 (67)	8 (8)	0 (0)
程哲《蓉槎蠡說》(50)	0	0	4	1 (0)	41 (41)	0 (0)	0 (0)
王士禛《帶經堂集》(50)	0	0	15	185 (1)	59 (59)	3 (3)	0 (0)
朱彝尊《曝書亭集》(53)	0	0	17	15 (0)	79 (79)	0 (0)	0 (0)
彭師度《彭省廬集》(61)	0	0	11	0 (0)	29 (29)	4 (0)	1 (1)
統　計	20	0	144	206 (1)	487 (432)	40 (20)	3 (3)

a　本表僅鎖定「歷代詩文集總庫」和「四庫系列數據庫」中那些全書缺筆「胤」字≧3 個者。各字的缺改或增缺筆的定義，主要參據圖表 3.6。

b　「胤」字的缺筆亦包含「肎」字（如彭師度《彭省廬先生文集》有 1 例；圖表 3.5）。又，朱彝尊《曝書亭集》有 17 個缺筆、彭而述《讀史亭集》有 11 個缺筆，全寫成「胷」。

c　「玄」字的缺改，包含改用「宖」字（如《讀史亭集》中可見 8 個「宖」，至於其它缺筆的 59 例當中，缺末筆者 4 例，首末筆皆缺者 55 例；圖表 3.5）。

d　「燁」字的缺筆，包含「烇」字（如見《讀史亭集》中所有的 8 例；圖表 3.5），此為將「華」除去上頭之「艹」以及末筆之一豎。

e　此表中所有的 3 例「礽」字皆寫成增筆的「礽」。

圖表 3.9 的 13 種康熙朝別集共見 206 個「禛」，其中僅康熙五十年刻王士禛《帶經堂集》有 1 處缺末筆，由於此書的「禛」多達 185 個，故疑該孤例或是筆劃脫落（圖表 3.5）。又，該表的 164 個「胤」字當中，竟有 144 個缺筆 (88%)，此與「中國方志庫」中有 97 個缺筆「胤」字出現於約 30 種康熙朝志書的情形類同（部分參見圖表 3.6）。相對地，崇禎、順治兩朝文本則罕見缺筆「胤」字（圖表 3.2）。由於《帶經堂集》卷 46 記歷官太常寺卿的龔佳胤（康熙二十四年卒）曾因「避皇太子睿名」改名「佳育」，進一步印證康熙朝文本中的缺改「胤」字，很可能是避東宮胤礽之諱。[20]

另，圖表 3.9 中的 3 個「礽」全寫成「礽」；[21] 487 個「玄」字有 432 個缺改 (89%)，且有 9 種別集的 382 個「玄」字無一不缺改；[22] 40 個「燁」字有 20 個缺改 (50%)。前述狀況均與圖表 3.6 的 14 種志書相呼應，顯示康熙朝不論方志或別集，皆可見敬避皇帝玄燁與皇太子胤礽名諱的情形。再者，朱彝尊《曝書亭集》和彭而述《讀史亭集》二書，共出現 28 個缺筆「胤」字，其中的 27 個全寫成「胤」，此一不合中文「左中右結構字」結體勻稱的寫法，明顯亦因避諱缺筆所致。

在前述圖表所收諸別集的作者中，陸棻、徐乾學和秦松齡皆曾於胤礽被立為東宮期間任官左春坊，王士禛更為詹事府少詹事。這些書中的缺筆「胤」字，均應為避皇太子胤礽之上一字。其中王士禛的存世作品頗多，除先前耙梳的《帶經堂集》外，筆者在他所撰《蠶尾集》《蜀道驛程記》《秦蜀驛程後記》《隴蜀餘聞》《漁洋山人精華錄》的康熙刊本中，也發

20 後世文獻亦有作「龔佳允」者。參見俞正燮，《癸巳類稿》，卷 12，頁 15。

21 查出現各 1 例「礽」字的王崇簡《青箱堂集》、徐乾學《憺園文集》、彭師度《彭省廬集》三書，各有 55、7、11 個「胤」字，其中缺筆者分別有 40、7、11 個。故從統計學的角度判斷，知該 3 例「礽」字應亦最可能是藉用異體字以表達對皇太子胤礽的敬避。

22 此與《河南通志》的 440 個「玄」字中僅 63 個缺改 (14%)，成強烈對比。

現「胤」字皆缺末筆作「胤」；同樣地，在他刻於康熙間的著作當中，大量「玄」字亦均缺末筆，知其對避康熙帝及皇太子名諱相當敬謹。

再以康熙十六年黎元寬撰《進賢堂稿》（共 17 個未缺筆之「胤」、77 個「玄」）、二十二年李世熊撰《寒支初集》（18 個「胤」、118 個「玄」）以及五十六年柴紹炳撰《柴省軒先生文鈔》（23 個「胤」、76 個「玄」）為例，知康熙朝也不乏人只避御名。又，兩廣總督金光祖於康熙三十六年纂修的《廣東通志》中，所有 100 個「胤」字皆不曾避改，[23] 5 個「玄」字亦只有 2 個缺末筆！此外，康熙十六年刊刻的《諧聲品字箋》、四十三年的《廣韻》以及四十五年的《集韻》等字書，雖均刻於胤礽任儲君期間，也不曾改易「礽」字，或將其缺筆。綜前所論，康熙朝應在十五年以後始出現避東宮胤礽名諱之舉，但此仍屬少數（參見圖表 3.2），至於著作中對御名及皇太子名敬避程度相對較高者，則常可發現與皇帝或東宮有密近關係。

周廣業在《經史避名彙考》中曾提及一個明代避東宮諱的案例，稱：

> 悼懷太子慈焴，熹宗第二子，《明史》不詳贈年。〈熹宗紀〉天啟三年八月、五年十月俱書「皇子生」，而不名。《太平縣志》「朱元育，原名避東宮諱，故刪其兩旁曰“育”，字長孺」，崇正辛〔應為「癸」〕酉舉人，入本朝，仕兵曹主事。

指朱元育是因避熹宗東宮朱慈焴或其嫌名而改名，但周廣業並未明言原名的下一字如何可在刪去兩旁後變成「育」。朱元育為浙江太平縣人，崇禎六年中舉，順治十七年至康熙二年間知武強縣，遷兵部主事，未到任即卒。他應不會於明末為避諱朱慈焴或其他太子而改名「元育」，因其在順治七年所撰〈重修王靜學先生忠節祠記〉，仍末署「邑後學朱元胤〔民國九年刊本中將“胤”書作“胤”〕長孺甫敬題」，且《（順治十八年）縉紳冊》及康熙

[23] 金光祖纂修，《廣東通志》，卷 13，頁 117。

以後刊刻的《浙江通志》《台州府志》《太平縣志》《武強縣志》，常混用其下一字為「育」「允」「胤」「胤」「胤」，或留空（圖表 3.10）。[24]

《明史》記天啟皇帝有三子，稱：

> 懷沖太子慈然，熹宗第一子。悼懷太子慈焴，熹宗第二子。獻懷太子慈炅，熹宗第三子，與懷沖、悼懷皆殤。[25]

因諸子都在一、兩歲就夭折（其太子封號皆為追諡），故天啟帝駕崩後，皇位就不得不傳弟朱由檢。由於慈焴在世時並未被立嗣，疑當時還只是白衣的朱元胤不太可能會因避諱此年幼皇子而改名！事實上，一般人甚至不會知道此幼子之名。至於清初唯一具有太子名份的胤礽，是在康熙十四年年底才正位東宮，其時朱氏應早已逝世多年，故朱元胤也不可能因避康熙朝東宮胤礽之諱而曾自行改名為「元育」！

文獻中搜到的另一處「朱元育」見於乾隆元年的《敕修浙江通志》，記其撰有《易經手授》，並註明是根據《太平縣志》，然該通志在臚列舉人名單時，乃稱其名為「朱元允」，知「允」或「育」皆是「胤」字的不同諱改。由於「焴」並非中文的「左中右結構字」，故無從「刪其兩旁」而變成「育」。然在胤礽被立為東宮之前，明清方志（包含嘉靖《太平縣志》）中即有將「胤」寫成異體之「胤」或「胤」（圖表 3.2 及 3.3）者，[26] 若將此字的兩旁刪去，恰成為朱元育名中下一字的「育」（此與前文所提康熙朝龔佳胤因避皇太子諱而改名「佳育」的情形相同）！查康熙二十二年《太平縣志》刻本中共出現 1 個「胤」、2 個「胤」以及 2 個「礽」，全未缺改（圖表 3.10），知此志編者並不在意應避胤礽之名。其所謂的「朱元育，原名避東

---

[24] 清初參政佟國胤名中的末一字，除常遭改筆外，亦有被書作國印、國蔭、國蔭、國應或國允等異名者。參見黃一農，《紅夷大砲與明清戰爭》，頁 356-357。

[25] 《明史》，卷 120，頁 3657。

[26] 如萬曆《崑山縣志》有 3 個「胤」、4 個「胤」；萬曆《兗州府志》的 58 個「胤」中含 11 個「胤」；順治《樂陵縣志》有 8 個「胤」、22 個「胤」。

宮諱，故刪其兩旁曰“育”，字長孺」，該「東宮」最可能指編書時的當朝皇太子胤礽（否則，應會點明是前朝東宮），而編者或誤認朱氏乃自己改名（此應非編者敬避胤礽之舉，不然同書的呂胤昌為何未改；另有一處朱元胤漏改）。

專治避諱學的周廣業，因不解「胤」字為何避改成「育」，且過度聯想到名字偏旁有「育」字的天啟帝太子慈焴（一兩歲夭折後始追諡為太子），遂未能辨正《太平縣志》中的朱元胤改名之說。此事最合理的解釋或是修志者因參據的材料前後出現「元胤」「元育」之別，以致誤認朱氏乃因避胤礽名諱曾自行改名，這應是康熙十四至二十二年間他人在書寫已故朱元胤之名時，為避東宮胤礽之上一字所為。

圖表 3.10：　文獻中有關朱元胤的敘述。

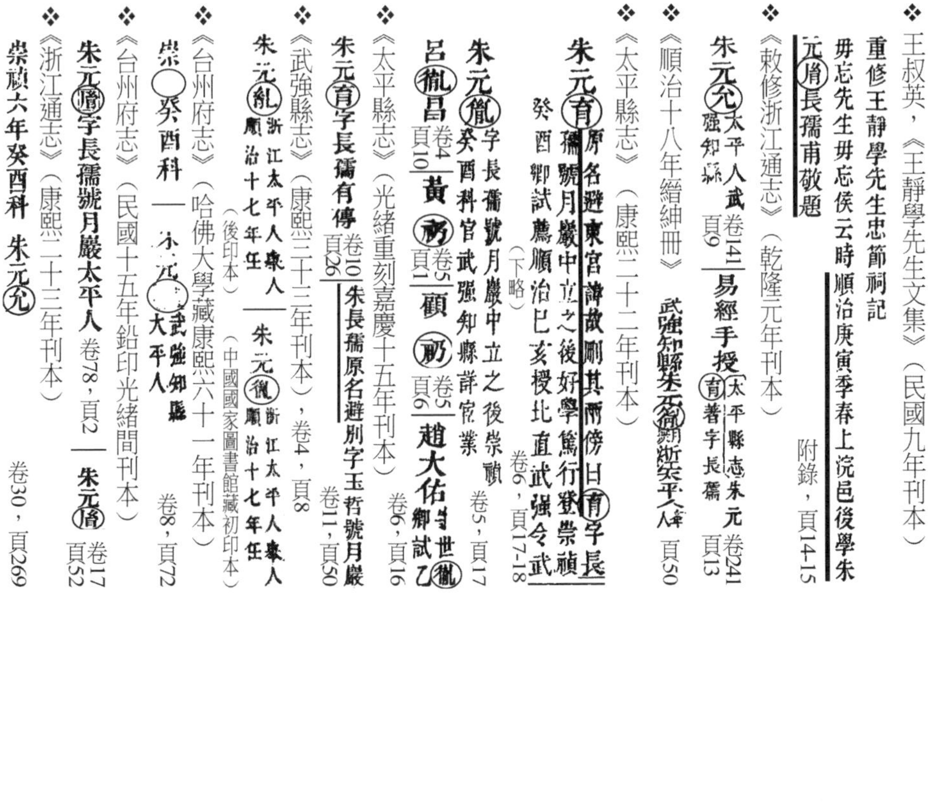

❖ 王叔英，《王靜學先生文集》（民國九年刊本）
重修王靜學先生忠節祠記
毋忘先生毋忘俟云時順治庚寅季春上浣邑後學朱元（肯）長孺甫敬題　附錄，頁14-15

❖ 《敕修浙江通志》（乾隆元年刊本）
朱元（允）太平人武強知縣　卷141，頁9
易經手授（太平縣志朱元（育）著字長孺）　卷241，頁13

❖ 《順治十八年縉紳冊》
武強知縣朱元（胤）浙江太平人　頁50

❖ 《太平縣志》（康熙二十二年刊本）
朱元（育）原名避東宮諱故刪其兩傍曰（育）字長孺號月巖中立之後好學篤行登崇禎癸酉鄉試薦順治己亥授北直武強令武（下略）　卷6，頁17-18
朱元（胤）字長孺號月巖中立之後崇禎癸酉科官武強知縣詳宦業　卷5，頁17
呂（胤）昌　卷4，頁10
黃（胤）　卷5，頁1
顧（胤）　卷5，頁6
趙大佑 世（胤）鄉試乙

❖ 《太平縣志》（光緒重刻嘉慶十五年刊本）
朱元（育）字長孺有傳　卷10，頁26
朱長孺原名避別字玉哲號月巖　卷11，頁50

❖ 《武強縣志》（康熙三十三年刊本），卷4，頁8
朱元（亂）浙江太平人舉人順治十七年任（後印本）
朱元（胤）浙江太平人舉人順治十七年任（中國國家圖書館藏初印本）

❖ 《台州府志》（哈佛大學藏康熙六十一年刊本）
崇○癸酉科
朱元○太平人武強知縣　卷8，頁72

❖ 《台州府志》（民國十五年鉛印光緒間刊本）
朱元（肯）字長孺號月巖太平人　卷78，頁2
朱元（肯）　卷17，頁52

❖ 《浙江通志》（康熙二十三年刊本）
崇禎六年癸酉科　朱元（允）　卷30，頁269

二、詞學大家成德曾否改漢名為性德？[27]

旗人納蘭成德 (1655-1685)，字容若，大學士明珠長子。因才情出眾，享壽雖僅三十一歲，然王國維嘗盛譽他的詞學成就，是「以自然之眼觀物，以自然之舌言情，此由初入中原，未染漢人風氣，故能真切如此，北宋以來一人而已！」[28] 今人亦每每稱其為「滿清第一詞人」。

康熙十一年成德在京中舉，徐乾學 (1631-1694) 時任順天鄉試的副考官。次年癸丑歲成德會試登第，但因寒疾未與殿試，十五年丙辰歲補殿試，中二甲第七名，賜進士出身（圖表 3.11）。早從十二年五月起，成德即向徐乾學問學，至十五年以進士入為侍衛止，徐氏稱成德「逢三、六、九日，黎明騎馬過余邸舍，講論書史，日暮乃去」。對成德而言，徐乾學是其深入漢文化的重要引領者，兩人的師生之誼既長且密，成德於病危之際還對乾學泣言：「辱先生不鄙棄，執經左右十有四年。先生語以讀書之要及經史諸子百家源流，如行者之得路。」[29]

康熙二十四年成德病歿，六年後其座師徐乾學彙整他所著詩文，輯刻成《通志堂集》十八卷，另有附錄二卷，收載成德諸師友之追悼詩文。內徐乾學即撰有前序、祭文、神道碑文和墓誌銘四文，其中 1 次稱他「納蘭君容若」、2 次稱「納蘭君」、20 次稱「容若」，另有 1 處謂「姓納蘭氏，初名成德，後避東宮嫌名，改曰 "性德"」（圖表 3.12 及 3.13）。此處的「東宮」乃指皇次子胤礽（音「成」，滿語為 "*ceng*"；十四年冊封，四十七年廢，四十八年復立，五十一年再廢），小名為保成。[30]

---

[27] 本節改編自拙文〈滿清第一詞人納蘭成德曾否改漢名為性德〉(2022)。

[28] 王國維，《人間詞話》，卷上，頁 7。

[29] 此段參見納蘭成德，《通志堂集》，徐乾學序。

[30] 康熙十一年出生的皇長子保清，後亦改名胤禔。參見唐邦治，《清皇室四譜》，卷 3，頁 12。

圖表 3.11： 成德於康熙十五年中進士之資料。

❖《康熙十五年進士題名碑》（中國國家圖書館藏拓片；此碑誤「丙辰科」為「戊辰科」）

圖表 3.12： 納蘭家族中人祭葬文內對成德的稱謂。[31]

作者與文章名(墓主逝世年月)	文字敘述
葉舒崇〈皇清納臘室盧氏墓誌銘〉（盧氏卒於康熙十六年五月）	「年十八，歸余同年生成德，姓納臘氏，字容若」
姜宸英〈通議大夫、一等侍衛、進士納臘君墓表〉（成德卒於康熙二十四年五月）	「君姓納臘氏……初名成德，字容若，後避東宮嫌名，改名性德」
韓菼〈通議大夫、一等侍衛、進士納蘭君神道碑銘〉	「君氏納蘭，諱成德，後改性德，字容若」
徐乾學〈皇清通議大夫、一等侍衛、佐領納蘭君墓誌銘〉	「容若，姓納蘭氏，初名成德，後避東宮嫌名，改曰性德」
唐孫華〈皇清誥封太子太師、武英殿大學士、兼禮部尚書、相國納蘭公元配一品夫人覺羅氏墓誌銘〉（覺羅氏卒於康熙三十三年八月）	「三子皆有俊才，並為國器。長成德，康熙癸丑科進士，官侍衛，以文章顯名，早卒……孫三人：傅哥〔又作富格〕、傅爾敦、傅森，俱成德出」
趙殿最〈皇清誥贈光祿大夫、提督直隸總兵官、都督同知管轄通省兵丁節制各鎮富公神道碑文〉（富格卒於康熙三十九年正月）	「相國〔指明珠〕有子三：長即公考，諱成德，後改性德，中康熙癸丑進士，通議大夫、一等侍衛……夫人盧氏、顏氏，並誥贈一品夫人。公為顏氏太夫人所出」
王鴻緒〈皇清誥授光祿大夫、議政內大臣、前太子太師、禮部尚書、武英殿大學士明公墓誌銘〉（明珠卒於康熙四十七年四月）	「子男三人：長性德，康熙十五年進士、一等侍衛，先公卒……孫五人：長福哥〔又作富格〕，早卒；次富爾敦〔傅爾敦〕，康熙三十九年進士；次福森〔傅森〕，皆性德出……孫女四人……皆性德出」
蔣廷錫〈皇清誥授光祿大夫、議政大臣、散秩大臣、兵部左侍郎、正黃旗滿洲副都統兼佐領事、加五級永公墓誌銘〉（永壽卒於雍正九年正月）	「余惟先大夫與公〔指永壽〕伯父成公〔指成德〕曩以癸丑同年相友善……相國〔明珠〕有子三：長癸丑進士、一等侍衛諱成德……揆敘即公嗣父……和碩額駙諱揆方……公本生父」

31 趙迅，《納蘭成德家族墓誌通考》；高景春主編，《新中國出土墓誌（北京）》；納蘭成德，《通志堂集》，卷 19，頁 11；黃一農，《二重奏：紅學與清史的對話》，頁 211-274。

圖表 3.13：康熙三十年刻《通志堂集》中成德師友對其之稱謂。此書在各卷之首均題作者名為「納蘭性德容若，原名成德」。

撰寫憑弔文字之親友	文字敘述
徐乾學〈通志堂集序〉	3 處稱「容若」（中國國家圖書館藏本此序有許多殘破缺漏之處，[32] 此據北京大學圖書館本[33]）
嚴繩孫〈成容若遺藁序〉	1 處稱「成容若」，7 處稱「成子」，另 1 處稱「成子容若」
徐乾學〈通議大夫、一等侍衛、進士納蘭君墓誌銘〉	1 處稱「納蘭君」，14 處稱「容若」，另 1 處稱「姓納蘭氏，初名成德，後避東宮嫌名，改曰性德」
徐乾學〈通議大夫、一等侍衛、進士納蘭君神道碑文〉	1 處稱「納蘭君」，1 處稱「容若」，另 1 處稱「納蘭君容若」
韓菼〈通議大夫、一等侍衛、進士納蘭君神道碑銘〉	2 處稱「納蘭君」，1 處稱「君氏納蘭，諱成德，後改性德，字容若」
張玉書〈進士納蘭君哀詞〉	1 處稱「納蘭君」，1 處稱「成君容若」
杜臻	1 處稱「容若君」
嚴繩孫	10 處稱「容若」，另 1 處稱「成子容若」
徐倬	1 處稱「容若先生」
翁叔元	2 處稱「容若」，另 1 處稱「容若年世兄先生」
董訥〈誄詞〉	1 處稱「容若公」
徐乾學〈祭文〉	3 處稱「容若」
韓菼〈祭文〉	1 處稱「楞伽山人」

32　參見中華古籍資源庫 http://read.nlc.cn/OutOpenBook/OpenObjectBook?aid=892&bid=135699.0。

33　轉引自「中國哲學書電子化計劃」https://ctext.org/library.pl?if=gb&file=95391&page=2。

胤礽自康熙十四年立為儲君以來，時人亦有主動避其名諱者，如二十年知麟遊縣的費緯礽或在出仕後自行改名緯祹，二十四年過世的太常寺卿龔佳胤因「避皇太子睿名」改名「佳育」（見第1節），此舉應仿明末部分官員之例（見前文），但這些均屬自主行為，而非諱例之規定。由於成德的墓誌銘是徐乾學受其父明珠之託所撰，[34] 銘刻的內容應經納蘭家認可，故「改曰"性德"」之說理當足以採信。

此外，納蘭家族中其他人的祭葬文亦提及此改名一事，如：姜宸英〈通議大夫、一等侍衛、進士納臘君墓表〉稱「君姓納臘氏……初名成德，字容若，後避東宮嫌名，改名性德」，趙殿最〈皇清誥贈光祿大夫、提督直隸總兵官、都督同知管轄通省兵丁節制各鎮富公〔指富格〕神道碑文〉指「相國〔明珠〕有子三：長即公考，諱成德，後改性德」，《通志堂集》中收錄的韓菼〈通議大夫、一等侍衛、進士納蘭君神道碑銘〉，亦謂「君氏納蘭，諱成德，後改性德，字容若」（圖表3.12）。

惟後世文獻並未因此將其名全改稱「性德」，而是「成德」「性德」兩名互見。尤有甚者，《詞人納蘭容若手簡》上所收錄其致友人（主要是張純修）的36封書翰，全自署「成德」或「德」，並鈐用「成德」「成德容若」「長白山人」等名號章（圖表3.14），無一稱「性德」！[35]

---

34 明珠嘗對徐乾學言：「惟君知我子，惠邀君言，以掩諸幽，使我子雖死猶生也。」惟乾學後與明珠翻臉，甚至夥同郭琇彈劾他。參見納蘭成德，《通志堂集》，卷19，頁1；趙爾巽等，《清史稿》，卷271，頁10008-10009。

35 納蘭成德，《詞人納蘭容若手簡》；納蘭性德，《通志堂集》，冊下，頁1-84。

圖表 3.14：　成德致張純修函中的署名。

前來章甚佳，足稱名手。然自愚觀之，刀鋒尚隱，未覺蒼勁耳。但鐫法自有家數，不可執一而論，造其極可也。日者竭力搆求舊凍，以供平子之鐫，尚未如願，今將所有壽山幾方，敢求渠篆之？石甚粗礪，且未磨就，并希細致之為感。疊承

雅惠，謝何可言，特此，不備。

十七日成德頓首。

石共十方，其欲刻字樣并俱書于上。又拜。

廳聯書上，甚愧不堪。昨竟大飽而歸。又承吾

哥不以貴游相待，而以朋友待之，真不啻既飽以德也。謝謝，此真知我者也，當图一知己之報于吾

哥之前，然不得以尋常疇荅目之。一人知己，可以無恨，余與張子有同心矣。此啟，不一。成德頓首。

十二月歲除前二日。

因無大图章，竟不曾用。

初四日。德頓首

成德頓首。初四日

成德頓首

成德頓首

成德頓首。七月十一日

成德頓首

成德頓首

成德頓首

十月十八日。成德頓首

轉引自納蘭成德，《詞人納蘭容若手簡》(1961)

此外，著錄清廷內府所藏書畫珍品的《石渠寶笈》，也僅見「成子容若」「成德容若」「容若書畫」「成德」和「楞伽山人」等鈐印。[36] 另，成容若本人於病卒前一年題詠曹寅的《楝亭圖》時，亦署名「楞伽山人成德」。[37] 事實上，目前尚未見到其手跡或鈐印有自稱「性德」者，其師友稱呼他時，也幾乎皆冠「成」姓，僅徐釚在〈孝廉漢槎吳君墓誌銘〉中曾兩度以「性君」稱之（圖表 3.17；詳見後）！

成德正式行用的滿漢名究竟為何，學界以及廣大的納蘭迷一直渾沌不明，此問題不僅涉及清初滿臣對於避諱的態度，且與滿人的稱謂習慣有關。拙文〈清初詞學大家成德名諱新考〉曾根據各種文本上的實例，論證其漢名一直行用「成德」，「性德」則為漢譯其滿名時被選用的對音之一（另可見「興德」「星德」「常德」等不同表述）。[38] 然很可能是由於其名早就相沿成俗，且筆者當時尚未全面梳理康熙時人使用「成德」「性德」稱謂之資料，加上「中國知網」雖可搜得此文，但該文所發表的 2013 年第 1 期《文史》卻不提供下載，以致該研究成果一直未能得到應有重視。下文即嘗試補充更多材料，並深化相關論據。

納蘭成德以其詞學方面的成就名重今世，故先前出版的相關專書早已逾百本，然許多內容卻常是人云亦云，遑論達到「後出轉精」的地步。以樊志斌新近修訂的兩冊本《納蘭成德傳》(2020) 為例，書中先稱「為了避皇太子保成的名諱，成德便更名為 "性德"」，並謂康熙十四年冊立保成為東宮時，因太子被正名為「胤礽」，成德自此無需再避諱「成」字，就又改回「成德」之名。他更總結曰：

---

36 張照等，《石渠寶笈》。

37 黃一農，《二重奏：紅學與清史的對話》，頁 88。

38 釋堅融、羅盛吉、黃一農，〈清初詞學大家成德名諱新考〉。此為筆者當年在新竹清華大學開設 e 考據課程時，帶領同學完成的習作。

> 可能正是因為成德改名的時間極短，他的諸多友人並不熟稔，成德書信自署「成德」，朋友們在交往過程中，也似乎並不知道他有改名這回事情。[39]

樊書可能較重視可讀性，故幾乎未見引註任何今人著述。其說或源自趙秀亭和馮統一，他倆主張成德於十四年十二月太子被冊立之後不久，為避保成之名諱而改作「性德」，次年年初因儲君更名「胤礽」，遂無必要再避「成」字。由於性德在十五年進士題名碑錄中的榜名是「成德」，且嗣後其手書、印章及友朋書文俱稱「成德」，而不稱性德，故他們懷疑其名應於稍早又改回「成德」。[40] 然該從成德（因避保成名諱）→性德（因保成改名胤礽）→成德的曲折假說，並無任何史證。[41]

查《起居注冊》康熙十四年十二月十三日條，在記冊立皇儲一事時，業已稱嫡出皇二子之名為「胤礽」。又因十五年丙辰科的會試是在二月初九日舉行首場，三月殿試，故年前十月禮部即通知八旗都統將欲參加的旗籍舉人「造具滿漢清冊，註明滿洲、蒙古、漢軍旗分佐領，年貌、三代、科分，及並無事故字樣，咨送過部」，再由兵部測其馬步箭，合式者才准入場。[42] 考量科舉考試通常不許臨場改名、改經（成德選《詩經》；見圖表3.11），[43] 知在此科補殿試的成德（榜名），應不曾於冊立太子前後改漢名。

更直接的證據則來自滿、漢文的《八旗通志初集》，因在康熙十一年鄉試、十二年會試以及十五年會試的題名錄中，均記其名為 "*cengde*" 和「成德」，並於康熙十一年順天鄉試的榜名下註稱 "*amala gebu be singde*

---

39 樊志斌，《納蘭成德傳》，頁 116-119。

40 趙秀亭、馮統一，〈納蘭性德行年錄〉。

41 丁紹儀(1816-1884)誤以乾隆中曾奉旨將成德改名性德，惟在成德逝世七、八十年後，應無強烈理由還將其改名。參見丁紹儀，《聽秋聲館詞話》，卷 17，頁 8。

42 杜受田等修，英匯等纂，《欽定科場條例》，卷 1，頁 1、卷 6，頁 37 及 45。

43 文慶等，《國子監志》，卷 14，頁 4。清代會試的第一場都要考詩、書、易、禮記、春秋等五經文各四題，考生專治一經。

seme halaha" 和「後改名性德」，而 *ceng* 的寫法即與滿文奏摺中皇太子署名之「礽」字相同（圖表 3.15），知滿漢文本皆明指 *cengde* 是在中進士之後才改名 *singde*（為因應即將出仕），該漢名「性德」應是修纂者從滿名對譯，[44] 而非成德自行且正式所改。

乾隆《八旗通志初集‧旗分志》因此將 *singde* 的對音譯作「星德」，而未統一。至於嘉慶《欽定八旗通志》滿漢文本的〈旗分志〉，則將其名寫成 "*hingde*" 和「興德」(圖表 3.15)，前者或直接譯自漢名，才會與 *singde* 有別。在乾隆間所刊官書《八旗滿洲氏族通譜》中，成德的漢名被寫成「星德」，此乃因編者從滿文原書直接漢譯 *singde* 所致。[45] 亦即，「性德」「星德」和「興德」三漢名皆為臨文所選擇的音譯，但「性德」因有「本性所具之德」的深意，故相對於「星德」和「興德」而言，較為後人接受。

《葉赫那蘭氏八旗族譜》則將成德寫成「常德」，雖漢字的「常」與「成」似無關聯，但因「成」或「礽」的滿文與「常」相似（圖表 3.15），不知此是否為清代避胤礽滿名之另一形式。[46] 其次，若有復名成德一事，徐乾學、姜宸英、趙殿最、韓菼在康熙間為納蘭家所寫的祭葬文中，不可能只敘及其改「成德」為「性德」的前半段事，而深納漢文化的納蘭家族（成德弟揆敘曾任翰林院侍讀，充日講起居注官，並累擢掌院學士；成德次子富爾敦亦中康熙三十九年進士），又豈會在刻石時接連忽視此一重大疏漏！

---

44 《八旗通志初集》滿文本的成書稍晚於漢文本約兩年，兩者乃由同一批人負責修纂，而漢文本所提及的旗人之名應大多是從滿文對譯，此因書前凡例有稱「八旗大人名〔應指滿名〕同者，亦須分別對音，今俱遵照《實錄》改定」。參見烏蘭其木格，〈試論《八旗通志初集》和《欽定八旗通志》的關係〉。

45 弘晝等，《八旗滿洲氏族通譜》，卷 22，頁 2。

46 此漢字族譜將富爾敦寫成福勒敦、揆方寫成奎鳳，此不知是滿漢名對譯時的不準確，抑或是滿名曾因敬避而諱改？

圖表 3.15：　清代文獻中「成德」一名的滿漢文寫法。

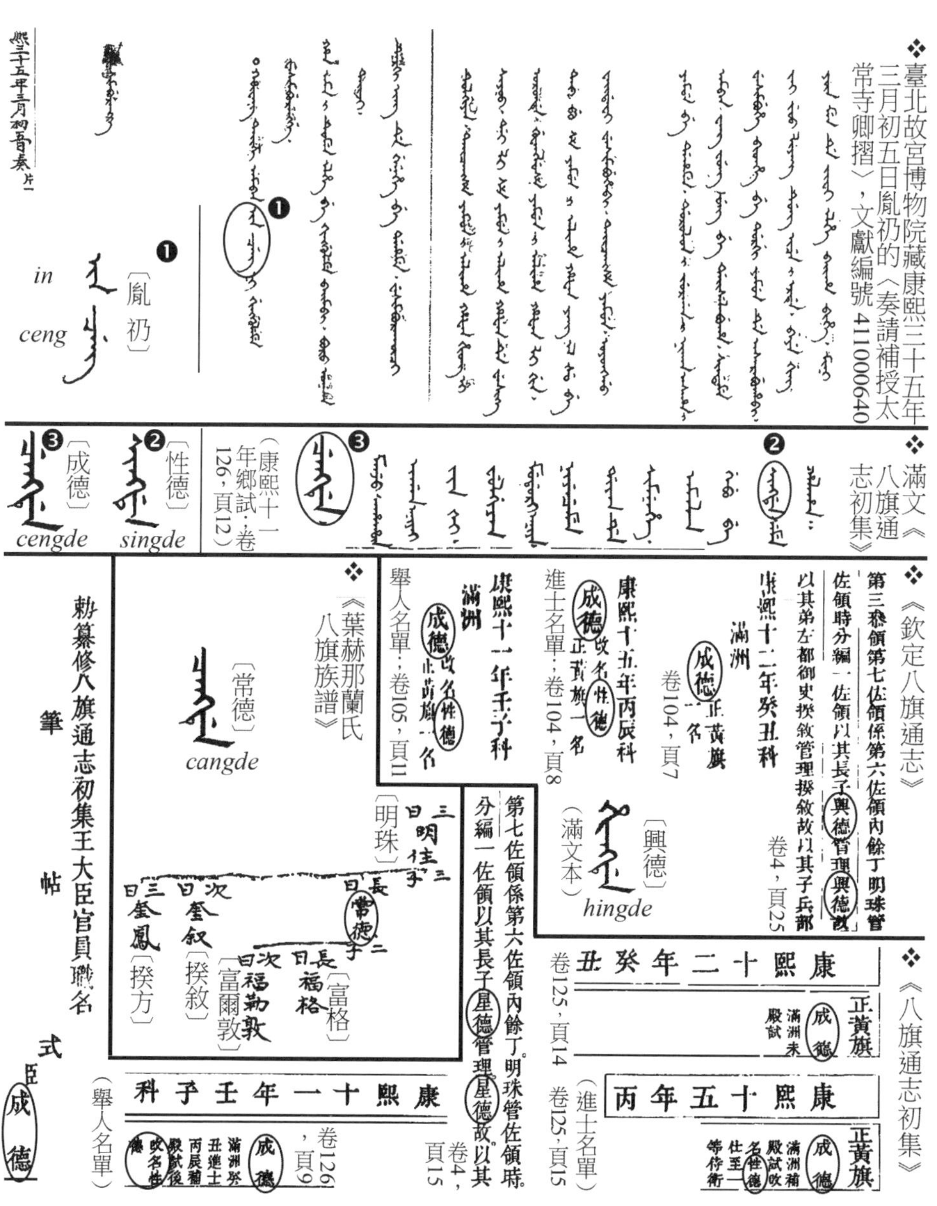

從前一節所舉的許多實例，知康熙朝於冊立東宮之後應無相關諱例，當然也未規定得避其嫌名或幼名。如在《康熙十五年丙辰科會試二百九名進士三代履歷便覽》及《康熙十五年進士題名碑》拓片（圖表3.11；先前學者多不曾過眼），即清楚可見與成德同榜的「保民〔正藍旗人〕」和「丘時成」，他們恰與皇太子幼名保成或新名胤礽的字或音相犯，但皆未改名。[47] 此外，《八旗通志初集・選舉表》記康熙十五年的八旗進士時有云：「正黃旗：成德，滿洲，補殿試，改名性德，仕至一等侍衛……正藍旗：保民，滿洲，拉克大佐領。」僅提及成德改名之事，亦未稱保民有此舉。[48]

劉德鴻在其《清初學人第一：納蘭性德研究》(1997) 中，曾以約兩千字之篇幅討論成德的名諱，稱：

> 保成被冊立為皇太子並建立東宮後，要求臣民避諱，「保成」兩字臣民的名字不能使用，於是納蘭性德自改「成德」為「性德」。有的學者認為……根據是《禮記・中庸》有「誠者，非自成己而已也，所以成物也。成己，仁也；成物，智也；性之德也」之話語；《易・繫辭》有「一陰一陽之為道，繼之者善也，成之者性也」之言辭。也有學者認為「性德」二字，不是出於儒家經典，而是佛教術語……「性德」是本性所具有之德……因為康熙帝為求上天賜福，不久將皇太子保成改名為胤礽，納蘭也就成德、性德兩個名字同時行用了的緣故。[49]

---

47 康熙十五年夏成書的《蒙城縣志》，即指「丘時成」是趙裔昌擔任該科同考官時所拔取的門生，至於雍正七年《六安州志》中近四百字的「邱時成」小傳，則應只是依雍正三年新頒諱例改「丘」為「邱」。參見李懋仁纂修，《六安州志》，卷15，頁49-50；趙裔昌修，何名雋等纂，《蒙城縣志》，卷17，頁4；《清世宗實錄》，卷39，頁581。

48 鄂爾泰等修，《八旗通志初集》，卷125，頁15。

49 劉德鴻，《清初學人第一：納蘭性德研究》，頁185-188。

嘗試從儒、釋的經典推論改「成德」為「性德」的可能意旨。然其所稱清廷在冊立東宮後曾命臣民避皇太子保成名諱的說法，則與史實不合。[50]

其實，康熙時人即使是對帝名玄燁也不曾嚴避，更何況皇太子之名。此故，我們在康熙十四年立儲之後的《清實錄》當中，仍可見不少官員名字出現「保」或「成」二字：如一等公內大臣法保、漕運總督帥顏保、南漳總兵官劉成龍、禮部左侍郎史大成、廣信營參將曹得成、南贛參將宣成功等。在兩廣總督金光祖於康熙三十六年纂修的《廣東通志》中，亦不曾避「胤」，甚至在記擔任牛肚灣巡檢司的鄒胤礽時，也未將連用的「胤礽」二字避改！[51]

另查天津圖書館藏康熙十九年由成德捐貲刊刻的《通志堂經解》（徐乾學等輯，存 140 種 1,860 卷，是清代最早刊印之闡釋儒家經義的大型叢書），[52] 共收錄十二至十六年間（恰在冊立東宮前後）60 幾篇題為其所寫的序跋或題辭，多自署「納蘭成德容若」，少數稱「納蘭成德」或「成德」，無一用「性德」！[53] 知其在東宮冊立後，仍自稱「成德」。至於叢書中僅有之兩本題其編撰的《合訂刪補大易集義粹言》《禮記陳氏集說補正》，亦繫作「後學成德」「納蘭成德」（圖表 3.16）。[54]

50　不論保成或胤礽之名，康熙朝均可查得大量文本未避其名，至於部分避東宮名諱者，則屬個人的自主行為。參見本章第 1 節。

51　金光祖纂修，《廣東通志》，卷 13，頁 117。

52　王愛亭，〈《通志堂經解》刊刻過程考〉。

53　趙秀亭，〈納蘭性德經解諸序編年考略〉。

54　在乾隆朝抄錄的《文淵閣四庫全書》中，此二書的作者署名均被改題為「頭等侍衛納喇性德」（圖表 3.17），此名同於該叢書所錄《欽定八旗通志》。又，有稱徐乾學刻《通志堂經解》時「竊襲前人書」，將《禮記陳氏集說補正》改題為成德所作。參見周壽昌，《思益堂日札》，卷 5，頁 15。

圖表 3.16： 康熙十九年刻《通志堂經解》中有關「成德」的稱謂。

往秀水朱竹垞諗余書策莫繁𦽳於今日而古籍
漸替若經解僅有存者彌當珍惜矣余唯曰綱者

經解序 三

聖世右文之一助而志焉未逮今感竹垞之言深
及竹垞家藏舊版書若抄本釐擇是正捻若干種
謀雕版行世門人納蘭容若尤慫恿是舉捐金倡
始同志羣相助成次第開雕經始於康熙癸丑踰
二年訖工藉以表章先哲嘉惠來學功在發余其
敢掠美因敘其緣起志之首簡
康熙十有九年庚申
日講官起居注左春坊左贊善兼翰林院檢討崑
山徐乾學謹序

啓於座主徐先生先生乃盡出其藏本示余小子
曰是吾三十年心力所擇取而校定者余旦讀且
愕求之先生鈔得一百四十種自子夏易傳外唐
人之書僅二三種其餘皆宋元諸儒所撰述而明
人所著間存一二請捐貲經始與同志雕版行世
先生喜曰是吾志也遂畧敘作者大意於各卷之
首而復述其雕刻之意如此
康熙十二年夏五月
賜進士出身納蘭成德謹序

經解總序 十

子夏易傳序
漢藝文志易十三家無所謂子夏傳者隋唐志始有
卜夏傳二卷云已殘缺今書十一卷首尾完具蓋後
康熙丙辰仲春納蘭成德容若序
子夏易傳卷第一
周易
上經乾傳第一
九二見龍在田利見大人象曰德施普也
陽氣生物始見於田也稼者可以乘其時也雖大
人學之成德可以普天下所利見明其道也
子夏易傳卷第十一
後學成德校訂

合訂大易集義粹言序
宋陳隆山大易集義六十四卷曾穜大易粹言七十卷二書
自揣固陋未必有當於集義粹言所以爲書之宗要或亦陳
曾兩公之所不廢也書成請正於座主徐先生先生曰善命
梓之附諸經解之末
康熙丁巳春二月後學成德謹序

大易集義粹言序 一

合訂刪補大易集義粹言卷第一
後學成德

禮記陳氏集說補正卷第一
納蘭成德

❖納蘭成德、徐乾學等輯，《通志堂經解》（天津圖書館藏康熙十九年刊本）

圖表 3.17：清代提及「性德」的文獻。

❖ 法式善，《八旗詩話》（康熙間稿本），無頁碼

性德字容若原名成德大學士明珠子康熙癸丑進士官侍衛

❖ 震鈞，《天咫偶聞》（光緒三十三年刊本），卷4，頁27

晉卓然有聲今列之納蘭性德容若大學士明珠子康

❖ 徐乾學，《憺園文集》（康熙間刊本），卷27，頁21

三而已嗚呼是重可悲也容若姓納蘭氏初名成
德後避　東宮嫌名改曰性德年十七補諸生貢

❖ 周壽昌，《思益堂日札》（光緒十四年刊本），卷5，頁15

陳氏禮記集說補正三十八卷納蘭性德撰性德本名成
德字容若滿洲進士此書方望溪集謂本陸元輔撰徐健

❖ 王昶，《國朝詞綜》（嘉慶七年刊本），卷6，頁1

性德原名成德字容若滿洲正白旗人康熙
十二年進士官侍衛有飲水詞三卷

❖ 李富孫，《曝書亭集詞注》（嘉慶十九年刊本），卷3，頁19

前題
長白納蘭性德容若

❖ 余金，《熙朝新語》（嘉慶二十三年刊本），卷8，頁5

納蘭容若性德大學士明珠子。康熙癸丑進士少聰

❖ 丁紹儀，《聽秋聲館詞話》（同治八年刊本），卷17，頁8

明珠子容若侍衛所著飲水詞於迦陵小長蘆二家外
別立一幟其古今體詩亦溫雅本名成德乾隆中奉
旨改性德登康熙十二年進士時相國方貴盛顧以侍

❖ 性德（成德），《飲水詞集》（康熙三十年刊本）

飲水詞集卷上
長白性德著原名成德　錫山顧貞觀閱定

卷上，頁1

紅窗月　下弦　清淚忽成血　其詩成時良

卷上，頁3

❖ 弘晝等，《八旗滿洲氏族通譜》，卷22，頁2

洋原任護軍參領兼佐領瓦爾達原任佐領星
德原任頭等侍衛兼佐領揆敘原任都察院左

❖ 納喇性德，《合訂刪補大易集義粹言》

乾隆五十年二月二十九日奉
上諭四庫全書館進呈補刊通志堂經解一書朕閱成
德所作序文係康熙十二年計其時成德年方幼稚
何以即能淹通經術向即聞徐乾學有代成德刊刻
通志堂經解之事茲令軍機大臣詳查成德出身本
末乃知成德於康熙十一年壬子科中式舉人十二
年癸丑科中式進士年甫十六歲徐乾學係壬子科
順天鄉試副考官成德由其取中夫明珠在康熙年
間柄用有年勢燄熏灼招致一時名流如徐乾學等
互相交結植黨營私是以伊子成德年未弱冠竟綠

欽定四庫全書　上諭

上諭，頁1-3

（中略）

又原刊本標名作納蘭成德而四庫全書據
八旗通志作納喇性德並謹附識於此

陳氏禮記集說補正卷一
頭等侍衛納喇性德撰

合訂刪補大易集義粹言卷一
頭等侍衛納喇性德編

❖ 徐釚，《南州草堂集》（康熙三十四年刊本）

孝廉漢槎吳君墓誌銘　卷29，頁1-3

較之李陵蘇武猶覺顛連困阨也無錫顧梁汾舍
人與漢槎爲髫齔交時在東閣日誦漢槎平日所
著詩賦於納臘侍衛性君所如謝榛之於盧柟者
性君固心異之思有以謀歸漢槎矣會今　皇帝

再者，我們也可從成德親友對他的稱謂做出判斷（圖表 3.13 及 3.18）：張玉書〈進士納蘭君哀詞〉稱其「成君容若」；嚴繩孫〈成容若遺藁序〉有 1 次稱「成容若」，7 次稱「成子」，另 1 次稱「成子容若」；曹寅〈惠山題壁〉詩下小字註「顧梁汾〔顧貞觀字梁汾〕小園中“新咏堂”乃故友成容若書」；[55]「西神顧貞觀梁汾」與「長白成德容若」曾同選《今詞初集》，此書除收「成德」所賦的好幾闋詞外，亦可見毛際可〈金縷曲（題顧梁汾佩劍投壺小影，次成容若韻）〉及嚴繩孫〈雨零鈴（和成容若種柳）〉。[56] 又，徐乾學有〈贈成容若扈蹕〉、徐元文有〈哭成容若四言七章章八句〉、高士奇有〈送成容若扈從〉、閻瑒次有〈贈顧梁汾和成容若韻〉。[57] 此外，陳維崧的《迦陵詞全集》收錄〈和成容若韻〉〈贈成容若〉，且該書卷 4 亦稱是「滿洲成德容若」等人所選。[58] 前述大量證據皆直指其漢名為「成德」，字容若。

倒是徐釚在康熙二十七年為吳兆騫（字漢槎）所撰的〈孝廉漢槎吳君墓誌銘〉中有云：「無錫顧梁汾舍人與漢槎為髫齔交，時在東閣，日誦漢槎平日所著詩賦於納臘侍衛性君所，如謝榛之於盧柟者。性君固心異之，思有以謀歸漢槎矣。」[59] 兩度稱納蘭容若為「性君」（圖表 3.17），此稱謂乃筆者目前在文獻中僅見。前引文內的吳兆騫於順治十四年因「丁酉科場案」流放寧古塔，康熙二十年在容若好友顧貞觀的奔走協助下贖還。因容若的後半生以「避東宮嫌名」而將滿名改為 ᠰᡳᠩᡩᡝ，故其親朋在稱呼他時應多會依滿語唸作 *singde*，而在書寫漢字時少數人會自行採取對音，徐釚即用的是「性德」，故稱之為「性君」，但其他人則較常使用其正式漢名「成德」。

---

[55] 曹寅，《楝亭詩鈔》，卷 2，頁 17。

[56] 顧貞觀、成德同選，《今詞初集》，卷上，頁 71、卷下，頁 46。

[57] 徐乾學，《憺園文集》，卷 8，頁 2；徐元文，《含經堂集》，卷 10，頁 7；蔣景祁輯，《瑤華集》，卷 18，頁 10 及 18。

[58] 陳維崧，《迦陵詞全集》，卷 1，頁 11、卷 28，頁 8。

[59] 徐釚，《南州草堂集》，卷 29，頁 2；馬熙運，〈納蘭成德改名初探〉。

亦即，徐乾學所謂「姓納蘭氏，初名成德，後避東宮嫌名，改曰性德」，乃指其氏族名為「納蘭〔別譯納喇、那拉、納拉、那倫或納臘〕」，滿名原是ᠴᡝᠩᡩᡝ（唸作 *cengde*，漢字作「成德」），後改成ᠰᡳᠩᡩᡝ（唸作 *singde*，音譯為「性德」），而非謂其漢名亦改。否則，因滿人有「稱名不舉姓」的傳統，且漢人在交往時多習慣用名的第一字冠上官職或字號以敬稱，那為何絕大部分親友均稱其為「成子」「成君」「成公」「成容若」或「成侍中」！[60]

此外，成德臨文時並未因避東宮嫌名（歷代對此並無明確諱例）而諱「成」字，如在徐乾學為其所刻的《通志堂集》中共出現 263 個「成」，即皆未避諱，知成德改滿名的行為應只是一時之舉。[61] 倒是前書有 16 處「玄」字，全缺末筆，且〈五色蝴蝶賦〉中的「元黃之色」「元武」，均已因避諱而改「玄」為「元」。惟以「玄」字為偏旁的「炫」「泫」，有的缺末筆，有的不缺。知成德在撰寫或徐乾學在刊刻此書時，雖當時官方尚不曾頒布任何諱例，仍謹遵歷代避御名的傳統。

---

60 由於《通志堂集》的閱讀對象乃以漢人為主，體例上不便在正文中滿漢夾雜，徐乾學遂在〈通議大夫、一等侍衛、進士納蘭君墓誌銘〉中，將作者的滿名（正式稱謂）以對音之漢字表述。又，時人有稱成德之父明珠為「明相國」、弟揆敘（字愷功）為「揆愷功」、子富格為「富公」、姪永壽為「永公」，三代出現分別以「明」「成」「揆」「富」「永」為漢姓的情形。

61 有關時人是否避東宮名諱的討論，可參見上一節。又，修纂《八旗通志初集》的官員當中，可見另一位同名的筆帖式「成德」，此人或生於康熙下半葉（圖表 3.15 左下）。

圖表 3.18： 成德親友對他的稱謂。

❖ 曹寅，《楝亭詩鈔》（康熙間刊本）

惠山題壁

積書巖下小池通确犖行穿複壁中忽闢空堂感

新咏鄭家慘澹杏花紅 顧梁汾小園中新咏堂乃故友成容若書

卷2，頁17

❖ 顧貞觀、成德同選，《今詞初集》（康熙間刊本）

今詞初集卷上

西神顧貞觀梁汾

長白成 德容若 仝選

金縷曲 題顧梁汾佩劒投壺小影次成容若韻

惟我與君耳更非因標題月旦攀援門第一諾相期

千古在車笠區區何意敢自附龍泉知己魂壘頻澆

（毛際可）卷上，頁71

金縷曲 和成容若贈梁汾之作

且住爲佳耳任相猜馳崚紫閣曳裾朱第不是世人

皆欲殺爭顯憐才眞意容易得一人知己慚愧王孫

（嚴繩孫）卷下，頁63

❖ 徐乾學，《憺園文集》（康熙間刊本）

贈成容若扈蹕

東土開基地陪京拜鼎年時巡諏吉日扈從選名

賢錯采顏延句雄風宋玉篇相門推俊傑中禁領

卷8，頁2

侍衛納喇君容若之既葬太傅公復泣而謂余曰

吾子之喪君既銘而掩諸幽矣余猶懼吾子之名

卷31，頁7

❖ 徐元文，《含經堂集》（清代刊本）

哭成容若四言七章章八句

有儀者鸞何翮斯頹有梓者麟何角斯摧蘭芝長隕楸

卷10，頁7

❖ 蔣景祁輯，《瑤華集》（康熙二十五年刊本）

送成容若扈從 （高士奇）

鳳吹臨晴野看旌旄歲甦石甲仙郎扈駕一簇紅雲班

隊裏簡簡輕裝都治應只有長卿閒雅誰識胸中才八

卷18，頁10

贈顧梁汾和成容若韻 閻瑒次

且任爲佳耳任相猜馳崚紫閣曳裾朱第不是世人皆

欲殺爭顯憐才眞意容易得一人知己慚愧王孫圖報

卷18，頁18

❖ 陳維崧，《迦陵詞全集》（康熙二十八年刊本）

和成容若韻

並坐燕姬琵琶膝上圓氷濕輕攏淺抹巧把羈愁訴竟

去揺鞭點草霜鬟濕西風惡數聲城角令雁淒淒落

卷1，頁11

迦陵詞全集卷四

宜興陳維崧其年著

同邑史可程蘧庵

弟 維岳緯雲

滿洲成 德容若

宗石子萬 黎閱

武進鄒祗謨程村 選

男履端

錢塘吳任臣志伊

姪賜蘚 校

贈成容若

丹鳳城南路看紛紛崔盧門第鄒枚詩賦獨炙鵝笙潛赴

拍花下酒邊閒諧已吟到最消魂處不值一錢張三影儘

卷28，頁8

漢人的避諱傳統多著重字形，故常用缺筆或改字之法敬避，但滿文係表音文字，若避諱則較注意字音。「胤礽」在現代漢語之拼音為 yìn-réng，與「成德」(chéng-dé) 之字劃或官話發音無一相近，但依穆麟德 (Paul Georg von Möllendorff) 音譯法，康熙朝滿文奏摺上的「礽」字應轉寫為 *ceng*，相當於漢語拼音的 cheng；亦即，當時的「礽」與「成」兩音完全相同。檢清初頗流行之《字彙》和《正字通》的音訓，「礽」「仍」皆與「成」同音，康熙帝很可能即據此二書之音註為太子命名。然在康熙五十年《御定佩文韻府》及五十五年敕撰的《康熙字典》中，均只稱「礽」字為「如乘切」，直音作「仍」，而不記「成」音。惟那時皇二子早已命名，其滿讀音 *in ceng* 遂沿之不改。由此看來，成德所避諱的並非皇太子原名「保成」下一字之漢文音，而是皇太子新名「胤礽」下一字之滿語音 *ceng*（取「礽」亦因其與「成」同音）。徐乾學以避東宮「嫌名」表述成德的避諱改名，而不稱是避東宮「名諱」，這顯然是經過字斟句酌，因「嫌名」專指音同字異的情形。

既然成德以避東宮「嫌名」而改滿名，為何在其與師友的信札中卻依舊沿用「成德」之漢名？原因在於康熙時期尚無明確諱令，如康熙年間雖有天文官吳明炫為敬避帝名而自行更名為「明烜」之例（見下節），但官修曆書大多並未避改「玄枵宮」和「玄鳥至」的「玄」字。倒是滿文的官修典籍常採取較嚴謹的方式，[62] 如「玄」字在順治朝欽定的滿文文獻中皆拼作 *hiowan*，但至康熙十一年官譯真德秀的《大學衍義》（臺北故宮博物院藏康熙十一年滿文刊本）時，則因避御名而改為 *siowan*。故成德極可能在登進士第之後，因入宮出任侍衛得常使用滿語、滿文，遂自行更改滿名，變為與「成德」發音有關連之 *singde*。[63]

---

62 滿文官修典籍的敬避較嚴謹，不知是否因滿文為「國語」所致？

63 滿文 *sing* 除了規範讀法的「星」外，亦可讀作「陞」，而「陞」對應的反切注音「識蒸切」，在官話中與「成」之「時征切」讀音無別。故有稱具備深厚漢語古

綜前，筆者在耙梳大量文獻後，共發現約百處納蘭自稱或師友對他的稱呼，絕大部分皆冠「成」姓，且其手跡或鈐印迄未見有作「性德」者。成德（為其滿名 *cengde* 的對音）的漢名所以另見「性德」（或「興德」「星德」）之別，乃因其曾為避東宮嫌名，主動將滿名改曰 *singde*，僅有極少數書寫者在表述其人時，受到滿漢雙語混融的影響，自行將他的滿文新名漢譯作「性德」，而未用當事人的正式漢名。然因其漢名「成德」與滿名 "*singde*" 的發音頗差，有人遂逕用「性德」為其漢名，以求與滿名的唸法一致，演變至今就成為大家最熟悉之名。

綜前，「性德」之名應非成德及其親友當時最常行用的稱謂。故即使一般民眾最後選擇相沿成習，但學界仍有必要知道其名在清初多元文化背景下所曾產生的複雜變化。

三、回回天文家吳明烜、吳明炫是否兄弟行？[64]

明清鼎革之際，耶穌會士湯若望 (Adam Schall von Bell, 1592-1666) 在此劇變的政治與社會環境下，成功運用各種策略，於短短數月間率奉教的漢人天文家取得欽天監的控制權，並以「修政曆法管監正事」的職銜奉旨全權處理監務。為使欽天監變成一揚教的據點，湯若望在監中以考較術業為手段，將不諳西曆的官生盡行裁汰，除了使用《大統曆》的漢人天文家外，信奉異教的回回天文家更是當時被罷斥的主要對象，雙方因此在清初的前二十多年間發生數次激烈衝突。[65] 而在文獻所記的這幾次訟爭中，分別出

音韻知識的納蘭容若，遂將「成」字的滿拼由 *ceng* 改成 *sing*。參見余福海、羅盛吉，〈「成」字清初官話音小考：兼論納蘭容若滿名 *Cengde* 改 *Singde* 之靈感〉。

64 此節如未詳註之處，均請參見黃一農，〈吳明炫與吳明烜：清初與西法相抗爭的一對回回天文家兄弟？〉。

65 黃一農，〈湯若望與清初西曆之正統化〉；黃一農，〈擇日之爭與康熙曆獄〉。

現吳明炫及吳明烜兩個極為相近的回回天文家名，民初修《清史稿・楊光先傳》時，稱「明烜、明炫兄弟行，明炫議復回回科不得請，至是明烜副光先任推算」，[66] 直指明烜及明炫為兄弟（圖表 3.19）。近人著作多承此說，雖亦見以此兩名乃同一人，但並無詳加辨正者。[67]

圖表 3.19：清史館〈楊光先傳〉之傳稿。

清史　列傳五十九
湯若望
南懷仁
楊光先
（臺北故宮博物院藏，故傳007830）
湯若望初名約翰亞當沙耳姓方白耳氏日耳曼國人
進秩正一品欽天監舊設回回科湯若望用新法久之
罷回回科不置十四年四月革職回回科秋官正吳明
炫疏言臣祖默沙亦黑等一十八姓本西域人自隋開
皇己未抱其歷學重譯來朝授職歷官歷一千五十九
廢新法不用聖祖既親政以南懷仁治理歷法光先坐
譴黜後復用新法時湯若望已前卒復通微教師封號視
原品賜卹改通玄曰通微避聖祖諱也
楊光先字長公江南歙縣人在明時為新安所千戶崇
屢辭不獲乃引吳明烜為監副明烜明炫兄弟行明炫
議復回回科不得請至是明烜副光先任推算五年春
光先學術不勝任復仍起用西洋人南懷仁治理歷法南
懷仁疏劾明烜造康熙八年七政民歷於是年十二月
部議明烜坐奏事不實當杖流上命笞四十釋之
南懷仁初名佛迪南特斯姓卑泌斯脫氏比利時國人
康熙初入中國時湯若望方黜楊光先為監正吳明烜
為監副以大統術治歷節氣不應金水二星躔度舛錯
明烜奏水星當見其言復不售乃名南懷仁命治理歷
法南懷仁劾光先名明烜而去之遂授南懷仁監副時

---

[66] 趙爾巽等，《清史稿》，卷 272，頁 10022。國史館為校註《清史稿》謬誤闕失而出版的《清史稿校註》中，對此並未加註任何意見（冊 11，頁 8634）。

[67] 如見田坂興道，〈西洋暦法の東漸と回回暦法の運命〉；方豪，《中國天主教史人物傳》，冊中，頁 12 及 168；梁庚堯，〈清初曆法的爭議〉；林健，〈西方近代科學傳來中國後的一場鬥爭：清初湯若望和楊光先關於天文曆法的論爭〉。

有關吳明炫的記事，應以湯若望等撰《西洋新法曆書》104 卷中的前 4 卷《奏疏》出現最多（圖表 3.20），據臺北故宮博物院的卡片記載，《奏疏》原藏於上書房，明崇禎間刊、清順治間修補增訂，收錄順治元年至十七年百餘通與治曆相關之文件。

吳明炫在順治元年由耶穌會士湯若望擔任監正的欽天監中，已是回回科五名曆官之首。當時清廷決定行用以西法推算的新法，但八月經考試後仍決定將此五人留任，以備參考。由於「毫無職司」，吳明炫遂於十一年三月私自回籍，遭禮部題參後奉旨革職。十三年他回京希圖復職，於是「擅報交食天象，妄揣水星見伏」。十四年更上疏乞存回回科，並抨擊西法舛誤，除以湯若望所推《七政曆》中水星伏見的天象不合天行外，且責西曆中有「遺漏紫氣」「顛倒觜參」「顛倒羅計」三款謬說，[68] 最後被依「凡對制及奏事上書，詐不以寔」律，處杖責。文獻中自此即未再出現繫於「吳明炫」名下的事跡（此段參見圖表 3.20）。

康熙三年布衣楊光先掀起「曆獄」，成功將天主教勢力排出欽天監，並在屢辭不准之下擔任監正一職。據《清聖祖實錄》所載，光先在監中嘗援引具共同利益的回回天文家，後因監官以《大統曆》法推曆屢差，轉由監副吳明烜以《回回曆》法推算康熙八年的《民曆》及《七政曆》。[69]

---

68 相關討論可參見黃一農，《制天命而用：星占、術數與中國古代社會》，頁 203-261。

69 《清聖祖實錄》，卷 26，頁 370。查臺北故宮博物院所藏《大清國史時憲志》的故殿 033346 內府朱絲欄寫增輯本以及故殿 033340 內府朱絲欄寫改定本，乃以順治十四年疏告湯若望的回回天文家為「吳明炫」，而康熙七年七月時任監副者為「吳明烜」。但故殿 033332 的內府朱絲欄寫本，則將兩敘述的當事人皆作「吳明烜」，因疑吳明炫和吳明烜乃同人異名。有關回回天文家在監中地位的演變，參見黃一農，〈清初欽天監中各民族天文家的權力起伏〉。

圖表 3.20：　湯若望等《奏疏》中提及的回回天文家吳明炫。

❖ 順治元年八月內閣大學士馮銓為測驗日食事

天承命迓億萬年無疆之休非尋常比因與遠臣湯若
望欽天監正戈承科等及回回曆官吳明炫約
矢公矢慎勿執成心勿泥已見一以

卷1，頁28-30

❖ 順治元年八月禮部為請給新曆供費事

內院大學士馮銓親臨考試臣等在局齊集曆科等
科官潘國祥等四十七員并回回科官吳明炫
等五員曆科等科天文生朱光蔭等二十一名
及回回科天文生吳明燿等三名命題考試隨

也至如回回科原在新曆法之外而自為一科
官則仍存吳明炫等五員以備叅考生則汰去吳
明燿等五名止存馬以才等三名仍令肄習以

卷1，頁37-40

❖ 順治十年三月戶部為欽奉聖諭事

聖諭太常寺卿管欽天監監正事湯若望應給廕獎
勅諭及優養俸祿爾等擬議來奏欽此欽遵隨議
湯若望擬名通玄教師其祿應照太常寺卿原
俸加一倍具奏奉

卷3，頁5

❖ 順治十一年四月湯若望乞聖恩俯卹屬員事

勅錫通微教師太常寺卿掌欽天監印務臣湯若望謹

卷3，頁12-13

❖ 順治十四年四月湯若望為曆典大定事

旨于九年五月內又奉
上傳回回科不必再報夏季天象自此姑容在監虛
糜廩祿毫無職司而吳明炫遂于十一年三月
內私自回籍禮部題參奉
旨革職于去歲來京希圖復進捏報交食天象妄揣
水星見伏冒瀆

卷3，頁25-27

❖ 順治十四年五月湯若望為就疏剖明以便回奏事

即報有吳明炫為詳述設科等事一疏內列交
一辯顛倒參錯
分此天行之必然毫無足訝者炫不考諸古不

卷3，頁29-33

❖ 順治十四年九月刑部為天象原自著明等事

天監失于占候奏聞者律杖六十查明炫先經
革職非監員可比合依凡對制及奏事上書詐
不以實者律杖一百徒三年今禮部題
請從重議罪奉有依議之
旨欽遵在案吳明炫除所犯輕罪不坐外應杖一百

卷3，頁39-42

❖ 順治十六年湯若望為年力向衰曆學相繼需人事

勅錫通微教師加通政使司通政使用二品頂帶又
加一級掌欽天監印務臣湯若望謹
奏為微臣年力向衰曆學相繼需人事臣惟曆之
為學其數甚賾其理甚微新法傳自西洋而西

卷4，頁88-89

雖然耶穌會士在監中苦心經營近二十年的天主教勢力幾乎全被剷除，湯若望且於康熙五年病故，但南懷仁 (Ferdinand Verbiest, 1623-1688) 等奉教人士自康熙七年底起開始俟機為「曆獄」翻案。首先大肆攻訐吳明烜所推算的曆書中頗多疎陋，並與楊光先及吳明烜賭測日影，再次引發回教及天主教天文家之間的直接對立。隨著八年五月鰲拜遭拿問及康熙帝親政等政治局勢的丕變，楊光先在此波衝突中被控「依附鰲拜」「援引吳明烜」「誣告湯若望謀叛」等重罪，「應擬斬，妻子流徙寧古塔」，後「念其年老，姑從寬免」（圖表 3.21），欽天監自此又重歸天主教天文家的掌握。

明炫與明烜為兄弟之說首見《清史稿》，但經查臺北故宮博物院所藏原屬清史館的傳包及傳稿中（圖表 3.19），並未發現任何支持此說的原始資料。負責修纂〈楊光先傳〉之人，或僅因明炫與明烜二名的下一字均從「火」旁，且同為回回天文官，故逕以兩人為兄弟。

筆者在翻查論及「曆獄」的早期著述後，[70] 發現時人皆以明烜即明炫。如南懷仁《熙朝定案》記刑部於康熙八年七月奏稱：「吳明烜向因妄奏水星出現，已經擬絞，適遇恩赦獲免……今經復用，既實不會天象，皇上問時，吳明烜不將伊不會情由據實回奏，又妄稱會算，欺誑，應將吳明烜不准折贖……」[71] 又，南懷仁於康熙九年之後不久成書的《不得已辯》，指「順治十四年八月內，部議水星出見一節，覆本有云：吳明烜既屬虛妄，其一應推算，亦屬虛妄可知」，同書並附〈湯若望辨吳明烜原刻〉。[72] 這些事件在湯若望等《奏疏》中均明指是吳明炫所為（圖表 3.20），從而印證明炫及明烜實為一人。至於順治元年八月遭裁汰的回回科天文生吳明耀（圖表 3.20），若依中國傳統的命名法則，倒是較有可能與吳明炫是兄弟行。

---

[70] 黃一農，〈康熙朝涉及「曆獄」的天主教中文著述考〉。

[71] 南懷仁，《熙朝定案》，頁 57-58。

[72] 南懷仁，《不得已辯》，頁 11-12、25-31。

圖表 3.21：《清實錄》中的「炫」與「烜」。

❖《清聖祖實錄》，卷17，頁255（康熙四年十二月）

海將軍王國光奏報鄭逆賊夥向泊銅山炫
鍾等處後駕船七十餘隻衝入甲子所港口
挽泊一疏得旨設立水師提督總兵官等原
為防禦海寇今福建銅山炫鍾等處賊船挽

❖《清聖祖實錄》，卷26，頁365（康熙七年七月）

孝陵〇欽天監監副吳明烜疏言見用古曆不

❖《清聖祖實錄》，卷31，頁417（康熙八年八月）

和碩康親王傑書等議覆南懷仁李光宏等
呈告楊光先依附鰲拜捏詞陷人將歷代所
用之洪範五行稱為滅蠻經致李祖白等各
官正法且推曆候氣茫然不知解送儀器虛
糜錢糧輕改神名將吉凶顛倒妄生事端殃
及無辜援引吳明烜誣奏授官捏造無影之
事誣告湯若望謀叛情罪重大應擬斬妻子
流徙寧古塔至供奉天主係沿伊國舊習並
無為惡實跡湯若望復通微教師之名照伊

（中略）

仍行給還得旨楊光先理應論死念其年老
姑從寬免妻子亦免流徙栗安黨等二十五

❖《清聖祖實錄》，卷33，頁454（康熙九年八月）

隆恩殿大祭祝文曰孝子嗣皇帝玄燁敢昭告

❖《清高宗實錄》，卷5，頁230-231（雍正十三年十月）

上詣雍和宮
梓宮前供奠〇命釐正文體毋得避忌諭總理

而後可行世垂久若夫雕文逞辭以炫一時
之耳目譬猶摶土揭木塗飾丹鉛以為器物
外雖可觀不移時而剝落曷足貴耶國家累
洽重熙之日務學績文者正宜沐浴教化爭
自濯磨嶄進於大雅勿尚浮靡勿取姿媚斯
於人心風俗有所裨益至於古人臨文原無
避諱誠以言取足志一存避諱之心則必輾
轉囁嚅辭不達意嗣後一切章疏以及考試
詩文務期各展心思獨抒杼軸從前避忌之
習一概掃除尤宜禁者鄉會兩試考官每因
避忌字樣必摘取經書中吉祥之語為題遂

❖《清聖祖實錄》

微覺頭眩　卷206，頁102
微覺頭眩　卷232，頁317
頭愈眩暈　卷276，頁704
高爾承妻鉉氏　卷161，頁766
絃歌　卷160，頁758
虎應弦倒斃　卷190，頁1015

兵部主事遲烜　卷30，頁409
旗幟烜赫　卷156，頁724

查索《內閣大庫檔》《清實錄》以及與欽天監相關的奏疏，我們發現順治朝記事只見「吳明炫」之名，元年七月以其職稱為「欽天監秋官正暫管靈臺郎事」，八月他與另四名回回科官在湯若望掌理監務後被裁汰成「以備參考」的冗員，十一年三月他因私自回籍遭革職，十三年又至京希圖復進，十四年八月以妄奏「水星伏見」一事獲罪，幸遇恩赦獲免（圖表 3.20 及 3.22）。至於「吳明烜」一名則只見於康熙朝之文本，他被監正（康熙四年八月任）楊光先援引為監副，並在「曆獄」中成功將天主教勢力排出欽天監。知「吳明炫」最可能在康熙帝即位之後，因避御名而主動將己名之下一字改作音義均相近的「烜」。

康熙朝雖尚無明確諱例，然臣民基於尊君之心，仍有自行迴避「炫」字者，如歷朝《清實錄》共見此字 53 個，惟出現在人名者僅順治六年的浙江僉事鄭問炫、順治十四年的革職欽天監回回科秋官正吳明炫（或作「吳明炫」），以及乾隆元年記隋代的劉炫。再者，《中國歷代詩文別集聯合書目》第 11-14 輯中，收有約 9,000 餘位清代文人名，其中至少有 4 位（唐烜、陶烜、吳烜、顧曾烜）名中含「烜」字，但無一人以「炫」字命名。[73] 至於《中國第一歷史檔案館藏清代官員履歷檔案全編》，共包含 4 萬多名從康熙六十年至宣統三年官員的引見履歷，有 27 人以「烜」字入名，亦未見名中含「炫」字者，知雍正朝以後士人和官員確實罕見以「炫」字命名的情形。[74]

73 王民信主編，《中國歷代詩文別集聯合書目》。

74 檢索中研院的「漢籍全文資料庫」，發現《明實錄》中共 124 個「炫」字，名中有「炫」字的官員屢見，如慶成王朱濟炫、崇仁王朱厚炫、京山王朱勤炫、日照知縣劉炫、福建左參議陳炫、甘肅行太僕寺卿李炫、山東參政王炫、參議陳炫、南京禮部郎中林炫、南京通政使林炫、工科給事中劉炫、副使兼參議梁炫、松江知府張文炫、參將呂光炫等。此與清代官員罕見以「炫」字入名的情形頗異。

圖表 3.22：順治朝《內閣大庫檔》中提及的吳明炫。此應為其本名，因當時並無需避「炫」字。

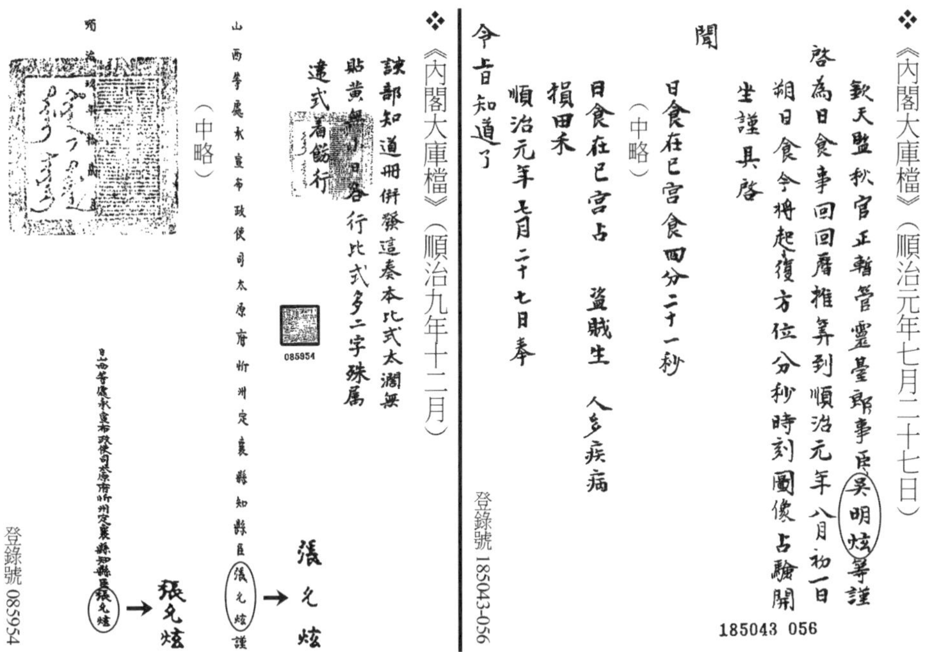
❖《內閣大庫檔》（順治元年七月二十七日）

欽天監秋官正暫管靈臺郎事臣吳明炫等謹
啓為日食事回回曆推算到順治元年八月初一日
朔日食令將起復方位分秒時刻圖像占驗開
坐謹具啓
聞
日食在巳宮食四分二十一秒
（中略）
日食在巳宮占　盜賊生　人多疾病
損田禾
順治元年七月二十七日奉
令旨知道了

185043 056

登錄號 185043-056

❖《內閣大庫檔》（順治九年十二月）

該部知道冊併發這奏本比式太濶無
貼黃[illegible]咨行比式多二字殊屬
違式着飭行
（中略）
山西等處承宣布政使司太原府忻州定襄縣知縣臣張允炫謹
→ 張允炫

085954

登錄號 085954

此外，「清代歷朝起居注」共有 27 個「炫」字，用於人名者僅 4 例：鄱陽縣儒童徐存炫（嘉慶二十三年）、祁門縣民程康炫（道光六年）、諸暨縣監生酈炫文（道光六年）、上虞縣儒童張文炫（道光十五年），他們皆因其妻獲旌表貞節而被記載。再查《中國譜牒庫（二集）》收錄的約 9,000 部硃卷，發現清代譜主無人以「炫」字入名，至於名中有「烜」者僅 9 人：道光庚子恩科鄉試楊以烜、咸豐丙辰科會試王日烜、同治乙丑科會試歐陽烜、同治庚午科鄉試顧曾烜、同治癸酉科歲貢姚之烜、光緒戊寅科歲貢聶日烜、光緒癸未科會試顧曾烜、光緒丁酉科鄉試金曾烜、光緒壬寅科鄉試汪毓烜，未見任一嘉慶以前者。

前引這些現象或均受避康熙帝名諱之影響，雖然清代並未明文禁止以偏旁為帝名之字取名（如《宮中檔乾隆朝奏摺》三十年四月初八日提及「張明炫」；第24輯，頁514），但清人命名還是盡量避用「炫」字，而改以音義皆相近的「烜」字入名。乾隆二十八年更頒布與「玄」同偏旁者須缺筆的諱例（圖表5.4），表明在乎此事，故清人少有以「炫」命名。事實上，從康熙至宣統年間，即罕見當官者以「炫」字為名。《清史稿》中所謂的「明烜、明炫兄弟行」，顯然是誤一人為二人，此與《宋史》中誤侍其曙、侍其旭為二人的情形（宋避英宗名曙，故常以「旭」代「曙」），如出一轍。[75]

題外話，據《奏疏》所記，湯若望曾於順治十年三月被敕封為「通玄教師」，但在同書中此後湯若望的官銜卻多自署「通微教師」（圖表3.20），而不曾用「通玄教師」。又，康熙八年八月湯若望獲平反時，《清聖祖實錄》記稱「湯若望復"通微教師"之名，照伊原品賜卹」（圖表3.21）。由於敬避御名上一字時，通常是改「玄」為「元」，罕見改成「微」，且《奏疏》中所有「通微教師」的「微」字均明顯較其它字或其它「微」字寬許多，故筆者懷疑今本《奏疏》在康熙朝時曾將湯若望賜銜中的「玄」字挖改。[76] 近從《順治十八年時憲曆》及《康熙元年時憲曆》滿、漢文本的職名表，的確發現湯若望的官銜在玄燁登基前後自「敕賜通玄教師、加二品、通政使司通政使、又加一級、掌欽天監印務」改成「敕賜通微教師、通政使司通政使、加二品又加一級、掌欽天監印務」。[77]

---

[75] 陳垣，《史諱舉例》，頁42-43。

[76] 類似情形亦見於美國國會圖書館藏湯若望等譯《西洋新法曆書》90卷，此本題為「明崇禎間刊清順治間修補增訂本」，有怡親王府收藏印，該館書目資料稱「卷內湯若望職銜作"通微教師"，"微"字顯係改刻，當為康熙間所印」。參見https://catalog.loc.gov/vwebv/holdingsInfo?searchId=18993&recCount=25&recPointer=0&bibId=19347359。

[77] 春花，〈清代皇帝御名避諱制及滿漢文避諱字譜〉。

四、小結

第 2 章有關清初避諱的嶄新認知，對古書版本鑑定應產生重要影響。此在本章各節所舉的若干個案已可略見，類似衝擊對文史學界一些相關研究也同樣直接。以哈佛大學燕京圖書館所藏由煙霞逸士（應即被稱為「陽直介符劉先生」的劉璋）編次的小說《巧聯珠》為例，其前序署「癸卯槐夏〔指夏季〕」，由於全書不諱「玄」，先前學界遂以其成書及刊刻當在順治朝或康熙初期，進而推斷此「癸卯」當是康熙二年。然因劉璋為康熙三十五年舉人，雍正元年「年將耳順〔將近六十歲〕」時始獲授深澤縣令，遂有主張「確定劉璋不是編次才子佳人小說的煙霞散人」。[78] 惟據前文的討論，知清諱在雍正元年夏尚未嚴訂，亦即，不避「玄」字的《巧聯珠》很可能序刊於雍正元年癸卯歲，此與劉璋的生活時代並無矛盾。

劉璋（又號煙霞散人、樵雲山人）的另一本小說《飛花豔想》，因「玄」字皆不缺筆，且作者自序繫於「歲在己酉〔康熙八年或雍正七年〕菊月未望」，故同樣被晚近學者質疑他不是該書的創編者，此事也該被重新考慮。由於雍正朝中晚期的文本仍屢可見未避「玄」字的情形（如見圖表 2.14），知劉璋在雍正七年序刊《飛花豔想》確屬可能。[79]

再如《古本小說集成》所收日本天理圖書館藏題為李漁 (1611-1680) 彙輯的《警世選言》，其第 5 回的「玄纁」首字不避康熙帝名，第 6 回的「趙匡胤」末字亦未避雍正帝名，故解題稱「知刊於清初」。[80] 然因「玄」「胤」

---

78 梁苑，〈劉璋不是編次才子佳人小說的煙霞散人〉；劉玉秀，〈清代小說家劉璋生平及交遊考略〉。

79 王青平，〈劉璋及其才子佳人小說考〉；王青平，〈《斬鬼傳》的版本源流及其刊行過程〉；《古本小說集成提要》，頁 223、372-373；梁苑，〈劉璋不是編次才子佳人小說的煙霞散人〉。

80 《古本小說集成提要》，頁 299-300。

二字即使至雍、乾間也常有未敬避者，故我們無法單純根據未避諱而斷定是書「刊於清初」，也就是說，仍有必要詳探此書乃偽托李漁的說法。[81]

又，南京圖書館藏陳廷敬（1638-1712；康熙十四年任詹事）《尊聞堂集》，乃其生前所編定，書中改「太玄」為「太元」，「眩」「胤」皆缺末筆，惟不避「弘」「曆」，有學者遂推斷「應為雍正刻本」。[82] 此外，《四庫全書存目叢書補編》所收上海圖書館藏范鄗鼎的《續垂棘編》，其最晚之序雖繫於康熙三十四年，然因書中出現「胄胤」「白胤謙」「白印謙」「武昌胤」「武昌印」「太玄」「鄭玄」「房玄齡」等改缺筆（全書無「禛」「礽」），而「弘」字則均未避諱，故有稱此應為雍正年間後印本者。[83] 然從筆者先前對清初避諱的新研究（第 2 章），知《尊聞堂集》與《續垂棘編》二書仍可能為康熙刻本，諱改「玄」「胤」則是作者為敬避皇帝與太子所致。[84]

雖然康熙朝亦有人主動避改皇太子胤礽名諱，然因官方並無明文諱例，故敬避方式遂相當多元。對上一字的「胤」，可見多種缺筆方式；對下一字的「礽」，則或改成「仍」「礽」「礽」。康熙《仁和縣志》及《杭州府志》則是將明代官員名中的「胤」字改作「允」「尹」「引」或「修」等表述（詳見第 4 章第 2 節）。[85] 亦即，「胤」字因出現康熙朝皇太子胤礽以及雍正帝胤禛兩種可能的避諱對象，令斷代的判定遠比先前學界的理解更加複雜。

---

81 如見李良子，《千峰任去留》，頁 217-218。

82 李衛鋒、張建偉，〈陳廷敬文集版本考〉。

83 張冬冬，〈范鄗鼎與《續垂棘編》〉。

84 范鄗鼎為康熙六年進士，「以早年失怙，即告終養」，十七年薦博學宏詞未仕，四十二年曾在皇帝西巡時獲召見並進書。參見劉棨修，孔尚任纂，《平陽府志》，卷 21，頁 105、卷 23，人物中，頁 25。

85 乾隆以後的志書更出現將明代官員孔天胤名中的下一字另寫成「寅」「孕」「蔭」「酳」的案例，此則是為避雍正帝胤禛之名，而與已廢皇太子胤礽無關。

第四章　雍正朝的避諱

清代至雍正帝才頒有明文諱例，他於即位之初先頒旨改同輩宗室名中之「胤」為「允」，旋令嗣後奏章文移，遇康熙帝名上一字寫「元」，下一字寫「燁」，兩個多月後又諭命章奏內有與御名相同之字應迴避更改，但音同字異及邊傍字樣略同者，則不必改，該朝尚罕見有人因未遵守避諱而致罪。本章也以任官順、康兩朝的佟國胤、祝世胤、李士楨和王士禛為例，試探避諱文化如何在其生前、身後導致文獻中出現各種異名。

一、與雍正帝御名胤禛相關的諱例

清代至雍正朝才明文頒有諱例，重臣張廷玉在評價雍、乾兩帝對此事的態度時，嘗稱：

> 古來帝王避諱甚嚴，唐明皇諱「隆基」，則劉知幾改名；宋欽宗諱「桓」，則併嫌名「丸」字避之；高宗諱「構」，則併「勾」字避之，至改勾龍氏為綠氏。惟我朝此禁甚寬，世宗憲皇帝時見臣工奏事有避嫌名者輒怒曰：「朕安得有許多名字？非朕名而避，是不敬也！」至乾隆元年今上御極，特降諭旨「二名不偏諱」，即御名本字亦不避矣。聖人度量識見超越千古，即此一事可見。[1]

張廷玉於雍正朝先後任文淵閣大學士、文華殿大學士、保和殿大學士，乾隆朝且封三等勤宣伯。他宣稱清代的諱禁遠寬於唐、宋，並謂臣工在奏事時，偶有避嫌名者，雍正帝往往怒稱自己並無許多名字，故若「非朕名而避，是不敬也！」張廷玉還稱乾隆帝御極時曾特降「二名不偏諱」之諭旨，

---

1 張廷玉，《澄懷園語》，卷 1，頁 14。

指除非兩字連用，否則御名的上一字或下一字皆可不避諱。最後，他更盛譽乾隆帝「聖人度量識見超越千古」！其實，乾隆帝在登基後雖有「二名不偏諱」「凡遇朕御名之處，不必諱」之旨（圖表 5.7），但十一天之後又稱臣工名字如有相重者，可寫「弘」為「弖」、「曆」為「歴」（詳見第 5 章），知所謂的「度量識見超越千古」，應屬阿諛。圖表 4.1 及 4.2 即從《清實錄》中整理出雍正朝所頒的諱例，以便稍後進行較深入的分析。

圖表 4.1：《清世宗實錄》中所記之諱例。

日期	諱例
康熙六十一年十二月二十日	雍正帝即位之初，先是不允宗人府更定親王、阿哥之名，然經請旨皇太后後，又改同輩宗室名中之「胤」為「允」
雍正元年十一月初九日	雍正帝稱在《時憲曆》內見有「玄」字，「不覺感痛」，故令嗣後奏章文移，遇康熙帝名上一字寫「元」，下一字寫「爗」
雍正二年正月十九日	本章奏摺內之字樣及人名有與御名同者應迴避更改，其餘與御名音同字異及邊傍字樣略同者，俱不必迴避更改
雍正三年八月初八日	雍正帝指出先前屢降諭旨，命與御名聲音相同字樣不必迴避，但因其近見各省地名，以音同而改易者頗多，但對孔子之名則未如此敬避，故諭稱嗣後直省郡邑之名有孔子名諱字在內者（如商丘、章丘等地），亦應改讀「某」音，或另易他字
雍正三年十二月二十七日	諭命孔子聖諱應迴避，惟祭天於圜丘之「丘」字不用迴避，凡係姓氏俱加偏旁為「邱」字；除四書五經外，凡遇此字，皆用「邱」字；地名不必改易，但加偏旁，讀作「期」音
雍正八年五月十五日	因與皇帝最親近的怡親王允祥薨逝，諭命凡告廟典禮中有書王名之處，仍用原名「胤祥」
雍正十一年四月二十八日	雍正帝稱先前清人刊寫書籍時，凡遇「胡、虜、夷、狄」等字，每作空白，或改易形聲（如以「夷」為「彝」，以「虜」為「鹵」），嗣後臨文作字及刊刻書籍，如仍將此等字樣空白及更換者，照大不敬律治罪。至於從前書籍，若有願填補更換者，聽其自為之

圖表 4.2：《清世宗實錄》中有關避諱的諭旨。

康熙六十一年十二月二十日　卷2，頁62

○先是宗人府奏稱親王阿哥等名上一字。與御諱同。應請更定。上以名諱由聖祖欽定。不忍更改。禮部宜奏請皇太后裁定。至是禮部等衙門具摺啟奏。得旨朕曾奏聞皇太后。諸王阿哥名上一字。著改為允字○

雍正元年十一月初九日　卷13，頁233-234

乙酉。諭大學士等。古制凡遇廟諱字樣。於本字內。但缺一筆。恐未足以伸敬心。昨朕偶閱時憲曆二月月令內。見聖祖仁皇帝聖諱上一字。不覺感痛。嗣後中外奏章文移。遇聖諱上一字。則寫元字。遇聖諱下一字。則寫煜字。爾等文與該部即遵諭行○

雍正二年正月十九日　卷15，頁260

紙張例。酌量陸續呈覽○甲午。諭內閣。嗣後本章奏摺內。字樣及人名。有與朕名同者。應迴避更改外。其餘與朕名音同字異及邊傍字樣畧同者。俱不必迴避更改○諭總理事

雍正三年八月初八日　卷35，頁528-529

○癸酉。諭內閣九卿等。古有諱名之禮。所以昭誠敬。致尊崇也。朕臨御以來。恐臣民過於拘謹。屢降諭旨。凡與御名聲音相同字樣。不必迴避。近見各省地名。以音同而改易者頗多。朕為天下主。而四海臣民竭誠盡敬如此。況孔子德高千古。道冠百王。正彝倫。端風化。為往聖繼絕學。為萬世開太平。自天子以至於庶人皆受師資之益。而直省郡邑之名。有聖諱字在內者。古今相沿未改。朕心深為不安。爾等會議。凡直省地名。有同聖諱者。或改讀某音。或另易他字。至於常用之際。於此字作何迴避。一併詳議具奏○

雍正三年十二月二十七日　卷39，頁581

先師孔子聖諱。理應迴避。惟祭天於圜丘。丘字不用迴避外。凡係姓氏。俱加偏旁為邱字。如係地名。則更易他名。至於書寫常用之際。則從古體丠字。得旨。今文出於古文。若改用丠字。是仍未嘗迴避也。此字本有期音。查毛詩及古文作期音者甚多。嗣後除四書五經外。凡遇此字。並用邱字。地名亦不必改易。但加偏旁。讀作期音。庶乎允協。足副朕尊崇先師至聖之意○

雍正八年五月十五日　卷94，頁262

○諭內閣。朕名及諸兄弟之名。皆皇考所賜。朕即位之初。允祉隆科多等以諸王之名上一字。與朕相同。奏請更改。朕不允行。而伊等援引往例。陳懇再三。朕不得已。奏聞太后。勉強許之。今怡親王薨逝。朕回思昔日與王同事皇考。家庭孝友之情。宛然如昨。凡告廟典禮所關。有書王名之處。仍用原名。以誌朕思念弗釋之意○

雍正十一年四月二十八日　卷130，頁696-697

○己卯。諭內閣。朕覽本朝人刊寫書籍。凡遇胡虜夷狄等字。每作空白。又或改易形聲。如以夷為彝。以虜為鹵之類。殊不可解。揣其意蓋為本朝忌諱。避之以明其敬慎。不知此固背理犯義不敬之甚者也。夫中外者。地所畫之境中外一家之統也。所用之人。大小文武。中外一家之人也。所行之政。禮樂征伐。中外一家之政也。內而直隸各省臣民。外而蒙古極邊諸部落。以及海澨山陬。梯航納貢。異域遐方。莫不尊親。奉以為主。乃復追溯開創帝業之地。目為外夷。以為宜諱於文字之間。是徒辨地境之中外。而竟忘天分之上下。不且背謬已極哉。孟子曰。舜東夷之人也。文王西夷之人也。（中略）息。每於不能臣服之國。指之為虜。我滿洲居東海之濱。若言東夷之人則可。今普天之下。率土皆臣。雖窮邊遠徼。我朝猶不忍以虜視之。惟準噶爾背天逆命。自棄於王化之外。或可呼之為胡虜耳。總之帝王之承天御宇。中外一家。上下一體。君父臣子之分定於天。尊親忠孝之情根於性。未聞臣子之於君父合體同心。猶可以絲毫形迹相歧視者也。我朝所共曉。夫滿漢名色。猶直省之各有籍貫。並非中外之分別也。若昧於君臣之義。不體列聖撫育中外。廓然大公之盛心。猶泥滿漢之形迹於文藝紀載間。刪改夷虜諸字。以避忌諱。將以此為臣子之尊敬君父乎。不知即此一念。已犯大不敬之罪矣。嗣後臨文作字。及刊刻書籍。如仍蹈前轍。將此等字樣空白及更換者。照大不敬律治罪。各省該督撫學政有司。欽遵張揭告示。窮鄉僻壤。咸使聞知。其從前書籍。若一槩責令填補更換。恐卷帙繁多。或有遺漏。而不肖官吏遂借不遵功令之名。致滋擾累。著一併曉諭。有情願填補更換者。聽其自為之○

胤禛登基後先是不允宗人府更定親王、阿哥之行字，後又藉皇太后懿旨，改同輩宗室名中之「胤」為「允」。雍正元年十一月以先前敬避康熙帝名者多僅缺筆，遂命上一字寫「元」，下一字寫「燁」，知避諱的恭敬程度以改字較缺筆來得嚴謹。二年正月首度對一般臣民頒布有關當朝帝名的諱例，稱「本章奏摺內之字樣及人名，有與御名同者，應迴避更改外，其餘與御名音同字異及邊傍字樣畧同者，俱不必迴避更改」（圖表 4.2）。稍後，因見地名頗多以音同而改易，三年八月命地名有孔子聖諱字在內者，應改讀「某」音，或另易他字；十二月又諭命應迴避孔子聖諱，除圜丘及四書五經中之「丘」字外，「丘」俱加偏旁為「邱」。近代名人丘逢甲 (1864-1912) 原本姓邱，因他考中光緒十五年進士的榜名及所留下的書跡皆署「邱逢甲」，宣統三年九月中國民國廣東軍政府成立當天，他登報復姓為丘，並改以別號倉海為名，翌年正月卒，當今數學大師丘成桐即其同族。[2]

「中國方志庫」所收 65 部雍正刻志書，共見 112 個各種「胤」字，其中 30 個「胤」未缺改（圖表 3.2 及 4.3），知當時諱令不嚴。此外，由於古人以「胤」命名者頗多，加上旗人的漢名自滿文轉譯時欠缺規範，故常可見同人異名，如佟國胤（此據中國國家圖書館藏康熙六年七月的佟氏夫婦誥封碑）即被書作國印、國瘽、國蔭、國應或國允。至於《清實錄》中的祝世瘽、世蔭與世印，《清朝文獻通考》的祝世隆，《八旗通志初集》的祝世瘽、世應，《清史稿》的祝世允、世瘽、世蔭，應皆為同一人！其名最可能為世胤，此因天聰和順治朝至少尚存 11 件署名「祝世胤」的漢文章疏。[3] 前述有關佟國胤及祝世胤的異名，若文本繫年在康熙十四年十二月以前，應多屬滿文轉譯問題；若在其後，則有可能是避東宮胤礽名諱（圖表 3.10 之康熙志書即有改「胤」為「允」者）；至雍正朝後，胤禛帝名的影響或才出現。

---

2 中國國家圖書館藏《光緒十五年進士題名碑》拓片；史樹青，《書畫鑒真》，頁 164-166；鄭喜夫，《民國丘倉海先生逢甲年譜》，頁 215-221。

3 此段參見黃一農，〈紅夷大砲與皇太極創立的八旗漢軍〉。

圖表 4.3：　雍正朝方志中的「胤」字。

❖《密雲縣志》（雍正元年刊本）

王胤德　卷3，頁48

❖《舒城縣志》（雍正九年刊本）

沈胤稷　卷13，頁13
徐永胤　卷14，頁5
沈君胤稷　卷31，頁33
其弟胤常　卷32，頁3

❖《昭文縣志》（雍正九年刊本）

樓之孫胤　卷5，頁17
字昌胤進士　卷5，頁23
李胤熙　門人胤　卷7，頁22
譚胤翔　卷8，頁22
生員翁胤祥　卷10，頁23
王胤嘉　卷10，頁31

❖《通州新志》（雍正二年刊本）

李胤昌　卷2，頁8
蔡胤偉　卷2，頁41

❖《處州府志》（雍正十一年刊本）

元胤邑人　卷2，頁9
吳胤昌　卷8，頁56
趙胤雲　卷9，頁50
文王之胤　卷16，頁18
胤子慧明　卷16，頁20
姚元胤　卷17，頁26

❖《六安州志》（雍正七年刊本）

丁胤嘉　卷12，頁55
崔胤弘　卷14，頁5
胤別胤問名　卷15，頁11
從兄胤受業　卷16，頁2
何胤　卷17，頁6

❖《順寧府志》（雍正四年刊本）

奉昌胤　卷5，頁40
曹應昌 應一作胤 元登癸未　卷8，頁19
胤昌字石霞　卷9，頁18

❖《樂安縣志》（雍正十一年刊本）

廬陵之胤　卷20，頁54

❖《歸善縣志》（雍正二年刊本）

廖胤泰　卷5，頁33
許岳胤　卷5，頁43
翁茂胤　卷13，頁5
篤生賢胤　卷14，頁7
朱光胤　卷17，頁24
子胤泰　卷17，頁11

❖《懷遠縣志》（雍正二年刊本）

張胤賢　卷3，頁24

❖《懷遠縣志》（雍正九年刊本）

孟儲胤　卷10，頁14

❖《慈谿縣志》（雍正八年刊本）

錢胤選　卷4，頁43
姚胤昌　卷4，頁45

有關雍正帝名下一字「禛」的避諱方式更是多元。在惲（音「運」）寶惠的〈避諱改名〉一文中稱：

> 予之族祖惲振，以欽天監天文生歷陞至冬官正，引見時高宗顧管監事之王、大臣曰：「汝等何不令此人改名？」始知此兩字與世宗諱音同也，遂改名源景。《家乘》內稱「原名振，奉旨改〔漏“今”字〕名」者是也。[4]

惲振於乾隆十五年中舉，後更名源景，由欽天監冬官正轉工部主事，以畫著稱，五十一年卒。經查現存乾隆二十六至四十二年間的六種縉紳錄，他皆擔任欽天監博士廳博士。據「清代歷朝起居注」乾隆四十六年四月十六日條：「欽天監冬官正員缺，帶領博士惲源景引見。奉諭旨：欽天監冬官正員缺，著惲源景補授。」知其應在乾隆四十六年陞授冬官正時，因「惲振」與「胤禛」音近，而奉旨改名。[5] 此故，他在應邀參加乾隆五十年的千叟宴中，[6] 職名即已自「欽天監博士廳博士惲振」變成「欽天監冬官正惲源景」（圖表 4.4）。

再者，筆者先前在研究乾隆朝重刷康熙《平叛記》的挖改本時，發現該本因避諱而將「崇禎」第二字剷板以缺末筆（見第 7 章第 3 節）。乾隆刻《杜律啟蒙》中的「稹」字亦缺末筆，[7] 疑此均是為敬避雍正帝胤禛的御名，然一般避諱學的專書少有提及類此之舉者，下文即試作探究。

---

[4] 惲寶惠，〈避諱改名〉；惲祖祁等修，《惲氏家乘》，卷 63，頁 22-23。

[5] 嘉慶十三年懷遠縣監生馬宏利亦因其滿文名與乾隆帝相同，雖漢文有所區別，但仍諭命改名為「宏烈」，且稱嗣後遇有類似情形者，亦應行敬避；參見趙彥昌、姜珊，〈《黑圖檔‧嘉慶朝》所見清代文書制度若干問題研究〉。但此旨應僅限於士子與官員，因「中國方志庫」中仍可見一些民人以「宏利」為名。

[6] 《欽定千叟宴詩》記惲源景於乾隆五十年賦詩時「年六十七」，然《惲氏家乘》以其生於康熙五十四年，推得應為七十一歲（圖表 4.4），此一年齡出入應是清人所常見官年較實年減歲的情形（希望能延長未來出仕的時間）。參見張劍，〈清代科舉文人官年現象及其規律〉。

[7] 邊連寶，《杜律啟蒙》，仇兆鰲序。

圖表 4.4：　文獻中的惲振。

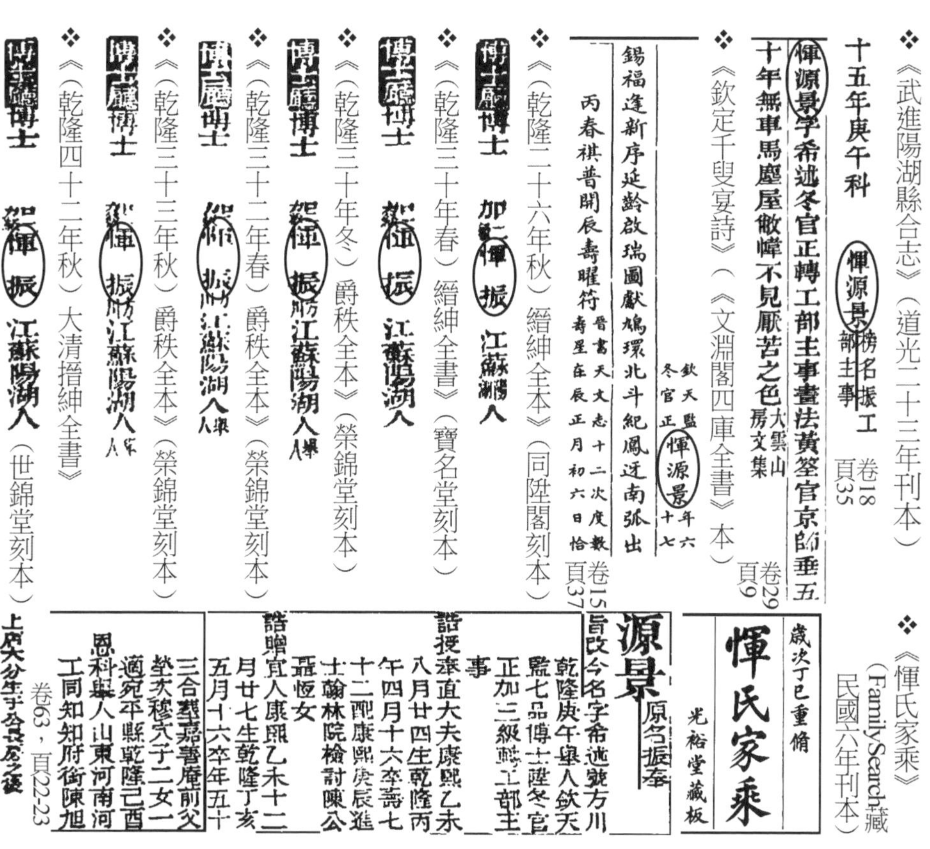

經耙梳「中國方志庫」中約 2,700 種清代志書內的「崇禎」年號，發現絕大多數均直書此二字（約 98,000 條），但在某些文本中的確可見有改字或缺筆的情形（圖表 4.5），其中最大宗的是有約 16,630 條以「崇正」記載明朝年號「崇禎」。[8]

李慈銘《荀學齋日記》在光緒五年九月初二日條中有云：

[8] 如查索「崇正間」可得 2,011 條；另見「崇正年」1,145 條、「崇正〇年」8,142 條、「崇正〇〇年」5,000 條、「崇正朝」186 條、「崇正帝」5 條、「崇正皇帝」7 條；此外，還有「崇」「正」兩字之間出現一個以上空格者 134 條。

> 閱朱伯原長文《墨池編》雍正間吳下刻本，猶二十卷之舊，其中「真」字皆缺筆，避宋仁宗嫌名，蓋本宋槧翻刻者。[9]

《墨池編》是北宋朱長文編纂的書法理論總集。[10] 經比對天津圖書館藏雍正十一年序刊本及中國國家圖書館藏隆慶二年刊本（圖表4.6），筆者發現天津本可見缺筆的胤、真、慎、填、玄、鉉、絃、曄、弘等字，然因「琰」（嘉慶帝御名下一字）字未缺筆，「曆」被寫成「歷」，故筆者疑此本最可能是乾隆間據雍正十一年雕版挖改。至於天津本中少數未缺改之胤、丘等字，應屬漏避。也就是說，李慈銘所謂雍正刻本中的缺筆「真」字乃避宋仁宗趙禎嫌名之說應誤。因清初或已難見此書宋本，且不論是中國國家圖書館藏隆慶二年本或哈佛大學燕京圖書館藏萬曆八年本，[11] 皆未發現「真」字缺筆，知天津本中缺末筆的真、慎、填，應是避寫雍正帝御名下一字「禛」的同音字「真」，以及「真」加偏旁之字，此均屬過度敬避的行為。[12]

舊時，秋審分「情真應決」「緩決」「可矜」「可疑」四項，雍正年間改成「情實應決」「緩決」「可矜」三項，其以「真」為「實」之舉即屬諱改。[13] 乾隆帝也曾於十四年八月大學士等議奏兩郊壇宇工程時，申飭不應在所呈夾單內以避雍正帝嫌名而將「成貞門」寫為「成正門」，並稱「況在天壇，即當諱亦不應諱」，著照舊改正。[14]

---

[9] 李慈銘，《荀學齋日記》，甲集下，頁12，光緒五年九月初二日條。

[10] 陳志平，〈清刻本《墨池編》版本源流考述〉。

[11] http://nrs.harvard.edu/urn-3:FHCL:27008522.

[12] 又，乾隆朝所編的永忠《延芬室集》中，共出現170個「真」，除早期詩文內的少數用例外，此字皆因避雍正帝胤禛下一字的嫌名而缺筆，將「具」字中間的三橫只寫二橫（該字亦見於潘重規等編《敦煌俗字譜．目部．真字》）。由於永忠祖父允禵及其父弘明皆因政治理由遭雍正帝拘禁，故他的文字特別敬謹。參見德保等修，李翮等纂，《欽定科場條例》，卷43，頁6-7；徐軍華，〈通過避諱看《延芬室集》中無編年詩的抄寫者和抄寫時間〉；黃一農，《二重奏：紅學與清史的對話》，頁472-473。

[13] 吳振棫，《養吉齋叢錄》，卷6，頁2。

[14] 《清高宗實錄》，卷346，頁779。

圖表 4.5：　清代方志中的「禛」與「禎」字。

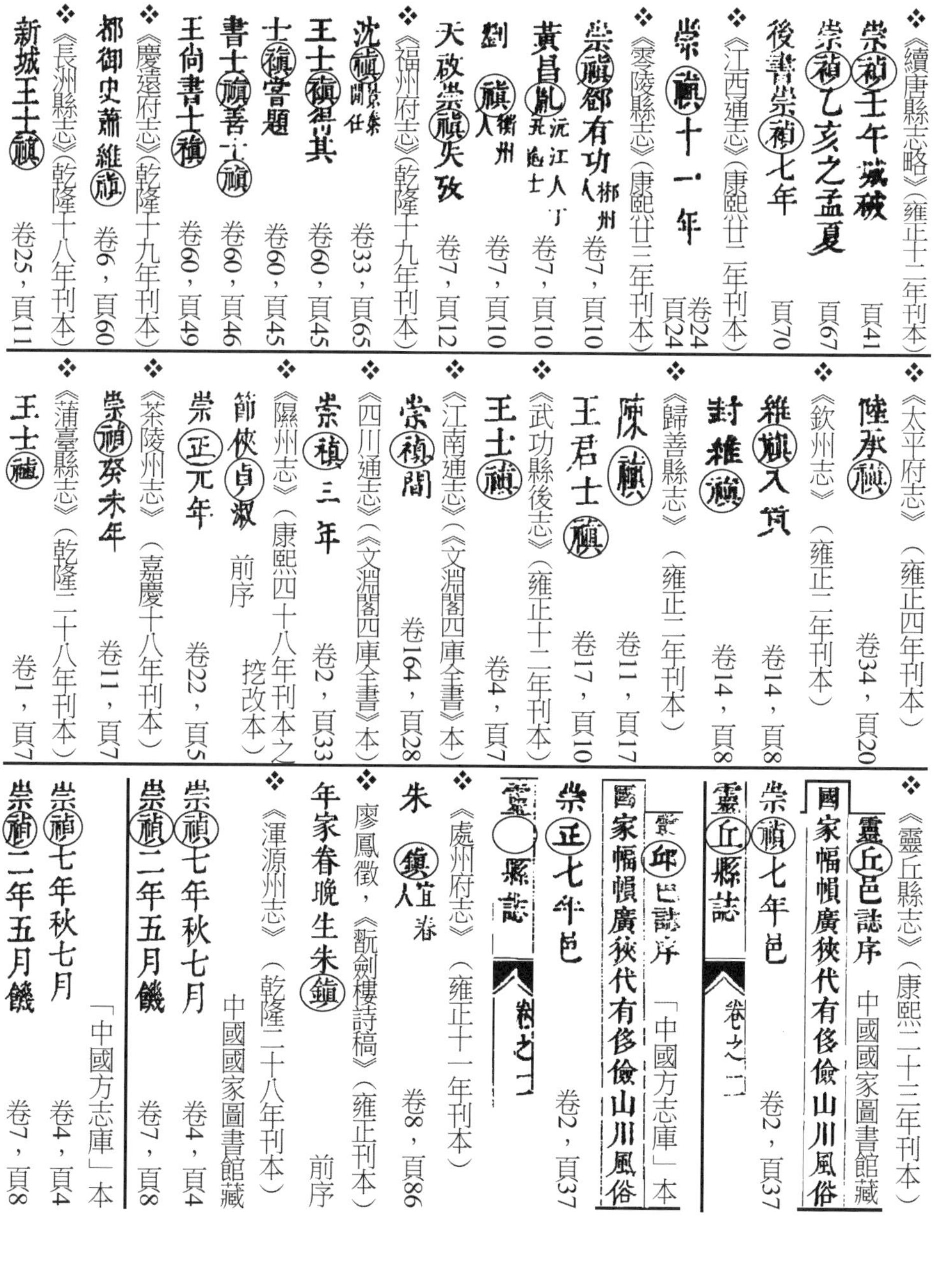

❖《續唐縣志略》（雍正十二年刊本）
崇禎壬午城破　頁41
崇禎乙亥之孟夏　頁67
後書崇禎七年　頁70

❖《江西通志》（康熙廿二年刊本）
崇禎十一年　卷24 頁24

❖《零陵縣志》（康熙廿三年刊本）
崇禎郡有功人 郴州　卷7，頁10
黃昌胤 沅江人丁丑進士　卷7，頁10
劉禎 衡州人　卷7，頁10
天啟崇禎失攷　卷7，頁12

❖《福州府志》（乾隆十九年刊本）
沈禎 景泰間任　卷33，頁65
王士禎得其　卷60，頁45
士禎嘗題　卷60，頁45
書士禎善士禎　卷60，頁46
王尚書士禎　卷60，頁49

❖《慶遠府志》（乾隆十九年刊本）
都御史蕭維禎　卷6，頁60

❖《長洲縣志》（乾隆十八年刊本）
新城王士禎　卷25，頁11

❖《太平府志》（雍正四年刊本）
陸承禎　卷34，頁20

❖《欽州志》（雍正二年刊本）
維禎入貢　卷14，頁8
封維禎　卷14，頁8

❖《歸善縣志》（雍正二年刊本）
陳禎　卷11，頁17
王君士禎　卷17，頁10

❖《武功縣後志》（雍正十二年刊本）
王士禎　卷4，頁7

❖《江南通志》（《文淵閣四庫全書》本）
崇禎間　卷164，頁28

❖《四川通志》（《文淵閣四庫全書》本）
崇禎三年　卷2，頁33

❖《隰州志》（康熙四十八年刊本之挖改本）
節俠貞淑　前序
崇正元年　卷22，頁5

❖《茶陵州志》（嘉慶十八年刊本）
崇禎癸未年　卷11，頁7

❖《蒲臺縣志》（乾隆二十八年刊本）
王士禎　卷1，頁7

❖《靈丘縣志》（康熙二十三年刊本）
靈丘邑誌序 國家幅幀廣狹代有侈儉山川風俗　中國國家圖書館藏
靈丘縣誌 卷之二
崇禎七年邑　卷2，頁37
靈邱邑誌序 國家幅幀廣狹代有侈儉山川風俗　「中國方志庫」本
靈◯縣誌 卷之二
崇正七年邑　卷2，頁37

❖《處州府志》（雍正十一年刊本）
朱鎮 宜春人　卷8，頁86

❖ 廖鳳徵，《翫劍樓詩稿》（雍正刊本）
年家眷晚生朱鎮　前序

❖《渾源州志》（乾隆二十八年刊本）
中國國家圖書館藏
崇禎七年秋七月　卷4，頁4
崇禎二年五月饑　卷7，頁8
「中國方志庫」本
崇禎七年秋七月　卷4，頁4
崇禎二年五月饑　卷7，頁8

圖表 4.6： 朱長文《墨池編》的版本避諱。

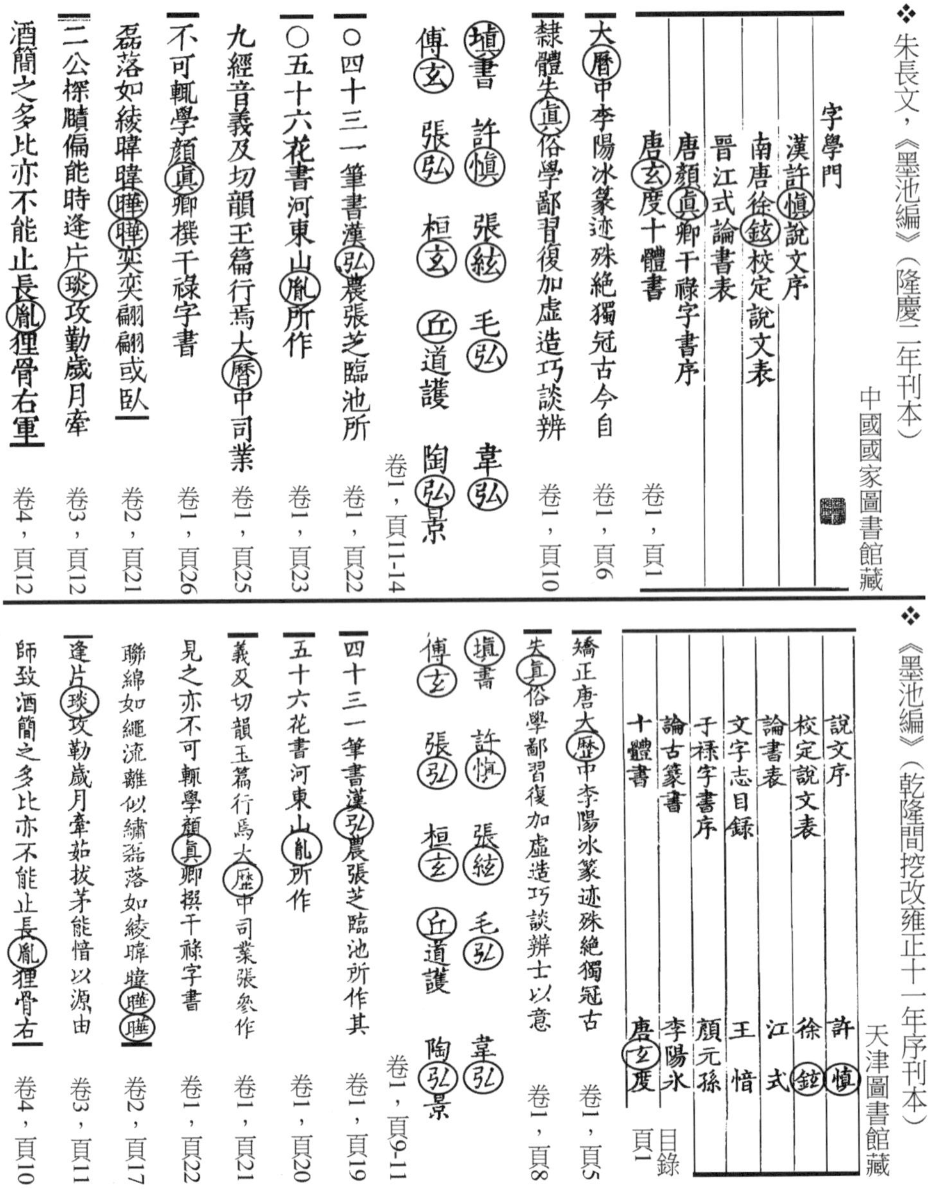

❖ 朱長文，《墨池編》（隆慶二年刊本） 中國國家圖書館藏

字學門
漢許慎說文序
南唐徐鉉校定說文表
晉江式論書表
唐顏真卿干祿字書序
唐玄度十體書 卷1，頁1

大曆中李陽冰篆迹殊絕獨冠古今自 卷1，頁6

隸體失真俗學鄙習復加虛造巧談辨 卷1，頁10

墳書 許慎 張絃 毛弘 韋弘
傅玄 張弘 桓玄 丘道護 陶弘景 卷1，頁11-14

○四十三一筆書漢弘農張芝臨池所 卷1，頁22

○五十六花書河東山胤所作 卷1，頁23

九經音義及切韻玉篇行焉大曆中司業 卷1，頁25

不可輒學顏真卿撰干祿字書 卷1，頁26

磊落如綾暐暐曄曄奕奕翩翩或臥 卷2，頁21

二公探賾偏能時逢片琰攻勤歲月牽 卷3，頁12

酒簡之多比亦不能止長胤貍骨右軍 卷4，頁12

❖ 《墨池編》（乾隆間挖改雍正十一年序刊本） 天津圖書館藏

說文序 許慎
校定說文表 徐鉉
論書表 江式
文字志目錄 王愔
干祿字書序 顏元孫
論古篆書 李陽冰
十體書 唐玄度 目錄 頁1

矯正唐大歷中李陽冰篆迹殊絕獨冠古 卷1，頁5

失真俗學鄙習復加虛造巧談辨士以意 卷1，頁8

墳書 許慎 張絃 毛弘 韋弘
傅玄 張弘 桓玄 丘道護 陶弘景 卷1，頁9-11

四十三一筆書漢弘農張芝臨池所作其 卷1，頁19

五十六花書河東山胤所作 卷1，頁20

義及切韻玉篇行焉大歷中司業張參作 卷1，頁21

見之亦不可輒學顏真卿撰干祿字書 卷1，頁22

聯綿如繩流離似繡磊落如綾暐暐曄曄 卷2，頁17

逢片琰攻勤歲月牽茹拔茅能悟以源由 卷3，頁11

師致酒簡之多比亦不能止長胤貍骨右 卷4，頁10

又，乾隆二十五年刻《富順縣志》中無「禛」；95個「禎」字除8個外，餘皆缺末筆；60個「貞」中除18個外，多缺末筆；有2個「楨」，全缺末筆；79個「真」中僅3個缺末筆；114個「鎮」均不曾缺改（圖表4.7）。亦即，此書的編纂者雖敬避雍正的御名（7個「胤」缺首筆，僅1例未避改），但對嫌名或偏旁之字的態度，並無明確章法：「禎」「貞」「楨」等字多缺末筆以敬避，「真」「鎮」等字則多不避諱，惟又見少數例外。

再者，今人將文本數位化或古人在書寫的過程中，亦偶出現訛誤。如「中國方志庫」共可檢得121條「崇禛」，但不少是該庫在製作時誤辨「崇禎」為「崇禛」；此外，亦見一些誤辨「禛」為「禎」的情形。以順治《寧國縣志》為例，搜尋可得10條「崇禛」及49條「崇禎」；然逐一查索文本圖像後，發現10條「崇禛」的確均作「崇禛」，但49條「崇禎」中有12條實為「崇禛」；甚至在同頁隔行出現「崇禛」和「崇禎」各1條的情形。更令人驚訝的是，在雍正朝刊刻的《太平府志》《歸善縣志》《武功縣後志》以及乾隆朝抄寫的《江南通志》《四川通志》（《文淵閣四庫全書》本）中，均出現雍正帝御名中的「禛」；雍正二年的《欽州志》中，至少可見2個未避諱的「禛」，但在卷8-9則有14處「崇禛」的末一字遭剷板留空；乾隆十九年刻《福州府志》中亦發現5個「禛」及2個「**禛**」（此段參見圖表4.5）。

再以曾任湘潭知縣的高應禎（其名的寫法暫以相關方志中時間最早者為依歸）、桐廬知縣的董仕禎、鎮安知縣的儀鳳禎、山西參議的郝永禛、將樂知縣的金禎、合浦知縣的陳禛、永新知縣的王運禎等官員為例，他們的名字在雍正帝即位之前的志書中，就屢見有將「禛」「禎」「楨」「真」「貞」混用者；胤禛登基後，還可見將「禛」改成「正」字的情形（圖表4.8）；至乾隆二十五年官方始明定將「禛」字寫為「正」（圖表4.14）。亦即，專有名詞中若出現「禛」的代用字，除非在雍正帝登基前的文本原就已用「禛」字，否則並無法作為判斷是否避諱的直接證據。

圖表 4.7： 乾隆《富順縣志》的「禎」與「禎」等諱字。

❖《富順縣志》（乾隆二十五年刊本）

原文	出處
余國楨 浙江遂安人由進士任 崇禎十五年入覲未復	卷7，頁6
王添禎 長沙人正德六年任後陞資縣教諭	卷7，頁19
朱之楨 崇禎十年任	卷7，頁20
劉時俊 崇禎二年陞兵部	卷9，頁9
范鑛 崇禎初薦	卷9，頁10
萬鯤 字圖南崇禎辛未拔貢 喬姓者弟兄五人爲姪	卷9，頁11
唐禎 山東高唐州夏津知縣	卷10，頁22
陳虞典 崇禎六年	卷10，頁40
陳虞英 崇禎八年	
熊亂衡	
鄂孝懿 字仁仲拔貢任 貴州安化知縣	
胡時 崇禎丙子任貴 州安順府推官	
萬楨 崇禎己卯 副榜有傳	
范孫蘭 崇禎壬午副榜銑 [illegible]雲南保山知縣	
胡氏 庠生范璵妻崇禎庚辰流寇 入川從夫去郊外被執殺之	卷11，頁15
知縣唐禎墓 在下南 晉陀崖	卷15，頁4
此日禎祥	卷19，頁55
而意自消貞卓然	卷20，頁47
矢志完貞	卷3，頁15
長保安貞之吉	卷3，頁16
旌表貞節坊 下正街爲劉福壽妻魏 氏萬曆四十四年建	卷4，頁5
秦可貞 有傳萬曆 五年任	卷7，頁5
王貞慶	卷9，頁2
東山貞爲蒼生起	卷19，頁26
借雲霞而作紙草貞	卷19，頁64
開永歷走緬	卷11，頁15
萬曆丙戌進士	卷20，頁47
萬曆六年	卷1，頁8

圖表 4.8：明清人名中之「禎」或「禎」在志書的變化。

❖《八閩通志》（弘治間刊本）
知縣閔禎　卷41，頁8
知縣閔禎　卷41，頁18
主簿閔貞　卷44，頁27

❖《南寧府志》（嘉靖四十三年刊本）
國朝閔禎由監生永樂中任　卷8頁37

❖《惠安縣志》（嘉靖間刊本）
正統七年知縣閔禎　卷8，頁1
主簿閔禎重建大成殿　卷9，頁2

❖《泉州府志》（萬曆間刊本）
國朝知縣陳永年閔禎　卷8，頁10

❖《廣西通志》（文淵閣四庫全書本）
閔貞橫州人監生　卷77，頁14

❖《福州府志》（正德十五年刊本）
高應禎字徵甫易經魁同之玄孫旭之曾孫任豐城教諭　卷23頁47

❖《長沙府志》（嘉靖間刊本）
嘉靖三年知縣高應禎　卷4，頁8

❖《湘潭縣志》（乾隆二十一年刊本）
高應正福建閩縣人嘉靖元年任有傳　卷15頁4
邑令高應貞　卷19，頁66

❖《嚴州府志》（萬曆六年刊本）
董仕禎順德人四十三年任　卷9，頁60

❖《嚴州府志》（萬曆卌二年刊本）
隆慶間知縣董仕禎　卷2，頁29

❖《順德縣志》（萬曆間刊本）
董仕禎古樓｜桐廬知縣有傳　卷9，頁13

❖《廣州府志》（光緒五年刊本）
董仕正字希泰舉人桐廬令　卷137頁14

❖《嚴州府志》（光緒九年增修本）
桐廬縣知縣｜董仕貞　卷10頁89-90

❖《明弘治五年山西鄉試錄》
儀鳳禎　太平縣學生　頁13

❖《廣平府志》（嘉靖間刊本）
儀鳳禎舉太平人成安　卷9，頁29

❖《山西通志》（崇禎二年後印本）
儀鳳禎太平人知縣　卷22，頁39

❖《太平縣志》（雍正三年刊本）
儀鳳禎　表子仕陝西鎮安縣知縣　卷5頁11

❖《太平縣志》（道光五年刊本）
儀鳳禎西賈人表子　卷10，頁10

❖《鎮安縣志》（雍正四年刊本）
儀鳳正山西太平縣　卷3，頁1

❖《山西通志》（崇禎二年後印本）
郝永禎　卷22，頁48

❖《平陽府志》（萬曆四十三年刻順治二年遞修本）
郝永貞[illegible]政　卷7，頁40

❖《河間府志》（萬曆卌二年刊本）
教諭郝永禎蕭州人性俊逸　卷9，頁48

❖《將樂縣志》（弘治間刊本）
金禎字邦柱人由舉　卷3，頁7

❖《延平府志》（嘉靖年間刊本）
將樂縣｜知縣金禎　卷1，頁4

❖《將樂縣志》（萬曆十三年刊本）
知縣金禎　卷1，頁3
知縣金禎｜金禎　卷2，頁13、23

❖《惠州府志》（嘉靖廿一年刊本）
陳禎湖廣人舉人　卷54，頁14

❖《廣東通志》（萬曆三十年刊本）
合浦陳禎知縣　卷2，頁9

❖《永新縣志》（同治十三年刊本）
知縣王運禎修　卷6，頁10

❖《江西通志》（光緒七年刊本）
知縣王運禎　卷68，頁19
知縣王運禎　卷103，頁25

至於雍正《續唐縣志略》中出現的三個「崇禎」，除將「禎」字缺末筆外，更發現有將部首增筆改成「禛」字者（圖表 4.5）。此一情形較罕見，應源自唐末以來開始出現的「碑別字」，當時有些書家為讓自己的作品擁有獨到風格，便自行增減某些字的筆畫或改變其結構，而這些未見於一般字書的別字，又透過碑刻的流傳而變成俗體字。[15] 唐《隋故平州錄事參軍張君墓誌》以及明《和郭右之保母帖贊》，即皆將「禎」字的部首改成「ネ」（圖表 4.9）。類此作法亦見於「祿」與「福」，惟據宋・郭忠恕編撰的《佩觿》，「福」字原本存在，其音義與「福」不同（圖表 4.9）。第 3 章第 1 節所見康熙朝文本中的「礽」，或許亦源自「碑別字」。

經查晚明至清初刊刻的黃諫《从古正文》、吳元滿《六書泝原直音》、吳元滿《六書正義》、張自烈《正字通》等字書，發現均以「禛」「禎」互通，無怪乎，這段時期的許多志書亦不乏混用「禛」「禎」者（圖表 4.8），順治《寧國縣志》即然（見前文）。至於朱駿聲的《說文通訓定聲》、楊桓的《六書統》以及鄭珍的《汗簡箋正》，則因出版於雍正帝即位之後，故以缺末筆的方式表述「禛」。而嘉慶朝刊刻的戚學標《漢學諧聲》中，每字原本皆以隸書及篆書分寫，對「禛」字則僅列篆書，隸書以□留空，並註稱「从"示""眞" 聲」。光緒刻的張行孚《說文審音》，對「禛」字亦在留空後註稱「從 "示" "眞" 聲」（此段參見圖表 4.10）。

也就是說，俗／異體字雖無法作為斷代的直接證據，然其亦有可能作為避諱的手段之一（通常只要不直接犯諱即可）。而缺筆的「禎」「楨」「真」「貞」（圖表 4.7），因其避改後的字形有別於先前行用之漢字，則應多為避諱的具體表現。

---

[15] 趙海明，《碑帖鑒藏》，頁 155-163；張涌泉，《漢語俗字研究（增訂本）》，頁 44-121。

圖表 4.9：古代文本中類似將「禎」字部首改成「衤」的案例。

❖ 明・徐守和，《和郭右之保母帖贊》

和郭右之保母帖贊
書家何以重手刻古墨繇消別
留蹟禊帖聚訟吾杪人定武浪
傳五字石曹娥嘗墮預占辭保
母適出期合之鑿鑿殘碑百廿字
底須蕭翼賺才師
（中略）
蔡中郎題曹娥碑云三百年後碑
冢角墮江中茲保母志云八百年後
崇禎甲戌仲冬哉生明燈下清賞
識此
小清閟主人徐守和

崇禎甲戌仲冬哉生明，燈下清賞，識此。

小清閟主人徐守和

《三希堂法帖》

❖ 宋・郭忠恕，《佩觿》（《景印文淵閣四庫全書》本）

福福 上芳又翻衣一幅 下芳伏翻福祐

卷下，頁12

❖ 秦公、劉大新，《廣碑別字》

魏比丘尼法行造像
十四畫，頁480

中研院傅斯年圖書館藏拓片

唐平棘縣令紇于【干】承基墓誌
十三畫，頁407

唐故番禺府折衝都尉上柱國平棘縣開國公紇干公墓誌

中國國家圖書館藏拓片

唐平州錄事參軍張育墓誌
十四畫，頁480

隋故平州錄事參軍張君墓誌

中國國家圖書館藏拓片

圖表 4.10：字書中的「禛」與「禎」。

❖ 黃諫，《从古正文》，上平聲，頁12（《四庫全書存目叢書》景印嘉靖十五年刊本）

禛 側鄰切 从示眞聲 受福也 禎 从示貞 祥也

❖ 吳元滿，《六書泝原直音》，上卷，數位第一，頁2（中國國家圖書館藏萬曆十四年刊本）

禛 通禎

❖ 吳元滿，《六書正義》，卷1，頁10（《續修四庫全書》景印萬曆三十三年刊本）

禎 禎音貞祥也廣韻善也福祥與禛通
也中庸國家將興必有禎禛通

❖ 張自烈、廖文英，《正字通》，午集下，頁39（哈佛大學燕京圖書館藏康熙二十四年刊本）

禛 同禛 泝原禛通作受福義與禎
禛 舊註音眞以眞近分二字非

❖ 顧景星，《黃公說字》，卷21，示部，頁20（《四庫全書存目叢書》景印清鈔本）

禛 說文以眞受福也眞聲唐韻側鄰切與禎分為二禎祥也貞聲唐韻陟盈切徐鍇曰禎貞也貞正也人有善天以符瑞正告之字彙亦從說文分為二正字通從泝原同禛按禛訓以眞受福則从眞會意眞亦聲六書統古文作𥛟宐分為二与示部禛別

❖ 楊桓，《六書統》，卷7，頁18（《景印文淵閣四庫全書》本）

禛 側鄰切許氏曰以眞受福也从示从眞

❖ 鄭珍，《汗簡箋正》，卷上之一，第一，頁4（民國九年重印光緒十五年廣雅書局叢書本）

禛 禛並見碧落文 碧落碑字體十七就正文以意增減用炫新奇紕繆至極自後人為所惑郭氏亦信為古文傎矣如上新字用楷書斤旁增厂作爪增丁作丂遂成丂形禛字增止作止大悖六書不止此類

❖ 戚學標，《漢學諧聲》（中國國家圖書館藏嘉慶九年刊本）

□弘 弓聲也从弓ㄥ聲職兄斯弘與ㄥ古文厷字 詩頻中躬叶　卷19，頁18

原文諧聲字為□禛以眞受福也从示眞聲　卷20，頁1

❖ 朱駿聲，《說文通訓定聲》，坤部，弟十六，頁1（中國國家圖書館藏道光三十年刊本）

眞 禛 禛 以眞受福也从示眞聲與禎義略同

❖ 張行孚，《說文審音》（「中國辭書庫」收錄光緒間刊本）

□ 說文曰以禛受福也從示眞聲　卷7，齒聲一

□ 說文曰弓聲也从弓厶聲厶古文肱字　卷7，喉聲五

乾隆《國朝畫徵錄》記「吳應棻原名“應■”，避世宗諱，改今名」；[16] 沈廷芳於乾隆十一年所輯的《國朝歷科館選錄》，在康熙五十四年乙未科有「吳應楨（更名應棻），浙江歸安人」句；[17] 同治《湖州府志》稱「吳應棻原名應貞，避諱改今名」；[18] 光緒《歸安縣志》謂「吳應棻原名應楨，乙未進士」。[19] 查北京國子監孔廟藏《康熙五十四年進士題名碑》，二甲第三名為「吳應楨，浙江歸安人」，[20] 且從古人取兄弟名的傳統判斷，知其原名確為「應楨」，[21] 惟因與雍正帝御名胤禛二字音近，遂於雍正即位後不久改名，[22] 然此舉或出自個人的主動要求，而非諱例的明文規定。[23] 今乾隆《文淵閣四庫全書》中仍可見 39 處「應楨」及 390 處「應禛」未避改，其中不乏以二字為名者，但大多是康熙以前之人，入雍正朝之後，一般人取名應懂得「拿捏分寸」。

除吳應楨於雍正帝即位後更名外，其進士同年周之楨亦為敬避雍正帝名的下一字，改名「之相」（圖表 4.11），將「楨」右半邊「貞」的頭尾各去兩筆，僅留中間的「目」，此為「諱形」中極特出的缺筆方式。

---

16 張庚，《國朝畫徵錄》，卷下，頁 11。

17 沈廷芳，《國朝歷科館選錄》，頁 39。

18 宗源瀚修，周學濬纂，《湖州府志》，卷 70，頁 10。

19 李昱修，陸心源纂，《歸安縣志》，卷 32，頁 10。

20 《北京圖書館藏中國歷代石刻拓本匯編》，冊 67，頁 34。

21 應棻與應枚（雍正二年進士）兩兄弟名的下一字皆從「木」，知應棻的原名較可能亦用從「木」的「楨」。參見李昱修，陸心源纂，《歸安縣志》，卷 32，頁 11。

22 改「楨」為「棻」之舉，應非《國朝畫徵錄》《湖州府志》《歸安縣志》的編輯者在記其事跡時所為，因一般若臨文欲避諱「楨」字，缺筆即可，無庸改成音義皆不同的「棻」。雖然《清聖祖實錄》自康熙五十七年十月十四日條（卷 281，頁 750）起，將五十四年改庶吉士的吳應楨書成「吳應棻」，但這應為雍正朝修該實錄時所改，而非其在康熙五十七年之前就已更名！此因雍正元年正月序刊的《芙航詩襭》，即仍收錄「吳應楨」之詩（卷 12，頁 7）。又，由於雍正四年九月初九日的《起居注冊》初見「吳應棻」一名，知改名應不晚於此。

23 正白旗票簽中書亨貞，在康熙六十一年十二月獲允更名亨泰，此例應屬自行申請的個案，當時尚無對一般臣民的諱例！參見《內閣大庫檔》登錄號 167528-010。

圖表 4.11：《康熙五十四年進士題名碑》上稍後可能遭諱改的名字。

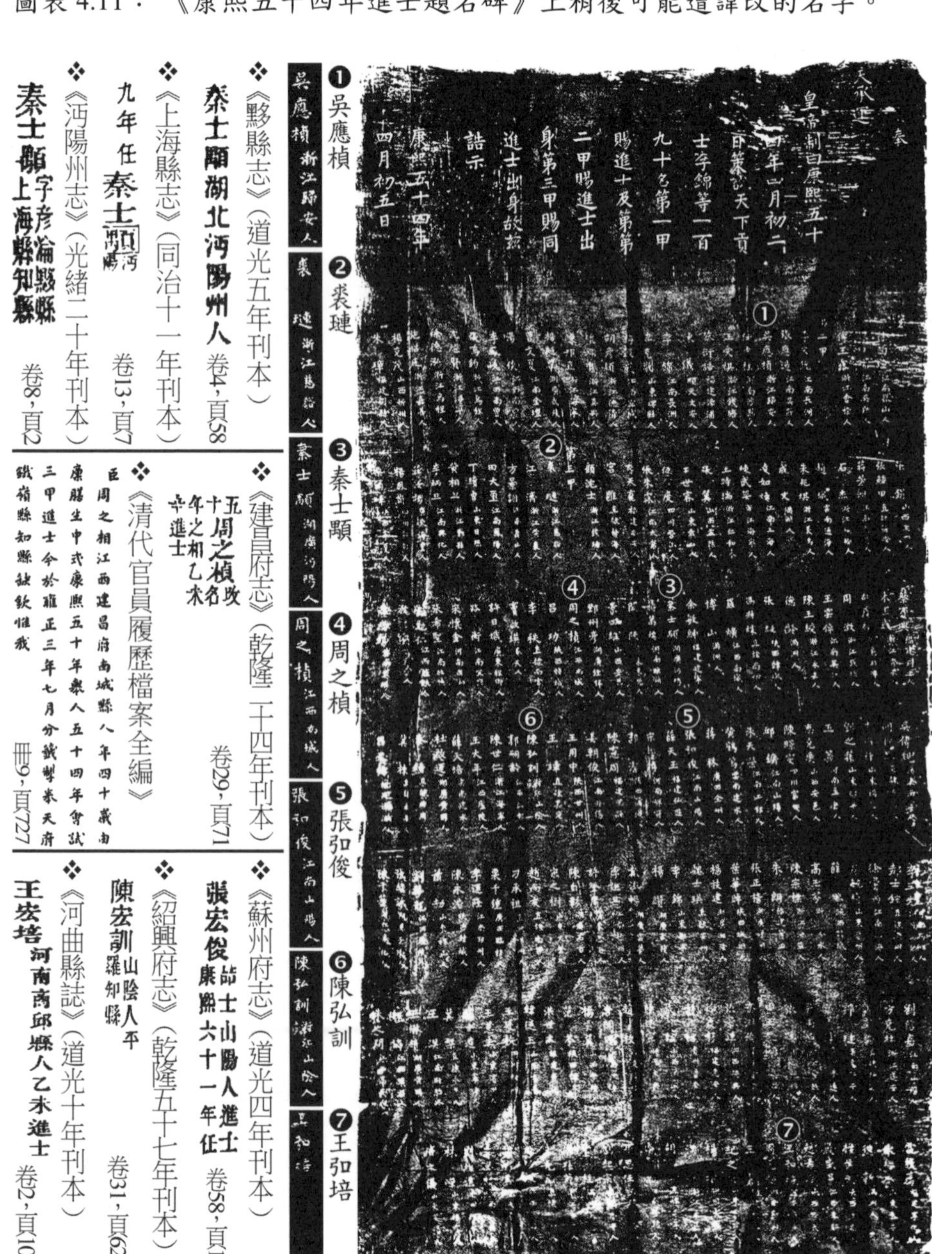

另一方面，雍正元年八月二十二日臺灣總兵官藍廷珍奏請將其名中的「珍」（與御名下一字同音）改為「瑛」，因「珍」字「雖不上同聖諱，而音聲無異，似於尊敬之義未協」，但遭拒（圖表 4.12）。[24] 諭稱：

> 不必！從來只諱上一字，近來將下一字都要諱，覺太煩，況朕諱下字同音者頗多。況「珍」字於御諱揔不相干，若書滿字，他們都寫「貞」字，這還猶可〔藍廷珍為民人，而非旗人〕，漢字何必改。你的名字朕甚喜歡，就是原字好。

其中「從來只諱上一字〔此應主要指康熙朝，而非雍正帝即位的短短幾個月；玄燁兄弟尚無行字〕，近來將下一字都要諱，覺太煩」句，與此後清代各朝的規矩有別（通常皆諱下一字）。當時清廷才剛開始制定諱例，先前只有雍正帝在康熙六十一年十二月諭改同輩宗室名中之「胤」為「允」。此前，臣民若自行決定要敬避康熙帝的御名時，對「玄」字的缺筆通常即較「燁」字的缺筆要來得注重（第 2 章第 3 節）。雍正元年十一月雖又命將康熙帝名的上一字寫「元」、下一字寫「爗」，然改「燁」為「爗」，只不過是換用一原本就已存在的異體字，[25] 對雍正帝而言，可能還算不上嚴謹的避諱。

雍正二年正月十九日再諭：「本章奏摺內之字樣及人名有與御名同者，應迴避更改外，其餘與御名音同字異及邊傍字樣略同者，俱不必迴避更改。」[26] 此規定與藍廷珍前奏之事的處理若合符節。然因康熙五十四年進士吳應楨和周之楨分別改名為「吳應棻」「周之相」（更動的時間或在雍正即位後不久，否則就違反了二年正月明文頒布的諱例），知雍正帝對人名犯諱應否避改的作法，曾花了一段時間調整。

---

[24] 當時朝中還有一官與藍廷珍同名，此人為康熙五十二年一甲三名進士的魏廷珍。《歷代諱字譜》稱魏廷禎為避諱而改名廷珍（圖表 1.5），然他於《康熙五十二年進士題名碑》上的榜名即為魏廷珍，雍正元年正月陞授湖南巡撫時亦未改名，康熙五十二年至雍正十三年的《宮中檔》奏摺更皆用此名，知其原名「廷珍」。

[25] 黃諫，《从古正文》，入聲，頁 23。

[26] 《清世祖實錄》，卷 15，頁 260。

圖表 4.12： 臺灣總兵官藍廷珍以與御名下一字同音欲改名遭拒事。

福建臺灣總兵官臣藍廷珍跪
奏為臣名音與
聖諱相同懇請
賜准更改事竊照禮諱嫌名分宜引避臣本名廷珍
查字畫雖不上同
聖諱而音聲無異似於尊敬之義未協請將臣名廷
珍改爲廷瑛字樣以符禮制仰祈
聖恩賜准勅部更改行知庶臣心得以稍安於名分
矣臣謹具摺
奏請伏乞
皇上睿鑒施行謹
奏

❶ 不必從來只諱上一字近來將下一字都要諱覺太煩況朕諱下字同音者頗多況珍字於御諱摠不相干若書滿字他們都寫貞字這還猶可漢字何必改你的名字朕甚喜歡就是原字好

雍正元年捌月 貳拾貳 日具

臺北故宮統一編號：故宮011622

❶ 不必！從來只諱上一字，近來將下一字都要諱，覺太煩，況朕諱下字同音者頗多。況「珍」字於御諱摠不相干，若書滿字，他們都寫「貞」字，這還猶可，漢字何必改。你的名字朕甚喜歡，就是原字好。

有意思的是，乾隆六十年二月亦曾命漕運總督管幹珍無庸因避世宗憲皇帝的廟諱而改名。當時管氏上奏關於漕船之事，皇帝在諭旨中就順便提及其名的淵源（應帶有一些自炫博學之意），曰：

> 管幹珍之名係取《易傳》「貞固足以幹事」之意，乃將「貞」字改寫「珍」字，自因敬避世宗憲皇帝廟諱下一字。不知「珍」字聲音轉覺相近，而其文義不典。雖嫌名不諱，朕從不以字義責臣下，但管幹珍係讀書人，自應深知敬避之義，著傳諭該漕督，嗣後即行改正繕寫，當書「貞」字為是。[27]

指稱他取名理應是出自《易傳》的「貞固足以幹事」句，但為避雍正帝的名諱，遂改「貞」為「珍」。乾隆帝因「珍」「貞」二字的發音雖相近，

27 《清高宗實錄》，卷 1470，頁 643。

惟「文義不典」，且以嫌名應可不諱，故命乾隆三十一年進士出身的管氏，將其名「幹珍」改回「幹貞」。

綜前所述，雍正朝方志除偶見「禛」字，也不乏未避「胤」字的情形。甚至在編纂《四庫全書》或文字獄最熾烈的乾隆四十年前後，犯御名之字仍偶見於志書，如乾隆三十九年《曲阜縣志》可見 3 個「弘」、8 個「丘」（已扣除 2 個可不改的「圜丘」）、2 個「禛」，這些應多為漏避或誤書，然其編纂者多不曾遭懲處。事實上，第 6 章所論及的一些與避諱相關的文字獄，常是因被仇人控告而成案。嘉慶帝即指前朝犯大逆罪者，往往遭人「藉詞挾制，指摘疵瑕」，遂「偶以筆墨之不檢，至與叛逆同科」。[28]

再以北京泰和嘉成公司於 2021 年 12 月拍賣的《太上洞玄靈寶無量度人上品妙經》為例（圖表 4.13），目錄上稱「清順治內府刊本……經中“玄”字不避，應為順治間刊。封面絹簽“玄”字已避，則應為康熙時裝璜成冊」。然從其圖檔中可見「群妖束首，鬼精自乒」等字，該缺筆「丘」字理應出現在雍正三年十二月迴避孔子聖諱之諭旨以後，惟「鬼精自乒」一句字義不明。經透過大數據查得法國國家圖書館藏敦煌遺書中擁有該經三本，《永樂大典》明嘉靖鈔本亦收錄此經內容，但此句全都寫成「鬼精自亡」，知「亡」字乃因形似而被錯認為「乒」。從「乒」字的出現，[29] 我們應可判斷此本的刊刻上限不早於雍正三年，因先前並無此一寫法！亦即，此經並非前引拍賣目錄中所稱的「清順治內府刊本」。至於「玄」「玄」並見的情形，則不難理解，因在「中國方志庫」所收的 65 種雍正朝刊刻方志中，即可發現 326 個「玄」字內約有 1/3 不避諱，且避與不避的「玄」字常同見於一書（第 2 章第 4 節）。

28　《清仁宗實錄》，卷 39，頁 462。

29　清人對「丘」字之諱遠不若帝名嚴謹，不僅雍正以後刊刻志書屢見未避的情形，且在乾隆朝由官方主導抄寫的《文淵閣四庫全書》中，亦出現多達 160,407 個未避改的「丘」字！

圖表 4.13：《太上洞玄靈寶無量度人上品妙經》的斷年。

太上洞玄靈寶無量度人上品妙經
開經玄蘊咒
雲篆太虛　浩劫之初　乍遐乍爾
或沉或浮　五方徘徊　一丈之餘
天真皇人　按筆乃書　以演洞章
次書靈符　元始降下　真文誕數
昭昭其有　冥冥其無
沉痾能自痊　塵勞溺可扶
幽冥皆有類　由是神仙都
道言昔於始青天中碧落空歌大浮黎土受元始度人無量上品
元始天尊當說是經周迴十過以召十方始當詣座天真大神上聖高尊妙行真人無鞅數衆乘空而來飛雲丹霄緑輿瓊輪羽蓋垂蔭流精玉光五色鬱勃洞煥太空七日七夜諸天日月星宿璇璣玉衡一時停輪神風靜默山海藏雲天無浮翳四氣朗清一國地土山川林木緬平一等無復高下土皆作碧玉無有異色衆真侍坐
元始天尊懸坐空浮五色獅子之上說經一遍諸天大聖同時稱善是時一國男女聾病耳皆開聰說經二遍盲者目明說經三遍喑者能言說經四遍跛痾積逮皆能起行說經五遍久病痼疾一時復形說經六遍髮白反黑齒落更生說經七遍老者反壯

司録延壽益筭度厄尊神迴骸起死無量度人今日校録諸天臨軒東方無極飛天神王長生大聖無量度人南方無極飛天神王長生大聖無量
北方八天
玃無自育　九日導乾　坤母東覆
形攝上玄　陀羅育邈　耿豖合雲
飛天大醜　總監上天　沙陀劫量
龍漢瑛鮮　碧落浮黎　空歌保珍
惡奕無品　洞妙自真　元梵恢漢
幽寂度人
道言此諸天中大梵隱語無量之音舊文字皆廣長一丈天真皇人昔書其文以為正音有知其音能齋而誦之者諸天皆遣飛天神王下觀其身書其功勲上奏諸天萬神朝禮地祇侍門大勲魔王保舉上仙道備克得遊行三界昇入金門
此音無所不辟無所不禳無所不度無所不成天真自然之音也故誦之致飛天下觀上帝遥唱萬神朝禮三界侍軒群妖束首鬼精自亡琳琅振響十方肅清河海靜默山嶽吞煙萬靈振伏招集群仙天無氛穢地無妖塵冥慧洞清大量玄玄也
太上洞玄靈寶無量度人上品妙経

北京泰和嘉成
2021年12月11日拍賣目錄
Lot 4052

❖ 法國國家圖書館藏敦煌遺書

此音无所不辟无所不禳无所不度无所不成天真自然之音也故誦之致飛天下觀上帝遥唱万神朝礼三界侍軒群妖束首鬼精自亡琳琅振響十方肅清河海靜嘿山岳吞烟万靈振伏招集群仙天无氛穢地无妖塵冥慧洞清无量玄玄也
太上洞玄靈寶无量度人上品妙経

Pelliot Chinois 2446

此音无所不辟无所不禳无所不度无所不成天真自然之音也故誦之致飛天下觀上帝遥唱万神朝礼三界侍軒群妖束首鬼精自亡琳琅振響十方肅清河海靜嘿山岳吞烟万靈振伏招集群仙天无氛穢地无妖塵冥慧洞清无量玄玄也
太上洞玄无量度人經

Pelliot Chinois 2458

此音无所不辟无所不禳无所不度无所不成天真自然之音也故誦之致飛天下觀上帝遥唱万神朝礼三界侍軒羣妖束首鬼精自亡琳琅振響十方肅清河海靜嘿山岳吞烟万靈振伏招集羣仙天无氛穢地无妖塵冥慧洞清大量玄玄也
太上洞玄靈寶无量度人上品妙經
清都觀道士劉[illegible]

Pelliot Chinois 2606

❖《永樂大典》（明鈔本），卷7757

妙總齋赴修進行三界昇入金門此音無所不辟無所不禳無所不度無所不成天真自然之音也故誦之致飛天下觀上帝遥唱萬神朝禮三界侍軒羣妖束首鬼精自亡琳琅振響十方肅清河海靜默山嶽吞煙萬靈震伏招集羣仙天無氛穢地無妖塵冥慧洞清大量玄玄也
雲

清代的明文諱例起自雍正朝，或為養成未來臣工對皇權的敬畏之心，在選拔人才的科考中，即特別看重考生是否敬遵諱例。[30] 禮部負責出版的《欽定科場條例》中，就詳列各項避諱的規定與案例。清朝於順治二年正式開科，並首頒《欽定科場條例》。此後，各朝陸續增修，乾隆六年有武英殿刻本，後規定每十年修纂一次，但實際情形常有推遲，接著已知的版本為乾隆十二年→乾隆四十四年→乾隆五十五年→嘉慶八年→道光十四年→咸豐二年→光緒十三年。

圖表 4.14 整理出筆者過眼諸本中的諱例，知諱例相當複雜，且非始終不變，如康熙帝下一字「燁」→「爗」→「煜」；雍正帝下一字「禛」→「正」→「禎」；乾隆帝上一字「弘」→「弘」→「宏」，下一字「曆」→「暦」→「歴」；道光帝下一字「寧」→「寕」→「甯」。本書接下來將大致依朝代的先後次序，逐章展開相關討論。

30 參加科考者「經學政及教官平時訓示周詳，於敬避字樣自宜素悉」，且「每遇科場，監臨及知貢舉官，將敬避之處先期出示曉諭」。參見奎潤等修，詹鴻謨等纂，《欽定科場條例》，卷 42，頁 21。

圖表 4.14： 清代各《欽定科場條例》版本中的諱例。

版本	諱例之主要內容
◆ 德保等修，李翮等纂，日本內閣文庫藏乾隆四十四年刊本（卷43） ◆ 王杰等修，羅正墀等纂，日本內閣文庫藏乾隆五十五年刊本（卷43）	◆ 乾隆二十五年議准康熙帝上一字寫「元」，下一字寫「燁」；雍正帝胤禛上一字寫「允」，下一字寫「正」；乾隆帝上一字寫「弘」，下一字寫「曆」 ◆ 乾隆二十八年議准弘曆上一字寫「宏」，下一字寫「歷」 ◆ 乾隆二十八年議准坊本經書及武英殿官書凡遇帝名加偏旁之字（如「弦」「鉉」「紘」「泓」），均敬缺一筆 ◆ 至聖先師孔丘之名諱寫成「邱」，作「北」者以違禁論，但「圜丘」可不改，「丘」姓亦改為「邱」 ◆ 宗室王公大臣名內有「弘」字者，若在雍正十三年以前命名，俱缺筆書寫。乾隆元年以後的科場文字及一切文移書奏，凡遇御名，則須改字
◆ 杜受田等修，英匯等纂，《續修四庫全書》景印咸豐二年刊本（卷42）	◆ 嘉慶八年議准康熙帝玄燁上一字寫「元」，下一字寫「煜」；雍正帝胤禛上一字寫「允」，下一字寫「禎」 ◆ 乾隆帝弘曆上一字寫「宏」，下一字寫「歷」 ◆ 嘉慶四年議准顒琰上一字寫「顒」，下一字寫「琰」 ◆ 道光帝旻寧上一字寫「旻」，下一字寫「寍」 ◆ 咸豐帝奕詝上一字無庸改避，下一字寫「詝」 ◆ 帝名遇有加偏旁字，敬缺一筆 ◆ 遇至聖先師孔丘名諱寫成「邱」，其音讀作「期」，禁依古文作「北」，但「圜丘」可不改，「丘」姓亦改為「邱」 ◆ 臣下不得以端慧皇太子永璉下一字命名，士子臨文，酌量敬避，其不避者免議
◆ 奎潤等修，詹鴻謨等纂，《近代中國史料叢刊三編》景印光緒十三年刊本（卷42）	◆ 康熙帝上一字寫「元」，偏旁字敬缺末筆，下一字寫「煜」 ◆ 雍正帝上一字寫「允」，偏旁字敬缺末筆，下一字寫「禎」 ◆ 乾隆帝上一字寫「宏」，偏旁字敬缺末筆，下一字寫「歷」 ◆ 嘉慶帝上一字寫「顒」，下一字寫「琰」，單用「禺」「頁」「炎」者無庸缺筆 ◆ 道光帝旻寧上一字寫「旻」，下一字寫「甯」 ◆ 咸豐帝奕詝上一字無庸改避，下一字寫「詝」 ◆ 同治帝載淳上一字無庸改避，下一字寫「湻」，偏旁相同之字無庸避寫 ◆ 光緒帝載湉上一字無庸改避，下一字寫「湉」，偏旁相同之字無庸避寫

二、如何從文獻中辨定李士楨之本名

在紅學研究中，蘇州織造李煦與江寧織造曹寅兩家乃世交，彼此關係相當密切，故其家史事頗受重視。[31] 李煦之父本姓姜，然其名的寫法卻不明確，有記為士楨、士禎、士正或者士貞，甚至同一書內也不統一（圖表4.15）！[32] 由於雍正皇帝名胤禛，故在其即位後，文本中屢見有將「禛」字避改成「正」或「禎」的情形，且為避嫌名亦嘗改「崇禎」為「崇正」、改「儀真」為「儀徵」，令人對李煦父名究竟為何，頗感茫然。

欲釐清此一混淆情形，須先耙梳出與李家關係較密切的記述。如杜臻的《經緯堂文集》就收錄他於康熙三十八年或之前不久為李煦父所撰的墓誌銘，內稱「公諱士楨」，此文想必根據喪家所提供的行狀撰寫，且經李家過眼，又因杜臻「忝舊治，知公悉」，故不應連名字都出錯。[33] 至於李氏以廣東巡撫的身分於康熙二十四年序《廣東輿圖》時，不僅署名「李士楨」，末所鈐蓋的印文亦同；他為鄧文蔚所寫的進士匾額亦題「李士楨」。此外，康熙三十六年一修本和六十年二修本的《昌邑姜氏族譜》，均記其名為「李士楨」，他還是前書的「纂述」之一，此亦與其兄弟士㯳、士橓、士楷、士模名中第二字皆從「木」部的情形相合。[34] 其實，李士楨以「毅可」為字，而「楨」即剛木、主幹，名與字亦可見關合，但清人記其名時，仍常出現訛誤。

---

31 黃一農，《曹雪芹的家族印記》，頁186-196。

32 如在康熙《撫粵政略》各卷之首即分署為「都昌李士楨」或「都昌李士禎」所撰。據江西巡撫（康熙四十一年任）張志棟前序，知此書乃建昌知府高琦為其在廣東的前長官李士楨所刻，時間在張志棟「按〔按院為監察御史的別稱〕洪〔南昌古名洪州〕之明歲」。參見李士楨，《撫粵政略》，序，頁1-4。

33 杜臻為浙江嘉興人，而李士楨曾任浙江布政使，故杜臻遂謙稱己為其原先所轄地區的子民（所謂「舊治」）。參見杜臻，《經緯堂文集》，卷10，頁10-13。

34 黃一農、王偉波，〈李煦幼子李以鼐小考〉。

圖表 4.15： 文獻中對李煦父親李士楨之名的書寫。

❖《安慶府志》（康熙六十年刊本）
李士楨 字毅可 號[illegible]巖 卷12，頁43
李士禎 昌邑人 卷30，頁58

❖《廉州府志》（康熙六十年刊本）
巡撫李士楨 卷1，頁48
廣東巡撫李士禎 卷6，頁42

❖《揚州府志》（康熙間刊本）
李士禎 山東昌邑貢生九年 卷11，頁20
撫院李士楨 卷27，頁35

❖《南海縣志》（康熙三十年刊本）
巡撫都院李士楨 卷2，頁8
撫部院李士禎 卷2，頁27

❖《昌邑縣志》（乾隆七年刊本）
劉氏以孫李士楨貴
徐氏以子李士禎貴 卷5，頁159

❖《仁和縣志》（康熙廿六年刊本）
藩司李士禎等 卷27，頁40

❖《河南通志》（康熙卅四年刊本）
李士楨 滿州籍昌邑人貢士康熙六年任 卷2 頁8

❖《廣東通志》（康熙卅六年刊本）
巡撫李士楨 卷4，頁26

❖《江西通志》（康熙廿二年刊本）
李士楨 山東昌邑人貢士康熙二十年至 卷14，頁2

❖《河防芻議》（康熙間刊本）
河南按察使李士禎 卷6 頁49

❖《浙江通志》（文淵閣四庫本）
李士禎 山東昌邑人貢士康熙十四年 卷121，頁22

❖《江西通志》（光緒七年刊本）
李士正山東昌邑人貢士 卷128，頁8

❖《陝西通志》（文淵閣四庫本）
李士正 山東昌邑人順治十三年任 卷23，頁25

❖《揚州府志》（雍正十一年刊本）
李士正昌邑人九年任 卷18，頁24

❖《撫粵政略》（康熙間刊本）
都昌李士楨毅可父著 卷1 頁1
都昌李士禎毅可父著 卷2 頁1

❖《經緯堂文集》（康熙間刊本）
廣東巡撫都察院右副都御史李公墓誌銘
公本姜姓世居東萊之都昌素治經業代有聞人生而異
頒賜清書綱目一部眞一時異數云公諱士楨號毅可生於
萬曆己未歲四月二十三日亥時卒於康熙乙亥歲三月
六十七耀出餘未字煦等將以康熙三十八年二月六日
其時奉公葬通州城西之王瓜園以臻黍舊治知公悉屬
爲銘詎不敢辭謹據狀次第行實而系以銘曰
卷10，頁10-13

❖《昌邑姜氏族譜》（康熙三十六年刊本）
士楨 士煒
纂述揚波校訂輿
士樸 士熺

（康熙六十年刊本）
士禎 演次子字毅可壬午

❖《李士楨、李煦父子年譜》
巡撫廣東等處地方提督軍務兼理糧餉鹽法都察院右副都御史加一級李士楨爲
巡撫廣東等處地方提督軍務兼理糧餉鹽法都察院右副都御史加一級李士楨爲

❖《廣東輿圖》（康熙廿四年刊本）
乙丑歲菊月之吉
巡撫廣東等處地方提督軍務兼理糧餉鹽法都察院右副都御史李士楨識

進士

康熙乙丑科會試中式第六十八名鄧文蔚立
進士

李士楨於康熙二十年五月陞授江西巡撫，十二月調廣東巡撫，二十六年十一月以年老休致。[35] 作為方面大員，康熙二、三十年刊刻的相關方志不應屢見訛誤。查康熙二十二年《江西通志》中有兩次記其人，皆作「李士楨」，而此書共見 11 次「禎」、16 次「楨」、435 次「禎」，故「〔李士〕楨」字明顯不是「禎」或「禎」的避改。尤其，李士楨甫從江西巡撫離任，修省志者不應對其名不熟悉。又，此書總裁于成龍晚李士楨四年出任福建布政使，他也不應不知道李士楨之名！

康熙三十六年《廣東通志》提及曾任該省巡撫的李氏共 7 次，全都刻作「李士楨」，此書未見「禎」字，但有 27 個「楨」、1,032 個「禎」。此外，康熙三十年成書的廣東《南海縣志》中，提及巡撫「李士楨」之名 27 次，僅 1 次稱「康熙二十五年撫都院李士禎」，由於此書出現 2 次「禎」、39 次「楨」、165 次「禎」，知該孤例「〔李士〕禎」純屬形近的錯字，而與避諱無關。前引有些志書在纂修時或因距李士楨任官期間已遠，且因李士楨並非當地主官，其名對編者而言常不顯，故偶會誤將字形相近的「楨」與「禎」相混，雍正朝以後則又常因避胤禛之嫌名而改「士楨」作「士正」。

至於康熙二十六年序刊的《仁和縣志》，有 4 處提及李士楨：一將其名下一字作「楨」、一不確定「楨」字是否缺末筆、一作「禎」、另一處則寫成缺末筆的「禎」（圖表 4.16）！然因該志在記明代官員胡胤嘉、姚奇胤、孫胤奇、孔天胤時，均改「胤」為「允」「寅」或「尹」（而非將「胤」字用較簡單的缺筆方式避諱），知最合理的解釋應是此書的康熙刊本已敬避東宮胤礽的上一字，但卻混用「李士楨」和「李士禎」二名。而因全書的 130 個「禎」字中僅兩見缺筆（另一是卷 10 頁 41 的「崇禎」），疑其均為筆劃脫落，非後印時為敬避雍正帝的名諱而遭剷筆，否則為何僅 1.5% 的「禎」字缺末筆！

---

35 《清聖祖實錄》，卷 96，頁 1209、卷 99，頁 1252、卷 131，頁 416。

圖表 4.16： 康熙《仁和縣志》的人名為何避寫「胤」「禎」二字？

❖《仁和縣志》（康熙二十六年刊本）

李公士禎 卷8，頁10

李公士楨 卷8，頁11

庶吉士胡允嘉 卷9，頁22

監察御史姚奇允 卷9，頁22

天啓元年辛酉科一孫允 卷10，頁39

提學副使孔天尹 卷14，頁13

藩司李士楨 卷27，頁40

孔天寅改建船廠記 卷28，頁39

❖《嘉興縣志》（崇禎十年刊本）

胡胤嘉 庶常 錢塘人 卷20，頁22

❖《廣東通志》（康熙三十六年刊本）

姚奇胤 仁和人進士崇禎十五年任 卷13，頁84

❖《蕭山縣志》（康熙十一年刊本）

天啟元年一孫胤奇 仁和籍 卷17，頁17

❖《義烏縣志》（嘉靖十五年刊本）

孔天胤字汝錫山西汾州人進士及第以王親改授陝西按察司提學僉事調祁州知州復任今職 卷13 頁4

❖《潮陽縣志》（康熙二十六年刊本）

孔天引 汾州人 卷20，頁37

❖《杭州府志》（康熙三十三年增刻本）

提學副使孔天修 卷12，頁20

提學副使孔天尹 卷16，頁33

孔天引 汾州人 卷19，頁9

❖《錢塘縣誌》（康熙五十七年刊本）

巡按舒汀提學孔天引 卷24，頁3

❖《陝西通志》（雍正十三年刊本）

孔天引 山西汾州人 提學道 卷22，頁48

❖《汾州府志》（乾隆三十六年刊本）

進士孔天胤 汾州人 榜眼 河南布政使 卷18，頁8

❖《杭州府志》（乾隆四十九年刊本）

改建船廠記 仁和縣志 孔天寅撰 卷61，頁24

學使孔天引 卷81，頁12

巡按舒汀提學 孔天允 卷92，頁10

❖《蘇州府志》（道光四年刊本）

提學孔天孕 卷103，頁23

❖《汾陽縣志》（光緒十年刊本）

汾東關建城記 明孔天胤 卷12，頁19

❖《保定府志》（光緒十二年刊本）

知州孔天蔭 卷29，頁18

三、死後被數易其名的康熙朝文壇領袖王士禛[36]

王士禛，號阮亭，又號漁洋山人，歷官至刑部尚書，為清初最負盛名的學者之一，亦是當世權威的詩詞評論家，《欽定四庫全書總目》嘗稱：

> 當康熙中，其聲望奔走天下，凡刊刻詩集無不稱漁洋山人評點者，無不冠以漁洋山人序者，下至委巷小說如《聊齋志異》之類，士禛偶批數語於行間，亦大書「王阮亭先生鑒定」一行，弁於卷首，刊諸梨棗，以為榮。

乾隆帝與沈德潛論詩時，頗高王士禛之作，遂追謚「文簡」。筆者先前在治中歐文化交流史時，因其所撰《池北偶談》中有一則文字激烈抨擊保守人士楊光先（1597-1669；他掀起的「曆獄」是清代第一起牽涉天主教的教案），後世有稱此書的初版並未見此則，而是重印時遭人蓄意改刻的，筆者遂注意到其名的下一字「禛」，在文獻中有一些不同的寫法（圖表 4.17）。

王士禛卒於康熙五十年，或因雍正二年正月頒布的諱例僅稱「本章奏摺內之字樣及人名有與御名同者應迴避更改」，而未規範應代以何字，以致文獻中常各行其是，如雍正朝有改成「士禎」（《師宗州志》）、「士真」（《國朝詩品》）、「士正」（《陜西通志》）、「士楨」（《澤州府志》）者，另見有用「士禛」（乾隆十九年《福州府志》）、「士稹」（二十一年《曹州府志》）、「士貞」（二十四年《黃岡縣志》）。乾隆二十五年命改「禛」為「正」，故「士禛」當時應寫成「士正」。三十九年又諭稱「原任刑部尚書王士正之名，原因恭避廟諱而改，但所改“正”字與原名字音太不相近，恐流傳日久，後世幾不能復知為何人，所有王士正之名，著改為王士禎」，且「各館書籍記載，俱一體照改」。乾隆帝之所以諭命以「士禎」代「士正」，應是因士禛兄士祿、士禧、士祜皆有文名，且末字同為「示」部。

36　本節參見拙文〈康熙朝漢人士大夫對「曆獄」的態度及其所衍生的傳說〉(1993)。

圖表 4.17： 文獻中對王士禎名字的記述。康熙朝文本同見「王士禎」「王士禛」，乃「禎」「禛」互通所致，而非避諱。

❖《清高宗實錄》，卷972，頁1269

著為令○壬午。諭原任刑部尚書王士正之名。原因恭避廟諱而改。但所改正字。與原名字音。太不相近。恐流傳日久。後世幾不能復知為何人。所有王士正之名。著改為王士禎。凡各館書籍記載。俱一體照改。○乾隆三十九年十二月初三日

❖《內閣大庫檔》登錄號091394

經筵講官刑部尚書臣王士禛

康熙三十八年十二月十七日

❖《清代起居注冊》

康熙十七年正月二十二日

諭學士陳廷敬戶部郎中王士禎各攜所作詩藁

康熙十七年八月十八日

御覽是日廷敬同侍讀王士禎遵

乾隆三十年四月初六日

諭旨原任刑部尚書王士正績學工詩在本朝詩人中流派頗正從前未邀易名之典宜示褒榮以為稽古者勸著大學士察例議謚具奏又奉

❖清史館〈王士禎傳〉之傳稿，故傳006332

王士禎字貽上新城人祖象晉明浙江右布政使士禎九歲祖以醉愛義之字屬士禎即對以狂吟白也詩大奇之中

❖釋智樸，《盤山志》（康熙四十年刊本）

經筵講官戶部右侍郎前兵部督捕右侍郎都察院左副都御史國子監祭酒王士禛序

❖《帶經堂集》（康熙五十年刊本）

新城王士禛貽上

卷7，頁1

❖《林茂之詩選》（康熙新城王氏刻本）

濟南王士禛譔

序，頁3

❖《漁洋文略》（康熙刻《王漁洋遺書》之挖改後印本）

所不得而遺也爲序而藏之康熙二十年朝議大夫國子監祭酒王士禛謹序

卷1 頁6

❖《笠山詩選》（康熙刻本之挖改後印本）

新城 王士禛貽上選

卷5，頁1

❖《皇華紀聞》（康熙王氏家刻後印本）

詹事府少詹事兼翰林院侍講學士王士禛

卷1，頁1

❖《順德府志》（乾隆十七年刊本）

國朝刑部尚書王士禎濟南人

卷16，頁23

❖《題許力臣小像》（何創時書法基金會藏）

力臣都諫年兄寫真即送歸廣陵

甲子仲春奉題 濟南王士禛

〔康熙二十三年〕

亦即，康熙五十年過世的文學大家王士禛，其名在入雍正朝後曾因避諱被人改稱士正、士禎、士稹、士積、士楨或士真。乾隆二十五年雖命將「禛」寫成「正」，三十九年又特諭改其名為「士禎」，然以「中國方志庫」裡清後期的志書為例，除遵依諱例者外，亦屢見同書中混用「士正」與「士禎」，此或因「禛」「禎」二字原本互通，為求敬謹，仍有不少人襲乾隆二十五年以「正」字替代之旨，但也可見少數文本稱其為「士貞」。這位康熙朝的文壇領袖，竟因犯了雍正帝名諱，導致乾隆帝甚至在他卒後多年還親自頒旨更改其名，惟此舉仍未能結束前述名字混淆的情形。

四、小結

清代至雍正帝才頒有明文諱例：他於康熙六十一年十二月即位之初，頒旨改同輩宗室名中之「胤」為「允」；雍正元年十一月下令奏章文移遇康熙帝名上一字寫「元」，下一字寫「燁」；二年正月諭命章奏內有與御名相同之字應迴避更改（但音同字異及邊傍字樣略同者則無需改）。雍正朝雖然有前述這些規定，但尚罕見因未遵守而致罪的情形。

順治朝任官都察院參政的佟國胤，其名在文獻中即嘗被書作國印、國蔭、國蔭、國應或國允。歷官至鑲紅旗漢軍都統的祝世胤，其漢名亦嘗被寫成世蔭、世蔭、世印、世隆、世應或世允。康熙朝任官至廣東巡撫的李士楨，其名有被記為士禎、士貞或士正，甚至同一書內也不統一。至於歷官至刑部尚書的王士禛，其名雖於乾隆三十九年被諭旨改為「士禎」，然前後亦曾出現士正、士楨、士真、士貞等異名！這些文本中的人名變化，在雍正朝前或歸因於轉譯滿文檔案時的選字差異，或是所用字本就互通（如禎、禛）。然雍正朝以後，又多了避御名胤禛的諱例，使情況變得更加複雜。治清史者若未能正確且完整掌握此類情形，在探究相關人物的生平事跡時，將有可能導致許多缺漏。

【補白 3：鄭玄、李轂摩與發呆亭】

今年耕讀生活的重中之重，是在二寄軒屋旁的三角隙地改建一間遮陽又可防蟲、通風的發呆亭。其內的桌椅、書架、遮陽簾皆是我從堪用賸料或自購材料整製，並飾以十來根 3-4 米高之「採竹東籬下」的葫蘆竹與青絲金竹。亭上木匾的隸書出自趙之謙 (1829-1884)，乃寫《世說新語》中我很喜歡的鄭玄將己學盡付服虔（字子慎）的故事。門旁則掛著臺灣鄉土藝術家李轂摩 (1941-) 的竹製楹聯，其「半夜書聲月在天」的意境正呼應我的工作習慣，因學校所購資料庫的使用人數常超額，我得在凌晨三、四點起早，才較易上線。又，臺灣話的「轂摩〔龜毛；國語羅馬字的拼音為 ku-mo〕」有吹毛求疵或講究之意，更是我對自己治學的砥礪。

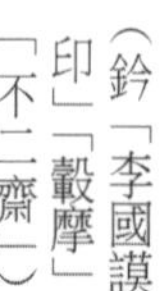

❷ 一簾花影雲拖地 半夜書聲月在天 庚申秋仲 （鈐「李國謨印」「轂摩」「不二齋」）

❶ 鄭君欲注《春秋》，《傳》尚未成時，行與服子慎遇，宿客舍，先未相識。服在外車上與人述己注《傳》意，康成聽良久，多與己同，因就車與語曰：「吾久欲注，尚未了。聽君向言，多與吾同，今當盡以所注與君。」遂為《服氏注》也。 光緒會稽趙之謙

第五章　乾隆朝的避諱

乾隆朝避諱或是中國古代歷朝最複雜的，因御名二字皆屬常用字，且各須避諱。弘曆在登基後，初稱同輩宗室不必更改行字「弘」，旋又稱臣工名字如犯御名者，上一字可少寫一點為「弘」，下一字寫成「暦」。江南總督趙弘恩與內閣中書德禮曾疏請更名，但俱未允。二十八年諭命凡遇御名上一字皆改成「宏」，下一字則書作「歷」。然而，真實社會中不乏以官方所訂諱例以外的方式來敬避御名，此令以避諱斷代之法變得相當複雜。本章也討論了康熙十八年詔求「博學鴻儒」的考試，如何在康熙朝的一些詩文別集被以「博學弘（／宏／鴻）詞（／辭）科」名之，又如何在雍正十一年欲重開此科時正名為「博學鴻詞科」，此與避乾隆帝名諱應無關。

一、與乾隆帝御名弘曆相關的諱例

雍正帝皇四子寶親王弘曆於十三年九月初三日即位，有詔明年改元乾隆，初九日諭命總理事務王大臣：

> 朕之兄弟等以名字上一字與朕名相同，奏請更改。朕思朕與諸兄弟之名皆皇祖聖祖仁皇帝所賜，載在《玉牒》，若因朕一人而令眾人改易，於心實有未安。昔年諸叔懇請改名，以避皇考御諱，皇考不許，繼因懇請再四，且有皇太后祖母之旨，是以不得已而允從，厥後常以為悔，屢向朕等言之，即左右大臣亦無不共知之也。古人之禮，二名不偏諱，若過於拘泥，則帝王之家祖、父命名之典，皆不足憑矣……所奏更名之處，不必行。[1]

甫登基的乾隆帝指稱其兄弟之名大多為祖父所賜，且避御名之事應僅需遵守「二名不偏諱」之古禮即可，故認為皇室中的同輩兄弟無需改名。

---

[1] 《清高宗實錄》，卷 2，頁 158-159、169。

在命宗室毋庸避改後，大學士等於九月二十日又奏擬將御名上一字書成「宏」，下一字用新造之「歴」，[2] 但諭稱嗣後一般書寫凡遇御名之處可不必諱，至於臣工名字有與御名相同者，如「心自不安」，則「弘」可少寫一點，「曆」寫成「暦」。[3] 查雍正以前的文本，早就有以俗體之「暦」字代「曆」的情形，如《曹谿南華寺北宋木刻造象記》上的三處「曆」，即均作「暦」；晉・王羲之的《孝女曹娥碑》和明・董其昌的《跋萬歲通天進帖》亦然；[4] 浙江省博物館藏明・周龍的《西湖全景圖》，也末題「萬暦戊申春日寓於錢唐旅次」（圖表 5.1）。

乾隆二十六年十一月沈德潛進呈《國朝詩別裁集》，諭旨稱：「如慎郡王以親藩貴介，乃直書其名，至為非體……甚至所選詩人中，其名兩字俱與朕名同音者，雖另易他字，豈臣子之誼所安。」[5] 封慎郡王的允禧有《花間堂詩鈔》存世，而該與乾隆帝名兩字俱同音的詩人，應是康熙四十五年進士、官翰林院編修的宮鴻曆，[6] 沈書僅將其名寫成「鴻歷」，由於讀音仍同於御名，故遭乾隆帝嚴責。

經查臺北中研院傅斯年圖書館藏《內閣大庫檔》以及臺北故宮博物院藏《宮中檔》《軍機處檔》，發現所有 189 件具奏人中包含「弘」字輩宗室的文書，在乾隆朝均以「弘」字缺末筆的方式敬避御名（圖表 5.2），而未像雍正朝時改「胤」為「允」。《內閣大庫檔》另有 3 件弘曆於乾隆朝上呈皇太后之表文，主旨是上徽號及賀壽，鈐有滿漢雙文篆書樣的「皇帝尊親之寶」玉璽，因弘曆無須避己諱，故其上所書己名均無缺筆（圖表 5.2、

---

2 「歴」字極罕見，但《福建通志》文淵閣四庫本可見 2 處（卷 43，頁 90）。

3 《清高宗實錄》，卷 3，頁 184。

4 乾隆《三希堂法帖》中的「曆」「玄」「弘」字均缺末筆，此並非墨跡的原貌，而是在刻帖時因避御名之諱而特別加以處理的。

5 《清高宗實錄》，卷 648，頁 251。

6 雍正十一年《揚州府志》有 4 筆「宮鴻曆」、1 筆「鴻暦」。參見沈德潛，《國朝詩別裁集》，卷 22，頁 7。

5.3）。同樣地，《內閣大庫檔》所藏的雍正帝遺詔，共出現四個「弘」字，亦無缺筆或改字的必要。倒是三次提及皇太子弘曆之名時，兩度將「曆」寫成「厤」，知當時視「曆」「厤」為通用（圖表 5.3）。

圖表 5.1：乾隆帝登基以前文本中「曆」字的其它寫法。

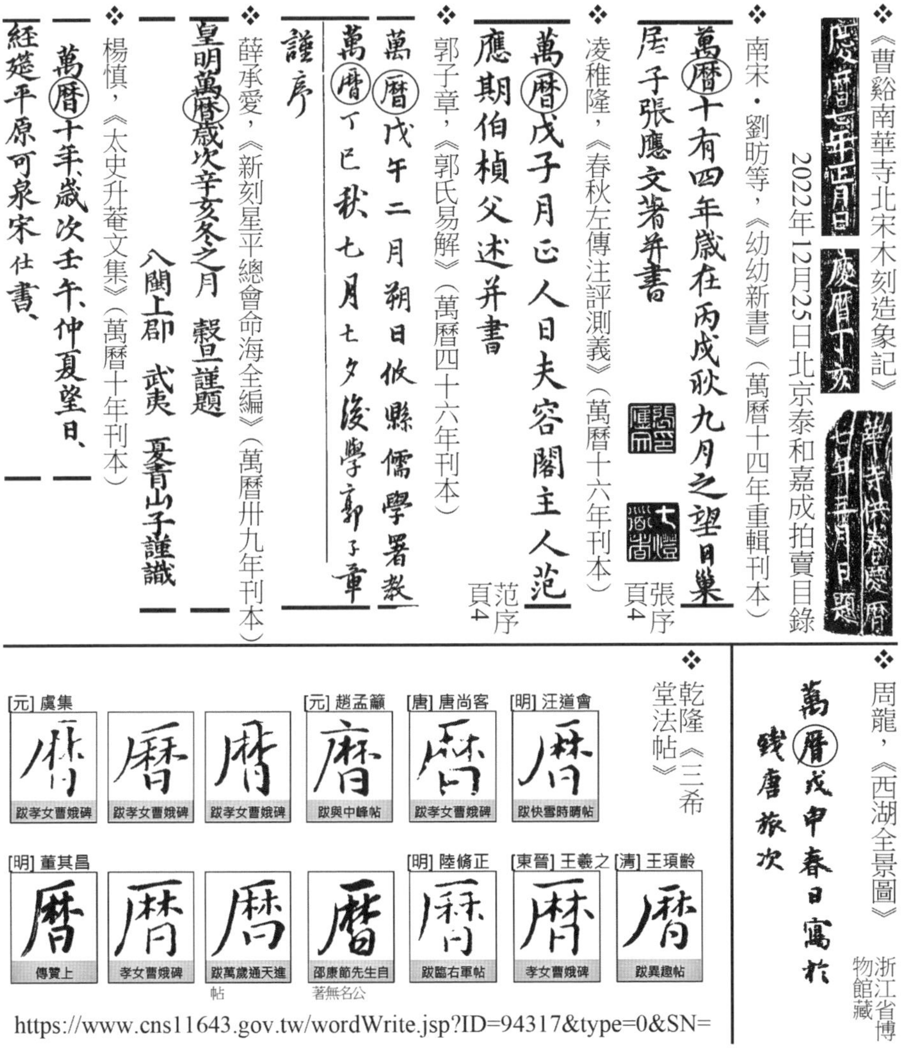

❖《曹谿南華寺北宋木刻造象記》2022年12月25日北京泰和嘉成拍賣目錄

❖南宋・劉昉等，《幼幼新書》（萬曆十四年重輯刊本）

❖凌稚隆，《春秋左傳注評測義》（萬曆十六年刊本）

❖郭子章，《郭氏易解》（萬曆四十六年刊本）

❖薛承愛，《新刻星平總會命海全編》（萬曆卅九年刊本）

❖楊慎，《太史升菴文集》（萬曆十年刊本）

❖周龍，《西湖全景圖》浙江省博物館藏

❖乾隆《三希堂法帖》

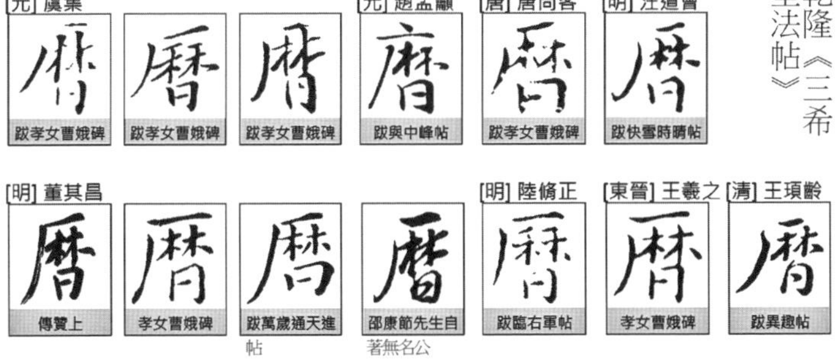

https://www.cns11643.gov.tw/wordWrite.jsp?ID=94317&type=0&SN=

圖表 5.2： 檔案中「弘」字輩宗室名字的寫法。

❖臺北中研院史語所藏《內閣大庫檔》

和碩恒親王臣弘晊　（乾隆元年二月二十六日）

多羅淳郡王臣弘暻　（乾隆二年七月十七日）

學習辦理內務府總管事務和碩和親王臣弘晝　（乾隆三年三月初八日）

管理正白旗漢軍都統事務和碩怡親王臣弘曉　（乾隆五年十一月初七日）

管理武備院事務都統多羅貝勒臣弘明　（乾隆六年三月初七日）

宗人府宗令多羅理郡王臣弘㬙　（乾隆三十年十一月十六日）

將軍兼管閩海關事務宗室臣弘晌　（乾隆卅六年四月十六日）

管理正藍旗漢軍都統事務和碩恒親王臣弘晊　（乾隆卅六年五月十四日）

子皇帝臣弘曆謹　（乾隆十四年四月初七日）
奏
聖母崇慶慈宣皇太后陛下臣聞播嶽音而錫福

❖臺北故宮博物院藏《宮中檔》奏摺

奉恩輔國公臣弘晀　（乾隆二十九年十月二十四日）

奉恩輔國公臣弘晀　（乾隆三十三年十月十五日）

奴才弘晌德風跪　（乾隆三十九年六月二十八日）

臣弘暢劉浩謹　（乾隆四十二年二月初一日）

圖表 5.3：《內閣大庫檔》藏雍正帝遺詔及弘曆賀皇太后壽之表文。

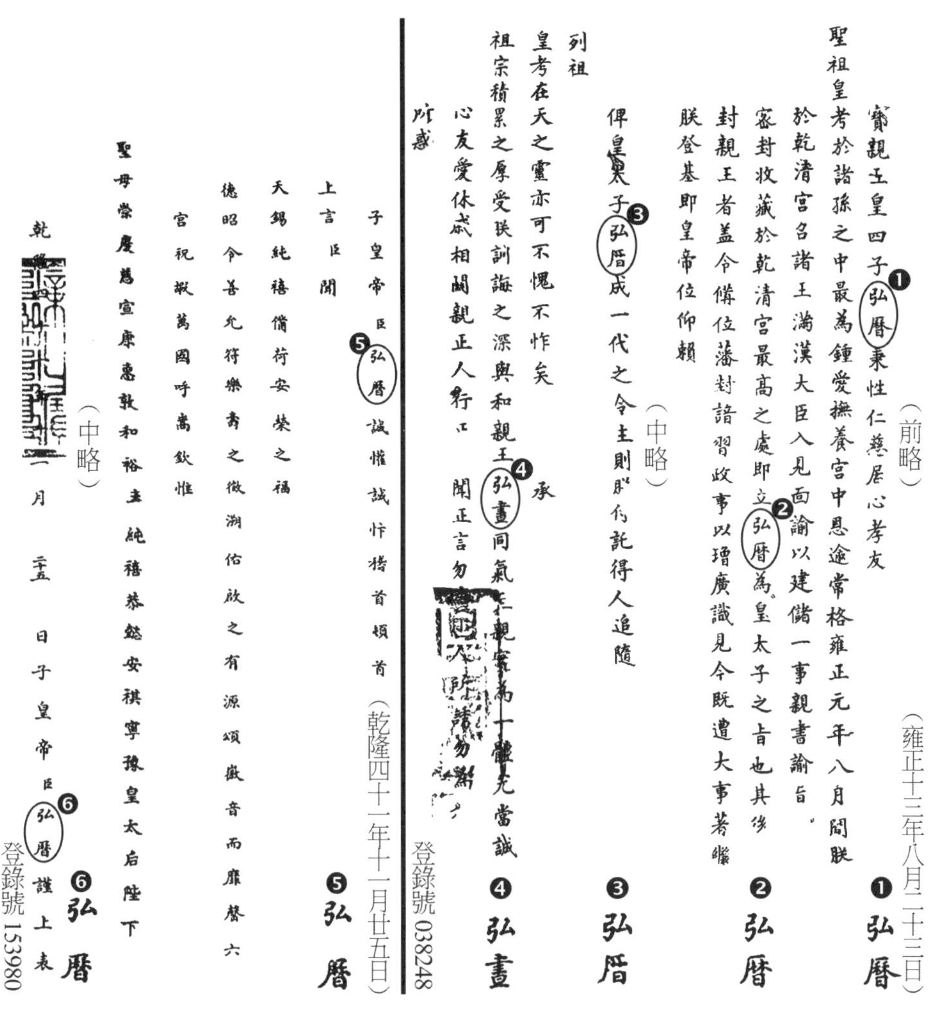

（前略）
寶親王皇四子❶弘曆秉性仁慈居心孝友
聖祖皇考於諸孫之中最為鍾愛撫養宮中恩逾常格雍正元年八月間朕
於乾清宮召諸王滿漢大臣入見面諭以建儲一事親書諭旨
密封收藏於乾清宮最高之處即立❷弘曆為皇太子之旨也其後
封親王者蓋令備位藩封諳習政事以增廣識見今既遭大事著繼
朕登基即皇帝位仰賴
（中略）
俾皇太子❸弘曆成一代之令主則朕付託得人追隨
列祖
皇考在天之靈亦可不愧不怍矣
祖宗積累之厚受朕訓誨之深與和親王❹弘晝同氣至親實為一體尤當誠
心友愛休戚相關親正人行正事聞正言勿為
所惑

（雍正十三年八月二十三日）
登錄號 038248

❶弘曆　❷弘曆　❸弘曆　❹弘晝

子皇帝臣❺弘曆誠懽誠忭稽首頓首
上言臣聞
天錫純禧備荷安榮之福
德昭令善允符樂壽之徵溯佑啟之有源頌徽音而靡罄六
宮祝椒萬國呼嵩欽惟
聖母崇慶慈宣康惠敦和裕壽純禧恭懿安祺寧豫皇太后陛下
（中略）
乾隆四十一年十一月二十五日子皇帝臣❻弘曆謹上表

（乾隆四十一年十一月廿五日）
登錄號 153980

❺弘曆　❻弘曆

又，嘉慶六年五月嘗諭內閣：

前因滿漢文職各衙門堂官，圓明園向無公寓，特賞給弘雅園屋宇，作為各該堂官等公所。因思園名係聖祖仁皇帝御題，是以彼時「弘」字未經缺筆，今既賞作公寓，自應敬避，著將原奉

> 御書扁額繳進，恭瞻後交壽皇殿敬謹尊藏，朕書「集賢院」扁額，頒給懸掛，以昭恩賚。[7]

知皇家園林中本有由康熙帝御題的「弘雅園」匾額，乾隆帝在即位後不久移居圓明園，但當時並不以應避御名而換匾，[8] 直至嘉慶六年將該園賞給各衙門堂官作為公所，才以敬諱改名「集賢院」，並將原匾取下收藏。

乾隆二十二年七月十三日原任江蘇布政使彭家屏因收藏禁書且未遵諱例遭賜死，《起居注冊》記曰：

> 彭家屏前以收藏明末野史，其有無批評之處已被伊子燒燬滅迹。經軍機大臣會同九卿審擬斬決具奏。朕以罪疑惟輕，特降諭旨改為監候，秋後處決。嗣據圖爾炳阿奏其所刻族譜取名「大彭統紀」，甚屬狂妄等語，因命新調巡撫胡寶瑔查取進呈，則以大彭得姓之始本於黃帝……附會荒遠……自居帝王苗裔，其意何居？且以「大彭統紀」命名尤屬悖謬，不幾與累朝國號同一稱謂乎！至閱其譜刻於乾隆甲子年，而凡遇明神宗年號，於朕御名皆不闕筆。朕自即位以來，從未以犯朕御諱罪人，但伊歷任大員……其心實不可問，足見目無君上……即賜令自盡。

彭家屏因在乾隆九年所刻族譜《大彭統紀》中，附會該姓為黃帝後裔，且「大彭」一名與歷朝國號的稱謂相類，故被抨擊為「狂妄」「悖謬」。[9] 尤有甚者，該譜中凡遇明神宗年號「萬曆」的下一字，皆不缺避，明顯觸犯乾隆御名，帝遂以其目無君上已極，賜令自盡。而彭家屏或因原本在皇帝心目中就形象不佳，諭旨遂稱「彭家屏乃李衛門下一走狗耳，其性情陰鷙，

---

7 《清仁宗實錄》，卷 83，頁 89。

8 乾隆時人之文字有稱為「洪雅園」者。參見弘曆，《御製詩四集》，卷 82，頁 3；吳長元，《宸垣識略》，卷 14，頁 10。

9 FamilySearch 所公開的《大彭得姓受氏之圖》鈔本，即以「大彭」為名，且稱黃帝裔孫陸終的第三子封於彭城，遂為彭氏始祖。

恩怨最為分明。從前每當奏對時，於鄂爾泰、鄂容安無不極力詆毀，朕因此深薄其為人」，並導致此案被小題大作。[10]

乾隆二十五年除重申康熙帝名應寫為「元」「爗」、乾隆帝名作「弘」「曆」，亦正式規定雍正帝名應避改為「允」「正」。二十八年依福建學政紀昀的奏請，採用了較先前為嚴的諱例：所有武英殿書板與坊本經書中的「玄」「弘」，及「弦」「鉉」「泓」「紘」等以帝名為偏旁者，俱校正改刻成缺末筆；但對科場文字及文移書奏，凡遇御名上一字俱寫「宏」，下一字俱寫「歴」（「歷」或「曆」之俗字）。[11] 惟因「若將從前久經刊藏之書一概追改，未免事涉紛擾」，且「上中嵌寫之字〔如 "率" "畜" "蓄" 等〕與本字全無關涉，更可無庸迴避」，三十年閏二月再次修正前諭，稱紀昀前奏在各經籍中避諱事，「祇可令現在臨文繕寫及此後續刊書版，知所敬避」。三十四年九月更指有以「宏」字缺寫一點者，因「宏」字已屬避寫，故認為此舉甚屬無謂，字異音同者並無須缺筆（此段參見圖表 5.7）。

乾隆朝對諱字的選擇應參考了歷代諱例，查《歷代諱字譜》稱漢文帝名「恒」，遂改恒農郡為弘農郡；北魏獻文帝名「弘」，因此改用「大」「洪」，或諱「泓」為「宏」；北魏孝文帝名「宏」，崔弘為避嫌名，乃以字行，李先則改其字「弘仁」為「容仁」；唐高宗太子名「弘」，遂改弘農郡為恒農郡、弘靜縣為安靜縣（後再改縣名成「保靜」）、[12] 弘化縣為安化縣；唐穆宗名「恒」，又改恒農郡為弘農郡；宋宣祖名弘殷，將「弘」缺筆作「弘」（圖表 5.5）。再者，該譜稱「清高宗名弘曆，"曆數" 字以 "氣數" 代」（圖表 1.6），然因乾隆《文淵閣四庫全書》中仍出現 4,816 條「歴數」（未見「曆數」）及 1,625 條「氣數」，知前引之說與實情不太相符。

10　《清高宗實錄》，卷 540，頁 830-831；劉文鵬，〈彭家屏案與雍乾黨爭〉。

11　翻查「中國方志庫」，順治朝刊刻的志書中有約兩百多個「歴」，幾全為「歷」之俗字。入康熙及雍正朝後，則屢見將「曆」亦寫成「歴」。

12　許容等監修，李迪等編纂，《甘肅通志》，卷 3 下，頁 10。

圖表 5.4： 乾隆朝所頒諱例。出處詳見圖表 4.14、5.7、5.8、5.11 及 8.1。

日期	諱例
雍正十三年九月初九日	乾隆帝以其兄弟之名皆康熙帝所賜，且稱避御名之事僅需遵守「二名不偏諱」之古禮，故無需改易
雍正十三年九月二十日	大學士等奏請將帝名上一字書「宏」，下一字書「歷」，諭命嗣後凡遇御名不必避諱，但又稱臣工名字如有相重者，若心自不安，上一字可少寫一點，下一字書「曆」即可
雍正十三年十一月二十三日	內閣中書德禮請更名為德峻，諭命與十月十一日江南總督趙弘恩無庸改名之旨相同，俱不必改
乾隆十三年四月初三日	諭稱嗣後繕寫清字時，如遇人名以及二字相連者仍行避寫外，若獨遇一字，就不必避寫
乾隆二十五年	議准康熙帝上一字寫「元」，下一字寫「燁」；雍正帝胤禛上一字寫「允」，下一字寫「正」；乾隆帝上一字寫「弘」，下一字寫「曆」
乾隆二十八年十月十四日	允福建學政紀昀奏請將武英殿書板及坊本經書中凡遇廟諱、御名俱刊去末一筆，有偏旁字者俱缺一筆
乾隆二十八年	命康熙帝名上一字如有弓、金等偏旁者皆缺一點；雍正帝名因無加偏旁字，無庸校正；乾隆帝名上一字如有水、系等偏旁者缺筆；所有經書悉依此更正。至科場文字及文移書奏，凡遇御名上一字俱寫「宏」，下一字俱寫「歷」
乾隆三十年閏二月二十日	紀昀前奏在各經籍中避諱事，只可用於現在臨文繕寫及此後續刊書版，因若將從前久經刊藏之書一概追改，未免事涉紛擾，至上中嵌寫之字與本字全無關涉，更可無庸迴避
乾隆三十二年六月初六日	大學士管理工部事務陳弘謀獲允更名為陳宏謀
乾隆三十四年九月初二日	有以「宏」字缺寫一點，此舉甚屬無謂，因「宏」字已屬避寫，若因字異音同亦行缺筆，勢將無所底止
乾隆四十一年十一月十二日	諭稱「與其改眾人之名以避一人之名，莫若改一人之名，使眾無可避，較為妥善」，並指將來繼體承緒者，惟當以「永」作「顒」，以「綿」作「旻」，因係不經用之字，缺筆亦易，而「永」「綿」等字均可毋庸改避。至於清文，「則仍其舊，總不必改避」
乾隆六十年九月初三及初六日	皇太子名上一字改書「顒」，其餘兄弟及近支宗室一輩以及內外章疏，皆書本字之「永」，清書缺寫一點，以示音同字異，而便臨文。下一字旁加一點，單寫、連寫之字俱不必迴避，仍照舊書寫

圖表 5.5：　《歷代諱字譜》中的「弘」字。

雖然在乾隆二十八年以後才諭命應將以帝名為偏旁之字改成缺末筆，但實際上或早已存在敬避偏旁的情形。如《江蘇省興化縣地名錄》有云：

> 竹泓公社位於縣城東南，縣境中部……九里港由西向東貫串公社中部，流經竹泓鎮。竹泓鎮原名竹橫港，傳云某年發大水，由西淌來一竹排，橫於九里港頭，故得名「竹橫港」……係舊興化十大鎮之一。[13]

《中華人民共和國地名詞典（江蘇省）》稱：「竹泓鎮……原名竹橫港，1943年雅名竹泓港，後改今名」；[14]　《中華人民共和國地名大詞典》謂：「竹泓鎮……原名竹橫港，傳因曾有竹排橫於九里港中，故名。後諧為竹泓港，鎮名源此」；[15]　曹生文於 2022 年所發表的新論，以明代及清初的「竹泓

13　興化縣地名委員會編，《江蘇省興化縣地名錄》，頁 161。

14　單樹模主編，《中華人民共和國地名詞典（江蘇省）》，頁 303-304。

15　崔乃夫主編，《中華人民共和國地名大詞典》，卷 1，頁 1568。

港」，在乾隆初年因避御名改為「竹橫」，民國之後始又改回「竹泓」。[16] 究竟「竹橫港」與「竹泓港」之間是如何改變？大數據的研究環境或可嘗試加以梳理。

查雍正以前刊刻的《興化縣志》及《揚州府志》，此港均名為「竹泓」，顧炎武於康熙初年成書的《天下郡國利病書》亦稱「竹泓港」（本段皆參見圖表5.6）。然而，興化名人鄭燮（號板橋）在乾隆九年所寫的家書〈范縣署中寄舍弟墨〉中，已有「竹橫港十八家」句，且他於乾隆十六年寫的〈濰縣署中寄四弟墨〉，亦可見「竹橫港五房族弟」句，[17] 知乾隆初年已用「竹橫港」之名。由於先前文獻迄未見「竹橫」一名，故疑此變化最可能是因當地為避弘曆的上一字，而將「泓」改成音近的「橫」。我們在咸豐二年所刻《興化縣志》中，發現記稱「竹橫港，一作竹泓」，該書共見「竹橫」「竹泓」各兩次，知當時雖已改名「竹橫港」，但「竹泓港」之舊名仍通行。

民國慈善家高鶴年（興化縣劉莊人）於1931年9月所寫有關興化縣大水災的賑災日記中，曾兩度提及「竹橫港」地名，[18] 惟在1944年續修的《興化縣志》中（可見「竹橫」13次、「竹泓」21次），記高氏此年成立之「劉白〔指劉莊、白駒兩地〕水災臨時救命團」事跡，則用的是「竹泓港」一名。[19] 1939年史學家柳詒徵寄信與友人論學時，亦稱己「今秋由興城〔興化〕避至竹泓港」。[20] 疑民國時期在20世紀30年代曾將「竹橫港」回復原名「竹泓港」，但兩地名仍混用了一段時間。

---

16 曹生文，〈清代避諱制度與“竹泓”名稱的演變〉。

17 鄭燮，《鄭板橋家書評點》，頁23-26、29-35；鄭燮著，卞孝萱編，《鄭板橋全集》，頁487。

18 懺盦，《賑災輯要》，頁209。

19 李恭簡修，魏儁纂，《興化縣志》，卷8，頁13-14。

20 楊共樂、張昭軍主編，《柳詒徵文集》，卷12，頁162；孫永如，《柳詒徵評傳》，頁23-26。

圖表 5.6：　文獻中對江蘇興化竹泓港的書寫。

❖ 鄭燮，《鄭板橋家書評點》（乾隆九年）

范縣署中寄舍弟墨
剎院寺祖墳是東門一枝大家公共的我
因葬父母無地遂葬其傍得風水力成進士
作官數年無恙是衆人之富貴福澤我
（中略）
及真念淚欲落也汝持俸錢南歸可
挨家比戶逐一散給南門六家竹橫港
十八家下佃一家派雖遠亦是一脈皆當

頁23-26

范縣署中寄舍弟墨第三書
禹會諸侯于塗山執玉帛者萬國至
夏殷之際僅有三千彼七千者竟何
（中略）
奔竄兜亡無地者何可勝道特無孔子
作春秋左邱明為傳記故不傳于世耳

頁29-35

❖ 鄭燮著，卞孝萱編，《鄭板橋全集》（乾隆十六年）

濰縣署中寄四弟墨
……竹橫港五房族弟，因與周姓贖
田，涉訟公庭，理曲不得真，求助
我弟，而我弟不為之關說……

頁487

❖ 顧炎武，《天下郡國利病書》（康熙初年稿本）

竹泓港縣東二十里

冊12，頁27

❖《揚州府志》（萬曆間刊本）
竹泓港縣東二十里　卷6，頁14

❖《揚州府志》（康熙三年刊本）
竹泓港縣東二十里　卷6，頁14

❖《揚州府志》（雍正十一年刊本）
竹泓港在縣東三十里通蘆洲　卷8，頁26

❖《揚州府志》（嘉慶十五年刊本）
竹泓港在縣東三十里通蘆洲河　卷8，頁42

❖《興化縣志》（嘉靖間刊本）
竹泓港縣東二十里　卷1，頁16

❖《興化縣志》（康熙二十三年刊本）
竹泓縣東三十里通蘆洲河　卷1，頁30

❖《興化縣志》（咸豐二年刊本）
竹橫港一作竹泓水入梓辛　卷2，頁5
竹橫龍樹等港　卷2，頁7
竹泓港　卷8，頁22

❖《興化縣志》（民國三十三年鉛印本）
竹橫港水入爲　卷2之1頁2
竹橫港　卷2之1頁7
竹泓港接嬰堂　卷8，頁18
竹泓港周氏　卷15，頁3

圖表 5.4 整理出乾隆朝所頒的諱例，惟處罰時鬆時緊，且標準甚至可能嚴於諱法的規定。如陸以湉 (1802-1865)《冷廬雜識・趙太史》有云：

> 乾隆乙未科會試，奉新趙太史敬襄卷為房考白麟閱薦，三藝已刊，擬第四名。[21] 總裁以前十名試卷例應進呈，重加校勘，見趙卷第五策用「大歷」字，白以為已改寫作「歷」，不為犯諱，總裁嵇文恭公獨以為不可。白爭之甚力，文恭疑愈深，卒擯棄之，於是取中在後之卷。策中用「慶歷」「萬歷」等字者，皆斥之。自後科場禁例，除「閱歷」字照常書寫外，其本字係指天文者，雖經改寫，而古字本通，試卷內必宜敬避。蓋文恭弱冠登朝，畏慎無過失，獨嘗於進呈文字內有引御製詩用字未經改寫者，坐是出南書房，故生平遇廟諱、御名倍深敬畏。[22]

指出趙敬襄（十五歲中舉）於乾隆四十年參加乙未科會試時，試卷內用了「大曆」一詞，雖依諱法將「曆」改書成「歷」，卻仍因此遭黜落。

此因會試總裁官嵇璜認為年號「大曆」「慶曆」「萬曆」與御名「弘曆」中之「曆」字同義，皆指帝業的曆運，故應完全避用，不可以缺筆、改寫或諧音字等方式敬避（但房考官白麟並不認同此看法）。趙氏遂以一字之差蹭蹬公車二十餘年，至嘉慶四年始登三甲一名進士，改翰林院庶吉士，授吏部主事，旋因弟卒而乞歸。[23] 嵇璜之所以對御名的敬避如此戒慎小心，乃因「一朝被蛇咬，十年怕井繩」，由於他曾在進呈的文字引用御製詩，卻未將其中與御名相重之字改寫，故遭罰自原本當差的南書房去職。嵇璜在黜落趙敬襄一事顯露了他在政治上的慎微態度，而乾隆帝於之後十多年間所掀起的許多文字大獄，就不乏與避諱相關的案件（見第 6 章）。

---

21 三藝指科舉考試頭場四書文的三篇，閱卷過程如見林則徐〈請定鄉試校閱章程並防剿襲諸弊疏〉（王延熙、王樹敏編輯，《皇朝道咸同光奏議》，卷 42，頁 1-2）。

22 陸以湉，《冷廬雜識》，卷 2，頁 21-22。

23 呂懋先修，帥方蔚纂，《奉新縣志》，卷 8，頁 45。

圖表 5.7：　乾隆帝有關漢字的諱例。

❖《清高宗實錄》，雍正十三年九月廿日

○又諭據大學士鄂爾泰等奏請迴避朕之御名上一字擬書宏字下一字擬書歷字朕思尊君親上臣子分誼當然但須務其大者以將恭敬至於避名之典雖歷代相沿而實乃文字末節無關於大義也中外臣工如身膺文職者當思宣猷布化裨益於國計民生官居武職者當思効力抒忠奏績於疆場牧圉士子讀書勵行黎民守法奉公方為克盡愛戴尊崇之實若但於御名謹避將字畫更改並失其字之本義揆諸古人二名不偏諱之理既不相符且區區拘泥之見亦不足以明敬悃甚無取焉所請改寫宏字歷字不必行嗣後凡遇朕御名之處不必諱若臣工名字有同朕心自不安者上一字著少寫一點下一字將中間禾字書為木字即可以存迴避之意矣爾部可傳諭中外一體遵行○

卷3，頁184

❖嘉慶《欽定大清會典事例》

○二十八年議准鄉會試應行敬避字樣科場久有定例惟坊本經書尚全刻本字自應倣唐石經宋監本之例敬避重刊今恭擬

聖祖仁皇帝聖諱上一字如有弓金等字偏旁者並缺一點

世宗憲皇帝聖諱無加偏旁之字無庸另為校正

御名上一字如有水糸等字偏旁者並行缺筆所有經書悉依此更正至科場文字及一切文移書奏凡遇應用

御名上一字者俱寫宏字應用

御名下一字者俱寫歷字庶為臣子敬謹之道○

乾隆二十八年

卷276，頁5-6

❖《清高宗實錄》，廿八年十月十四日

○軍機大臣等議覆福建學政紀昀奏稱坊本經書尚仍全刻

廟諱

御名本字應倣唐石經宋監本例凡遇

廟諱俱刊去末一筆并加有偏旁字者俱缺一筆又武英殿官韻及各經書於

御名本字尚係全刻及加有偏旁字者俱未缺筆請將本字及加有偏旁字者並行缺筆載入科場條例如誤書者依不諳禁例處分武英殿書板校正改刊并行文各省一體遵奉將坊刻各經籍改刊從之○

卷696，頁804

❖《清高宗實錄》，三十年閏二月廿日

○諭前據福建學政紀昀條奏敬避

廟諱御名一摺經大學士等會同禮部議覆請將偏旁各字缺筆書寫原屬臣子敬謹之意嗣經武英殿校改書版推廣字類如率銜等字亦俱一律缺筆朕思

廟諱御名偏旁字畫前代如石經刊本俱係缺筆自應仿照通行但祇可令現在臨文繕寫及此後續刊書版知所敬避若將從前久經刊藏之書一概追改未免事涉紛擾至上中嵌寫之字與本字全無關涉更可無庸迴避嗣後如遇

廟諱御名應行敬避缺筆之處仍照舊例遵行外所有武英殿頒行字樣及紀昀所請改刊經書之處俱不必行將此通諭中外知之○

卷731，頁47

❖《清高宗實錄》，卅四年九月初二日

○諭本日內閣進呈河南巡撫題本一件票簽內於宏字缺寫一點甚屬無謂避名之說朕向不以為然是以即位之初即降旨於御名上一字只須少寫一點不必迴避後因臣僚中有命名相同心切不安屢行陳請者始許其易寫宏字其實臨文之體原可不必故於前代年號地名凡有引用之處概令從舊不准改易至於臣子尊君奉上惟在殫心宣力為國為民方為克盡誠敬豈在字畫末節拘拘於小廉曲謹哉且宏字已屬避寫即與本字無涉若因字異音同亦行缺筆輾轉相仍必至八紘等字概從此例勢將無所底止復成何事體耶此簽即著補點嗣後俱照此書寫將此通諭中外知之○

卷842，頁246

❖《清高宗實錄》，四十一年十一月十二日

卷1020，頁680 ○諭朕御極之初大學士等奏請避朕御名朕以避名之典雖歷代相沿實乃文字末節無關大義特降諭旨遇朕御名上一字少寫一點下一字將中間禾字書為木字以存其義至臣工命名有相同者概不令改易彼時趙宏恩曾請改避亦未允行若二名不偏諱聞之孔子而嫌名不諱則韓愈諱辯言之甚詳是以朕於御名同音之字凡臣工奏對俱不令迴避衆所共知至於清字

❖《清高宗實錄》，四十七年三月十四日

○又諭曰李世傑奏查獲滄浪鄉志一摺內摘出各種字句指為狂悖並稱飭屬查其名字內有稱弘遠弘開者尤為鄉愚無知不足深責若俱以違悖繩之則如從前之趙弘恩陳弘謀等又將何說

卷1152，頁438

圖表 5.8：　乾隆帝有關宗室及清字的諱例。

❖《清高宗實錄》

雍正十三年九月初九日　○諭總
理事務王大臣。朕之兄弟等。以名字上一字
與朕名相同。奏請更改。朕思朕與諸兄弟之
名。皆
皇祖聖祖仁皇帝所賜。載在玉牒。若因朕一人
而令眾人改易。於心實有未安。昔年諸叔懇
請改名。以避
皇考御諱。
皇考不許。繼因懇請再四。且有
皇太后祖母之旨。是以不得已而允從。厥後常
以為悔。屢向朕等言之。即左右大臣。亦無不
共知之也。古人之禮。二名不偏諱。若過於拘
泥。則帝王之家。祖父命名之典。皆不足憑矣。
朕所願者。諸兄弟等。修德制行。為國家宣猷
効力。以佐朕之不逮。斯則尊君親上之大義。
正不在此儀文末節間也。所奏更名之處。不
必行。○

卷2，頁169

乾隆十三年四月初三日

諭。我朝凡遇
列祖廟諱。清漢字樣。概行敬避。此亦臣子尊崇
敬謹之道。但漢字較多。避寫尚易。清字無幾。
如同漢字一體避寫。難得本音之字。不得不
另用音聲相似者。以至去本音太遠。不能成
文。且古有二名不偏諱之義。嗣後繕寫清字。
如遇人名。以及二字相連者。仍行避寫外。若
獨遇一字。仍用原字。不必避寫。○

卷312，頁109

乾隆四十一年十一月十二日

○諭。朕御極之初。大學士等奏
請避朕御名。朕以避名之典。雖歷代相沿。實
乃文字末節。無關大義。特降諭旨。遇朕御名。
上一字。少寫一點。下一字。將中間禾字書為
木字。以存其義。至臣工命名。有相同者。概不
令改易。彼時趙宏恩曾請改避。亦未允行。若
二名不偏諱。聞之孔子。而嫌名不諱。則韓愈
諱辯。言之甚詳。是以朕於御名同音之字。凡
臣工奏對。俱不令迴避。眾所共知。至於清字。
既不可缺筆。而十二字頭之字本少。每一字
必對音數字。至十餘字不等。與漢字嫌名無
異。更何必諱乎。即漢字亦有不能盡同者。如
永字。世所習用。而體義亦不宜缺筆。綿字為
民生衣被常稱。尤難迴避。且皇子輩永字。乃
皇祖欽定。皇孫輩綿字。則朕所命名。而近派宗
支蕃衍。依次取名者。愈久愈多。我世世子孫。
自必遵朕舊章。不令改易。第恐後來臣工等。
不能深體朕意。妄謂於心不安。輕有所請。或
致無可適從。自當豫示折衷。以垂法守。朕以
為與其改眾人之名。以避一人之名。莫若改
一人之名。使眾無可避。較為妥善。將來繼體
承緒者。惟當以永作顒。以綿作旻。則係不經
用之字。缺筆亦易。而永綿等字。均可毋庸改
避。至於清文。則仍其舊。總不必改避。其奕字
輩以下。則所謂過此以往。朕未之或知。然亦
可推廣此意。永遠遵行。此旨著軍機大臣敬

卷1020，頁680-681

除了漢字頒有諱例，乾隆十三年四月諭稱嗣後繕寫清字時，如遇人名以及二字相連者仍行避寫外，若獨遇一字，就不必避寫（圖表 5.8）。四十一年十一月又稱滿文無庸為與御名同音之字改避，理由是：

> 朕於御名同音之字，凡臣工奏對，俱不令迴避，眾所共知。至於清字，既不可缺筆，而十二字頭之字本少，每一字必對音數字，至十餘字不等，與漢字嫌名無異，更何必諱乎！

指漢字原就有不避嫌名之說，而屬於拼音文字的清字因無聲調，每字對音

之字更多，故諭命可不必敬避。然清代的滿文文本中，仍屢見有一些較官方規定更為嚴謹的避諱作法，如在繫於乾隆帝即位前後的《內閣大庫檔》中，可清楚發現李衛之滿文姓氏被從 *li* 改書作形近但音同的 *lii*。[24]

同諭中乾隆帝更對此後御名之避諱提出一新原則，曰：

> 如「永」字世所習用，而體義亦不宜缺筆，「綿」字為民生衣被常稱，尤難迴避，且皇子輩「永」字乃皇祖欽定，皇孫輩「綿」字則朕所命名……朕以為與其改眾人之名以避一人之名，莫若改一人之名，使眾無可避，較為妥善。將來繼體承緒者，惟當以「永」作「顒」、以「綿」作「旻」，則係不經用之字，缺筆亦易，而「永」「綿」等字均可毋庸改避。

強調「以避一人之名，莫若改一人之名，使眾無可避，較為妥善」，並明定將繼位皇子的行字「永」改成「顒」，承嗣皇孫的行字「綿」改成「旻」。亦即，未來帝名中的「永」「綿」將被改成較罕用的「顒」「旻」（圖表 5.8）。

至於避帝名偏旁字的規定並未見於乾隆前期，二十八年始命御名上一字如有水、糸等偏旁者皆缺筆，三十年又稱「上中嵌寫之字與本字全無關涉」，可無庸迴避（圖表 5.7）。《歷代諱字譜》在「強」字下稱「清高宗名弘曆，諱“弘”，“強”字上本“厶”，避作“口”」（圖表 1.6），其說未記出處，指「強」因左從「弓」、右上從「厶」（合為「弘」），故曾避帝名而改書成「强」，此與前述乾隆三十年諭旨的精神似乎背離，其說不知是否真確？

由於乾隆朝迄未發現有改「強」為「强」的諱例，且明代至清初的文本屢見同書中將「強」與其異體字「强」相混（圖表 5.9），[25] 加上在乾隆四十六年完成的《文淵閣四庫全書》中，「強」字共出現 42,564 次，頻率

---

24 盧正恒，〈清代滿文避諱：兼論乾隆朝避諱運用實例〉；黃一農，《二重奏：紅學與清史的對話》，頁 44-45。

25 「典海」的搜尋功能無法區辨「強」「强」二字，但「文淵閣四庫全書電子版」則可。

雖低於「强」字的 139,560 次，但因其數仍頗可觀，知清代應無改「強」為「强」的明文規定。然因「中國方志庫」所收錄題為乾隆三十一年刻的《重修鳳翔府志》，共出現 85 個「强」、1 個「強」，該刻成「強」的孤例其實非屬初印本之內容，而是道光二年以後才補刻入的（圖表 5.10）；又，約刻於乾隆四十五年的《寧夏府志》，所有 6 個「泓」字更將「厶」全改成了「口」。從統計學的角度推判，前引二志的編輯者應是以「強」在拆字後包含了帝名中的「弘」，而在刊刻時用了相通的「强」字替代，但此應屬自主的敬避行為，而非諱例的明文要求。

何大安的〈史諱中的音韻問題〉有稱：

> 清避高宗弘曆正諱「弘」。諱訓有「宏」，改字有「紅」。「弘、宏、紅」三字，元代《中原音韻》同入東鐘陽平「紅」小韻，北音顯已同音。「宏」字猶可以義通，「紅」字則藉音甚明。此亦同音相代，絕無可疑。[26]

查宋・陳彭年的《廣韻》，鴻在東韻、弘在登韻、宏在耕韻，按照嚴格的音韻學標準，三者並不同音，然元・周德清的《中原音韻》卻將「紅鉷虹哄鴻宏紘横嶸弘」等字同入東鐘陽平「紅」小韻，[27] 知當時的北音顯已將「紅、鴻、宏、弘」視為「雖文字有殊，而聲韻難辨」之「嫌名」。乾隆即位之初，在選擇如何敬避御名第一字時，[28] 即採用「諱形」的缺末筆，二十八年則依「諱訓」和「諱音」之法，改用字義及字音相近的「宏」。然因屢有人將「宏」避末點，三十四年又以「此舉甚屬無謂」，[29] 諭命「宏」字無需缺筆，此與《禮記・曲禮上》所謂「禮不諱嫌名」之說亦相合。

---

26 此是何氏自王建《史諱辭典》檢出（頁 380），並酌加疏釋。

27 周德清，《中原音韻》，卷上，頁 2。

28 何大安，〈史諱中的音韻問題〉。

29 諱法雖規定應將「曆」改書成「歷」，但類似趙敬襄會試遭黜之事件（即遵守官方諱例者仍可能致罪）一再發生，故臣民或因此有將「宏」字亦缺筆的情形。

圖表 5.9：順治至乾隆朝有關「強」「强」的表述。

❖《祥符縣志》（順治十八年刊本）
- 艾自強陝西人　卷3，頁13
- 鹿氏宋守强妻　卷5，頁102
- 天時人事强弱　卷6，頁43
- 以孤軍抗强敵　卷6，頁82

❖《汝陽縣志》（順治間刊本）
- 視藩鎮為强弱　卷6，頁27
- 强國藩蘭陽人　卷7，頁24
- 強戕其女歸　卷9，頁67
- 强晟郡人　卷10，頁97

❖《固始縣志》（順治十七年刊本）
- 強又仁　卷5，頁13
- 强勉　卷6，頁21
- 强者不過生事　卷10，頁84

❖《濮州志》（康熙間刊本）
- 庸吏豪強　卷3，頁30
- 風力精强　卷3，頁58
- 强健不衰　卷3，頁87
- 發強弩　卷4，頁17
- 勉強飲食　卷4，頁42

❖《岳州府志》（康熙廿四年刊本）
- 鋤强植弱　卷22，頁17
- 余自强浙江人　卷22，頁18
- 扶弱鋤強　卷22，頁49

❖《長沙府志》（康熙廿四年刊本）
- 蔡自強湘潭人　卷8，頁42
- 蔡自强字元爾　卷12，頁43
- 身強寇　卷16，頁40
- 甲強乙弱　卷20，頁12

❖《澤州府志》（雍正十三年刊本）
- 強一百里　卷7，頁2
- 强管村　卷13，頁10
- 強相如　卷27，頁2
- 强枝當用斧　卷51，頁60

❖《密雲縣志》（雍正元年刊本）
- 强弓勁弩　卷4，頁24
- 不能强　卷5，頁45
- 兵強弩　卷5，頁47
- 多愁强作歡　卷6，頁17

❖《鄞縣志書》（乾隆十六年刊本）
- 強奪妻妾　卷4，頁29
- 外有強力之容　卷5，頁1
- 秦强代蜀　卷9，頁3
- 而強致之　卷9，頁27

❖《富順縣志》（乾隆廿五年刊本）
- 強記過人　卷9，頁5
- 以才望稱強仕　卷9，頁7
- 博聞強記　卷11，頁8
- 鮑東强應運羣興　卷19，頁12
- 忽聞春盡强登山　卷19，頁36
- 持強斧　卷20，頁60

❖《滄州志》（乾隆八年刊本）
- 豪强　前序，頁3
- 右通政強珍　卷3，頁24
- 江強　卷8，頁40

❖《西安府志》（乾隆四十四年刊本）
- 威震豪強　卷22，頁15
- 強渭明　卷23，頁5
- 宋鎮強　卷45，頁11
- 牛自強　卷45，頁15

圖表 5.10： 乾隆《重修鳳翔府志》刻本的書影。[30]

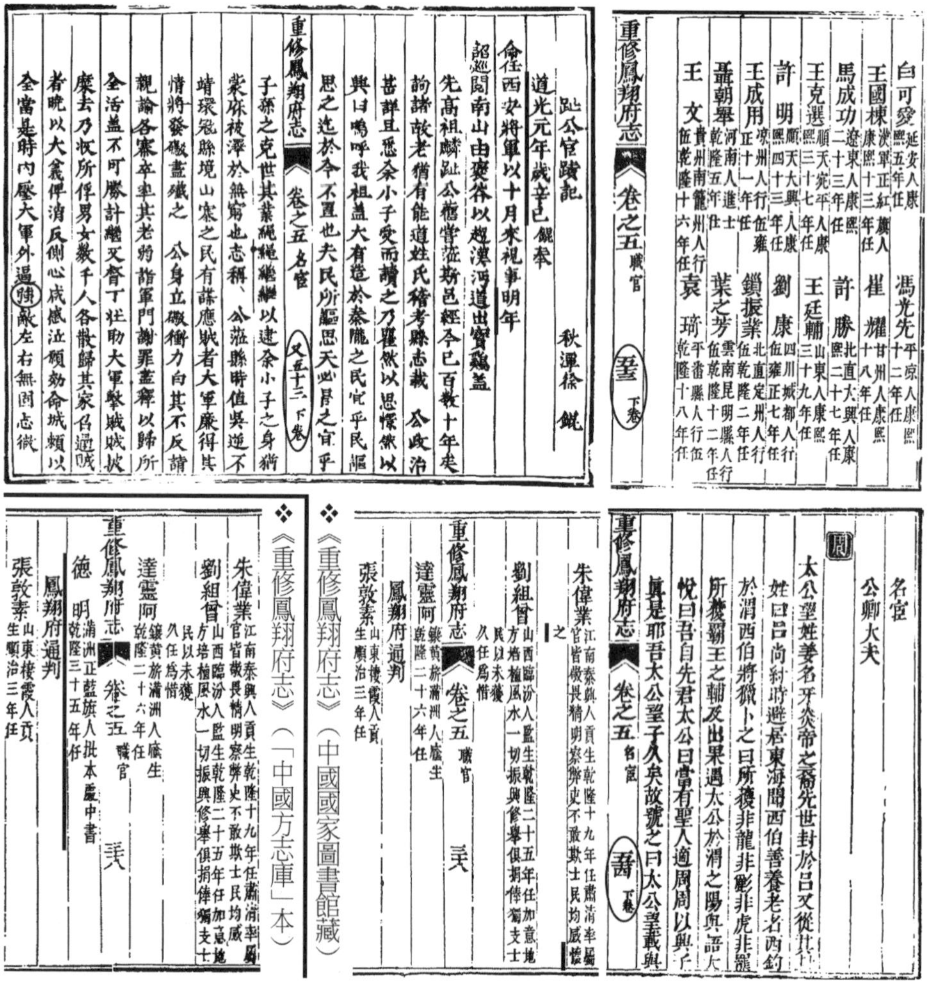

❖《重修鳳翔府志》（「中國方志庫」本）

❖《重修鳳翔府志》（中國國家圖書館藏）

30 中國國家圖書館藏達靈阿修、周方炯纂的《重修鳳翔府志》，初刻於乾隆三十一年，但在卷 5 下的「名宦」之首，補插入徐錕於道光二年所撰的〈趾公宦蹟記〉（該文頁碼因此變成「又五十三」「又五十四」「又五十五」，字體也與前後文明顯不同），出現在此文的唯一「強」字即異於初刊本中其它的 85 個「强」。「中國方志庫」所收錄之本，雖與中國國家圖書館刷自同版，但少數頁面遭改換，以增入內容，如在卷 5 頁 38，即將朱偉業小傳末尾的「懷之」兩字刪去，以省出一行，並於所列的歷任鳳翔知府之末，新添一行以記乾隆三十五年出任的德明。

二、名中帶有「弘」字的乾隆朝重臣

本節以乾隆朝檔案中最常出現之與御名相重的趙弘恩、史弘蘊、陳弘謀、李弘為例，進一步析探這些高官名字在不同時期及文獻中的表述方式。

（一）左都御史趙弘恩

雍正十三年九月江南總督趙弘恩因避乾隆帝名諱請改名「丹恩」（圖表 5.11），此事應發生於初十日以後，因他在該日的奏疏中仍署名未缺筆的「弘恩」（圖表 5.12）。[31] 九月二十日大學士等奏請訂定諱例，擬將犯御名的上一字改書「宏」，下一字書「歷」，但諭命「嗣後凡遇御名之處，不必諱」。登基才十幾天的乾隆帝，表面上很有器度地指出行文書寫可不必諱御名，卻又在同諭中提醒臣工名字如犯御名且心自不安者，上一字可少寫一點，下一字書「曆」。十月十一日趙弘恩奉旨無庸改名，[32] 此後以迄他於乾隆二十三年過世前，均自署「趙弘恩」，只有在《軍機處檔》乾隆十五年五月初二日的奏摺上曾書作「趙弓口恩」（圖表 5.12）。雍正十三年十一月內閣中書德禮亦請更名為德峻，諭命與趙弘恩一樣俱不必改。[33]

乾隆朝《起居注冊》共見 148 個「趙弘恩」、6 個「趙弘恩」；[34] 此外，二十三年六月二十三日在批覆都察院的諭旨中，有 2 處初寫「趙弓口恩」，後則均被人將「弓口」劃改成「弘」，此與同日所記兩廣總督陳弘謀的情形

31　《宮中檔》共有 221 條由趙弘恩在此前具奏的文件，名中的「弘」字即皆未缺筆。

32　改名與否似無一定。以乾隆四年會試中式的貢士楊任弘為例，他即因犯御名的上一字，而在取有同鄉京官印結的情形下，於三月二十九日獲准「改名“任仁”入冊，以便殿試」。參見《內閣大庫檔》登錄號 213683。

33　縱然滿文名的德禮是寫成一字，而弘曆則寫作二字，但德禮仍「主動」請求改名以敬避御名。參見盧正恒，〈清代滿文避諱：兼論乾隆朝避諱運用實例〉。

34　每年的《起居注冊》均於十二月貯匱送內閣，再由大學士等驗視加封後送庫。參見托津等，《欽定大清會典事例》，卷 12，頁 19。

相同；再者，另 2 處可見「趙宏恩」（圖表 5.12）。由於《起居注冊》記趙弘恩事止於乾隆二十三年，此時諱例仍停留在雍正十三年之「凡遇御名不必避諱，但又稱臣工名字如有相重者，若心自不安，上一字可少寫一點」（圖表 5.4），因無硬性規定，故可見混用「弘」「弜」或「宏」等字。嘉慶朝纂修的《清高宗實錄》，則是依乾隆二十八年諱例，共有 103 處改記其名為「趙宏恩」，只有四十七年三月十四日條漏改為「趙弘恩」。[35]

至於民國三年設立的清史館，在傳稿中將趙弘恩之名避清諱改成了「趙宏恩」，此應與該館多由趙爾巽等前清遺老主其事無關，因《清史稿》中不乏人名有「弘」字者。查該書趙弘恩小傳的內容，主要是根據清國史館（康熙二十九年設立）本，故應為館臣自行依乾隆二十八年諱例將「弘」避改成「宏」所致。此外，乾隆四十三年閏六月趙家世襲佐領冊中的譜系圖，亦將與趙弘恩同輩之 21 人的行字「弘」全寫成了「宏」。[36] 乾隆四十一年十一月十二日的諭旨也提到趙宏恩曾於御極之初請改名，但未允行。[37]

圖表 5.11：乾隆即位之初不允內閣中書德禮以避諱更名的諭旨。

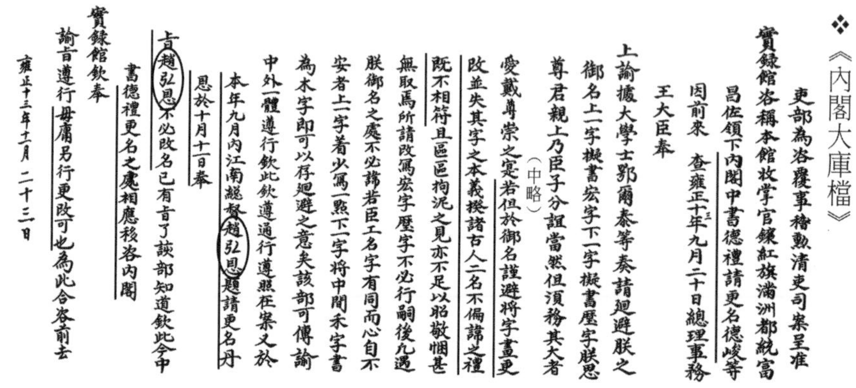

❖《內閣大庫檔》
吏部為咨覆事稽勳清吏司案呈准
實録館咨稱本館收掌官鑲紅旗滿洲都統富
昌佐領下內閣中書德禮請更名德峻等
因前來　查雍正十三年九月二十日總理事務
王大臣奉
上諭據大學士鄂爾泰等奏請廻避朕之
御名上一字擬書宏字下一字擬書曆字朕思
尊君親上乃臣子分誼當然但須務其大者
（中略）
愛戴尊崇之寔若但於御名謹避將字畫更
改並失其字之本義揆諸古人二名不偏諱之禮
既不相符且區區拘泥之見亦不足以昭敬悃甚
無取焉所請改寫宏字曆字不必行嗣後凡遇
朕御名之處不必諱若臣工名字有同而心自不
安者上一字着少寫一點下一字將中間禾字書
為木字即可以存廻避之意矣該部可傳諭
中外一體遵行欽此欽遵通行遵照在案又於
本年九月內江南總督趙弘恩題請更名丹
恩於十月十一日奉
旨趙弘恩不必改名已有旨了該部知道欽此今中
書德禮更名之處相應移咨內閣
實録館欽奉
諭旨遵行毋庸另行更改可也為此合咨前去
雍正十三年十二月二十三日

35 《清高宗實錄》，卷 1152，頁 438。

36 盧正恒，〈清代滿文避諱：兼論乾隆朝避諱運用實例〉。

37 《清高宗實錄》，卷 1020，頁 680。

圖表 5.12：文獻中有關趙弘恩名字的書寫。

❖ 臺北中研院歷史語言研究所藏《內閣大庫檔》

署理湖北巡撫印務四川布政使臣趙弘恩（雍正七年九月十九日）

總督江南江西等處地方軍務兼理糧餉操江巡撫臣趙弘恩（雍正十三年四月十八日）

江南總督趙弘恩（雍正十三年九月初十日）

趙弘恩不必改名（雍正十三年十月十一日）

兩江督臣趙弘恩（雍正十三年十一月十九日）

江南總督臣趙弘恩（雍正十三年十二月廿六日）

總督江南江西等處地方軍務兼理糧餉操江臣趙弘恩（乾隆元年正月二十日）

正黃旗漢軍都統兼都察院左都御史臣趙弘恩（乾隆二十二年四月初九日）

❖ 臺北故宮博物院藏《軍機處檔》

鎮海將軍臣趙弘恩（乾隆十五年三月二十二日）

鎮海將軍臣趙弘恩（乾隆十五年三月二十四日）

鎮海將軍臣趙弘恩（乾隆十五年三月二十四日）

鎮海將軍臣趙弘恩（乾隆十五年五月初二日）

❖ 臺北故宮博物院藏《清國史館本傳稿》

趙宏恩列傳

趙宏恩漢軍鑲紅旗人由歲貢捐納道康熙

（中略）

七月兼正黃旗漢軍都統二十三年九月卒

恩賜白金五百兩散秩大臣一員往奠

❖ 《乾隆帝起居注》（僅錄「弘」字非缺末筆的情形）

督臣趙弘恩（元年七月初四日）

江南總督趙弘恩（元年八月初五日）

總督趙弘恩（元年十二月二十五日）

江南督撫趙弘恩（二年二月初一日）

趙弘恩（二年二月初一日）

兩江總督趙弘恩（二年五月十三日）

所遺工部尚書員缺著趙宏恩補授（二十一年二月二十六日）

兩廣總督陳弘謀（二十三年六月二十三日）

趙弘恩（二十三年六月二十三日）

趙宏恩廣成俱著從寬免其革任（二十三年七月十二日）

（二）廣西提督史弘蘊

史弘蘊，山西大同人，雍正十一年武進士，[38] 歷官至廣西提督（從一品）。其名在「中國方志庫」有 9 條（分別出自乾隆二十九年到道光十年的刻本）；嘉慶十二年三月成書的《清高宗實錄》中，亦有 8 條提到他（乾隆九年十二月至二十三年四月間），全寫作「史宏蘊」。然在臺北故宮博物院所藏的《宮中檔》及《軍機處檔》中，共可見 48 筆以「史弘蘊」為具奏人的文件（乾隆十三年十一月至二十一年十二月），類似情形亦見於《內閣大庫檔》（乾隆十一年九月至二十五年三月）及乾隆朝《起居注冊》（四年八月至二十七年三月）。又，乾隆二十七年三月初四日的《起居注冊》記「史弘蘊患病溘逝」，知「史宏蘊」一名應是後人自行為避諱所改，史弘蘊生前的署名均僅將「弘」字缺筆。

（三）東閣大學士陳弘謀

陳垣在《史諱舉例》最後一卷的〈清諱例〉中有云：

> 惲敬《大雲山房襍記》乃云：「陳弘謀〔原文作“陳文恭宏謀”〕乾隆三十二年三月授東閣大學士，始奏請將原名改用“宏”字……前此歙歷數十年，一切奏摺〔原文作“摺奏”〕、書名均與御名上一字同。」以此見清朝之寬大。俞樾《茶香室續鈔》謂：「御名無不避之理。前此……當已改寫“宏”字，惟部冊尚未追改，至授東閣大學士，始請將部冊改作“宏”字耳。」俞說是也。[39]

38 吳輔宏修，王飛藻纂，《大同府志》，卷 20，頁 28。

39 陳垣，《史諱舉例》，頁 109；惲敬，《大雲山房雜記》，卷 2，頁 2。

惲敬 (1757-1817) 以陳弘謀 (1696-1771) 在獲授東閣大學士後，才奏請更名。俞樾 (1821-1907) 的看法略異，認為陳弘謀原本即已將名改作「陳宏謀」，但直到成為東閣大學士，始奏請於部冊中正式更名。

由於惲氏是乾隆四十八年舉人，初任咸安宮官學教習，三年後外放知縣，官至江西南昌府同知，知其應無條件翻閱朝廷的大量檔案。俞樾則僅短暫擔任翰林院編修，其後旋遭劾罷官，並長期擔任教職，[40] 他所能看到的官方材料亦應有限。況且，《茶香室續鈔》於光緒十年成書時，六十四歲的他已在杭州的詁經精舍擔任講席十七年，[41] 無怪乎，前引文中用了「當已」一詞，表明其說只是以「御名無不避之理」推測。陳垣雖支持俞樾之說，且據惲敬的說詞推得「以此見清朝之寬大」，但他與惲敬、俞樾三人對陳弘謀更名一事的看法，可能皆基於不具足夠證據力的材料。

《內閣大庫檔》中存有陳弘謀於乾隆三十二年六月初六日祈請改名的奏疏（登錄號 172208；圖表 5.13），稱：

> 前經禮部于原任福建學政紀昀條奏敬避御名等字案內，議准將一切文移書奏，如恭遇皇上御名上一字擬寫「宏」字，下一字擬寫「歴」字等因通行在案。[42] 臣名前經面陳改避，未蒙俞允，是以不敢擅改，現在文移疏奏、每日書寫，雖缺一點而音字相同，于心寔覺不安。臣子恭避御名乃古今通義，臣應照禮部原議將臣名改用「宏」字，庶于臣下之誼允協，而臣心亦安，理合奏明，以便咨會吏部改註官冊，並通行各衙門知照。

---

[40] 俞樾為道光三十年進士，改庶吉士。咸豐二年散館授編修，五年簡放河南學政，七年即遭劾試題割裂而罷職，後在蘇州、上海、杭州等地講學。參見趙爾巽等，《清史稿》，卷 482，頁 13298。

[41] 徐澂，《俞曲園先生年譜》，頁 12-19。

[42] 據圖表 5.7，乾隆帝命「下一字者俱寫“歴”字」，疑抄檔者在此誤用了俗體的「歷」字。

知陳弘謀曾面奏希望能改名以敬避御名，但乾隆帝覺得沒必要，他因此不敢擅改。由於雍正十三年九月弘曆登基之初，大學士等雖曾擬請將帝名的上一字書「宏」字，但諭命不必行，並稱「嗣後凡遇朕御名之處，不必諱」，又謂若臣工名字有相重且心自不安者，上一字可少寫一點。該在乾隆即位之初所頒的模糊諱例，因敬避與否取決於臣工的自由心證，導致當時社會對御名的表述呈現多元化。如陳弘謀在乾隆元年十月序《大學衍義輯要》一書時，即署名「陳弘謀」，[43] 並鈐用「陳宏謀印」，卷 3 則記「桂林陳弘謀汝咨纂」；他在四年七月序《天津府志》時，亦署名「陳弘謀」（圖表 5.14）。

耙梳乾隆朝陳弘謀自署其名的公文書（圖表 5.15），發現初期他多以「弘」字寫己名，以符合官方諱例。二十八年因諭命科場文字及一切文移書奏俱改「弘」為「宏」，他或因此疏請改名，但皇帝為展示氣度，命其無庸更改，故他在公文書中仍只能署「陳弘謀」，此舉最晚出現於乾隆三十二年六月初一日由「大學士管理工部事務臣陳弘謀等」為修建取租官房工料事所上的奏疏（圖表 5.13）。三十二年三月陳氏陞授大學士，或因與弘曆重名之事著實造成不少困擾，他遂於六月初六日再度疏請，並獲允將名字改用「宏」，三十六年九月初四日御賜之滿、漢並列的《原任太子太傅大學士陳宏謀碑文》，就使用此奉旨更改的名字（圖表 5.14）。

---

43 「弘」原本就是「弘」的俗體字，如在《康熙五十四年進士題名碑》上即可見張弘俊、王弘培、陳弘訓等進士名（圖表 4.11）。

圖表 5.13：《內閣大庫檔》中有關陳弘謀改名前後之奏疏。

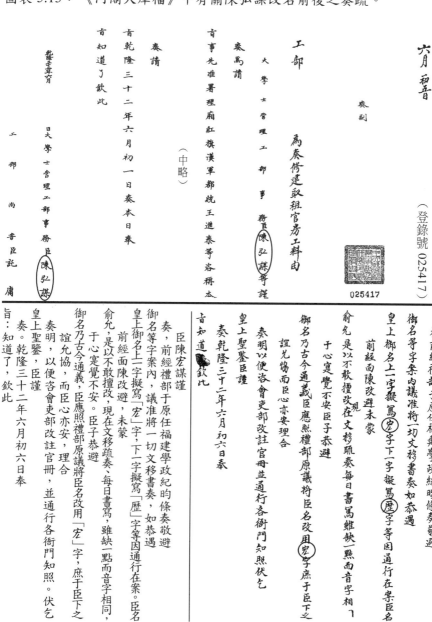

❖臺北中研院藏《內閣大庫檔》（登錄號 025417）

六月初一日

奏副

025417

工部　為奏修建取租官房工料由

大學士管理工部事務臣陳弘謀等謹

奏爲請

旨事先准署理廂紅旗漢軍都統王進泰等咨稱本

（中略）

奏請

旨乾隆三十二年六月初一日奏本日奉

旨知道了欽此

乾隆三十二年六月初一日大學士管理工部事務臣陳弘謀

工部尚書臣託庸

（《內閣大庫檔》登錄號 172208）

臣陳宏謀謹

奏前經禮部于原任福建學政紀昀條奏敬避

御名等字案內議准將一切文移書奏如恭遇

皇上御名上一字擬寫宏字下一字擬寫歷字等因通行在案臣名

前經面陳改避未蒙

俞允是以不敢擅改現在文移疏奏每日書寫雖缺一點而音字相同

于心寔覺不安臣子恭避

御名乃古今通義臣應照禮部原議將臣名改用宏字庶于臣下之

誼允協而臣心亦安理合

奏明以便咨會吏部改註官冊並通行各衙門知照伏乞

皇上聖鑒臣謹

奏乾隆三十二年六月初六日奉

旨知道了欽此

臣陳宏謀謹

奏，前經禮部于原任福建學政紀昀條奏敬避

御名等字案內，議准將一切文移書奏，如恭遇

皇上御名上一字擬寫「宏」字，下一字擬寫「歷」字等因通行在案。臣名

前經面陳改避，未蒙

俞允，是以不敢擅改，現在文移疏奏、每日書寫，雖缺一點而音字相同，

于心寔覺不安。臣子恭避

御名乃古今通義，臣應照禮部原議將臣名改用「宏」字，庶于臣下之

誼允協，而臣心亦安，理合

奏明，以便咨會吏部改註官冊，並通行各衙門知照。伏乞

皇上聖鑒，臣謹

奏。乾隆三十二年六月初六日奉

旨：知道了，欽此

圖表 5.14： 陳弘謀所編著述及其所撰序文中的署名。

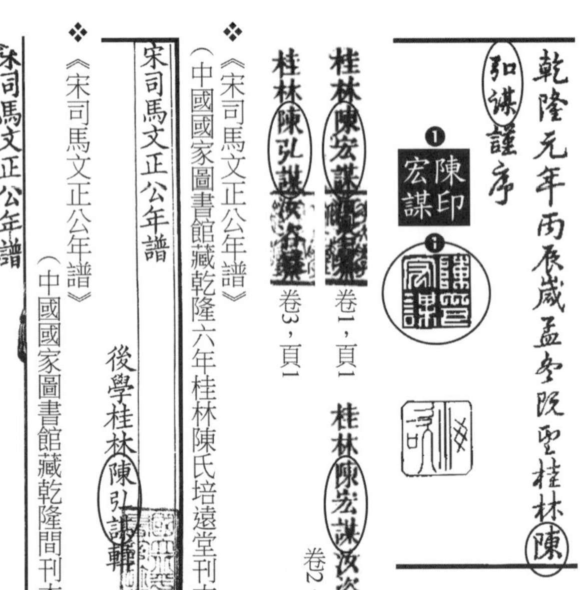

❖《大學衍義輯要》（乾隆二年桂林陳氏刊本）

乾隆元年丙辰歲孟夏既望桂林陳
弘謀謹序

❶ 陳印宏謀

桂林陳宏謀汝咨纂 卷1，頁1

桂林陳宏謀汝咨纂 卷2，頁1

桂林陳弘謀汝咨纂 卷3，頁1

❖《宋司馬文正公年譜》（中國國家圖書館藏乾隆六年桂林陳氏培遠堂刊本）

宋司馬文正公年譜
後學桂林陳弘謀輯

❖《宋司馬文正公年譜》（中國國家圖書館藏乾隆間刊本）

宋司馬文正公年譜
後學桂林陳宏謀輯

❖ 中國國家圖書館藏拓片（編號：各地1523）

原任太子太傅大學士陳宏謀碑文
朕惟贊續綸扉聿重老成之望留芳琬琰
禮攸崇爾太子太傅大學士陳宏謀祇行
乾隆三十六年九月初四日

(http://read.nlc.cn/allSearch/searchDetail?searchType=&showType=1&indexName=data_418&fid=各地1523)

❖《天津府志》（乾隆四年刊本）

乾隆四年歲次己未七月
政使司參政紀錄一次桂
林陳弘謀序

❷ 陳印弘謀

❖《四種遺規摘鈔》（天津圖書館藏嘉慶十九年勉行堂刊本）

嘉慶甲戌重鐫
桂林陳榕門先生原編
四種遺規摘
養正遺規 從政遺規
訓俗遺規 教女遺規
勉行堂

原序
天下有眞教術斯有眞人材教術之端自閭巷始人材之
其或以是爲迂爲固爲瑣屑而悉置焉余心滋戚矣
乾隆四年三月既望桂林陳宏謀題於津門官舍

圖表 5.15：陳弘謀名中之「弘」字在各種文本的寫法。

具奏或成文日期	名	檔案出處
雍正七年閏七月初八日 至十一年三月初一日	弘	《宮中檔》奏摺，共 10 件
乾隆元年十月十六日	引 宏 宏 弘	《大學衍義輯要》的「陳引謀」前序 序文末之鈐印為「陳宏謀印」 卷 1-2、4-6 的卷首均作「陳宏謀」 卷 3 的卷首作者署名為「陳弘謀」
乾隆四年三月	宏	《四種遺規摘鈔》嘉慶十九年刊本之作者原序的署名
乾隆四年七月	引	《天津府志》序的署名為「陳引謀」
乾隆六年八月	弘	《宋司馬文正公年譜》編者題識
乾隆六年十月二十九日 至二十七年十月初五日	弘	《內閣大庫檔》，共 456 件
乾隆八年三月二十二日 至二十二年十月十三日	弘	《宮中檔》奏摺，共 379 件
乾隆十二年正月二十一日 至十七年十一月初八日	弘	《軍機處檔》摺件，共 218 件
乾隆二十四年二月十一日	弘	《軍機處檔》摺件，共 4 件
乾隆二十七年五月二十九日	弘	《軍機處檔》摺件，共 3 件
乾隆二十七年十二月十五日	弘	《內閣大庫檔》登錄號 077457
乾隆二十八年正月初九日 至六月二十一日	弘	《宮中檔》奏摺，共 31 件
乾隆三十年四月初一日 至三十二年六月初一日	弘	《內閣大庫檔》，共 26 件
乾隆三十二年六月初六日	宏	《內閣大庫檔》登錄號 172208
乾隆三十二年六月初十日 至三十五年九月十二日	宏	《內閣大庫檔》，共 116 件
乾隆三十四年十二月初十日 至三十六年四月初二日	宏	《軍機處檔》摺件，共 4 件

乾隆三十二年六月初六日《內閣大庫檔》所收陳弘謀祈請改名的奏疏中，將其名寫成了「陳宏謀」，這應是抄寫檔案者所為，原疏不見得如此。類似情形亦見於該檔中所提及的新選秦州知州賴弘典、桂陽州知州張宏燧、金山縣知縣楊宏聲，我們可發現從乾隆二十八至三十二年間，這些官員名中的上一字既有寫成「弘」者，亦有作「宏」或「宏」者，甚至在同一文書內「宏」「宏」皆見（圖表 5.16）。又，二十九年三月陞選秦州知州的「賴弘典」，於九月遭人呈首書寫逆詞，並擬斬監候，秋後處決。[44] 九、十月的《內閣大庫檔》中在論及此案時卻均寫成「賴宏典」或「賴宏典」，該改「弘」為「宏」之舉應受二十八年命「一切文移書奏」俱改御名上一字為「宏」之旨的影響。至於缺末筆的「宏」字，雖在乾隆帝即位之初就已出現（如二年三月范宏謨遭毆傷致死一案中，即多處出現「宏」「宏」混用的情形；圖表 5.16），然二十八年改「弘」為「宏」的諭旨，或讓部分早已改用「宏」字者，為求更加敬謹，而進一步使用缺筆的「宏」。

由於乾隆三十二年六月初六日陳氏疏請改名時，尚未蒙諭允，故原疏理應仍自署「臣陳弘謀」，[45] 初十日當他再陳奏將年滿筆帖式留部候缺一疏時，就已改署「臣陳宏謀」（《內閣大庫檔》登錄號 025406）。皇帝先前想必是同意將其名的上一字改成「宏」，且不至於要求他將此字再缺末筆，否則，大家必群起效尤，文獻中「宏」字的出現頻率亦將因此大大增加。《內閣大庫檔》在抄寫乾隆三十二年六月初六日陳弘謀的改名疏時，應是像有些時人一樣，畫蛇添足地將「陳弘謀」寫成「陳宏謀」。[46] 改「宏」為「宏」之舉的大量發生，讓乾隆帝於三十四年又降諭旨，稱「宏」字本已避諱，無須再缺寫一點，此後的官方文書中就較少再出現「宏」字。

---

44 《清高宗實錄》，卷 718，頁 1003-1004。

45 三十年至三十二年六月朔的《內閣大庫檔》，即共有 26 件「陳弘謀」的章奏。

46 情理上，《內閣大庫檔》在書寫大臣之名時，應只會照原疏抄錄，而不應改字（除非原當事人出現漏避諱的情形），但六月初六日此疏因獲允改名，抄寫者遂很可能自作主張，依諭旨改寫了與御名第一字相重之字。

圖表 5.16：《內閣大庫檔》中的「宏」字。

❖臺北中研院史語所藏《內閣大庫檔》

陞遷直隸州知州賴(弘)典等十一員臣部在
（乾隆二十九年三月初八日）

知州賴(宏)典書寫逆詞經自一面奏
聞一面拿交刑交刑部嚴審定擬在案伏查賴(宏)典一犯身
（乾隆二十九年九月）

乾隆二十九年九月初二日內閣奉
上諭刑部奏審訊朱文呈首新選秦州知州賴(宏)典書寫逆詞一
（乾隆二十九年九月）

叶因賴(宏)典于乾隆二十年到山西大寧縣任二十五年調任五
居心悖以倖滿合例冒昧保荐初不料賴(宏)典情逆喪心
（乾隆二十九年十月）

乾隆二十九年十月初二日內閣奉
上諭刑部審訊賴(宏)典案內書寫逆詞之錢忠奏請即行正法一摺於事
理輕重概置不問擬議尤屬乖謬賴(宏)典身受朝命為一邑長官其名
從賴(宏)典照寫是錢忠不過為生事過付之人其罪斷不至與賴(宏)
故為剌謬其辭欲益顯前此賴(宏)典之定讞為過當耳其心尚可
（乾隆二十九年十月）

會議得乾隆二十九年九月初二日內閣奉
上諭刑部奏審訊朱文呈首新選秦州知州賴(宏)典書寫逆詞一
案將朱文擬以斬決而於賴(宏)典僅定以充發關展擬議乖謬深堪
（乾隆二十九年十月）

碩因知法紀與先存今被毆身死之范(宏)謨素
無讐隙緣老四佃種范(宏)謨田四畝二分年還
謨邀同胞兄(宏)勳赴田理論老四伴者不知低
頭硬種(宏)謨遂拔田埂籬笆柴棍向毆老四接
笆柴棍毆去老四接棍還毆致傷(宏)謨右手腕
(宏)謨復取身帶烙鐵向毆老四急奪還毆適中
（乾隆二年三月二十七日）

乾隆三十二年正月初三日內閣奉
上諭昨因李因培令張(宏)燧代馮其柘彌補虧空一案將李因培革職拿
復令張(宏)燧往查定數則馮其柘虧空至二萬餘兩雖未詳晰指
出而為數之多已隱躍言外及據張(宏)燧所查謂伊正雜錢粮尚
此為甚而猶得藉口于已列彈章乎至張(宏)燧所供李因培肯

諭昨因李因培令張(宏)燧代馮
其柘彌補虧空一案欽奉
（乾隆三十二年正月十四日）

罪案其擅將鉛價五千兩發給芳貞並素與張(宏)燧交結保
奏及候七郎一案縱恣常鈞狥庇張(宏)燧顛倒案情其罪寔在
（乾隆三十二年三月）

兩江總督統理河務高　奏稱據金山縣知縣楊(宏)穀詳
交部嚴加議處金山縣知縣楊(宏)聲既于上年九月查
千總馬璽疏脫盜犯金山縣知縣楊(宏)穀
（乾隆三十二年三月）

綜前所論，惲敬（乾隆末年至嘉慶末年出仕）所謂陳弘謀於乾隆三十二年授東閣大學士之後，始奏請將原名改用「宏」字，此前「一切奏摺、書名均與御名上一字同」，易讓人誤以陳氏數十年來均書寫其名為「弘謀」，該說顯然是以浮詞替屢興文字獄的乾隆帝粉飾。其實，陳氏自弘曆登基起，即一直用「弘謀」之名表達敬避之意。至於俞樾所謂「御名無不避之理。前此……當已改寫"宏"字，惟部冊尚未追改，至授東閣大學士，始請將部冊改作"宏"字耳」，則純屬臆測，陳弘謀在乾隆三十二年六月始獲允將原名中的上一字改成「宏」（三月已授東閣大學士），此前的二、三十年間，於《內閣大庫檔》《宮中檔》及《軍機處檔》中，即共有千餘條檔案均記其名為「陳弘謀」（圖表 5.15、5.17）。陳垣在未能獲見大量原始文獻的情形下，遂誤以俞說為是。

今座落於桂林市臨桂區四塘鄉橫山村的陳氏公祠，藏有題為「陳弘謀」的進士匾額，另有一副對聯，上下聯分別是「四朝循吏、高祖一品當朝，相繼四巡撫……」「五代連科、玄孫三元及第，共攬三翰林……」，橫批「天下科舉第一家」。[47] 被視為當代美國漢學界最具影響力之一的羅威廉(William T. Rowe)，更替陳宏謀撰有專書《救世：陳宏謀與十八世紀中國的精英意識 (*Saving the World: Chen Hongmou and Elite Consciousness in Eighteenth-Century China*)》(2001)，以其是「十八世紀清朝統治精英最傑出、最有影響的漢族官員」，然該書卻不曾提及他在四十多年的仕宦期間，因可否或如何改名（其名的上一字曾以「弘」「弭」「弘」「宏」「宏」等形式呈現）一事承受了避諱文化的莫大困擾，僅略稱其在乾隆帝登基後為避御名而改「弘」為「宏」！[48]

---

47 http://tv.gltvs.com/202302/20230203150814bc0f3130c72b4804.shtml, https://www.sohu.com/a/298884429_113767.

48 羅威廉(William T. Rowe)著，陳乃宣等譯，《救世：陳宏謀與十八世紀中國的精英意識》，頁 64。

圖表 5.17：臺北故宮博物院檔案中陳弘謀名字的書寫方式。

❖臺北故宮博物院藏《宮中檔》奏摺

協理山東道事浙江道監察御史仍兼吏部郎中加壹級臣陳弘謀謹
奏為敬陳藉端滋擾之弊仰懇
雍正柒年閏柒月初捌日
（雍正七年閏七月初八日）

江西巡撫臣陳弘謀謹
奏為奏明事竊查江西上年因田地偶被偏災收
乾隆捌年叁月貳拾貳日
（乾隆八年三月二十二日）

兵部尚書署理湖廣總督湖北巡撫革職留任臣陳弘謀謹
奏為積匪聚族依山肆行竊害請清巢穴以靖地
乾隆二十八年六月二十一日
（乾隆二十八年六月二十一日）

臣尹繼善臣高晉謹
奏為遵
旨議奏事竊臣等接准軍機處寄字內開乾隆二十八年
十二月十九日奉
上諭陳弘謀奏河工辦料責成道員稽查及酌改叅遊並
乾隆二十九年正月十八日
（乾隆二十九年正月十八日）

❖臺北故宮博物院藏《軍機處檔》

陳弘謀
請於各處常平倉內借支不敷無米由
奏
閏五月十六日
（乾隆二十七年閏五月十六日）

江蘇巡撫革職留任臣陳弘謀
請支存公銀兩
陳和謀
奏
交
〇
抄訖
閏五月十六日

江蘇巡撫革職留任臣陳和謀謹
奏為循例
（乾隆二十七年閏五月十六日）

臣陳宏謀謹
奏為遵
旨奏
聞事雲南一省田少山多山皆童山不産樹木惟産
乾隆三十四年十二月初十日
（乾隆三十四年十二月初十日）

（四）江南河道總督李弘

李弘，漢軍正藍旗人，以監生捐納州同，效力河工，雍正九年授山陽縣外河縣丞，乾隆元年陞揚州府揚河通判，歷官至江南河道總督（正二品），三十六年八月卒。[49] 雍正朝時署名「李弘」的他，自乾隆即位以迄三十二年間，在《內閣大庫檔》《宮中檔》《軍機處檔》與《起居注冊》中共有百餘處提及其人，多缺筆作「李弘」，只有三十年閏二月十一日的《宮中檔》寫成「李弘」，三十一年八月二十三日及三十二年元月二十日的《內閣大庫檔》作「李弘」，此不同寫法或漏避應最可能歸因於文檔的抄寫者。

乾隆三十二年二月二十四日的《起居注冊》首見其名改書成「李宏」，此後迄三十六年年底，各文獻共有逾200處在記其名時，均作「李宏」。只有三十二年七月十三日的《宮中檔》、七月十四日的《內閣大庫檔》及十月十七日的《起居注冊》，仍寫「李弘」（圖表5.18）。由於中國第一歷史檔案館藏南河總督李弘於三十二年六月二十七日所上「奏為照依禮部原議改名“宏”字請旨事」（檔號04-01-12-0125-088），疑他應是在此後更名為「李宏」，少數出現的例外應是受積習影響，抄寫文件者一時未能留意所致。至於《清高宗實錄》，因是在嘉慶朝才編成，故全以「李宏」記其名。

綜前所述，乾隆四年貢士楊任弘曾獲准改名「任仁」，二十三年過世的御史趙弘恩與二十七年過世的提督史弘蘊，生前均維持原名，僅將名中上一字寫成「弘」，但大學士陳弘謀與總督李弘，則於三十二年得旨將名中的「弘」改作「宏」。此後，乾隆朝的檔案中除幾位「弘」字輩的宗室，就不再出現擁有具奏資格且其名包含「弘」字的官員。同樣地，此後各朝《起居注冊》和《實錄》中的「弘」，幾乎只可見於宗室名中的行字，另還有弘仁寺、弘恩寺、弘義閣、弘雅園、弘德殿等與皇家關係較密切的地名，以及弘治、弘光等前朝年號，而這些「弘」字當然皆缺末筆。

---

[49] 臺北故宮博物院文獻編號701005849。

圖表 5.18：乾隆朝文獻中有關李弘名字的書寫。

❖ 臺北中研院歷史語言研究所藏《內閣大庫檔》

李弘由捐納州同投效河工歷任山安同知（乾隆十五年六月二十二日）
江南河庫道按察使司僉事加叁級紀錄拾肆次李弘（十六年十一月）
淮徐河務道李弘（二十八年四月十一日）
河東總河員缺著李弘補授（二十九年六月二十九日）
總督河南山東河道提督軍務臣李弘（二十九年十月二十八日）
總督河南山東河道提督軍務臣李弘（三十年七月十三日）
總督江南河道提督軍務臣李弘（三十一年二月初五日）
上諭據李弘奏八月初八日以後黃水驟長（三十一年八月二十三日）
江南河道總督臣李弘（三十二年正月廿日）
總督江南河道提督軍務臣李弘（三十二年七月十四日）
總督江南河道提督軍務臣李宏（三十二年八月初四日）
總督江南河道提督軍務臣李宏（三十四年十月初六日）
江南河道總督臣李宏（三十六年六月二十七日）

❖ 臺北故宮博物院藏《宮中檔》

臣楊錫紱臣李弘謹（乾隆三十年閏二月十一日）
臣李弘溫如玉跪（三十年閏二月十一日）
江南河道總督管河東河道總督事奴才李弘（三十年七月廿八日）
江南河道總督臣李弘（三十年十二月廿六日）
臣高晉李弘（三十二年七月十三日）
江南河道總督臣李宏（三十二年七月二十二日）
江南河道總督臣李宏（三十二年十二月十六日）
奴才李宏（三十三年十一月十一日）

❖ 臺北故宮博物院藏《軍機處檔》

江南河道總督臣李宏（乾隆三十四年六月二十七日）
江南河道總督臣李宏（三十五年十二月初三日）
奴才李宏（三十六年七月二十二日）

❖《乾隆帝起居注》

宿虹河務同知李弘准其實授（乾隆二年十月初二日）
淮安府山安河務同知李弘（十二年二月初五日）
著宿虹同知李弘補授（十六年四月初四日）
江南河道李宏 總督（三十二年二月二十四日）
江南河道總督李宏（三十二年三月十五日）
江南河道總督李弘（三十二年十月十七日）
江南河道總督李宏（三十四年五月初四日）

然而，不以「弘」字命名的情形並非出自成文的禁令。乾隆四十七年二月二十八日署湖南巡撫李世傑奏稱逮捕《滄浪鄉志》的作者監生高治清，以其名「治清」乃欲整治清朝，因疑與曾靜、張熙案相似，遂羅織傅會，以大逆罪往捕並籍其家。李世傑並指摘該書人名中出現「弘」字，諭旨稱：

> 其名字內有稱弘遠、弘開者，尤為鄉愚無知，不足深責。若俱以違悖繩之，則如從前之趙弘恩、陳弘謀等，又將何說？

乾隆帝雖不認同與御名相重之舉，但以此只是「鄉愚無知，不足深責」，並舉先前長期未允改名的趙弘恩、陳弘謀為例，以表自己的大氣。[50]

諷刺的是，在乾隆朝的文字獄中，其實不乏主要因干犯廟諱或不避御名而導致大辟者，如四十二年的王錫侯案、四十四年的馮王孫、智天豹、石卓槐三案、四十五年的吳英案、四十六年的僧明學案（見第6章）。尤其在王錫侯案後，短短數年間就屢興涉及避諱的大獄。或自覺先前作法有些過頭，乾隆帝遂於四十七年三月轉而斥責李世傑曰：

> 此等書籍不過無識鄉愚雜湊成編，並非有心違悖者可比，何必過事吹求。李世傑即不通文理，亦應留心檢閱，乃任聽庸劣幕友、屬員謬加簽摘，以致拘泥失當，滋擾閭閻。若辦理地方事務皆似此草率，漫不經心，何以勝封疆重任耶！

五月亦呵叱皖撫譚尚忠：「從前查辦河南祝萬清家祠扁對，及湖南高治清所刻《滄浪鄉志》吹求字句，辦理太過，屢經降旨通諭各督撫，毋得拘文牽義，有意苛求，豈譚尚忠未之知耶？」且稱「朕凡事不為已甚，豈於語言文字反過於推求。各省督撫尤當仰體朕意，將此通諭中外知之」。[51]

---

50 查《康熙五十四年進士題名碑》，可見張弘俊（歷官教授）、陳弘訓（歷官知縣）、王弘培（歷官知縣），其名的第一字（「弘」「弘」相通）在乾隆以後刊刻的志書中多被諱改成「宏」（圖表4.11）。此並非當事人更名，而是依例諱改，因當時只有少數重臣獲准改「弘」為「宏」。此段參見《清代文字獄檔》，頁449-452。

51 此案參見《清高宗實錄》，卷1152，頁438、卷1153，頁442。

三、「博學鴻詞」科名新考

清廷為籠絡漢族士大夫(有些是遺民),康熙十七年正月諭稱「自古一代之興,必有博學鴻儒。振起文運,闡發經史,潤色詞章,以備顧問著作之選」,故特開制科(指為拔舉特殊人才臨時設置的考試科目),[52] 以強化其統治的正當性與合法性。因該科於翌年己未歲三月在京舉辦考試,故學界習稱為「康熙十八年博學鴻儒科」或「己未詞科」。此後又曾於雍正十一年、乾隆元年兩度詔開此科,但仍以首次的影響最深遠。[53] 作為清代少見的特科,其名目之混亂在科舉史上卻無出其右,如稱其為博學鴻儒、博學鴻詞、博學鴻辭、博學鴻才、博學宏詞、博學宏辭、博學宏儒、博學弘詞、博學弘辭、博學弘儒、鴻博、宏博等等。

有學者主張清人在乾隆朝之初為避弘曆的嫌名,改康熙十八年舉行的「博學宏詞科」為「博學鴻詞科」,以「宏」「鴻」音義皆同,故可替代。[54] 亦有稱乾隆中期為避諱乾隆帝名上一字之「弘」,故將「弘」「宏」等字樣,一律改為「鴻」,以避免文字獄。[55] 然查乾隆《文淵閣四庫全書》,雖有 303 個「博學鴻詞(/辭/儒)」,卻仍可見 1,204 個「博學宏詞(/辭/儒)」、13 個「博學弘詞(/辭)」、58,406 個「宏」、124,663 個「弘」,知兩說似均無法服人。

張亞權《康熙博學鴻儒科研究》(2004) 稱:

> 就當時實際情況而言,無論是皇帝的敕諭詔令,還是親身與薦的鴻博徵士的詩文記述,還有後來的方志文獻等等,都直稱康

---

52 《清聖祖實錄》,卷 71,頁 910。

53 佘金,《熙朝新語》,卷 10,頁 1-4;王力堅,〈清初漢文人心態的轉變及其對詩詞風氣的影響:以康熙十八年(1679)博學鴻儒科為考察中心〉。

54 參見向熹,《漢語避諱研究》,頁 351。筆者先前在《曹雪芹的家族印記》(2022)中亦未能理清此事(頁 159-160)。

55 如見 https://zh.wikipedia.org/wiki/博學宏辭科。

熙己未詞科為「博學鴻儒」，而今人反多稱之為「博學鴻詞」者。[56]

力主此科名為「博學鴻儒科」，而非「博學鴻詞科」，然因論證之取樣受限於當時的研究環境（主要依賴乾隆《四庫全書》鈔本），以致其結果與事實不符（時人的大量文本並未均直稱己未詞科為「博學鴻儒」；詳見後文）。

如今，大數據的新環境讓我們已能針對此議題進行有系統且深入的論述。透過「歷代詩文集總庫」「四庫系列數據庫」「中國基本古籍庫」「雕龍」等資料庫，現可全文檢索康、雍、乾三朝所刊刻的數千種詩文別集，亦可透過「漢籍全文資料庫」「清代歷朝起居注」「內閣大庫檔案網站」「圖書文獻數位典藏資料庫」，耙梳當時大量官方檔案中的用詞。如此，應有機會推知清人究竟是如何稱述此科，且判斷「弘」「宏」「鴻」三字的混用是否與避諱有關。

毛奇齡 (1623-1713)《西河合集》收錄《制科雜錄》，記自己應考己未詞科之始末，內對科名特加辨正（圖表 5.19），指出該科的正式名稱應為「博學鴻儒科」，但當時被誤傳為「博學宏詞科」，即使是與他同榜諸人亦尚有自署其銜為「宏詞」者。卒於康熙五十二年的毛氏，[57] 在其《制科雜錄》中主張「博學宏詞」乃前代科名，惟「世不深考」，不知「鴻儒」二字乃出自董仲舒《春秋繁露》之「能通一經曰儒生，博覽群書號曰洪儒」，[58] 且劉禹錫的〈陋室銘〉亦可見「談笑有鴻儒」句，「鴻」即「洪」也。

《西河合集》卷首亦循《制科雜錄》之說，稱：

康熙十七年上開制科，敕中外大臣各薦舉才學官人可以膺著作、備顧問者入應制試，謂之博學鴻儒科進士。兩浙巡撫陳公、

[56] 張亞權，《康熙博學鴻儒科研究》，頁 7。

[57] 胡春麗，《毛奇齡年譜》，頁 512-513。

[58] 此句未見今本《春秋繁露》，但其轉引可見於何休注，徐彥疏，《春秋公羊傳注疏》，序，頁 4。

> 分巡寧紹台道許公、福建布政司使吳公互起薦先生〔毛奇齡〕，先生凡三辭不獲，不得已就道。

此書收錄的毛奇齡年譜亦謂「時兩廣平，朝廷徵天下文學之士，倣古制科例名，博學鴻儒先後詣闕，御試賜酒饌，優禮選取五十人，皆授以翰林官」，同以該科名為「博學鴻儒科」，所取進士為「博學鴻儒」。然從毛氏特別為文辨正（姑不論其說正確與否），並稱同榜諸人亦常錯署其銜一事，知當時對此制科應無明確的名稱。此故，即使是由入選者所出版的該科履歷，亦未提及科名，僅於書首兩度引述康熙帝之御旨，稱是科乃為詔求「博學鴻儒」，以「備顧問著作之選」；至於書中各人的小傳，則均僅略謂「（己未）由薦舉御試，授翰林院〇〇」（圖表 5.20）。

圖表 5.19：毛奇齡《制科雜錄》的書影。

西河合集
蕭山毛奇齡 又名甡字初晴稿
孫眉光書夫 胡紹寧方木 校
《清代詩文集彙編》景印康熙間刻本
制科雜錄
康熙十七年吏部奉
上諭特開制科以天下才學官人文詞卓越才藻瑰
麗者 名試擢用備顧問著作之選名爲博學鴻儒
科敕內外大臣各薦舉來京行文到浙本府遵依舉
紹台分巡道檄照布政司來帖諮薦及予予初辭道
府繼辭布政司及院使皆不許先是二年間
制科雜錄

按制科始于兩漢皆詔廷親試不涉有司歷漢魏六
朝唐宋不改惟唐試科不一遂分制科與進士及明
經諸科爲二然惟親試者得稱制科又謂之大科餘
皆非是也自元明專用進士一科不用制科即有薦
舉擢用如賢良方正等皆不經名試有薦舉而無科
目因謂以進士科爲制科且以八比文爲制舉文而
典制與名稱俱失之矣至是始開科實別于八比而
世仍未之曉也
是時相傳爲博學宏詞科按博學宏詞爲前代科名
此並非是但世不深考不曉鴻儒所自出遂以宏詞
當之即同試與同籍諸公亦尚有自稱其銜爲宏詞
者不知鴻儒二字出自董仲舒繁露有云能通一經
者曰儒生博覽羣書者號曰洪儒故其後作雁塔銘
者曰談笑有鴻儒鴻即洪也猶古洪水稱鴻水也
制科雜錄 一

圖表 5.20： 康熙己未詞科的履歷。[59]

康熙十八年鴻博姓氏錄（中國國家圖書館藏鈔本）

康熙十七年正月二十三日
上諭諭吏部自古一代之興必有博學鴻儒振起文
運闡發經史潤色詞章以備顧問著作之選朕
萬幾特暇遊心文翰思得博洽之士用資典學

康熙十八年正月十七日
上諭諭吏部朕以萬幾時暇留心經史思得博學鴻儒
備顧問著作之選故特頒諭旨令內外諸臣各
舉所知膺薦人員已經陸續到部欲行考試因
天寒晷短恐其難於屬文弗獲展厥蘊抱今天
氣漸已融和應定期考試所有合行事宜爾部
會同翰林院詳議具奏特諭

康熙己未鴻詞科名賢履歷　同治九年庚午董[illegible]敬題

李鎧
曾祖應光 勅贈文林郎山東平陰縣知縣
祖潤民 前甲午亞魁任山東武城平陰兩縣知縣政蹟載邑誌
父天定 邑庠生 勅贈文林郎四川綏陽縣知縣
母丘氏 勅封太孺人前丙辰進士行人
字公凱號[illegible]南淮安府[illegible]民籍庚[illegible]百八十五名 殿試三甲一百五十[illegible]觀政授四川綏陽知縣壬子本省同考補[illegible]平知縣己未由薦舉 御試授翰林院編修
伯祖潤國 歲貢任江都訓導　潤身　潤澤[illegible]
伯天秩 郡庠生　天敘　天翼　天[illegible]
天竑
嫡伯天[illegible]

喬萊
曾祖邦從
祖份 勅贈儒林郎河南道監察御史
祖母沈氏 勅贈太安人
父可聘 勅封內閣中書舍人前壬戌進士掌河南道監察御史巡按浙江中書科中書舍人典試山西崇祀鄉賢
母丘氏 勅封孺人癸未進士山西冀寧道叅政德峻公女乙未進士翰林院侍講見任大理寺寺副曙戒公見任翰林院檢討季貞公胞妹
字子靜號石林行三戊子年二月初四日生江南揚州府寶應縣民籍癸卯二十五名丁未十一名殿試二甲二十三名庚戌考授內閣中書第二名壬子順天同考己未由薦舉 御試授翰林院編修
伯可仕
兄蔭 太學生
胞兄邁 增廣生　英 歲貢候選訓導　胞弟薇 庠生

湯斌
曾祖希范 貢士趙城縣丞
祖敏 庠生孝友著聞詳載鄉誌
父祖契 庠生 誥封中憲大夫陝西按察司副使
前母劉氏 誥贈恭人
母趙氏 誥贈恭人壬午殉難奉旨建坊旌表特祠春秋祭祀
字孔伯號荊峴一號潛菴行二丁卯年十月二十日生河南歸德府睢州民籍戊子三十四名己丑一百九十九名壬辰 殿試三甲一百六十七名授弘文院庶吉士甲午陞國史院檢討乙未奉 上諭加一級外用丙申補陝西整飭潼關兵備道按察司副使戊戌遇 覃恩誥授中憲大夫己亥陞江西分守嶺北道布政使司叅政庚子告病回籍己未由薦舉 御試授翰林院侍講

周清原
曾祖雲 太學生
具慶下
字雅楫號旦朴行一甲午年七月初九日生江南常州府武進縣民籍國子監監生由薦舉 御試授翰林院檢討
叔復建　復鎮　曰篁 辛卯舉人　從[illegible] 恩貢見任真定教諭　袞 辛卯舉人河間同知
堂城 甲辰探花見任知縣　弘 翰林院侍講　宏振 丁己舉人　銘新　起鎬　邦鼎 甲辰進士見任鄒城縣知縣
（天津圖書館藏康熙刻本）

---

59 二書之名皆收藏者自題，原應為同書。《康熙己未鴻詞科名賢履歷》乃殘缺之康熙刻本（不避「丘」「弘」），《康熙十八年鴻博姓氏錄》的內容則較完整（包

在圖表 5.21 臚列的康熙朝所刻詩文別集當中，共出現「博學弘詞（／辭／儒）科」5 次、「博學宏詞（／辭／儒）科」12 次、「博學鴻詞（／辭／儒）科」5 次，然因康熙朝的官方檔案中尚未見「博學〇〇科」之類的記述，疑這些均屬民間說法，康熙帝當時應只是在「三藩之亂」初步平定之際，欲用此試來緩和民族矛盾，並羈縻漢人士大夫（無旗人應試），取中者俱授翰林官，負責纂修《明史》。[60]

換句話說，己未詞科原本就不是一般授予科名的考試，被薦舉之人（即諭旨所謂的「博學鴻儒」）更不乏有已出仕或登科的情形。耙梳《康熙十八年鴻博姓氏錄》，可知在獲選的 50 人當中，有 23 人原為進士，湯斌、邵吳遠、秦松齡、沈筠 4 人甚至已改庶吉士。至於現任京官者，有行人司行人汪霦、太常寺博士王頊齡、內閣典籍陸棻，及內閣中書喬萊、袁佑、曹禾；現任外官者，有知縣李鎧及教諭汪楫。此外，江西布政司參政（從三品）湯斌及戶部主事（正六品）汪琬，皆以告病回籍；江西布政司參議（從四品）施閏章及江南布政司參議李來泰，皆以裁缺候補。

亦即，康熙帝於十八年舉行此試時，並不視其為常科的一種，故未訂定科名。稍後大家在提及此事時，或為便於記述，有人乃以唐、宋時的制科「博學宏詞（／辭）科」（開元十九年始見）稱之。[61] 但因己未詞科的考試內容與前代不同，[62] 康熙帝又明確以取中之士為「博學鴻儒」，在名稱上作出區別，以昭彰此「一代之興」的盛典，康熙朝遂出現「鴻」「弘」

含相關諭旨及各人履歷；不避「胤」「丘」「弘」），應於康熙間抄自原刻本，但其中的〈薦舉未錄姓氏〉三葉（避「弘」「奕」「淳」「顒」），則為同治以後抄補。

60 趙剛，〈康熙博學鴻詞科與清初政治變遷〉。

61 如查「中國基本古籍庫」「中國方志庫」「歷代詩文集總庫」「四庫系列數據庫」中的景宋本或宋刻本，共可發現 48 個「博學宏詞」、24 個「博學宏辭」，但無一以「鴻」或「弘」代「宏」字者。

62 張亞權，《康熙博學鴻儒科研究》，頁 115-119。

「宏」或「儒」「詞」「辭」混見的情形。如陳枚的別集中即用「博學鴻詞」「博學宏詞科」「博學弘詞」「博學弘辭」、毛際可用「博學宏詞」「博學弘辭」「博學弘詞」「博學弘儒」、方象瑛用「博學宏辭」「博學鴻辭」「博學宏詞」、高士奇用「博學弘詞科」「博學鴻詞科」「博學宏詞科」、范鄗鼎用「博學鴻辭」「博學鴻詞」「博學宏詞」、郭棻用「博學宏詞」「博學鴻儒」「博學鴻詞」，一書混用兩詞的情形更多（圖表 5.21）。此事更因「弘」字與乾隆帝御名相重，而令現今學界眾說紛紜、治絲益棼。

在耙梳「歷代詩文集總庫」時，發現題為康熙刻本的洪若皐《南沙文集》（該資料庫未提供出處，但應與《四庫全書存目叢書》所收者相同），記己未詞科為「博學弘詞」，且該本共出現 42 個「弘」、7 個「弘」、1 個「弭」，不少「曆」字亦寫成「曆」，然康熙刻本情理上不應避乾隆帝名！經對照《清代詩文集彙編》的康熙二十八年初刊本（未避乾隆帝名）後，知《四庫全書存目叢書》所收乃乾隆以後的後印本，此故，大多數原雕版上的「弘」與「曆」皆被挖改成「弘」與「曆」，少數尚可見殘留的筆劃。且由於書中的 4 個「琰」字並未避嘉慶帝御名，推判《四庫全書存目叢書》所收乃乾隆間據康熙刻本挖改之本（圖表 5.22）。

另查保存原檔形式的《起居注冊》，在康、雍兩朝共見謝鴻儒、譚鴻儒、李弘儒、范弘儒、王弘儒、畦宏儒等 6 個相近人名，其名雖歧出，但取意應同。且康熙朝《起居注冊》中共四次提及己未詞科事，卻分別用了「博學鴻儒」「博學弘詞」「博學宏辭」「博學宏詞」四種不同表述（圖表 5.23），知當時官方對此試或其取中之人應無正式稱謂。

圖表 5.21：康熙朝所刻詩文別集中記載的己未詞科。*

出處	內容
陸次雲，《北墅緒言》（康熙二十三年刊本），卷 4	「謝薦舉博學弘詞啟」
林麟焻，《玉巖詩集》（康熙二十三年刊本），王士禛序	「康熙十七年有詔求宏博之士，四方耆碩名流雲集響赴，既而試弘仁閣下」
郎遂，《杏花邨志》（康熙二十四刊年），卷 5，頁 7 及又 7	「〔鄧漢儀〕由博學弘詞科授中翰」「〔尤侗〕至康熙己未保舉博學宏詞科」
黃宗羲，《南雷文定》（康熙二十七年刊本），前集，卷 7，頁 13、三集，卷 2，頁 2；黃宗羲，《四明山志》（康熙四十年刊本），本傳	「維崧〔陳維崧〕以博學宏儒徵入史局」「會舉博學鴻儒，訒庵遂以余〔黃宗羲〕之姓名面啟皇上」；「十七年詔徵博學鴻儒，掌翰林學士葉方藹擬疏薦」
李念慈，《谷口山房文集》（康熙二十八年刊本），卷 2，頁 37	「戊午，上命內外諸臣舉博學宏辭之士……維時念慈〔李念慈〕亦謬廁其末」
耿介，《中州道學編》（康熙三十年刻補修本），卷 2，頁 80	「戊午詔舉博學鴻儒，魏公象樞、金公鋐交疏薦公〔湯斌〕，單車就道」
毛師柱，《端峰詩選》（康熙三十三年刊本），頁 11	「時峩嵋〔曹禾〕為三相國薦舉博學弘詞」
徐釚，《南州草堂集》（康熙三十四年刊本），卷 22，頁 10	「予〔徐釚〕舉博學宏詞科，出吾師真定相國蒼巖梁公之門」
趙士麟，《讀書堂綵衣全集》（康熙三十六年刊本），卷 14，頁 7	「雷岸〔龍燮〕以博學弘詞薦，上親試，擢之，由檢討而宮允」
李天馥，《容齋千首詩》（康熙三十六年刊本），七言古，頁 3	「〔李因篤〕時應博學鴻詞，舉御試稱旨，擢檢討，旋請告養母」
# 孫光祀，《膽餘軒集》（康熙三十六年刊本），疏稿目錄	「薦舉博學弘辭疏」
# 法若真，《黃山詩留》（康熙三十八年刊本），書首傳、書末跋	「閣臣薦應弘詞科，徵至京，終不就試，受其名以歸」「舉弘詞科不就」
吳綺，《林蕙堂全集》（康熙三十九年刊本），卷 14，頁 15	「聞其年〔陳維崧〕以博學弘詞薦，為賦短歌」
陸隴其，《三魚堂文集》（康熙四十年刊本），附錄，頁 7	「適詔舉博學鴻辭，同郡工部吳公準菴遂以先生〔陸隴其〕名薦，會丁父憂，不果應試」
韓菼，《有懷堂文藁》（康熙四十二年刊本），卷 5，頁 2、卷 16，頁 16	「方徵博學鴻儒時，廷臣得舉所知，余亟欲以先生〔姜宸英〕薦」「李翰林因篤、趙參政進美、秦檢討松齡等，公為學士時薦以應博學宏詞科者也」

出處	內容
方象瑛，《健松齋集》（康熙四十年續刻本），卷1，頁8、卷1，頁39、卷3，頁5、卷18，頁5、續集卷7，頁12	「詔舉博學宏辭之士備顧問，公既擅揚馬之才，兼優吏事，當事以公名應徵」「戊午春詔舉博學鴻辭之士，今撫軍宛平金先生暨少司農嚴先生，皆首以象瑛應」「戊午春詔舉博學鴻辭之士，召試體仁閣，擢五十人官翰林，纂修明史，毘陵蓉湖周君〔周清原〕裒然高等，余〔方象瑛〕不敏亦濫與焉」「值天子詔舉博學宏辭，備顧問，先生〔方象瑛〕應其選，躋於侍從之列」「丁巳余〔方象瑛〕謁選入都，明年詔舉博學宏詞之士，謬膺辟命」
王熙，《王文靖公集》（康熙四十六年刊本），卷18，頁22	「尋開博學弘辭科，公〔沈荃〕所薦汪君霦授翰林院編修、袁君佑授檢討」
徐旭旦，《世經堂初集》（康熙四十八年刊本），康熙四十六年徐元正序、卷5，頁20、卷10，頁32	「為和碩親王尚善貝勒延置幃幄十餘年間，凡一應條陳奏議……實出自吾弟〔徐旭旦〕手也，己未應博學宏辭科」「歲戊午主人應詔博學鴻辭科」「己未薦舉應博學鴻辭科」
# 陳廷敬，《午亭文編》（康熙四十七年刊本），卷39，頁1	「前年冬足下〔畢振姬〕應博學宏儒科至京師，其時某直禁中」
陸棻，《雅坪詩稾》（康熙四十七年刊本），卷6，頁13、書末神道碑銘	「太史〔錢悅江〕與余〔陸棻〕同試博學宏詞科」「〔陸棻〕欽召博學宏詞科」
陳枚，《留青新集》（康熙四十七年刊本），卷1，頁49、卷4，頁40、卷10，頁47、卷14，頁86	「應博學鴻詞舉，蒙恩召試，官翰林」「後置博學宏詞科，頌、贊二題皆出」「或博學弘詞之是選，或賢良方正之同升」「返里後聞有博學弘辭之徵」
朱彝尊，《曝書亭集》（康熙五十三年刊本），卷52，頁13、卷73，頁5及8、卷76，頁10、卷80，頁2、書末墓誌銘	「康熙己未召試博學宏詞之士」「十七年有詔，舉博學宏詞，備顧問，君〔喬萊〕被薦」「會天子特開博學宏詞科，徵文學之士……天子拔置一等，授〔汪楫〕翰林院檢討」「詔在廷諸臣暨外督撫大吏，各舉博學之彥，毋論已仕、未仕徵詣闕」「歲戊午天子思得博學文儒，備顧問著作之選，君〔李良年〕被薦」「後舉博學鴻詞，授官翰林」
# 章大來，《後甲集》（康熙五十六年刊本），卷下，頁18	「徐仲山〔徐咸清〕先生舉博學宏詞科，未雋而歸」

出處	內容
陳僖，《燕山草堂集》（康熙六十年刊本），康熙二十二年李爵序、卷 2，頁 39	「歲戊午〔陳僖〕以博學鴻儒薦召試闕下，復不遇」「皇帝御極之十七年戊午詔舉天下博學弘才，以備顧問著作之選……黃子俞邰〔黃虞稷〕其一也」
孫枝蔚，《溉堂集》（康熙間刊本），續集序、後集康熙二十三年王澤弘序、後集康熙六十年孫匡序、後集卷 2，頁 20	「關中孫豹人〔孫枝蔚〕先生召試博學宏辭」「戊午秋上有博學弘詞之選，先生〔孫枝蔚〕以應召至京師」「己未歲以六科書雲李公等疏名公薦，應上博學弘詞之召」「己未歲辰六〔江闓〕曾與予〔孫枝蔚〕同膺博學弘詞之薦」
黃石麟，《半蕪園集》（康熙六十一年刊本），卷 6，頁 14	「戊午〔李來泰〕以博學鴻詞徵，明年授翰林院侍講」
汪琬，《鈍翁續稾》（康熙間刊本），卷 27，頁 14-15	「〔李良年〕應博學宏儒舉，諸儒竝集闕下」
王頊齡，《世恩堂集》（康熙間刊本），序	「今上之十七年，舉用天下博學宏辭之儒」
張能鱗，《西山集》（康熙間刊本），卷 9，頁 13	「戊午孟春制詔中外大臣臺省，各舉博學鴻詞以備顧問」
沈珩，《耿巖文選》（康熙間刊本），賀湯潛菴先生……六十初度序	「康熙戊午詔舉天下方聞弘博之儒，睢州湯潛菴〔湯斌〕先生以中大夫應聘至京師，珩〔沈珩〕亦謬厠其後」
柯煜，《小幔亭詩集》（康熙間刊本），敘	「敬一〔柯崇樸〕、緘三〔柯維楨〕應博學宏詞科，以詩文名天下」
孔毓埏，《拾籜餘閒》（康熙間刊本），頁 3	「己未〔傅山〕以博學宏詞徵聘至京，以老病辭，欽授中書舍人，特放還家」
惠周惕，《硯谿先生集》（康熙間刊本），文集，頁 1	「〔田雯〕嘗舉博學宏詞矣」
張聯元，《天台山全志》（康熙間刊本），卷 13，頁 4	「康熙己未〔潘耒〕舉博學鴻詞」
徐乾學，《憺園文集》（康熙三十六年刊本），卷 20，頁 13、卷 21，頁 21、卷 28，頁 19、卷 29，頁 26、卷 31，頁 20	「會有詔徵天下宏博之士，余首以其〔黃與堅〕姓名言之當事」「適會天子下詔求博學宏辭之彥，備左右顧問，執政素知峩眉〔曹禾〕，遂以其名上，而陳子〔陳玉璂〕亦與焉」「有詔舉博學鴻儒，公舉處士應撝謙、李因篤等」「適朝廷下詔舉博學鴻儒……大學士宋文恪公以其年〔陳維崧〕名上」「今上戊午詔舉博學鴻儒，司寇魏公以公〔湯斌〕名上」

出處	內容
尤侗，《西堂集》（康熙間刊本），卷 7，頁 25、〈徐乾學序〉	「戊午，侗〔尤侗〕以博學鴻儒徵御試」「詔舉博學鴻儒用備顧問，中外大臣交薦先……即博學鴻儒之選，亦先生〔尤侗〕致身廊廟之階」
佟賦偉，《二樓紀略》（康熙間刊本），卷 2，頁 15	「〔施閏章〕後以博學鴻詞中制科」
陳軾，《道山堂文集》（康熙間刊本），卷 4，頁 5	「戊午歲有薦其〔黃周星〕博學弘詞於朝者，當事促之應辟，九煙〔黃周星〕投井中而死」
高士奇，《青吟堂全集》（康熙間刊本），卷 7，頁 5、苑西集，卷 3，頁 8、隨輦集，卷 4，頁 3	「試博學弘詞科，羨門〔彭孫遹〕名在第一」「譚舟石，諱吉璁……應博學鴻詞科，卒官登州府知府」「康熙十七年三月初一日御試博學宏詞科於太和殿」
何絜，《晴江閣集》（康熙間刊本），卷 10，頁 20 及 25	「今朝廷向慕博學弘詞之士，特簡舊臣，中首徵閣下〔湯斌〕，復入官翰林」「今閣下〔湯斌〕仰膺朝廷特恩，以博學弘詞徵入翰林，總持史局」
宋廣業，《蘭臯詩鈔》（康熙間刊本），卷 1，頁 10	「〈吳江訪潘次耕〔潘耒〕、徐電發〔徐釚〕〉……時詔行博學弘詞科」
毛際可，《安序堂文鈔》（康熙間刊本），卷 4，頁 11、卷 5，頁 6 及 19、卷 10，頁 3、卷 12，頁 1-2	「迨戊午同〔王紫綬及毛際可〕應博學宏詞之召」「余〔毛際可〕曩以博學弘辭之徵」「歲戊午國家以博學宏詞徵召天下士」「〔徐釚〕屈首場屋……一旦膺聖天子博學弘詞之選……可謂極儒臣之榮」「故人官京師者將以博學弘儒薦，〔陳廷會〕固辭乃免」
龐塏，《叢碧山房詩》（康熙間刊本），二集卷 6，頁 17、三集，宋恭貽序	「崔諱如岳……召試博學鴻儒，授翰林院檢討」「先生〔龐塏〕與艮齋〔尤侗〕同中博學弘詞科，同官翰林」
# 洪若皐，《南沙文集》（康熙間刊本），卷 4，頁 18	「今上……廣徵博學弘詞，悉列之金門玉堂之中，侍書講幄，簪筆史館」
范鄗鼎，《五經堂文集》（康熙間刊本），〈崇祀鄉賢錄〉、〈草草草〉，書 3	「戊午薦舉博學鴻辭，告病免召」「戊午薦舉博學鴻詞，徵君確守終養之例，告病堅辭」「去歲于制科外特舉博學宏詞，選五十人授之詞林」
潘耒，《遂初堂文集》（康熙間刊本），卷 18，頁 6	「康熙戊午年詔舉博學鴻儒，公卿交章推薦〔尤侗〕，召試保和殿前，擢置高等，授翰林檢討，纂修明史」

出處	內容
江闓，《江辰六文集》（康熙間刊本），康熙二十三年姚淳燾序、卷7，頁6	「己未〔江闓〕應弘博之詔，復以飛鳥污卷之異，不得與炊珠」「今上下徵辟博學鴻詞之令，公毅然為之倡……連名疏薦闓〔江闓〕等二十有四人」
熊開元，《魚山剩稿》（康熙間刊本），卷6，頁11	「今日海內人士能率公一言，於博學弘詞無忝矣」
郭棻，《學源堂文集》（康熙間刊本），康熙三十年于成龍序、卷1，頁19、卷5，頁42、卷18，頁25	「舉博學宏詞，使人得抉天地之蘊」「己未朝廷詔求天下博學鴻儒，纂修明史，為中外所交薦，學士〔湯斌〕以病辭不免，至則官以翰林侍讀，為史館副總裁」「〔杜越〕康熙己未應博學鴻儒薦，以老辭，詔授中書舍人銜」「試設博學鴻詞之目，應運者將輩起」
# 李來章，《禮山園文集》（康熙間刊本），卷1，頁28	「今天子於己未之歲亦嘗開博學鴻詞科，網羅海內耆宿」
毛奇齡，《西河文集》（康熙間刊本），卷首，頁19、年譜，頁17	「康熙十七年上開制科……謂之博學鴻儒科進士。兩浙巡撫陳公、分巡寧紹台道許公、福建布政司使吳公互起薦先生〔毛奇齡〕，先生凡三辭不獲」「時兩廣平，朝廷徵天下文學之士，倣古制科例名，博學鴻儒先後詣闕，御試賜酒饌，優禮選取五十人，皆授以翰林官」
喬萊，《石林集》（康熙間刊本），歸田集卷2、拾遺集	「〔丘象隨〕以博學鴻儒薦，召試授翰林院檢討」「天子下詔舉博學鴻儒……公〔倪燦〕名在第二」「有欲薦已畦〔葉燮〕赴博學宏詞之召，已畦辭免」
丘嘉穗，《東山草堂文集》（康熙間刊本），卷8，頁2	「康熙十七年薦舉博學鴻儒，召試闕下之例，令中外官各舉所知，不拘品秩」
邵長蘅，《邵子湘全集》（康熙間刊本），青門旅稟，卷1，頁12	「康熙十八年詔舉博學鴻詞，海內之士應詔集闕下者百餘人，上親試之，得五十人，悉命官翰林，纂修明史」
安致遠，《玉磑集》（康熙間刊本），卷4，頁16-17	「戊午天子思得博學宏詞之儒……〔李澄中〕稱上旨，特授翰林院檢討」

* 此表已系統地耙梳並整理出「雕龍」（以《續修四庫全書》為主）「歷代詩文集總庫」「中國基本古籍庫」等資料庫中的相關材料；至於「四庫系列數據庫」（以《四庫禁燬書叢刊》《四庫未收書輯刊》《四庫全書存目叢書》為主），則僅選錄較具代表性者，應已頗能反映康熙時人的狀況。至於別集名前加註的「#」，表示該本出現「弘」字，知應非康熙初刻本，而是遭挖改的後印本。

圖表 5.22：洪若皐《南沙文集》的康熙刻本及其乾隆挖改本。

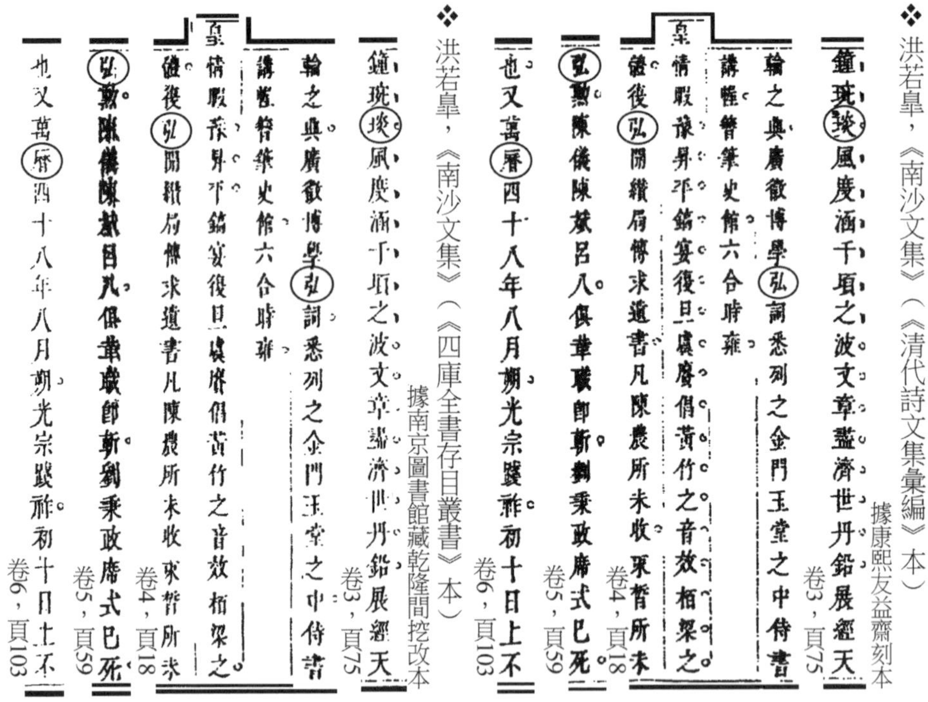

❖ 洪若皐，《南沙文集》（《清代詩文集彙編》本）
據康熙友益齋刻本

鐘、瑛（琰）、風、度、涵、千、頃、之、波。文、章、蓋、濟、世、丹、鉛、展、經、天 卷3，頁75

輪之與廣徽博學（弘）詞悉列之金門玉堂之中侍書
譜牒暨筆史館六合時雍
宸情暇豫昇平歸宴後日虞賡倡黃竹之音效栢梁之
體後（弘）開緝局博求遺書凡陳農所未收采晢所未 卷4，頁18

（弘）勳。陳儀陳慕呂凡俱華職郎斬劉秉政席式已死 卷5，頁59

也又萬（曆）四十八年八月朔光宗踐祚初十日上不 卷6，頁103

❖ 洪若皐，《南沙文集》（《四庫全書存目叢書》本）
據南京圖書館藏乾隆間挖改本

鐘、瑛（琰）、風、度、涵、千、頃、之、波。文、章、蓋、濟、世、丹、鉛、展、經、天 卷3，頁75

輪之與廣徽博學（弘）詞悉列之金門玉堂之中侍書
譜牒暨筆史館六合時雍
宸情暇豫昇平歸宴後日虞賡倡黃竹之音效栢梁之
體後（弘）開緝局博求遺書凡陳農所未收采晢所未 卷4，頁18

（弘）勳。陳儀陳慕呂凡俱華職郎斬劉秉政席式已死 卷5，頁59

也又萬（曆）四十八年八月朔光宗踐祚初十日上不 卷6，頁103

在康熙朝刊刻的詩文集中（許多作者皆為己未詞科被薦舉之當事人或其親友），亦同樣屢有將康熙諭旨所謂的「博學鴻儒」，稱作「博學之彥」「博學弘詞之士」「博學弘才」「宏博之士」「博學宏辭之士」「博學宏詞之士」「博學宏辭之儒」「博學宏詞之儒」「博學鴻儒科進士」的情形（圖表 5.21）。雍正九年成書之《清聖祖實錄》（未避「弘」字，知該書抄寫於乾隆即位之前）以及「中國方志庫」收錄之康熙年間所刻志書，也可見「博學宏詞」「博學弘詞」「博學鴻詞」等各種用法（圖表 5.24）。此外，作為簡稱的「鴻博」亦有「宏博」「弘博」之異詞（圖表 5.21）。

圖表 5.23：清代官方檔案中對「博學鴻詞科」的各種異稱。

日期	內容	出處
康熙十八年三月初一日	「上親試內外諸臣薦舉博學鴻儒一百四十三人」	《起居注冊》
康熙二十一年四月初七日	「明珠奏曰汪楫係薦舉博學弘詞，揚州人，家貧，人優」	《起居注冊》
康熙二十三年六月初五日	「有薦舉博學之人，由貢監出身者多，彼自己學問尚且不堪，何能辨別他人文字高下」	《起居注冊》
康熙二十六年十月二十二日	「李鎧原係知縣，薦舉博學宏辭，為人平常，學問亦平常」	《起居注冊》
康熙三十三年十二月十七日	「張德地署理延綏巡撫印務時，為舉博學宏詞，疏稱延安地窄盡皆沙磧，並無博學宏詞……朱弘祚以此等謬言陳奏殊屬不合」	《起居注冊》
雍正七年六月十八日	「呂留良……妄為大言，棄去青衿，忽追思明代，深怨本朝，後以博學宏辭薦」	《起居注冊》
雍正十一年四月初八日	「朕惟博學鴻詞之科，所以待卓越淹通之士，俾之黼黻皇猷，潤色鴻業，膺著作之任」	《清實錄》
雍正十二年九月二十八日	「令內外大臣薦舉博學鴻詞……其人既可膺博學鴻詞之薦……鍾保奏稱所屬境內足備博學鴻詞之選者無憑保送」	《起居注冊》
雍正十三年五月十三日	「襲封衍聖公府為奏聞事……茲復特開博學鴻詞科，命內外大臣悉心延攬」	《內閣大庫檔》108257
雍正十三年（乾隆未登基）	「石麟疏稱欽奉上諭薦舉博學鴻詞……」（疏內共有五個「博學鴻詞」記雍正制科事）	《內閣大庫檔》119924
雍正十三年十二月初一日	「劉元燮謹奏為請廣薦舉博學鴻詞之途……伏查康熙十七年保舉博學鴻儒……」	《宮中檔》奏摺故宮 008797
雍正十三年十二月廿九日	「王士俊謹奏為欽奉上諭事……」（疏內共有三個「博學宏詞」記雍正制科事）	《內閣大庫檔》011852
雍正十三年	「吳應棻奏為奉旨保舉文行俱優之員入博學鴻詞科事」（「一史館」即第一歷史檔案館）	一史館檔 03-0038-005
乾隆元年二月初六日	「徐本僊、陳以剛俱經保薦博學鴻詞……伊等既經保薦博學鴻詞，着照梅枚之例先行考試」	《起居注冊》
乾隆元年二月二十日	高其倬揭報（內兩個「博學鴻儒」指康熙己未詞科，八個「博學鴻詞」記雍、乾制科事）	《內閣大庫檔》117710

日期	內容	出處
乾隆元年 三月初五日	「許佩璜既經保舉博學鴻詞，着照梅枚之例交與內閣，先行考試再赴新任」	《起居注冊》
乾隆元年 三月	「李衛奏為保送博學鴻詞人員事」	一史館檔 03-1163-002
乾隆元年 四月二十七日	「張廷玉題為彙呈各內外大臣保舉博學鴻詞人選，原任翰林院編修萬經等五員，均係革職解退回籍，保舉博學鴻詞與例不符，應否准其一體考試」（疏中共有六個「博學鴻詞」記雍、乾制科事）	《內閣大庫檔》 117706
乾隆元年 四月二十八日	「〔楊馝謹題為欽奉上諭……〕恭紹世宗憲皇帝之曠典……復煥博學鴻詞科之恩綸」	《內閣大庫檔》 119449
乾隆元年 五月初一日	「嵇曾筠奏為欽奉上諭謹選原任江西臨江府知府胡期頤、翰林院庶吉士杜詔研，堪膺博學鴻詞之選事」	一史館檔 04-01-12-0003-056
乾隆元年 六月二十一日	「張廷玉題為遵議大學士管理浙江總督事務嵇曾筠薦舉原任江西臨江府知府胡期頤博學鴻詞事」	一史館檔 02-01-03-03306-002
乾隆元年 七月二十九日	「〔盧焯揭為〕潘思光等十員……足備博學鴻詞之選」（疏內兩個「博學鴻儒」指康熙己未詞科，十個「博學鴻詞」記雍、乾制科事）	《內閣大庫檔》 073245
乾隆元年 九月十五日	「鄂爾泰等奏保舉博學鴻詞現在應行考試者共一百七十六員」	《起居注冊》
乾隆元年 九月二十一日	「張廷玉題為遵議福建巡撫盧焯等薦舉安溪縣學生員潘思光等博學鴻詞事」	一史館檔 02-01-03-03307-014
乾隆元年 九月二十一日	「〔張廷玉等……〕保舉博學鴻詞……」（疏內有四個「博學鴻詞」、五個「博學鴻詞」、一個「鴻博之選」記雍、乾制科事）	《內閣大庫檔》 048274
乾隆元年 九月二十二日	吏部文選司為京外保舉事（疏內有「鴻博」「博學鴻詞」各一個，記雍、乾制科）	《內閣大庫檔》 085301
乾隆元年 九月二十三日	吏部文選司為知會事，「啟奏博學鴻詞人數并考試日期」	《內閣大庫檔》 213733
乾隆元年 九月二十五日	吏部文選司為移會事（疏內有三個「博學鴻詞」記乾隆制科）	《內閣大庫檔》 085299
乾隆元年 九月二十五日	吏部文選司為移會事（疏內有兩個「博學鴻詞」記乾隆制科）	《內閣大庫檔》 213744

日期	內容	出處
乾隆元年 九月二十七日	「鄂爾泰等奏考試博學鴻詞試卷請欽點大臣閱看」	《起居注冊》
乾隆元年 九月二十八日	吏部文選司為移會事（疏內有一個「博學鴻詞」記乾隆制科）	《內閣大庫檔》 085280
乾隆元年 十月初三日	「鄂爾泰張廷玉侍郎邵基奏閱看博學鴻詞卷，共一百七十二號」	《起居注冊》
乾隆元年 十月	「鄂爾泰奏議考取博學鴻詞人員授職事」	一史館檔 03-0055-023
乾隆元年 十月	「鄂爾泰奏報考取博學鴻詞一二等名次事」	一史館檔 03-1163-010
乾隆元年 十一月十二日	「禮部尚書任蘭枝等濫舉博學鴻詞人員，應分別降級罰俸」	《起居注冊》
乾隆二年 七月初八日	「考試博學鴻詞摺內受卷、彌封、收掌各處於內閣官員內各派一員……」	《內閣大庫檔》 175488
乾隆二年 七月十三日	「考試博學鴻詞所有試卷照例行文禮部備辦……」	《內閣大庫檔》 175380
乾隆二年 七月十六日	「張廷玉帶領考取博學鴻詞萬松齡、朱荃、洪世澤、張漢引呈，并帶領引見」	《起居注冊》
乾隆九年 二月十一日	「陳大玠奏請將兩科考取博學鴻詞人員姓名、籍貫，在國子監合建一碑事」	一史館檔 03-1116-002
乾隆九年 三月十四日	「鄂爾泰題為兩科考取博學鴻詞合建一碑事」（檔號 02-01-005-022774-0003）	一史館檔
嘉慶四年 十二月初一日	「請申明定限舉行廕生、孝廉方正、博學鴻詞……」	《起居注冊》
嘉慶二十五年 十二月十一日	「蔣雲寬奏為需才孔亟，請照例詔舉博學宏詞廣收才俊事」（檔號 04-01-01-0612-011）	一史館檔
道光三十年 三月廿八日	「請復開博學鴻詞科以廣儲人才」	《起居注冊》
道光三十年 四月十一日	「惠豐奏為遵議殿試字數楷字，並復開博學鴻詞科事」	一史館檔 03-3682-015
同治九年 十二月初九日	「比照博學宏詞及拔貢、優貢朝考之例，特予廷試」	《起居注冊》
光緒二十七年 四月十七日	「允宜敬遵成憲，照博學鴻詞科例開經濟特科，於本屆會試前舉行」	《起居注冊》

圖表 5.24：康熙朝志書與《清實錄》中對「博學鴻詞科」的各種異稱。

❖《鄞縣志》（康熙二十五年刊本）

陳鴻績字子遜任睢陽令惠政著聞康熙戊午應博學鴻儒薦赴試待授翰林院檢討未

卷17，頁86

❖《常熟縣志》（康熙二十六年刊本）

應康熙己未年博學宏詞科

卷20，頁9

❖《杭州府志》（康熙三十三年增補二十五年刊本）

上親試博學鴻儒

卷37，頁46

❖《寧陵縣志》（康熙三十二年刊本）

今上詔舉博學弘詞

卷8，頁34

❖《休寧縣志》（康熙三十二年刊本）

汪楫 字舟次西門 博學弘詞科

卷5，頁47

❖《常州府志》（康熙三十四年刊本）

曹禾 中書舍人舉博學宏儒 纂修明史歷陞祭酒著

卷17，頁43

❖《徽州府志》（康熙三十八年刊本）

康熙己未 特開博學弘詞科

卷10，頁10

❖《錢塘縣志》（康熙五十七年刊本）

博學鴻詞科康熙十七年

卷10，頁3

❖《清實錄》

進剿復遣將軍傅弘烈都統勒貝等率兵攻

康熙十七年四月初五日

太皇太后宮問安○試內外諸臣薦舉博學鴻
儒一百四十三人於體仁閣賜宴試題璿璣

康熙十八年三月初一日

（庚戌）授薦舉博學宏詞邵吳遠為侍讀湯

康熙十八年五月十七日

銜侍讀學士蔣弘道侍講學士崔蔚林嚴我

康熙十九年五月初三日

爭原任四川巡撫張德地署理延綏巡撫時
曾奏延安邊地並無可舉博學宏詞之人原

康熙三十三年十二月十七日

宴○封二十四阿哥允祕為和碩諴親王
皇四子弘曆為和碩寶親王皇五子弘晝為和
碩和親王○

雍正十一年二月初七日

是以鑠閎廣穎書院賜金開繙譯之科舉鴻
博之典下第之士給以歸資又詢其所就而

雍正十三年八月二十三日

為儀嬪遣官讀冊致祭如例○御試博學鴻
詞一百七十六員於保和殿命大學士鄂爾

乾隆元年九月二十八日

雍正帝於十一年四月初八日宣布將重開此一曠典，諭旨稱「朕惟博學鴻詞之科，所以待卓越淹通之士，俾之黼黻皇猷，潤色鴻業，膺著作之任，備顧問之選」，[63] 明確以「博學鴻詞」為科名，目的是考選文藻瑰麗的詞臣，以替朝廷塑造盛世風華之形象。惟因薦舉人數太少（至翌年僅得三人），故一直稽遲召試，接著又逢胤禛驟崩，至乾隆元年才正式開科（圖表 5.25）。查雍正十一年以迄乾隆末的官方文檔，絕大多數均已用「博學鴻詞」稱雍、乾制科事（圖表 5.23 中可見 34 件檔案，內有 3 處逕稱「博學鴻詞科」），[64] 僅雍正十三年十二月王士俊疏為孤例（圖表 5.26），他在薦舉疏中認為張弘敏等幾人堪稱是「博學宏詞」或「宏詞」（共出現 4 次，但皆非制科之名）。雍正帝或為了儘量遵循康熙帝所謂「博學鴻儒」的詞彙，又能與唐、宋制科「博學宏詞」略有分別（以凸顯清朝「一代之興」的盛舉），也避免與未來皇帝可能的行字「弘」相重，[65] 故以「博學鴻詞」為科名。此外，該科名中的「詞」字，亦能表述雍、乾二帝開科所欲求取的詞章之臣。[66]

前述以「博學鴻詞」之科名始自雍正十一年制科的新發現，推翻了學界長久以來的認知（原多誤以清廷是在乾隆朝始為避諱御名而將「弘辭」「宏詞」等首字一律改成「鴻」）。查官方檔案中所收雍正十三年十二月初一日劉元燮、乾隆元年二月二十日高其倬及七月二十九日盧焯的奏疏，共出現 20 次「博學鴻詞」，所指皆為雍、乾制科事；至於 5 次「博學鴻儒」，則均指康熙己未詞科。亦即，時人開始以此兩不同用語，區隔雍、乾二帝所開制科與先前康熙帝所舉行者（圖表 5.23 及 5.25）。

---

63 《清世宗實錄》，卷 130，頁 689。

64 中國第一歷史檔案館雖藏嘉慶二十五年「蔣雲寬奏為……詔舉博學宏詞」疏，同治九年《起居注冊》亦可見「比照博學宏詞及拔貢、優貢朝考之例，特予廷試」句，皆以「博學宏詞」取代「博學鴻詞」，但應非正式名稱已改，因十九世紀的文獻也屢見寫成「博學鴻詞」者，此一混淆應受該制科久未舉行的影響所致。

65 雍正帝於康熙五十年之前所生六子以及雍正十一年所生幼子弘瞻，皆為「弘」字輩，只有敦肅皇貴妃年氏於康熙五十九年至雍正元年所生的三子，以「福」命名。

66 胡琦，〈己未詞科與清初“文”“學”之辨〉。

圖表 5.25：乾隆元年所開博學鴻詞科。

❖雍正十三年十二月《宮中檔》

協理山西道事山西道監察御史加一級臣劉元燮謹
奏為請廣薦舉博學鴻詞之途以攬人材事竊惟（乾隆朝）
（中略）
世宗憲皇帝屢降諭旨令在內大臣及直省督撫各保
舉博學鴻詞以備制作之選洵闢門籲俊之盛（雍正朝）
（中略）
心也本年十一月內欽奉
皇上諭旨以各省保舉博學鴻詞人數寥寥復令內（乾隆朝）
外大臣悉心延訪速行保薦定於一年之內齊
集京師仰見我
（臺北故宮博物院藏）
皇上求賢若渴需材甚殷之至意臣伏查康熙十七
年保舉博學鴻儒在京三品以上及科道官員（康熙朝）
在外督撫布按皆得各舉所知其餘內外各官
有真知灼見者在內開送吏部在外開報督撫
代為題薦當時薦舉之途甚廣是以人材眾多
四方雲集乃今保舉博學鴻詞人數寥寥者臣（乾隆朝）
（中略）
皇上勅下內外臣工在內則三品以上大臣及四品
京官與科道之由進士出身者皆令各舉所知
不拘人數在外則督撫學政令其各為延攬各
（中略）
雍正十三年十二月初一日

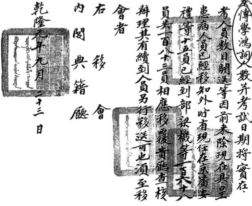

❖乾隆元年九月《內閣大庫檔》（臺北中研院藏）

213733

吏部文選司為知會事准
貴廳移稱本月二十四日啟
奏博學鴻詞人數并考試日期將實在
考人員數目開送等因前來除現在具呈
患病人員已經移知外所有現任在京甫安
禮等十五員已經到部裘機等一百六十八
員共一百八十三員相應移覆貴廳查核
辦理其有續到人員另行移送可也須至移
會者
右 移 會
內閣典籍廳
乾隆元年九月二十三日

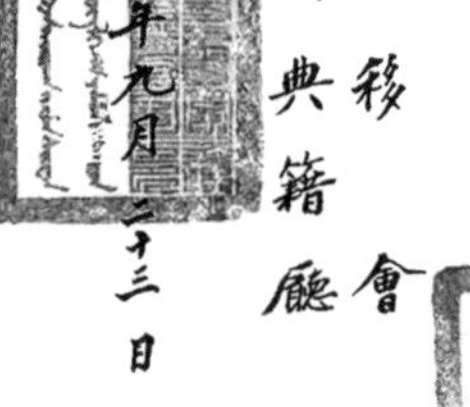

圖表 5.26： 雍正十三年十二月王士俊薦舉博學鴻詞疏。

署理兵部侍郎事務臣王士俊謹
奏為欽奉
上諭事竊照臣於雍正十一年奉
世宗憲皇帝諭旨令舉博學宏詞臣謹檢送河南開封府儀封
縣知縣梅枝已經咨部嗣
御試卷留內閣范續於雍正十三年奉
世宗憲皇帝諭旨臣復檢送得現任衛輝府通判許佩璜汝
陽縣廩生張雄圖襄陽縣舉人葉邦榮現任五津
縣教諭閻式鎮潛縣教諭朱超等六經咨部廩試
記亦者臣謹紬繹
聖諭深惟博學宏詞之名之義所謂博學者非務為隱之
祭魚大年之衲被盖昌黎氏所云唯其義所歸也豈其六
經為出治之源百家之說雜合參半而非旁搜博采
無以取証經言而宏詞者亦非駢四儷六取青媲白之
謂其以漢唐兩事業班有輕重之領釋有理趣之詞
為世房中之歌秀山之種之舞粹能彫炳寰區光照
史冊副我
朝治統遠接唐虞三代典謨訓誥雅頌箴銘式萃天下之
人才出孫宗扎以無第世諫盛典也臣所已舉者不過
孫省之故孫省之人就臣往任三年耳目所及出於臣
少壯所素歷者所聞為有其人臣愛

（中略）

風采卓有可觀又臣於康熙五十七年赴江南鄉試時同考
江進士原任直隸豐潤縣知縣方楘如博極
羣書送亦出有卓犖不羣之概又臣同年
進士諸道漢係黃州府黃岡縣人由庶常署
雲南姚州知州告病回籍學有淵源才堪
肆應現修雲貴兩省通志又雲南建之修
漢原任河南府知府曾與同館臣推漢
揚詞章者腹笥又臣赴任湖北時有原任漢
陽府知府知縣江南舉人張汎敏曾以侍
書教叔詩古文詞炳蔚由觀又內在臣幕
教書黃濤楹係江南蘇州府廩生學問優贍
且工書法均堪應博學宏詞之選再查係
本儒則雅該博採卓異給咨赴部引
見其諸道漢係告病之員方楘如係漢係教廣
閒員張汎敏係司業撤回原籍
遠詞閒糧亦與教廣閒員之例相符合併奏聞
以上六人　查
敕部行文各省令其俱咨赴部伏候
宸裁　臣謹
奏
雍正十三年十二月二十九日奉
旨該部議奏欽此　（內閣大庫檔第011852號）

綜前，康熙十八年己未歲詔求「博學鴻儒」的考試，目的在徵選修纂《明史》的名儒碩彥，因僅偶一為之，故未在原考舉制度下訂定正式科名，此從康熙朝官方檔案迄未見「博學〇〇科」之用語可窺一二。許多被薦舉的當事人或其親友為方便記述此一盛事，在當時刊刻的詩文集中，遂自行用了博學宏詞（／辭）科、博學宏儒科、博學弘詞（／辭）科、博學鴻詞（／辭）科等異名。至於「博學鴻儒科」，目前僅一見於毛奇齡的《制科雜錄》，知該說不確。[67] 雍正十一年宣布將重開此科，始正式定名「博學鴻詞科」，迄乾隆末的官方文檔遂幾乎均僅以「博學鴻詞」稱之。

圖表 5.27： 雍正十三年五月襲封衍聖公府薦舉張範應博學鴻詞科。

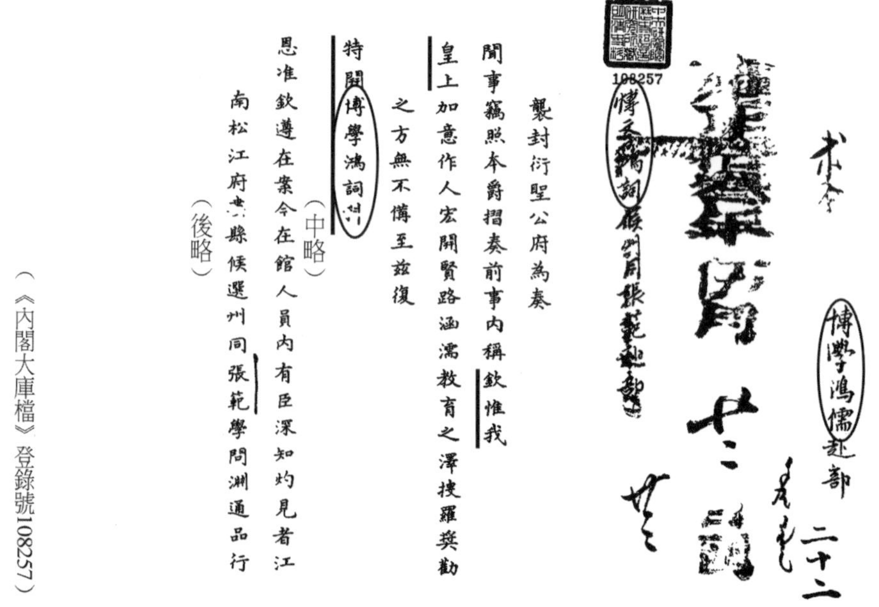

108257
博學鴻儒
赴部
二十二
襲封衍聖公府為奏
聞事竊照本爵摺奏前事內稱欽惟我
皇上加意作人宏開賢路涵濡教育之澤搜羅奬勸
之方無不備至茲復
特開博學鴻詞科
（中略）
恩准欽遵在案今在館人員內有臣深知灼見者江
南松江府婁縣候選州同張範學問淵通品行
（後略）
（《內閣大庫檔》登錄號108257）

67 從中研院「內閣大庫檔案網站」的內容提要，可查得雍正十三年五月十三日登錄號 108257 有「咨吏部，欽惟我皇上〔雍正帝〕特開博學鴻儒科……」一疏，惟原文其實書作「博學鴻詞科」（圖表 5.27）。類似之擅改情形亦偶見於此檔它處，如第 011852 號的題名及內容提要，即均改內文中的「博學宏詞」為「博學鴻詞」。

四、山東省博物館藏《聊齋誌異》鈔本

本章最末將舉一例，具體運用前述對清代避諱的新理解，以幫助我們正確評估一文本的刊抄時代。山東省博物館藏有《聊齋誌異》一鈔本，因很可能是直接據手稿過錄的殘本，故被認為具有非常高的研究和校勘價值。此本不避「禛」，惟以缺末筆之法避「玄」字，故先前一直視作康熙間鈔本。[68]

最近陳婷婷 (2018) 全面細搜此本，發現第 2 卷卷末有「王阮亭士禛奉題」之落款，「禛」字未見缺筆或改字；又檢得「丘」字 19 個，其中 12 處用作地名或人名者，均改「丘」作「邱」，6 處用來描述或表達「丘陵」「丘墟」之意者，則未見避諱，1 處因字跡漫漶無法判斷；另可見 4 個「弘」字（如〈畫壁〉篇的「俱不弘廠」）以及 1 個「宏」字（〈考弊司〉篇的「至一府署，廨宇不甚宏廠」句）。此外，〈薛慰娘〉篇中的「萬曆」被寫成「萬暦」，而全書中的「暦」字僅此一見。陳氏認為前引之「宏廠」與「萬暦」均是乾隆帝御名的諱改，故主張此本乃乾隆間鈔本。[69]

然而，將「曆」寫成「暦」的作法，並非至乾隆朝才有，此前刊刻的志書中，即可見不少以「暦」「歷」「歴」或「悉」代「曆」字的情形（圖表 5.28）。雍正十三年九月雖規定乾隆帝名下一字可書作「暦」，乾隆二十八年又改下一字寫「歴」，但實際上有時並不依循諱例，而是使用其它俗體字以避免直書御名（見後文）。再者，「廠」字通「廠」「敞」，而耙梳乾隆以前刊刻的方志，可發現「宏廠（／廠／敞）」與「弘廠（／廠／敞）」等詞一直都被混用（圖表 5.29）。亦即，前述僅以各一見的「宏廠」與「萬暦」，就判斷山東省博物館藏《聊齋誌異》為乾隆鈔本的論據並不夠堅實。

---

68 任篤行，〈一函不同尋常的《聊齋誌異》舊抄〉；袁世碩，〈《聊齋誌異》康熙鈔本補說〉。

69 陳婷婷，《《聊齋誌異》“康熙鈔本”研究》，頁 38-52。

圖表 5.28：乾隆即位之前方志中對明神宗年號的表述。[70]

方志名	「萬曆」	「萬曆」	「萬歴」	「萬歷」	「萬歴」	「萬歴」	「萬厤」
萬曆《粵大記》	25	3	0	0	0	0	0
萬曆《貴州通志》	18	873	0	0	0	0	0
萬曆《泉州府志》	281	9	27	0	0	0	0
萬曆《固原州志》	28	27	0	0	0	0	0
天啟《平湖縣志》	206	13	0	0	0	1	0
天啟《衢州府志》	243	0	0	0	0	0	0
崇禎《閩書》	666	12	0	0	0	2	0
崇禎《肇慶府志》	669	52	0	0	0	0	0
崇禎《江陰縣志》	240	0	0	0	0	0	0
順治《遠安縣志》	0	1	0	0	28	0	0
順治《衛輝府志》	23	119	0	0	0	0	0
順治《襄陽府志》	1	234	0	0	0	0	0
順治《清澗縣志》	1	133	0	0	0	0	0
順治《曲周縣誌》	1	56	0	0	0	0	0
康熙《平樂縣志》	3	0	0	0	168	0	0
康熙《濮州志》	19	54	0	0	0	0	0
康熙《長沙府志》	177	25	0	0	0	0	0
康熙《徽州府志》	869	0	0	0	0	2	0
康熙《長樂縣志》	157	57	0	0	0	0	0
康熙《城固縣志》	8	0	1	27	0	0	0
康熙《鎮江府志》	249	121	20	0	0	0	0
康熙《鞏昌府志》	0	3	0	0	39	8	0
康熙《常州府志》	172	1	27	0	194	1	0
雍正《連平州志》	0	2	23	0	14	0	0
雍正《揚州府志》	423	9	0	0	0	0	0
雍正《故城縣志》	2	99	0	0	0	0	0
雍正《劍州志》	0	29	0	0	0	0	0
27 部雍正以前方志	4,481	1,932	98	27	443	14	0

70 由於這些方志中有大量「弘」字，但尚未見因避諱而缺筆的情形，知它們均非乾隆以後重刻之本。至於所挑選的志書，乃以字體易於辨識，且諱字較多者優先。

圖表 5.29：「中國方志庫」中所見「宏廠」及其它相近表述。

	明代	順治朝	康熙朝	雍正朝	乾隆朝
「宏敞」	291	19	220	35	508
「宏廠」	44	4	66	16	254
「宏廠」	8	2	22	1	41
「弘敞」或「弘敞」	138	7	109	20	63
「弘廠」或「弘廠」	37	2	80	13	28
「弘廠」或「弘廠」	7	1	11	1	4

又從此本有多達 12 處之地名或人名改「丘」作「邱」，知其應抄於雍正三年十二月諭命迴避孔子聖諱之後，且因所有 4 個「弘」字皆犯乾隆帝名諱，可判斷最可能是雍正鈔本。至於「王阮亭士禛奉題」之落款未見避改，或因雍正朝對「禛」字並無明確諱例，迄乾隆二十五年才規定將此字寫成「正」所致（如見圖表 4.14）。而少數「丘」字之出現，則屬漏避。

五、小結

乾隆朝避諱或是中國古代歷朝當中最複雜的，因其御名的兩字皆為常用字，且皆須避諱。本章透過「清代歷朝起居注」「內閣大庫檔案網站」「圖書文獻數位典藏資料庫」「中國方志庫」「漢籍全文資料庫」「歷代詩文集總庫」「四庫系列數據庫」「中國基本古籍庫」「雕龍」等資料庫，系統地耙梳《宮中檔》《軍機處檔》《內閣大庫檔》《清高宗實錄》和乾隆朝《起居注冊》等官方文獻，以及數千種清代詩文別集、五百多種乾隆年間刊刻的方志，嘗試從這些海量文本所呈現的真實面貌，具體掌握乾隆朝的相關諱例以及中國社會遵循的狀況。綜前所論，弘曆即位之初僅有雍正十三年九月「臣工名同，但心自不安者可避」之旨，但科舉考試時仍須自行敬避；至乾隆二十五年始明定御名上一字寫「弘」，下一字寫「曆」；二十八年又諭命改成「宏」「歴」；後因避改成「宏」字者的情形日益頻繁，三十四年又諭令「宏」字不必缺筆。

至於「弔」字，則為俗體。經查「中國方志庫」，發現「弔」字在一些康熙朝刻本即已出現，如《長沙府志》康熙二十四年刊本即可見「弔」字 11 處、「弘」字 207 處。乾隆朝志書約一萬多處的「弘」字當中，「弔」字有 500 個左右，餘則以「弘」居多。但如《滇黔志略》乾隆二十八年刊本中的 26 處「弘」字就全都寫成「弔」，無一用缺筆的「弘」。[71] 亦即，單純從「弔」字的出現，並不足以確認是出自對乾隆帝名的敬避。

乾隆朝雖對避諱已相當在意，且多次掀起大獄，然在當時刊刻的志書中，還是偶可見一些未嚴避御名或廟諱之例，如乾隆三十五年的《潞安府志》即出現 4 個「弘」、20 個「弘」，四十二年的《霍山縣志》有 3 個「弘」、1 個「弔」、4 個「弘」，四十二年的《東安縣志》有 8 個「弘」、26 個「弘」（圖表 5.30），但這些漏避的情形在「中國方志庫」533 部乾隆刻志書中仍不過是很小的一部分。

此外，乾隆三十八年詔開四庫全書館，四十六年十二月第一部繕寫告成，並入藏文淵閣，接著又製作了六套副本，先後有數千人參與抄寫。這期間正是中國古代文字獄最熾烈之時，但在《文淵閣四庫全書》中除可見 124,663 個「弘」及 95 個「弔」（官方明定應將「弘」書成「宏」），還有漏避的「弘」字 164 個及「曆」字 25 個。再以此叢書內對明神宗年號的表述為例，共出現 12 個「萬曆」、32 個「萬曆」、62 個「萬歷」、6,397 個「萬歷」、36,630 個「萬歴」，約有 15% 並未完全依循乾隆二十八年諭旨中的諱例（御名下一字應改成「歴」）。雖然以直書「弘」或「曆」之方式嚴重違反諱例的比例不高，但若有人欲興文字獄而加以呈首，前述方志的編纂者或負責抄寫的四庫館臣，仍恐會膽戰心驚！

---

71 「中國方志庫」的此書有 7 處「弔」無法用「弘」搜得（卷 22，頁 1、9、12、34、37 及卷 28，頁 23）。

圖表 5.30：方志中所見乾隆朝文獻未避弘曆御名的案例。

❖《甘肅通志》（文淵閣四庫全書本）

固原州　弘治中改　卷3上，頁42

鄉民劉弘大銀契　卷38，頁47

❖《福建通志》（文淵閣四庫全書本）

弘治忐　卷2，頁40

❖《江南通志》（文淵閣四庫全書本）

弘治丙辰進士　卷147，頁28

❖《續河南通志》（乾隆卅二年刊本）

弘治間　卷17，頁4

見弘歲衛後　卷79，頁24

❖《鳳翔府志》（乾隆三十一年刊本）

田弘度　河南閿鄉人吏員崇正十年任　卷5下頁30

❖《順德府志》（乾隆十五年刊本）

盧○英　洧川人弘治中任　卷8，頁50

❖《潞安府志》（乾隆卅五年刊本）

量弘而深　卷27，頁16

推赤心弘大度　卷27，頁27

封域弘廣　卷27，頁34

倜儻弘諒　卷32，頁44

❖《沅州府志》（乾隆廿三年刊本）

弘治十七年　卷4，頁7

知縣趙弘儀　卷10，頁25

弘治中　卷18，頁9

弘治　卷33，頁9

❖《霍邱縣志》（乾隆卅九年刊本）

弘治五年　卷3，頁1

❖《曲阜縣志》（乾隆卅九年刊本）

孔弘毅　卷30頁15　孔丘　卷16頁9

弘治二年　卷39頁4　禎期　卷24頁15

弘治乙酉　卷85頁5　王士禎　卷87頁9

❖《梧州府志》（乾隆卅九年刊本）

弘治嘉靖間　卷8，頁40

❖《郴州總志》（乾隆卅七年刊本）

弘治戊申　卷7，頁1

弘治進士　卷21，頁6

❖《大竹縣志》（乾隆五十二年刊本）

曾弘偉　卷10，頁93

❖《霍山縣志》（乾隆四十二年刊本）

弘治初　卷8之1，頁21

弘治間　卷8之1，頁27

❖《廣濟縣志》（乾隆五十七年刊本）

弘講　卷2，頁21

❖《東安縣志》（乾隆四十二年刊本）

左　子丘明　卷4，頁31

弘治　卷2頁3　弘治　卷2頁3　弘治　卷2頁3　弘治　卷1頁16

丘園　卷8頁1

❖《曹州府志》（乾隆廿一年刊本）

萬曆一年　卷3，頁21

❖《直隸秦州新志》（乾隆廿九年刊本）

大曆六年　卷5上，頁3

❖《福州府志》（乾隆十九年刊本）

萬曆　卷40，頁74

❖《武康縣志》（乾隆四十四年刊本）

萬曆　卷1，頁8

❖《定安縣志》（乾隆五十三年刊本）

萬曆十五年　卷4，頁6

萬曆二十七年　卷4，頁37

為更清楚掌握真實社會敬避御名的情形，筆者耙梳了「中國方志庫」裡明神宗年號出現較多的乾隆刻本，發現有約60部超過200筆（包括字跡不清者），遂以這批應具統計意義的志書作為分析樣本。其中不僅見到一些較罕見的「曆」字諱法（圖表5.31），[72] 更在總數1,911筆的「萬曆」中，發現有1,906筆 (99.7%) 見於乾隆二十八年之前的志書；在5,951筆的「萬歷」用詞中，有 5,435 筆 (91.3%) 出現於乾隆二十八年之後的志書（圖表5.32）；[73] 知大部分的方志確還遵守官方頒布的諱例。但我們也可發現有些方志不以「曆」或「歷」替代「曆」，他們選擇用「萬歴」（1,741筆）或「萬歴」（20,083筆）來表述「萬曆」，如圖表5.32中即可見21部方志將書中所有「萬曆」均寫成「萬歴」，其次數從乾隆二十年刻《懷集縣志》的176個至四十九年刻《杭州府志》的2,144個不等。至於同一書中將「萬歴」與「萬歴」大量混用的情形更是常見。又，在出現數以百計之「萬歷」「萬歴」或「萬歴」的方志中，若亦可見「萬曆」，其次數通常僅個位數。

由於「宏」「弘」的音義皆同，故通常得需適當論證才可指實「宏」字是因避「弘」而諱改。再者，順治以迄雍正朝刊刻的清代志書，早就出現一些以「曆」「歴」「歴」或「歷」取代「曆」的另類作法，[74] 知「曆」「歴」或「歷」並非弘曆即位後為避「曆」字所新創，這些寫法的出現對斷代的幫助恐不大。但若一文本有缺末筆的「弘」「宏」「曆」，或以缺筆的「麻」、新造的「⿱厤土」取代「曆」，[75] 則可推判其上限最可能在乾隆朝。

---

72 如乾隆五十年增刻的《保德州志》有315個「厤」，由於結體皆不居中，知均應挖改自康熙本的「曆」。又，一些成書於雍正以前方志的乾隆以後挖改本，也常見將「曆」字完全或部分剷去，再以墨筆補字的情形，其字體通常不若它字工整，筆畫粗細亦不同。

73 乾隆二十八年以前志書所出現的516處「萬歷」，主要集中在乾隆十五年增刻《鎮江府志》的494處以及二十一年刻《東明縣志》的19處。

74 如康熙二十四年刻天啟七年成書之《封川縣志》，即出現141處「萬歴」。

75 在「中國方志庫」所收乾隆朝志書中，以「麻」代「曆」的情形約34處，如《續

圖表 5.31：「中國方志庫」中較罕見的「曆」字諱法。

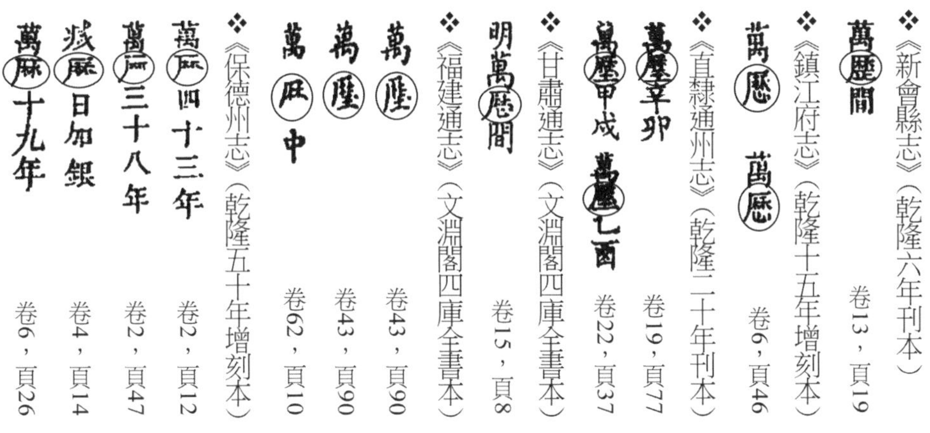

圖表 5.32：乾隆朝方志中對明神宗年號的表述。僅列出逾 200 次之志書。

乾隆朝方志	「萬曆」	「萬曆」	「萬歷」	「萬歴」	「萬歷」
元年刻《雲南通志》	0	695	0	0	0
六年刻《新會縣志》	0	5	0	188	0
七年刻《徐州府志》	0	1	0	230	0
十年刻《平湖縣志》	0	290	0	0	0
十二年刻《陳州府志》	0	327	0	0	0
十三年刻《昌化縣志》	0	270	0	0	0
十五年刻《順德府志》	0	26	0	196	0
十五年刻《榆次縣志》	0	8	0	219	1
十五年刻《嘉應州志》	0	0	0	246	0
十五年增刻《鎮江府志》	0	0	494	3	0
十六年刻《高淳縣志》	0	0	0	171	42
十七年刻《潁州府志》	0	257	0	3	0
十八年刻《瑞金縣志》	0	0	0	219	4
十九年刻《福州府志》	1	0	0	106	875
十九年刻《旌德縣志》	0	6	0	361	0

河南通志》乾隆三十二年刻本有 4 處、《綏寧縣志》乾隆十九年刻本有 26 處，但順、康、雍三朝刊刻的方志則罕見以「厤」寫「曆」。

乾隆朝方志	「萬曆」	「萬曆」	「萬歷」	「萬歷」	「萬歷」
二十年刻《直隸通州志》	0	0	0	221	0
二十年刻《阜陽縣志》	0	0	0	3	255
二十年刻《懷集縣志》	0	0	0	176	0
二十一年刻《東明縣志》	49	0	19	0	127
二十一年刻《永定縣志》	0	0	1	204	0
二十一年刻《廉州府志》	0	0	0	457	0
二十二年刻《湖南通志》	0	13	0	813	3
二十二年刻《宣化府志》	0	0	0	474	0
二十三年刻《沅州府志》	0	1	0	520	0
二十三年刻《太平府志》	0	4	0	229	0
二十四年刻《建昌府志》	0	1	2	242	76
二十四年刻《臨安縣志》	0	1	0	534	0
二十五年刻《芷江縣志》	0	0	0	258	0
二十五年刻《兗州府志》	0	0	0	251	0
二十五年刻《泰安府志》	0	0	0	307	0
二十五年刻《襄陽府志》	0	0	0	192	0
二十七年刻《正定府志》	0	0	0	680	0
二十七年刻《海澄縣志》	0	1	0	210	0
二十九年刻《邵陽縣志》	0	0	0	242	0
二十九年刻《澄海縣志》	0	0	0	260	0
三十年刻《晉江縣志》	0	0	0	404	0
三十年刻《辰州府志》	0	1	0	227	0
三十六年刻《汾州府志》	0	0	5	535	0
三十六年刻《沁州志》	0	0	0	389	0
三十八年刻《諸暨縣志》	0	0	4	332	0
三十九年刻《梧州府志》	0	2	0	613	148
四十二年刻《瓊州府志》	0	1	55	130	43
四十四年刻《西安府志》	0	0	0	271	155
四十三年刻《池州府志》	0	0	0	237	0
四十六年刻《寧德縣志》	0	0	0	205	0
四十八年刻《大同府志》	0	0	0	579	0
四十八年刻《太原府志》	0	0	1	886	4
四十八年刻《廣信府志》	0	0	0	216	0
四十九年刻《杭州府志》	0	0	0	2,144	0

乾隆朝方志	「萬曆」	「萬曆」	「萬歴」	「萬歷」	「萬歷」
五十年刻《保德州志》	0	0	1	5	0
五十三年刻《杞縣志》	0	0	110	87	0
五十三年刻《青浦縣志》	0	0	0	389	0
五十四年刻《重修懷慶府志》	0	0	0	279	0
五十七年刻《紹興府志》	15	1	6	3,261	8
五十九年刻《廣德州志》	0	0	1,624	3	0
五十九年刻《廣德直隸州志》	0	0	1,617	4	0
五十九年刻《南昌縣志》	0	0	71	182	0
四庫本《江南通志》	0	0	772	402	0
四庫本《福建通志》	0	0	963	79	0
四庫本《甘肅通志》	0	0	206	9	0
60 部乾隆朝方志	65	1,911	5,951	20,083	1,741

反之，若在文本中發現未避諱的「弘」或「曆」，我們也不能逕自將其定在乾隆帝即位之前，因新的避諱往往需要一段適應期才能為多數人所遵守，且偶而漏避的情形亦非罕見。[76]

為便於讀者掌握如何從乾隆帝名的書寫形式判斷其避諱與否，筆者嘗試整理出相關情形，其中缺筆的「宏」「弘」「厤」「厤」「曆」或新造的「歷」「歷」「歷」，皆是為避弘曆御名（圖表 5.33；這些字皆罕見於雍正朝以前的方志），[77] 但「歷」「歴」「曆」「歷」或「弘」「宏」的出現則不必然是避諱，尚得做進一步分析。亦即，乾隆以後清代文本中的「弘」「曆」，除可能出現少數漏避的情形外，多會以前述缺筆或改字的方式敬避御名。然若一文本內多數的「曆」乃寫成「歷」「歴」「歴」「曆」或「歷」（這些替代方式在雍正以前皆已使用，參見圖表 5.28），又無其它可資判別年代的訊息，就不太能確定必是乾隆間刊抄。

---

[76] 如在泰和嘉成公司 2015 年 11 月 22 日拍賣目錄中的《藥師如來本願功德經》(Lot 1255)，即至少可見 2 個未缺筆的「弘」，而牌記明指是乾隆五十五年那氏捐刻。

[77] 如在天津圖書館藏唐・玄度《九經字樣》同治刻本的前序，即可見缺末筆的「曆」。

圖表 5.33： 乾隆帝御名及其避諱與否的判斷方式。圈出之字乃避御名所創製；餘者因在弘曆繼位前即已使用，故不易以之斷代。

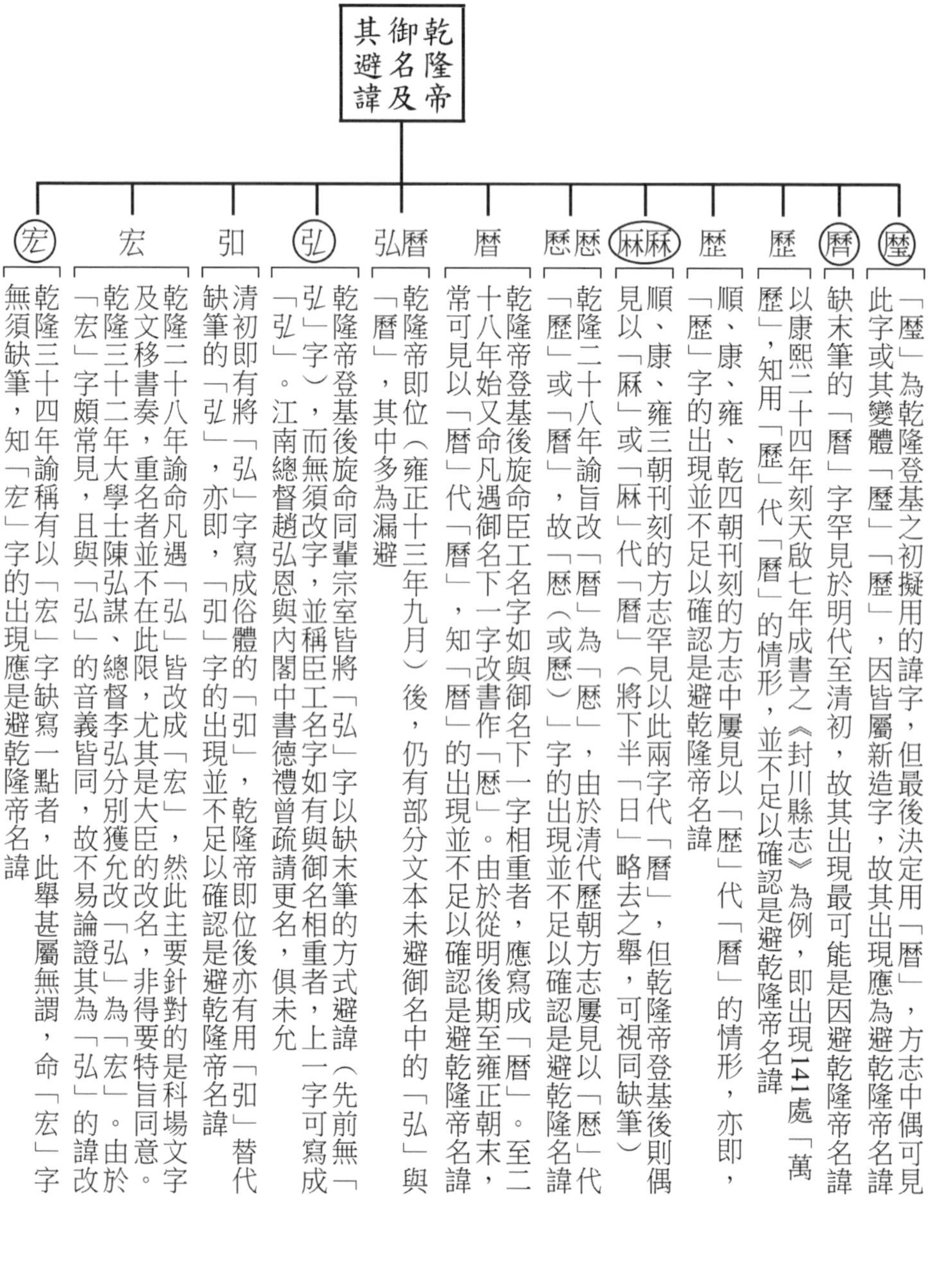

乾隆帝御名及其避諱

- **厯**（circled）：「厯」為乾隆登基之初擬用的諱字，但最後決定用「曆」，方志中偶可見此字或其變體「厯」「歴」，因皆屬新造字，故其出現應為避乾隆帝名諱
- **曆**（circled）：缺末筆的「曆」字罕見於明代至清初，故其出現最可能是因避乾隆帝名諱
- **歴**：以康熙二十四年刻天啟七年成書之《封川縣志》為例，即出現141處「萬歴」，知用「歴」代「曆」的情形，並不足以確認是避乾隆帝名諱
- **歷**：順、康、雍、乾四朝刊刻的方志中屢見以「歷」代「曆」的情形，亦即，「歷」字的出現並不足以確認是避乾隆帝名諱
- **厤厤**（circled）：順、康、雍三朝刊刻的方志罕見以此兩字代「曆」，但乾隆帝登基後則偶見以「厤」或「厤」代「曆」（將下半「日」略去之舉，可視同缺筆）
- **歴歴**：乾隆二十八年諭旨改「曆」為「歷」，由於清代歷朝方志屢見以「歷」代「曆」，故「歴（或歴）」字的出現並不足以確認是避乾隆名諱
- **曆**：乾隆帝登基後旋命臣工名字如與御名下一字相重者，應寫成「曆」。至二十八年始又命凡遇御名下一字改書作「歷」。由於從明後期至雍正朝末，常可見以「曆」代「曆」，知「曆」的出現並不足以確認是避乾隆帝名諱
- **弘曆**：乾隆帝即位（雍正十三年九月）後，仍有部分文本未避御名中的「弘」與「曆」，其中多為漏避
- **弘**（circled）：乾隆帝登基後旋命同輩宗室皆將「弘」字以缺末筆的方式避諱（先前無「弘」字），而無須改字，並稱臣工名字如有與御名相重者，上一字可寫成「弘」。江南總督趙弘恩與內閣中書德禮曾疏請更名，俱未允
- **弘**：清初即有將「弘」字寫成俗體的「弘」，乾隆帝即位後亦有用「弘」替代缺筆的「弘」，亦即，「弘」字的出現並不足以確認是避乾隆帝名諱
- **宏**：乾隆二十八年諭命凡遇「弘」皆改成「宏」，然此主要針對的是科場文字及文移書奏，重名者並不在此限，尤其是大臣的改名，非得要特旨同意。由於乾隆三十二年大學士陳弘謀、總督李弘分別獲允改「弘」為「宏」，「宏」字頗常見，且與「弘」的音義皆同，故不易論證其為「弘」的諱改字
- **宏**（circled）：乾隆三十四年諭稱有以「宏」字缺寫一點者，此舉甚屬無謂，命「宏」字無須缺筆，知「宏」字的出現應是避乾隆帝名諱

第六章　文字獄與避諱

本章以雍、乾、嘉三朝為時代背景，探索較具代表性的文字獄及因犯諱而致罪之案例。當中雍正四年江西鄉試正考官查嗣庭的試題案，令其家毀人亡，嗣後清代相關方志的修纂者因諱言其人其事，不僅常在科第名單中將其刪削，且未立傳，少數志書則姓存名闕。乾隆四十二年掀起的王錫侯《字貫》案，因觸犯廟諱及御名而被以大逆問罪，更被乾隆帝用來高調祭纛，以強化他在纂修《四庫全書》背後所推行的大規模查燬禁書運動，讓皇權的滲透力在其手上達到前所未有的高峰。但這本出版兩年間只賣了百餘部即遭嚴禁的字書，竟因銷往日本而在遠國異土上開枝散葉！王錫侯在此案中遭斬決，其妻、三子、三媳以及七孫共十四名則緣坐，後從寬減發為奴或擬軍，直至嘉慶十八年，最後倖存之子霈及孫靈飛、蘭飛，才獲准自黑龍江釋還，距其因比照大逆緣坐而淪入奴籍已三十餘年！

一、海寧查家在雍、乾兩朝所遭逢的大案

查嗣璉 (1650-1727)，字夏重，號查田，又號他山，後更名慎行，改字悔餘，號初白，是浙江海寧查氏最出名的人物，其「得樹樓」的藏書名聞當世，著有收詩約 5,000 首的《敬業堂詩集》。《欽定四庫全書總目》稱頌其詩學成就曰：「明人喜稱唐詩，自國朝康熙初年窠臼漸深，往往厭而學宋，然麤直之病亦生焉。得宋人之長而不染其弊，數十年來，固當為慎行屈一指也。」[1] 民初徐世昌《晚晴簃詩匯》亦盛讚查慎行「祧唐祖宋，大暢

[1] 紀昀等，《欽定四庫全書總目》，卷 173，頁 48。

厥詞，為詩派一大轉關」，譽其為清初首開宗宋詩派的大家。[2] 然嗣璉於何時又何以改名慎行，此事與清人避乾隆朝端慧皇太子永璉之諱（第 8 章第 2 節）是否有關，學界多為泛泛之言，迄無深入研究。[3]

查嗣璉曾以捐納入國子監，因如此即可參加中舉較易的順天鄉試，[4] 然文運不佳，屢考屢黜。康熙二十五年時任武英殿大學士的明珠延其至私第，下榻自怡園，令十三歲之次子揆敘受業，二十七年返里。翌年嗣璉再次入京準備應試，八月獲邀觀賞友人洪昇新填的傳奇《長生殿》，[5] 因在孝懿仁皇后佟氏（隆科多姊）國喪期間違例設宴張樂，[6] 許多觀劇者皆遭控獲罪，右春坊右贊善（所謂「宮坊」）趙執信（號秋谷，十八歲即中進士，並改庶吉士）還因此免官，與洪昇同樣廢棄終身，查嗣璉亦被國子監斥革，於二十九年二月出都。

查嗣璉在離京前（二十八年十月）賦有〈送趙秋谷宮坊罷官歸益都四首（時秋谷與余同被吏議）〉，第一首稱：

---

2 參見嚴迪昌，〈查慎行論〉；張金明，〈查慎行之宋詩精神首開清初宗宋詩派〉。又，本節改編自拙文〈查慎行與查嗣庭兄弟所遭逢的兩大案再考〉(2023)。

3 下文有關查慎行的生平事跡及其家族的傳記資料，均請參見查慎行撰，張玉亮、辜豔紅點校，《查慎行集》，冊 7，頁 324-375；張晨，《查慎行年譜》，頁 1-76。又，查慎行外曾孫陳敬璋編纂的《查他山先生年譜》，亦收在《查慎行集》，冊 7，頁 324-349。

4 清初對監生特別編有「皿」字號，依其出身省籍分南、北卷，如康熙三十五年即將「皿」字之中額自原定的 43 名增為 57 名。參見劉虹、石煥霞、張森，《清代直隸科舉研究》，頁 68-72。

5 李聖華，〈查慎行與長生殿案〉。

6 據康熙朝的律例，慈和皇太后（二年薨）、孝誠仁皇后（十三年薨）、孝莊文皇后（二十六年薨）逝世時均曾明令王以下各官不嫁娶、不作樂，凡二十七日。二十八年七月十日皇后佟氏薨，八月初七日大祭大行皇后，諸王以下文武官員俱齊集舉哀、除服。贊善趙執信等人赴洪昇寓所同席觀劇飲酒時，或以為已過二十七日之期，然因「國服雖除，未滿喪」，遂遭人參劾此舉「值皇后之喪未滿百日……大玷官箴」。參見伊桑阿等，《大清會典》，卷 67-68；《清聖祖實錄》，卷 141，頁 552、554；章培恒，《洪昇年譜》，頁 371-404；康熙朝《起居注冊》。

竿木逢場一笑成，酒徒作計太憨生。
荊高市上重相見，搖手休呼舊姓名。[7]

「竿木逢場」乃用《景德傳燈錄》中鄧隱峰「竿木隨身，逢場作戲」之典自嘲，[8]「荊高」以戰國知名的好酒俠客荊軻和高漸離相比擬，而末句「搖手休呼舊姓名」則道出他此時或已私下更名。

惟查嗣璉究竟在何時正式改名慎行，則少見文獻具體提及。乾隆六年翰林院編修沈廷芳為其外祖查慎行所撰的行狀中，雖稱他「初名嗣璉，字夏重，年四十始更焉」，但此應只是舉成數而略稱之，[9] 否則，就難以解釋他為何在康熙二十九至三十一年（四十一至四十三歲）間還曾多次署名查嗣璉：譬如在張雲章與查嗣璉同賦的《橘社唱和集》鈔本，即可見題為「庚午〔康熙二十九年〕十月朔他山查嗣璉」的自序；另，查氏在《壬申紀游》手稿中題稱是「他山查嗣璉」撰，並鈐用「查嗣璉」印，[10] 而該書乃記其於三十一年正月至七月遊幕九江知府朱儼之事；此外，他在記三十一年壬申歲七、八月事的《廬山紀遊》中，署名「海寧查嗣璉夏重」，末且題「壬申八月四日查田嗣璉識于湓署之孤桐閣」（圖表 6.1）。

鑒於《康熙三十二年癸酉科順天鄉試錄》一書已明確記稱「查慎行，浙江杭州府錢塘縣俊秀監生」（圖表 6.1），知其正式改名的時間上下限應為三十一年八月及三十二年八月，以因應癸酉科的秋試。同年，其長子克建亦捷南闈，且父子兩人的籍貫皆已自原先的海寧縣改成相鄰且同屬杭州府的錢塘縣（見後文）。

---

7 查慎行，《查慎行集》，冊 3，頁 234。

8 釋道原，《景德傳燈錄》，卷 6，頁 3。

9 所謂「年四十始更焉」，應為概稱，此正如敦誠悼曹雪芹詩中的「四十蕭然太瘦生」或「四十年華付杳冥」句，乃以舉成數的方式來形容年壽。參見沈廷芳，《隱拙齋集》，卷 49，頁 3；黃一農，《二重奏：紅學與清史的對話》，頁 150-151。

10 林祖藻主編，《浙江圖書館館藏珍品圖錄》，頁 86。

圖表 6.1： 查嗣璉改名查慎行前後的相關文獻。

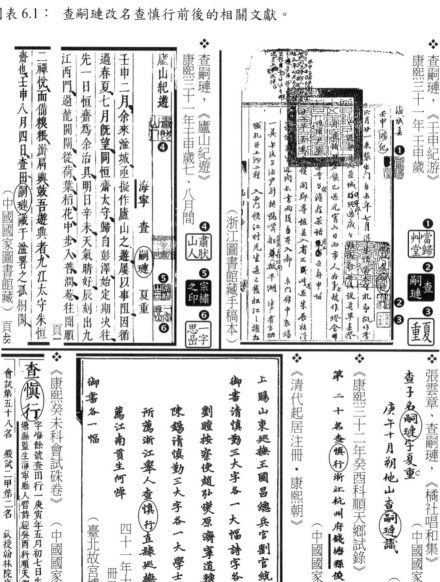

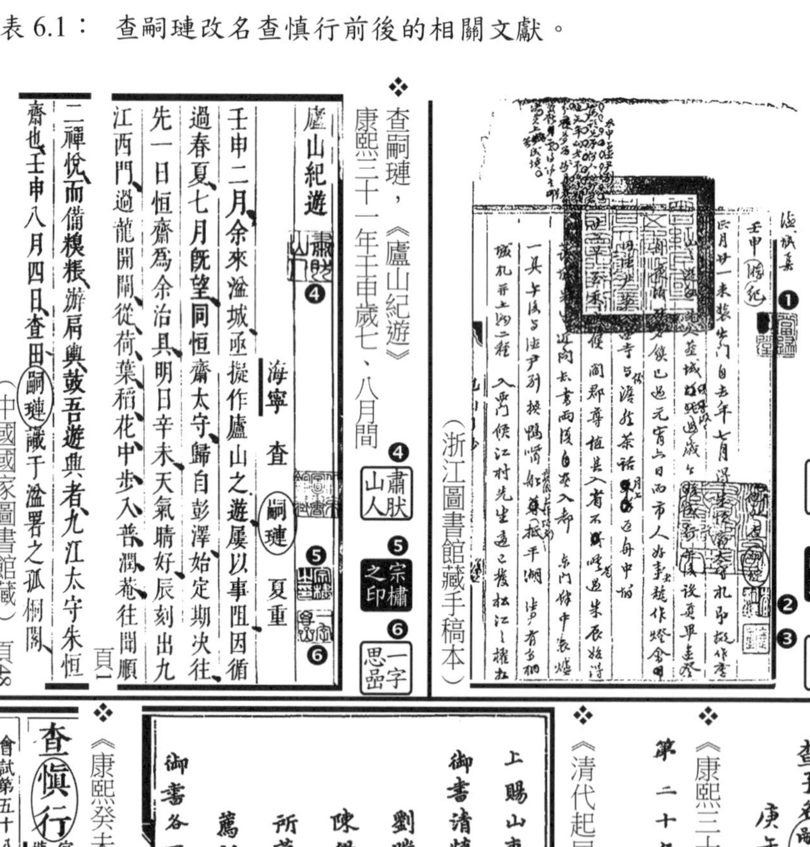

❖ 查嗣璉，《壬申紀游》康熙三十一年壬申歲

❶ 當歸艸堂 ❷ 查嗣璉 ❸ 夏重

（浙江圖書館藏手稿本）

❖ 查嗣璉，《廬山紀遊》康熙三十一年壬申歲七、八月間

❹ 肅肰山人 ❺ 宗慵之印 ❻ 一字思嵒

廬山紀遊

海寧 查嗣璉 夏重

壬申二月余來湓城丞擬作廬山之遊屢以事阻因循過春夏七月既望同恒齋太守歸自彭澤始定期決往先一日恒齋爲余治具明日辛未天氣晴好辰刻出九江西門過龍開關從荷葉稻花中步入普潤菴往聞順 頁1

二禪悅而備糗粻游屐與鼓吾遊興者九江太守朱恒齋也壬申八月四日查田嗣璉識于湓署之孤桐閣

（中國國家圖書館藏） 頁48

❖ 張雲章、查嗣璉，《橘社唱和集》

查子名嗣璉字夏重。

庚午十月朔他山查嗣璉識

（康熙二十九年十月朔）

（中國國家圖書館藏）

❖《康熙三十二年癸酉科順天鄉試錄》

第二十名查慎行浙江杭州府錢塘縣俊秀監生 詩

（中國國家圖書館藏）

❖《清代起居注冊・康熙朝》

上賜山東巡撫王國昌總兵官劉官統

御書清慎勤三大字各一大幅詩字各一布政使

劉暟按察使趙弘燮原濟寧道轉天津道蔣

陳錫請慎勤三大字各一大學士張玉書等

所薦浙江舉人查慎行直隸巡撫李光地所

薦江南貢生何焯

御書各一幅

四十一年十月二十日

冊17，T09661

（臺北故宮博物院藏）

❖《康熙癸未科會試硃卷》

查慎行 字悔餘號查田行一庚寅年五月初七日生浙江杭州府錢塘縣監生海寧縣人習詩經癸酉科順天鄉試第二十名

會試第五十八名 殿試二甲第二名 欽授翰林院庶吉士

（中國國家圖書館藏）

據查慎行外曾孫陳敬璋所編纂的《查他山先生年譜》，查氏在三十二年春（四十四歲）即入都，復下榻納蘭家的自怡園，準備參加當年的順天鄉試，不知其東家明珠曾否在他更名改籍時提供一些協助或建議？雖然「璉」字本身無需避忌，[11] 但當其與行字「嗣」連用時，「嗣璉」一詞可被釋為承繼國家重器之意，他或因此藉辭改名「慎行」，並更字「悔餘」，以表對洪昇案的悔悟與自惕。此外，由於與其同屬「南支六世」的查繼煥次子亦名嗣璉，且較同輩的他早四年出生，此亦應為一很好的更名理由。[12] 其友唐孫華在三十二年所賦〈喜查子夏重至京師〉詩中有「改名君且學劉幾」句、〈喜夏重捷北闈〉有「詩卷人疑舊姓名」句，[13] 皆點出查氏改名一事應是為了防止在科考中受洪昇案的影響。

康熙五十七年《錢塘縣誌》中的舉人名單分別稱查慎行與子克建是「海寧人，從郡志」「海寧人」，與其遠房族兄查嗣韓、族姪查昇相同（圖表6.2）。康熙《杭州府志》（慎行父子中舉的後一年刊刻）記查慎行與查克建均屬「錢塘」，《康熙三十二年癸酉科順天鄉試錄》也明記慎行為「錢塘縣俊秀監生」（圖表6.1），知他們確以錢塘籍登第。由於查慎行的三同母弟嗣瑮、嗣庭、謹以及堂弟嗣珣，皆在康熙三十二年之後登科，其名且均只出現於《海寧州志》，而未見《錢塘縣誌》，知查慎行父子顯然是特意改用其它籍貫赴考，道光《海寧查氏族譜》因此在克建的小傳中明確記其為

11　此與嘉慶朝敬避端慧皇太子永璉一事無關（第 8 章第 2 節），因永璉至雍正八年六月二十六日始生。如與查慎行康熙四十二年癸未科會試同榜且同為錢塘人的吳璉，就無改名之舉。參見黃一農，〈清代與端慧皇太子永璉相關的諱例〉。

12　有家譜在修譜凡例中明稱「至於重名，宜改，姪應避叔，弟應避兄，五服之內凡犯祖諱及伯叔兄諱者，均宜改避」。參見查元偁等編，《海寧查氏族譜》，卷 3，頁 9-10；王季烈等纂，《莫釐王氏家譜》，卷 12，頁 8。

13　宋人劉幾曾因主考官歐陽修深惡其「騾為怪嶮之語」，且「學者翕然效之，遂成風俗」，而在會試中落榜。後他改名劉煇，嘉祐四年(1059)與試時，歐陽修恰又為御試考官，欲黜之，「以除文章之害」，但他卻改變文風，遂一舉奪魁。參見唐孫華，《東江詩鈔》，卷 2，頁 2-3 及 11；沈括，《夢溪筆談》，卷 9，頁 2-3。

「錢塘籍」（圖表 6.3）。這種將籍貫從海寧改為錢塘的做法，[14] 應是查慎行改頭換面重新出發的取巧舉措。

三十二年秋，查慎行及其長子克建各捷北闈及南闈，然相對於分別在三十六年及三十九年中進士的子克建及弟嗣瑮，慎行卻連續三科落第。四十一年十月，康熙帝東巡回鑾時駐蹕德州，慎行蒙恩詔赴行在，稍後獲大學士張玉書推薦並召試，奉旨每日進南書房辦事，翌年終成進士，四月改庶吉士。由於其受業弟子揆敘（才二十九歲）甫任翰林院掌院學士，他因而獲免在院學習。[15] 四十三年十一月，五十五歲的查慎行更獲特恩提前被授為編修（榜眼在中進士時即授此職，而一般庶吉士通常得要入庶常館肄業三年，且要在散館考試表現優異，才可能獲授編修）。

查慎行一家科甲極盛（圖表 6.3），耙梳《海寧查氏族譜》後，赫然發現在同祖的兩代人中共出過五進士、五舉人：包含崧繼之妻鍾氏所生慎行（康熙四十二年進士）、嗣瑮（三十九年進士）、嗣庭（四十五年進士）、謹（五十三年舉人，後過繼給崧繼同母弟嵋繼）四子，慎行妻陸氏所生長子克建（康熙三十六年進士）、三子克念（雍正二年舉人），嗣庭次子克紹（康熙五十二年舉人）、三子克上（雍正二年舉人）、五子銓（乾隆十五年舉人），以及崧繼之弟嶓繼的次子嗣珣（康熙四十二年進士）。

---

14 依清初之律，「祖、父入籍在二十年以上，墳墓、田宅俱有的據，取同鄉官保結，方許應試」。然因查慎行之父崧繼（海鹽庠生）、祖大緯（海寧庠生，入太學），叔嵋繼（嘉興府庠生）、嶓繼（杭州府庠生，入太學）皆海寧籍且葬於海寧，而與查慎行同族的查嗣韓、查昇皆以錢塘籍登第，但乾隆《杭州府志》則稱查嗣韓為「錢塘人」、查昇為「海寧人，仁和貫」，知查慎行改籍錢塘一事在當時似乎並不嚴格。此因屬同省、同府內的變動，雖略微影響錢塘縣學其他人參加鄉試的機會（因學額固定），但並非自外地占浙江士子在鄉、會試的中額（指各省在科舉考試中欽定的錄取名額）。參見伊桑阿等，《大清會典》，卷 52，頁 2；馬如龍、楊鼐等纂修，李鐸等增修，《杭州府志》，卷 23，頁 43；查元偁等編，《海寧查氏族譜》，卷 3，頁 31-35；劉希偉，《清代科舉冒籍研究》，頁 204-251。

15 通常庶吉士得在翰林院接受教習三年（如遇恩科則縮短），始散館授職。參見鄒長清，《清代翰林院庶吉士制度研究》，頁 299-325。

有意思的是，前述諸人最早登進士者竟是三十歲的克建，其次才依序為嗣瑮（四十九歲考取）、慎行（五十四歲）、嗣珣（五十二歲）、嗣庭（四十三歲），慎行、嗣瑮、嗣庭三同母兄弟還均被選入翰林院為庶吉士！[16] 若加上查慎行的族兄查嗣韓（1645-1700；康熙二十七年榜眼）、族姪查昇（1650-1707；康熙二十七年進士，選庶吉士）及查祥（1650-1707；康熙五十七年進士，選庶吉士），其家族在康熙朝的後半葉可說是「一門八進士、叔姪六翰林」。

康熙五十二年七月查慎行自翰林院編修休致歸里，雍正四年十一月已七十七歲高齡的他，竟以「家長失教」遭弟嗣庭案株連，被逮入都。這一被官方定為大逆罪的案件，[17] 令煊赫一時的查氏幾乎家毀人亡。因清律對該罪的處分為：

> 大逆者凌遲處死，正犯之祖父、父、子孫、兄弟及伯叔父兄弟之子男十六以上，不論篤疾廢疾皆斬，十五以下及正犯之母、女、妻妾、姊妹、子之妻妾給付功臣之家為奴，財產入官，若女許嫁已定，歸其夫，正犯子孫過房與人及正犯聘妻未成者，俱不追坐等語。[18]

故即使當時查氏已分家，但此家難卻又將彼此的命運緊緊連在一起。

---

16 黃宗羲曾於康熙十七年為查崧繼撰墓誌銘，該文以崧繼的第三子名嗣珽，然道光《海寧查氏族譜》所錄的同一文，則名其為嗣珽。由於「珽」與「珽」形似，而「珽」（音「挺」，指古代天子所持的玉笏）與「庭」音近，不知崧繼第三子名的末一字是否原為與其前兩子之「璉」「瑮」同部首的「珽」，只不過因該字較罕見，後遂改作「庭」，至於「珽」則應是「珽」的形誤。參見黃宗羲，《南雷文案》，卷 8，頁 20；查元偁等編，《海寧查氏族譜》，卷 9，頁 6。

17 自唐律中的「十惡」定型之後，處罰文字獄主要是使用「大不敬」的條文。但至明清時期，對以言語文字侵犯皇權的行為，往往改以更重的「謀大逆」罪取代，刑罰且由斬刑變成凌遲。參見胡震，〈因言何以獲罪？：“謀大逆”與清代文字獄研究〉。

18 轉引自《清代文字獄檔》，頁 988。

圖表 6.2： 查慎行與查克建父子皆以錢塘籍登第。

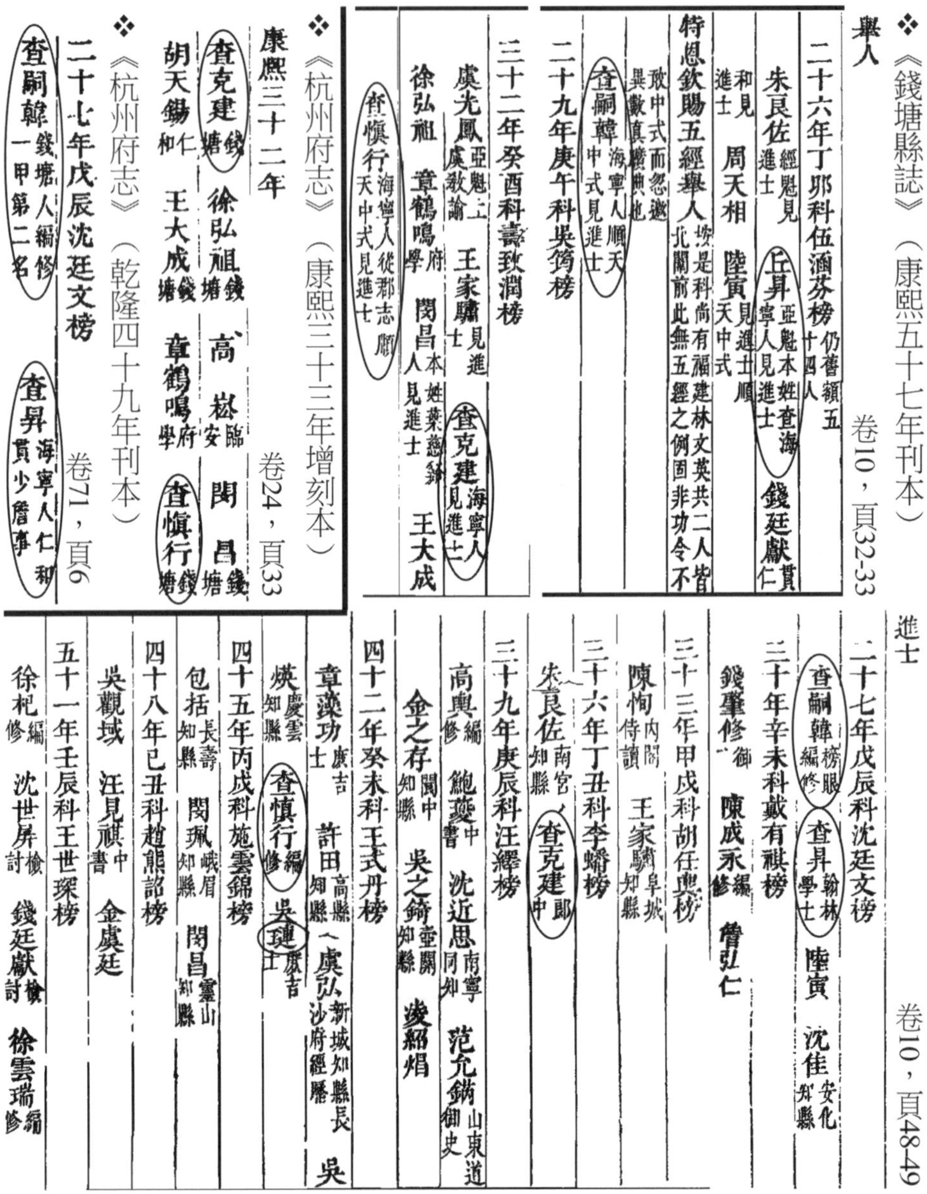

❖《錢塘縣誌》（康熙五十七年刊本） 卷10，頁32-33

舉人

二十六年丁卯科伍涵芬榜仍舊額五十四人
朱艮佐經魁見進士 丘昇亞魁本姓查海寧人見進士 錢廷獻貫仁
和見進士 周天相 陸寅見進士順天中式
特恩欽賜五經舉人按是科尚有福建林文英共二人皆北闈前此無五經之例固非功令不
敢中式而忽邀異數真曠典也
查嗣韓海寧人順天中式見進士
二十九年庚午科吳筠榜
三十二年癸酉科壽致潤榜
虞光鳳亞魁二虞敎諭 王家驌見進士 查克建海寧人見進士
徐弘祖 章鶴鳴府學 閔昌本姓葉慈谿人見進士 王大成
查慎行海寧人從郡志順天中式見進士

❖《杭州府志》（康熙三十三年增刻本） 卷24，頁33

康熙三十二年
查克建錢塘 徐弘祖錢塘 高崧臨安 閔昌錢塘
胡天錫仁和 王大成錢塘 章鶴鳴府學 查慎行錢塘

❖《杭州府志》（乾隆四十九年刊本） 卷71，頁6

二十七年戊辰沈廷文榜
查嗣韓錢塘人編修一甲第二名 查昇海寧人仁和貫少詹事

進士 卷10，頁48-49

二十七年戊辰科沈廷文榜
查嗣韓榜眼編修 查昇翰林學士 陸寅 沈佳安化知縣
三十年辛未科戴有祺榜
錢肇修御史 陳成永編修 曾弘仁
三十三年甲戌科胡任輿榜
陳恂內閣侍讀 王家驌阜城知縣
三十六年丁丑科李蟠榜
朱艮佐南宮知縣 查克建郎中
三十九年庚辰科汪繹榜
高輿編修 鮑夔中書 沈近思南寧同知 范允錡山東道御史
金之存閩中知縣 吳之錡壺關知縣 凌紹焆
四十二年癸未科王式丹榜
章藻功庶吉士 許田高縣知縣 虞弘新城知縣長沙府經歷 吳
煐慶雲知縣 查慎行編修 吳璉庶吉士
四十五年丙戌科施雲錦榜
包括長壽知縣 閔珮峨眉知縣 閔昌靈山知縣
四十八年己丑科趙熊詔榜
吳觀域 汪見祺中書 金虞廷
五十一年壬辰科王世琛榜
徐杞編修 沈世昇檢討 錢廷獻檢討 徐雲瑞編修

圖表 6.3：　涉及海寧查氏科第表現的重要材料。

❖《海寧查氏族譜》（道光八年刊本）

大緯
- 嵩繼
  - 慎行 1650-1727 — 克建 1668-1715
  - 嗣瑮 1652-1733
  - 嗣庭 1664-1727
- 嵋繼
  - 嗣珪 1648-1672
  - 謹（嵩繼四子出嗣嵋繼）1665-1756
- 嶓繼
  - 嗣珣 1652-1723

◆世次二集之二十

嗣韓 字荆州號皐亭 錢塘庠生入太學 康熙丁卯以五經 應順天鄉試 欽賜第一名舉人戊 辰聯捷第三名會 魁 殿試第一甲第二名 榜眼及第任翰林 院編修辛未禮闈 分校己卯順天武 闈主考 卷3，頁3

（浙江圖書館藏）

◆世次二集之八

慎行 原名嗣璉字夏重 號他山更字悔餘 太學生中康熙癸 酉科舉人壬午 名入南書房癸未第 進士 特授翰林院編修內 廷供奉總裁武 英殿書局

嗣瑮 字德尹號查浦 別號晚晴 太學生中康熙己 卯科舉人聯捷庚 辰進士由翰林院 庶吉士授編修癸 巳 恩科廣東正 主考陞侍講乙未 提督順天學院

嗣庭 字潤木號橫浦 府學廩生中康熙 乙酉亞魁聯捷丙 戌進士由翰林院 庶吉士授編修甲 午湖廣副主考戊 戌提督河南學政 陞侍講學士癸卯 山西正主考陞內 閣學士兼禮部侍 郎轉禮部左侍郎 加經筵講官丙午 江西正主考 卷3，頁32-34

謹 字濬安號寄齋 邑廩 康熙辛卯 副榜甲午舉人庚 子福建同考官任 開化縣學教諭 卷3，頁34

嗣珣 字間英號東亭 太學生中康熙丙 子經魁聯捷丁丑 進士癸未殿試 任雲南太和縣知 縣辛卯同考官乙 未行取吏部主事 卷3，頁34

◆世次三集之十七

昇 字仲韋號聲山 太學生中康熙丁 卯亞魁聯捷戊辰 進士二甲第二名 欽點翰林院庶吉士 卷4，頁3

◆世次三集之二十二

克建 字用民號求雯 錢塘籍太學生中 康熙癸酉舉人丁 丑進士任直隸東 鹿知縣歷戶刑部 主事員外郎郎中 授陝西鳳翔府知 卷4，頁5

◆世次三集之二十六

祥 字星南號穀齋一 號雲在 秀水增生中康熙 戊子科舉人戊戌 進士翰林院編修 卷4，頁5

❖《海寧州志》（乾隆四十一年刊本）

康熙二十七年戊辰科

查嗣韓 字荆州號皐亭會試三名榜眼及第官編修

查昇 榜姓邱字仲韋號聲山錢唐籍二甲二名庶吉士官至少詹事

康熙三十六年丁丑科

查克建 字求雯號用民錢塘籍三甲歷官刑部河南司郎中歷鳳翔知府未任

康熙三十九年庚辰科

查嗣瑮 克建叔字德音號查浦二甲庶吉士官至侍講提督順天學政

康熙四十二年癸未科 是科始設官字號至癸巳而除

查慎行 嗣瑮兄字夏重更字悔餘號他山官卷二甲二名庶吉士授編修

查嗣珣 字東亭號閭瑛丁丑中式二甲官至吏部主事

康熙四十五年丙戌科

查〇字〇官卷二甲庶吉士官至禮部侍郎

康熙五十七年戊戌科

查祥 字星南號穀齋二甲三名庶吉士授編修

卷8，頁23-26

（哈佛大學燕京圖書館藏）

查慎行有《詣獄集》一卷記雍正四年十一月至翌年四月事，內有五言絕句四十首提及獄中景況，其中有云：

> 門房十五人，兩世半析筯〔「筯」為「箸」的異體字，指筷子；「析筯」謂分家〕。
> 皇天遣悔禍，少長斯復聚。[19]

「門房〔門、房指其家族中的各支〕十五人」或包含《起居注冊》所記載此案審理過程中提及的慎行、嗣瑮、嗣庭三兄弟，慎行唯一在世之第三子克念，嗣瑮子基、學、開，嗣庭子澐、克上、克纘、長椿、大梁，[20] 以及嗣庭諸孫中年紀較長的永、昌曜、昌芝（均出自澐，事發時分別為十九、十三、十歲）。很殘酷地，查家各支竟因此案而聚首於關押欽犯的詔獄。

雍正五年三月嗣庭第三子克上卒於刑部獄中，次日嗣庭亦自殺，嗣庭繼妻史氏與克上妻浦氏在家聞變，俱自盡。[21] 五月初七日此案定讞，諭曰：

> 查嗣庭着戮屍梟示，查嗣庭之子查澐改為應斬，着監候，秋後處決。查慎行年已老邁，且家居日久，南北相隔路遠，查嗣庭所為惡亂之事，伊實無由得知，着將查慎行父子俱從寬免其治罪，釋放回籍。查嗣庭之胞兄查嗣瑮、胞姪查基，俱從寬免死，流三千里。案內擬給功臣家為奴之各犯，亦着流三千里，其應行拏解之犯行，令該撫查明，一併發遣，查嗣庭名下應追家產，

---

19 查慎行，《敬業堂詩續集》，卷 5，頁 9-10。

20 長椿和大梁或即道光《海寧查氏族譜》所載嗣庭最小的二子銓（康熙五十五年生）及克敬（康熙五十八年生）。

21 其自盡的理由或因正犯之妻妾、子之妻妾依律均應給付功臣之家為奴，財產且入官。又，乾隆《杭州府志》稱：「查克上父獲罪，克上同死，母史氏先縊，克上妻浦氏賦絕命辭四章，吞金死。」並標舉二女為「查氏二烈」，此態度或與乾隆四十年給予明季殉節諸臣謚典的籠絡氛圍有所呼應，故對二女僅焦聚在其節烈的行為，而不論其夫是否得罪當朝而死。參見查元偁等編，《海寧查氏族譜》，卷 5，頁 15；鄭澐修，邵晉涵纂，《杭州府志》，卷 103，頁 29；黃一農，〈正史與野史、史實與傳說夾縫中的江陰之變(1645)〉。

着該撫查明變價，留於浙江，以充海塘工程之用，餘依議。

嗣庭之子克纘、長椿、大梁，姪開、學（事發時年紀均不逾十六歲），嗣庭父子之妻妾，按律原本均應給功臣之家為奴，則改成流徙。至於查嗣庭之本生弟查謹，因自幼即出繼與已故親叔查嵋繼為嗣，故依律免罪。惟審訊時發現他在考取康熙五十三年甲午科舉人時，曾冒用本生父查慎行的官卷應試，[22] 故照「生童籍貫假冒、姓糸偽謬，中式者革去舉人，發回原籍當差」例，將已選授開化縣教諭的查謹「遞回原籍當差」。[23]

在此家難中，慎行四兄弟當中只有查謹一支因已出繼而倖免。克念於雍正四年冬隨父慎行赴詔獄，隔年五月父子倆蒙恩放歸，但慎行旋於八月鬱鬱而終。本已告歸的翰林院侍講嗣瑮，亦受此案牽連，攜子姪謫陝西，雍正十一年死於戍所，卒年八十二歲。[24] 直至乾隆元年三月初六日，因諭旨稱「查嗣庭本身已經正法，其子姪等拘繫配所亦將十載，亦著從寬赦回」，[25] 這場令海寧查氏家毀人亡的文字獄才暫告一段落。[26]

---

22 清代高階官員（包括翰、詹、科道各官，且告老休致者亦涵蓋在內）子弟（含同胞兄弟，但不含出繼者）參加鄉試時，皆編為「官」字號，以人數多寡，各省給與定額取中，稱為「官卷」，其錄取率一直比民卷高出很多。詳見馬鏞，〈清代科舉的官卷制度〉。

23 參見《清代文字獄檔》，頁 960-989。下文如未註明，即出自此檔。

24 查元偁等編，《海寧查氏族譜》，卷 4，頁 7、11。

25 《清高宗實錄》，卷 14，頁 397。

26 乾隆四十六年十二月仁和監生卓汝諧舉告其已故族伯卓銓能、卓與能所著《憶鳴詩集合稿》內有「偽妄字句」，經搜查卓氏各家後，雖未見《憶鳴詩集合稿》，但發現其它著述中「多有狂謬悖妄之語」，康熙年間刊刻的卓敏《高樟閣詩集》內更「不敬避御名」，且有查慎行序文。閩浙總督兼管浙江巡撫陳輝祖因此審擬照知情隱藏律，將查慎行擬斬，如非他已物故，且在其家未搜出「逆書」與「違礙書籍」，這場獄案對查氏而言恐又是另場腥風血雨。參見李聖華，〈查慎行與《憶鳴詩集》案〉。

查嗣庭案實質上是一場因政治鬥爭所引發的文字獄，[27] 《清史紀事本末》(1914) 記曰：

> 夏五月戮禮部侍郎查嗣庭屍。嗣庭典試江西時，題為「維民所止」，有訐者謂「維止」二字乃取雍正斬首之意，繼又搜出日記，於聖祖用人行政大肆譏評，帝大怒，逮嗣庭及其子上克下於獄。至是，皆死獄中，命剉屍梟示，子澐立斬，子長椿、大梁、克瓚，兄慎行、嗣瑮，姪克念、基、開、學俱著流三千里。[28]

《清稗類鈔》(1916) 亦云：

> 或曰：查所出題為「維民所止」。忌者謂「維止」二字，意在去雍正二字之首也。遽上聞，世宗以其怨望毀謗，謂為大不敬。[29]

民國《海寧州志稿》的說法類同。[30]

明清史權威謝國楨 (1901-1982) 也謂查慎行：

> 弟嗣庭以黨於年羹堯，假以試題「維民所止」 文字之獄，被雍正帝所誅……慎行年逾七十，亦被株連，逮繫入獄，嗣瑮被誅，慎行幸而獲釋。[31]

然而，查嗣庭所出的試題其實並無「維民所止」句，[32] 該去「雍正」二字之首成為「維止」以詛咒皇帝的說法，純屬以訛傳訛。此外，嗣庭子應名為「克上」「克纘」，而非「上克」「克瓚」，長子澐也未遭「立斬」；[33]

---

27 顧真，〈查嗣庭案緣由與性質〉。

28 黃鴻壽，《清史紀事本末》，卷 20，頁 1。

29 徐珂，《清稗類鈔》，冊 8，頁 90。

30 許傳霈等原纂，朱錫恩等續纂，《海寧州志稿》，卷 29，頁 52-53。

31 謝國楨，《江浙訪書記》，頁 205-206。

32 《詩經・商頌・玄鳥》有「邦畿千里，維民所止」句，意謂國家所擁有的廣闊土地，均可供百姓棲居。

33 文獻中有誤稱嗣庭之子澐亦罹於法，惟據道光《海寧查氏族譜》，澐卒於乾隆二

慎行及克念父子更不曾「流三千里」，而是獲寬免回籍；嗣瑮亦未被誅，至雍正十一年九月才卒於陝西戍所。

法式善在嘉慶年間所刻的《槐廳載筆》，就明確記載查嗣庭所主持雍正四年丙午科江西鄉試的試題為《論語》中的「君子不以言舉人，不以人廢言」二句，及《孟子》中的「山徑之蹊間，介然用之而成路，為間不用，則茅塞之矣。今茅塞子之心矣」一節，並謂「內閣九卿會議，浙江鄉、會試俱行停止，旋奉恩詔開科」。[34] 查雍正帝乃於四年十一月下令停浙江科舉時，諭稱因獲重罪的查嗣庭、汪景祺均為浙人，[35] 故以此整頓人心風俗，五年丁未科會試即無浙人被允許參加。後以「浙江士子省愆悔過，士風丕變」，六年八月始恩准自雍正七年起可再舉行鄉、會試。[36]

有關查嗣庭案始末的主要文獻，多已收在《清代文字獄檔》，其中又以出自現分存於北京中國第一歷史檔案館和臺北故宮博物院的清朝《起居注冊》最多。經搜尋北京書同文公司製作的「清代歷朝起居注」資料庫後，發現「查慎行」和「查嗣瑮」各出現 4 次，「查嗣庭」171 次（三人皆以進士改庶吉士出身），其中共以約 15,000 字（可見「查嗣庭」109 次）詳記了雍正帝從四年九月至八年正月期間對此案的批駁與意見，知查嗣庭應觸怒皇帝極深。

據雍正朝《起居注冊》，四年九月二十六日上諭提及江西鄉試主考官查嗣庭的出題曰：

今閱江西試錄，首題「君子不以言舉人，不以人廢言」，夫堯

十九年（世次三集之 22，卷 4，頁 15），知他稍後或免死。參見許傅霈等原纂，朱錫恩等續纂，《海寧州志稿》，卷 29，頁 53。

34 法式善，《槐廳載筆》，卷 2，頁 13、卷 13，頁 7。

35 汪景祺因作詩譏訕康熙帝，大逆不道，故被處以極刑。參見《清世宗實錄》，卷 39，頁 575-576。

36 德保等修，李翮等纂，《欽定科場條例》，卷首之 3，頁 3-5；夏衛東，〈雍正四年停浙江鄉會試始末〉。

> 舜之世，敷奏以言取人之道，即不外乎此，況現在以制科取士，非以言舉人乎！查嗣庭以此命題，顯與國家取士之道大相悖謬。至孟藝〔指科舉考試首場用《孟子》書中句子為題的制藝文〕題目更不知其何所指、何所為也；《易經》次題「正大而天地之情可見矣」；《詩經》四題「百室盈止，婦子寧止」。

稱其所謂「君子不以言舉人，不以人廢言」的取士之道，與國家選才的做法大相悖謬。

接著，嚴責考題中所出現的「正」與「止」，認為此舉明顯有蓄意攻擊當朝之嫌，其言有云：

> 去年正法之汪景祺，其文稿中有〈歷代年號論〉一篇，輒敢為大逆不道之語，指「正字有一止之象」，引前代如正隆、正大、至正、正德、正統年號，凡有「正」字者，皆非吉兆。夫人君建年，必揀選二字以為紀元，若以字畫分折，則如漢之元鼎、元封，唐之開元、貞元，其他以「元」字為號者不可勝数，亦將以「元」字有「一兀之象」乎？如漢世祖以建武紀元、明太祖以洪武紀元，「武」字內即有「止」字，可云二止乎？此二帝皆稱賢君，歷世久遠，尚得不謂之吉祥乎？

指雍正三年被依大不敬律立斬梟示的汪景祺，在其〈歷代年號論〉一文中，提出雍正的「正」拆字後即表示「一止之象」，並稱前朝年號如正隆、正大、至正、正德、正統等皆非吉兆。雍正帝於是以同樣邏輯反駁，謂漢朝有元鼎、元封，唐朝亦有開元、貞元等年號，若將「元」字拆解，難道就表示其有「一兀之象」？再以東漢光武帝劉秀的第一個年號建武以及明朝開國皇帝朱元璋的年號洪武為例，「武」內雖有「止」字，但二帝卻皆為賢君。雍正帝還稱查嗣庭所出之經題前用「正」字、後有「止」字，而《易經》第三題所用之「其旨遠，其詞文」，應是其寓意，欲將前後相關連，並斥責此舉顯然是與汪景祺的悖逆言論沆瀣一氣，甚至以「查嗣庭與汪景祺同係浙人，或屬一黨」，[37] 命將查嗣庭革職拿問，交三法司嚴審定擬。

因擔心遭批評是故意構陷，雍正帝還努力搜查其它罪證，《起居注冊》記稱：

> 朕因查嗣庭平日之為人，又見其今年科場題目，料其居心澆薄乖張，必有怨望譏刺之紀載，故遣人查其寓中及行李中所有筆札，則見伊日記二本，至康熙六十一年十一月十三日則前書聖祖皇帝升遐大事，閱數行即自書其患病曰：「痔疾大發，狼狽不堪。」其悖亂、荒唐、大不敬至於如此。自雍正元年以後，凡遇朔望或遇朝會及朕親行祀典之日，必書曰「大風」，不然則「狂風大作」。偶遇雨，則書曰「遇大雨盆傾」，不然則「大冰雹」。

指查嗣庭在其筆記和日記中，故意將康熙帝駕崩與自己痔疾大發兩事相提並論，且於雍正帝出席的重要事件上均書寫「大風」「狂風大作」「遇大雨盆傾」或「大冰雹」等不祥之兆。

另謂查嗣庭的筆記和日記還有許多譏刺時事、幸災樂禍之語，曰：

> 又于聖祖皇帝之用人行政大肆訕謗，以翰林改授科道為可恥，以裁汰冗員為當厄，以欽賜進士為濫舉，以戴名世獲罪為文字之禍，以趙晉之正法為因江南之流傳對句所致，以科場作弊之知縣方名正法為冤抑，以清書庶常復考漢書為苛刻，以庶常散館為畏途，以多選庶常為蔓草、為厄運，以殿試不完卷黜革之進士為非罪。熱河偶然發水，則書「淹死官員八百人，其餘不記其數」，又書「雨中飛蝗蔽天」，似此一派荒唐之言，皆未

---

37 查嗣庭不知是否與汪景祺有私交，但其兄查慎行曾為汪氏的《江鄉覊旅集》作序，汪氏且有「平生跛扈寡輸心，舉世惟君能拔俗」詩句稱譽查慎行。參見汪日祺，《讀書堂詩稾・江鄉覊旅集》，卷 1，頁 27-28。

> 有之事。而伊公然造作書寫，又有塗抹一處乃痛詆滿州之文大逆不道之語，至其受人囑托、代人營求之事，不可枚舉，又有科場關節及科場作弊書信，皆屬詭秘。

然而，查嗣庭是否寫下前述內容，一般人皆無從過眼並判斷真偽，這很容易變成編造罪狀的一偏之言。

雍正四年九月二十六日上諭內閣等：「查嗣庭向來趨附隆科多，隆科多在朕前曾經薦舉，是以朕令其在內廷行走，授為內閣學士。後見其語言虛詐，兼有狼顧之相，料其心術必不端正，從未信任，因未顯有過失，因而姑容之。」五年五月初七日查嗣庭案定讞，諭旨有云：

> 隆科多、蔡珽與查嗣庭互相交結，扶同保舉，朦朧奏啟，隆科多、蔡珽均應照「官吏互相交結、扶同奏啟者斬監候」律，均擬斬監候，秋後處决……奉旨：「隆科多攬贓犯法，深負朕恩，本應按律即行治罪，但其才尚有可用，朕心憫惜，着革退吏部尚書，交委料理阿爾台等路邊界事務。」另降諭旨：「倘能盡心辦理，尚可贖其前愆，若稍有怠忽，定行正法。」欽遵在案……隆科多、蔡珽應於各彼案從重歸結。

暴露雍正帝大力整肅查嗣庭的背後關鍵，應是不滿其黨附隆科多。

至於在雍正三至五年間先後被定罪的年羹堯、允禵（即改名的皇十四子胤禎）、阿其那（被迫改名的皇八子允禩）、塞思黑（皇九子允禟）、隆科多、延信等案（圖表 6.4），亦多是相互瓜連蔓引的政治案件，當事人或在康熙末年曾結黨與皇四子胤禛爭奪大位，或為胤禛登基後遭「兔死狗烹」的前功臣。

曾為查慎行授業弟子的揆敘，與前述諸人的關係更是千絲萬縷。此因揆敘次子永福乃允禟婿，長子永壽嫡妻亦拜皇九子允禟為乾爹，其家還提供百餘萬兩銀以幫助允禟邀結人心。延信且是成德（揆敘兄）妹婿延壽之弟，其婿阿爾松阿乃阿靈阿子，阿靈阿之父與成德之父又同為阿濟格婿，年羹堯且娶成德次女。雍正帝因此自稱與揆敘的仇恨「不共戴天」，並於二年十月追奪他的官銜及諡號，甚至派人將其墓碑改刻上「不忠不孝柔奸陰險揆敘之墓」等字，以泄心頭之忿。[38] 汪景祺與查嗣庭之案或有相當成分是為了鬥倒年羹堯、隆科多，而預作鋪墊。[39]

浙江省的杭州府在清初時轄錢塘、海寧等地，乾隆三十八年因海寧屬海疆要地，賦重差繁，兼有海塘修築，故陞為散州。康熙四十五年中進士的查嗣庭，其登科資料理應見於省以下各級相關方志，然乾隆《敕修浙江通志》雖臚列此科 49 名浙籍進士，乾隆《杭州府志》亦列出 15 名杭籍進士，卻均未見嗣庭。《敕修浙江通志》所出現的 7 次查嗣庭，均是引錄雍正帝諭旨中對他的斥責，此應因領銜修纂此志的浙江巡撫李衛恰為處理此文字獄的最高地方官員（他曾從查嗣庭家中搜出不少重要證物）。[40]

哈佛大學燕京圖書館藏乾隆四十一年《海寧州志》的道光二十八年重修本，該本內的進士及舉人名單，在記查嗣庭時均僅存其姓，名與字俱闕。中國國家圖書館亦藏同一重修本，但兩處皆被人以墨筆補上「嗣庭」二字。此闕名現象應非挖改所致，而是有意刪略，因該志完全未記查嗣庭其人其事！查道光重修本中的「眞」「愼」常可見缺末筆，「弘」皆作「弖」或「宏」（如「弘光」作「宏光」），「曆」多作「歷」，「顒」「琰」「旻」三字均未缺改，知此本應是據乾隆四十一年雕板挖改並重刷（兩者的版式字樣均同），只不過新增了卷首的道光序。民國後纂修的《海寧州志稿》，則因已無需避忌，才如實記載查嗣庭的資料（此段參見圖表 6.5）。

---

38 黃一農，《二重奏：紅學與清史的對話》，頁 249-252、439-448。

39 先前學界有以查嗣庭試題案屬純粹的文字獄，不具備其它「政治鬥爭」的性質。參見李聖華，〈查嗣庭案新論〉。

40 李衛等修，傅王露等纂，《敕修浙江通志》，卷首 2，頁 11-35；《清世宗實錄》，卷 50，頁 758-759。

圖表 6.4： 雍正朝與查嗣庭案相關連之政治整肅案件。

罪人之名及定罪時間	定罪理由與定讞處分（《清世宗實錄》之卷頁）
年羹堯三年十二月十一日	「見汪景祺《西征隨筆》，不行參奏」「年富居心行事，與年羹堯相類，著立斬，其餘十五歲以上之子，著發遣廣西、雲貴極邊烟瘴之地充軍……家貲俱抄沒入官……族中有現任候補文武官者，俱著革職。年羹堯嫡親子孫，將來長至十五歲者，皆陸續照例發遣，永不許赦回，亦不許為官」（卷 39，頁 568-572）
汪景祺三年十二月十八日	「汪景祺作詩譏訕聖祖仁皇帝，大逆不道……立斬梟示，其妻、子發遣黑龍江，給與窮披甲之人為奴。其期服之親兄弟親姪，俱著革職，發遣寧古塔。其五服以內之族人現任及候選、候補者，俱著查出，一一革職，令伊本籍地方官約束，不許出境」（卷 39，頁 575-576）
允禵四年五月初二日	「阿其那〔允禩〕、允禟、允禵等結黨營私，同惡相濟……壽皇殿乃供奉皇考、皇妣聖容之處，將允禵於附近禁錮，令其追思教育之恩……伊子白起……著與允禵一處禁錮」（卷 44，頁 642-643）
阿其那四年五月十四日	「蘇努、七十、阿靈阿、揆敘、鄂倫岱、阿爾松阿結為朋黨，協力欲將阿其那致之大位」「阿其那、允禟、允䄉、允禵固結匪黨，潛設機謀，種種不法之事，不可枚舉……至於允禟改名之事……尋議，允禟應改為塞思黑」（卷 44，頁 647-651） 「阿其那與允禵、塞思黑、允䄉、允禵結為死黨」（卷 45，頁 679）
查嗣庭五年五月初七日	「查嗣庭向來趨附隆科多，隆科多曾經薦舉……蔡珽又復將伊薦舉……」（卷 48，頁 730） 「查嗣庭著戮屍梟示，伊子查澐改為應斬監候……查嗣庭所為惡亂之事，伊實無由得知，著將查慎行父子俱從寬免，釋放回籍。查嗣庭之胞兄查嗣瑮、胞姪查基，俱免死流三千里。案內擬給功臣之家為奴各犯，亦著流三千里」（卷 57，頁 868-869）
蔡珽五年九月二十五日	「交結大逆不道之查嗣庭，其罪十六……按之律例，蔡珽所犯諸罪均干大辟，蔡珽應斬立決，伊妻子入辛者庫，財產入官」「蔡珽從寬改為應斬，著監候，秋後處決，餘依議」（卷 61，頁 940-941）
隆科多五年十月初五日	「大不敬之罪五，欺罔之罪四，紊亂朝政之罪三，姦黨之罪六，不法之罪七，貪婪之罪十六……交結阿靈阿、揆敘……保奏大逆之查嗣庭」「隆科多免其正法……永遠禁錮……其妻子亦免入辛者庫，伊子岳興阿著革職，玉柱著發往黑龍江當差」（卷 62，頁 947-949）
延信五年十二月初六日	「延信向與阿其那、阿靈阿……等結為黨羽……奉旨詢問年羹堯之處，並不據實揭報，為之徇隱具奏……在西寧時，陽為不附和允禵，揜人耳目，而陰與允禵交結……鑽營年羹堯……得旨：延信從寬免死，著與隆科多在一處監禁」（卷 64，頁 980-982）

汪景祺的遭遇亦與查嗣庭略同，汪氏原名日祺，或於雍正元年正月至二年二月間改名，[41] 康熙《錢塘縣誌》記其為五十三年舉人。因他在雍正二年所撰的《讀書堂西征隨筆》中諛頌年羹堯，並「譏訕」康熙帝，又非議康熙謚號與雍正年號，[42] 遂於三年依大不敬律「立斬梟示」，妻、子皆發遣黑龍江，給與窮披甲人為奴，其期服之親兄弟、親姪俱發遣寧古塔，五服以內族人任官者（無論現任、候選或候補者）亦革職，[43] 故在乾隆《敕修浙江通志》的選舉表就不見其名。汪景祺的首級更被懸掛於北京的菜市口長達十年，至雍正十三年十月二十九日始由甫繼位的乾隆帝恩准將其枯骨「掣竿掩埋」。[44] 乾隆四十九年《杭州府志》的舉人名單，或因此略去汪日祺之名，惟在拔貢名單中則尚殘存未刪盡。[45]

四庫館臣於抄朱彝尊的《曝書亭集》時，也曾刪略汪日祺之名，但仍可見一處漏刪。《曝書亭集》的康熙初刊本內原有祝賀廢太子胤礽復立的〈三月十日詔下青宮再建，喜而賦詩〉，後亦因胤礽再廢而於四庫本中遭刪除（圖表 6.6）。類似情形也發生在乾隆四十二年因《字貫》案而「坐悖逆死」的王錫侯身上，其生平事跡在相關的清代方志中亦幾乎全「被消失」（詳見下節）。[46] 又，這些志書均不曾為查嗣庭、汪景祺、王錫侯立傳（即

---

41 他在雍正元年正月序刊的《讀書堂詩稾・江鄉羇旅集》中，乃自署汪日祺，但在《讀書堂西征隨筆・朱漢源長梧子詩集序》，則稱「雍正二年二月二十又四日錢塘汪景祺星堂氏拜手謹題」，自序亦末署「雍正二年五月五日錢塘汪景祺星堂」。

42 王進駒，〈一份清代失意文人病態心理的標本：談汪景祺的《讀書堂西征隨筆》〉。

43 汪景祺之子汪連枝因比照大逆緣坐，發黑龍江為奴，他在當地生子汪承譽，承譽又生汪九如、六十一，嘉慶十八年汪景祺孑餘的曾孫與玄孫在流放八十多年後終獲赦還。嘉慶十八年刑部〈查辦黑龍江等處遣犯子孫等事〉摺中的「王景奇曾孫王九如」（圖表 6.30），或即諧音的「汪景祺曾孫汪九如」。參見《清世宗實錄》，卷 39，頁 575-576；《文獻叢編第十五輯》，頁 1-8。

44 臺北故宮博物院文獻編號 402005520。

45 鄭澐修，邵晉涵纂，《杭州府志》，卷 71，頁 40、卷 72，頁 15。

46 如見光緒《江西通志》、同治《瑞州府志》、乾隆《新昌縣志》；托津等，《欽定大清會典事例》，卷 617，頁 7-8；黃一農，〈王錫侯《字貫》案新探〉。

使是記其致罪情由之事跡），此一情形在入民國後的新修方志始見改變。

圖表 6.5： 浙江方志中有關查嗣庭登科的記載。

❖《杭州府志》（乾隆四十九年刊本）（中國國家圖書館藏）

四十五年丙戌王雲錦榜

沈翼機 海寧人侍讀學士　張煐 仁和人安定知縣
虞宏熹 仁和人兵部郎中　陳世倌 海寧人建昌府 以上二甲
葉[illegible] 錢塘人靈山知縣 志姓閔省志慈谿人　邵錫章 仁和人長垣知縣
許維楷 海寧人　閔佩 錢塘人御史
邵錫光 仁和人蘄州知州　史尚節 仁和人庶吉士
吳世雍 餘杭人壺關知縣　毛遠宗 仁和貫蕭山人知縣
來珏 仁和人蕭山貫知縣　包括 錢塘人江西巡撫
田承謨 仁和人知縣 以上三甲

卷71，頁8-9

❖《錢塘縣誌》（康熙五十七年刊本）（中國國家圖書館藏）

五十三年甲午科張時中榜

汪受祺 見進士　沈士 本姓顧吳門人見進士

（汪日祺）

卷10 頁35

❖《海寧州志》（乾隆修道光重刊本）（哈佛大學燕京圖書館藏）

康熙四十五年丙戌科

查 字 官卷二甲庶吉士官至禮部侍郎 卷8，頁25

康熙四十四年乙酉科

查 丙戌進士 卷8，頁54

❖《海寧州志》（乾隆修道光重刊本）（中國國家圖書館藏）

康熙四十五年丙戌科

查嗣庭字 官卷二甲庶吉士官至禮部侍郎 卷8，頁25

康熙四十四年乙酉科

查嗣庭 丙戌進士（兩處「嗣庭」皆被人以墨筆補上） 卷8，頁54

❖《海寧州志稿》（民國十一年鉛印本）

乙酉科恩詔加十名又加五經卷三名

查嗣庭 丙戌進士

丙戌科王雲錦榜

沈翼機 字西園號澄初官庶吉士擢至侍講學士按戴志云榜姓祝

張暎 曾祚子字定山號東井寄籍仁和官安定知縣

查嗣庭 字潤木官庶吉士擢至禮部侍郎

陳世倌 世倌兄字蘭侯號識菴官至建昌知府

許惟楷 汝森從子字端平號宜齋

卷26，頁24-25

❖《敕修浙江通志》（乾隆元年刊本）

康熙四十五年丙戌科王雲錦榜

閔珮 錢塘人御史　包括 錢塘人山東登萊道
盧弘熹 仁和人禮部郎中　邵錫光 仁和人蘄州知州
張煐 仁和人安定知縣　邵錫章 仁和人長垣知縣
史尚節 仁和人庶吉士　田承謨 仁和人知縣
沈翼機 海寧人侍讀學士　陳世倌 海寧人建昌知府
許惟楷 海寧人　吳世雍 餘杭人壺關知縣
吳廷案 嘉興人知縣　錢以煐 嘉興人御史
陳廷煒 秀水人建平知縣　浦文焯 嘉善人直隸按察使
俞兆晟 海鹽人戶部侍郎內閣學士裏行走　王顯一 海鹽人知縣
楊朱標 海鹽人庶吉士　盧生甫 平湖人遵義知府
錢攀元 桐鄉人知縣　曹樞 桐鄉人如臯知縣
俞長策 桐鄉人編修　施德涵 桐鄉人知縣
吳關杰 石門人鴻臚寺卿　吳樹 石門人知縣
蔣殿賓 長興人　葉閔昌 慈谿人知縣
秦晉 慈谿人知縣　沈光定 定海人知縣
陳紱 山陰人高明知縣　傅王雯 山陰人聞喜知縣
劉文燧 山陰人黃梅知縣　趙子信 山陰人知縣
張鉞 會稽人商水知縣　姜承讌 會稽人
來珏 蕭山人知縣　任濱 蕭山人瑞金知縣
毛遠宗 蕭山人　孔豸 諸暨人
壽致潤 諸暨人檢討　毛鈺 諸暨人
諸起新 餘姚人檢討　孫讜 餘姚人武進知縣
胡世昌 上虞人雄縣知縣　諸葛琪 蘭谿人知縣
方燊如 淳安人豐潤知縣　張雲鶚 建德人
楊廷琚 開化人知縣

卷142 頁32-33

（中國國家圖書館藏）

圖表 6.6：　朱彝尊《曝書亭集》中因避忌而刪略之內容。

❖ 朱彝尊，《曝書亭集》（康熙五十三年刊本）

汪侍郎霦攜仲子日祺夜過二首

解纜童兒塔侍郎從海寧至抽帆長水村劇談無夜禁密坐覺冬溫雀鮓披緜重魚頭漉酒渾回思燕市飲凋謝幾人存

十載疎芳訊崇朝去考堂楚歌休憤恨吳語自清狂舊雨西牕在空林朔吹長阿戎飛動意離席倒詩囊

卷21，頁16

野老

學易村夫子勞勞方寸心卜錢求漢鑄新得火珠林

柬友人

吾圖吾書笐鑰則無與子忘形點勘墨朱期我故人無失其故乾餱以愆將子無怒勿躬勿親聆我詆諆人或迋汝胡詛我爲子毋居居子毋究究雖有新知人惟求舊爾雅注毛傳居居懷惡不相親比之貌釋文曰究究惡人之貌

三月十日詔下青宮再建喜而賦詩二

震驚由地奮巽命自天申復覩重光日毋煩四老人堂懸銀牓舊笥出紵衣新媿遠青雲路難揚蹈舞塵

四月八日效長慶體

今年孟夏行冬令夜尚南風曉北風露頂劇憐黃面佛披裘仍作鹿皮翁榆錢柳絮愁飄損貝喜餘花婪尾紅

題曹通政寅思仲軒詩卷

卷23，頁2

靈隱寺題名

爲六代遺蹟今煙霞洞羅漢六石屋羅漢一百一十六要非吳越以後工人所鑿土俗流傳之謬由未見咸淳志爾康熙辛巳三月同游七人長洲顧嗣立俠君秀水朱彝尊錫鬯杭州馮念祖文子吳陳琰寶厓顧之挺搢玉周崧嶟巖汪日祺無已期而不至者蕭山毛奇齡大可也

卷68，頁8-9

❖ 朱彝尊，《曝書亭集》（《景印文淵閣四庫全書》本）

汪侍郎霦攜仲子闕夜過二首

解纜童兒塔侍郎從海寧至抽帆長水村劇談無夜禁密坐覺冬溫雀鮓披緜重魚頭漉酒渾回思燕市飲凋謝幾人存

十載疎芳訊崇朝去考堂楚歌休憤恨吳語自清狂舊雨西牕在空林朔吹長阿戎飛動意離席倒詩囊

卷21，頁26

野老

學易村夫子勞勞六寸心卜錢求漢鑄新得火珠林

題曹通政寅思仲軒詩卷

卷23，頁2

（四庫本刪去〈柬友人〉〈三月十日詔下青宮再建，喜而賦詩〉〈四月八日效長慶體〉三首）

靈隱寺題名

靈隱寺晉咸和初沙門慧理建前有飛來峰理公巖冷泉經其下西出合澗橋分流入僧房叢篠中巖上下多

欽定四庫全書

遺蹟今烟霞洞羅漢六石屋羅漢一百一十六要非吳越以後工人所鑿土俗流傳之謬由未見咸淳志爾康熙辛巳三月同游七人長洲顧嗣立俠君秀水朱彝尊錫鬯杭州馮念祖文子吳陳琰寶厓顧之挺搢玉周崧嶟巖汪日祺無已期而不至者蕭山毛奇齡大可也

卷68，頁14

再者，查嗣瑮與其堂兄查嗣珣二人亦未見於乾隆《杭州府志》的選舉表，前者應可歸因於他受弟嗣庭案株連而遭遣戍，但嗣珣已卒於雍正元年且未因此案獲罪，其人其事之所以未見前志提及，有可能是將其與嗣庭混淆。[47] 至於雍正二年與查克念一同中舉的查克上，在乾隆《敕修浙江通志》中或亦因其卒於詔獄而「被消失」。前述方志修纂者的態度，均應屬當時社會在皇權之下「自我壓抑」的現象。[48]

然而，擁有科名者在犯大不敬罪或大逆罪後，也不是一定會從志書中除名，如刑部尚書徐乾學第五子徐駿即屬此類。其家所屬的崑山徐氏，乃中國科舉史上表現最突出者之一，徐乾學是大儒顧炎武的外甥，他與胞弟徐元文、徐秉義皆鼎甲出身（兩探花，一狀元）。又，乾學之子樹穀、炯、樹敏、樹屏、駿，分別在康熙二十一至五十二年間中進士，被譽為「五子登科」。徐元文次子樹本亦登三十六年進士，他與五十二年中進士的堂弟駿皆選翰林院庶吉士。[49]

但即使有此「一家九進士，五翰林」的顯赫家世，也無法令徐駿免除文字獄之災。[50] 雍正八年十月刑部等衙門議准：「原任庶吉士徐駿，狂誕居心，背戾成性，於詩文稿內造為譏訕悖亂之言，應照大不敬律擬斬立決，將文稿盡行燒燬。」[51] 今在乾隆《崑山新陽合志》、道光《崑新兩縣志》、

---

47 「中國方志庫」的嘉慶《長沙縣志》、光緒《咸寧縣志》、光緒《善化縣志》，即均在引錄乾隆諭旨時將嗣珣與嗣庭混淆了，誤稱「昔皇考洞悉此等陋習，大加振刷，如查嗣珣〔應為“庭”〕、呂留良諸案」句。參見《清高宗實錄》，卷 481，頁 29。

48 王汎森，《權力的毛細管作用：清代的思想、學術與心態》，頁 393-500。

49 張予介等，《崑山新陽合志》，卷 15，頁 17-19；徐家保等纂修，《錫山徐氏宗譜》，裕一公派崑錫兩山總支表第十一世至第十五世，冊 23，頁 13-18。

50 徐駿得罪當政者的具體原因不詳，傳其是因先在奏摺中把「陛下」錯寫成「狴下」，又被查出他有「清風不識字，何故亂翻書」「明月有情還顧我，清風無意不留人」詩句，但此說遭道光時人錢泳等質疑。參見吳仁安，《明清時期的江南望族》，頁 122-123。

51 《清世宗實錄》，卷 99，頁 312。

道光《蘇州府志》、乾隆《江南通志》的選舉表，均仍可見到他考取鄉試和會試的記載，然其生平卻頂多以小傳附於徐乾學之下，如略稱「駿字觀卿，幼穎悟，康熙癸巳進士，選庶吉士，以狂傲為人中傷，坐謗訕死」。[52] 亦即，方志的編纂者往往會替「里人」諱，用低調、隱晦且簡短的模糊敘述，以避免當事人家族（通常在地方上頗具影響力）難堪。[53]

本節先理清查嗣璉是在康熙三十二年入都準備參加當年順天鄉試前後更名為慎行，並改隸錢塘籍，此因他先前曾涉入洪昇的國喪演劇案而遭國子監斥革，故以改頭換面（其弟嗣瑮、嗣庭及堂兄弟嗣珪、嗣珣皆用行字「嗣」，且為海寧籍）的方式在仕途上重新出發。

查慎行一生所遭逢的兩大橫禍，實質上均有相當程度為政治案件，且很巧合竟然皆牽涉隆科多家：康熙二十八年的洪昇案表面上是因在隆科多姊孝懿仁皇后國喪期間搬演《長生殿》傳奇，此事當然是咎由自取，但應非蓄意為之，惟有人藉此興獄，以排除異己。[54] 至於雍正四年其弟查嗣庭的試題案，更明顯是遭皇帝深文周納，以羅織身為隆科多朋黨之查嗣庭的罪名。

筆者此研究原為了探討查嗣璉是否因敬避端慧皇太子永璉而改名，只不過很快就發現在查氏更名多年後，永璉才出生，知此舉應與避諱無關。但洪昇案和查嗣庭案其實與下節將討論的王錫侯《字貫》犯諱案，仍有殊途同歸之處，某一層次上皆是統治者為樹立官民對他們的敬謹態度，而經由不同檢驗方式來懲處觸犯或未符其意者。

---

52 張予介等，《崑山新陽合志》，卷 21，頁 22。

53 查嗣庭因舉家受大逆罪牽連，故方志的編纂者或不必在意其家族中人是否難堪，遂將他的科名和事跡皆忽略不記。

54 章培恒，《洪昇年譜》，頁 371-404。

二、乾隆朝的王錫侯《字貫》案

王錫侯 (1713-1777)，字韓伯，號濱洲，本名王侯，[55] 室名三樹堂，江西瑞州府新昌縣（今宜豐縣）人，乾隆十五年庚午科中舉。王氏因在著述《字貫》中將清帝的廟諱、御名悉行排寫直書，諭命以大逆問罪。[56] 辛亥革命後，學界開始對清朝血淋淋的文字獄進行深刻的歷史反思，王錫侯的《字貫》案也因此受到民初一些文史大家的關注。

明清史權威孟森 (1868-1938) 對王錫侯的評價不高，曰：

> 錫侯之學問，就《經史鏡》觀之，所分門目，如首以「慶殃報復」，次以「酒色財氣四戒」，義例粗鄙，殆為中人以下說法。簡端臚列師友姓名，或稱鑒閱，或稱參閱，而以庚午鄉試主司錢〔錢陳群〕、史〔史貽謨〕姓名裒然居首。生平以一舉鄉試為無上之榮，兩主司為不世之知己，此皆鄉曲小儒氣象，決非能有菲薄朝廷之見解者……觀其種種標榜之法，錫侯之為人可知，要于文字獲罪，竟以大逆不道伏誅，則去之遠矣……以國家仇此匹夫，亦可見清廷之冤濫矣。[57]

孟森視王錫侯為「鄉曲〔指鄉野偏僻地方〕小儒」，對其罹大逆之罪一事，則稱此人「決非能有菲薄朝廷之見解者」，但他也批評乾隆帝的處理方式有「冤濫」之嫌。

又因此案涉及避諱，故在陳垣《史諱舉例》亦曾略及，稱：

> 雍乾之世，避諱至嚴，當時文字獄中，至以詩文筆記之對於廟諱、御名有無敬避，為順逆憑證。乾隆四十二年江西舉人王錫

---

55 王侯一名有自詡顯貴之意，此與上一節查嗣瑮更名的理由或相近。又，本節改編自拙文〈王錫侯《字貫》案新探〉(2023)，但文中有不少論述已被修訂。

56 莊吉發，〈王錫侯字貫案初探〉。

57 孟森，〈字貫案〉。

> 侯《字貫》案，即因凡例中列康雍兩朝廟諱及乾隆御名，未將其字分析，如所云「上一字從“弓”從“厶”，下一字從“厤”從“日”」者，固已照例缺筆矣；又因廟諱、御名列在孔子諱後，以此大遭乾隆之忌，遽興大獄焉……以諱殺戮多人，真「從來未有之事」。[58]

然因王錫侯的著述多遭清廷禁燬，中土存留不多，以致上世紀大多數兩岸三地的學者皆不詳《字貫》的具體內容，且包含陳垣等學者所提出的許多相關敘述（如前引文中以底線標示者），常句意不明，甚至與事實有差。

與《字貫》案始末相關的文獻，幾已收在《清代文字獄檔》。[59] 乾隆四十二年十月初一日江西巡撫海成奏稱，新昌縣縣民王瀧南（與王錫侯同族，但彼此有夙怨）呈首舉人王錫侯刪改御定的《康熙字典》，另刻《字貫》，因後書在序中對前書有「穿貫之難」的批評，他認為此舉與叛逆無異，故請治罪。[60] 王錫侯則駁曰：「原指學者穿貫之難，並非譏訕《字典》。」海成隨即調閱《字貫》刻本一部四十冊，發現序文在頌揚《字典》之後，果有「然而穿貫之難也……《詩韻》不下萬字，學者尚多未識而不知用，今《字典》所收數增四萬六千有奇〔應為 47,035 字〕，學者查此遺彼，舉一漏十，每每苦於終篇掩卷而仍茫然」等句，他以王錫侯「不當引以為言，乃逞其臆見，轉指《字典》為難以穿貫，且以《字典》收字太多輒肆議論，雖無悖逆之詞，隱寓軒輊之意，實為狂妄不法」，故請旨將王錫侯革去舉人，以便審擬具奏（此段見圖表 6.7）。

---

58 陳垣，《史諱舉例》，頁 108-109。

59 下文引用的文獻如未註明，即請參見《清代文字獄檔》，頁 661-684。

60 據〈王錫侯供詞〉，他曾將《字貫》中的敏感內容改刻，但王瀧南卻將稍早的刊本呈覽，其疏告的重點之所以僅在作者自序中有批評《康熙字典》之語，而未言及敬諱篇，或因先前少有以犯諱而釀成文字獄的前例（乾隆朝的諱例尤其複雜，屢隨文字出現的場合而有不同規定；圖表 5.4），然以所編書中「語多狂悖」而被定以逆案罪的情形則頗多（如乾隆十八年的丁文彬、二十一年的劉德照、三十二年的蔡顯等案；圖表 6.31）。參見《清代文字獄檔》，頁 675-676。

圖表 6.7： 江西巡撫海成為《字貫》案所上最早的奏摺。現藏臺北故宮博物院，《清代文字獄檔》誤繫為四十二年十月二十一日。

江西巡撫臣海成謹
奏為叅奏事據新昌縣詳縣民王瀧南呈首舉人
王錫侯刪改康熙字典另刻字貫與叛逆無異
請究治罪願與
聖祖作抱告等情訊據王瀧南供王錫侯字貫序內有
然而穿貫之難也一句顯屬悖逆據王錫侯供
原指學者穿貫之難並非譏訕字典王瀧南從
前因唆訟問徒發配逃回原籍經錫侯等首縣
拏獲解配是以挾讎妄告等因通詳到臣隨即
吊取原書會同司道查閱字貫刻本其序文內
頌揚字典之下轉語果有然而穿貫之難也句
又有詩韻不下萬字學者尚多未識而不知用
今字典所收數增四萬六千有奇學者查此遺
彼舉一漏十每每苦於終篇掩卷而仍茫然等
句臣伏思
聖祖
御纂字典集字學之大備為千古不易之書後人因字
考典原無用其貫穿且所收之字本諸經史寧
備無遺其以偏旁點畫分部自可查一得一查
十得十有何遺漏之患王錫侯本無學問所輯
字貫不過彷類書之式按照字義各歸其類與
字典迥別不當引以為言乃逞其臆見轉指字
典為難以穿貫且以字典收字太多輒肆議論
雖無悖逆之詞隱寓軒輊之意實為狂妄不法
至王瀧南告呈內擅稱願與
聖祖抱告亦屬慢瀆不敬均難姑容相應請
旨將王錫侯革去舉人以便審擬具奏所有王錫侯
原刻字貫一部計四十本粘籤恭呈
御覽為此繕摺叅奏伏祈
皇上
聖鑒謹
奏
大學士九卿議奏
乾隆四十二年十月 初一 日

（《宮中檔乾隆朝奏摺》，第40輯，頁283）

十月二十一日乾隆帝諭稱本以為王錫侯「不過尋常狂誕之徒，妄行著書立說，自有應得之罪」，但閱及《字貫》序文後的凡例時，發現「竟有一篇將聖祖、世宗廟諱及朕御名字樣悉行開列〔後文簡稱此葉為"敬諱篇"〕」，且出現未缺避之字，[61] 故轉責王錫侯「深堪髮指，此實大逆不法，為從來未有之事，罪不容誅，即應照大逆律問擬」，並嚴斥曰：

> 海成僅請革去舉人審擬，實大錯謬，是何言耶？海成既辦此事，豈有原書竟未寓目，率憑庸陋幕友隨意粘簽，不復親自檢閱之理？況此篇乃書前第十頁，開卷即見，海成豈雙眼無珠、茫然不見耶！抑見之而毫不為異，視為漠然耶？所謂人臣尊君敬上之心安在，而於「亂臣賊子人人得而誅之」之義又安在……海成實屬天良盡昧，負朕委任之恩，著傳旨嚴行申飭。[62]

《字貫》案的主要罪狀，自此從序文中對《康熙字典》「難以穿貫」的批評，轉至敬諱篇中的犯諱。海成因此親赴王家查封所有不法書籍、字跡，並監押王錫侯回省，且「將緣坐〔指因牽連而獲罪〕人等及該犯家產逐一查辦」。各省督撫亦奉命留心訪查，如有此書印本及版片，均須立即解京銷燬，而對書中提及的參閱和捐刻之人，乾隆帝則聲稱自己行事一向「不為已甚」，故免予深究。[63]

乾隆帝更於十月二十三日進一步表達對海成的嚴重不滿，稱：

> 逆犯所刊《字貫》悖逆不法之處顯而易見，何以海成查辦各書時並不早為查出，及至為人首告，始行具奏，可見海成從前查辦應燬書籍原不過以空言塞責，並未切實檢查，且摺內尚稱其

61 乾隆朝朝鮮人李德懋即稱「有王錫侯者撰《字貫》，直書康熙御諱，不回避，不缺畫，被極刑」。參見李德懋，《青莊館全書》，卷 61，頁 85。

62 《清代文字獄檔》誤繫此諭在乾隆四十二年二月二十一日。參見《宮中檔乾隆朝奏摺》，第 40 輯，頁 574。

63 此段參見《清高宗實錄》，卷 1043，頁 967-969。

> 書並無悖逆之詞，是海成視大逆為泛常，全不知有尊君親上之義，天良澌滅殆盡，著再傳旨嚴行申飭。[64]

由於海成未曾主動查禁《字貫》一書，故乾隆帝痛責他「從前查辦應燬書籍，原不過以空言塞責，並未切實檢查」，並開始對各級官員施加壓力。

十一月初四日海成在奏摺中曾言及新查解《字貫》內的敏感內容，稱：

> 據吉安府查解《字貫》板片及新刷《字貫》二部，檢查凡例內廟諱、御名一篇另行換刻，不復排連開列〔此指敬諱篇已遭抽去，遂不再將帝名「排連開列」[65]〕，其自序內「然而穿貫之難也」一節亦悉改竄。訊據王霖供稱「板片原在吉安書坊刷印發賣，父親常至吉安，不知幾時改刻的」等語，顯係該犯明知悖逆……。

當時共沒入《字貫》板 1,392 片，[66] 且發現王錫侯曾在吉安的書坊將此書遭抨擊之葉改刻重刷。海成於是通飭各府州縣廣出告示嚴行查繳，並命曾出資或參閱之人速將此書呈首，書鋪也須將仍售賣之書盡數繳出，否則即照逆黨治罪。諭旨亦強調：「如有與《字貫》相類悖逆之書，無論舊刻、新編俱查出奏明，解京銷毀。如有收藏之家此時即行繳出者，仍免治罪，若藏匿不交，後經發覺斷難輕宥。」經全面清查王錫侯的著述後，發現其《神鑒錄》內有兩葉犯御名，〈祝萬壽〉詩也出現擡頭錯謬的情形。[67]

---

64 《清高宗實錄》，卷 1043，頁 970。

65 「排連開列」之用語亦見於同月二十五日之諭旨，稱「前因江西逆犯王錫侯編刻《字貫》一書，竟將廟諱、御名排連開列，實為大逆不法」。

66 此書正文應多是在雕版的正反面分刻兩葉，其分配或為：牌記 1 葉 1 片、作者序 5 葉 5 片、凡例 9 葉 9 片、作者跋 4 葉 4 片、檢字 1 卷 38 葉 38 片、辨似 1 卷 11 葉 6 片、字貫 40 卷 2,318 葉 1,181 片（每卷前通常有目錄 1 葉，不計頁碼，惟第 35 卷有目錄 2 葉；第 25 卷缺葉 35 及 36；又為便於排列管理，前後卷交接的內容不刻在同一片雕版的正反面，故偶或出現雕版有一面留白）、檢具 12 卷 293 葉 148 片（每片的內容均屬同卷）。

67 王錫侯其實對避諱已相當小心，如在「典海」平台所收錄他編著的《望都縣新志》8 卷、《書法精言》4 卷、《國朝詩觀》16 卷、《國朝詩觀二集》6 卷中，即罕見

王錫侯在審訊時供稱其所撰《字貫》內「將廟諱、御名排寫直書」，是因自己年少時不明廟諱、御名，[68] 至後來參加科舉時才知道，因恐其他人亦不諳避忌，故於書內開寫，使人人通曉該如何避諱。但出書後，因「自知不是，就是將書內應行避諱之處改換另刻」，惟當時究竟是如何或是否一次性將敏感內容改刻抽換，則未詳。

四十二年十一月奉旨將王錫侯自凌遲處死從寬改為斬決，所有著述盡行查繳，其家屬共男女 21 名，則由南昌府同知杜一鴻、建昌府通判席纘等分三批先後起解赴刑部。王家被抄沒的財產有住房十間半以及門首空地、魚塘、屋後菜地（約值銀 53 兩）、家具雜項（估值約 7 兩）、穀 1 石 5 斗（值 7 錢）、小豬一口（值 3 錢 2 分）、雞 5 隻（值 1 錢 5 分），總值僅稍逾 60 兩！十二月二十三日王錫侯之子、孫獲從寬減罪，[69] 諭旨：「王錫侯之子王霖、王霨、王霈及伊孫王蘭飛、王梅飛、王牡飛、王雲〔靈？〕飛俱著改為應斬監候，秋後處決。至王錫侯之弟王景星、王景靖及伊姪王瀧賢、王瀧禾、王瀧貴、王資生、王賀生俱著加恩寬免。」亦即，僅王錫侯之妻、三子、三媳及七孫緣坐，至於旁系血親的弟、姪則免罪釋回。

在查繳禁書運動隨著《字貫》案的審理達到高峰後，乾隆帝決定將處理此案未符上意的官員「輕輕放下」。如曾被嚴責「將大逆不法之處視為泛常……全不知有尊君親上之義」的江西巡撫海成，雖於四十二年十一月革職交刑部治罪，且於十二月改為斬監候，秋後處決，翌年二月諭旨則稱：

有犯諱的情形。甚至在後書中，他亦因不敢直書其鄉試中舉時正、副考官錢陳群與史貽謨的字（不可能不知），而在兩人的小傳中分別以墨釘和留白的方式表之。

68 乾隆五十年六月有江西廬陵縣生員郭榜呈控該縣在修志時不應收入順治進士劉遇奇的小傳，因其著作可見「狂謬語句」且不避廟諱與御名，御批曰：「〔劉遇奇〕身故已久，安能豫知敬避！即現在鄉曲愚民，其不知廟諱者甚多，豈能家喻戶曉，即偶有未經避寫，亦無足深責。」據此，亦知釀成大案的《字貫》案是被拿來殺雞儆猴的。參見《清高宗實錄》，卷 1233，頁 568、卷 1235，頁 596-597。

69 此與乾隆朝《起居注冊》於四十八年正月所稱「向來大逆緣坐人犯應行問擬斬決者，俱降旨從寬改為斬候，秋審時亦不予勾，以昭法外之仁」相符。

「海成雖擬重罪，亦不至死……著寬免釋放……交特成額帶往烏什，令在章京上効力行走……果能奮勉，二、三年後再以主事等官補用。」兩江總督高晉亦以「失察妄著書籍」降級留任。至於署江西布政使的贛南道周克開及江西按察使馮廷丞，本擬革職，但四十三年二月加恩發往江南交與兩江總督高晉，以同知委用。[70]

由於四十一年十二月諭稱「查辦遺書一事，惟海成最為認真，故前後購獲應行燬禁書籍較江浙兩省尤多」，[71] 疑乾隆帝或因不滿地方官員先前對查燬禁書一事過於敷衍，遂拿原本處理此事最認真的海成來殺雞儆猴。而有時對避諱一事表現出不怎麼在乎的乾隆帝，[72] 為強化他纂修《四庫全書》背後所發動之大規模查辦禁書以控制思想的運動（乾隆三十九年起至五十七年止），則借用《字貫》犯諱一事高調祭纛。江西在此運動中銷燬的禁書，共27,458部，數量位居各省第二，相當於浙江、安徽的總和，此與《字貫》案恐不無關係。而自乾隆四十二年十一月起，各省不僅屢見關於查辦《字貫》的奏摺，且將禁書視為首要之事。[73]

以四十二年十一月十二日才補授山東巡撫的國泰為例，他於二十八日接奉廷寄，命嚴查舊刻或新編《字貫》一書的版片及刻本，旋下令布政司、按察司以及該省濟南等十府、二直隸州，「各轉飭所屬及衛所，一體遵照」，且要各學教官曉諭士子務必繳出，更「選派在省之試用教職查察書坊、店舖，並派委勤幹之試用佐襍等員，分赴各該州縣地方查訪搜繳，並稽察該

---

70 此段參見《清高宗實錄》，卷1044，頁982、卷1050，頁34、卷1047，頁1025、卷1050，頁32。

71 《清高宗實錄》，卷1022，頁702。

72 甫即位的乾隆帝在雍正十三年九月諭稱「避名之典，雖歷代相沿，而實乃文字末節，無關於大義也」；乾隆元年亦降旨：「二名不偏諱，即御名本字亦不避矣！」二十六年六月在審閻大鏞案時，稱「雖其不避廟諱，猶可云村野無知」；三十四年九月再次宣諭「避名之說，朕向不以為然」。參見張廷玉，《澄懷園語》，卷1，頁14；郭成康，〈《字貫》《一柱樓詩》兩案與乾隆查辦禁書〉。

73 徐葦，〈清乾隆年間江西禁毀書查繳始末研究〉。

地方官及教官是否俱係實力查繳」（圖表 6.8）。此逆案因紳衿士庶皆有可能是收藏《字貫》者，故其影響層面遠超乎江西一地。

王錫侯的著述（尤其是《字貫》）因長期被清廷視為禁書，以致中土罕覯，百年來談及或關心文字獄的眾多學者，幾乎少有人得見《字貫》全貌，亦不諳天壤之間是否尚留存，更不詳其與《字貫提要》的具體關係。然拜大數據浪潮之賜，近年許多國內外圖書館開始將其收藏的珍貴文本掃描，並於網上無償公開，筆者因此得以在短短幾週的研究過程中，透過網絡即獲見日本與美國多個圖書館珍藏的《字貫》及《字貫提要》（甚至下載了其中三部的全帙，共數千葉，以詳細比對各版本間的異同），更得以窺見王錫侯初刊及稍後改刻的《字貫》內容！從類似渠道取得關鍵材料的情形（目前已有約三十萬種的中文古籍陸續在網上公開，其中包含一些從未影印出版的善本），正低調地提供漢學界前所未見的研究環境。

其實，日本漢字學會首任會長阿辻哲次早在 1983 年就曾發表〈王錫侯「字貫」の研究〉一文，[74] 他查看了日本國立公文書館「內閣文庫」所藏的《字貫》《字貫提要》，推知後者乃《字貫》之節本，惜未能掌握更多存世的文本以進行深入討論。又，兩岸學者因罕見阿辻哲次之文，以致相關研究一直處於停滯狀態。直到江西省圖書館的何振作於 2010 年發表〈王錫侯著述考〉（未參考阿辻之文），始得到相同認知。他比對的是 1993 年北京國際文化出版公司在《字典彙編》第 17-18 冊景印的《字貫》、2000 年《四庫禁燬書叢刊》景印遼寧省圖書館所藏的《字貫提要》日本刻本、《字貫提要》日本齊政館文庫刻本（該文未指出收藏處，目前只知東京大學另藏有兩部），惜其研究也僅點到為止，未能展開。[75]

---

74 阿辻哲次，〈王錫侯「字貫」の研究〉。

75 王錫侯，《字貫提要》（遼寧圖書館藏日本刻本）；何振作，〈王錫侯著述考〉。由於何振作服務的江西省圖書館目錄稱藏乾隆四十年《字貫》刻本 40 卷，不知此有無可能為《字貫提要》（與《字貫》之書名常混淆）日本齊政館文庫刻本？

圖表 6.8： 山東巡撫國泰為《字貫》案所上的奏摺。

山東巡撫臣國泰跪
奏為欽奉
上諭恭摺覆奏事竊臣於本年十一月二十八日接
奉
廷寄
上諭昨據海成奏續查字貫版片及新刷字貫二部
其凡例內
廟諱御名一篇另行換刻與初次奏到之本不同可見
該犯亦自知悖逆潛行更改著傳諭高晉即飭屬
通行訪查如有與字貫相類悖逆之書無論舊刻
新編俱查出奏明解京銷燬如有收藏之家此時
即行繳出者仍免治罪若藏匿不交後經發覺斷
難輕宥即該督撫亦難辭重譴矣並著傳諭各督
撫一體遵照妥辦毋稍疎漏干咎將此通行諭令
知之欽此欽遵臣前於十一月初二日接奉
廷寄
上諭查繳逆犯王錫侯所刻字貫一書當即欽遵嚴
行轉飭所屬一體實力設法查繳在案茲復欽
奉
上諭臣伏查逆犯王錫侯所刻字貫一書及換刻字
貫實屬悖逆不法必須查繳淨盡不得稍有遺
留臣遵即復又札行布按兩司並濟南等十府
二直隸州各轉飭所屬及衛所一體遵照明白
曉諭無論紳衿士庶及市肆書坊店鋪凡有收
藏初刻及換刻字貫并翻刻版片者俱即立時
盡行繳出並不加罪至凡有與字貫相類悖逆
之書無論舊刻新編亦一并查繳有版片者亦
皆繳出毋許存留臣思各該地方官固均有訪
查之責而生監衿士與教官尤為熟識切近且
此等書籍惟讀書之家恐有收藏臣復密札各
該教官曉諭士子凡有此等逆書盡皆繳出不
得稍有留存自貽後悔又切諭各該州縣不得
差役四出以杜滋擾惟慎遣妥當親信之人於
所管境內遍行訪查臣又選派在省之試用教
職查察書坊店鋪並派委勤幹之試用佐襍等
員分赴各該州縣地方查訪搜繳並稽察該地
方官及教官是否俱係實力查繳俾各知上緊
辦理臣惟有嚴加督率務期查繳淨盡不致稍
有疎漏以冀無負
聖主委任之至意所有臣遵
旨查辦緣由理合先行恭摺覆
奏伏祈
皇上睿鑒謹
奏
乾隆四十二年十二月 初三 日

（《宮中檔乾隆朝奏摺》，第41輯，頁288）

經耙梳各主要漢學單位的網站，已發現 30 部尚存世的《字貫》或《字貫提要》，[76] 其中尤以日本最多（圖表 6.9），惟有些書籍缺乏具體的版本訊息，亦有的《字貫提要》被略稱為《字貫》（可根據板心上的文字判斷）。筆者目前雖僅過眼 6 部，但很幸運已有不少突破，現分述之。

本研究根據的兩部《字貫》：一是日本內閣文庫藏本（經 048-0003；圖表 6.10），內容依序為封面、牌記（1 葉）、作者序（5 葉）、凡例等（9 葉，第 5 葉為敬諱篇）、作者跋（4 葉）、檢字 1 卷（38 葉；疑難字可從總筆劃回查部首）、辨似 1 卷（11 葉；列舉字形相近之字）、字貫 40 卷（2,318 葉）、檢具 12 卷（293 葉；依《康熙字典》將 214 部所收字分為以地支為名的 12 集）；一是收藏處不詳的《字典彙編》景印本，[77] 缺封面、牌記，卷端，版心俱題「字貫」，內容依序為作者序（5 葉）、凡例等（8 葉；闕第 5 葉的敬諱篇）、作者跋（4 葉）、檢字 1 卷（38 葉）、辨似 1 卷（11 葉）、檢具 12 卷（293 葉）、字貫 40 卷（闕卷 29-40）。《字貫》一書檢字與辨似的功能，乃借鑑《康熙字典》。

76 此據臺北國家圖書館設置的「古籍與特藏文獻資源資料庫」、北京中國國家圖書館設置的「全國古籍普查登記基本數據庫」以及日本「國立國會圖書館檢索」、京都大學設置的「日本所藏中文古籍數據庫」等網站，各具體網址可參見書末「參考文獻」中的「常見資料庫」。

77 《字典彙編》主編于玉安在首冊的序言中，曾指出其所收的《字貫》乃「清乾隆乙未年吉安府金蘭堂刻本」，然未提供任何收藏資料。因《字典彙編》重印本上並無版本訊息，且當時的研究水平尚無法間接推斷此是金蘭堂刻本，故筆者懷疑原書的牌記頁在重印時曾遭刪略，目的是不欲公開收藏者或避免出書時的版權問題。許廣宇在其《〈字貫〉的編撰特色及其學術價值初探》中，聲稱他所據為「復旦大學圖書館教師閱覽室藏舊本《字貫》影印本」，然從其書影中的阿拉伯字頁碼，可發現他用的應是《字典彙編》本，不知後者是否源自復旦大學圖書館？筆者日前雖託在該校任教之友人幫忙，惜仍未能查得此本。

圖表 6.9：目前存世的《字貫》《字貫提要》。筆者曾過眼者前加星號。

收藏資料	書名及卷冊	牌記及序跋（藏書號）
* 日本國立公文書館「內閣文庫」	《字貫》40 冊 40 卷（內文有 2,318 葉）	豐後佐伯藩主毛利高標獻上本，牌記稱「乾隆乙未〔四十年〕新鐫/字貫/吉安府金蘭堂藏板」，乾隆四十一年自長崎輸日。書首有乾隆三十九年作者自序（內有「學紹緝熙」句）、敬諱篇（未避「丘」字，「玄燁」「胤禛」「弘曆」等御名皆缺筆），書首有四十年作者跋，附檢字 1 卷、辨似 1 卷，書末附檢具 12 卷（經 048-0003）
*《字典彙編》第 17-18 冊	《字貫》40 卷（卷 29-40 闕）	內附檢字 1 卷、辨似 1 卷、檢具 12 卷（在字貫之前），無敬諱篇，有作者乾隆三十九年序及四十年跋，重印者稱此為「清乾隆乙未年吉安府金蘭堂刻本」
* 美國哈佛大學燕京圖書館	《字貫提要》10 冊 40 卷(內文有 524 葉)	牌記稱「清王錫侯著/字貫提要/閱古堂文庫」，書首有乾隆三十九年作者自序（內有「學紹熙」句）、敬諱篇（未避「丘」「玄」「禛」「弘」等字），書末有四十年作者跋。書封上有「中津藩版」之貼紙 (TJ 5178 1183)
* 日本國立公文書館「內閣文庫」	《字貫提要》10 冊 40 卷(內文有 524 葉)	江戶刊本，無牌記。書首有乾隆三十九年作者自序（內有「學紹熙」句）、敬諱篇（未避「丘」「玄」「禛」「弘」等字），書末無作者跋，鈐「大日本帝國圖書印」「日本政府圖書」「明治十年購求」等印（278-0122）
* 遼寧省圖書館（收入《四庫禁燬書叢刊》經部第 10 冊）	《字貫提要》40 卷（內文有 524 葉）	牌記稱「清王錫侯著/字貫提要」（此與哈佛大學閱古堂文庫本的牌記極近似，但仍有微差），書首有乾隆三十九年作者自序（內有「學紹熙」句）、敬諱篇（未避「丘」「玄」「禛」「弘」等字），附訓點，書末無作者跋。惟遼寧省圖書館網站未能查得此本
* 日本愛知教育大學圖書館	《字貫提要》10 冊 40 卷	鈐「名古屋藩學校之印」「愛知縣第一師範學校藏書之印」。書首有乾隆三十九年作者序、敬諱篇（未避「丘」「玄」「禛」「弘」），附訓點，書末有乾隆四十年作者跋。似與哈佛大學燕京圖書館同一版本 (823 w29)
臺灣大學圖書館	《字貫提要》10冊2函(26 cm)	日本刊本，不分卷（(B) 中善 0220）

收藏資料	書名及卷冊	牌記及序跋（藏書號）
日本靜嘉堂文庫	《字貫提要》10 冊 40 卷	（40 函 2 架）
日本國立國會圖書館	《字貫》40 冊（合 22 冊）40 卷 (25 cm)	內附檢字 1 卷、辨似 1 卷、檢具 12 卷，有乾隆四十年作者跋，吉安府金蘭堂藏板 (163-25)
日本國立國會圖書館	《字貫》10 冊（合 5 冊）40 卷 (26 cm)	內附檢字 1 卷、辨似 1 卷，江戶刊本 (155-11)
日本國立國會圖書館	《字貫提要》10 冊 40 卷 (27 cm)	江戶刊本，有乾隆三十九年作者自序。鈐「教育博物館」，明治 10 年 6 月 4 日文部省交付 (W996-N1324)
日本東京大學人文社會系研究科・文學部圖書室	《字貫提要》7 冊 (27 cm)	(20C:82)
日本東京大學總合圖書館	《字貫提要》10 冊 40 卷 (26 cm)	有作者乾隆三十九年序及四十年跋，江戶後期據乾隆四十年跋刊本重修後印。四周單邊，半葉九行。卷末墨書「明治三十一年十月購收/內藤恥叟年七十二」，鈐「安積光角」「內藤恥叟藏書」，附訓點 (D40:23)
日本東京大學總合圖書館	《字貫提要》10 冊 (26 cm)	四周單邊，半葉九行，無魚尾，附訓點，鈐「坪井氏光明印」「南葵文庫」。乃江戶末年京都齊政館文庫據乾隆四十年新昌王錫侯吉安隆慶寺本重刊之後修本 (D40:586)
日本東京大學東洋文化研究所圖書室	《字貫提要》10 冊 40 卷 (22.5 x 15.7 cm)	四周單邊，半葉九行，框 18.2 x 12.9 cm，封面及封底記「齊政館文庫」字樣。有作者乾隆三十九年序及四十年跋，附訓點。鈐「東方文化學院東京研究所圖書之印」「紀伊小原八三郎源良直藏書之記」。乃江戶末年據乾隆四十年王錫侯吉安隆慶寺刊本重刻後印，原青洲文庫藏（經・小學・字書 51）
日本秋田縣立圖書館	《字貫》（存 5 冊；26 cm）	第 1 冊總目等；第 2 冊天文；第 3 冊時令門；第 4 冊地理門；第 5 冊地理門中 (82-29/4)
日本東京外國語大學圖書館	《字貫提要》（存 6 冊 23 卷）	有乾隆三十九年作者自序，四周單邊，半葉九行，附訓點，鈐有藏書印三枚 (C/I/12)

收藏資料	書名及卷冊	牌記及序跋（藏書號）
日本天理圖書館	《字貫》40 卷	毛利高標舊藏，金蘭堂本，參見 https://www.archives.go.jp/exhibition/digital/shogunnoarchives/contents/45.html
日本宮內廳書陵部讀書寮文庫	《字貫》	乾隆四十年版（函架番號 C4.13，件數 40）
日本佛教大學紫野圖書館	《字貫提要》10 冊 40 卷	牌記稱「清王錫侯著/字貫提要/閱古堂文庫」，鈐「大基藏書記」（吉水學園 37）
日本佛教大學紫野圖書館	《字貫提要》10 冊 40 卷 (25.9 x 18.1 cm)	牌記稱「清王錫侯著/字貫提要/閱古堂文庫」，有作者乾隆三十九年序及四十年跋，附訓點（極樂寺 678）
日本西尾市岩瀨文庫	《字貫》40 冊 40 卷	內附檢具 12 卷，首卷 1 卷，記「乾隆乙未新鐫/吉安府金蘭堂藏板」，有作者乾隆三十九年序及四十年跋，鈐「羅紹崇印」(72-120)
日本筑波大學圖書館	《字貫提要》2 帙 10 冊 40 卷 (26.0 x 18.0 cm)	封面書「閱古堂文庫」，四周單邊，框 18.0 x 12.8 cm，白口，無魚尾，有乾隆四十年作者跋，附訓點，鈐「萬津迦計」「松壽書屋」（チ 530-72）
日本大阪府立中之島圖書館	《字貫提要》10 冊 40 卷	(286 16)
日本東北大學附屬圖書館	《字貫提要》10 冊 40 卷	有乾隆三十九年作者自序（丁 A・5-2・10）
北京大學圖書館	《字貫提要》10 冊 40 卷 (25.4 x 16.7 cm)	框 18.1 x 12.9 cm，無直格，9 行 12 字，小字雙行 24 字，白口，四周單邊，有訓點，鈐「錢塘寧氏正修堂藏書」「八千卷樓藏書之記」（日/411/1082）
江西省圖書館	《字貫》40 卷	乾隆四十年刻本
上海圖書館	《字貫》1 冊	日本刻本（線普長 26245）
北京師範大學圖書館	《字貫提要》10 冊 40 卷	閱古堂文庫刻本 (423.5/120)
香港中文大學圖書館	《字貫》2 函 15 冊 (23 cm)	內附檢具 12 卷，日本後期鈔本，框 18 x 13.6 cm，白口，單魚尾，四周單邊，版心下題「古愚堂」，據古愚堂版抄錄，有作者乾隆三十九年序及四十年跋，鈐有「櫻山文庫」「白石園藏」印 (PL1423.W3)

圖表 6.10：《字貫》金蘭堂本的主要架構。

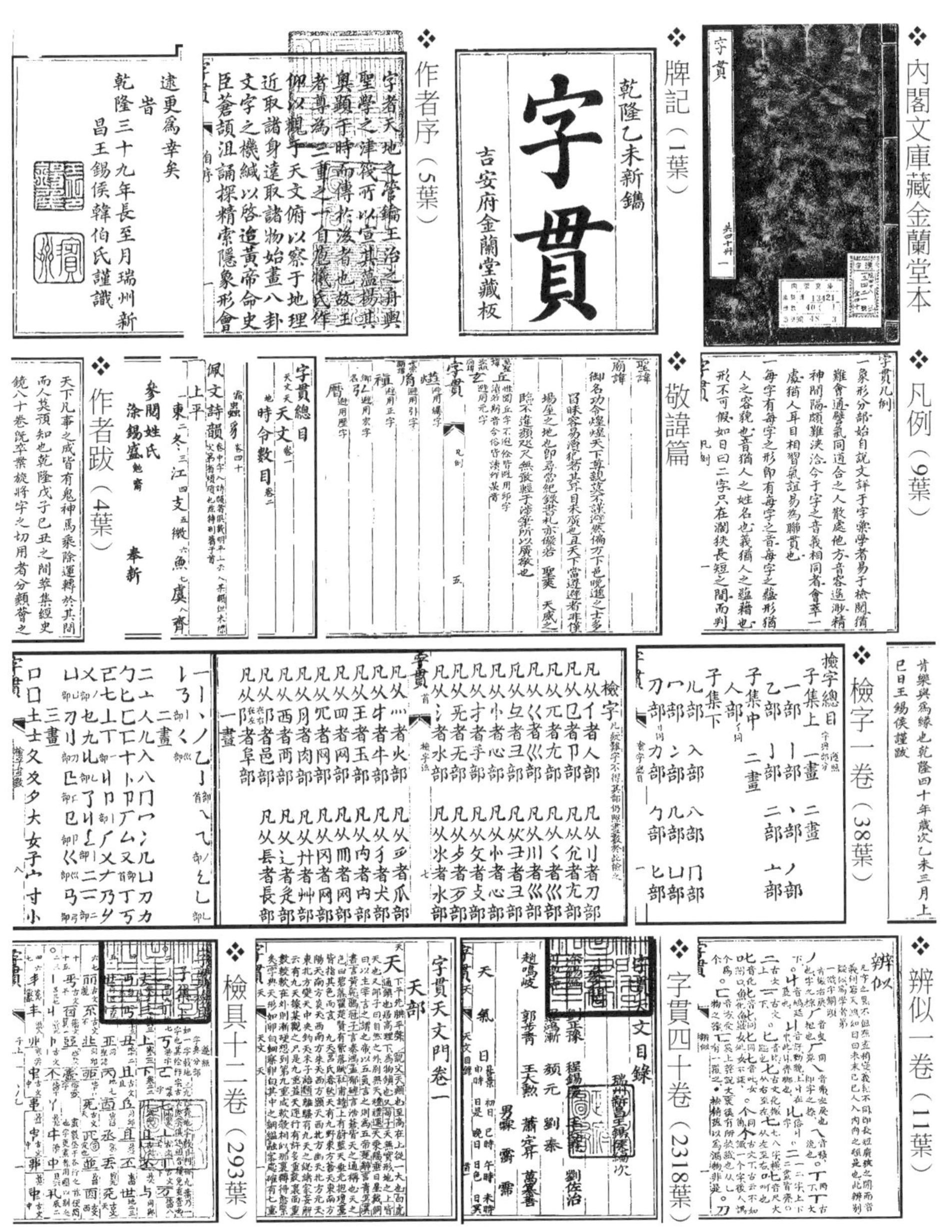

前引兩本《字貫》應均為乾隆四十年吉安府金蘭堂刊本，經仔細比對後，可推斷皆出自同一套雕版，因其在四周雙欄邊框上所出現的線條缺口明顯全同，且斷板位置亦幾乎一樣。《字典彙編》本的不同處在缺封面、牌記，此外，自序第3葉被抽換（圖表6.11），凡例缺第5葉的敬諱篇。[78]

王錫侯在內閣文庫藏《字貫》金蘭堂本的自序中，嘗指出《御定佩文詩韻》（此乃康熙末年編輯成書的科舉用官方韻書，共106韻10,235字）及《康熙字典》各有不足之處，其言有云：

> 然而穿貫之難也，《詩韻》不下萬字，學者尚多未識而不知用，今《字典》所收數增四萬六千有奇，學者查此遺彼，舉一漏十，每每苦于終篇。

此句在《字典彙編》本中被改成：

> 然而義蘊之深也，逾於滄海，淺探之而淺見，深探之而深見，日日探之而愈不見其底。蓋字極四萬六千有奇，每字多有數義，即悉力探討。

完全抹除了原本對御定《康熙字典》的批評（圖表6.11），這應是王錫侯在遭人攻訐後，立即抽換敏感內容所採取的自我保護措施。無怪乎，《字典彙編》本凡例的敬諱篇亦遭移除，而內閣文庫藏金蘭堂本雖有此葉，但並無直接犯帝名的情形（圖表6.12）。換句話說，內閣文庫的金蘭堂本應刷印於《字典彙編》本之前，兩者皆先後印於中土，惟前者尚非最早的刊本，[79] 因日本刊刻的幾種《字貫提要》中，即屢見未避「丘」「玄」「禛」「弘」等字的敬諱篇（詳見後文）。此外，不論金蘭堂本《字貫》或閱古堂文庫本《字貫提要》，文字均仍有極少數漏避的情形（見後文）。

---

78 乾隆四十二年十一月初四日海成即奏稱查獲「未裝《字貫》一冊，內王錫侯自序及凡例，計削、改二頁」。參見《清代文字獄檔》，頁668。

79 內閣文庫金蘭堂本及《字典彙編》本的卷25，均缺葉35-36，而葉37-38之板心則分記「三七即三五」「三八即三六」，此應是初刊後發現頁碼有誤才加以訂正。

圖表 6.11：王錫侯前後刊刻之兩種《字貫》的異同。

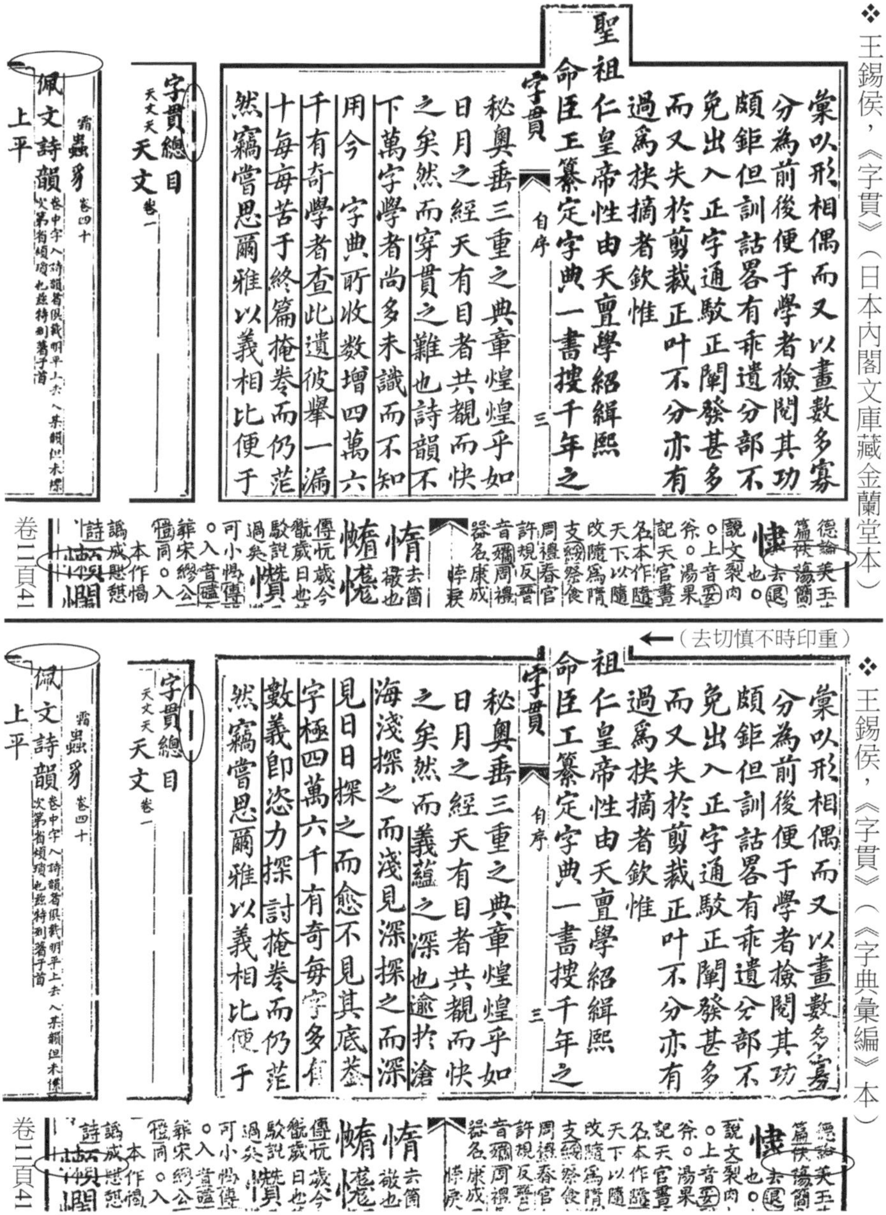

❖ 王錫侯，《字貫》（日本內閣文庫藏金蘭堂本）

彙以形相偶而又以畫數多寡
分為前後便于學者檢閱其功
頗鉅但訓詁畧有乖遺分部不
免出入正字通駁正闕發甚多
而又失於剪裁正叶不分亦有
過為抉摘者欽惟
聖祖仁皇帝性由天亶學紹緝熙
命臣工纂定字典一書搜千年之

字貫　自序　三

秘奥垂三重之典章煌煌乎如
日月之經天有目者共覩而快
之矣然而穿貫之難也詩韻不
下萬字學者尚多未識而不知
用今　字典所收數增四萬六
千有奇學者查此遺彼舉一漏
十每每苦于終篇掩卷而仍茫
然竊嘗思爾雅以義相比便于

字貫總目
天文天　天文　卷一

佩文詩韻　卷四十
上平

卷二頁41

←（去切慎不時印重）

❖ 王錫侯，《字貫》（《字典彙編》本）

彙以形相偶而又以畫數多寡
分為前後便于學者檢閱其功
頗鉅但訓詁畧有乖遺分部不
免出入正字通駁正闕發甚多
而又失於剪裁正叶不分亦有
過為抉摘者欽惟
祖仁皇帝性由天亶學紹緝熙
命臣工纂定字典一書搜千年之

字貫　自序　三

秘奥垂三重之典章煌煌乎如
日月之經天有目者共覩而快
之矣然而義蘊之深也逾於滄
海淺探之而淺見深探之而深
見日日探之而愈不見其底蘊
字極四萬六千有奇每字多有
數義即悉力探討掩卷而仍茫
然竊嘗思爾雅以義相比便于

字貫總目
天文天　天文　卷一

佩文詩韻　卷四十
上平

卷二頁41

圖表 6.12：《字貫》金蘭堂本之作者序及敬諱篇內容。

❖日本內閣文庫藏金蘭堂刻本

字者天地之常綸王治之所興
聖學之津筏所以宣其蘊揚其
奧顯于時而傳於後者也故王
者尊為三重之一自庖犧氏作
仰以觀于天文俯以察于地理
近取諸身遠取諸物始畫八卦
文字之機緘以啓追黃帝命史
臣蒼頡沮誦探精索隱象形會

意制作大備于是結繩之風頓
易煥乎有章業已先伊耆而光
四表矣自時厥後事故日趨于
毅繁人情樂便乎簡易古文而
變為大篆大篆而變為小篆小
篆而變為隸楷隸楷而兼以行
草此亦天地升降之氣爲然非
盡斯人之好異也顧隸楷出自

小篆許氏說文所登共計九千
餘字漢代欲試為吏者亦必熟
悉其字方登仕版不中程者擯
之著有尉律以為甲令抑何嚴
也後人踵事增華沿流失源因
方言之淆亂長字林之荆榛殊
形詭製雅俗雜糅字則數倍增
廣于前而學者所識寥寥欲求

默寫九千文者豈不難哉是昔
患無字以宣天地之賾妙今竟
患字多以窒天下之聰明也夫
識字為學者第一關頭先儒已
言之詳矣攷字書於曩昔或以
形相比如說文玉篇之類是也
或以韻相附如唐韻廣韻集韻
韻會正韻等書之類是也惟字
彙以形相偶而又以畫數多寡

（中略，詳見圖表6.11）

然竊嘗思爾雅以義相比便于
學者會通然為字太少不足括
後世之繁變亦且義有今古不
相宜者茲謹遵
字典之音訓擴充爾雅之義例于
是部署大者有四天文也地理
也人事也物類也于四者之中
析為四十部于每部之中又各
分條件於條件之內又詳加鱗

次其切用者居于前其備用者
尾於後恭奉
淵鑑彙函佩文韻府下至本草綱
目羣彙纂及諸經史有可證者
援引以助高深其有重複可省
者稍節以便記閱字猶散錢義
以貫之貫非有加于錢錢實不
妨用貫因名之曰字貫生

右文之代食太平之福沐　雨露
之恩遊翰墨之場爝火之光雖
無補于重離之照兔園之挟雖
未窺乎天祿之藏然序變寒暑
精勞日夜已數年于茲矣又喜
同志者殷勤資助得以盡寸心
而付剞劂斯亦草莽藉文事以
報

（中略）

乾隆三十九年長至月瑞州新
昌王錫侯韓伯氏謹識

聖諱
廟諱
御名功令煌煌天下尊親莫不謹避然偏方下邑晚進之士多
冒昧容易濫犯者其耳目未廣也且天下當避者非僅
場屋之地也即尋常紀錄書札亦儼若　聖天　天威之
臨不違顏咫尺無敢輕于涉筆所以廣敬也

聖諱　丘　惟聖丘字不避餘皆避用邱字　讀若期音今俗皆讀作某音
聖祖廟諱　玄　避用元字

字貫

燁　避用爗字
世宗廟諱　胤　避用引字
禛　避用正字
御名　弘　避用宏字
曆　避用歷字

五畫　玉　玄　瓜　瓦

泫　去　水漫也
泓　下平庚完　而海運狀
炫　去　于道
泫　平
泫　上　露垂貌
弦　去　音
曆　入錫　傳星四　法曆
弦　下平先　劉畫和性

現存文獻零散記載此案審理過程中遭查繳《字貫》的數量：乾隆四十二年十一月初四日江西巡撫海成奏該省搜獲此書 20 部；兩江總督暫管江西巡撫事務的高晉於十二月十三日稱奏繳 106 部，另有不全者一包；同月二十二日湖廣總督三寶稱在武昌、漢陽各書坊查獲 2 部；江蘇巡撫楊魁於二十六日提及崑山等縣查獲 3 部、邳州亦收繳 8 部；翌年九月二十七日湖南巡撫李湖查獲 4 部；署湖南澧州知州王繼桂於四十二、三年間在津市（澧州東二十餘里之水運樞紐）周景榮家查繳《字貫》1 部，計 36 冊，此是周氏於四十年在澧州城考棚旁的酉酉堂書舖購得；[80] 廣西巡撫吳虎炳、江西巡撫郝碩、閩浙總督鐘音、浙江巡撫王亶望、貴州巡撫圖思德亦皆遵旨查繳此書。[81] 高晉並奏稱：「〔王錫侯〕平素以刻書發賣牟利，[82] 每《字貫》一部索價銀二兩四錢，因其價昂，買者甚少。」[83] 估王錫侯在刊刻此書的最初兩年多，頂多只售出百餘部（各省以江西最多，少部分銷往日本），得銀約三、四百兩。

除前述提及者外，日本應還另存至少 3 部金蘭堂本的《字貫》，分藏國立國會圖書館、天理圖書館以及西尾市岩瀨文庫。至於香港中文大學圖書館所藏古愚堂本之鈔本，以及江西省圖書館、上海圖書館、日本國立國

---

80 臺北故宮博物院文獻編號 403033640-4。

81 此據《清代文字獄檔》、臺北故宮博物院的「清代檔案檢索系統」及北京中國第一歷史檔案館資源檢索網站。惟後者在館外只能查索目錄，無法獲見內容。期盼該館能從減少碳足跡的立場著眼，考慮開放海內外的研究者以實名註冊的方式遠距查索檔案，亦可依上網時間和閱覽頁數向使用者收費。

82 王錫侯所刊刻但因《字貫》案遭查禁的著作，還有《萬壽詩》《國朝試帖詳解》《國朝詩觀》《唐詩試帖詳解》《西江文觀》《國朝詩觀二集》《感應篇》《朱子治家格言》《功過格》《神鑒錄》《興復祠堂說帖》《王氏宗譜》《經史鏡》。乾隆四十二年十一月十四日江西巡撫海成即指稱他先後共查獲王錫侯所著《字貫》等書 535 部、各板片 4,257 塊。參見《清代文字獄檔》，頁 669-672。

83 河南太邱書院的書目記「大板《康熙字典》四十本，銀二兩□錢」。參見《宮中檔乾隆朝奏摺》，第 41 輯，頁 358；岳廷楷重修，《永城縣志》，卷 36，頁 37。

會圖書館、日本宮內廳書陵部讀書寮文庫、秋田縣立圖書館分藏的《字貫》（圖表 6.9），均有待進一步探究。

現以內閣文庫藏金蘭堂本《字貫》為例，詳探其內容。作者在前序（圖表 6.12）稱此書乃「恭奉《淵鑑彙函》《佩文韻府》，下至《本草綱目》、羣彙纂及諸經史有可證者，援引以助高深」，當中的《淵鑑彙函》應為康熙四十九年內府刻的《淵鑑類函》；「羣彙纂」的語意不明，疑為「羣經彙纂」的落字，泛指康、雍兩朝成書的《欽定春秋傳說彙纂》48 本、《欽定詩經傳說彙纂》36 本、《欽定書經傳說彙纂》24 本等官刻類書。[84]

王錫侯在自序中接著指稱：

> 聖祖仁皇帝性由天亶，學紹緝熙，[85] 命臣工纂定《字典》一書，搜千年之秘奧，垂三重之典章，煌煌乎如日月之經天，有目者共覩而快之矣。然而穿貫之難也，《詩韻》不下萬字，學者尚多未識而不知用，今《字典》所收數增四萬六千有奇，學者查此遺彼，舉一漏十，每每苦于終篇掩卷而仍茫然。竊嘗思《爾雅》以義相比，便于學者會通，朕為字太少，不足括後世之繁變，亦且義有今古不相宜者。

他先褒揚康熙帝敕編的《康熙字典》如「日月之經天」，轉稱即使是清代科舉作試帖詩時所必須遵守的《御定佩文詩韻》也才 10,235 字，但「學者尚多未識而不知用」，何況收字多達 4 萬餘字的《康熙字典》，更易讓人「查此遺彼，舉一漏十，每每苦于終篇掩卷而仍茫然」。至於收錄 4,300 多

---

84 以河南濮州為例，這些書籍皆曾於乾隆十年頒發至州學。參見高士英編纂，《濮州志》，卷 2，頁 31。

85 天亶（音「膽」）指帝王的天性。宋・王禹偁有「嘗觀上聖之姿，法天道兮緝熙」句，明・歸有光亦謂「周公以元聖而受緝熙之傳，制禮作樂」，知《字貫提要》的作者序原本是用「性由天亶，學紹緝熙」句來盛譽康熙帝，但卻漏了「緝」字。

個詞語的《爾雅》，乃以語義類別來排序，然其「為字太少」，且不少字義古今不同。

王錫侯於是宣稱自己「謹遵《字典》之音訓，擴充《爾雅》之義例」，撰成《字貫》。此書體例突破了依部首排列的陳規，另按字義分門別類。他認為《康熙字典》雖收字很多，然使用者即使查到字，卻不能知其所有組詞的用法，且字與字之間無聯繫，如同散落的珠子，遂想出「以義貫字」的方法加以補強，稱「字猶散錢，義以貫之，貫非有加于錢，錢實不妨用貫，因名之曰《字貫》」。

此一將字依義類貫穿，同時保留按部首、筆劃查字之法，把《康熙字典》與《爾雅》之長冶於一爐，體例之新，在先前中國字典中似僅一見。譬如此書在物類、木竹門、雲部中的「竹」目之後，列「小竹、大竹、美竹、雜竹、竹名、竹索、竹雜、竹簽」等類，把讀音或意義相同、相近的字皆彙集到一處，以收觸類旁通之效，且將常用字列於前，讓使用者更便檢閱。

王錫侯於乾隆四十年三月所撰之《字貫》跋中（圖表 6.13），嘗略記此書編成的經過，稱其是在三十三、四年萃集《經史鏡》八十卷後不久，即決定將「字之切用者分類薈之」，並完成《字貫》初稿。但當時頗擔心內容不夠完備，且後來有些稿子亦不知被何人拿去，故在乾隆三十七年會試下第後重起爐灶，特以《爾雅》義例「條分縷析，以編其全」，即使於旅中或除夕、元旦，也濡毫不輟地繼續編輯《字貫》。三十八年他南遊至瑞金，「有友明經〔對貢生的尊稱〕湯朝銓、文學〔指儒生〕彭左池見而稱便，欲訂同志代梓」，但王錫侯擔心其力量未夠，且「稿亦未完繕」，遂曾暫止出書。經耙梳資料庫與文獻後，知湯朝銓即乾隆十七年獲選為拔貢的湯誥（圖表 6.14），彭左池其人其事則待考。

圖表 6.13：《字貫》金蘭堂本之作者跋。其文字與《字貫提要》閱古堂文庫本略異處，即畫線表之（圖表 6.16）。

天下凡事之成皆有鬼神焉乘除運轉於其間而人莫預知也乾隆戊子己丑之間萃集經史鏡八十卷既卒業旋將字之切用者分類薈之已就稿矣然懼其弗備也已而稿亦半為阿誰持去壬辰下第後特以爾雅義例條分縷析以編其全於是矮邸行篷日夜窮其手眼之力九月抵家又以俗冗之紛也須外避以綴之因占句有曰米鹽紛婦子筆墨間昏晨欲就鬆鬆草扁舟問水濱十一月南遊至瑞金除日元旦濡毫不輟雖一力相隨而行廚紛列勝於椒觴聚慶不自覺其岑寂矣有友明經湯朝銓文學彭左池見而稱便欲訂同志代梓然愚懼其犖寡而難舉也況稿亦未完繕焉五月家歸十月復抵吉安得接盧陵碩膚劉君知愚有字貫之編索稿覽之慨然遂以肩梓為己任隨得年友盧陵學博劉文英萬安學博趙牧亭及龍泉文學郭月從盧陵劉江鳳好王魯元覆元兄弟永豐司馬程忍盧及碩膚之友顏君贊兩劉君履中蕭君佐平皆先後允可乃擇吉甲午二月望于吉安隆慶寺開雕適奉新司馬涂勉齋先生及盧陵王拙山太守之姪孫紹遴聞有此舉皆同力樂于協成瑞金文學羅竟軒不遠千里亦擔囊踵至於是將原註續加增益至七月中旬隆慶之局碩膚董之乃同羅竟軒王節庵王仁堂分局至省百花洲旅邸夾刻期于速竣時男霖霽又以鄉試來省分校臘底復回吉安度歲讎校摹印而局工尚未息也是役也自編次計年者八自開雕計年者二刻工二百費逾千金然豈鄙意之初所能及哉劉君碩膚其家世積忠厚澤詩書至乃尊俊弼先生尤慷慨樂施孝友篤至修橋路濟荒年藉藉人口今碩膚於此又罄參校兼揭貲五百餘金始終無倦色交遊中可多得哉何不佞相遇之巧也而且樸誠相契者居距千里而遙又多聚於吉安俾得寬然以底於成豈非有默為之緣者乎至參訂相助者劉趙兩年友也兩年相較不倦者羅竟軒也王仁堂亦殷勤與勞焉王魯元年逾七十路遠百里坐待郡城五閱月雪霜不厭以樂觀其成是皆可誌也夫正字通出袁州張爾公先生手或曰代刻者匿其名也或曰張與代刻者相善情願以名與刻者而自晦也然楚蘄顧黃公著有字說甚詳緘于麓引正字通為戒囑子孫勿妄授人今此編蒙碩膚及諸公厚義得以藉手而鋟諸梨棗豈非大幸乎然愚於此數年於外囊衣短臥指目旋起不間寒暑未嘗敢偷一息之暇也雖如此敢自謂有得乎蓋字數之紛也與蘊之廣也載籍之繁也愈探則愈出若更假之以歲月摩挲故紙旁諮博洽撫現在之胚模擴未擴之雋永或修或飾則必有更異於今之所得者可以為大雅質矣又未知乘除轉運者之肯樂與為緣也乾隆四十年歲次乙未三月上巳日王錫侯謹跋

（日本內閣文庫藏金蘭堂刻本）

天下凡事之成……乾隆戊子、己丑之間萃集《經史鏡》八十卷，既卒業，旋將字之切用者分類薈之，已就稿矣，然懼其弗備也！已而，稿亦半為阿誰持去。壬辰下第後，特以《爾雅》義例條分縷析，以編其全……九月抵家……十一月南遊至瑞金，除日、元旦濡毫不輟……五月家歸，十月復抵吉安，得接盧陵碩膚劉君，知愚有《字貫》之編，索稿覽之，慨然遂以肩梓為己任……乃擇吉甲午二月望于吉安隆慶寺開雕……至七月中旬，隆慶之局碩膚董之。乃同羅竟軒、王節庵、王仁堂分局至省百花洲旅邸，夾刻期于速竣。時男霖、霽又以鄉試來省分校，臘底復回吉安度歲，讎校摹印，而局工尚未息也。是役也，自編次計年者八，自開雕計年者二，刻工二百，費逾千金，然豈鄙意之初所能及哉！劉君碩膚其家世積忠，厚澤詩書，至乃尊俊弼先生尤慷慨樂施……今碩膚於此又罄參校兼揭貲五百餘金，始終無倦色，交遊中可多得哉……今此編蒙碩膚及諸公厚義，得以藉手而鋟諸梨棗，豈非大幸乎？然愚於此數年於外，襬衣短臥，指目旋起，不間寒暑，未嘗敢偷一息之暇也……乾隆四十年歲次乙未三月上巳日王錫侯謹跋。

圖表 6.14： 襄助王錫侯刊刻《字貫》者的資料。

❖《中國第一歷史檔案館藏清代官員履歷檔案全編》

臣趙鳴岐江西南昌府奉新縣人年五十二歲
乾隆十五年舉人候選知縣今籤掣廣東雷州
府遂溪縣知縣敬繕履歷恭
呈
御覽謹
奏
乾隆四十九年四月　三十　日　冊21，頁594

❖《奉新縣志》（中國國家圖書館藏同治十年刊本）

十五年庚午
趙鳴岐字于山號牧亭下坊人官萬安教諭立義學置田以資膏火聚徒講學士風丕振選授廣東遂溪縣知縣公明敎慎案無留牘詢民疾苦凡不便者悉去之興學校勸農桑勞來備至民戴之如父母致仕歸囊篋蕭然惟圖書數卷而已著有存吾詩鈔嘉慶庚午科重預鹿鳴宴加六品銜年八十五卒　卷9，頁25

❖《遂溪縣志》（道光二十八年刊本）

趙鳴岐奉新舉人四十九年任　卷7，頁11

❖《（乾隆三十三年秋）爵秩全本》（榮錦堂刊本）

萬安縣中缺　復設教諭趙鳴岐　奉新　人舉三十二年八月選　頁54
（北京清華大學圖書館藏）

❖《（乾隆三十五年冬）搢紳冊便覽》（崇壽堂刊本）

萬安縣中缺　復設教諭趙鳴岐　奉新　人舉三十二年八月選　頁54
（日本東京大學東洋文化研究所藏）

❖《（乾隆四十四年秋）大清搢紳全書》

萬安縣中缺　復設教諭趙鳴岐　奉新　人舉三十二年八月選　頁63
（美國 Center for Chinese Research Materials《搢紳錄》微縮卷片）

❖《中國第一歷史檔案館藏清代官員履歷檔案全編》

臣涂錫盛係江西南昌府奉新縣貢生年肆拾
伍歲河工例捐同知不論雙單月即用今掣得
浙江溫州府同知缺敬繕寫履歷恭
（中略）
乾隆貳拾陸年叁月　貳拾捌日　冊18，頁415

❖《奉新縣志》（中國國家圖書館藏同治十年刊本）

涂錫盛字際昌號勉齋祖述子貢生官浙江溫州府同知好施予見義必爲捐田租二百石爲邑諸生鄉試卷費又捐租百餘石爲族文課及大小試費又捐租四百餘石備歲春夏之交散濟族人至今咸食其德　卷11，頁58

❖《（乾隆三十年冬）爵秩全本》（榮錦堂刊本）

溫州府　涂錫盛　江西奉新人　貢生　二十六年二月選　頁80
（北京清華大學圖書館藏）

❖《瑞金縣志》（乾隆十八年刊本）

拔貢　湯誥　字朝銓乾隆壬申　卷5，頁8

❖《永豐縣志》（同治十三年刊本）

程錫慶　永南人　州同　卷19，頁6

❖《泰和縣志》（中國國家圖書館藏光緒四年刊本）

劉泰　以邦曾祖贈　通奉大夫　卷14，頁16

❖《建昌縣志》（中國國家圖書館藏道光元年刊本）

乾隆十五年庚午
劉夢麟教諭　郭鋐俊順天中式　卷6，頁18

❖《（乾隆三十五年冬）大清職官遷除題名錄》

教諭　劉夢麟　建昌　人舉三十七年三月選　頁36
（崇壽堂刊本）
（美國 CCRM《搢紳錄》微縮卷片）

跋中接著詳敘曾協助此書最後付梓之人（圖表 6.13），稱：

> 〔乾隆三十八年〕十月復抵吉安，得接廬陵碩膚劉君，知愚有《字貫》之編，索稿覽之，慨然遂以肩梓為己任，隨得年友廬陵學博劉文英、萬安學博趙牧亭及龍泉文學郭月從、廬陵瀏江夙好王魯元、覆元兄弟、永豐司馬程忍廬，及碩膚之友顏君贊兩、劉君履中、蕭君佐平皆先後允可，乃擇吉甲午〔三十九年〕二月望，于吉安隆慶寺開雕……至七月中旬，隆慶之局碩膚董之。乃同羅竟軒、王節庵、王仁堂分局至省百花洲旅邸，夾刻期于速竣。時男霖、霨又以鄉試來省分校……。

其中「學博」為學官的泛稱，劉文英是廬陵縣教諭劉夢麟，趙牧亭即萬安縣教諭趙鳴岐，他們與王錫侯同在乾隆十五年的江西鄉試中舉；「司馬」指掌督糧、捕盜、江防等事的府同知或州同，程忍廬就是州同程錫慶（圖表 6.14）。這些人均可見於《字貫》或《字貫提要》書首的「參閱姓氏」。

此書的刊傳以劉正豫（字號為碩膚）的幫助最多，他不僅擔任參校，且捐貲 500 餘兩銀。三十八年十月王錫侯至江西吉安時，劉氏索閱《字貫》之稿，並「慨然遂以肩梓〔肩：擔負，梓：刊刻〕為己任」。三十九年二月此書於吉安府隆慶寺開雕，至七月中旬，除劉正豫繼續負責隆慶寺刊務外，王錫侯率同羅鴻漸（竟軒）等人在南昌的百花洲旅邸另開一分局，希望能分頭並進，早日竣工。當時王錫侯的兩子因鄉試來省，亦擔任分校。《字貫》於乾隆四十年五月成書，[86] 前後共費時 8 年，雇用刻工約 200 人，花費銀逾 1,000 兩！鑒於王錫侯出身寒族且科名僅為舉人，然卻有約 20 人（受限於地緣環境，故多屬江西籍）出錢出力協助他刊刻《字貫》，這些人應是看重此字書的實用便利性，欲藉此留名。

---

86 《宮中檔乾隆朝奏摺》，第 41 輯，頁 735。

下文以查索「曹」字為例（圖表 6.15），具體呈現《字貫》的實用性及多重檢索法。首先，使用者如已知部首為「曰」，則可至《檢字總目》查出四畫的「曰」部在「辰集上」，再至《字貫檢具》的「辰集上」，查得「曹」字在「張十」。由於《字貫總目》分全書 40 卷為天文、地理、人事、物類四類，再析為 40 門，每門以千字文命名，稱為「部」，「張十」即為卷 16、臣道（應為「臣職」）門、張部的第 10 葉。

然若使用者不確定部首為何，亦可先算得此字的總筆畫，再從檢字的第 11 畫得知「曹」字的部首為「曰」，次依前述之法查出此字的位置在「張十」。當然也可從「曹」的釋義，判斷它是卷 16、臣職門，再逐頁查找。《字貫》一書的板心，除書名外，在「張十」還刻有「尚侍郎曹」、「張十一」刻「曹員翰史」，列出該葉較為人熟悉的字，以便快速翻查。

《字貫》在「曹」字之下共刻有篇幅為 147 字的釋義，先記「下平豪，㊟漕。羣也、輩也、偶也」，指此字在《御定佩文詩韻》屬下平聲，四豪韻，發音同「漕」，意為羣、輩、偶也。接著，引《前漢書・成帝本紀》《後漢書・百官志》《史記・平準書》《楚辭》《大雅》《朱傳》等書，各釋其意。《字貫》一書在「曹」字之後還列出其本字「𣍘」，以及另三個異體字。綜前，《字貫》因多了依字義分門別類的查找方式，應較使用《康熙字典》時來得便捷。

至於作為《字貫》簡本發行的《字貫提要》（「曹」字之下只刻「下平豪，㊟漕」），已知尚存世至少 19 部（圖表 6.9），其中有 5 部為「閱古堂文庫」本，分藏哈佛大學燕京圖書館、北京師範大學圖書館、日本佛教大學圖書館（有兩部）、筑波大學圖書館。此外，日本東京大學圖書館另藏「齊政館文庫」本兩部，餘者版本不詳。

圖表 6.15：《字貫》和《字貫提要》的檢索方式。以「曹」字為例。

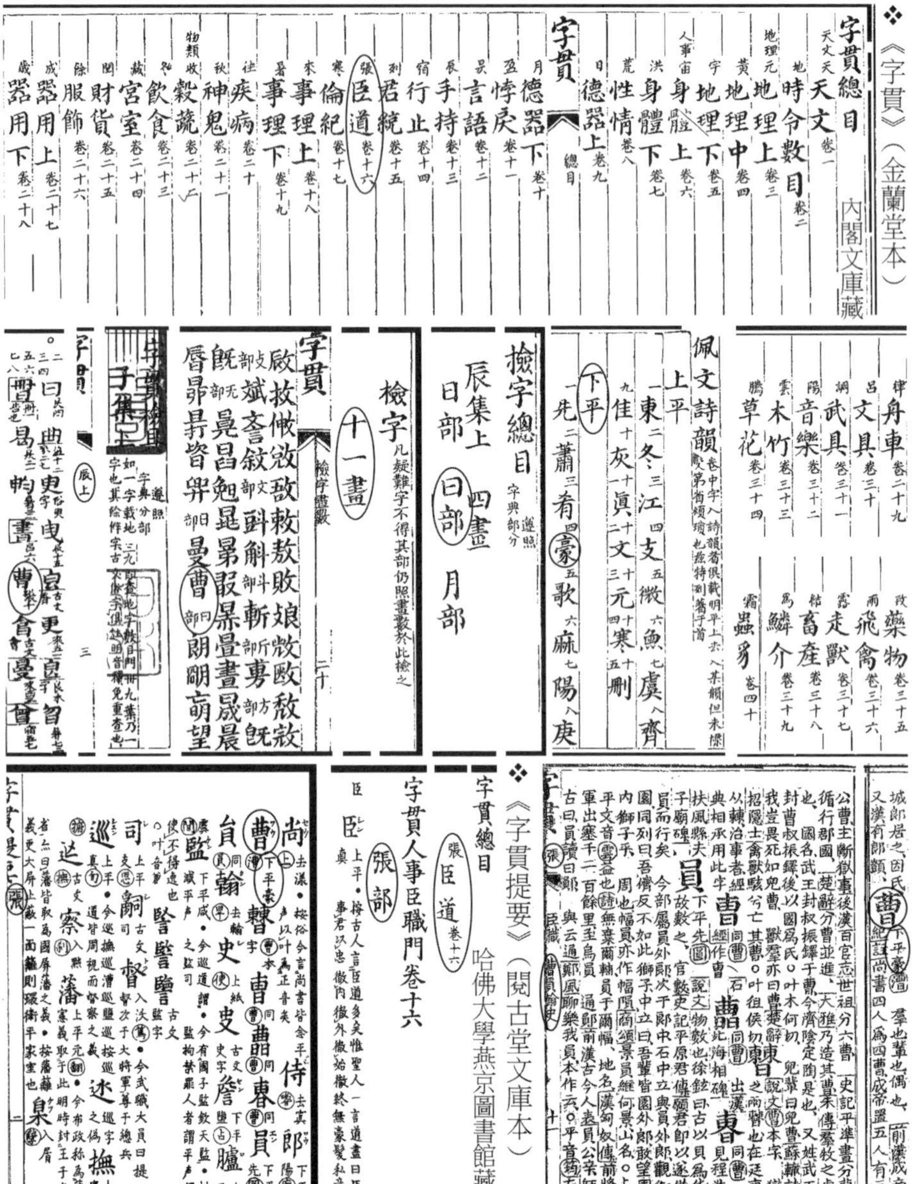

❖《字貫》（金蘭堂本）內閣文庫藏

❖《字貫提要》（閱古堂文庫本）哈佛大學燕京圖書館藏

筆者目前過眼的 4 部《字貫提要》（哈佛大學燕京圖書館藏閱古堂文庫本，以及遼寧省圖書館、內閣文庫、愛知教育大學圖書館藏本），皆為日本刻本，因其上均可見片假名。它們在作者序後所臚列的敬諱篇，同未避「丘」「玄」「禛」「弘」（圖表 6.16），此應為王錫侯初刊《字貫》時的內容。[87] 柳詒徵 (1929) 嘗稱《字貫提要》：「其為日人因其卷冊繁重，刪節刊印歟？抑中國原有此項提要之本，流入日本歟？均不可考。」[88] 然因東京大學藏齊政館文庫刻《字貫提要》（筆者未見），其藏書目指此為江戶末年據乾隆四十年王錫侯吉安隆慶寺刊本重刻，疑王錫侯原就在吉安府發行刪節《字貫》內容的《字貫提要》，以因應市場的另類需求（價錢較廉且攜帶較便）。[89]

再者，當時日本恐少有人有能力刪略《字貫》以編成《字貫提要》，且若是日人主導後者的編輯工作，想必會具名以彰顯貢獻，並留下相應序跋才對。經查《字貫》的正文，發現原書乃透過 "•" 之標誌做了重點提示，如《字貫》在「天」字之下先以「下平先，腆，平聲」表述其音，次用 322 字據《說文》《白虎通》《荀子》……《西洋歷》等書逐一引釋其意，接著在 "•" 之後用 292 字稱「按西歷：天……曰九垓」，再以 976 字記「張衡《靈憲》曰：太素之前……《易暌卦》：其人天且劓」，次以 70 字謂「《字典》：先韻……所論頗正大」，末在 "•" 之後用 41 字稱「按：此叶汀……皆天門也」（圖表 6.17）。據《字貫》之凡例，「愚有一得者，用 "•" 及 "按" 字以別之，就正也」，亦即，"•" 下所附的內容皆為王錫侯的看法。

---

87 乾隆帝嘗稱《字貫》中「竟有一篇將聖祖、世宗廟諱及朕御名字樣悉行開列」，王錫侯的口供亦謂他在此書「將廟諱、御名排寫直書」，知乾隆帝認為該臚列各個帝名之舉（所謂「排寫」）乃不敬之至，且敬諱篇中還出現未避諱帝名的情形（所謂「直書」）。

88 柳詒徵，〈記王錫侯"字貫案"〉。

89 如內閣文庫藏《字貫》金蘭堂本的篇幅（2,318 葉），幾乎是《字貫提要》閱古堂文庫本（524 葉）的 5 倍。

圖表 6.16：《字貫提要》閱古堂文庫本的主要架構。

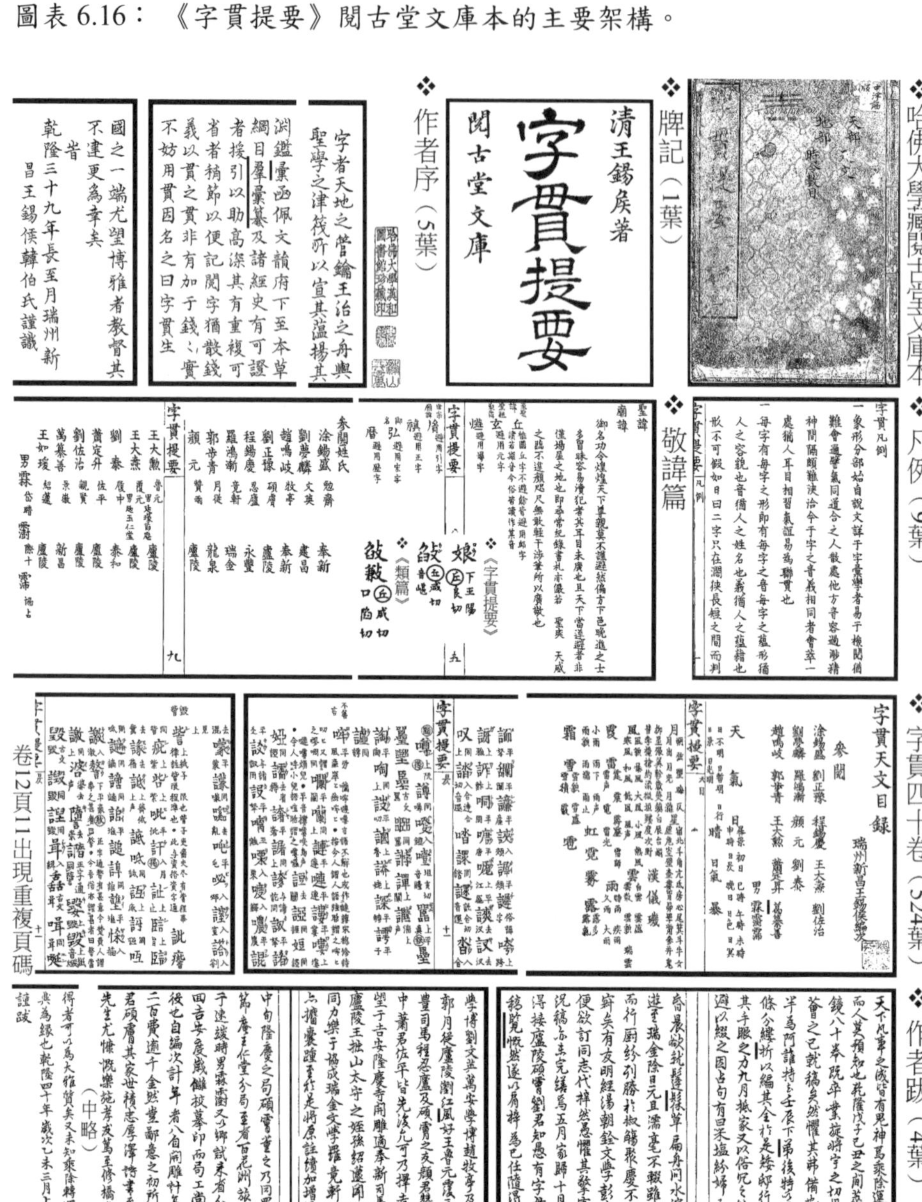

《字貫提要》則取用了《字貫》中「天」的403字（=292+70+41字）：包含“•”之後的兩段，以及引用《康熙字典》的一段（圖表6.17）。事實上，《字貫》內有釋義的各字，其內容若無“•”之標誌者，《字貫提要》通常只列其發音，不做解釋（如「乾」字）；若有“•”標誌者，則多會被錄出（如「蒼」字），有時還會附加少數在《字貫》中所記出自其它文獻（如「天」字中的《字典》）之釋義。亦即，《字貫提要》除提供各字的發音與聲韻外，附字義者多以王錫侯在《字貫》中自行補充的內容為主。

筆者所見哈佛大學燕京圖書館藏《字貫提要》日本閱古堂文庫刻本（愛知教育大學藏本同此），書首有作者繫於乾隆三十九年的自序，書末可見作者撰於四十年的跋文（圖表6.16）。遼寧省圖書館所藏之《字貫提要》與此閱古堂文庫本的版式、字形十分相近，然從自序首頁「以」「帝」二字寫法的些微差異，仍可判斷兩者屬不同刻本（圖表6.18），此應是使用了覆刻手法（直接將原書拆散，並將書葉貼於木版上雕刻）。又，遼寧省圖書館本的部分字跡漫漶，且無後跋，書首的牌記亦缺「閱古堂文庫」等字。

至於日本內閣文庫亦可見一在明治十年 (1877) 購得之《字貫提要》，其版本似與遼寧省圖書館所藏者同（圖表6.18），惟缺牌記，亦無末跋。前述這幾種《字貫提要》應源出或覆刻自同一版本，因連卷12出現頁碼重複的情形皆相同（均標為「十一」；圖表6.16）。作為《字貫》簡本的《字貫提要》一書，或因對日人學習漢字十分實用，遂在附訓點後，陸續於東洋出現閱古堂文庫、齊政館文庫、高井伴寬等多種刻本。事實上，目前存世之本尚未見有附訓點的《字貫》（圖表6.9），而前述的高井伴寬（字思明），除重刊《字貫提要》外，[90] 亦曾編纂同為字書的《三音四聲字貫》。[91]

---

[90] 高井伴寬有《字貫提要》光緒四年的重刻本。參見孫殿起，《清代禁書知見錄》，頁63。

[91] 日本國立國會圖書館藏此書，前有光緒四年清廷出使日本欽差大臣何如璋的序。

圖表 6.17：《字貫》《字貫提要》中字義表述的繁簡關連。

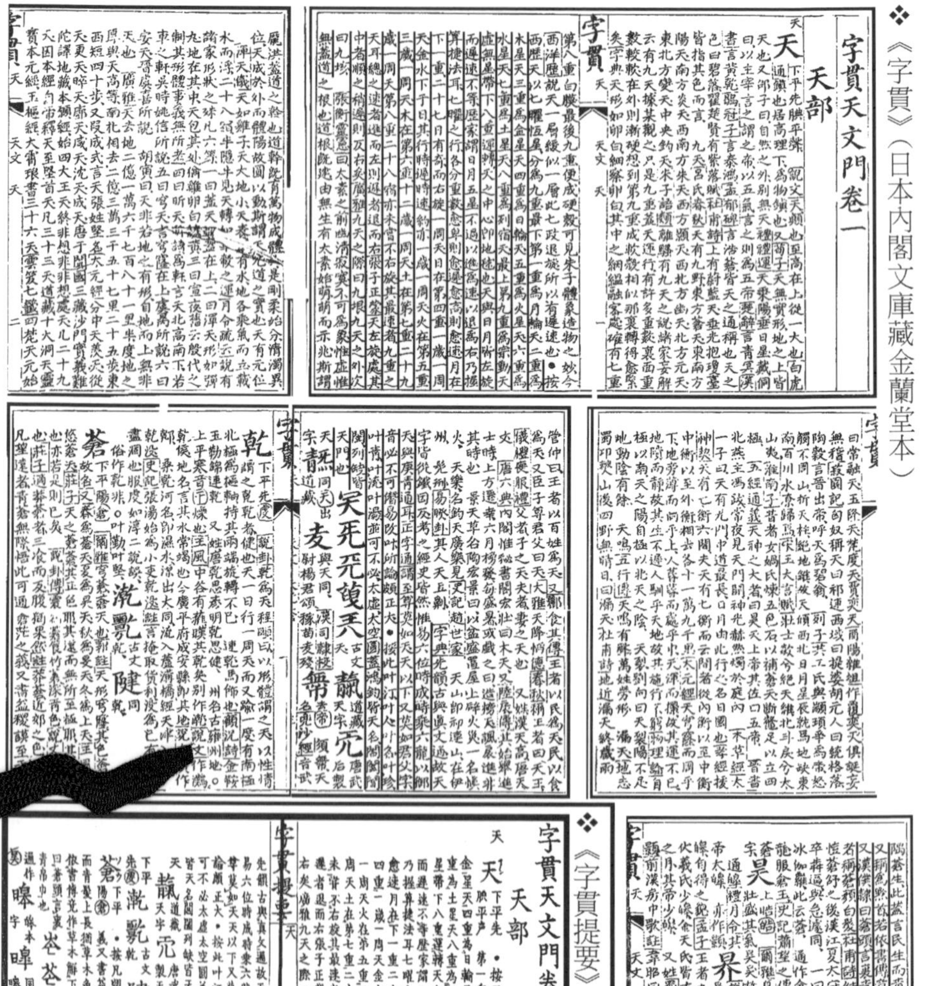

❖《字貫》（日本內閣文庫藏金蘭堂本）

字貫天文門卷一

天部

❖《字貫提要》（美國哈佛大學藏閱古堂文庫本）

字貫天文門卷一 閱古堂文庫本

天部

圖表 6.18：《字貫提要》各刻本的異同。

❖《字貫提要》（美國哈佛大學圖書館藏）

以　帝

字者天地之管鑰王治之舟輿
聖學之津筏所以宣其蘊揚其
輿顯于時而傳於後者也故王
者尊為三重之一自庖犧氏作
仰以觀于天文俯以察于地理
近取諸身遠取諸物始畫八卦
文字之機緘以啓迨黃帝命史
臣蒼頡沮誦探精索隱象形會

❖《字貫提要》（遼寧省圖書館藏）

以　帝

字者天地之管鑰王治之舟輿
聖學之津筏所以宣其蘊揚其
輿顯于時而傳於後者也故王
者尊為三重之一自庖犧氏作
仰以觀于天文俯以察于地理
近取諸身遠取諸物始畫八卦
文字之機緘以啓迨黃帝命史
臣蒼頡沮誦探精索隱象形會

❖《字貫提要》（日本內閣文庫藏）

以　帝

字者天地之管鑰王治之舟輿
聖學之津筏所以宣其蘊揚其
輿顯于時而傳於後者也故王
者尊為三重之一自庖犧氏作
仰以觀于天文俯以察于地理
近取諸身遠取諸物始畫八卦
文字之機緘以啓迨黃帝命史
臣蒼頡沮誦探精索隱象形會

前述筆者迄今過眼的 4 本《字貫提要》，因均是日本據最早自華傳入之本翻刻的，遂保留了原先直書聖諱、廟諱及御名的違例內容，改刻時亦不太在意提行與空字，[92] 序跋中且出現不少訛漏之字：如閱古堂文庫本的作者序即誤「《說文》《玉篇》之類……學紹緝熙……茫然……條件……兔園之挾」為形近的「《說文》《五篇》之類……學紹熙……范然……條仵……兔園之抉」；[93] 作者跋亦誤「下第……條分縷析……索稿覽之……夙好……樸誠相契……自晦……楚蘄」為「下弟……條分縷折……索稿覽……凬好……撲誠相契……自悔……是蘄」（圖表 6.19 及 6.20）；書首〈天文目錄〉參閱者當中的萬纂善，也被寫成「葛纂善」（圖表 6.16）。[94]

---

92 阿辻哲次，〈王錫侯「字貫」の研究〉。

93 錢謙益〈葛端調編次諸家文集序〉稱：「余之告端調者，亦猶夫老生腐儒挾兔園之冊，坐于左右塾之閒，竊以語其鄉人子弟而已。」其中「兔園之冊」原指唐代以來村墅用來教童蒙的一部類書《兔園冊》（已佚），王錫侯在此以「兔園之挾」謙稱已所挾之《字貫》識見淺陋。參見錢謙益，《牧齋初學集》，卷 29，頁 7。

94「條分縷析」形容分析細密且有條理，「樸誠」意謂「樸實忠誠」。萬纂善小傳可參見楊文峰修，萬廷蘭纂，《新昌縣志》，卷 15，頁 15。

圖表 6.19：《字貫提要》閱古堂文庫本的作者序。

❶字者天地之管鑰王治之舟輿
聖學之津筏所以宣其蘊揚其
輿顯于時而傳於後者也故王
者尊為三重之一自庖犧氏作
仰以觀于天文俯以察于地理
近取諸身遠取諸物始畫八卦
文字之機緘以啓迨黃帝命史
臣蒼頡沮誦探精賾隱象形會
（中略）

❷小篆許氏說文所登共計九千
餘字漢代欲試為吏者亦必熟
悉其字方登仕版不中程者擯
之著有尉律以為甲令抑何嚴
（中略）
識字為學者第一關頭先儒已
言之詳矣攷字書於曩昔或以
形相比如說文五篇之類是也
或以韻相附如唐韻廣韻集韻
韻會正韻等書之類是也惟字

彙以形相偶而又以畫數多寡
分為前後便于學者撿閱其功
頗鉅但訓詁畧有乖遺分部不
免出入正字通駁正闕發甚多
而又失於剪裁正叶不分亦有
過為抉摘者欽惟
❸聖祖仁皇帝性由天亶學紹熙
命臣工纂定字典一書搜千年

之秘奧垂三重之典章煌煌乎
如日月之經天有目者共覩而
快之矣然而穿貫之難也詩韻
不下萬字學者尚多未識而不
知用今字典所收數增四萬六
千有奇學者查此遺彼舉一漏
十每每苦于終篇掩卷而仍范
然竊嘗思爾雅以義相比便于

學者會通然為字太少不足括
後世之繁變亦且義有今古不
相宜者茲謹遵
❹字典之音訓擴充爾雅之義例
于是部署大者有四天文也地
理也人事也物類也于四者之
中析為四十部于每部之中又
各分條件於條件之內又詳加

鱗次其切用者居于前其備用
者尾於後恭奉
❺淵鑑彙函佩文韻府下至本草
綱目羣彙纂及諸經史有可證
者援引以助高深其有重複可
省者稍節以便記閱字猶散錢
義以貫之貫非有加于錢錢實
不妨用貫因名之曰字貫生
（下略）

（哈佛大學燕京圖書館藏本）

❶字者天地之管鑰，王治之舟輿，聖學之津筏，所以宣其蘊、揚其輿、顯于時，而傳於後者也……

❷小篆許氏《說文》所登共計九千餘字，漢代欲試為吏者，亦必熟悉其字方登仕版，不中程者擯之，著有尉律，以為甲令……

❸聖祖仁皇帝性由天亶，學紹熙，命臣工纂定《字典》一書，搜千年之秘奧，垂三重之典章，煌煌乎如日月之經天，有目者共覩而快之矣。然而穿貫之難也，《詩韻》不下萬字，學者尚多未識而不知用，今《字典》所收數增四萬六千有奇，學者查此遺彼，舉一漏十，每每苦于終篇掩卷而仍范然。竊嘗思《爾雅》以義相比，便于學者會通，然為字太少，不足括後世之繁變，亦且義有今古不相宜者。茲謹遵

❹《字典》之音訓，擴充《爾雅》之義例，于是部署大者有四：天文也、地理也、人事也、物類也，于四者之中析為四十部，于每部之中又各分條件。於條件之內又詳加鱗次，其切用者居于前，其備用者尾於後。恭奉

❺《淵鑑彙函》《佩文韻府》，下至《本草綱目》、羣彙纂及諸經史有可證者，援引以助高深；其有重複可省者，稍節以便記閱，字猶散錢，義以貫之，貫非有加于錢，錢實不妨用貫，因名之曰《字貫》……

圖表 6.20：筆者所見幾種《字貫》《字貫提要》的主要差異。

版本名	作者序	敬諱篇	作者跋
內閣文庫藏金蘭堂本《字貫》	❶「……《玉篇》之類……學紹緝熙……穿貫之難也，《詩韻》不下萬字，學者尚多未識而不知用，今《字典》所收數增四萬六千有奇，學者查此遺彼，舉一漏十，每每苦于終篇……茫然……條件……兔園之挾……」	② 帝名中的「玄」「燁」「胤」「禛」「弘」皆缺末筆，「曆」作「厯」，但未避「丘」	(1)「……下第……條分縷析……索稿覽之……夙好……樸誠相契……自晦……楚蘄」
哈佛大學燕京圖書館藏閱古堂本《字貫提要》（愛知教育大學藏本同此）	❷「……《五篇》之類……學紹熙………穿貫之難也，《詩韻》不下萬字，學者尚多未識而不知用，今《字典》所收數增四萬六千有奇，學者查此遺彼，舉一漏十，每每苦于終篇……范然……條件……兔園之抉……」	① 帝名中的「燁」「胤」皆缺末筆，「曆」作「厯」，但未避「丘」「玄」「禛」「弘」	(2)「……下弟……條分縷折……索稿覽……風好……撲誠相契……自悔……是蘄」
內閣文庫藏《字貫提要》	同上	同上	缺此跋
遼寧省圖書館藏《字貫提要》	同上	同上	缺此跋
《字典彙編》景印金蘭堂本《字貫》	❸「……《玉篇》之類……學紹緝熙……義蘊之深也，逾於滄海，淺探之而淺見，深探之而深見，日日探之而愈不見其底。蓋字極四萬六千有奇，每字多有數義，即恣力探討……茫然……條件……兔園之挾……」	缺此葉	(1)「……下第……條分縷析……索稿覽之……夙好……樸誠相契……自晦……楚蘄」

出現的先後次序： 作者序 ❶ → ❷，❶ → ❸

敬諱篇 ① → ② 作者跋 (1) → (2)

綜前所述，並根據筆者所見 6 種《字貫》《字貫提要》間的主要差異（圖表 6.20），我們有機會判斷各本出現的先後順序。如內閣文庫藏金蘭堂本《字貫》雖可見「然而穿貫之難」一節的作者序，卻又出現「丘」「玄」

「禎」「弘」字皆缺筆的敬諱篇，知後篇的改刻應在作者序被抽改之前，此兩葉並非同時被替換。亦即，在乾隆四十年吉安府金蘭堂所刻的《字貫》初刊本（不知有無可能倖存於那3部筆者尚未過眼之日本藏金蘭堂本）中，作者自序可見「然而穿貫之難」一節，次接未避「丘」「玄」「禎」「弘」的敬諱篇（此即王錫侯在審訊時所供稱「將廟諱、御名排寫直書」，以及乾隆朝朝鮮人李德懋所見「直書康熙御諱，不回避，不缺畫」之本）。稍後，王錫侯或因自行發現不恰當，遂先抽換敬諱篇，將該葉的「丘」「玄」「禎」「弘」字皆缺筆（王錫侯口供中有稱「後來我自知不是，就是將書內應行避諱之處改換另刻」，此即內閣文庫藏金蘭堂本《字貫》）。接著，他或因聽聞王瀧南將首告《字貫》，又改刻並抽換了自序中的「然而穿貫之難」一節。隨著此案如火如荼地展開，海成奏稱四十二年十一月自吉安府所查解的兩部《字貫》內，發現敬諱篇更已因過於敏感而被抽去（故廟諱、御名「不復排連開列」，且符合「內王錫侯自序及凡例，計削、改二頁」），這正是《字典彙編》所景印金蘭堂本《字貫》呈現的情形。知王錫侯在遭人首告前後應備極煎熬。

至於閱古堂文庫本《字貫提要》的底本，應是在中國出版的初刊本，故作者自序仍可見「然而穿貫之難」一節，以及未避「丘」「玄」「禎」「弘」的敬諱篇，但在日人翻刻並附加訓點時，作者序、跋中的文字即出現不少別字或疏漏，對提行與空字亦明顯不太在意。由於此本刪略了檢字1卷、辨似1卷、檢具12卷，故使用者無法從其部首或總筆畫查出確切的卷和葉，只能根據字義判斷其最可能的類與部，再從該卷逐頁翻查。考量《字貫提要》已將各字的釋義大幅刪節，[95] 內容最多者是卷6的23葉，各卷平均為12葉，其篇幅尚屬宜翻閱的合理範圍。然若使用者不知該字的意義，則就較難查找了。[96]

---

95 以「竹」字為例，《字貫》在此字之下乃以一整葉七百多字，引經據典提供各種釋義，但《字貫提要》中僅以三字記其音，稱「入屋，㊗」。

96 不知現存的多種《字貫提要》中，有無附檢字、辨似或檢具者？

王錫侯的著述頗豐，但多屬編纂形式，因受《字貫》案牽連，另有《國朝詩觀前集》《國朝詩觀二集》《經史鏡》《國朝試帖詳解》《西江文觀》《書法精言》《望都縣志》《小板佩文詩韻》《翻板唐詩試帖詳解》《故事提要錄》《神鑒錄》《王氏源流》《感應篇註》遭禁燬。[97] 乾隆三十六年夏王錫侯會試落第，在南還行經河北望都縣時，晚其一科在江西鄉試中舉的陳洪書正擔任縣令，力邀他纂修《望都縣新志》，是年八月即成書。但在「中國方志庫」所收錄之此本上，卻發現「編次」排在首位的名字缺空，僅存「候選知縣」頭銜，倒是光緒三十年的《望都縣志》明白記「編次：候選知縣，王錫侯，字韓伯，號濱洲，江西新昌人，乾隆庚午舉人」（圖表 6.21），[98] 知清末似已不太在乎王錫侯曾為百年前文字大獄的事主。

圖表 6.21：望都縣地方志的書影。

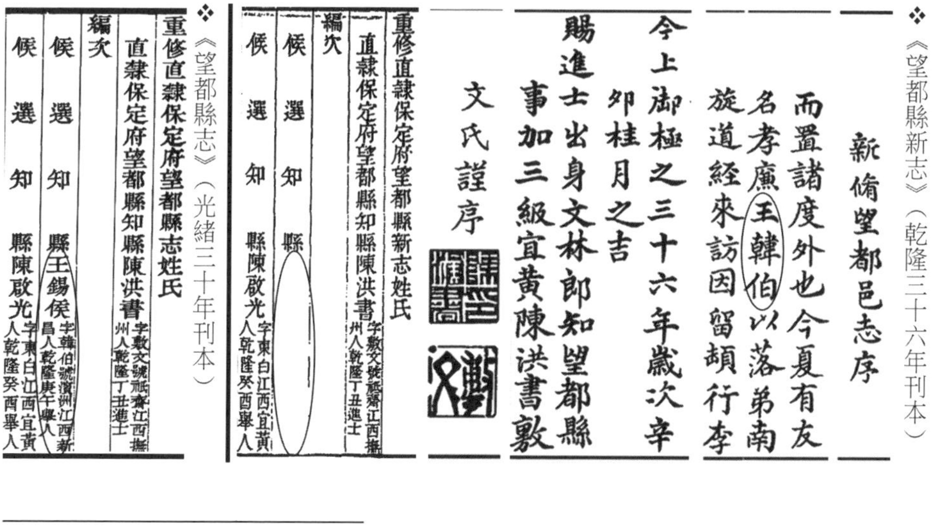
重修直隸保定府望都縣志姓氏
直隸保定府望都縣知縣陳洪書 字敷文號祗齋江西撫州人乾隆丁丑進士
編次
候選知縣王錫侯 字韓伯號濱洲江西新昌人乾隆庚午舉人
候選知縣陳啟光 字東白江西宜黃人乾隆癸酉舉人

重修直隸保定府望都縣新志姓氏
直隸保定府望都縣知縣陳洪書 字敷文號祗齋江西撫州人乾隆丁丑進士
編次
候選知縣
候選知縣陳啟光 字東白江西宜黃人乾隆癸酉舉人

新脩望都邑志序
而置諸度外也今夏有友
名孝廉王韓伯以落第南
旋道經來訪因留頡行李
今上御極之三十六年歲次辛
卯桂月之吉
賜進士出身文林郎知望都縣
事加三級宜黃陳洪書敷
文氏謹序

❖《望都縣志》（光緒三十年刊本）
❖《望都縣新志》（乾隆三十六年刊本）

97　姚覲元，《清代禁毀書目四種》，禁書總目，頁 36。

98　乾隆三十六年知望都縣的陳洪書，乃晚王錫侯一科在江西鄉試中舉，但他於二十二年中進士，知兩人頂多於乾隆十九年甲戌科及二十二年丁丑科，曾一同參加在北京舉行的會試。參見札隆阿修，程卓樑纂，《宜黃縣志》，卷 22，頁 63。

至於前引《望都縣新志》遭挖版的原因，顯然是受《字貫》案的影響，但散在該志卷 8 中的 13 首王錫侯詩，則未受波及，此或因若挖改，則版面將出現過多留白，而若重刻該卷，則又茲事體大。由於纂修《四庫全書》運動中的應燬書目名單包含《望都縣新志》，知挖改重刷之舉在乾隆後期應仍不被允許，鑒於當地自王錫侯以後迄光緒三十年之間有百餘年不曾修志，故疑前述乾隆本的挖改後印本，是在光緒朝重修方志之前為因應需要而重刷的。

志書中王錫侯的詩作有〈謁堯母陵廟〉一首，內「佳城萬古壽東城，縣避尊親竟改名」句記望都縣改名事。金大定十三年 (1173) 改望都縣為慶都縣，乾隆十一年十月諭曰：「朕自正定回鑾，固城、祁水之間，有縣焉，與堯母同名，雖述古之義也，觸目踟躇，于意弗安，其易之，仍為 "望都"。」此因「慶都」本為堯帝母名，而直呼其名之舉令欲以孝治天下的乾隆帝無法容忍，他因此堅持把縣名改回舊名「望都」，[99] 這是王錫侯與弘曆兩人生命足跡的第一次間接連結。由於王錫侯既非望都人，也不曾宦此，然他卻在修志時收錄如此多首己詩，此舉已屬「置入性行銷」，無怪乎，民國《望都縣志》即將這些詩多數刪去，僅餘〈登望都城樓賦〉一首。[100] 而修此志的王錫侯，或許想不到先前改慶都縣名的乾隆帝，最後會因其所編《字貫》的內容有違諱例，而將編纂該縣新志的他以大逆定罪！

乾隆二十五年王錫侯會試落第，史貽謨曾賦〈庚辰慰王韓伯年兄下第，兼以誌別〉詩，內有「操瑟寧關曲未工，畫眉休更怨東風（時三場以一字違例）。明年春色還應倍，看爾花前驟玉驄（次年恩科會試）」句，[101] 期許試卷有「一字違例」的王錫侯，可在翌年的辛巳恩科中式，知此違例並不太

99 陳洪書修，王錫侯纂，《望都縣新志》，卷 1，頁 23-25、卷 8，頁 15-16。

100 王德乾修，崔蓮峯等纂，《望都縣志》，卷 3，頁 2。

101 科舉考試的「三場」乃指分考四書、五經、策論。參見王錫侯，《國朝詩觀二集》，卷 1，頁 3；張秀玉，〈光緒《壬午科浙闈第十房薦卷簿》及其價值〉。

嚴重，否則就應遭罰停會試之處分。由於王錫侯先前已多次入考場，[102] 但仍出現違例的情形，知相關的科場規定應是既繁冗，且不夠明確。

二十五年二月兵部左侍郎錢汝誠奏稱：

> 鄉試磨勘則例內「不諳禁例」一條，未將字面款式輕重分別，概予罰停三科，未為平允。請嗣後除直書廟諱、御名及先師孔子諱者，仍罰停三科外，其行款偶譌、字面違式均照文內疵謬例，罰停會試一科。[103]

所謂「磨勘」乃指將試卷送京，由禮部選科甲出身的儒臣加以覆核的過程。諭命將各種違例之事「詳悉分別」，其中涉及廟諱、御名與聖諱者有云：

> 聖祖仁皇帝聖諱上一字寫「元」字，下一寫「爗」字。
>
> 世宗憲皇帝聖諱上一字寫「允」字，下一字寫「正」字。
>
> 皇上御名上一字減一點，下一字中「秝」字，寫作「林」字。
>
> 至聖先師諱，偏傍加「阝」字。如作「丘」字者，仍以違禁論。如用「圜丘」字者，仍不加「阝」傍。

但這些規定皆不敢明列各帝或孔子的名字（圖表 6.22）。

乾隆帝在三十年十一月批示陳弘謀等覆勘順天等五省中式試卷應議或免議時，嘗云：

> 其實科場禁例凡遇廟諱字面，理應恪遵敬避，加意檢點，如有違錯，自難貸其處分。至擡頭小誤，既無關於弊竇，且與文體毫無干礙，而條例所定字樣甚多，如必斷斷較量，曲為指摘，何異吹毛求疵。[104]

知在試場的規定當中，避諱比擡頭更受重視。

---

102 何巧云，〈王錫侯事履索隱〉。

103 《清高宗實錄》，卷 606，頁 811。

104 《清高宗實錄》，卷 748，頁 238-239。

王錫侯在乾隆四十年編纂《字貫》時，之所以於書首整理出避諱的規矩，應是感同身受，因「偏方下邑晚進之士多冒昧，容易瀆犯者，其耳目未廣也」，故希望能直接滿足廣大應考士子的需求。然《字貫》初刊本的表述方式卻與當時的諱例有別（圖表 6.22），譬如在直書各應避之名諱時，雖以缺筆或俗體的方式書寫「㷗」（該書建議改「燁」，與諱例同）、「胤」（建議改「引」，諱例用「允」）、「曆」（建議改「歷」；乾隆二十八年新諱例用「歷」），但「丘」（記稱除「圜丘」外，皆改寫成「邱」，此與諱例同）、「玄」（建議改「元」，與諱例同）、「禛」（建議改「正」，與諱例同）、「弘」（建議改「宏」；同於乾隆二十八年新諱例）卻未曾缺避。事實上，即使皆缺筆，欲書寫帝名之舉即已屬不敬，而應如光緒《字學舉隅》中的〈敬避字樣〉，在記乾隆帝名諱時，只能間接稱其上一字為「《論語》“人能〇道”」，下一字為「《書》“天之〇數在爾躬”」（圖表 10.3）。

圖表 6.22： 乾隆《欽定科場條例》的書影。

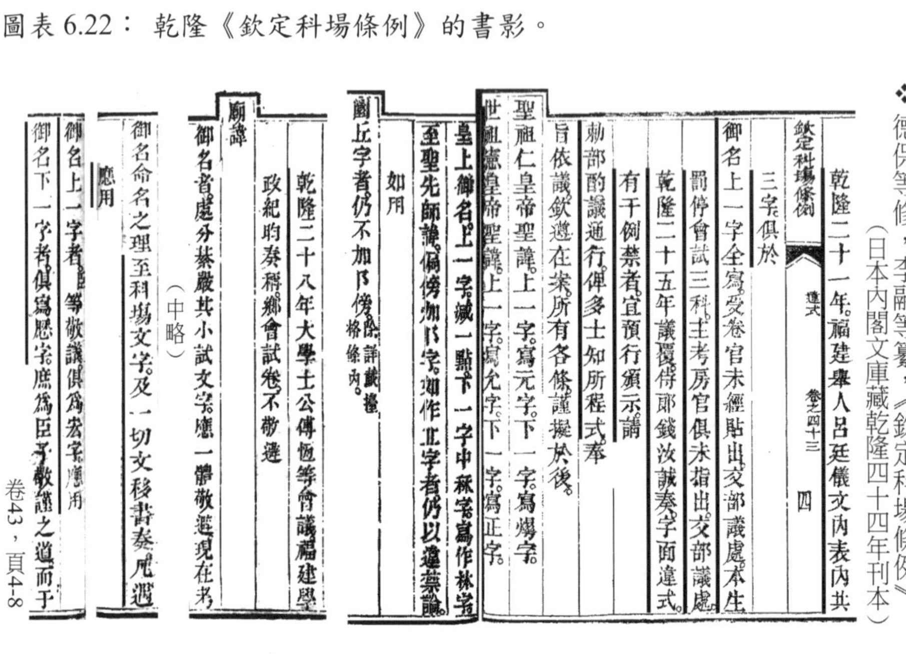
乾隆二十一年福建舉人呂廷儀文內表內共
欽定科場條例 違式 卷之四十三 四
三字俱於
御名上一字全寫受卷官未經貼出交部議處本生
罰停會試三科主考房官俱未指出交部議處
乾隆二十五年議覆侍郎錢汝誠奏字面違式
有干例禁者宜預行頒示請
勅部酌議通行俾多士知所程式奉
旨依議欽遵在案所有各條謹擬於後
聖祖仁皇帝聖諱上一字寫元字下一字寫燁字
世宗憲皇帝聖諱上一字寫允字下一字寫正字
皇上御名上一字減一點下一字中秝字寫作林字
至聖先師諱偏傍加阝字如作丘字者仍以違禁論
如用
闕丘字者仍不加阝傍除詳載擡格條內
乾隆二十八年大學士公傅恆等會議福建學
政紀昀奏稱鄉會試卷不將避
廟諱
御名者處分綦嚴其小試文字應一體敬避現在考
（中略）
御名命名之理至科場文字及一切文移書奏凡遇
應用
御名上一字者臣等敬議俱寫宏字應用
御名下一字者俱寫歷字庶為臣子敬謹之道而于

❖ 德保等修，李翮等纂，《欽定科場條例》（日本內閣文庫藏乾隆四十四年刊本）卷43，頁4-8

這些涉及避諱的表述，應觸動了統治者的敏感神經，成為該文字獄的主要導火線。王錫侯在乾隆四十一年跋《經史鏡》時稱己「濫廁賢書中，今且二十七載矣，九上春官……」，知其自中舉後舉行的乾隆十六年辛未科以迄四十年乙未科的十二次會試（包含三次恩科）裡，就參加了九次。但如此豐富的考場經驗，且於二十五年庚辰科還曾出現「一字違例」，卻仍未能讓其在撰寫《字貫》時拿捏好分寸，終致發生家毀人亡的滔天巨禍。

孟森嘗從友人處得見王錫侯的《經史鏡》，上有作者自跋曰：

> 雍正甲辰，齒十二矣，兄始命做舉業……困于諸生中，歲十有五……九上春官……嘗編集《唐詩試帖詳解》《國朝試帖詳解》《書法精言》《國朝詩觀》《西江文觀》《王氏源流》《望都縣志》《感應篇注》若干卷，《字貫》數十卷，皆已梓行，唯《故事提要錄》藏于篋。今此《經史鏡》八十卷，則固竭區區之精力而為之者也……丙申立秋日，王錫侯再識。[105]

王錫侯的自序亦記《字貫》的刊刻過程，稱：

> 此書考據雖肇弱冠，起草實自庚辰〔二十五年〕秋，在都門而操觚也。丙戌〔三十一年〕秋，攜稿赴嘉興，就政錢香樹夫子，極蒙嘆賞，序以勸梓。丁亥〔三十二年〕春，蒙司馬涂勉齋先生等勷貲開刻，戊子貲罄而手歇。乙未〔四十年〕秋，因刻《字貫》，寓吉安三年。工竣，州司馬程忍廬少府、劉慧庵昆仲先生及諸同人，又捐貲續刻……又得居停黃磻村昆仲，相將有成。自起草迄茲，十有七年，自開雕間隔迄茲十年，書之難集也如此，集之難成也如此……故訂短篇，易于攜帶耳。乾隆四十一年丙申六月王錫侯韓伯氏識。

「錢香樹夫子」指錢陳群，是王錫侯考中乾隆十五年江西鄉試的座師；「司

105　孟森，〈字貫案〉。

馬涂勉齋」即溫州府同知涂錫盛；「州司馬程忍廬少府」是州同程錫慶（圖表 6.14）。至於「劉慧庵昆仲」與「黃磻村昆仲」應為吉安當地鄉紳。

周作人 (1936) 也嘗撰一文記其自藏的王錫侯《書法精言》（三樹堂藏板），[106] 該書的作者序繫於乾隆三十六年，稱其是二十五年落第時在京所撰。中國國家圖書館藏此本 4 卷 4 冊，惟書首的作者自序缺第 1 葉，卷 3 的首葉亦缺佚。又，前序和各卷之前所繫的作者名均遭人塗黑，然仍可略見為「王錫𠊱」。由於王錫侯不應在自印的出版物中將已名的末字「侯」刻錯，且他很容易剷去板上多餘的一劃再刷印，知此應非筆誤。亦即，收藏者應是因王錫侯作品遭查禁，遂以墨筆將「侯」字的部首處增加一豎（圖表 6.23），後擔心此舉仍有風險，又將其名塗黑。

朝鮮正祖十六年（乾隆五十七年）編纂御定韻書《奎章全韻》時，參考書目即包含《字貫》，知該書於此前已東傳。十九世紀中葉朝鮮的思想家李圭景曾論曰：

> 凡為字學者，以六書為宗，《說文》為祖，此乃不刊之論也，雖好辨之士，此不敢移易。而字書中集大成者，梅氏《字彙》、張氏《正字通》，取《字彙》《正字通》折衷為書者，即《康熙字典》。而有王錫侯者，以《字典》為猶未盡善，纂輯一書。《字貫》頗有發明，竟以此書被禍，然書則流行於世，更無雌黃云，其精可知也。

指此字書有許多內容發前人之所未發，雖曾遭禁燬，但仍流傳於後世。[107] 乾隆四十三年閏六月，一位入華的耶穌會士在從北京寄往法國的一封信中，亦曾依據《邸報》對王錫侯事件作了報導。[108]

---

106 周作人，《風雨談》，頁 106-110。

107 楊瑞芳，〈《字貫》東傳朝鮮半島考辨〉。

108 李雪濤，〈一位傳教士記載的王錫侯《字貫》案〉。

圖表 6.23：中國國家圖書館藏王錫侯《書法精言》書影。此本作者自序缺首葉，圖下據周作人所公布其自藏三樹堂本的文字補全。

❖ 王錫侯，《書法精言》（中國國家圖書館藏）

書法精言目錄　豫章新昌　韓伯氏輯

書法精言卷之一　豫章新昌　韓伯氏輯

書法精言卷之二　豫章新昌　韓伯氏輯

（卷三缺首葉）

書法精言卷之四　豫章新昌　韓伯氏輯

書者，六藝之一也。夫子曰：「行有餘力，則以學文。」書亦文中一事，是弟子不可以不學也。又曰：「游于藝。」是成德者不可以不事也。自古明王碩輔，瑰士英流，莫不留心筆跡，其壽于金石者亘千載而如新，孰謂斯道小伎而非士君子亟宜留心哉！故范文正公與蘇才翁曰：「書法亦要切磋，未是處無惜賜教。」況自唐以書判取士，于今為烈，凡掇巍科而擢翰苑者靡不由是而升。士生今日而應科舉，求工制藝而不留神書法，抑亦偏矣。但地有懸殊，遇有得失，嘗有卓然向上者或不能親名哲之輝光，指授筆陣，又無奇書秘旨以濬發其心胸，蹉跎有用之歲月，莫窺羲、獻之藩籬者，不知凡幾。噫嘻，書譜之纂豈不貴哉。顧或言焉而不詳，詳焉而不精，仍無以作墨池之桴筏，以登于岸。近世不少纂錄，戈氏

為善，然猶未備也。欽惟我　國家
列聖相承，龍章鳳藻，照耀星漢，而　佩文書畫之纂，搜羅今古，囊括宇內，煥乎若日月之昭回矣，惜下邑不獲多見，貧士又艱于覯求。鯫生以庚辰落第，肄業都下，恭求其本，杜門三月，淂其言之尤精及夙聞于諸家者，彙為一集，約分四卷，名曰《書法精言》，藉以自課也。竊念少壯蹉跎，授受無自，又性好纂錄，信手塗鴉，陵遲以至于今日，中實愧恨。然實而課穎底之龍蛇，尚慚池烟之未黑；虛而玩案頭之波磔，庶幾筆髓之旁融。今雖馬齒加長，尤願孜孜焉，日就月將，黽勉翰墨之場，以追襲古人之後塵，斯為快也已。乾隆辛卯年九月廿三日，舟過韓庄閘，豫章濱洲王錫侯書。（首葉據周作人藏三樹堂本補）

王錫侯原本有妻、三子、三媳以及七孫共 14 名遭緣坐，被判「應斬監候，秋後處決」，但他們後應從寬減發為奴或擬軍，此因在嘉慶四年刑部上呈的〈書詞狂悖比照大逆緣坐人犯清單〉，仍見其二子霖、霈與孫蘭飛、牡飛、靈飛（皆發黑龍江為奴），未及歲之孫誠飛、杜飛、黃飛與三媳（皆給付功臣之家為奴），其中誠飛稍後「因脫逃投回，奉旨改黑龍江為奴」。直至嘉慶十八年，倖存的王霈、王靈飛及王蘭飛才終獲准釋還（此段詳見下節）。王家這十幾口人因比照大逆緣坐而淪入奴籍三十餘年，後雖獲赦，然因家道早就土崩瓦解，以致其老家江西宜豐縣棠浦鎮現已不見王錫侯一支的任何足跡。[109]

孟森筆下的「鄉曲小儒」王錫侯，原本只是江西一名困於科場的儒士，但因他被乾隆帝當成強勢推展禁書運動時祭旗的犧牲品，[110] 遂被迫揹著大逆的十字架，並與十多名被貶為奴的親屬，沉重步上血跡斑斑的歷史舞台，這件史事同時也讓皇權的滲透力在乾隆帝手上達到前所未有的高峰。[111]

然在中土因慘酷文字獄幾乎被禁絕的《字貫》，有少數則因銷往日本，成為劫後孑遺。由於《字貫》於乾隆四十年五月刻竣，四十二年十月之前未久被首告為大逆罪，這段期間共有 19 艘唐船抵達日本，帶去的貨物包含

---

109 羅波，《清代王錫侯字貫案的歷史人類學考察》，頁 31-44。

110 乾隆帝投注在此案的力道非比尋常，且常要求以速件處理，四十二年十月二十一日即由六百里加急的方式傳諭海成，如查獲《字貫》的印刷本及翻刻版片，均應「即行解京銷毀」；二十三日再由五百里傳旨嚴行申飭海成，命其「實力速辦，毋再稍存欺飾」；十一月初四日海成將搜查王錫侯家及押解人犯赴京等事，具摺由驛五百里馳奏；十一月十二日由五百里將諭旨發往暫理贛撫印務的高晉，命其「務實心妥協經理」此案；四十三年正月初十日由四百里諭令江西巡撫郝碩，查明前任是何員失察王錫侯妄刻《字貫》之事。當時對尋常奏摺，乃由驛接遞，而向來軍機處交出之公文，籤出即馬上以日行三百里飛遞，遇有緊要事件始以日行六百里字樣加籤，而江西巡撫衙門至京為 3,196 里。參見托津等，《欽定大清會典事例》，卷 566，頁 6-10。

111 王汎森，《權力的毛細管作用：清代的思想、學術與心態》，頁 393-500。

漢籍 121 箱及 116 組，[112] 在這總數約達一、兩千函的書籍當中，應就至少包含《字貫》改刻敬諱篇本及《字貫提要》初刻本。又，拜近年圖書館界將典藏文獻數位化以呼應大數據浪潮之賜，讓我們於近兩個半世紀之後（乾隆四十年 [1775] 初刊），還能意外重見其倖存人間的全帙，筆者更得以覓得此字書在遭告發前後所刊刻之不同版本的關鍵內容。王錫侯因《字貫》案遭斬決時，絕想不到這本只賣了百餘部卻害其家破身亡的書，竟然透過附有片假名訓點的簡要本《字貫提要》，在東洋的遠國異土上開枝散葉！

三、嘉慶帝對前朝逆案的處理

《字貫》案的定讞讓諱法日趨嚴格，乾隆四十三年十一月訪獲河南祥符縣民劉峩在其裱褙鋪內刷賣《聖諱實錄》（圖表 6.24），巡撫鄭大進奏曰：

> 書內所刊廟諱、御名，凡上一字應書某字、下一字應與書某字，查與《科場條例》所刊約略相同，其所稱「字異音同之字亦當避而不用，乃為實心尊崇」，則係該犯等自行增刻。但該犯等刊刷此書，既欲使人知諱避，乃敢將應避字樣各依本字正體寫刻，實屬不法。

此書原本欲使人知曉避諱，但諭旨稱「敢將廟諱及朕御名，各依本字全體寫刊，不法已極，實與王錫侯《字貫》無異，自當根究刊著之人，按律治罪」。後雖命各省督撫查繳，還是沒能查出編寫之人，買賣板片的李伯行以及刷書的劉峩均因此以「知情故縱隱藏大逆律」擬斬。四十四年十月十六日，上諭：「李伯行、劉峩押買犯禁刊板刷印賣錢，於法本無可寬，但係年遠舊板，愚民圖利，輾轉買售，情稍可原，著停決。」[113]

112　有 19 艘唐船於 1775 年 7 月 23 日至 1777 年 4 月 30 日間抵日，內有 14 艘的貨物清單包含書籍。參見永積洋子，《唐船輸出入品一覽 1637-1833 年》，頁 169-173。

113　《清高宗實錄》，卷 1071，頁 367；乾隆朝《起居注冊》；《清代文字獄檔》，頁 1063-1077。

圖表 6.24： 劉峩所刷賣《聖諱實錄》之內容。

❖《文獻叢編第四輯》

聖諱實錄原書 書中原闕之字以「口」代之
禮部奉上諭古有諱名之禮所以昭誠敬致尊崇也朕臨御以來恐臣民過於
拘謹屢降諭旨凡與御諱聲音相同字樣不必迴避近見各省地名以音同而
改易者頗多朕爲天下主而四海臣民竭誠盡敬如此況孔子德高千古道冠
百王以正彝倫以端風化爲往聖繼絕學爲萬世開太平自天子以至於庶人
皆受師資之益而直省郡邑之名如商丘章丘等今古相沿未改朕心深爲不
安爾等會議凡直省地名有同聖諱者或改讀其音或另易他字至于常用之
際於此字作何迴避一併詳議具奏欽此臣等遵旨詳議惟祭天於圜丘丘字
不用迴避外若府州縣地名有同至聖之諱者交與內閣選擇字樣進呈候皇

乾隆朝文字獄劉峩刷賣「聖諱實錄」案十一 文獻叢編

上欽定其山川市鎭等交與該地方督撫詳查更易字樣報部至姓氏相同者
按通考云太公望之後食采于謝丘子孫因得姓丘氏今添阝傍作邱姓至常
用之際宜從古體寫作正字似爲允協伏候欽定俟命下之日行文八旗直隸
各省一體遵行可也奉旨依議內閣交出張文彬傳漢字上諭朕以先師孔子
聖諱理宜迴避前降諭旨令九卿會議其奏九卿議覆凡姓名俱加阝爲邱凡
係地名皆更改他名至于書寫常用之際則用古體正字朕細思今文出於古
文若改用丠字則仍未嘗迴避也此字本有期音查毛詩及古文作期音者甚
多嗣後除四書五經外遇此字並加阝爲邱地名亦不必改易但加阝傍讀作
期音庶乎允協見朕尊崇先師之至意特諭奉旨親王名諱全同者應酌改江
督查弼納保舉吳淞營守備員缺之千總劉允祥引見奉旨朕從前曾降諭旨
凡有與大人名相同者令其酌量更改甚是明確今查弼納將與怡親王名字
相同之千總查弼納並不改名就送來引見甚屬不敬違悖諭旨著查弼納馳
驛作速來京該部嚴審定擬具奏總督印務著巡撫張楷署理欽輯本朝世代

聖諱實錄世祖章皇帝國號順治在位十八年聖諱上福下臨當時雖奉諭旨
不避忌然律以臣民尊君之大義亦當知而不犯其心乃安禮云聞人過失如
聞君父之名可聽而不可言正此意也愚因敬錄歷代聖諱俾天下之士民咸
知尊之且恐天下人之祖父爲子孫命名師長爲弟子命名知聖諱者乃可避
而不敢同倘不知者或悞犯聖諱一字二字者則其不敬而獲罪於君上爲已
多矣學者可不愼哉聖祖仁皇帝國號康熙在位六十一年聖諱上玄下曄諭
旨上一字則書元字下一字則書聘字世宗憲皇帝國號雍正在位十三年聖
諱上胤下禛胤羊晉切音印从肉久八象其長也从久象重累也子孫相承續
也諭旨上一字丿音撇旁更从彳音赤乚音軋旁更从乚則書徿字下一字从正字愚
意凡貞眞等字亦宜俱書正字當今皇帝萬歲萬萬歲國號聖諱上弘下曆諭
旨上一字厶旁更从口字下一字內雙禾更从雙木日更从止將皇歷更爲時
憲書凡朝內本章內外文移鄉會兩試歲科兩考及士子文藝俱遵行毋違愚
意天下凡父師爲子弟命名取字者於聖諱中幷珍貞眞禎禦洪鴻宏等字異

乾隆朝文字獄劉峩刷賣「聖諱實錄」案十二 文獻叢編

音同者亦當避而不用乃爲實心尊崇君上者也儲君萬萬歲先師聖諱遵奉
世宗憲皇帝旨部議欽定惟祭天於圜丘丘字仍用本字其餘凡姓氏及邑名
如商邱章邱石邱宛邱等皆添阝旁作邱字至先師聖諱俱遵古體正字通行
天下一體遵行是於場屋大小考試並文藝中遇先師聖諱皆宜遵旨書古體
正字但日久旨遠士子鮮留心於此者寥寥又錄鄉會兩試歲科兩考主司學
憲皆未經若示並出牌申示凡遇先師聖諱遵照古體正字以是相沿遂多錯
誤所以近來坊刻文藝及試卷中遇先師聖諱多用阝旁邱字不知阝旁邱字
旨諭凡姓氏地名等用非試卷文藝中所用若試卷文藝而書邱字律以尊聖
大義不惟違背世宗憲皇帝之旨亦且褻侮先師也實甚愚得旨於江右藩幕
因集本朝世代聖諱實錄欲付剞劂俾天下皆知尊崇口口口口果蒙孜宋楊
誠齋主文衡同寮所取魁卷有盡字書作楊欲擯斥寮固爭之楊曰恐揭榜後
有喧傳場屋取得盡二秀才我輩何顏竟黜之又聞康熙癸酉科湖廣鄉試首
題驥不稱其力全節題有一卷驥旁馬下先有畿在內主文衡者擬中後經部

（下略）

據此案的審理文獻，知《聖諱實錄》這本小冊子的作者不詳，其名在書末已遭剷挖，惟因內文有「世祖章皇帝」「聖祖仁皇帝」「世宗憲皇帝」等廟號，又稱弘曆為「當今皇帝」，且謂「愚得旨於江右藩幕，因集本朝世代《聖諱實錄》欲付剞劂，俾天下皆知尊崇」，知此冊子應於乾隆帝即位之初刻於江西。據此，清朝各帝登基時，或均有《聖諱實錄》的散頁在市面刊傳，《字貫》案中敬諱篇的內容應即類此。

四十四年十月，湖北巡撫鄭大進疏奏黃梅縣監生石卓槐遭監生徐光濟首告（兩人原有田產糾紛），指控其所著《芥圃詩鈔》24 卷內，有「大道日以沒，誰與相維持」「厮養功名何足異，衣冠都作金銀氣」等語，且書中更有「廟諱、御名未知恭避之處」。翌年五月二十五日諭旨將石卓槐以大逆罪凌遲處死，其九歲之子石六老、妻汪氏、妾夏氏皆緣坐給付功臣之家為奴。至於他所刷的 34 部《芥圃詩鈔》，除 7 部「不能記憶為何人取去」，餘均查繳且連同板片一併燒燬。[114]

引發石卓槐文字獄的《芥圃詩鈔》，即其於乾隆四十年刊刻的《留劍山莊初藁》（圖表 6.25），惟因現存之本未見湖廣總督富勒渾等審案奏摺中提及的沈德潛序、胡善磨傳、石卓椿跋，故似非初刊本原貌。然該本的確可見「大道日以沒，誰與相維持」「厮養功名何足異，衣冠都作金銀氣」詩句，而此不過是文人的牢騷，實無具體的叛逆內容。至於此本之避諱，雖未完全依官方諱例改字，但也未直接干犯帝名：書中無「胤」「禛」「弘」「曆」等字；3 個「玄」字均缺首筆，「玄冥」「通玄」則改「玄」為「元」；3 個「燁」字全缺末筆；27 個「丘」字皆改用「邱」，惟「崇丘」與「浮丘」各有 1 處漏避孔子聖諱。至於此本的諱字是否同於初刊本，則不詳。

114 《清代文字獄檔》，頁 262-268。

圖表 6.25： 石卓槐《芥圃詩鈔》內語句狂悖之內容以及諱字。

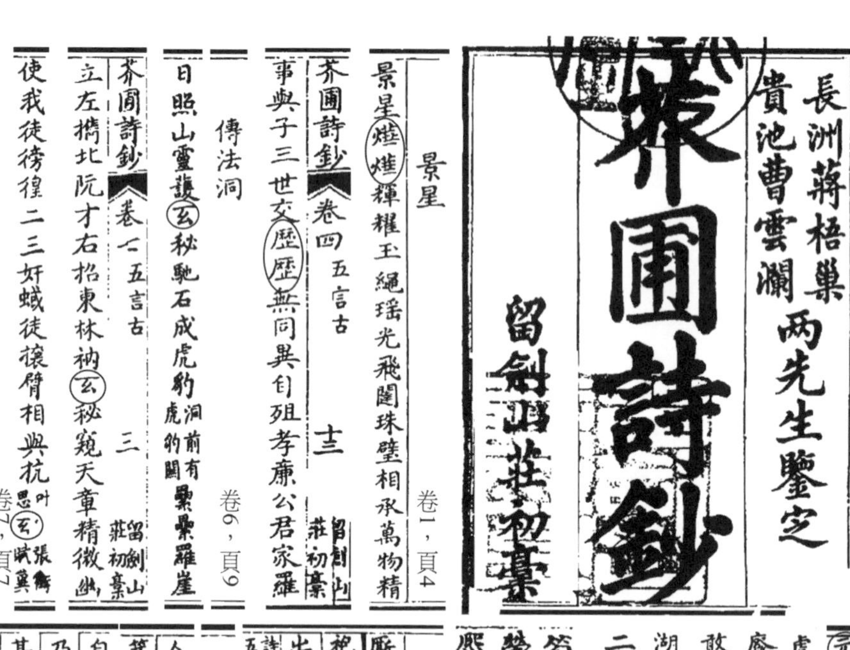

❖石卓槐，《芥圃詩鈔》（乾隆四十年刊本）

長洲蔣梧巢 貴池曹雲瀾 兩先生鑒定
芥圃詩鈔
留劍山莊初稾

景星
景星燁燁輝耀玉繩瑶光飛閬珠璧相承萬物精
卷1，頁4

芥圃詩鈔 卷四 五言古 十三 留劍山莊初稾
事與子三世交歷歷無同異自殂孝廉公君家羅

傳法洞
日照山靈護玄秘馳石成虎豹 虎豹洞前有 纍纍羅崖
卷6，頁9

芥圃詩鈔 卷七 五言古 三 留劍山莊初稾
立左擕北阮才右招東林衲玄秘窺天童精微幽
使我徒徬徨二三奸蛾徒攘臂相與抗 叶 張衡思玄賦 冀
卷7，頁7

元冥
元冥安寧盛德在水生動伏息呼吸終始一陽乘
卷1，頁2

虎邱消息倩誰探雪海風光夢裡談
卷2，頁2

廢則陰陽失其道崇丘廢
卷4，頁1

敢求其通日暮登高山邱谷何龍嵸
卷4，頁7

湖海生涯樂自有浮丘相鶴經聲聞
卷9，頁6

二陸文章並比肩囊中鐵筆更通元
卷24，頁13

笥淼穀矽蜀顧項燁旋燎煊煐爆燿燀
滎然炯炳煌烕烜熻炓煬燓炅熙㷊滎炤
熈熈炤熈
卷21，頁12

曉峰歌
厮養功名何足異衣冠都作金銀氣不如落落布
袍寬杖擕青蚨隨地醉森森玉立勢縱橫旅峰獨
出衆山明憑君堅豎詞壇幟難下文房五字城 曉峰詩尤工五律
卷11，頁7

咏懷
人生有定量刺促終難施斗不可以石勺不可以
箕凡物不宜滿滿則易於虧富貴不可強縈縈徒
自欺大道日以沒誰與相維持盡力振綱常窮通
乃其私袍滕發長嘆永懷中心悲黽勉夙夜躬盡
其所當爲我生自有分餘事非所期
卷4，頁6-7

四十五年七月廣西平南縣的老生員吳英「攔輿獻策」，然因其文中有「其德非不弘也」「聖上有萬斛之弘恩」句，遭控「語涉狂悖，又疊犯御名」，故依大逆罪凌遲處死。其子吳簡才、吳經才，胞弟吳超，胞侄吳達才、吳棟才，因現年十六歲以上，均照緣坐律擬斬立決，先行刺字；其繼妻全氏、妾蒙氏，媳彭氏、馬氏，及幼子懋才、張才，幼孫亞宣、亞二、亞兒，幼侄偉才、觀奇、亞三，俱照律發功臣之家為奴。[115] 四十六年閏五月，僧曇亮因其所攜經卷中直書御名而遭監禁，在此案中「曇亮著即處斬，其應行緣坐之露斯、述唐，著從寬改為應斬監候，秋後處決」。[116] 四十六年十一月湖北黃梅縣人吳碧峰刻印明・瞿罕所著的《孝經對問》和《體孝錄》時，或因逕照原書翻刻（內有二十幾處「玄」「弘」或「曆」字；圖表 6.26），以致「廟諱、御名均未恭避」，故依「謀反大逆知情隱藏故縱者斬」律，擬斬立決，被監斃於獄中。[117]

據統計，清代文字獄發生於順治朝共 6 起、康熙朝約 10 起、雍正朝 20 幾起、乾隆朝 130 多起、嘉慶朝 1 起、光緒朝 1 起，而中國古代文字獄的空前高峰，就在乾隆四十二年的王錫侯《字貫》案至五十年的僧元采、元貴護身榜文案之間，見於記載者近 60 起，文網之密與文禍之多均遠遠超過先前各朝各代。[118]

嘉慶四年正月二十三日安奉弘曆的梓宮於觀德殿，繼位的顒琰在二月二十四日頒下有關避御名的諭旨：

> 現在會試屆期，士子文藝詩策內於朕名自應敬避，如遇上一字，著將「頁」字偏旁缺寫一撇一點，書作「顒」字；下一字將右

115 《清代文字獄檔》，頁 311-316。

116 《清高宗實錄》，卷 1132，頁 135。

117 瞿罕，《孝經對問》；《清代文字獄檔》，頁 319-322。

118 郭成康、林鐵鈞，《清朝文字獄》，頁 287-386。由於乾隆二十五年才有旨具體避改御名（圖表 6.22），此故，乾隆朝與避諱相關的文字獄即少見發生在上半葉者。

> 旁第二「火」字改寫「又」字，書作「琰」字，其單用「禺」字、「頁」字、「炎」字，俱毋庸缺筆。至乾隆六十年以前所刊書籍，凡遇朕名字樣不必更改，自嘉慶元年以後所刊書籍，著照此缺筆改寫。[119]

具體規定該如何避諱：上一字「顒」缺最末兩筆作「顒」，下一字「琰」則將右側「炎」的第二個「火」改成「又」（指重複其上之「火」），並命自嘉慶元年（非乾隆帝駕崩的嘉慶四年）以後刊刻的書籍，俱應照此改寫。

或因嘉慶帝對先前文字獄的慘酷深有所感，同日又諭：

> 向來大逆緣坐人犯按律辦理，原以其實犯叛逆，自應申明憲典，用示懲創，至比照大逆緣坐人犯，則與實犯者不同。即如從前徐述夔、王錫侯，皆因其著作狂悖，[120] 將家屬子孫遂比照大逆緣坐定擬，殊不知文字詩句原可意為軒輊，況此等人犯生長本朝，自其祖、父、高、曾仰沐深仁厚澤，已百數十餘年，豈復繫懷勝國而挾仇抵隙者。遂不免藉詞挾制，指摘疵瑕。是偶以筆墨之不檢，至與叛逆同科……凡比照大逆人犯，其家屬子孫或已經發遣，或尚禁囹圄，即詳晰查明，注寫案由，開單具奏。[121]

指出有些「筆墨之不檢」的行為不應被逕自視作大逆，因文字詩句的解釋常有各種角度（所謂「文字詩句原可意為軒輊」），且明亡已百餘年，應少有人仍心繫前朝，故得小心避免遭人挾仇告訐，而成大獄。

---

119 《清仁宗實錄》，卷39，頁461-462。

120 徐述夔於乾隆三年中舉，揀選知縣，因其著作中有「明朝期振翮，一舉去清都」「大明天子重相見，且把壺〔"胡"之諧音〕兒擱半邊」等詩句，故於乾隆四十三年遭仇家指控「懷念前明、詆毀滿清」，遂釀成詩案文字獄，已故之徐述夔竟遭剖棺戮屍。又，徐述夔及王錫侯皆乾隆朝舉人，然在地方志的相關科第名單中，其名均遭刪除，此情形亦同於因試題案被定罪的查嗣庭。參見陳翔華，〈徐述夔及其《一柱樓詩》獄考略〉；張世浣等修，姚文田等纂，《重修揚州府志》，卷40，頁22；楊文峰修，萬廷蘭纂，《新昌縣志》，卷11，頁33；本章第1節。

121 《清仁宗實錄》，卷39，頁461-462。

圖表 6.26：瞿罕《孝經對問》崇禎七年刻本。

孝經對問卷之一
皇明 江漢 臣瞿罕貫註
知宜興縣事臣石確增刪
金陵毛壁 梓
行道揚名於後世以顯父母孝之終也古今弘孝
說孝經辨性善特後人疑其文不弘深題詞因逸之
詔議久之俱秘书弘治曾廟成臺使者李璣復以請
對曰惟其有之是以似之反是斯惡之矣玄宗救
寡愚莫得而攷焉開元中詔議鄭玄孔安國傳註
二家是時劉子玄等謂宜行孔傳二十二章唐書而
問者曰孝經分章勒石臺註玄宗久矣朱子刊誤中
氏詁註一卷楊氏弘註一卷車氏胤註一卷袁氏敬仲集議
氏有註明氏僧紹有註王氏玄載有註梁則有賀氏瑒孝經
註疏一卷江氏避有註皇氏偘義疏三卷陶氏弘景嚴氏植之
氏議孝經義八卷周氏弘正疏二卷王氏元規孝經義記二卷隋

等取玄宗註廣爲疏綱目則又本鄭註者厥後司馬
列后之弘孝也
方丘嘉靖庚寅始定分祀事
丈阿周弘正也南史發孝經題太子北面致敬則徐
孝宗敬皇帝以孝治天下弘治之盛於今爲烈然伏
文館弘文館即五經博士之屬也孝經博士之設
問者曰如未敎郡邑何罕對曰自玄宗命元行冲
勑下詞臣又將頒行天下乎臣因考之弘治初大司
宅如李中丞楨玄政編伍廬江令塾廬州志胡寧鄉令
萬曆庚子馮恭節蒞全楚中聘先父膺夫爲師
志其宅凡弘文崇文生試大經一小經一或中經
罕代父進視萬壽表兼進父所著明詩及萬曆武功錄請贈謚罕上疏請贈父官謚奉

嘉慶四年三月二十九日又諭命將十幾個逆案中非正犯子孫之人加恩釋回（圖表 6.27），對象是比照大逆緣坐而發遣軍流的陳長受等 22 人、大逆案內干連人犯崔敬之等、誣告叛逆案內緣坐人犯項大保等，以示「法外施仁至意」，因其「俱非若正犯子孫例應緣坐者可比」（亦即，非正犯之直系親屬)。至於各發給功臣之家為奴的緣坐婦女，則得要有人願意領回時才允釋，其理由是因擔心「若即令概行放出，轉恐無所依倚」。

前諭還特別點明有 3 個逆案因情罪重大，故不准釋回，稱：

> 進遞逆呈案內金從善之子姪、編造偽稿案內劉時達之孫、著書毀謗案內呂留良之緣坐犯屬，及在配所生子孫並干連族戶，情罪俱為重大，部議不准寬免。所奏是，著照議辦理。

其中乾隆四十三年金從善的「進遞逆呈」案，是因其妄呈應建儲、立后、納諫等事，經大學士等議奏其「實屬罪大惡極，應照例擬凌遲處死」，得旨從寬改為斬決。[122]「偽稿案」則因有人偽造工部尚書孫嘉淦指斥乾隆帝的奏疏，並加以流傳，被控為主謀之一的南昌守備劉時達遂於乾隆十八年遭斬決。[123] 呂留良更是一直被清廷視為眼中釘，因其主張嚴「夷夏之防」，且影響力又大受雍正帝所刊傳《大義覺迷錄》的拉抬。[124]

---

122 《清高宗實錄》，卷 1066，頁 259-262、265。

123 郭成康、林鐵鈞，《清朝文字獄》，頁 313-314。

124 雍正六年張熙欲藉已故呂留良「華夷之辨」的說法，策動川陝總督岳鍾琪反清，呂氏因此被以大逆罪剖棺戮屍，但其評選或選刻之時文，則尚在士子間廣泛流傳。我們可發現隨著王錫侯的時文著述（如《國朝試帖詳解》《唐詩試帖詳解》）在《字貫》案遭查禁，涉及呂留良的時文作品也開始遭到嚴禁，並頻繁出現於各省的查禁書目當中。又，雍正帝在其《大義覺迷錄》一書中，提及「呂留良」達 154 次以駁斥其說。參見楊念群，《何處是"江南"？》，頁 398-404。

圖表 6.27： 嘉慶四年三月對前朝逆案的處理。

❖《嘉慶帝起居注》，四年三月二十九日條

二十九日丁亥
上恭詣
觀德殿
梓宮几筵前行供奠禮是日內閣奉
諭旨刑部將比照大逆緣坐之發遣軍流人犯查
明事由分別開單進呈朕詳加披閱內書詞狂
悖案內比照大逆緣坐之陳長受陳長幅二犯
係逆犯陳道銓之姪露斯一犯係逆犯僧明學
之徒沈大縉一犯係逆犯沈大綬之弟沈榮昇
沈榮箕沈榮楠沈榮同四犯係逆犯沈大綬之
姪郭玉揚郭玉開郭玉彩三犯係逆犯郭大至
之弟劉元幅一犯係逆犯劉文德之伯丁士賢
丁士麟二犯係逆犯丁文彬之姪劉馬一犯係
逆犯劉德照之姪劉德明一犯係逆犯劉德照
之弟魏璧一犯係逆犯魏塾之弟趙琯一犯係
逆犯趙九如之兄趙元娃一犯係逆犯趙九如
之姪李科秀李甲秀李登秀三犯係逆犯李連
秀之弟兄俱非若正犯子孫例應緣坐者可比
著同查出大逆案內干連人犯崔澂之等及誣
告叛逆案內緣坐人犯項大保等一體加恩釋
回以示法外施仁至意其各單內所開婦女各
名口業經發給功臣之家為奴若即令概行放
出轉恐無所依倚著交刑部存記俟釋回各犯
或有情愿領回者報明辦理聽從其便至另片
內所奏進逆呈案內金從善之子姪編造偽
稿案內劉時達之孫著書毀謗案內呂留良之
❶緣坐犯屬及在配所生子孫並干連族戶情罪
❷俱為重大部議不准寬免所奏是著照議辦理
❸餘依議太常寺題四月初六日行

❶緣坐犯屬及在配所生子孫並干連族戶情罪
❷俱為重大部議不准寬免所奏是著照議辦理
❸餘依議太常寺題四月初六日行

中國第一歷史檔案藏無繫年的〈書詞狂悖比照大逆緣坐人犯清單〉，共分成「比照大逆緣坐案內軍遣流犯共五十名，內在配所生子孫三名」以及「比照大逆緣坐案內給功臣家為奴男婦共九十七名口」兩名單（圖表 6.28、6.29）。其中軍遣流犯臚列了 27 個逆案，內含非正犯子孫 24 人（多為及歲之叔伯、兄弟、姪），他們原本皆比照大逆緣坐，發黑龍江給披甲人為奴或擬軍，然除乾隆四十六年梁念泉逆案的姪子梁周伯（柏？）、梁長二（《起居注冊》稱「梁長三」），其他人皆在文件上被圈出，[125] 且可見於前述嘉慶四年三月《起居注冊》加恩釋回諭旨的名單中（圖表 6.27），不知梁念泉兩姪究竟是何原因而未被收入？又，該〈書詞狂悖比照大逆緣坐人犯清單〉應是上述諭旨頒發前刑部整理的附件，以供嘉慶帝決定是否恩赦。[126]

乾隆朝及其之前對文字獄的處分，通常是將逆犯家屬比照大逆緣坐，以前引〈書詞狂悖比照大逆緣坐人犯清單〉為例（圖表 6.28、6.29），女性（母 3 名、妻 17 名、妾 5 名、媳 17 名、孫媳 3 名、未室之女 4 名、孫女 1 名）及年未及歲者（子 16 名、孫 10 名、曾孫 2 名、姪 19 名），多給付功臣之家為奴；及歲男子（子 12 名、孫 10 名、姪 4 名、兄 1 名、弟 3 名）則擬斬立決，奉旨大多從寬改斬監候，[127] 減發黑龍江，給索倫、達呼爾為奴。[128] 但亦有少數定罪稍輕：如有 7 名逆犯之姪在奉旨改斬監候後，減等擬軍；劉德照之弟德明因不知情，奉旨免死，但仍發黑龍江給披甲人為奴；劉文德之伯元福因不知情且不同居，擬流；汪景祺之子連枝僅「發遣黑龍江為奴」；王錫侯之孫誠飛原以年未及歲給付功臣之家為奴，稍後因脫逃投回，奉旨改發黑龍江為奴。[129]

125 同案中相同情形之人有時只圈第一人。又，民初《文獻叢編第十五輯》曾以鉛字重印此清單（頁 1-8），但當時並未印出圓圈，應亦不知其意義。

126 中國第一歷史檔案館網站將此清單繫為「[嘉慶八年]」，不知有何根據？

127 托津等，《欽定大清會典事例》，卷 617，頁 1。

128 索倫、達呼爾皆是清代黑龍江重要的原住民族，歸黑龍江將軍管轄。

129 類似案例亦見於「偽稿案」，劉時達之孫劉阿讓（十四歲）在乾隆十八年九月緣坐賞給鑲藍旗副都統李境為奴，他於二十三年二月十四日逃走，三十日自行投回，遵旨應照例刺字，並轉發黑龍江給兵丁為奴。參見《內閣大庫檔》，登錄號 155210。

圖表 6.28： 嘉慶四年刑部〈比照大逆緣坐案內軍遣流犯名單〉。

❖中國第一歷史檔案館檔號 03-2433-067

書詞狂悖比照大逆緣坐人犯清单
張智明係比照逆犯張毅之子
直隸樂亭縣人因張毅病迷外出算命賣卦
編造書詞語多狂悖案內比照大逆緣坐擬斬
立決奉
旨改斬監候減發黑龍江給索倫達呼爾為奴
（中略）
王　霖係比照逆犯王錫侯之子　王　霈係比照逆犯王錫侯之子
王牲飛係比照逆犯王錫侯之孫　王靈飛係比照逆犯王錫侯之孫
王蘭飛係比照逆犯王錫侯之孫
江西新昌縣人因王錫侯編造字貫等書干犯
廟諱案內比照大逆緣坐擬斬立決奉
旨改斬監候減發黑龍江給索倫達呼爾為奴
王誠飛係比照逆犯王錫侯之孫
因王錫侯編造字貫等書干犯
廟諱案內該犯年未及歲給付功臣之家為奴復因脫
逃投回奉
旨改發黑龍江為奴
○露　斯係比照逆犯僧明學之徒
因僧明學編造悖逆經符干犯
廟諱案內比照大逆緣坐擬斬立決奉
旨改斬監候減發黑龍江給索倫達呼爾為奴
齊式文係比照逆犯齊周華之子　齊傳繞係比照逆犯齊周華之孫
浙江天台縣人因齊周華編造石山藏集等

書語多狂悖案內比照大逆緣坐擬斬立決
奉
旨改斬監候減發黑龍江給索倫達呼爾為奴
沈昌明係比照逆犯沈大綬之子
湖南臨湘縣人因沈大綬編著碩果錄介壽詞
等書語多狂悖案內比照大逆緣坐擬斬立
決奉
旨改斬監候減發黑龍江給索倫達呼爾為奴
○沈大縉係比照逆犯沈大綬之弟　沈榮昇係比照逆犯沈大綬之姪
沈榮箕係比照逆犯沈大綬之姪　沈榮旃係比照逆犯沈大綬之姪
沈榮同係比照逆犯沈大綬之姪
湖南臨湘縣人因沈大綬編著碩果錄介壽
詞等書語多狂悖案內比照大逆緣坐擬斬
立決奉
旨改斬監候緩決減軍
文盛榮係比照逆犯文紹虞之孫　文盛華係比照逆犯文紹虞之孫
湖北監利縣人因文紹虞遺存偽檄一道語
多悖逆案內比照大逆緣坐擬斬立決奉
旨改斬監候減發黑龍江給索倫達呼爾為奴
馮生棣係比照逆犯馮王孫之子
湖北興國州人因馮王孫編著五經簡咏語
多狂悖案內比照大逆緣坐擬斬立決奉
旨改斬監候減發黑龍江給索倫達呼爾為奴

○郭玉揚係比照逆犯郭大至之弟　郭玉開係比照逆犯郭大至之弟
郭玉彩係比照逆犯郭大至之弟
湖南桑植縣人因郭大至妄撰公狀序文代呈
聖諭廣訓語多狂悖案內比照大逆緣坐擬斬立決奉
旨改斬監候減發黑龍江給索倫達呼爾為奴
李慎基係比照逆犯李一之孫　李敬基係比照逆犯李一之孫
河南登封縣人因李一編造半痴觧糊塗詞
語多狂悖案內比照大逆緣坐擬斬立決奉
旨改斬監候減發黑龍江給索倫達呼爾為奴
（中略）
旨改斬監候減等擬軍
吳簡才係比照逆犯吳英之子　吳經才係比照逆犯吳英之子
廣西平南縣人因吳英妄陳狂悖策書干犯
廟諱案內比照大逆緣坐擬斬立決奉
旨改斬監候減發黑龍江給索倫達呼爾為奴
（中略）
汪承譽係比照逆犯汪景祺之孫　汪九如係比照逆犯汪景祺之曾孫
六十一係比照逆犯汪景祺之曾孫
浙江錢塘縣人因汪景祺編造西徵隨筆錄
語多狂悖案內將伊子汪連枝比照大逆緣
坐發遣黑龍江為奴嗣汪連枝在配生子汪
承譽汪承譽又生子汪九如六十一汪連枝
業已身故
以上比照大逆緣坐案內軍遣流犯共五
十名內在配所生子孫三名

圖表 6.29：嘉慶四年刑部〈比照大逆緣坐案內給功臣家為奴名單〉。

❖中國第一歷史檔案館檔號 03-2433-067

李 氏係比照逆犯智天豹之妻
直隸高邑縣人因智天豹按八卦名目編造
妄誕逆書央張九霄呈獻案內比照大逆緣
坐給付功臣之家為奴
（中略）
徐道南係比照逆犯徐述夔年未及歲之曾孫　徐壽南係比照逆犯徐述夔年未及歲之曾孫
沈 氏係比照逆犯徐述夔之孀妻　繆 氏係比照逆犯徐述夔之孫媳
沈 氏係比照逆犯徐述夔之孫媳　王 氏係比照逆犯徐述夔之孫媳
江蘇東臺縣人因徐述夔編著一柱樓詩集
等書狂悖不法案內比照大逆緣坐給付功臣
之家為奴
陳八一係比照逆犯陳道鈐年未及歲之姪　夏 氏係比照逆犯陳道鈐之妻
江蘇丹徒縣人因陳道鈐瘋迷描寫正元隆寶
錢樣又偽造悖逆木戳案內比照大逆緣坐
給付功臣之家為奴
（中略）
王杜飛係比照逆犯王錫侯未及歲之孫　王黄飛係比照逆犯王錫侯年未及歲之孫
張 氏係比照逆犯王錫侯之媳　胡 氏係比照逆犯王錫侯之媳
胡 氏係比照逆犯王錫侯之媳
江西新昌縣人因王錫侯編造字貫等書
干犯
廟諱案內比照大逆緣坐給付功臣之家為
奴
（中略）

沈榮藩係比照逆犯沈大綬年未及歲之子　沈老三即沈榮瓏係比照逆犯沈大綬年未及歲之子
莊 氏係比照逆犯沈大綬之妻　張 氏係比照逆犯沈大綬之媳
向 氏係比照逆犯沈大綬之媳
湖南臨湘縣人因沈大綬編著碩果録介壽
詞語多狂悖案內比照大逆緣坐給付功臣
之家為奴
文盛祥係比照逆犯文綺襄年未及歲之孫　文盛英係比照逆犯文綺襄年未及歲之孫
劉 氏係比照逆犯文綺襄之媳　張 氏係比照逆犯文綺襄之媳
唐 氏係比照逆犯文綺襄之媳　幼 女係比照逆犯文綺襄之孫女
湖北監利縣人因文綺襄遺存偽檄一道語多
悖逆案內比照大逆緣坐給付功臣之家為奴
馮正謨係比照逆犯馮王孫年未及歲之孫　馮正訓係比照逆犯馮王孫年未及歲之孫
劉 氏係比照逆犯馮王孫之妻　董 氏係比照逆犯馮王孫之媳
陳 氏係比照逆犯馮王孫之媳
湖北興國州人因馮王孫編著五經簡咏語多
狂悖案內比照大逆緣坐給付功臣之家為奴
（中略）
郭官謨係比照逆犯郭大至年未及歲之子　郭二老係比照逆犯郭大至年未及歲之子
郭官顯係比照逆犯郭大至年未及歲之姪　郭官耀係比照逆犯郭大至年未及歲之姪
郭官照係比照逆犯郭大至年未及歲之姪　郭官前係比照逆犯郭大至年未及歲之姪
郭官遠係比照逆犯郭大至年未及歲之姪　郭三兒係比照逆犯郭大至年未及歲之姪
郭之郭係比照逆犯郭大至年未及歲之姪　郭寅兒係比照逆犯郭大至年未及歲之姪
楊 氏係比照逆犯郭大至之妻　二 秀係比照逆犯郭大至之婦
湖南桑植縣人因郭大至妄撰公狀序文代宣
聖諭廣訓語多狂悖案內比照大逆緣坐給付功臣之家
為奴

王 氏係比照逆犯李一之妻　陳 氏係比照逆犯李一之媳
河南登封縣人因李一編造半痴解糊塗詞
語多狂悖案內比照大逆緣坐給付功臣之
家為奴
喬雲龍係比照逆犯喬廷英年未及歲之孫　喬琅宇係比照逆犯喬廷英年未及歲之孫
高 氏係比照逆犯喬廷英之妻　畢 氏係比照逆犯喬廷英之媳
河南登封縣人因喬廷英抄存逆犯李一半
痴解糊塗詞不即舉首且復自作逆詞案內
比照大逆緣坐給付功臣之家為奴
（中略）
陳八一係比照逆犯陳道鈐年未及歲之姪　夏 氏係比照逆犯陳道鈐之妻
江蘇丹徒縣人因陳道鈐瘋迷描寫正元隆寶
錢樣又偽造悖逆木戳案內比照大逆緣坐
給付功臣之家為奴
（中略）
吳懋才係比照逆犯吳英年未及歲之子　吳張才係比照逆犯吳英年未及歲之子
吳亞宣係比照逆犯吳英年未及歲之孫　吳亞二係比照逆犯吳英年未及歲之孫
吳亞兒係比照逆犯吳英年未及歲之孫　吳偉才係比照逆犯吳英年未及歲之姪
吳觀奇係比照逆犯吳英年未及歲之姪　吳亞三係比照逆犯吳英年未及歲之姪
全 氏係比照逆犯吳英之妻　蒙 氏係比照逆犯吳英之妾
彭 氏係比照逆犯吳英之媳　馬 氏係比照逆犯吳英之媳
廣西平南縣人因吳英妄陳狂悖策書干犯
廟諱案內比照大逆緣坐給付功臣之家為奴
以上比照大逆緣坐案內給功臣家為奴
男婦共九十七名口

又，嘉慶四年〈書詞狂悖比照大逆緣坐人犯清單〉所記載的逆案，主要發生在乾隆朝，其中汪景祺曾孫「六十一」是到配（指到達發配地點）後所生，其取名（應由主人命名）更讓人不勝唏噓，因以數字為名原本是滿、蒙人的特殊傳統。[130] 嘉慶帝欲緩解其父、祖兩代文字獄所造成的迫害，在親政之初不僅恩赦了一些逆案正犯的非直系親屬，還於嘉慶六年在律例中規定「比照反逆及謀叛定罪之案，正犯照律辦理，其家屬一概免其緣坐」，[131] 無怪乎，他獲得「仁宗」的諡號，但其反省仍頗低調，改變亦緩慢。

中國第一歷史檔案館藏有刑部〈查辦黑龍江等處遣犯子孫等事〉一摺（圖表 6.30），知嘉慶帝至十八年十月二十七日還在處理先前的逆案，內稱實犯反逆律者，通常只將家屬緣坐，「其到配後所生子孫例無緣坐明文，況輩至曾、元〔指曾孫與玄孫〕，尤為邈遠，至比照反逆家屬，本與實犯有別，現行例內又得免其緣坐」，故刑部在摺末附〈書詞狂悖案內比照大逆緣坐遣犯家屬並到配所生子孫清單〉，記 10 個雍、乾、嘉三朝逆案中的 17 名子孫（王錫侯子王霈，孫王靈飛及王蘭飛亦在內），擬請應照嘉慶六年新訂律例，准這些人釋回原籍。

前述這幾個涉及大逆案緣坐的人犯清單上，滿沾血漬地列出徐述夔、王錫侯等幾十名大逆正犯所干連的百餘名人犯，除汪景祺等幾案外，多發生在乾隆朝。由於王錫侯《字貫》、僧明學編造經符、馮王孫《五經簡詠》、吳英妄陳策書、智天豹《本朝萬年書》、石卓槐《芥圃詩鈔》等案，皆涉及犯諱（圖表 6.31），知在文字獄的案件當中，違反諱例既可以是主要罪狀，也常被用作定罪當事人的旁證。

---

130 如在《（乾隆二十二年夏）新刻爵秩全覽》中，即可發現有 23 名滿、蒙官員以數字為名，其中名為「八十」者有 3 人，因擔任的官職不同，知應為不同人。至於名字所取的數字，常得自其出生時親長的年齡。參見莊吉發，〈滿洲命名考：數字命名的由來〉。

131 托津等，《欽定大清會典事例》，卷 617，頁 3-4。

圖表 6.30：嘉慶十八年刑部〈查辦黑龍江等處遣犯子孫等事〉摺。

❖中國第一歷史檔案館檔號 03-2419-095

刑部
查辦黑龍江等處遣犯子孫等
奏
旨
十月二十七日

太保大學士管理刑部事務臣董誥等謹
奏為遵
旨查辦黑龍江吉林等處遣犯內洋盜及雜案老疾
各犯並書詞狂悖比照逆案緣坐子孫及實犯
叛逆緣坐到配後所生子孫與在配女犯配給
各男犯分別開單奏明請
旨事查該將軍等造報遣犯共九千零九十三名口
先經臣等逐加查核內應分別改回內地軍流
（中略）
明罪由輕重酌量辦理又實犯反逆律止將其
現在家屬緣坐其到配後所生子孫例無緣坐明
文況輩至曾元尤為遼遠至比照反逆家屬本
與實犯有別現行例內又得免其緣坐此等比
照反逆犯屬在黑龍江等處者係未經奏定新
例以前到配該家屬遣戍多年此時若再行改
發內地是例後犯案之家屬既邀寬典而例前
犯案之家屬仍為罪人不足以昭平允均應核
明奏請辦理等因在案茲臣等覆加詳核謹將
洋盜案內發遣到配未及二十年雜案遣犯到

一單又書詞狂悖比照大逆緣坐發遣家屬及
在配所生子孫王九如等擬准釋回原籍者共
十七名列為一單又實犯叛逆案內已故緣坐
遣犯到配後所生子孫洸成小等擬准在配安
插者共四十八名列為一單又在配女犯配給
在配男犯及配給家奴徐劉氏等分別夫隨婦
遣者二口婦隨夫遣者十四口共十六口列為一單以
上四單俱開明事由恭呈
（中略）
實犯反逆緣坐遣犯內臣等查有直隸省段
不代見等三十一名口係逆犯段文經案內
緣坐之犯又林黃氏係逆犯林爽文之妻劉
士欽劉三富劉文魁係教匪劉松之兄弟子
姪劉庭邦係教匪劉之協之子均係著名逆
犯家屬又丁復臣等二十一名均係邪教會匪
俱情節較重似應不准減回內地又呂賜孝等
三十名係書詞狂悖比照大逆呂留良之四五
六世孫金德盛一名係進遞呈詞語多狂
悖比照大逆金從善之子嘉慶四年臣部遵
旨查辦比照大逆緣坐遣犯曾經聲明此二案情節
較重ミ便列入清單此次查辦似應仍不准其
減回內地令該將軍照舊管束再雜犯內尚有
（中略）
嘉慶十八年十月二十七日太保大學士管理刑部事務臣董誥
（下略）

❖檔號 03-2419-114

謹將黑龍江造報遣犯內書詞狂悖比照大
逆緣坐發遣家屬及到配後所生子孫開列
於後
王九如　王九成　均係比照逆犯王景奇曾
孫
王趕生　王長祿　王長福　王長受　均係
比照逆犯王景奇元孫
（中略）
王霈　係比照逆犯王錫侯之子
王蘭飛　王靈飛　均係比照逆犯王錫侯之
孫
江西新昌縣人乾隆四十二年因王錫侯編
造悖逆字貫等書干犯
廟諱案內將王霈等比照大逆緣坐擬斬立決奉
旨改斬監候入於秋審續奉新例減發黑龍江為奴於
嘉慶二年到配
（中略）
董品喜　係比照逆犯董霖之子
安徽涇縣人嘉慶十年因董霖編造悖逆書
詞案內將董品喜比照大逆緣坐發黑龍江
為奴於嘉慶十年到配
以上十七名係書詞狂悖案內比照大逆
緣坐遣犯家屬並到配所生子孫似應
照原奏章程准其釋回原籍恭候
欽定

圖表 6.31：嘉慶帝對乾、嘉兩朝逆案的處理。

逆犯名	定罪時間：罪名（刑罰）	緣坐人犯
丁文彬	乾隆十八年六月：造作逆書，語多狂悖（凌遲處死）	姪丁士賢、丁士麟擬斬立決，奉旨改斬監候，減等擬軍。年未及歲姪丁士良、丁士信，給付功臣家為奴
劉德照	乾隆二十一年四月：編造《春秋建論辭》，語多狂悖（凌遲處死）	姪劉馬擬斬立決，改斬監候，減等擬軍。弟劉德明住居異縣，訊不知情，奉旨免死，發黑龍江給披甲人為奴。年未及歲子劉小斗、劉二小、年未及歲姪劉鴨子、妻武氏、幼女，給付功臣之家為奴
蔡顯	乾隆三十二年五月：編造《閒漁閒閒錄》等書，語多狂悖（斬決）	子蔡必照擬斬立決，奉旨改斬監候，減發黑龍江，給索倫、達呼爾為奴。年未及歲子包大、妾朱氏、未字之三女，給付功臣之家為奴
齊周華	乾隆三十二年十一月：雖所刻書籍有「廟諱、御名公然不避」的情形，但主要罪狀是為呂留良發聲，且「黨惡狂悖」（凌遲處死）	子齊式文及孫齊傳繞擬斬立決，奉旨改斬監候，減發黑龍江，給索倫、達呼爾為奴。年未及歲孫齊傳絢、妻朱氏、妾丁氏、媳奚氏、吳氏，給付功臣之家為奴
傅述周	乾隆三十六年：呈遞狂謬逆詞，指神說佛	繼母汪氏給付功臣之家為奴（第一歷史檔案館）
劉文德	乾隆三十七年四月：瘋癲病狂，身帶字紙有「兩京大國師福元萬歲君」字樣	伯劉元幅比照大逆緣坐，該犯訊不知情，並不同居，擬流（第一歷史檔案館）
文紹虞	乾隆三十八年：遺存偽檄一道，語多狂悖	孫文盛榮、盛華擬斬立決，奉旨改斬監候，減發黑龍江，給索倫、達呼爾為奴。年未及歲孫文盛祥、文盛英，媳劉氏、張氏、唐氏，幼孫女，給付功臣之家為奴。文盛榮於嘉慶十八年獲准釋回原籍
李連秀	乾隆三十九年：瘋迷，編造悖逆呈詞	兄李科秀、李甲秀及弟李登秀，擬斬立決，奉旨改斬監候，減等擬軍。年未及歲子李路姐、李留養、年未及歲姪李揚受、李勝保、李廖生、母歐陽氏、妻張氏、女四妹，給付功臣家為奴（第一歷史檔案館）

逆犯名	定罪時間：罪名（刑罰）	緣坐人犯
張毅	乾隆四十一年九月：病迷時外出算命，賣卦編造書詞，語多狂悖（凌遲處死）	子張智明擬斬立決，奉旨改斬監候，減發黑龍江，給索倫、達呼爾為奴，妻楊氏給付功臣之家為奴。張智明於嘉慶十八年獲准釋回原籍
王錫侯	乾隆四十二年十一月：編《字貫》等書，將至聖孔丘、聖祖玄燁、世宗胤禛及乾隆御名弘曆等悉行開列，因與其同族本家王瀧南有嫌怨而遭告（斬立決）	子王霖、王霈及孫王牡飛、王靈飛、王蘭飛，擬斬立決，奉旨改斬監候，減發黑龍江，給索倫、達呼爾為奴。孫王誠飛因年未及歲給付功臣家為奴，復因脫逃投回，改黑龍江為奴。年未及歲孫王杜飛、王黃飛、媳張氏、胡氏、胡氏，給付功臣家為奴。王霈、王靈飛及王蘭飛於嘉慶十八年獲准釋回原籍
徐述夔	乾隆四十三年八月：編著《一柱樓詩》等書，語多狂悖（戮尸）	子懷祖刻逆書戮尸，孫食田因藏匿逆書，秋後處決。孫徐食書擬斬立決，改斬監候，減發黑龍江，給索倫、達呼爾為奴。年未及歲曾孫徐道南、徐壽南、繼妻沈氏、孫媳繆氏、沈氏、王氏，給付功臣家為奴
馮王孫	乾隆四十四年三月：所編《五經簡詠》語多狂悖，且不避廟諱（凌遲處死，傳首本籍）	子馮生棣擬斬立決，改斬監候，減發黑龍江，給索倫、達呼爾為奴。年未及歲孫馮正謨、馮正訓、妻劉氏、媳董氏、陳氏，給付功臣家為奴。馮生棣於嘉慶十八年獲准釋回原籍
智天豹	乾隆四十四年四月：編妄誕逆書《本朝萬年書》，並央徒張九霄呈獻，內直書廟諱、御諱，「罪大惡極」（智天豹斬決，張九霄斬監候，秋後處決）	妻李氏給付功臣之家為奴
沈大綬	乾隆四十四年五月：所著《碩果錄》《介壽詞》等書，語多狂悖（開棺戮尸）	子沈昌明擬斬立決，奉旨給索倫、達呼爾為奴。弟大縉及姪榮昇、榮箕、榮旃、榮同，擬斬立決，奉旨緩決減軍。年未及歲子沈榮藩、沈老七（又名榮施）、妾莊氏、媳張氏、向氏，給付功臣之家為奴。沈昌明於嘉慶十八年獲准釋回原籍

逆犯名	定罪時間：罪名（刑罰）	緣坐人犯
程樹榴	乾隆四十四年五月：序刻《王沅詩集》語多狂悖，與其妻堂弟王廷贊有嫌怨而遭告（斬決）	子程煐擬斬立決，奉旨改斬監候，減發黑龍江，給索倫、達呼爾為奴
石卓槐	乾隆四十四年十月：所著《芥圃詩鈔》語句狂悖，干犯廟諱、御名，被原有糾紛的徐光濟首告（凌遲處死）	年未及歲子石六老、妻汪氏、妾夏氏，給付功臣之家為奴
魏塾	乾隆四十五年四月：妄批江統〈徙戎論〉，語多狂悖（斬決）	弟魏壂奉旨改斬監候，減等擬軍。年未及歲子小來子（又名二兒）、年未及歲姪小服（又名大兒）、母趙氏、妻姚氏，給付功臣之家為奴
戴昆	乾隆四十五年五月：編著《約亭遺詩》，語多狂悖（戮尸示眾）	其父戴移孝亦以編造逆書《碧落後人詩集》戮尸示眾，戴昆之孫戴世道因刊刻祖之書著即處斬。孫戴世得擬斬立決，奉旨改斬監候，減發黑龍江，給索倫、達呼爾為奴。媳周氏給付功臣之家為奴
吳英	乾隆四十五年九月：妄陳悖逆策書，干犯御名（凌遲處死）	子吳簡才、吳經才擬斬立決，奉旨改斬監候，減發黑龍江，給索倫、達呼爾為奴。年未及歲子吳懋才、吳張才，年未及歲孫吳亞宣、吳亞二、吳亞兒，年未及歲姪吳偉才、吳觀奇、吳亞三，繼妻全氏，妾蒙氏，媳彭氏、馬氏，給付功臣之家為奴
梁念泉	乾隆四十六年三月：瘋迷，妄編《念泉奇冤錄》，語多狂悖（凌遲處死）	子梁海淑及姪梁周伯（柏？）、梁長二（乾隆朝《起居注冊》作長三）奉旨改斬監候，減發黑龍江，給索倫、達呼爾為奴，妻廖氏給付功臣之家為奴
僧明學	乾隆四十六年閏五月：編造悖逆經符，干犯御名（凌遲處死）	徒露斯擬斬立決，奉旨改斬監候，減發黑龍江，給索倫、達呼爾為奴
趙九如	乾隆四十六年十月：瘋迷，身帶悖逆詩文赴京誣告張統和設立邪教	兄趙琯擬斬立決，改斬監候，減發黑龍江，給索倫、達呼爾為奴。年未及歲姪趙元娃給付功臣家為奴，後酗酒，經伊主送部，發遣黑龍江給披甲人為奴（乾隆朝《起居注冊》）

逆犯名	定罪時間：罪名（刑罰）	緣坐人犯
陳道鈐	乾隆四十六年十月：痰迷，描寫「正元隆寶」錢樣，又偽造悖逆木戳	姪陳長受及陳長幅擬斬立決，奉旨改斬監候，減發黑龍江，給索倫、達呼爾為奴。姪陳八一及妻夏氏，給付功臣家為奴（乾隆朝《起居注冊》）
張士杰	乾隆四十六年：出家為僧，在步軍統領衙門投遞呈詞，語多狂悖（斬決）	妻蔡氏給付功臣之家為奴
李一	乾隆四十八年二月：編造《半痴解》《糊塗詞》，語多狂悖，因與喬廷英互訐而致罪（凌遲處死）	妻王氏及媳陳氏給付功臣之家為奴，孫李慎基、李敬基擬斬立決，奉旨給索倫、達呼爾為奴。李敬基於嘉慶十八年獲准釋回原籍
喬廷英	乾隆四十八年二月：抄存李一《半痴解》《糊塗詞》不即舉首且復自作逆詞（凌遲處死）	子喬芳擬斬立決，奉旨改斬監候，減發黑龍江，給索倫、達呼爾為奴。年未及歲子喬雲龍、喬琅宇，妻高氏，媳畢氏，給付功臣之家為奴
郭大至	乾隆五十年八月：妄撰公狀序文，代宣《聖諭廣訓》，語多狂悖（凌遲處死）	弟郭玉揚、郭玉開、郭玉彩，擬斬立決，奉旨改斬監候，減發黑龍江，給索倫、達呼爾為奴。年未及歲子郭官謨、郭二老，年未及歲姪郭官顯、郭官耀、郭官照、郭官前、郭官遠、郭三兒、郭之郭、郭寅兒，妻楊氏，女二秀，給付功臣之家為奴。郭官謨後因偷同主家人衣物，於嘉慶元年改發黑龍江為奴，嘉慶十八年獲准釋回原籍
駱愉	乾隆五十一年九月：編造妄誕書策呈進（凌遲處死）	年未及歲子駱鴻寶及妻呂氏，給付功臣之家為奴
蒙老三	嘉慶元年：於雷新保等計圖獲利、妄造逆詞，代為寫錄案內，比照大逆從犯	子蒙開元比照大逆緣坐，發黑龍江為奴，嘉慶三年到配，十八年獲准釋回原籍
董霦	嘉慶十年：編造悖逆書詞	子董品善比照大逆緣坐，發黑龍江為奴，嘉慶十年到配，十八年獲准釋回原籍

* 此表主要根據《清代文字獄檔》、乾隆朝《起居注冊》以及第一歷史檔案館檔號 03-2419-095、03-2419-114、03-2433-067 整理而成。

四、小結

在研究王錫侯的《字貫》案之前，筆者原本只想統整前人的著述，以介紹此一與避諱關係密切且著名的文字獄，但沒想到透過大數據的協助，竟然能自日本內閣文庫和美國哈佛大學燕京圖書館等處，得見幾種近年在網上公開的《字貫》《字貫提要》（先前相關學界對其具體內容均不詳），讓王錫侯所編此一在中國遭嚴禁的字書，於出版兩個半世紀之後還能重見全帙，甚至發現《字貫》在遭告發前後刊刻的不同版本，令此案犯諱的過程得以昭然若揭。此一個案應可凸顯出文史學門在 e 時代的新機遇。

乾隆四十二年爆發的王錫侯《字貫》案，應是清代頭一個以犯諱為主要罪狀的大獄。此後八年間，更是中國古代文字獄的空前高峰，見於記載者近 60 起，內亦不乏「干犯廟諱、御名」者，令「避席畏聞文字獄，著書都為稻粱謀」（道光朝思想家龔自珍語）的讀書人，在書寫時只能更加謹小慎微、誠惶誠恐。嘉慶四年三月頒布的那道恩赦各逆案正犯之非直系親屬的諭旨，讓乾隆後期以來一直籠罩在文字獄肅殺氛圍的中國社會，開始看到曙光。嘉慶六年更在律例中明定「比照反逆及謀叛定罪之案，正犯照律辦理，其家屬一概免其緣坐」，然乾隆朝各逆案的正犯子孫並未被立即溯及既往，直到十八年十月才據嘉慶六年新訂律例，准這些倖存者釋回原籍！

至於查嗣庭的江西鄉試試題案，其實並無大家以訛傳訛的「維民所止」句（有稱「維止」乃去「雍正」二字之首，以詛咒皇帝），但因雍正帝欲整肅查嗣庭所黨附的隆科多，遂故意入其於罪，致使「一門八進士、叔姪六翰林」的查氏幾乎家毀人亡。查嗣庭及部分受株連的親屬甚至被從清代相關方志的科舉名單中除名，且記生平事跡的小傳亦從缺（以這些人的突出表現，頗不合比例原則），直至民國修志書時才又補回。歷史的書寫究竟如何在不同時空下被拿捏，冬眠的歷史記憶在政治情境更迭後的復甦力道，又受何影響，或值得我們進一步深思。

【補白 4：金庸、海寧查家與《鹿鼎記》】

近代最著名的武俠小說作家金庸（本名查良鏞；1924-2018），源出海寧查氏，他膾炙人口的作品《鹿鼎記》，即因此出現其先祖查繼佐（與查慎行同屬南支，惟大慎行一輩）的角色。故事以康熙朝的莊廷鑨《明史輯略》案開場，此乃清初第一宗重大文字獄，誅殺甚多，受牽連的查繼佐僥倖得以脫罪。再者，《鹿鼎記》五十回的回目也都是集查慎行（曾受嗣庭的試題案牽連入獄）《敬業堂詩集》中的對句。令人感慨的是，金庸小說亦曾因內容有暗喻兩岸政治之嫌，而在臺灣的戒嚴時期入列禁書榜上的黑名單！

好友李家維是金庸的忘年交，查先生在八十出頭的杖朝之年，還申請入英國劍橋大學，並於 2010 年以論文《唐代盛世繼承皇位制度》通過博士學位。他就讀的聖約翰學院立有一塊鐫刻了其手書對聯的石碑，正反面分別書「花香書香繾綣學院道，槳声歌声宛轉歎息桥」「槳声書香，劍河風光」句，即是家維為其在臺灣找人捐製。此文完成時，先生已過世五年多，他對先人舊事也許不曾有過深入研究，但相信他應會甚有興趣與我和家維一同把盞求索其家滲入大歷史史冊中的這灘斑斑血跡，何況，他還表達過欲參預我曾想拍攝之史詩型電影《天主與妾》的意願，[132] 惟再聊這些就只能留待我與家維都「付杳冥」之後了。

此碑是在家維山居「荒堂」旁的苗栗三灣小鎮製作，乃用噴砂機器一筆一畫鐫刻在石上，但啟運時竟然因吊繩崩斷而掉裂！為趕上在劍橋已訂好時間的贈送儀式，只好立即鳩工再製，石碑最後可是花了一萬多美金從臺灣直接空運英國的！

金庸在劍橋大學校園所立石碑，旁立者為李家維教授

---

132 黃一農，《兩頭蛇：明末清初的第一代天主教徒》，頁 171-174。

第七章　清代對「胡虜夷狄」等字的態度*

雍正十一年諭稱時人刊寫書籍，凡遇「胡虜夷狄」等字，常作空白，或改易形聲，但此舉反有以滿洲即胡虜夷狄之嫌。乾隆四十二年更嚴斥四庫館臣在宋・宗澤 (1059-1128)《宗忠簡集》及明・楊繼盛 (1516-1555)《楊忠愍集》兩書中，屢將描述金人或韃達的「夷」「狄」作不當改寫。本章因此透過大數據時代的新研究環境，迅速取得此二書多種明、清刊本，並對照文淵、文津、文瀾三閣的《四庫全書》，以比較版本間的諱改情形。又以涉及明清鼎革史事的《平叛記》為例，多方蒐羅其原刊本及挖改本，試探自康熙五十五年的初刻本以迄民初重新排印的各版本，如何透過剷板或刪改的方式，以拿捏敘事用字的分寸。這些案例具體呈顯了中國傳統社會在文字表述時，所常出現的「自我壓抑」現象。

一、從紅夷砲的名稱談起

筆者先前在治明清鼎革的歷史時，曾致力於紅夷砲的研究，此種在當時戰場上扮演重要角色的大型前裝滑膛火砲，為十六世紀以來歐洲各國所習用，並在天主教人士的主導下於明末傳華，旋即引發了一場軍事事務革命 (Revolution in Military Affairs)，進而在明清鼎革的戰場上扮演了重要角色。此因這種新型武器的殺傷力頗大，且其攻堅力令中國傳統的城牆結構自此不再具備足夠的防禦效能，促使原本就以步、騎兵所向披靡的清軍，更得以很快攻城掠地。[1]

---

* 本章乃增補並訂正自黃一農、吳國聖，〈清代對「胡虜夷狄」的文字避忌：以《宗忠簡集》《楊忠愍集》《平叛記》為例〉(2024)。

1 黃一農，《紅夷大炮與明清戰爭》。

惟因「胡」「虜」「夷」「狄」等字原本指中國周遭的少數民族，且至遲於明朝推翻外族統治的元朝之後，其使用往往帶有侮辱意涵。如徐達在洪武元年 (1368) 所獻的〈平元都捷表〉中，即賀明太祖「盡驅胡虜之羶腥」，並指蒙元「以夷狄而干天紀，以犬羊而亂華風」。[2] 又，明後期亦屢以「狡奴」「奴酋」「夷人」「北虜」「達賊」「東奴」「奴賊」「逆奴」等詞來形容滿人。[3] 故清初之人為避免得罪新入主中原的統治者（有「指桑罵槐」之嫌），常主動將紅夷砲改稱「紅衣砲」，祭拜砲神時，且在供桌上使用紅桌衣、紅案衣等關聯意象。[4] 此外，也有將「夷」字轉書作「彝〔或"彛""彜""彞""㝱"；下文對各字部首的不同寫法即不再細分〕」「𡰥〔"夷"之古字〕」者（圖表 7.1）。

然查現存之漢字瀋陽舊檔，發現滿清於入關之前並無此避忌，其大臣或將領屢在文件中以「夷」或「虜」稱呼周遭其他的少數民族。[5] 原明薊州建昌路參將馬光遠在天聰四年疏報其歸順金國的始末時，即有云：

> 即見兵馬瘦弱，錢糧不敷，邊堡空虛，戈甲朽壞，又見探報夷情緊急，彼時即知我金兵有突犯薊門之意，隨備細通呈於督撫巡鎮衙門，滿望言聽計從，施展一番壯志。不期文官愛錢，不肯轉達朝廷；武官嫉妬，轉眼□□非。臣心遂冷……。[6]

指己曾將金兵欲突犯薊門（今屬天津市）之事，視為緊急「夷情」上報，但明廷卻無人重視，而他在此上呈皇太極的奏疏中乃以「夷」字稱金國！

---

2 《明太祖實錄》，卷 34，頁 616-617。

3 參見《崇禎存實疏鈔》，收入中國第一歷史檔案館、遼寧省檔案館編，《中國明朝檔案總匯》，冊 80-83。

4 江蘩，《太常紀要》，卷 13，頁 29。

5 李光濤，《明清檔案存真選輯第三集》，頁 42-46。

6 中研院歷史語言研究所編輯，《明清史料》，甲編第 1 本，頁 52。

圖表 7.1：清初文獻中有關「紅夷」的寫法。

❖ 戴名世，《憂患集偶鈔》（康熙間刊本），揚州城守紀畧，頁9

全力以待之及大兵自泗州取紅夷砲至一鼓而下

❖ 黃道周，《黃石齋先生文集》（康熙間刊本），卷4，頁24

鄉銅海困於紅𡰱上下喁喁仰彼鴃音狐兔餘生見人艸

❖ 梁清遠，《雕丘雜錄》（康熙二十一年刊本），卷16，頁34

其兵精可用而紅彝銃不坐不震載之車上真

❖ 錢謙益，《牧齋有學集》（康熙間刊本），卷28，頁30

令署廣東道澳彝齊告紅毛將犯香山請兵請餉請
木石以築墉垣兩院計無所出公曰此狡彝嘗我也
兵取諸粵餉取諸澳墉垣紅彝所規取可毀不可築

❖ 方以智，《通雅》（《文淵閣四庫全書》乾隆間鈔本）卷35 頁4

後得紅彝砲尤為神器可發二十里遠西洋以銃尺量

❖ 江蘩，《太常紀要》（康熙間刊本），卷13，頁29

紅衣炮位八旗分八壇每位紅油供桌各一張紅桌衣各
一件　白磁爵各三隻　紅油香燭案各一張紅案衣各一件
錫香爐各一個紅油香盒各一個　錫燭臺各一對　紅
油供牲桌各二張　紅油祝案一張紅案衣一件　紅油
酒罇桌二張紅桌衣二件　白磁酒罇二個　錫杓二把

再查「雕龍」中所建置的《續修四庫全書》資料庫，明末以前雖可見使用「𡰱」字之例，但次數較少，且多出現於字書，或是記人名（如秦代將領司馬𡰱）、地名（如𡰱江、平𡰱縣）。至於「典海」（以「四庫系列數據庫」「歷代詩文集總庫」「中國方志庫」為主）所收錄的 10,582 種清代文本中，共可見 873 個「𡰱」字（圖表 7.2），內含順治朝 0 個、康熙朝 363 個、雍正朝 33 個、乾隆朝 281 個、嘉慶朝 25 個、道光朝 60 個、咸豐朝 2 個……。

[7] 考量此一由北京愛如生數位化技術研究中心研製的資料庫平臺，雖收有約 122 種順治刻本，卻未見任一「𡰥」字，且在「中國方志庫」收錄的 523 種明代志書中，共使用約 27,933 個「夷」字，亦無一「𡰥」字，知從明初以迄清初，「𡰥」字並不常用。

圖表 7.2：明清文獻中的「𡰥」字。

- 田藝蘅，《留青日札》（萬曆三十七年刊本）卷17頁8
  山而云然哉古亦作𡰥漢書𡰥江地名司馬𡰥人名
- 劉基等，《大明清類天文分野之書》（明刊本）卷12，頁9
  寧鄉縣
  漢離石縣地。歸西河郡。後周大象元年割離石縣西五十一里置平𡰥縣屬石州隋屬離石郡
- 宋至，《緯蕭草堂詩》（康熙二十七年刊本）卷1，頁22
  冬夜啜武𡰥小九曲與香茶
- 《義烏縣志》（康熙三十一年刊本），卷14，頁33
  用間以𡰥攻𡰥吾其得志於此二人乎因釋其縛安
  松距唐奉二寨六十里德𡰥譎能誘致二酋貰汝陰
- 《寧陵縣志》（康熙三十二年刊本），卷11，頁2
  武時張騫廣通風俗開關梯航南通八蠻西羈六戎
  北虞五狄東勒九𡰥荒遠既賓各貢所有張良輔漢
- 《南城縣志》（乾隆十七年刊本），卷9，頁43
  都會千萬里重譯之遠𡰥然而安曠然而四達凡自此遠出者
- 《建昌府志》（乾隆二十四年刊本），卷60，頁61
  始舟車之輻輳商賈之都會千萬里重譯之遠𡰥然而安曠
- 《澄海縣志》（乾隆二十九年刊本），卷24，頁6
  義何居則利而已矣利則爭爭則亂亂則𡰥狄禽獸
- 《瀘溪縣志》（道光九年刊本），卷12，頁2
  明堂四𡰥之國西門之外九采之國應門之外時天子負

---

[7] 此一統計結果乃為約數，並未逐一剔除少數非當朝刊刻的志書，但應已大致呈現其趨勢。

但在康熙初年以降的約百年間，很可能為了避忌，文獻中才開始有將描述少數民族的「夷」字轉成古文裡通用的「𡰥」，惟因雍、乾兩帝先後抨擊此類避改是「背理犯義，不敬之甚」（詳見下節），後來的文獻遂愈來愈少見「𡰥」字。事實上，清代文獻中「𡰥」的使用遠少於「夷」，且近半出現在乾隆四十二年諭旨嚴斥改寫「夷」字之前（該旨認為此舉反將滿人視為夷人，詳見後文）。

清朝入主中原後，東南沿海各省常因戰事的需求而添造火砲，如順治十三年浙江巡撫秦世禎呈稱：

> 出洋爭勝，全藉火砲、舟師……水陸應需大小火砲，職因浙省移閩無存，江南借發數少，恐悞軍需，就于省城鑄成虹霓大、中砲二百三十位，又准提鎮移文加新造戰船小虹霓砲四百位。[8]

這些數以百計的大、中、小「虹霓砲」，應皆屬紅夷火砲，而非某批特別鑄造並命名的砲（如南懷仁於康熙二十八年監鑄的「武成永固大將軍」或上海陳化成紀念館藏的「平夷靖寇將軍」）。[9]

類似用法亦見於其它清代文獻，如乾隆《沂州府志》記崇禎間華萬吉在山東曾鑄「虹霓大砲」，同治《巴縣志》稱張獻忠陷蜀時是以「虹霓礮」破城，貴州巡撫楊雍建康熙十九年的題本中也三見「紅霓砲」，乾隆朝小說《歧路燈》屢見「虹霓砲」「虹霓大砲」等詞，光緒《開州志》亦出現「紅霓炮」（圖表 7.3）。

前述之「虹霓」或「紅霓」應為「紅夷」二字的諱改，而其背景應有以下幾種可能：

---

[8] 中研院歷史語言研究所編輯，《明清史料》，甲編第 4 本，頁 383。
[9] 黃一農，《紅夷大炮與明清戰爭》，頁 132、455。

1. 「虹霓」與「紅夷」的發音相近或相同。[10]
2. 「霓」的今音雖同「倪」[ni]，但在元、明、清三代某些漢語方言中，「霓」字可能讀如「夷」，遂將「夷」字諱改為「霓」。[11]
3. 古人往往將虹霓與雷電並列，既可見「襄城砲發萬雷應，輕烟散作虹霓彩」詩句，[12] 又偶用來形容軍隊的鼓樂儀仗，如晉‧傅玄的〈鼓吹曲〉即以「鳴鐲振鼓鐸，旍旗象虹霓」形容壯盛軍威。[13] 宋‧趙令時亦稱「天弓即虹也，又謂之帝弓。明者為虹，暗者為蜺」，以「虹」「蜺〔同"霓"〕」二字均與射擊武器有關。[14] 這些應均為以「虹霓」命名此類火砲的理由之一。

---

10 「霓」字在《廣韻》中有三個切音：（平聲）五稽切 [ŋiei]、（去聲）五計切 [ŋiei]、（入聲）五結切 [ŋiet]，都有鼻音聲母 [ŋ]。「夷」[ji] 為以母字，並無鼻音聲母。「紅夷」之「紅」字韻尾為鼻音 [-ŋ]，若接續「夷」字，前方「紅」字鼻音韻尾會順同化 (perseverative/progressive assimilation) 後方的「夷」字，在部分漢語方言中可能讓「夷」字產生了原來沒有的鼻音聲母，而形成了「霓」。

11 據明‧吳元滿的《六書正義》或張自烈於清初刊行的《正字通》，「霓」也可讀作「疑」或「義」（圖表 7.3）。「疑」字在《洪武正韻》中有四個反切，其中三個屬於 [ŋ-] 開頭的疑母字，剩下一個喻母字，可能讀為零聲母，無法確定當時讀音究竟為何。但「義」字在《洪武正韻》中均為喻母字 [延知切／以智切]，與「夷」[延知切] 有相同反切，讀音相同。是故，「霓」字音或可讀如「夷」。明初蘭茂在正統七年(1442)寫成的《韻略易通》中，以「霓」與「宜、貽、沂、移、頤」等字同音，顯示元至明代初年的某種南方官話中，「霓」已經失去鼻音聲母，讀如「宜」。又，明末清初吳震方《讀書正音》稱「霓」字音為「意」。「意」在《洪武正韻》中為影母字，韻母與「義」「夷」同。可推測「霓」字在此書所顯示的明末音系中，已經沒有鼻音聲母，可能與「夷」發音相近。參見吳元滿，《六書正義》，頁 45；張自烈，《正字通》，卷 11，戌集中，頁 59；蘭茂，《韻略易通》，卷下，頁 5；吳震方，《讀書正音》，卷 3，頁 4。

12 徐如翰，《檀燕山藏稿》，卷 19，頁 2-3。

13 房玄齡等撰，《晉書》，卷 23，頁 708。

14 趙令時，《侯鯖錄》，卷 4，頁 7。

圖表 7.3： 清代文獻中所記載的「虹霓」或「紅霓」砲。

❖ 光緒《酆都縣志》（哈佛大學燕京圖書館藏）

忠烈三賢傳 林明儁

忠烈三賢者仍川撫陳公士奇渝守王公行儉巴令王公錫同事渝爲三賢也逆獻寇蜀三人復同難蜀人哀其死烈甚稱爲忠烈

（中略）

城城兵可指數賊至城下三公分道登陴分布飆火器飛矢石賊多中死益倍力攻城城中器與矢盡三公仰天計無所出六月十日賊虹霓礮大發城崩裂遂入城先執三公於獻所不屈日變變

卷4，頁36-37

❖ 同治《巴縣志》，卷4下，頁26-29

三忠烈傳 林明儁 酆都人

三公仰天計無所出六月十日賊虹霓礮大發城崩裂遂入

❖ 李海觀，《歧路燈》，第100回

黔蜀之士說起藺蘭兩賊根苗，嗣又與浙紹之士說起日本国爲漢奸所誘，恃勇跳梁，往往赤胸袒背，大刀濶斧，乱殺乱搶，沿海郡邑多被蹂躪，惟有火攻可以破之，惜中国未有用之者。譚紹聞道：中国虹霓大砲，豈非火攻。這個浙中寧波士人，亦是留心韜鈐，好談兵者，答道：虹霓大砲如何制得他，他的海船乘風迅速，這大砲重數百觔，那移人衆時久，追照往来船

（中略）

萬夫不當之勇，斷未有見蛇而不驚，遇火而不避者，倭寇袒胸赤持刀，一遇火箭，即可燒其身，入艙即可燒其船，着棚即可焚其篷，頃刻可以發數百箭。虹霓砲可以碎其船，而不能焚其船，惜乎無用之者。譚紹聞忽然想

❖ 乾隆《沂州府志》，卷25，頁26

華萬吉號明山蒙陰人以登州戰功山東撫臣朱大典題授守備今濟南青州城門虹霓大砲皆萬吉所造之物

❖ 宣統《蒙陰縣志》（民國間鈔本）

華萬吉

號明山崇禎四年以登州戰功題授守備今濟南青州城門虹霓大炮係萬吉製造

卷4，無頁碼

❖ 光緒《開州志》，卷2，頁51

紅霓炮四位

❖ 楊雍建，《撫黔奏疏》（康熙間刊本）

巡撫貴州兼理湖北川東等處地方提督軍務都察院右副都御史臣楊雍建謹

題爲報明賊遺砲位藥鉛事康熙十九年十一月

十六日奉定遠平寇大將軍固山貝子諭開一

得貴陽府南門樓子上有車鐵紅霓砲三個銅

紅霓砲一個有架子銅砲四個牛腿砲三個空

車兩個火藥二百二十桶錫二十五塊北門有

鐵紅霓砲一個東門角上有火藥 卷2，頁18

❖ 張自烈，《正字通》，卷二，戌集中，頁59

霓 同蜺 集韻作雺篆作霧同霧篆霔俗澍字舊註音註

雺別作霿通作陰霧作霿時雨謨分爲二

說文霓屈虹青赤或白色陰氣也張衡東京賦上文十句戾泪

併贊二爲韻嗣乃九賓以下凡十句叶殺鐵霓皆爲韻能幣充

延雲旗拂霓夏正註劉庭琦皆晢註霓音孽音哲皆叶人㕍

舊註劃下四句霓音義皆音制非西京賦託喬基于山岡直嶒

❖ 吳元滿，《六書正義》，頁45

氏名 霓 霓音疑屈虹青赤或曰陰气也孟子若太旱之望雲霓或作蜺爾雅霓爲挈貳注雌

虹也遠游雌霓㛹娟以層撓𩆜入聲鯢叶韻

霄 霄音宵雲霄近天気甘泉賦騰青霄而軼

二、雍乾二帝對「胡虜夷狄」避忌的諭旨

由於清代是以邊疆民族入主中原，故與「夷」字相類的表述就變得有些敏感，在朝廷無具體規定的情形下，大家拿捏的分寸往往各自不同。雍正帝於十一年四月諭內閣時曾論及此事，[15] 稱：

> 朕覽本朝人刊寫書籍，凡遇「胡」「虜」「夷」「狄」等字，每作空白，又或改易形聲，如以「夷」為「彝」、以「虜」為「鹵」之類，殊不可解。揣其意，蓋為本朝忌諱，避之以明其敬慎。不知此固背理犯義，不敬之甚者也⋯⋯。

指出前述蓄意改避的做法，反倒是「背理犯義，不敬之甚」，並辯稱：

> 「夷」之字樣不過方域之名⋯⋯至以「虜」之一字加之本朝，尤為錯謬⋯⋯我滿洲居東海之濱，若言東夷之人則可。今普天之下率土皆臣，雖窮邊遠徼，我朝猶不忍以「虜」視之⋯⋯夫滿漢名色，猶直省之各有籍貫，竝非中外之分別也。若昧於君臣之義，不體列聖撫育中外、廓然大公之盛心，猶泥滿漢之形迹於文藝紀載間，刪改「夷」「虜」諸字，以避忌諱，將以此為臣子之尊敬君父乎？不知即此一念，已犯大不敬之罪矣。

明指刪改「夷」「虜」諸字的行為，反有以滿洲即胡虜夷狄之嫌。

同諭更明定：「嗣後臨文作字及刊刻書籍，如仍蹈前轍，將此等字樣空白及更換者，照大不敬律治罪。」指出已印書籍可無需因新規定而挖改原雕版，但其後不論臨文寫字或刻書，若仍有違例，即照大不敬律治罪。[16] 曹雪芹敢於《石頭記》第六十三回鋪陳改芳官名為「耶律雄奴」的情節（見於蒙府、戚序、己卯、庚辰本），且從「中華」「虞舜」正裔的立場出發，

---

15 《清世宗實錄》，卷 130，頁 696-697。

16 犯該罪者可論斬或杖一百。參見允祿等，《大清會典》，卷 170，頁 25。

嘲諷那些讓歷朝皆深受其害的匈奴等邊族，應就是在此背景下所寫。[17]

然該雍正朝諱例並未深植人心，亦不曾被嚴格執行，乾隆四十二年十一月十四日的上諭（圖表 7.4）有云：

> 前日披覽四庫全書館所進《宗澤集》內，將「夷」字改寫「彝」字、「狄」字改寫「敵」字，昨閱《楊繼盛集》內，改寫亦然。[18] 而此兩集中，又有不改者，殊不可解。「夷」「狄」二字屢見於經書，若有心改避，轉為非理，如《論語》「夷狄之有君」、《孟子》「東夷、西夷」，又豈能改易，亦何必改易！且宗澤所指係金人，楊繼盛所指係諳達，更何所用其避諱耶！因命取原本閱之，則已改者，皆係原本妄易；而不改者，原本皆空格加圈。二書刻於康熙年間，其謬誤本無庸追究，今辦理《四庫全書》，應鈔之本理應斟酌妥善。[19]

指斥四庫館臣在所進的宗澤 (1059-1128)《宗忠簡集》及楊繼盛 (1516-1555)《楊忠愍集》兩書，屢將「夷」「狄」二字作不當的改寫。

乾隆帝接著又諭稱：

> 在謄錄等草野無知，照本抄謄，不足深責。而空格則係分校所填，既知填從原文，何不將其原改者悉為更正？分校、覆校俱係職官，豈宜失檢若此？至總裁等身為大臣，於此等字面，尤應留心細勘，何竟未能逐一校正？其咎更無所辭，非他書搃核

17 黃一農，〈試論曹雪芹在《紅樓夢》中譏刺仇讎的隱性手法〉。

18 文淵閣本《宗忠簡集》（即《宗澤集》）與《楊忠愍集》（即《楊繼盛集》）的書前提要，都註明為「乾隆四十二年九月恭校上」，惟因正文有可能後遭修改或抽換，知提要所繫年月不必然與正文抄寫的時間完全相合。但由於兩書提要所註明呈進之「乾隆四十二年九月」與皇帝的抽閱時間相近，而當時其它閣本尚未鈔造，推判乾隆帝在四十二年十一月之前讀到的「所進本子」，應是文淵閣本。

19 中國第一歷史檔案館編，《乾隆朝上諭檔》，冊 8，頁 822。

> 記過者可比。[20] 所有此二書之分校、覆校及總裁官，俱即著交部分別議處。除此二書改正外，他書有似此者，並著一體查明改正，並諭該館臣，嗣後務悉心詳校，毋再輕率干咎。

要求如有類此二書的情形，均應改正。十一月十五日軍機處的「隨手登記檔」，即批示將負責分校、覆校及總裁的四庫館臣皆「交部議處」。[21]

此前，乾隆帝對四庫全書館進呈的書籍即常加翻閱，並依每季統計所發現的錯誤處罰相關人員，「其總裁錯至三次，分校、覆校錯至兩次者，均交部察議，其餘未及次數者，著加恩寬免，毋庸於下次積算」，[22] 而揭舉乾隆朝一連串關涉避諱之文字獄的王錫侯《字貫》案，也正於十月二十一日起如火如荼地展開（第6章第2節）。

前引的四十二年上諭還被收在紀昀等奉敕撰的《欽定四庫全書總目》卷首，[23] 知乾隆帝頗在意此事。在四十三年正月十一日的諭旨中，大學士阿桂奏查前一年十至十二月所進書籍之錯誤，提到四十二年十一月十四日以及十二月二十三日諭旨（圖表7.4及7.5）的後續結果，知與此二書有關的總裁尚書嵇璜、侍郎董誥，遭記過二次；覆校官中書田尹衡、宋鎔及分校官中書吳俊、李棨也各記過一次。其中嵇璜之前已記過八次，李棨也有兩次記過，故另外請旨特別察議。[24] 亦即，皇帝確曾對未悉心詳校《宗忠簡集》及《楊忠愍集》二書的官員，給予處分。下文即以《宗忠簡集》《楊忠愍集》為例，詳探館臣是如何回應乾隆帝有關應否避改「夷」「狄」二字的上諭。

---

[20] 「揔核」在《清高宗實錄》中改作「總校」（卷1044，頁985）。

[21] 中國第一歷史檔案館編，《乾隆朝軍機處隨手登記檔》，冊29，頁521。

[22] 中國第一歷史檔案館編，《乾隆朝上諭檔》，冊8，頁787。

[23] 紀昀等，《欽定四庫全書總目》，卷首1，頁18-19。

[24] 中國第一歷史檔案館編，《乾隆朝上諭檔》，冊8，頁882。

圖表 7.4：《乾隆朝上諭檔》記《宗忠簡集》《楊忠愍集》避諱事。

❖《乾隆朝上諭檔》

◆乾隆四十二年十一月十四日條

2190

乾隆四十二年十一月十四日內閣奉
上諭前日披覽四庫全書館所進宗澤集內將夷字改寫彝
字狄字改寫敵字昨閱楊繼盛集內改寫亦然而此兩集
中又有不改者殊不可解夷狄二字屢見於經書若有心
改避轉為非理如論語夷狄之有君孟子東夷西夷又豈
能改易亦何必改易且宗澤所指係金人楊繼盛所指係
諳達更何所用其避諱耶因命取原本閱之則已改者皆
係原本妄易而不改者原本皆空格加圈二書刻於康熙
年間其謬誤本無庸追究今辦理四庫全書應抄之本理
應斟酌妥善在謄錄等草野無知照本抄謄不足深責而
空格則係分校所填既知填從原文何不將其原改者悉
為更正分校覆校俱係職官豈宜失檢若此至總裁等身
為大臣於此等字面尤應留心細勘何竟未能逐一校正
其咎更無所辭非他書總核訛過者可比所有此二書之
分校覆校及總裁官俱即著交部分別議處除此二書改
正外他書有似此者並著一體查明改正並諭該館臣嗣
後務悉心詳校毋再輕率干咎欽此

◆乾隆四十二年十一月十五日

2191

臣等查宗澤集內夷字改彝狄字改敵楊繼盛集內則
有改寫者又有不改者不解其故因提取原刻本細校
則改寫者俱係刊本妄改其不改者刊本空格加圈因
查該館抄書之例凡有空格謄錄俱不寫入留與分校
之員查核填寫今分校既將空格填作本字何以原改
錯謬之處不一併改正而覆校及總裁亦俱未能看出
其咎均無可辭是以敘明此意擬寫
諭旨進
呈伏候
訓示並將各書夾簽呈
覽謹
奏
十一月十五日

＊楊忠愍集
第二頁前六行夷字誤寫彝字
第三頁前五行　同
[illegible]七行後七行　同
第十一頁前六行八行夷字又如字寫
請誅賊臣疏
請(羅)馬市疏

羅　罷
《草書大字典》卷14，頁19

圖表 7.5：《內閣大庫檔》記《宗忠簡集》《楊忠愍集》避諱事。

❖《內閣大庫檔》

◆乾隆四十二年十二月二十三日條

會議得內閣抄出乾隆四十二年十一月十四日奉
上諭前日披覽四庫全書館所進宗澤集內將夷字改
寫彝字狄字改寫敵字昨閱楊繼盛集內改寫亦然而
此兩集中又有不改者殊不可解夷狄二字屢見於經
書若有心改避轉為非理如論語夷狄之有君孟子東
夷西夷又豈能改易且宗澤所指係金人楊繼盛所
指係諳達更何所用其避諱耶因命取原本閱之則
已改者皆係原本妄易而不改者原本皆空格加圈二書
刻於康熙年間其謬誤本無庸追究今辦理四庫全
書應抄之本理應斟酌妥善在謄錄草野無知照
本抄謄不足深責而空格則係分校所填既知填從原
文何不將其原改者悉為更正分校覆校俱係職官
宜失檢若此至總裁等身為大臣于此等字面尤應
留心細勘何竟未能逐一校正其咎更無所辭非他書
總核記過者可比所有此二書之分校覆校及總裁
官俱著交部分別議處除此二書改正外他書有似
此者並著一體查明改正並諭該館臣嗣後務悉心詳
校毋再輕率干咎欽此欽遵移咨四庫全書館將應議

職名開送過部以便查辦去後今准辦理四庫全書處
將應議職名咨送到部查四庫全書處辦理各項書籍
理應留心細勘毋致謬誤今所進宗澤集及楊繼盛
集內謬誤之處該總裁等均未檢查校正寔屬不合
應將閱看宗澤集之總裁戶部侍郎兼署吏部
侍郎董　閱看楊繼盛集之總裁工部尚書兼
均照失于查察罰俸一年例罰俸一年覆校宗澤集
之中書田尹衡分校之中書吳省蘭覆校楊繼盛集
之中書宗錫分校之中書李藝均照不行詳查罰
俸六個月例罰俸六個月查董　有紀錄三次
應銷去紀錄二次抵罰俸一年李綵有紀錄二次應銷
去紀錄一次抵罰俸六個月均免罰俸

吏　題

嵇璜等罰俸

移會

十二月廿三日

144706

（一）《楊忠愍集》的刻本與四庫鈔本

《故宮珍本叢刊》所收隆慶三年序刊之楊繼盛《楊忠愍公集》，[25] 屢用「胡虜」「夷狄」「犬羊」「醜虜」等詞蔑稱諳達（又名俺答，為明代韃靼部之首領，嘉靖二十九年曾兵臨北京，隆慶五年雙方始達成朝貢互市協議）。至於中國國家圖書館所藏康熙三十三年朱永輝重刻之《楊忠愍公集》，則多將這些蔑詞以方格留空。然因四庫各閣本的《楊忠愍集》提要裡，皆稱「此本乃康熙間蕭山章鈺所校」，故筆者初疑其底本較可能指章鈺（號梅谿）及朱永輝於康熙三十七年重訂之《楊椒山先生集》（哈佛大學燕京圖書館藏），此應為章鈺據康熙三十三年朱永輝刻本新校之本。然因康熙三十七年本的卷 3〈哀商中丞少峯和徐龍灣韻〉僅收詩兩首，[26] 而文淵閣本卻有四首，知該本或非館臣所用的底本（除非底本不只一種？）。

再查康奈爾 (Cornell) 大學所藏道光增補重刻的《楊椒山先生全集》，其牌記稱「章梅谿重訂」，內容雖較康熙三十七年本增添許多，[27] 但對照此兩種刻本同樣均收錄的詩文，發現即使出版相距約一個半世紀，其文字表述大多相同。[28] 知章鈺應於康熙三十七年以後曾再重訂此書，這或許才是《四庫全書》的底本，下文姑且稱此本為「四庫康熙底本」。由於當時

---

25 下文所謂此書的隆慶本皆指《故宮珍本叢刊》的隆慶三年本（行二十二字），至於《明別集叢刊》所收隆慶四年刻《楊忠愍公集》（行二十字）的文字，大致亦同。

26 康熙三十三年本中的〈哀商中丞少峯和徐龍灣韻〉收詩四首，且「胡虜夷狄」等字的諱改與康熙三十七年本大多相同，僅後者〈壽苑洛韓公七十一序〉的「彝狄慴畏」（卷 2，頁 1）在前者的〈壽韓苑翁尊師老先生七十一序〉乃作「彝□慴畏」（卷 2，頁 4）。又，三十三年本所收的詩文與三十七年本互有增刪。

27 道光本除多了不少康熙三十七年本缺漏的詩文外（如〈哀商中丞少峯和徐龍灣韻〉二首即增成四首），亦添加一些後人的跋文以及〈靈驗記〉等內容。

28 如道光本卷 1 中的〈請罷馬市疏〉長文（缺頁 1 左及頁 2 右），即與康熙三十七年本幾乎全同，僅將康熙本的「四彝所共喻者」改成「四裔所共喻者」，「蠢兹□□」改成「蠢兹醜□」。

清帝對「胡虜夷狄」的避忌尚未注意，疑該底本中相關文字的諱改與康熙三十七年本差距應不大。下文即以後者作為基準，比較各版本的諱改情形。

透過上海圖書館製作的「中文古籍聯合目錄及循證平臺」，[29] 可發現湖南圖書館共藏 6 本章鈺輯刊的《楊忠愍公集》，分別是大興堂康熙刻本（索書號 436/67-8）、通國堂刻本（索書號 436/67-6）、善成堂刻本（索書號 436/67-7）、康熙刻本（索書號 436/67-2）、敬一齋刻本（尚友堂藏板，索書號 436/67-9）、道光三十年重刻本（索書號 436/67-10），惜前五本皆未詳記刊刻年份。該館另見康熙五十三年刻本（索書號善 436/144），則未註明是否章鈺輯刊。四庫全書館所用的底本，或即是其一，或是某一本據以重刻之本。

章鈺及朱永輝所刻康熙三十七年本在自我拿捏的心態下，編輯時往往將明刻本（如隆慶本）中的敏感文句改動或以方格留白。如卷 1 長約 3,000 字的〈請罷馬市疏〉一文，即有 15 處空一方格、18 處連空兩方格（圖表 7.6），這多達 51 個字的留空，顯然皆因擔心觸忌所致，但應令閱讀者產生許多困擾。陳垣在討論乾隆朝史官如何增刪挖補《舊五代史》輯本時，亦嘗評曰：

> 有清起自黑水，明季典籍，類多指斥之詞，館臣有所忌諱，宜也。五代去清八百年，其所謂虜，在梁則指沙陀，在唐、晉、漢、周則指契丹，與清何涉，何所庸其忌諱？[30]

指出雖可理解館臣對明季典籍的避改，然他也與雍、乾二帝的看法相類，以五代的「虜」實與滿洲無關，故並不必要忌諱。

---

[29] 循證平臺的訊息除該館及其合作館所的館藏外，大都出自《中國古籍總目》《中國古籍善本書目》這兩部大型著作。至於新發表的「全球漢籍影像開放集成系統 (https://guji.wenxianxue.cn/index)」，雖希望能提供一整合全世界各相關單位所藏中文古籍的查詢、調閱平臺，然目前尚未能達到其宣稱的目標，但值得期待。

[30] 陳垣，《舊五代史輯本發覆》，頁 50。

圖表 7.6：　康熙三十七年《楊椒山先生集》中的〈請罷馬市疏〉。

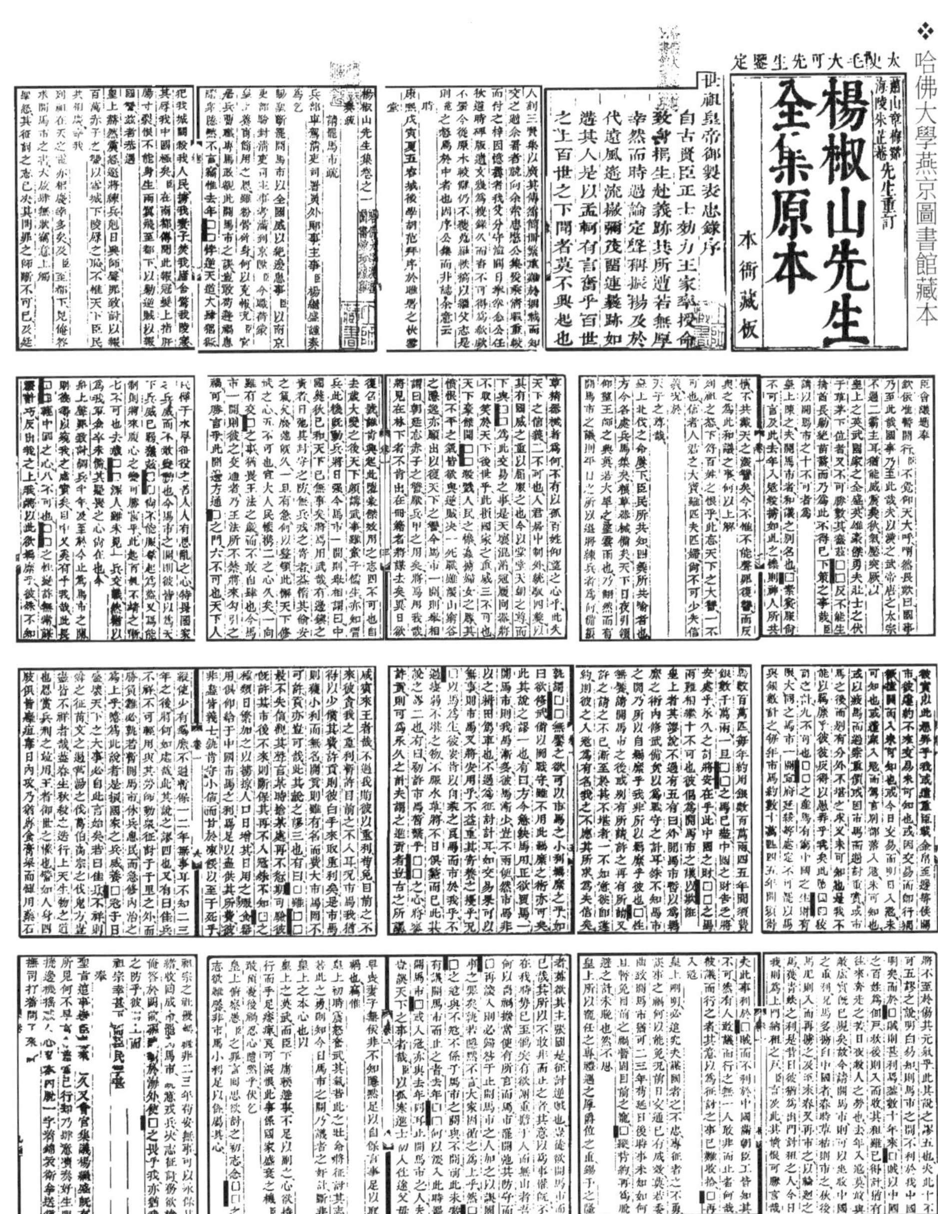

乾隆帝在前引四十二年十一月十四日的上諭中，稱其發現在四庫館臣呈覽的《楊忠愍集》和《宗忠簡集》二書中，對「夷」「狄」二字的避改頗有問題，遂命人提取館中的底本互校，該諭有云：

> 因命取原本閱之，則已改者，皆係原本妄易；而不改者，原本皆空格加圈……在謄錄，草野無知，照本抄謄，不足深責，而空格則係分校所填，既知填從原文，何不將其原改者悉為更正。

所謂「原本」即底本，「原文」則指早於底本之未避改的版本（如明刻本）。當時乾隆帝於初呈的文淵閣本《楊忠愍集》見有多處「彝」字，經對照後發現，這些皆逕抄自底本，而他直覺原文應作「夷」；至於初呈本的有些「夷」字，乾隆帝發現在底本中原作「空格加圈〔指加方框〕」，他以為這些空格是分校官根據原文所填，故指責「既知填從原文，何不將其原改者〔如"彝"字〕悉為更正」。

次日，閣臣在細校之後擬旨，並附上一張奏片呈覽（圖表 7.4），舉其中有疑義的五句為例，稱：

> 〈請羅〔應為「罷」〕馬市疏〉：第二頁前六行，「夷」字誤寫「彝」字；第三頁前五行，同，後七行，同。[31]
>
> 〈請誅賊臣疏〉：第十一頁前六行、八行，「夷」字又如字寫。[32]

經對照康熙三十七年本後，發現〈請罷馬市疏〉的「威震彝狄」（第 2 頁前 6 行）、「統馭四彝」（第 3 頁前 5 行）、「中國、彝狄已和」（第 3 頁後 7 行），〈請誅賊臣疏〉的「然賊不專於□□」（第 11 頁前 6 行）、「方今在外之賊，惟□□為急」（第 11 頁前 8 行），在今文淵閣本中，分別被館臣改

---

31 「後七行」三字原誤寫成與「第三頁」齊高，遂重寫並下移。「前五行」在此指該頁右半邊往左數來的第五行，「後七行」指左半頁往左數來的第七行。

32 末句應非指「夷」字被誤寫為「彝」，而是稱初呈本中這兩處「夷」字未遭改寫，否則，「第十一頁前六行、八行」之後應如前二例接「同」字即可。

寫成「威震方外」「統馭四裔」「中國、外域已和」，以及「然賊不專於外患」「方今在外之賊，惟邊境為急」。

知奏片所引《楊忠愍集》初呈本的這五句當中，前三句原皆有「彝」字（此應即底本或康熙三十七年本的用語）、後兩句則各出現「夷」字（館臣將底本的空兩格缺字自行填入），此即前諭所謂的「有改寫者，又有不改者」。經查隆慶本的〈請誅賊臣疏〉一文，可見「然賊不專於胡虜」「方今在外之賊，惟犬羊為急」句，知康熙底本應是將原文的「胡虜」均改刻成空兩格，然因館臣的補空之舉被乾隆帝誤認是「填從原文」，遂諭稱「既將空格填作本字，何以原改錯謬之處不一併修正」（圖表 7.4）。

乾隆帝以該書的「夷」乃指諳達，若將其改為同音的「彝」，則屬「有心改避」（圖表 7.5），會讓讀者以滿洲亦為夷人，故應「填從原文」，言辭間展現出君主的大氣。但令人訝異的是，今文淵閣本中並未遵旨改字。當時已遭切責的館臣，很可能因一時未能找到明刻本以填回原文，又不敢逕用「夷」字，遂在重抄時便宜行事，自行替以「方外」「四裔」「外域」「外患」「邊境」等中性字詞（圖表 7.7）。

今文淵閣本《楊忠愍集》仍可四見「夷」字（卷 1 及卷 4）：如稱楊繼盛的生母曹氏亡故後，繼母陳女「日夷公於豎，使牧」，該「夷」字有貶抑之意，指將他貶為放牧的童僕；兩處「廉如夷、齊」中的「夷」，指商代末期的賢人伯夷；「辛夷」為藥用植物。再者，全書無「虜」字；「狄」字出現 19 次，皆記甘肅狄道縣。「胡」字則有 9 處，8 處為姓氏或名號，至於「兵，危道也，佳兵不祥。夫敵加於己而應之，胡佳也」一句，「胡」字乃代詞，表示疑問或反詰。亦即，此本中留存的「胡虜夷狄」等字皆與對少數民族的描述無關。

圖表 7.7：《乾隆上諭檔》所指出《楊忠愍集》中的避諱錯誤。

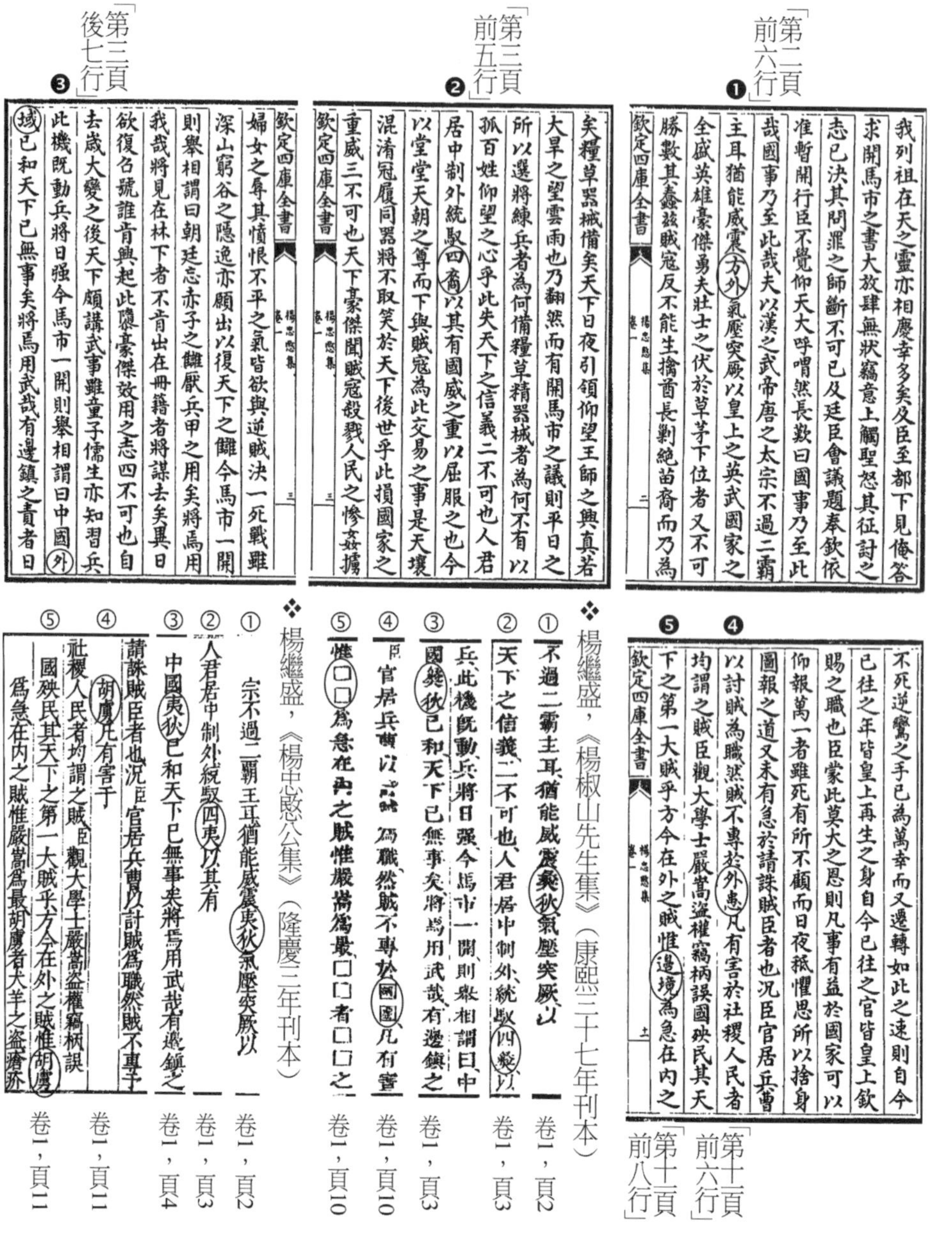

❶「第二頁前六行」

我列祖在天之靈亦相慶幸多矣及臣至都下見俺答
求開馬市之書大放肆無狀竊意上觸聖怒其征討之
志已決其問罪之師斷不可已及廷臣會議題奉欽依
准暫開行臣不覺仰天大呼喟然長歎曰國事乃至此
哉國事乃至此哉夫以漢之武帝唐之太宗不過二霸
主耳猶能威震（方外）氣壓突厥以皇上之英武國家之
全盛英雄豪傑勇夫壯士之伏於草茅下位者又不可
勝數其蠢茲賊寇反不能生擒酋長剿絕苗裔而乃為

欽定四庫全書　楊忠愍集　卷一　二

❷「第三頁前五行」

矣糧草器械備矣天下日夜引領仰望王師之興真若
大旱之望雲雨也乃翻然而有開馬市之議則平日之
所以選將練兵者為何備糧草精器械者為何不有以
孤百姓仰望之心乎此失天下之信義二不可也人君
居中制外統馭（四裔）以其有國威之重以屈服之也今
以堂堂天朝之尊而下與賊寇為此交易之事是天壤
混淆冠履同器將不取笑於天下後世乎此損國家之
重威三不可也天下豪傑聞賊寇殺戮人民之慘姦擄

欽定四庫全書　楊忠愍集　卷一　三

❸「第三頁後七行」

欽定四庫全書　楊忠愍集　卷一　三

婦女之辱其憤恨不平之氣皆欲與逆賊決一死戰雖
深山窮谷之隱逸亦願出以復天下之讎今馬市一開
則舉相謂曰朝廷忘赤子之讎厭兵甲之用矣將焉用
我哉將見在林下者不肯出在冊籍者將謀去矣其曰
欲復名號誰肯興起此懷豪傑效用之志四不可也自
去歲大變之後天下頗講武事雖童子儒生亦知習兵
此機既動兵將日強今馬市一開則舉相謂曰中國（外
域）已和天下已無事矣將焉用武哉有邊鎮之責者日

❹「第十頁前六行」　❺「第十頁前八行」

不死逆鸞之手已為萬幸而又遷轉如此之速則自今
已往之年皆皇上再生之身自今已往之官皆皇上欽
賜之職也臣蒙此莫大之恩則凡事有益於國家可以
仰報萬一者雖死有所不顧而日夜祇懼思所以捨身
圖報之道又未有急於請誅賊臣者也況臣官居兵曹
以討賊為職然賊不專於（外患）凡有害於社稷人民者
均謂之賊臣觀大學士嚴嵩盜權竊柄誤國殃民其天
下之第一大賊乎方今在外之賊惟（邊境）為急在內之

欽定四庫全書　楊忠愍集　卷一　十

❖ 楊繼盛，《楊椒山先生集》（康熙三十七年刊本）

① 不過二霸主耳猶能威震（彝狄）氣壓突厥以　卷1，頁2
② 天下之信義二不可也人君居中制外統馭（四彝）以　卷1，頁3
③ 兵此機既動兵將日強今馬市一開則衆相謂曰中
國（彝狄）已和天下已無事矣將焉用武哉有邊鎮之　卷1，頁3
④ 臣官居兵曹以討賊為職然賊不專於（[illegible]）凡有害　卷1，頁10
⑤ 惟（□□）為急在內之賊惟嚴嵩為最□□者□□之　卷1，頁10

❖ 楊繼盛，《楊忠愍公集》（隆慶二年刊本）

① 宗不過二霸主耳猶能威震（夷狄）氣壓突厥以　卷1，頁2
② 人君居中制外統馭（四夷）以其有　卷1，頁3
③ 中國（夷狄）已和天下已無事矣將焉用武哉有邊鎮之　卷1，頁4
④ 請誅賊臣者也況臣官居兵曹以討賊為職然賊不專于
（胡虜）凡有害于　卷1，頁11
⑤ 社稷人民者均謂之賊臣觀大學士嚴嵩盜權竊柄誤
國殃民其天下之第一大賊乎方今在外之賊惟（胡虜）
為急在內之賊惟嚴嵩為最胡虜者犬羊之盜瘡疥　卷1，頁11

現存四庫各閣本的成書時間先後有別，文字亦不全同。乾隆四十六年抄畢的文淵閣本，現藏臺北故宮博物院，是最早完成的。原藏承德避暑山莊的文津閣本，抄成於四十九年十一月，與文淵閣本同屬內廷四閣本。原藏杭州聖因寺的文瀾閣本，屬南三閣（另有鎮江金山寺的文宗閣以及揚州大觀堂的文匯閣）本之一，於五十二年四月抄成。文瀾閣在咸豐十一年太平軍攻陷杭州時，因受戰火波及，傾頹破毀，以致藏本散佚市肆。劫後，地方仕紳丁申、丁丙等人帶頭蒐集復原，費時十年，僅尋回原先 36,000 餘冊中的 9,000 餘冊。光緒八年丁丙藉助江南藏書家的舊藏，六年之間補鈔了文瀾閣 2,174 種闕書、891 種闕卷；1915 年浙江省立圖書館館長錢恂發起第二次補鈔；1923 年版本學家張宗祥又進行了第三次補鈔，當時曾商借文津閣本作為底本，並對早期丁氏補鈔本加以修正。[33] 文瀾閣補鈔本部分頁面的版式，常與其它四庫本有別，且卷之首尾缺乏「文瀾閣寶」大印。

翻查文瀾閣的書目，發現該閣的《楊忠愍集》僅卷 3 是原本，其餘 3 冊都是丁氏在光緒間補鈔。[34] 從圖表 7.8 可見文瀾閣本《楊忠愍集》似乎不避「夷」「狄」，且「夷狄」「回夷」等詞大多如隆慶本未經諱改。倒是隆慶本中的「胡」「虜」字，在文瀾閣本均嚴格避諱：如隆慶本原文的「胡虜」被改為「套眾」「答眾」（俺答之眾，又作「達眾」）「戎敵」「邊徼」「徼外」；「虜素賓服」改「敵素賓服」；「交虜之事」改「交外之事」；「夷虜」改成「夷敵」或「踈逖」（踈者疏也，踈逖為偏遠地方之意）。

又，文津閣本的《楊忠愍集》在四十九年九月即已恭進，其狀態與文瀾閣本相類，不避「夷」「戎」，但卻避「狄」「胡」「虜」字，且改寫幅度更甚於文瀾閣本。如隆慶本原文的「交虜之事」「通虜之門」，文淵閣本改作「交寇之事」「通賊之門」；文瀾閣本作「交外之事」「通私之

---

33 孫樹禮，《文瀾閣志》；黃愛平，《四庫全書纂修研究》，頁 274-280。

34 錢恂，〈閣目四〉，收入《壬子文瀾閣所存書目・文瀾閣目補》，頁 69；張宗祥，《補鈔文瀾閣四庫闕簡書目》，頁 10；楊立誠，《文瀾閣目索引》，頁 206。

門」，同樣抽換第二個字；文津閣本則改為「外交之事」「私通之門」，明顯做了更進一步的文詞替換。康熙三十三年本的「□運將衰絕」，在文淵閣本被寫成「寇運將衰絕」，文瀾閣本改作「敵運將衰絕」，都避用「胡」字；文津閣本則改寫整句，作「邊燧何時熄」，讓人不太能揣摩此句乃因忌諱所改，而館臣在改句時甚至會留意與原韻腳合轍（如「絕」與「熄」）。

再者，「犬羊」一詞雖非屬「胡虜夷狄」字樣，卻是對邊疆民族更直接的蔑稱。隆慶三年所刻《楊忠愍公集》卷 1 中，共出現 3 處「犬羊」：1. 文淵閣本改作「賊寇」，避而不談其族屬；文瀾閣本及文津閣本分別作「俺答」及「諳達」，明指其為特定蒙古部族之首領。2. 原文為「虜雖犬羊，最不失信」，因須兼顧上下文，不能只置換特定語詞，故文淵閣本改成「賊雖狡詐，最不失信」，文瀾閣本作「俺答平日最不失信」，文津閣本則改為「諳達最不失信」。3. 文淵閣本改原文「方今在外之賊惟胡虜為急……胡虜者，犬羊之盜」為「方今在外之賊惟邊境為急……賊寇者，邊境之盜」。此外，隆慶本卷 4 還有「天朝堂堂，而下與犬羊互市」句，文淵閣本將「犬羊」改為「外域」，文瀾閣本作「俺答」，文津閣本則改書為「天朝堂堂，不能用兵而互市」，皆避免提到需要避諱的字眼。

我們從圖表 7.4 及 7.7，可發現四庫館中的謄錄（由字畫端正之在京士子選充），在抄書時應多只是照底本謄寫。然因規模過大，故許多分校官在遇空格或敏感字詞時，就常便宜行事，命謄錄自行填入其認定不違礙的文字。鑒於今文淵閣本的《楊忠愍集》，在遭皇帝切責之下，仍改底本中的「□□輕中國」為「賊寇輕中國」、「□雖□□，最不失信」為「賊雖狡詐，最不失信」、「賊不專於□□」為「賊不專於外患」、「惟□□為急」為「惟邊境為急」……，其所改文字幾乎未見有依隆慶本回改的情形，加上各閣本所選擇的諱改方式罕見一致，且絲毫不類隆慶本，知四庫各閣之本在抄寫此書時，並未能參據明刻本（圖表 7.8），而是由館臣依上下文自行揣摩補入。亦即，底本上應未明記某些敏感語詞該如何改補。

圖表 7.8：各版本楊繼盛文集中的諱改情形舉隅。†

文瀾閣本	文津閣本	今文淵閣本	康熙三十七年本	隆慶三年本
1. 請罷馬市疏（卷 1；此表中的卷數均以文淵閣本為準）				
• 套眾 • 威震夷狄 • 敵素賓服 • 統馭四裔 • 俺答 • 答（套）眾* • 夷狄已和 • 交外之事 • 通私之門 • 小醜 • 答（套）眾 • 北敵輕中國 • 夷性 • 征討 • 俺答平日最不失信	• 套寇 • 威震匈奴 • 敵素賓服 • 統馭四方 • 諳達 • 達眾 • 外夷已和 • 外交之事 • 私通之門 • 小醜 • 達眾 • 四夷輕中國 • 夷性 • 征討 • 諳達最不失信	• 賊寇 • 威震方外 • 寇素賓服 • 統馭四裔 • 賊寇 • 賊寇 • 外域已和 • 交寇之事 • 通賊之門 • 醜賊 • 賊寇 • 賊寇輕中國 • 賊性 • 征討 • 賊雖狡詐，最不失信	• □□ • 威震彝狄 • □素賓服 • 統馭四彝 • □□ • □□ • 彝狄已和 • 交□之事 • 通□之門 • □□ • □□ • □□輕中國 • □性 • 征討 • □雖□□，最不失信	• 胡虜 • 威震夷狄 • 虜素賓服 • 統馭四夷 • 犬羊 • 胡虜 • 夷狄已和 • 交虜之事 • 通虜之門 • 醜虜 • 胡虜 • 胡虜輕中國 • 虜性 • 征虜 • 虜雖犬羊，最不失信
2. 請誅賊臣疏（卷 1）				
• 邊患 • 賊不專於戎敵 • 惟邊圉為急 • 徼外 • 邊患	• 邊患 • 賊不專於戎敵 • 惟邊圉為急 • 徼外 • 邊患	• 邊患 • 賊不專於外患 • 惟邊境為急 • 徼外 • 賊患	• 邊患 • 賊不專於□□** • 惟□□為急 • □□ • □患	• 虜患 • 賊不專於胡虜 • 惟胡虜為急 • 胡虜 • 虜（外）患
3. 壽韓苑翁尊師老先生七十一序（卷 2）				
• 夷敵	• 四夷	• 勍敵	• 彝狄	• 夷虜
4. 哀商中丞少峯和徐龍灣韻四首（卷 3）				
• 敵運將衰絕	• 邊燧何時熄	• 寇運將衰絕	• 〔未收此首〕	• 胡運將衰絕
5. 有感（卷 3）				
• 踈逖	• 中外	• 寇賊	• □□	• 夷虜
6. 行狀（卷 4）				
• 內畏俺答請於二邊互市 • 天朝堂堂，而下與俺答互市 • 回夷 • 邊徼	• 內畏諳答請於二邊互市 • 天朝堂堂，不能用兵而互市 • 回民 • 邊外	• 內畏強敵請於二邊互市 • 天朝堂堂，而下與外域互市 • 回民 • 外敵	• 內畏□□請於二邊互市 • 天朝堂堂，而下與□□互市 • 回夷 • □□	• 內畏虜，虜請於二邊互市 • 天朝堂堂，而下與犬羊互市 • 回夷 • 胡虜

† 乾隆四十二年十一月十五日上諭中隨附一張奏片，此乃閣臣呈覽，其上所列舉之有疑義的五句（圖表 7.4），皆以點狀底線標示。

* 原文為「答眾」，但在答字旁附註「套」字。因字跡不同，疑「套」字非館臣所寫，而是由光緒之後查閱文瀾閣此書的讀者在閱讀時擅加。

** 此出現兩處，其中頁 10 的「□□」，被以紅字填入「胡虜」，由於此本偶見以紅筆註改或劃線者，知紅字乃收藏者所為，與刻本無關。

乾隆五十二年《四庫全書》辦理完畢，遂將底本移交翰林院，惜因八國聯軍之亂僅少數留存。傅斯年圖書館所藏《陶菴全集》乾隆二十六年刻本，即劫餘之一，分校官錢樾在覆閱時於〈哀岳侯辭〉上貼有簽條（圖表 7.9），稱應改「醜虜」為「北人」（初擬為「敵人」）。四庫館臣於四十五年四月呈覽此集，時間在四十二年上諭之後，但該諭之「宗澤所指係金人，楊繼盛所指係諳達，更何所用其避諱耶……除此二書改正外，他書有似此者，並著一體查明改正」（圖表 7.4），顯然未被遵行。今文淵閣本第 10 頁左半頁的第 6 行，確可見將「遭醜虜之犇走兮」寫成「遭北人之犇走兮」！由於今仍可見 463 個「醜虜」出現在文淵閣的 214 本書中，而「北人」一詞更多達數千個，知館臣對此類涉及夷夏之防的文字，並無一致規範。

河南省圖書館古籍部藏有四庫館流出的《日知錄》和《明文海》抽毀本（圖表 7.10），兩者皆零頁：其中《日知錄》抽毀本共 42 頁，以卷 29 最多，與其它零星各卷無次序地裝訂成一冊；《明文海》抽毀本共 135 頁，可見卷 74-77、卷 224-228 之內容。兩書多處以朱筆或墨筆刪抹、加批、句劃或塗改，也有另行以紙條貼寫在原文之上者。由於《明文海》抽毀本卷 224 的末頁鈐有「乾隆御覽之寶」朱印，卷 227 的頁首鈐用「文淵閣寶」朱印，款式皆與《文淵閣四庫全書》同，知其確屬文淵閣四庫原物。[35]

---

[35] 陳雪雲，〈清廷毀書的罪證：論河南省圖書館館藏四庫全書《日知錄》《明文海》抽毀本的價值〉。

從前述抽毀本的內容，知書中凡可能涉及「華夷之辨」的文字，多遭任意竄改。如《日知錄》的〈三韓〉一條，即因原文有多處提及「東夷」而遭刪除。至於《明文海》抽毀本卷 74 的祝允明〈孔子廟堂續議〉一文，內「揚雄曰：在夷狄則進之，倚門墻則麾之」句也被用墨筆塗抹，蓋因館臣當時以「夷狄」二字犯諱，閣本遂刪此句。但查閱「文淵閣四庫全書電子版」，《四六標準》一書兩度轉引揚雄此句，前半句卻分別作「在夷貉則引之」「在夷狄則引之」。此外，它書亦有將原文的「夷狄」寫成「夷貊」或「戎狄」者；完全未改的情形，也可見 24 處。

圖表 7.9：黃淳耀《陶菴全集》在四庫中的避改。

❖ 黃淳耀，《陶菴全集》（傅斯年圖書館藏四庫底本）

炎精祖宗威靈相助之福所向必克是用告於神靈臣備
臨師不勝戰懼之至
哀岳侯辭
竊獨悲夫趙宋之不造兮慼岳侯之精忠死而無罪兮禍
又及宗何皇天之不純命兮棄中原爲戎土君乃進而揖
寇兮退自戕其心膂嗟侯烈烈兮義重於生紉壯武而爲
佩兮編孤憤以爲膺陳兵襄漢兮進規伊洛逆豫待擒兮
遭醜虜之犇走兮夜恐失其頭顱當金牌之奉召兮固知

❶ 十頁後六行醜虜二字擬改北人

編修錢棫覆閱

❶ 十頁後六行，「醜虜」二字擬改「北人」

（《文淵閣四庫全書》鈔本）

哀岳侯辭
竊獨悲夫趙宋之不造兮慼岳侯之精忠死而無罪兮
禍又及宗何皇天之不純命兮棄中原之土宇君乃進
而揖寇兮退自戕其心膂嗟侯烈烈兮義重於生紉壯
武而為佩兮編孤憤以為膺陳兵襄漢兮進規伊洛逆
豫待擒兮朔方可覆叶方寢閣之受命兮謂中興其可
圖鰲戴山而抃舞兮誠不量其區區臨兩河以礪劍兮
斷太行以援枹遭北人之犇走兮夜恐失其頭顱當金
牌之奉召兮固知其郭廱叶也思矯命之為利兮顧臣

欽定四庫全書　陶菴全集　卷七　十

圖表 7.10： 河南省圖書館藏文淵閣四庫之抽毀本。

❖ 顧炎武，《日知錄》（文淵閣四庫抽毀餘稿）

欽定四庫全書 卷二十九

得結其驍豪與之同反而河間東昌之間至今響馬

絕亦自[illegible]倡之也

明初安置[illegible]

至成化四年遂有滿四之變

樓煩

樓煩乃趙西北邊之國其人強悍習騎射史記趙世家

武靈王行新地遂出代西遇樓煩王於西河而致其兵

致云者致其人而用之也是以楚漢之際多用樓煩人

非其時在朝多學識之人哉

三韓

今人謂遼東為三韓者考之書序成王既伐東夷傳海

東諸夷駒麗扶餘馯貊之屬正義漢書有高駒麗扶餘

韓無此馯馯即韓也音同而字異耳後漢光武紀建武

二十年東夷韓國人率衆詣樂浪內附東夷傳韓有三

種一曰馬韓二曰辰韓三曰弁辰晉書作弁韓 梁書 馬韓在西

有五十四國其北與樂浪南與倭接辰韓在東十有二

❶ 三行 四行　八七六五

❷ 此下接寫 三十二頁 大秦一條 及干陀利 一條止

❸ 塗處全刪

❹ 照原 換訖

❖ 黃宗羲，《明文海》（文淵閣四庫抽毀餘稿）

乎借曰未易習則曷為不習乃恐北面而立以觀異類

之舉措耶黃冠者今之所謂異端雖未知孔子視為何

如要為吾黨昌言排之者矣揚雄曰在夷狄則進之倚

門墻則麾之寧有暇時則極力以排有用則暫假而不

麾者今使孔子以明道黜邪受報而更令異道稱邪之

人為報具哉此又末節愈不通者也嗟夫聖人之道中

正而已有生蒙被教澤孰罔報恍顧翻有病焉則未免

更為罪乎故愚恐久而有建白者輒申諸鄙陋詞旨迫

欽定四庫全書 明文海卷[illegible]

餘姚黃宗羲編

❖ 黃宗羲，《明文海》（《文淵閣四庫全書》本）

為何如要為黨昌言排之者矣寧有暇時則極力以

排有用則暫假而不麾者今使孔子以明道黜邪受

報而更令異道稱邪之人為報具哉此又末節愈不

通者也嗟夫聖人之道中正而已有生蒙被教澤孰

罔報恍顧翻有病焉則未免更為罪乎故愚恐久而

綜前所論，四庫開館時因不曾規定是否該避「胡虜夷狄」等字，館臣遂以各自方式處理此事。乾隆帝雖於四十二年諭命館臣若有與《宗忠簡集》《楊忠愍集》相同情形者，「一體查明改正」，但由於回溯追改的工程太過浩大，以致館臣多虛應故事。隨著時間的推移，此一諭旨更不再被嚴格貫徹。事實上，透過全文檢索，我們發現今本《文淵閣四庫全書》中仍有千餘條可能遭館臣諱改的「北敵」「戎敵」「夷敵」「四彝」等用語！

（二）《宗忠簡集》的刻本與四庫鈔本

前引乾隆四十二年十一月諭旨中，有稱四庫全書館所用《宗忠簡集》的底本乃康熙刻本，並謂底本「將“夷”字改寫“彝”字，“狄”字改寫“敵”字……中又有不改者，殊不可解」（圖表 7.4）。另據四十六年二月紀昀等所上《欽定四庫全書總目》，記此書的版本源流曰：

> 至寧宗嘉定間，四明樓昉乃綴輯散佚以成是集。然陳振孫《書錄解題》竟不著錄，是宋末已不甚行……明崇禎間熊人霖始據舊本重刊，國朝義烏縣知縣王庭〔廷〕曾又重為編定，增入〈諫止割地〉一疏，而以樓昉原序及明初方孝孺序弁於篇首。考史稱澤力請高宗還汴，疏凡二十餘〔共二十八篇〕上，本傳不盡錄其文，今集中所載僅十八篇，猶佚其十，則其散亡已多矣。[36]

由於中國國家圖書館藏康熙四十五年宗文燦刻的《宗忠簡公全集》中，稱先前還有崇禎十三年的熊人霖七刻本和康熙三十年的王廷曾八刻本（圖表 7.11），但《總目》卻未提及宗文燦本，知四庫全書館應是用王廷曾刻本為底本。該書篇首有樓昉及方孝孺序，卷 2 有〈啟毋割地與金人疏〉，且收錄 28 篇請回鑾疏中的 18 篇，皆與前引提要若合符契。

---

36 紀昀等，《欽定四庫全書總目》，卷 156，頁 1。

圖表 7.11： 康熙以前《宗忠簡集》各個刻本的刊行時間。

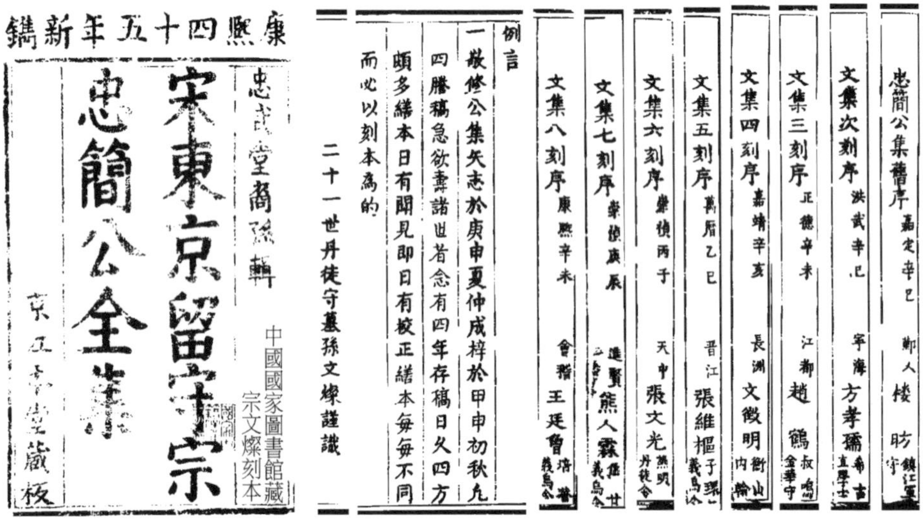

查索「中文古籍聯合目錄及循證平臺」，可發現康熙三十年刻本現藏浙江圖書館、吉林省圖書館、東北師範大學圖書館等處，但僅後者已公開並重印於《中國古籍珍本叢刊》(2017)。耙梳此本後，發現其所用「彝夏」「彝狄」「四彝」「叢彝」「裔敵」「巳門」「攘巳」「邊裔」「外裔」「戎敵」「北敵」「彝敵」等詞，應是將「夷」或「狄」以諧音字避改，而「賊魯」則為「賊虜」所改，倒是「胡」「戎」二字未避諱。[37]

翻查今文淵閣本《宗忠簡集》正文，共可見 14 個「夷」、6 個「彝」、1 個「巳」、2 個「狄」、1 個「虜」字（圖表 7.12 及 7.13），而底本卷 1 的「彝」字，均已抄成「夷」，其中〈奏乞依舊拘留敵使疏〉的「上下恬憘，

[37] 感謝高樹偉博士協助至中國國家圖書館查索《中國古籍珍本叢刊・東北師範大學圖書館卷》中的此書，惜該本在裝訂時缺漏了卷 1 頁 22-29。此缺頁乃補以浙江古籍出版社據《金華叢書》（以康熙三十年刊本為底本）排印標點的《宗澤集》。又，束景南的《宗澤集校注》雖對校了明清兩代共五個版本，恰缺康熙三十年刻本（前言，頁 6）。參見李齊，〈文淵閣《四庫全書》宗澤文集相關文獻述要〉。

猶夷〔指游逛〕度日，不復以權謀戰爭為念」句，因該「夷」字無涉邊疆民族，故底本原就未改寫為「彝」。至於底本的「戎敵」「北敵」「背敵」，或因文意亦通，皆未改。但〈奏乞回鑾仍以六月進兵渡河疏〉的「彝敵以弓矢馬騎為先」句，則被抄成「夷狄以弓矢馬騎為先」。卷 1 這些文字應遵依乾隆四十二年諭旨回改，然卷 2 以後則虛應故事，多僅按底本直抄。

目前可過眼的《宗忠簡集》閣本有文淵、文津、文瀾三本，[38] 其中文瀾閣原本今僅存卷 1，[39] 餘卷皆屬補鈔，圖表 7.13 將此一併列出，以為參考。表中依成書先後由右至左排列，越左側者年代越新。由於四庫本篇名經過增補、修正，與崇禎、康熙本部分篇名不同，為利於對照，表中篇名乃以文淵閣四庫本《宗忠簡集》為準。

查今文瀾閣本卷 1 的文字明顯與文津閣本有差，顯非自後者轉鈔。至於卷 2 的「叢彝」及卷 8 的「北敵」，可見於文津、文淵、康熙本，卷 7 的「裔敵」可見於康熙本，其補鈔底本的來源，仍有待考實。經比對文淵、文津、文瀾三閣本，發現對《宗忠簡集》中「胡虜夷狄」的使用，不僅各與崇禎本有頗多不同，且除了少數幾處一致之外，三閣本的避改方式均有程度不一的差異，乃至出現彼此完全不同的情形。衡情論理，四庫全書館內應有此書的底本，然因在先後的編纂過程中，每一閣本各自採用了不同的諱改方式，知底本應未留下相關的覆閱或抄寫記錄，亦無固定的避諱規則。此故，我們發現文淵、文津、文瀾閣本改「夷」字為「彝」「區」「意」，而文淵、文津閣本中的「胡」「戎」「狄」字，則避與不避者皆見。

---

38 查康德二年(1935)金毓黻於遼海書社刊行的《文溯閣四庫全書提要》，知原藏瀋陽故宮的文溯閣應仍保有《宗忠簡集》及《楊忠愍集》，惜該閣本尚未公開。至於文源、文宗、文匯閣本，則因戰亂幾近全佚，其《宗忠簡集》及《楊忠愍集》應已不存。參見金毓黻輯，《金毓黻手定本文溯閣四庫全書提要》，頁 737、915。

39 錢恂，〈閣目四〉，收入《壬子文瀾閣所存書目・文瀾閣目補》，頁 20；楊立誠，《文瀾閣目索引》，頁 94。

圖表 7.12：《宗忠簡集》底本與文淵閣鈔本的「夷」「狄」諱改。

❖ 宗澤，《宗忠簡集》

康熙三十年本	文淵閣本	
猶夷度日	猶夷度日	卷1，頁9
以正彝夏	以正彝夏	卷1，頁10
尚何彝狄	尚何夷狄	卷1，頁19
四彝凶殘	四夷凶殘	卷1，頁29
隨順北敵	隨順北敵	卷1，頁31
守在四彝	守在四夷	卷1，頁36
盜賊戎敵	盜賊戎敵	卷1，頁37
北敵皆已掩殺	北敵皆已掩殺	卷1，頁38
背敵歸我	背敵歸我	卷1，頁42
彝敵以弓矢	夷狄以弓矢	卷1，頁43
彝夏聳傳	彝夏聳傳	卷2，頁1
四彝蒙風	四彝蒙風	卷2，頁1
彝人之聽	彝人之聽	卷2，頁3

康熙三十年本	文淵閣本	
膽落四彝	膽落四彝	卷2，頁4
彝夏謐寧	彝夏謐寧	卷2，頁5
平蕩叢彝	平蕩叢彝	卷2，頁6
夷門之命	夷門之命	卷2，頁15
不芝不夷	不芝不夷	卷3，頁2
天姿夷曠	天姿夷曠	卷3，頁11
孰有等夷子	孰有等夷子	卷5，頁3
彈指睡希夷	彈指睡希夷	卷5，頁9
裔敵戕我	裔敵戕我	卷7，頁31
夷考前躅	夷考前躅	卷7，頁42
膽望尸門	膽望尸門	卷7，頁50
北敵正披猖	北敵正披猖	卷8，頁14
攘尸而安夏	攘夷而安夏	卷8，頁16

圖表 7.13： 各版本《宗忠簡集》中的諱改情形舉隅。

	文淵閣本篇名	文瀾閣本	文津閣本	文淵閣本	康熙三十年本	崇禎十三年本
1.	奏乞依舊拘留敵使疏（建炎元年六月）	以正區夏（卷1頁10）	以靖彊圉（卷1頁10）	以正夷夏（卷1頁10）	以正彝夏（卷1頁9）	以正夷夏（卷1頁11）
2.	再乞回鑾疏（建炎元年七月）	陰與敵人 陰與仇方 （卷1頁18）	陰與敵人 陰與仇方 （卷1頁18）	陰與賊虜 陰與仇方 （卷1頁18）	陰與賊魯 陰與仇方 （卷1頁15）	陰與賊虜 陰與賊虜 （卷1頁20）
3.	乞回鑾疏（建炎元年九月）	冦讐（卷1頁19）	北敵（卷1頁19）	夷狄（卷1頁19）	彝狄（卷1頁16）	夷狄（卷1頁21）
4.	乞回鑾疏（建炎二年正月）	四方凶殘（卷1頁29）	四海凶殘（卷1頁29）	四夷凶殘（卷1頁29）	四彝凶殘（頁碼待查）	四夷凶殘（卷1頁32）
5.	乞回鑾疏（建炎二年三月）	北敵（卷1頁31）	北敵（卷1頁31）	北敵（卷1頁31）	北敵（頁碼待查）	番賊（卷1頁34）
6.	乞回鑾并罷習水戰疏（建炎二年三月）	守在四方（卷1頁36）	守在四夷（卷1頁36）	守在四夷（卷1頁36）	守在四彝（卷1頁30）	守在四夷（卷1頁39）
7.	乞回鑾疏（建炎二年四月）	强敵（卷1頁37）	奸宄（卷1頁37）	戎敵（卷1頁37）	戎敵（卷1頁31）	戎虜（卷1頁41）
8.	乞回鑾疏（建炎二年五月）	北敵（卷1頁38）	北敵（卷1頁38）	北敵（卷1頁38）	北敵（卷1頁32）	番賊（卷1頁42）
9.	奏乞回鑾仍以六月進兵渡河疏（建炎二年五月）	北方（卷1頁43）	邊方（卷1頁43）	夷狄（卷1頁43）	彝敵（卷1頁36）	夷狄（卷1頁47）
10.	聞車駕將還闕賀表（建炎元年十月）	四彝（卷2頁2）	四夷（卷2頁2）	四彜（卷2頁2）	四彝（卷2頁2）	四夷（卷2頁2）
11.	乞回鑾表（建炎元年九月）	四彝（卷2頁4）	四夷（卷2頁4）	四彜（卷2頁4）	四彝（卷2頁4）	四夷（卷2頁4）
12.	乞回鑾表（建炎二年正月）	叢彝（卷2頁6）	叢彜（卷2頁6）	叢彜（卷2頁6）	叢彝（卷2頁5）	戎夷（卷2頁7）
13.	雨晴渡關二首	靜胡塵（卷5頁6）	靜征塵（卷5頁6）	靜胡塵（卷5頁6）	靜胡塵（卷5頁5）	靜胡塵（卷5頁6）
14.	告金天廟文	胡戎醜竊（卷6頁2）	胡戎醜竊（卷6頁2）	胡戎醜竊（卷6頁2）	胡戎醜竊（卷6頁2）	胡戎醜竊（卷6頁2）
15.	遺事	裔敵（卷7頁31）	意敵（卷7頁31）	夷敵（卷7頁31）	裔敵（卷7頁26）	（無）
16.	遺事	國門（卷7頁50）	尸門（卷7頁50）	尸門（卷7頁50）	尸門（卷7頁42）	（無）
17.	弔忠簡公長篇（給事中天台吳芾譔）	北敵（卷8頁14）	北敵（卷8頁14）	北敵（卷8頁14）	北敵（卷8頁12）	胡虜（雜錄頁9）
18.	忠簡公畫像贊（東吳吳伯宗譔）	足以攘尸 而安夏 （卷8頁16）	足以奠安 乎中夏 （卷8頁16）	足以攘夷 而安夏 （卷8頁16）	足以攘尸 而安夏 （卷8頁13）	足以攘夷 而安夏 （雜錄頁11）

館臣對避諱有時寧願採取不敢造次的態度，並依照其主觀意識，「自我審查」並「創造」出盡量不犯諱的替用文句。其實，不僅《宗忠簡集》的文淵閣本並未遵旨一一回改，在乾隆五十二年才抄成的文瀾閣本中，更未見「夷」「狄」二字，其原本卷 1 之「强敵」「北敵」，以及補鈔本卷 2 之「四彝」「叢彝」，皆不遵乾隆前諭。此外，文津閣本的避改模式尤為突出，以圖表 7.13 中編號 1 的〈奏乞依舊拘留敵使疏〉為例，文淵閣本以及崇禎本中的「以正夷夏」，在文瀾閣本作「以正區夏〔即“諸夏”“華夏”“中原”之意〕」，此與「夷夏〔指夷狄與華夏〕」的原意有異，文津閣本作「以靖彊圉」，句意的差別更大。再者，文津閣本的「奸究」（編號 7）、「靜征塵」（編號 13）、「意敵」（編號 15）、「足以奠安乎中夏」（編號 18），亦不同於文淵閣本相應位置的「戎敵」「靜胡塵」「夷敵」「足以攘夷而安夏」。

各閣《四庫全書》之抄寫，是清代重大文化工程，歷年因文字錯謬而受罰者，超過兩千人。由於牽連過甚，使得覆勘、校對成為苦差。一旦書中發現錯誤，往往導致該卷之纂修及抄寫者遭罰俸，或影響升遷，且分校、覆校官即使找出錯誤，亦無獎勵，大家因此常相互包庇，應付了事。[40] 內廷四閣（指文淵、文源、文津與文溯）在乾隆五十二至五十七年間，曾覆校兩次，但各閣耗費時間不一，品質也未能保證。雖諭旨再三強調稱《四庫全書》中凡錯訛、漏寫或捏造處都需填補、抽換，並繳出銷毀，但以南三閣本為例，就連「最防違礙」的明季、國初之書，依然有不少未能完全撤出，更不用說其它問題較小的著作了。[41] 此或因整套叢書過於龐大，相關制度不易徹底執行，且難以考核績效，以致就連乾隆皇帝特別下詔點名應切實改善的《宗忠簡集》《楊忠愍集》，最終都未能遵旨完全回改（或是因一時

---

[40] 張升，《四庫全書館研究》，頁 247-248。

[41] 黃愛平，《四庫全書纂修研究》，頁 200-225。

未能找到早於底本的未避改版本）。

綜前所論，《四庫全書》並非從某一閣本或底本，機械式抄寫為七份。而是在不同時間點依循館臣各自的避諱概念，進行自我審查並改字，從而保存了不同館臣諱改的思路與痕跡，成為觀察當時避諱現象不可多得的材料。前文所提及雍正帝與乾隆帝對「胡虜夷狄」等字態度的諭旨，顯示當時社會的文字表述在皇權之下，普遍出現「自我壓抑」的現象。[42]

三、不同版本《平叛記》中的文字避忌

本節再以涉及明清鼎革史事的《平叛記》為例，試探自康熙五十五年的初刻本以迄民國重新排印的各版本，如何拿捏敘事用字的分寸。毛霦 (1650-1725) 的《平叛記》乃記崇禎四年叛起至六年亂平的「吳橋之變」，主要當事人是登萊巡撫孫元化的屬下孔有德和耿仲明，他們奉命率兵增援四年八月起被皇太極圍在大凌河城的祖大壽軍，卻在閏十一月行經吳橋時因故發生兵變。叛軍於山東地區橫行一年多，造成「殘破幾三百里，殺人盈十餘萬」的慘劇，六年四月更以船百艘載男女 12,000 餘人（含精壯官兵約 3,600 名）浮海從鎮江堡（臨鴨綠江出海口）登陸降金。此一先前較少被學界重視的事件，不僅令滿洲人獲得大量精良的西洋火器，而且得到由葡萄牙軍事顧問所直接傳授的彈藥製造技術以及瞄準儀具，導致明朝與金國自此在軍事力量上呈現明顯消長。[43]

在過去一個世紀間，《平叛記》至少曾重印過 5 次，從其內容判斷，原本似均為清代因避諱而挖改的本子，如見：

---

42 王汎森，《權力的毛細管作用：清代的思想、學術與心態》，頁 393-500。

43 黃一農，〈吳橋兵變：明清鼎革的一條重要導火線〉；黃一農，《紅夷大炮與明清戰爭》，頁 251-257、290-335。

1. 1928 年東方學會所排印羅振玉 (1866-1940) 的《殷禮在斯堂叢書》本。該本後為《叢書集成續編》收錄。
2. 1935 年趙永厚堂在青島鉛印的趙琪 (1882-1957) 重校刊本。此本收入《掖海叢書》，後又為《中國野史集成》重印。
3. 1968 年《中國方略叢書》重印本。該本未記出處，且卷首的「禎」，未如其它挖改本缺末筆（圖表 7.14），疑此為收藏者以墨筆補上。
4. 1997 年出版之《四庫全書存目叢書》本。該本景印北京師範大學圖書館藏本，乃康熙五十五年毛貢等刻本之挖改本。
5. 2009 年《明清史料叢書續編》本。該本景印舊題由全祖望 (1705-1755) 編輯的《甲申野史彙鈔》，書首有曹秉章之墨筆題字，他以原著非全記甲申事，故改題曰「明季野史彙鈔」，並稱此本「鈔寫訛舛太多，[44] 須細校也」（圖表 7.15）。其中所收錄的《平叛記》起自「〔崇禎五年〕正月初一日巡撫謝璉集城文武獎勵」，該「正月」應為「五月」之誤，此即前述幾個版本的卷下首句。換句話說，此本因缺卷上（起自「辛未崇禎四年冬閏十一月二十八日，登州援凌將士孔有德等叛於吳橋」），故將原來的卷下拆成上、下兩卷。而許多因避忌而刪削的文句或諱改的字劃，均同於它本，且將〈壬申九月得萊城解圍報〉的作者名「錢謙益」三字留空。此本鈐有「鄦」「竹溪氏」「曹秉章印」「理齋」「五鳳硯齋」「杜盦藏」，或皆為浙江嘉善收藏家曹秉章 (1864-1937) 之印。[45] 至於抄寫時間，明清史專家謝國楨 (1901-1982) 稱「鈔本極舊，但恐非出諸全氏〔指全祖望〕之手耳」。[46]

---

44 如將毛荊石書作「毛別石」（卷上，頁 39），將趙士喆寫成「趙吉喆」（卷上，頁 78）。

45 曹秉章為徐世昌門人，於徐世昌任民國總統期間曾擔任印鑄局局長。

46 謝國楨著，謝小彬、楊璐主編，《謝國楨全集》，冊 2，頁 278。

圖表 7.14：《平叛記》的原刻本與挖改本。

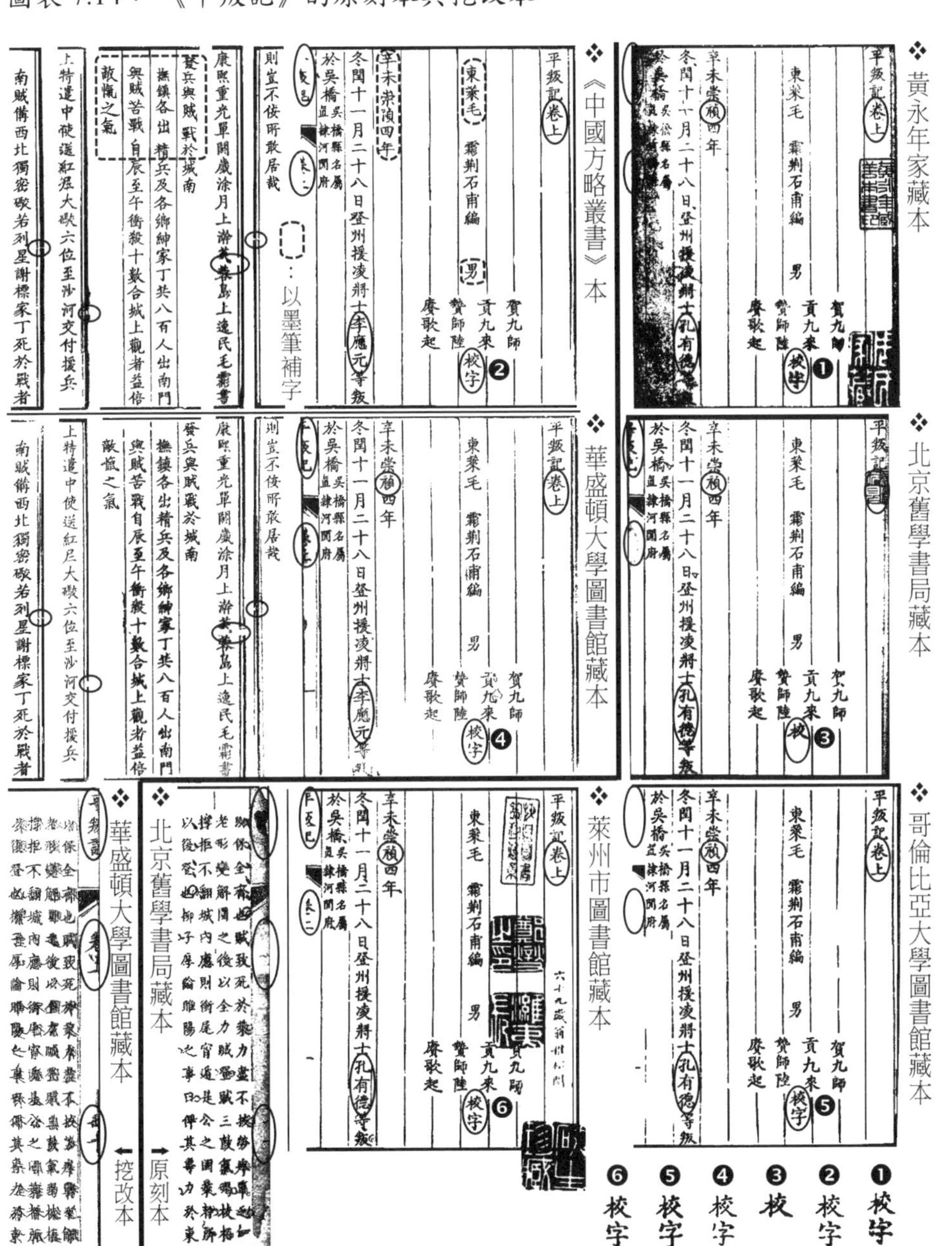

圖表7.15：《甲申野史彙鈔》所收的《平叛記》殘本。

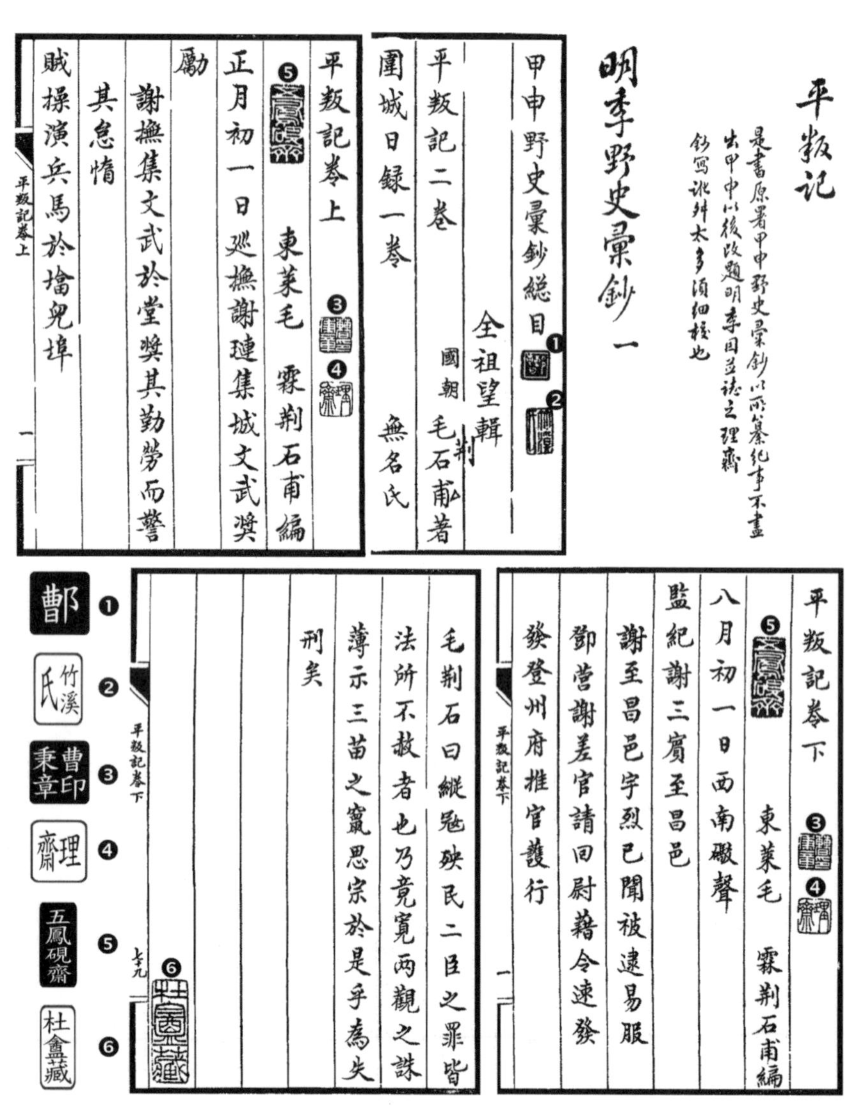

平叛記

是書原署甲申野史彙鈔以所紀事不盡出甲申以後改題明季因並誌之理齋

鈔寫訛舛太多須細校也

明季野史彙鈔 一

甲申野史彙鈔總目

全祖望輯

平叛記二卷 國朝毛荆石甫著

圍城日録一卷 無名氏

平叛記卷上

東萊毛霦荆石甫編

正月初一日巡撫謝璉集城文武獎勵

謝撫集文武於堂獎其勤勞而警其怠惰

賊操演兵馬於墻兜埠

平叛記卷上 一

平叛記卷下

東萊毛霦荆石甫編

八月初一日西南礟聲

監紀謝三賓至昌邑

謝至昌邑守烈已聞被逮易服

鄧營謝差官請回尉藉令速發

發登州府推官護行

平叛記卷下 一

毛荆石曰縱兎殃民二臣之罪皆

法所不赦者也乃竟寛兩觀之誅

薄示三苗之竄思宗於是乎為失

刑矣

平叛記卷下 七十九

近年王曉兵對《平叛記》的版本作了許多深入探討，[47] 筆者遂在其基礎上加以補充，發現至少仍有五部康熙五十五年原刻本存世：山東萊州市圖書館藏的張謙宜（1650-1733；字稚松）批注本、[48] 山東省圖書館的即墨藍氏藏本、黃永年 (1925-2007) 家藏本、[49] 哥倫比亞大學圖書館藏本、北京舊學書局藏本（最末兩本乃王氏不知；圖表 7.14）。此外，中共山東省委黨校圖書館亦藏一鈔本，為張謙宜批注之原刻本的鈔本。前述這些藏本的內文似均未出現避清諱的情形。

至於原刻本的挖改本則仍有不少存世：山東省圖書館藏兩部，其一鈐有「吳氏家藏」「壯學堂」「吳鶚」印記；另見山東省委黨校圖書館、中國國家圖書館（至少七部）、北京大學圖書館（兩部）、北京師範大學圖書館（兩部）、四川省圖書館、天津圖書館、天津社會科學院圖書館、天津博物館、石家莊市圖書館、內蒙古自治區圖書館、遼寧省圖書館（兩部）、吉林省圖書館（兩部）、安丘市博物館、曲阜師範大學圖書館、蓬萊市圖書館、武漢大學圖書館、日本京都大學人文科學研究所圖書館、美國華盛頓大學圖書館。此外，臺灣也有挖改本四部：中研院傅斯年圖書館藏兩部，其一鈐「葉德輝煥彬甫藏閱書」印記；臺灣大學圖書館的烏石山房文庫有龔易圖（1835-1893；字少文）舊藏一部；新北市臺灣圖書館有原臺灣總督府圖書館舊藏一部。這些挖改本正文的內容大致相同，其中部分字句被剷板或缺筆，僅扉頁的有無、前序的篇數以及裝訂的順序略有不同。

萊州市圖書館藏原刻本所收的前序是《平叛記》各版本當中最多者，分別為金以成、辜光旦、宿旦、毛霦、董其昌、李繼貞、謝三賓、錢馨八

---

47 王曉兵，〈孔尚任朱批《平叛記》鈔稿本述略〉；王曉兵，〈《平叛記》版本考述〉；毛霦著，王曉兵校注，《平叛記校注》，前言，頁 1-18。

48 筆者尚未過眼任何原刻本，下文中所引此本文字乃轉引自王曉兵《平叛記校注》。

49 黃永年、賈二強撰集，《清代版本圖錄》，冊 1，頁 110-111。

篇，[50] 末四篇在挖改本中完全銷聲匿跡，此或因董其昌、李繼貞、謝三賓之序皆以明臣或鄉紳的身分書於崇禎朝，故字裡行間仍以明朝為依歸，如稱孔有德軍為「賊黨」，崇禎帝為「聖主」「聖明」。清初錢謦之序更以孔有德軍為「孔叛」，有稱：

> 幸而謝撫〔登萊巡撫謝璉〕、朱守〔萊州知府朱萬年〕以一身殉節，朝廷赫然震怒，始驅孔〔孔有德〕、耿〔耿仲明〕於海外，以苟安一時。而流寇則到底以撫自誤。予嘗私論有明之世，有君無臣，求一如朱儁之殲黃巾，為國家久遠計者，百不有一。卒之，君徇社稷，而諸公多紆青紫於新朝。嗚呼！可哀也已。

不僅以明人的立場稱明廷為「朝廷」，且不齒紆青拖紫（指身佩印綬，形容地位尊顯）之貳臣。至於金以成的序，亦稱即使山東巡撫徐從治中砲身亡、山東巡按謝三賓努力定難平變，「然迄不能斬馘〔音"國"，原指戰時割除敵人之左耳獻功，代指殺滅敵人〕巨憝〔音"對"，指奸惡之人〕，萊之孤城幸完，而登鎮數十萬生靈，聽其屠割焚炙，飽颺以去。天下事終於破碎，不可收拾，此其可深悲者也！」其中「斬馘巨憝」句，隱指兵變首腦孔有德。無怪乎，收有此序之本「多處內容空缺，並有留白」。[51]

下文以華盛頓大學圖書館所藏的《平叛記》挖改本為例，比對其與原刻本間的差異，並細探其背後涵義。由於原刻本刊於對國諱不太講究的康熙朝（第2章），[52] 而此本在重刷時以剷板缺筆的方式避「玄」「鉉」「弦」「胤」「弘」「曆」「丘」等字，知其很可能刷印於乾隆帝弘曆即位之後。又，書中的「紅夷」「滅虜」等火砲名，康熙朝原刻本已作「紅㠶」「滅

---

50 毛霦著，王曉兵校注，《平叛記校注》，頁1-17。又，毛昌祥等編《東萊崇儒毛氏族譜》中，除金以成、辜光旦、宿旦、毛霦之序外，另錄有梁份於七十七歲所撰之序（頁111、138-142）。

51 王曉兵，〈《平叛記》版本考述〉。

52 黃一農，〈大數據時代避諱學的新機遇：以清初為例〉。

鹵」，挖改本並未更動。至於「夷漢丁」「夷丁」「夷目」「降夷」中的「夷」字，[53] 原刻本皆作「彝」或「彛」，但挖改本有時將其剷去，有時未改（圖表 7.16 及 7.17）。亦即，在同一書中，「夷」字的避改方式並不一致。

查「夷」字之避忌非始自清代，明代即已發端，如《萬曆野獲編》曾提及嘉靖帝厭惡「夷」字之事，在記四十四年會試時稱：「第三題《孟子》，又有兩 "夷" 字。時上苦虜之擾，最厭見 "夷狄" 字面，至是大怒。」又記「世廟晚年，每寫 "夷狄"，字必極小，凡詔旨及章疏皆然。蓋欲尊中國、卑外夷也。」[54] 嘉靖帝雖厭惡「夷」字，卻無禁用或改寫之舉，僅將其字寫得非常小。

「𡰥」為「夷」的古字，除《小學》《字書》收錄外，甚為罕用。歷代文本中一般僅見於少數人名、地名。而「彝」字則為古代禮器名，與「夷」字的上古音相同，[55] 除了先秦著作中曾有兩字互見的同音通假外，其後少與「夷」字混用。直至順治、康熙朝的刻本，才開始屢見以「𡰥」「彝」代替「夷」字的案例，此明顯出自避諱。

---

53 崇禎五年六月為平吳橋之變，曾首次調各部之「夷漢丁」四千八百餘人入內地。當時在遼東設有平夷營，內有許多少數民族（或以降明的滿人為主）之「夷丁」，六年正月由守備張進功及都司黨應春分別帶領出邊牆遠哨的部隊，亦為「漢夷兵馬」或「漢夷兵丁」。又，明末文獻少有將「夷」寫成「彝」或「𡰥」者。參見汪楫，《崇禎長編》，卷 61，頁 3497；中國第一歷史檔案館、遼寧省檔案館編，《中國明朝檔案總匯》，冊 81，頁 82 及 117-119、冊 83，頁 85。

54 沈德符，《萬曆野獲編》，卷 2，頁 57。

55 依高本漢、李方桂以及王力的系統，上古「夷」字的擬音分別為 [*di̯ər/ *rid/*ʎĭei]。

圖表 7.16： 華盛頓大學圖書館藏《平叛記》挖改本中之避諱。

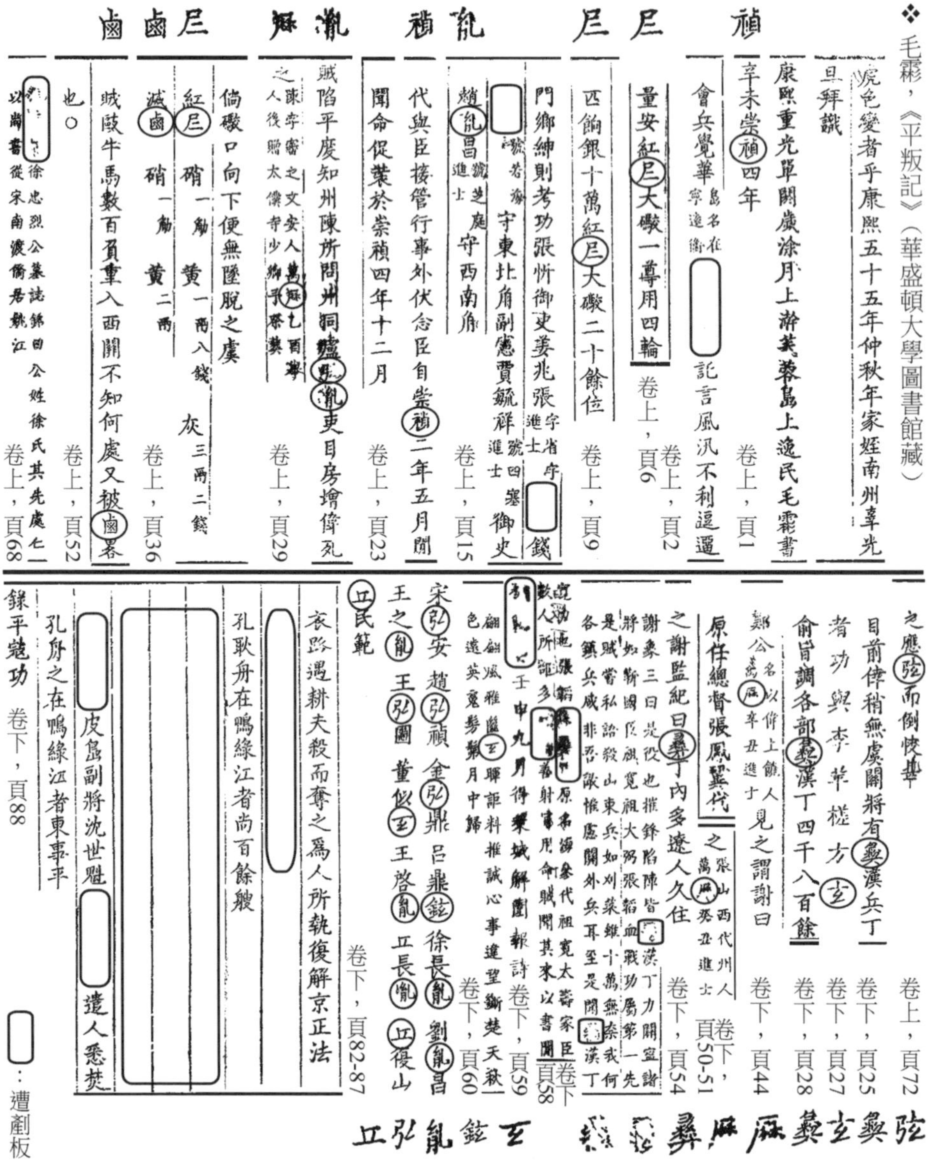

❖ 毛霦，《平叛記》（華盛頓大學圖書館藏）

禎 尸 尸 亂 禎 胤 曆 尸 鹵 鹵

- 虎色變者乎康熙五十五年仲秋年家姪南州辛光旦拜識
- 康熙重光單閼歲涂月上澣萊蓉島上逸民毛霦書
- 辛未崇禎四年 卷上，頁1
- 會兵覺華島名在寧遠衛[ ]記言風汎不利逗遛 卷上，頁2
- 量安紅尸大礮一尊用四輪 卷上，頁6
- 西餉銀十萬紅尸大礮二十餘位 卷上，頁9
- 門鄉紳則考功張忻御史姜兆張進士字省庵[ ]錢 [ ]號若海守東北角副憲賈毓祥號四塞進士御史 趙胤昌號芝庭進士守西南角 卷上，頁15
- 代與臣接管行事外伏念臣自崇禎二年五月聞命促裝於崇禎四年十二月 卷上，頁23
- 賊陷平度知州陳所問州洞[illegible]胤吏目房增偉死 之人陳幸審之文安人萬曆乙酉舉人後贈太僕寺少卿予祭葬 卷上，頁29
- 僞礮口向下便無墜脫之虞 紅尸硝一觔黃一兩八錢灰三兩二錢 滅鹵硝一觔黃二兩 卷上，頁36
- 賊驅牛馬數百頭車入西關不知何處又被鹵略 也○ 卷上，頁52
- 以嚮書[ ]徐忠烈公墓誌銘曰公姓徐氏其先處七一從宋南渡僑居鎮江 卷上，頁68

弦 夷 玄 夷 麻 麻 夷 [illegible] [illegible] 玄 鉉 亂 弘 丘

- 之應弦而倒快哉 卷上，頁72
- 目前偉稍無虞關將有夷漢兵丁 卷下，頁25
- 者功與李華楚方玄 卷下，頁27
- 俞旨調各部夷漢丁四千八百餘 卷下，頁28
- 鄭公名以偉上饒人號[麻]辛丑進士見之謂謝曰 卷下，頁44
- 原任總督張鳳翼代之 張山西代州人萬曆癸丑進士 卷下，頁50-51
- 之謝監紀曰夷丁內多遼人久住 卷下，頁54
- 謝象三曰是役也摧鋒陷陣皆[ ]漢丁力開盜諸將如靳國臣祖寬祖大弼張韜血戰功屬第一先是賊嘗私詣殺山東兵如刈菜雖十萬無奈我何各鎮兵咸非吾敵惟慮關外兵耳至是聞[ ]漢丁 卷下，頁58
- 寬[ ]張韜[ ]原名海參代祖寬太寧家臣數人所部多[ ]善射嘗用命賊聞其來以書間 [ ]壬申九月得[illegible]城解圍報詩 卷下，頁59
- 翩翩風雅玄聯詞料推誠心事違望斷楚天秋色遠英雄髮鬢月中歸 卷下，頁60
- 宋弘安 趙弘禎 金弘鼎 呂鼎鉉 徐長胤 劉胤昌 王之胤 王弘圖 董似玄 王啓胤 丘長胤 丘復山 丘民範 卷下，頁82-87
- 衣路遇耕夫殺而奪之為人所執復解京正法 [ ]
- 孔耿舟在鴨綠江者尚百餘艘 [ ]
- [ ]皮島副將沈世魁[ ]遣人悉焚
- 孔舟之在鴨綠江者東事平
- 錄平寇功 卷下，頁88

[ ]：遭剷板

圖表 7.17：《平叛記》原刻本與挖改本的差異。頁碼據王曉兵《平叛記校注》。

頁碼	原刻本（萊州市圖書館藏）	挖改本（華盛頓大學圖書館藏）
21	登州援凌將士孔有德等叛於吳橋（吳橋，縣名，屬直隸河間府）	登州援凌將士李應元等叛於吳橋（吳橋，縣名，屬直隸河間府）。毛荊石曰：「吳橋之變起謀者有應元之父九成矣，同事者有應元之帥有德矣，以城應者有耿仲明、陳光福等人矣，何為歸之應元？春秋之書，郲、鄭伐宋也，獨先郲人，誅其意也，此之首應元，亦原此例耳。」
21	以為恢復遼計。於是命遼帥祖大壽帥勁師護版筑之役，甫畢工，清兵大至，祖帥禦之。清兵乃為長圍，濬重塹以絕餉道，祖兵大困。樞輔孫承宗（字稚繩，高陽人，萬曆甲辰榜眼）遣總兵吳襄、宋偉、監軍道張春等，帥關內外之師救之，至長山，大潰，凌城陷，全師俱没，副將何可綱死之。按《明史》，大壽欲降，可綱不從，遂殺之。祖帥降，復逸歸。時部檄登萊巡撫孫元化	以為恢復遼計。工甫畢，凌城失陷。報聞，復命修築，遣遼帥祖大壽，帥勁師護版築之役。仍選精卒星夜前赴，以作聲援。時部檄登萊巡撫孫元化
21	泛海趨耀州鹽場以牽制北後〔尸？〕，一面會兵覺華（島名，在寧遠衛）以助內戰。託言風汛不利	泛海趨耀州鹽場□□□□□□□會兵覺華（島名，在寧遠衛）□□□□。託言風汛不利
198	錢謙益〈徐忠烈公墓誌銘〉	□□□〈徐忠烈公墓誌銘〉
300	張韜係彝目，原名海參代；祖寬，大壽家臣。數人所部，多降彝，善射，肯用命	張韜□□□，原名海參代；祖寬，大壽家臣。數人所部，多□□，善射，肯用命
301	錢謙益〈壬申九月得萊城解圍報〉	□□□〈壬申九月得萊城解圍報〉
347	復解京正法。大清兵襲旅順，黃龍死之。孔、耿舟在鴨綠江者，尚百餘艘。清兵使人守之，將以襲登。至是，來攻旅順。我舟師尚在鴨綠江，旅順空虛，黃龍部將李見等內應，旅順陷，黃龍陣亡，清兵引去。以皮島副將沈世魁代鎮，世魁遣人悉焚孔舟之在鴨綠江者	復解京正法。□□□□□□□□□□□。孔、耿舟在鴨綠江者，尚百餘艘。□□□皮島副將沈世魁□□□□遣人悉焚孔舟之在鴨綠江者

「虜」字作「鹵」的情形，多見於清初書籍，兩者意義頗差，但發音相同，在過去有通假案例。如《新唐書》「殺鹵數萬，禽其酋六指鄉彌洪」，[56] 此處「鹵」應為「虜」字；該書底本為北宋嘉祐十四行本，知並非清代之後的避諱現象。又，《史記・高祖本紀》稱「與秦軍戰於藍田南，益張疑兵旗幟，諸所過毋得掠鹵」，此處有夾注，南朝宋・裴駰《集解》引應劭曰：「"鹵" 與 "虜" 同。」[57] 無論如何，歷代文獻中都曾見「鹵掠」「掠鹵」「鹵獲」「殺鹵」，到了明代之後數量更明顯增多，如《明實錄》《國朝獻徵錄》《明經世文編》等文獻即均多次出現。

「鹵」「虜」在明代的經常互通，很可能就是清初之人避諱時以「鹵」代「虜」的背景。前述據康熙五十五年原刻本挖改重印之本，因書中避「弘」「曆」，知其挖改時間應在乾隆即位以後。至於避改「虜」「夷」之舉，雖乾隆四十二年下令凡遇「胡」「虜」「夷」「狄」等字不得忌諱，但因即使是稍後完成的四庫各本也未能一律遵旨，故無法以之斷定挖改在此前。

查乾隆帝於三十七年正月諭命全國徵書以編纂《四庫全書》，並在此寓禁於徵的煙霧下大規模禁燬違礙書籍。三十九年八月諭稱：

> 各省進到書籍不下萬餘種，並不見奏及稍有忌諱之書。豈有裒集如許遺書，竟無一違礙字跡之理。况明季末造野史者甚多，其間毀譽任意，傳聞異詞必有詆觸本朝之語，正當及此一番查辦，盡行銷燬，杜遏邪言，以正人心而厚風俗，斷不宜置之不辦。此等筆墨妄議之事，大率江、浙兩省居多，其江西、閩粤、湖廣亦或不免，豈可不細加查覈？

[56] 歐陽修、宋祁撰，《新唐書》，卷 111，頁 4144。

[57] 司馬遷撰，《史記》，卷 8，頁 361。

指出明季的野史不乏違礙文字，但各省進書時卻從無禁燬之請。同諭更嚴責高晉、薩載、三寶、海成、鐘音、德保等滿洲大臣，以及李侍堯、陳輝祖、裴宗錫等世臣辦事不力，曰：

> 若見有詆毀本朝之書，或係稗官私載，或係詩文專集，應無不共知切齒，豈有尚聽其潛匿流傳，貽惑後世！不知各該督撫等查繳遺書，於此等作何辦理。著即行據實具奏。[58]

在此種嚴查違礙書籍的氛圍下，《平叛記》終究無法不受大時代的影響。

乾隆三十九年刻的《浙江採集遺書總錄・閏集》載：「《平叛記》二卷，刊本。右，國朝萊州毛霦撰，記明末平定萊州叛將孔有德等事跡。」稍後，兩江總督薩載在進呈的《奏繳書目》中亦稱：「《平叛記》，東萊毛霦編。此書敘論孔有德叛降事實，記載失實，且涉明代野史，應請銷燬。」但由於乾隆末年官修的《欽定四庫全書總目》將《平叛記》僅列入存目而非禁燬，遂使此書在去除「違礙」內容後的挖改本，依舊有不少存世。[59]

「孔夫子」舊書網現還有幾本《平叛記》線裝書待售，其中北京舊學書局藏本 (https://book.kongfz.com/20776/1412711404/)，上鈐民國收藏家馮雄(1900-1968)「南通馮氏景岫樓藏書」朱文長方印、「馮雄印信」白文方印，此似為未挖改的刻本。然其卷上首頁卻異於萊州市圖書館藏本，如後者記是書乃由毛霦的四個兒子「校字」，前者則僅謂「校」，且該「校」字略大於後本，惟因彼此的字型與版式極其相近，知應為覆刻所致（圖表 7.14）。[60] 惜此兩本之全貌均未公開，故尚無從判別孰先孰後。

---

58 《清高宗實錄》，卷 964，頁 1084-1085。

59 本段參見王玉來，〈毛霦《平叛記》初刻本的抽毀與流傳考述〉；毛霦著，王曉兵校注，《平叛記校注》，頁 4-5。

60 現存各初刻本正文首頁的書影皆不夠清楚，雖版心上的文字內容似有不同，但從殘餘的筆畫判斷，除舊學書局本外，餘者仍可能同出一源。

《平叛記》原刻本卷上首句為「辛未崇禎四年冬閏十一月二十八日，登州援凌將士孔有德等叛於吳橋」，挖改本多將「禎」字的末筆剷去，[61] 且改「孔有德」為「李應元」（圖表 7.14）。由於該叛軍首領孔有德降金後陸續封恭順王、定南王，且順治九年七月在桂林力戰殉清，諡號「武壯」，挖改本應為避免觸忌，遂將「叛軍」的首腦改以李應元（崇禎六年五月被明總兵黃龍斬於陣）替代，[62] 並假借毛霦（雍正三年已卒）之言解釋曰：

> 吳橋之變起謀者有應元之父九成矣，同事者有應元之帥有德矣，以城應者有耿仲明、陳光福等人矣，何為歸之應元？《春秋》之書「邾、鄭伐宋」也，獨先邾人，誅〔指譴責〕其意也，此之首應元，亦原此例耳。

指春秋時邾（音「朱」）國因宋國佔其土地，遂向鄭國求援，並稱願做嚮導，鄭莊公因此派兵借道邾國以攻宋，挖改者即仿此例，將兵變歸之於幕後策劃的李應元。此說頗牽強，且毛霦的原刻本並無這段文字。[63]

《平叛記》原刻本記孔有德軍調防的目的，是「泛海趨耀州鹽場以牽制北後，一面會兵覺華以助內戰」，其中加底線的十一個字在挖改本中遭

61 此缺末筆的「禎」字，應是避雍正帝末一字「禛」的嫌名，類似情形亦見王恪等纂修，《續唐縣志略》，人物，頁 41、藝文，頁 67 及 70。

62 叛軍在吳橋初叛之時，是由參將李九成和千總李應元父子劫遊擊孔有德而叛，故有德雖為叛軍的直屬帶兵官，卻以「九成父子材武，且有首事之勳」而讓先。叛軍在陷登之後，開始偽授官爵，李九成被推為都元帥，孔有德為副元帥，遊擊耿仲明則自稱都督。時人有稱：「雖孔有德肇亂於吳橋，而造謀桀驁，為眾逆之所推戴者，李九成實居孔有德之右，故其挺身率賊，抗我王師，兇惡至極。」由於九成早死，而孔、耿二人在降清之後均封王，故類似康熙《新城縣志》的編纂者，只敢稱兵變首腦是「李九成等」，而未及孔、耿。參見黃一農，〈吳橋兵變：明清鼎革的一條重要導火線〉；《清太宗實錄》，卷 14，頁 190-191。

63 可惜目前存世的五部原刻本均未能在網上完整公開其內容，僅黃永年、哥倫比亞大學、萊州市圖書館及北京舊學書局的藏本，提供少數書影。

剷去。「北後」一詞的意義不明，不知是否為「北𡰱」之誤，[64] 用指位於耀州（今遼寧省營口市）之北的「建夷」。至於「以助內戰」句，則指協助處理當時遼東明軍內部所發生的亂事。查崇禎四年十一月皮島（位於鴨綠江口以東，乃明末牽制金國的基地）守將黃龍因隱沒給兵士的賞銀，且扣剋月餉，致引起嘩變，眾兵將其腿拷折，且割去耳鼻，後黃龍雖旋即復出視事，然明軍在皮島的狀況已亂象百出。[65] 「以助內戰」與「以牽制北𡰱，一面」等字同遭刪除，或是為了在避忌「北𡰱」之後，文句能較順暢且對稱，遂變成「泛海趨耀州鹽場，會兵覺華」。

《平叛記》在崇禎五年四月十六日記徐從治（詔贈兵部尚書，並建祠曰「忠烈」）死事的小註中，收錄長約 2,000 字的〈徐忠烈公墓誌銘〉，八月二十日條下的小註也收錄〈壬申九月得萊城解圍報〉一詩，兩者同為錢謙益（字受之）所撰，但挖改本卻剷空作者名。在《掖海叢書》的《平叛記》重校刊本中，更將〈徐忠烈公墓誌銘〉的作者繫成「張北海〔張忻，號北海〕」。山東省圖書館所藏清鈔本，亦改〈壬申九月得萊城解圍報〉的作者為「趙士喆」！[66] 各挖改本在引此銘文時，均改「奴警」為「東警」、「不兩月，奴入大安口，陷遵化」為「不兩月，遵化陷」、「夷丁」為「彝丁」，並將「曰：國臣以撫為賊解嘲……疏入中朝，皆不以為然」的 311 字，刪成「奏入，大拂中朝意，時」的 8 字（圖表 7.18），只因該文中兩罵已封王的孔有德為「孔賊」，這與前述不書「奴」「夷」之舉應同屬避忌行為。[67]

---

64 王曉兵的《平叛記校注》是以繁體字出版，不知他有無可能將原刻本中較罕見的「𡰱」字誤釋作「后」，並於其校注之文稿自簡體轉繁體字時，將「北后」寫成了「北後」（頁 21）？

65 黃一農，《紅夷大炮與明清戰爭》，頁 222。

66 毛霦著，王曉兵校注，《平叛記校注》，前言，頁 12。類此將錢謙益文改繫成其他作者的情形，屢見於清代文獻，可參考王汎森，《權力的毛細管作用：清代的思想、學術與心態》，頁 452-453。

67 筆者先前誤以遭剷空的三字為「錢受之」。此段參見錢謙益，《牧齋初學集》，卷 10，頁 4、卷 51，頁 19-25；王曉兵，〈《平叛記》版本考述〉。

乾隆三十四年六月諭旨曰：

> 錢謙益，本一有才無行之人……本朝定鼎之初率先投順……今閱其所著《初學集》《有學集》，荒誕背謬，其中詆謗本朝之處，不一而足……錢謙益業已身死骨朽，姑免追究。但此等書籍悖理犯義，豈可聽其流傳，必當早為銷燬……定限二年之內，俾令盡行繳出，毋使稍有存留。[68]

舉錢謙益《牧齋初學集》卷 47 所載的孫承宗行狀為例，稱其文在描述滿洲人時，即有逾百處用了「奴」「虜」「夷」「胡」「腥羶」「狗奴」之類的蔑稱。四十一年十一月乾隆帝遂命各家詩文內若有錢謙益的作品，應當削去。[69] 亦即，除錢謙益的全部著作外，他人著作中若收錄錢氏詩文，也在銷燬之列。然有些書則轉採抽去序跋、挖空或竄改名字等方式重印，[70] 知《平叛記》的挖改本或出現於乾隆四十一年十一月之後。

至於羅振玉《殷禮在斯堂叢書》所收的《平叛記》1928 年排印本，除將「錢謙益〈壬申九月得萊城解圍報〉」的前三字改成「附記　」，還將〈徐忠烈公墓誌銘〉全文刪除，此或因羅氏在政治上是一名始終效忠清室的遺老。他曾於宣統元年補參事官兼京師大學堂農科監督，1924 年任廢帝溥儀的「南書房行走」，並積極參預清室復辟活動，1932 年更出任偽滿洲國監察院院長。[71] 羅振玉在 1925 年出版的《敦煌石室碎金》中，即透過敬避清諱之舉，以展現其對前朝的認同，如他在此書內所跋編號「散 0674」的敦煌殘曆，就在鉛印文字中將「曆」與「淳」字皆缺末筆，以避清乾隆帝弘曆與同治帝載淳的名諱（第 1 章及第 12 章）。

---

68 《清高宗實錄》，卷 836，頁 155。

69 《清高宗實錄》，卷 1021，頁 685。

70 此段參見裴世俊，《四海宗盟五十年：錢謙益傳》，頁 269-271。

71 羅繼祖，《我的祖父羅振玉》，頁 88-192。

圖表 7.18：《平叛記》中對徐從治墓誌銘文字之諱改。

❖錢謙益，《牧齋初學集》，卷51，頁19-25

都察院右副都御史巡撫山東贈資善大
夫兵部尚書徐公墓誌銘
公姓徐氏其先處仁以尚書從宋南渡僑居姚
公功爲多陞布政司右叅政分巡濟南叙功加
右布政使督漕江南會蓮妖再發東撫王公惟
儉謂非公不能辦賊題留守沂按臣力主撫與
公異議遂請告歸養復中外計量移郎家起薊
州兵備尋加左布政使奴❶警益急薊撫皆庸人
不可與共事復移病歸里不兩月❷奴入大安口
陷遵化薊撫伏法而公益見推重辛未起山東
武德道兵備及淮而孔有德叛攻陷濟南六邑
倍道宵征赴監軍之命於萊無何拜都察院右
懸門突擊後先搏戰殺賊數千人贊畫主事張
國臣奉撫議以出援兵皆畏賊左次主者亦聽
之以爲撫成則萊圍自解姑以援萊爲名耳三
月初國臣遣使爲賊求撫公嚼齒大罵安得尚
方劒斬此大奸細乎乃抗疏白其狀❸曰國臣以
撫爲賊解嘲而賊借撫爲緩兵急攻之計國臣
使每一至則賊攻轉急國臣曰我不當縋城出
擊以怒賊也果爾則必使賊任意攻打我拱手
牧齋集五十一　二十二
以萊授賊如孫元化斷送登城故事而後可成
國臣之撫乎當孔賊之過青也舊撫臣余大成
擁兵三千追擊甚易元化遺書云賊已就撫兵
不可往東一步以壞撫局大成如其戒而止及
至登城明知張燾兵已順孔賊又使燾領兵出
戰又聽三百餘賊誑言而開門揖盜致登城數
十萬生靈盡作刀頭之鬼今萊城被圍賊視臣
等猶元化也公然爲之解曰吳橋激變有因也
一路封刀不殺也一聞詔使遂止兵不攻也吾
誰欺欺天乎今元化入京已久又得國臣僞報
盈庭集議必以爲一紙賢於十萬援兵絕跡不
來職此故矣臣死當爲厲鬼殺賊斷不敢以撫
之一字面謾　至尊淆亂國是送封疆而戕生
命一誤再誤不可收拾也疏入中朝皆不以爲
然公方重圍困守無以罪也而賊徒益棄疾於
我四月十六日架元化所遺西洋大礮攢擊城
西南隅勢甚厲公方簡閱丁壯指麾出戰左右
請少避之公曰不可語未絕口礮中額額身仆
血臂中萊撫馳而撫之絕矣萊人大臨守陴者
圍撫院於遵化公單騎馳入陰部署夷❹丁標兵
分營四門按兵不動登城而呼曰給三月糧趣
（下略）

〈徐公墓誌銘〉原文 ➔《平叛記》挖改本引文

❶「奴警」➔「東警」
❷「奴入大安口，陷遵化」➔「遵化陷」
❸「曰：國臣以撫為賊解嘲……疏入中朝，皆不以為然」➔「奏入，大拂中朝意，時」
❹「夷丁」➔「彝丁」

《殷禮在斯堂叢書》所收《平叛記》崇禎五年正月十三日條，在記載防守萊州西門的鄉紳時，有「□□錢□□，號若海」句，此應為萬曆三十一年中舉的掖縣人錢禧徵，[72] 然因他的生平似未特別得罪清廷，故其名在《平叛記》中為何遭挖削的原因仍待考。[73]

又，各不同版本的《平叛記》崇禎五年二月十三日條，皆記「賊陷平度，知州陳所問、州同盧弘胤、吏目房增偉死之」，其中《殷禮在斯堂叢書》本的「弘」「胤」二字均缺末筆，華盛頓大學圖書館本的「弘」字右邊及「胤」字首撇則遭剷板。經查「中國方志庫」和《內閣大庫檔》，知崇禎間曾任平度州州同的盧姓官員僅一人，但其名被分別寫作宏允、弘胤或忲胤，乃廣平府永年縣人（圖表 7.19）。

筆者再從「中華古籍資源庫」翻查廣平府、永年縣、萊州府、平度州、平度縣等方志，發現明末清初的文本（多收錄於「中國方志庫」）皆記他作「盧忲胤」，其父是萬曆十一年進士盧大中（歷官南京工部尚書，天啟七年卒），兄弟憬胤、惇胤及堂兄弟恢胤、愜胤、恒胤的上一字，均為豎心旁，且以「胤」為行字，知此平度州州同原名應為「盧忲胤」。[74]

72 張思勉修，于始瞻纂，《掖縣志》，卷 3，頁 57。

73 錢禧徵較錢謙益早一科中舉，由於錢謙益（江蘇常熟人）在萬曆三十八年登進士第，故二人或有兩科同在京參加會試。但即使他們因而認宗敘譜（惟《錢謙益年譜》中未記兩人相識），並如同遼東曹寅與豐潤的曹釗、鈖、鈴三兄弟以骨肉相稱，不知可否解釋錢禧徵之名因此遭剷去？此事仍待考。參見黃一農，《二重奏：紅學與清史的對話》，頁 15-60；方良，《錢謙益年譜》。

74 宋祖乙修，申佳胤纂，《永年縣志》，卷 3，頁 21、24、26 及 34。

圖表 7.19：《平叛記》中所記崇禎五年死難的平度州州同盧恡胤。

❖李世昌等纂，《平度州志》（哈佛大學燕京圖書館藏據康熙五年挖改後印本）

盧宏允北直人貢士痾城死　卷2，頁15

盧宏濟　廣平人崇禎間來　卷3，頁5

❖道光《平度州志》（中國國家圖書館藏）

盧宏允北直廣平人舊志崇禎間來任州同署知州事值兵變[illegible]民逃竄城破被執宏允大詈遂遇害　卷16，頁19

❖民國《平度縣續志》（中國國家圖書館藏）

崇禎十五年死於清兵之州同署知州事盧弘胤久陷沮淤邑人傷之謀遷葬得民團指揮張驤伍捐貲卜兆於東郊　卷5，頁4

前志大事記載崇禎五年二月盜攻州城陷知州陳所聞州同盧宏允（本作胤避諱改）吏目房增偉死之考之康熙舊志陳傳云登州兵變破城抗節不屈遇害盧傳云崇禎間來任州同署本州事值兵變大詈求速死遂遇害前志錄舊志盧傳文惟易署本州事爲署知州事不過字句之少異其事實固無殊若當崇禎五年陳方在任盧何由得署知州事盧之死蓋死於十五年清兵之破城非死於五年也昭代隆恩坊係崇禎十三年庚辰知州杜志攀修城工訖得獎敘所建盧猶列名其上　卷末，頁1

❖《內閣大庫檔》

巡按山東兼理監軍督餉監察御史[illegible]謹題爲

朝廷之激勵在賞罰而賞罰之服人在[illegible]

（中略）

參議張國士呈據萊州府呈摘察得平度州於

崇禎十五年十二月十三日奴酋攻北城攻陷

至十五出城署印州同盧恡胤投在州堂吏目

崇禎十六年七月十八日　登錄號 035804

兵部爲恭報城陷殉難官員仰祈

勅部察卹事職方清吏司案呈崇禎十六年八月初四日奉本

部送兵科抄出登萊巡撫曾化龍題稱崇禎十六年

四月二十二日據分守萊州道右參議張國士呈爲察

明城守情形以便擾賞入

告事詳開平度州署印州同盧恡胤城陷赴難繫頸

八月初十日　登錄號 035033

❖乾隆《永年縣志》（中國國家圖書館藏）

盧恡胤大中子任京府經歷

盧惇胤大中子封工部主事　卷15，頁40

盧惇胤以姪欽獻貴移封文林郎工部營繕司署經歷主事妻蘇氏贈孺人張氏封孺人惟南公大中司空考績膺一品惇胤承父命以讓子姪欽獻歷官工部主事覃恩贈誥命其父恡胤亦以讓兄惇胤移封典如獻官　卷15，頁50

❖康熙《廣平府志》（中國國家圖書館藏）

盧恡胤永年人大中子　卷16，頁40

❖崇禎《永年縣志》（中國國家圖書館藏）

貢士盧恡胤　纂志姓氏，頁2

❖乾隆《萊州府志》（天津圖書館藏）

陳所聞文安人崇禎時以舉人知平度州值登州叛兵圍城城陷不屈而死事聞贈太僕寺卿當時州同盧弘胤吏目房增偕皆同日死　卷9，頁19

盧宏允　卷6，頁20

然因「恢」屬罕用字，後世文獻遂常改成形似的「宏」或音義相近的「弘」，「胤」字則有被敬避為「允」字者（圖表 7.19）。又，查康熙《平度州志》及乾隆《萊州府志》，皆與《平叛記》同指盧恢胤於登州叛軍圍平度時死難，[75] 惟《內閣大庫檔》中尚存兩處可被視為一手史料的崇禎朝題本，皆明確記平度州署印州同盧恢胤卒於崇禎十五年十二月清兵陷城時，知毛霦把在此年因抗清而殉明的盧氏，誤繫成死於十年前孔有德軍的吳橋之變。

《平叛記》挖改本中有數處的文句被剷去留白，最多的部分是在卷下近末尾處（圖表 7.20），原刻本作：

> 大清兵襲旅順，黃龍死之……清兵使人守之，將以襲登。至是，來攻旅順。我舟師尚在鴨綠江，旅順空虛，黃龍部將李見等內應，旅順陷，黃龍陣亡，清兵引去。以……。

先前有學者誤稱此書「涉孔有德、耿仲明及清兵事跡皆挖改」，然從崇禎六年敘事記二月十三日「孔有德遯去」、十六日「耿仲明、毛承祿夜遯」、四月十七日「孔有德、耿仲明降於大清」，知該說與真實情況明顯不合。毛霦生於順治七年，曾補「博士弟子員」，[76] 然其在文中稱明軍為「我舟師」，敵對者為「清兵」，字裡行間仍頗認同明政權。[77] 無怪乎，此書觸犯忌諱之文字在文網最密的乾隆時期迭遭剷板或挖改。

按說，書末這段文字應改稱「我舟師」為「明舟師」、「清兵」為「我兵」，然因此本多是使用原雕板重刷（僅卷上首葉改刻，因欲將吳橋之變的首謀自孔有德改成李應元，且提供一些解釋），而非大費周章改刻，遂只能透過

75 哈佛大學燕京圖書館藏李世昌等在康熙五年纂修的《平度州志》，惟因該本避「胤」「弘」「曆」等字，知應是乾隆以後據舊志挖改的後印本。查平度志書在康熙本刊成之後，直至道光二十九年才再度纂修，其間遂有重印康熙本的需求。

76 毛霦著，王曉兵校注，《平叛記校注》，頁 1-2、10-13。

77 王玉來，〈清代張謙宜批《平叛記》初刻本的流傳與價值〉。

剷板的方式，殘留下「孔、耿舟在鴨綠江者尚百餘艘，皮島副將沈世魁遣人悉焚孔舟之在鴨綠江者，東事平」等字句，以簡述此變的結局。

圖表 7.20：《平叛記》中大量被剷去的書末文句。

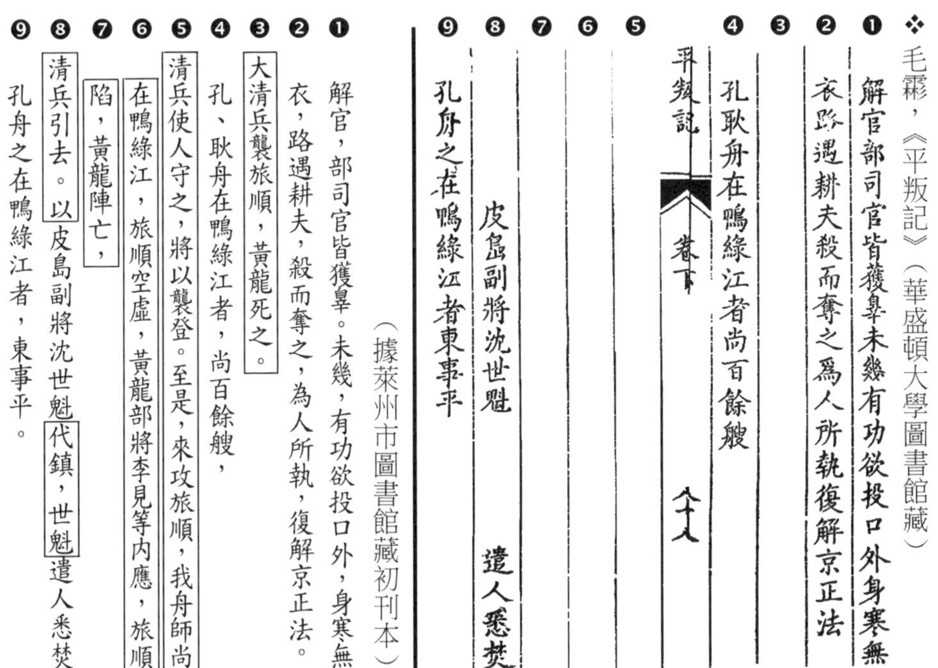

❖ 毛霦，《平叛記》（華盛頓大學圖書館藏）

❶ 解官部司官皆獲辠未幾有功欲投口外身寒無
❷ 衣路遇耕夫殺而奪之爲人所執復解京正法
❸
❹ 孔耿舟在鴨綠江者尚百餘艘
平叛記　卷下　八十八
❺
❻
❼
❽ 皮島副將沈世魁　遣人悉焚
❾ 孔舟之在鴨綠江者東事平

（據萊州市圖書館藏初刊本）

❶ 解官，部司官皆獲辠。未幾，有功欲投口外，身寒無
❷ 衣，路遇耕夫，殺而奪之，為人所執，復解京正法。
❸ 大清兵襲旅順，黃龍死之。
❹ 孔、耿舟在鴨綠江者，尚百餘艘，
❺ 清兵使人守之，將以襲登。至是，來攻旅順，我舟師尚
❻ 在鴨綠江，旅順空虛，黃龍部將李見等內應，旅順
❼ 陷，黃龍陣亡，
❽ 清兵引去。以皮島副將沈世魁代鎮，世魁遣人悉焚
❾ 孔舟之在鴨綠江者，東事平。

四、《內閣大庫檔》中的山西大同鎮圖殘本

清代對「胡虜夷狄」等字的忌諱，並不易讓我們有足夠條件進行文本斷代，有時還需其它訊息的輔助。如中研院《內閣大庫檔》藏有一幅山西大同鎮圖殘本（圖表 7.21），其涵蓋範圍右起廣昌城鎮口堡，左至大同城，共有 20 處記有名稱的城堡，除大同城北關外不遠處的賜勝堡，其餘地名皆

可見於《雲中郡誌》順治九年刊本。然這兩文本均已將一些明末地名避改，如將靖虜、鎮虜、滅虜、寧虜、破虜、平虜、殺胡、破胡、殘胡、威胡、敗胡、阻胡、滅胡等城堡名，以「魯」或「櫓」代「虜」、以「虎」或「狐」代「胡」。[78]

由於大同自明代起即為九邊重鎮之一，而朝廷規定「凡地圖，諸邊腹疆界、地里、遠近、險易，三歲一報」，故臺北故宮博物院仍藏有多達七本的彩繪《大同鎮圖本》（圖表 7.22）。[79] 從圖上的「鎮虜堡」均已被稱作「鎮魯堡」一事判斷，它們應都繪於順治以後。其中四本在弘賜堡與大同城之間皆繪有「孤店堡」，但僅平圖 021379-021382 於弘賜堡與孤店堡間可見一段邊牆；至於平圖 021383-021393、021394、021397 三本，[80] 則在弘賜堡與大同城之間同繪「賜勝堡」，並均見賜勝堡北邊的邊牆，知賜勝堡原名孤店堡，舊名在正德《大同府志》、萬曆《宣大山西三鎮圖說》以及順治九年《雲中郡誌》仍沿用（圖表 7.23）。[81] 今從谷歌或百度地圖上搜尋大同市以北的相應位置，尚可發現古店村、古店鎮、宏賜堡村等地名，這些應皆為孤店與弘賜二名所衍。

---

78 李維楨修，《山西通志》，卷 25，頁 8-10；胡文燁纂修，《雲中郡誌》，卷 5，頁 33-41、卷 7，頁 82-83。

79 王圻，《續文獻通考》，卷 88，頁 25；盧雪燕，〈故宮博物院藏彩繪本《山西邊垣圖》與《山西三關邊垣圖》考述〉。

80 平圖 021394 號是七本當中唯一以滿漢文對照的方式記地名。參見李孝聰、陳軍主編，《中國長城志・圖志》，頁 142-157。

81 顧炎武在康熙初年成書的《天下郡國利病書》中，臚列了大量大同鎮地名，雖可見「孤店堡」，但此應直接抄錄自明正德刻嘉靖增修本的《大同府志》，而非詳加校定的結果。參見顧炎武撰，劉永翔校點，《顧炎武全集》，冊 12，頁 2、冊 14，頁 1935；張欽纂修，《大同府志》，卷 2，頁 11；胡文燁纂修，《雲中郡誌》，卷 7，頁 59。

圖表 7.21：《內閣大庫檔》中的大同鎮圖殘本。

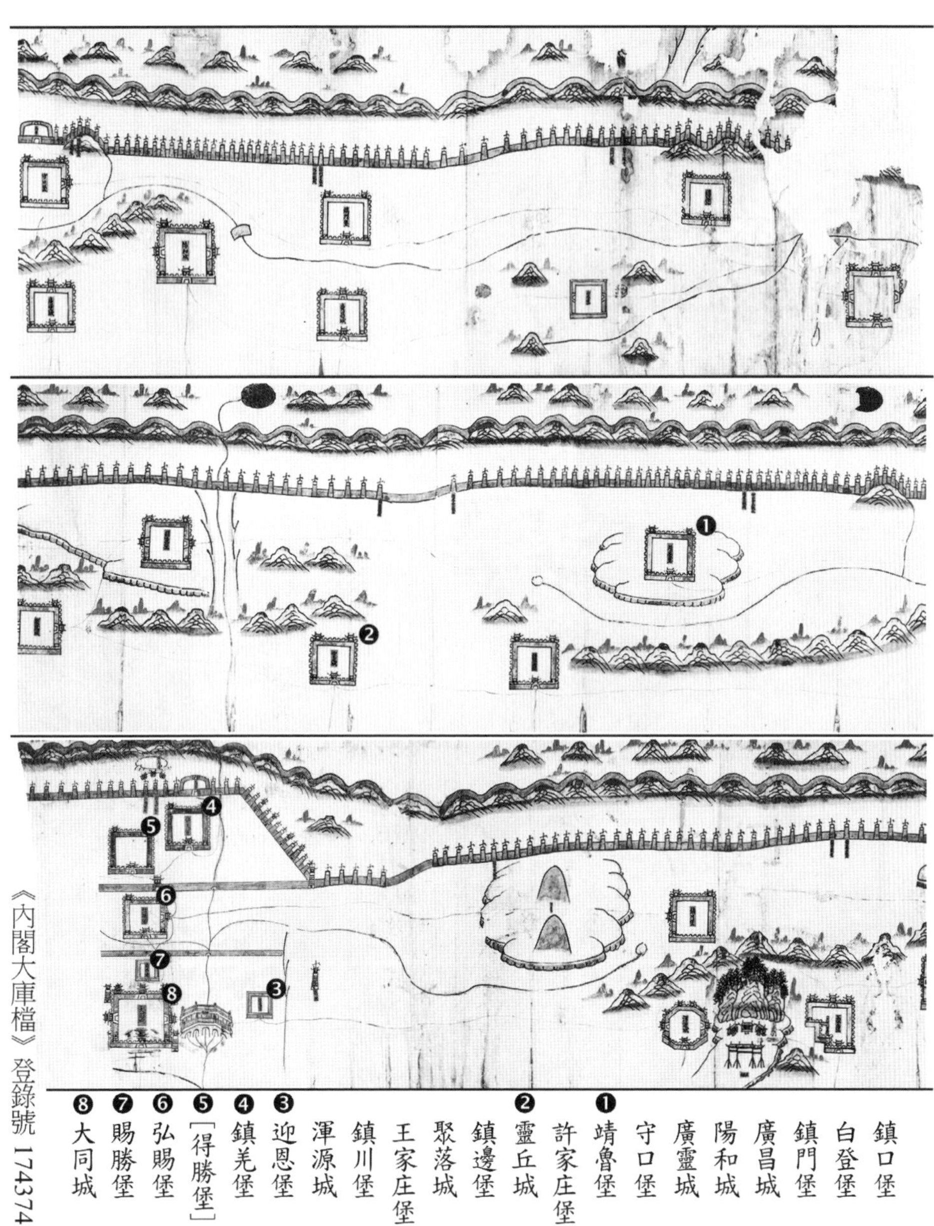

圖表 7.22： 清初各種彩繪《大同鎮圖本》。

❖清初各種彩繪《大同鎮圖本》

❽大同城　❼-a孤店堡

❻弘賜堡　❼賜勝堡

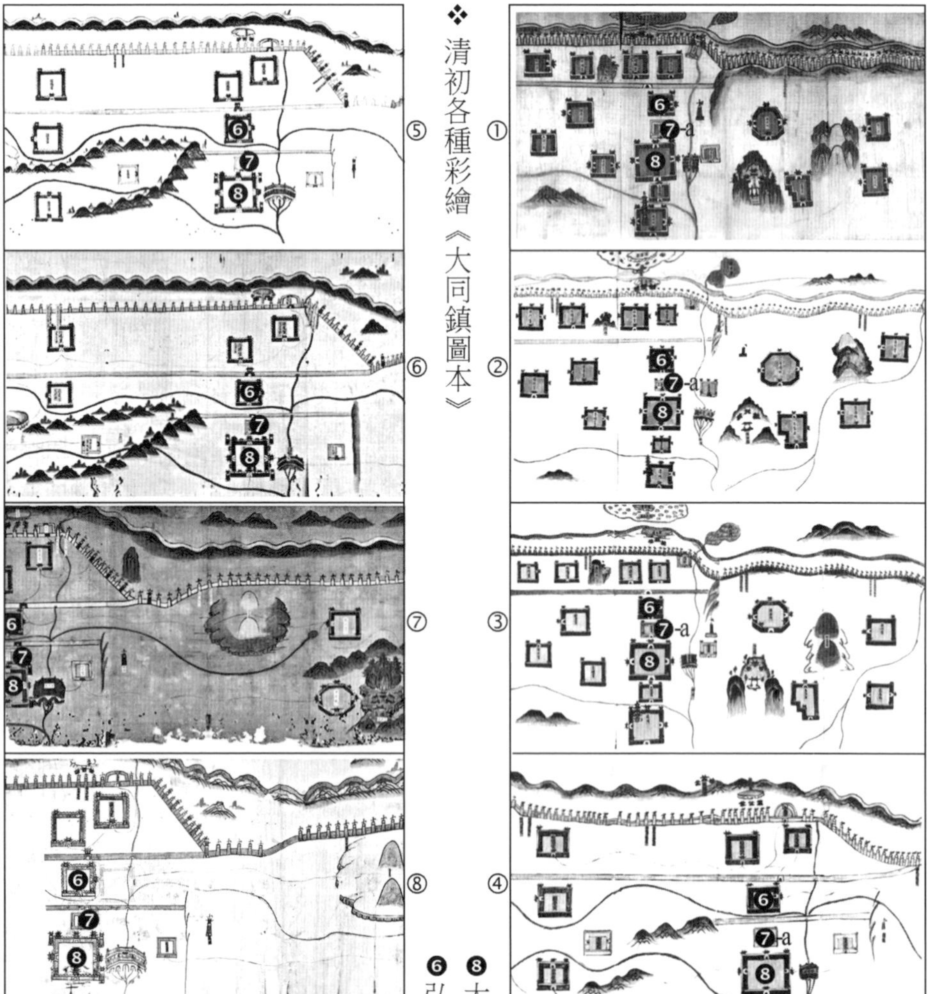

①平圖 021395-021396

②平圖 021398-021399

③平圖 021400-021404

④平圖 021379-021382

⑤平圖 021383-021393

⑥平圖 021394

⑦平圖 021397

⑧內閣大庫檔 174374

圖表 7.23：　大同城北關外不遠處的孤店堡或賜勝堡。

由於萬曆《宣大山西三鎮圖說》尚見孤店堡及其北門外的邊牆，然該堡、牆並未被繪入順治《雲中郡誌》書首的〈雲中郡總圖〉，疑明清鼎革期間的兵燹，已令大同城內外均殘破不堪。查清大同總兵官姜瓖於順治五年十二月據城叛，宣大、山西總督耿焞因此奔逃陽和，六年八月，姜瓖死，清兵就將收復的大同城垣拆除；十月移府治於陽和，旋設陽和府，「大同廢，不立官」；十二年才由新任總督馬之先動工重修大同城，十月從陽和移鎮大同，十一月左右陽和府裁。據順治十三年四月刻石的《重修大同鎮城碑記》，當時因戰爭的摧破，大同城內就像「狐鬼之場」的「蕪城」，到處是頹垣壞壘，順治八年任督糧戶部主事的劉國欽即有「十室九空遺民老，飛鳥仍如鱗集時」的描述。[82] 換句話說，臺北故宮博物院所藏繪有賜勝堡及其北門外邊牆的三本《大同鎮圖本》（圖表 7.22 中編號⑤⑥⑦者），很可能皆為順治十二年重修大同城以後所繪。

查《內閣大庫檔》的大同鎮圖殘本，除記有靈丘城、靖魯堡等名外，亦可見賜勝堡及其外的邊牆。由於「弘賜堡」未避乾隆帝御名上一字，且「靈丘」未依雍正三年十二月敬避孔子聖諱之諭旨改為「靈邱」，知該圖最可能繪於順治十二年至雍正三年間。

又，「賜勝堡」之名理應出自御賜，當地應不敢自行將原本的「孤店堡」改此名，然該堡附近並未聞有過大捷！考大同附近發生的重要史事，自順治五年姜瓖亂起之後，孤店堡最可能獲賜改名的機緣，或與討伐噶爾丹一役攸關：康熙帝於三十五年正月下詔親征，五月撫遠大將軍費揚古大敗噶爾丹於昭莫多，六月回鑾，九月再巡幸北塞，十二月初八日駐蹕右衛城（今山西右玉縣）內，初十日駐左衛城（今山西左雲縣）內，十一日駐高山城（今大同市雲岡區的高山鎮）東，十二日駐大同城內，當時還因軍前需用的馬匹頗多在大同府一帶牧養，故諭命明年大同府屬之州縣、衛所應徵地

82 黃一農，《曹雪芹的家族印記》，頁 97-99。

丁銀米全數蠲免。[83] 康熙帝在此次行經孤店堡時，不知曾否以其名不文，而特別命名為「賜勝堡」，以博取好彩頭（噶爾丹卒於三十六年閏三月）？若果如此，則圖表 7.22 編號①-③之圖，應繪於順治初至順治十二年間（因孤店堡北鄰無邊牆），編號④繪於順治十二年至康熙三十五年間（可見孤店堡及北方邊牆），編號⑤-⑦繪於康熙三十五年之後（可見賜勝堡及北方邊牆），編號⑧繪於康熙三十五年至雍正三年間（可見賜勝堡及北方邊牆，且靈丘堡未避諱）。

五、小結

本章先梳理了雍、乾兩帝對文本中該如何避忌「胡虜夷狄」等字的態度，再以宋・宗澤《宗忠簡集》（對金人）、明・楊繼盛《楊忠愍集》（對諳達）和清・毛霦《平叛記》（對滿人）三書為例，嘗試利用大數據時代的新研究環境，具體掌握不同時空背景下的各個版本，[84] 並探索其如何透過剷板或刪改的方式，拿捏在表述「胡虜夷狄」時的分寸。耙梳前舉三書的康熙刻本，雖當時的諱法並不嚴，但刊刻者仍盡量避免使用「胡虜夷狄」等字。根據雍、乾朝所頒的相關諭旨，知兩帝對「胡虜夷狄」等字本身並不介意，然若其所指乃「滿人」，則就可能被視為「筆墨妄議之事」。

---

83 《清聖祖實錄》，卷 170，頁 845、卷 173，頁 875 及 877、卷 174，頁 880、卷 176，頁 900、卷 178，頁 915；吳輔宏修，王飛藻纂，《大同府志》，卷 8，頁 9。

84 類似的版本比對，先前頗難進行，因同書的不同版本往往不曾一一重印。然近幾年來大量中文古籍被掃描並於網上公開（第 1 章），此發展趨勢對漢學研究正產生重大影響。十多年前筆者為探索《隨園詩話》中涉及《紅樓夢》的記述是否可信，曾嘗試比對各地現存《隨園詩話》內容與版式的異同，發現此書正編有 14、15 或 16 卷本，補遺則出現 1、3、4、6、7、8、9 或 10 卷本等變化，且版式亦有小本、中本、大本、特大本之分別。因頗難獲得各本的影像圖檔，以致對照版本的過程辛苦至極。此一情形現雖已見改善，但仍待各收藏單位（尤其是兩岸三地）更大氣地對外開放。參見黃一農，《二重奏：紅學與清史的對話》，頁 313-350。

接著，筆者又討論了《四庫全書》中的諱改現象。到目前為止，《四庫全書》僅文淵閣本有電子資料庫可供全文檢索。早期許多人誤認館臣只是將底本抄寫為一式七份，而文淵閣位於皇宮大內，品質必定最佳，其它閣本就不重要。近年四庫學研究已頗有推進，知各閣本間的差異比我們想像要大，在乾隆朝對四庫文本大量諱改的背景之下，每一部閣本都保存了不同時期的修改痕跡，但具體的個案研究則尚待積累與深化。

經對乾隆四十二年十一月諭旨點名要求修正的《宗忠簡集》與《楊忠愍集》進行詳細分析後，發現當時似僅將文淵閣本兩書的部分內容遵旨回改。而不同閣本雖因分享共同底本導致文字呈現相近脈絡，卻又保存了館臣抄寫時因自我審查所諱改的個別特色。事實上，每一閣本在經過不同的諱改後，已形成不同的版本。這兩部書即清楚顯現不同編者在考慮避諱用語時的不同思路，證明四庫館在編寫時並無固定諱例，此一與過去認知頗異的樣貌，提示了四庫學新的研究角度。至於此二書是否具有代表性，經史子集四部在避諱的寬嚴上是否有差異？亦值得學界進一步探討。

最後，則討論了《平叛記》不同版本間的文字挖改與剷板問題。書中所記載的崇禎朝「吳橋之變」，是明末重大歷史事件，對清代的肇建有莫大影響。該書初刊於康熙五十五年，由於當時對國諱不太講究，編刻者遂自行拿捏行文用字的尺度。然因雍正十一年曾諭稱，刊寫書籍凡遇「胡虜夷狄」等字，一律不得忌諱，因反有以滿人亦為胡虜夷狄之嫌，加上乾隆三十七、八年開始大規模禁燬違礙書籍，故雖無直接查禁此書之令，重刻時恐因畏懼犯忌，遂對文字進行了缺避、改字或剷板。如原刻本卷首所提及兵變的關鍵人物「孔有德」，因降清後封王且殉清，故在乾隆挖改本中，其名甚至被直接改成「李應元」。又從書中所收錄的錢謙益文章，錢氏之名均遭剷板一事，亦可判斷挖改本或出現於乾隆四十一年十一月（當時曾諭命各書內若有錢氏詩文均應削去）之後。

此外，原刻本中改動了有些本來就以「夷」字稱呼的字句，如將「紅夷」「滅虜」等火砲名作「紅𡰥」「滅鹵」，「夷漢丁」「夷丁」「夷目」「降夷」中的「夷」字亦皆作「彝／彛」，但挖改本會因不敢犯忌，寧願犧牲內容的完整度，連「彝／彛」字都常剷去。再者，因挖改本中的「玄」「鉉」「弦」「胤」「弘」「曆」「丘」等字皆缺筆，知其確刊行於乾隆以後。

乾隆帝於四十七年十一月初七日重申「蠻夷戎狄」僅是地名，不需避諱，並特別強調儒家經典如《孟子》等都沒有避諱的必要，稱：

> 至於東夷、西戎、南蠻、北狄因地而名，與江南、河北、山左、關右何異？《孟子》云：「舜為東夷之人，文王為西夷之人」，此無可諱，亦不必諱。但以中外過為軒輊，逞其一偏之見，妄肆譏訕，毋論桀犬之吠，固屬無當……。[85]

但無論四十九年抄成的《文津閣四庫全書》、五十二年抄成的《文瀾閣四庫全書》，或民間書肆的出版物，仍依舊常避諱這些已多次被諭命不必有諱的語詞。究竟是文字獄過於駭人，導致大家寧願違背聖旨也不敢不「用力避諱」？抑或上諭的推行不廣不力？還是四庫所收書籍眾多，館臣無暇逐一細判，為避免麻煩，遂將可能的違礙字句一併避改？此問題或許很難歸因於單一的標準答案。

85 中國第一歷史檔案館編，《乾隆朝上諭檔》，冊 11，頁 462。

【後記】

本章所涉及的文津閣、文瀾閣《四庫全書》皆尚未數位化，且避諱字的缺筆、改筆或異體，亦多是目前各個資料庫無法藉由搜尋加以析分的，以致相關研究常需逐頁、逐字以人工進行比對。此外，目前的全文資料庫不乏出現錯字，故所查索到的文獻，也必須仔細核校。亦即，大數據雖提供了尋找材料的便利性，但研究仍應建立在傳統文獻學與文史基本功的基礎之上，才能相輔相成。

前文對日本藏書的搜尋，已經運用京都大學建置的「全國漢籍データベース」，並輔以國立情報學研究所「CiNii Books - 大学図書館の本をさがす」「国書データベース」「ADEAC（アデアック）：デジタルアーカイブシステム」，還地毯式地耙梳國立國會圖書館、東洋文庫、宮內廳書陵部、國立公文書館、東京國立博物館、京都國立博物館、奈良國立博物館、靜嘉堂文庫、神奈川縣立金澤文庫、各大學圖書館，[86] 以及 WorldCat、HathiTrust、「日本の古本屋」「古本と古書の一括検索・通販ならスーパー源氏」等目錄。至於大陸地區，主要參據「全國古籍普查登記基本數據庫」。臺灣地區的相關原典，更是將每一本都從善本特藏中調出，親自寓目。

本研究雖仍未能窮盡所有存世版本，但在幾個月內即已藉由大數據蒐羅到頗多關鍵文本，並透過其具體影像進行對比研究，這種情形很可能是以傳統方法窮經皓首的學者們很難想像的。年輕文史工作者應不負此 e 時代提供的新機遇，起而挑戰各自領域的學術高峰。

---

[86] 包含東京大學、京都大學、東北大學、早稲田大學、慶應義塾大學、九州大學、北海道大學、神戶大學、京都外國語大學、金澤大學、學習院大學、名古屋大學、龍谷大學、大谷大學、天理大學、大阪大學、同志社大學、南山大學、佛教大學、立命館大學、筑波大學、大東文化大學、東京外國語大學、國學院大學、明治大學等。

第八章　嘉慶朝的避諱

本章釐正清代避端慧皇太子永璉的諱例應起自嘉慶九年，帝為表達對該已故兄長的尊敬，諭命新任錦州知府的善璉將下一字改成「連」，但當時並未令所有官員一體遵行，而是留下自行選擇的空間。稍後因規定參加會試的考生不得以「璉」字命名（但未要求低階官吏及百姓須嚴遵），故直迄清末，上層官場少有人名出現「璉」字。至於平常書寫或刊刻書籍時，遇「璉」字雖有改字者，惟未避者更多。據此，我們應無法單純藉由「璉」字的未改避，來推斷文本年代（如出現賈璉一角色的《紅樓夢》脂本）。

一、與嘉慶帝御名顒琰相關的諱例

或因避諱的多樣性及複雜性在乾隆朝達到高潮，乾隆帝為使相關作法更合乎人性，於四十一年十一月十二日提出一套改進方案（圖表 5.4），[1] 稱：

> 如「永」字世所習用，而體義亦不宜缺筆，「綿」字為民生衣被常稱，尤難迴避，且皇子輩「永」字乃皇祖欽定，皇孫輩「綿」字則朕所命名，而近派宗支蕃衍，依次取名者，愈久愈多，我世世子孫，自必遵朕舊章，不令改易。

亦即，認為皇子的行字乃皇帝欽定，故不應因新帝登基而改易。同諭更進而主張「與其改眾人之名以避一人之名，莫若改一人之名，使眾無可避」，也就是改新帝御名中的行字成音近之罕用字，並明定以「顒」代「永」，以「旻」代「綿」；至於滿名，則不必改避。又因擔心後世臣工不能深體其意，以致「妄謂於心不安，輕有所請」，他還下令：

1 《清高宗實錄》，卷 1020，頁 680-681。

> 此旨著軍機大臣敬謹存記，並繕錄二通，一交內閣封存，一令阿哥等於書房恭貯敬識。朕常有願，俟春秋八十有五，即當歸政，至時再行宣示。

指稱待己於八十五歲禪位時，將再度宣示此一命令。

因不欲在位長過祖父康熙帝，乾隆帝於六十年九月初三日（登基恰滿六十週年）冊立皇十五子嘉親王永琰為皇太子，並依其先前已公開的規劃，改永琰之名為「顒琰」（圖表 8.1），且宣布明年退位，建元嘉慶。其諭有云：

> 皇太子名上一字改書「顒〔原文或作“顒”，此應為後世史官所諱改〕」字，其餘兄弟及近支宗室一輩以及內外章疏，皆書本字之「永」，不宜更改，清書缺寫一點，以示音同字異，而便臨文。

將「永」字的滿文“”缺寫一點變成“”。初六日，又諭稱滿人常用顒琰的下一字命名，故繕寫滿名時，遇「琰」字即旁加一點變成“”，其它單寫或連寫此字時，俱不必迴避，仍照舊書寫（圖表 8.1）。

嘉慶四年正月初三日太上皇乾隆帝崩殂，二月二十四日諭命：

> 現在會試屆期，士子文藝詩策內，於朕名自應敬避，如遇上一字，著將「頁」字偏旁缺寫一撇一點，書作「顒」字，下一字將右旁第二「火」字改寫「又」字，書作「琁」字，其單用「禺」字、「頁」字、「炎」字俱毋庸缺筆。至乾隆六十年以前所刊書籍，凡遇朕名字樣，不必更改，自嘉慶元年以後所刊書籍，均著照此缺筆改寫。

知嘉慶帝在親政後，又規定科考時遇御名二字應分別改成「顒」「琁」，但未將下一字「琰」寫成「琁」的作法，擴展至其它以「炎」為偏旁的字。我們在「中國方志庫」可查得的「剡」「棪」「惔」「炎」「餤」「掞」等字，就大多未缺筆，或將偏旁中的第二個「火」字改寫成「又」，但偶仍可見將「琰」寫成「琁」、「談」寫成「諚」的情形。[2]

四年十一月又因滿文避諱之事諭命內閣，稱：

> 禮部查奏：嘉慶元年以後換鑄印信時，將湖南永綏廳及直隸永年等縣，已於清字篆文「永」字闕點，惟各省舊印尚未查改，實為疏忽，請交部察議等語。各省文武衙門印信，應隨時蓋用，其清篆有與朕名上一字同音者，自當一體闕筆，著照所請，通行各省，均照四川永寧道印信之例辦理。至另片所稱殿名、門名，清字未經闕點者，請一體改正。又，嘉慶元年以前王公等冊誥未經闕點者，應令宗人府查明繳回修改等語。殿名、門名由來已久，未便另易，至王公等冊誥，係皇考頒發，且祇係敬謹供奉，非印信常用者可比，俱無庸一體修改。[3]

諭命將各省文武衙門印信上之清文篆字有與「永」同音者，均改成缺寫一點，但殿名、門名以及王公冊誥，則無庸更改。

嘉慶朝以後的文獻並不常見「顒」「琰」二字，經查「中國方志庫」中的相關用例，發現除嘉慶七年《耀州志》（15 個「琰」字均未避）及嘉慶十三年《東昌府志》（19 個「顒」「琰」中有 9 個未避）等外，各志書通常多循官方諱例。但以另類方式（如各式各樣缺筆）敬避的情形亦不少見，其中只缺末筆者居多（圖表 8.2 及 8.3）。嘉慶五年二月山東登萊青道祝雲棟因在漢文奏摺中將「永」字缺筆，遭嚴行申飭，諭稱「“永” 字缺寫末一筆，竟不成字。乾隆六十年欽奉皇考諭旨，特賜朕名，天下臣民，皆所共知。“永” 字本無可避，何庸缺筆。」（圖表 8.1）

---

[2] 如在嘉慶十三年《如皐縣志》（7 例）、十八年《洪雅縣志》（4 例）、十八年《無錫金匱縣志》（6 例）三書中，所有的「琰」均作「琁」。又，嘉慶四年《桐鄉縣志》的 15 個「談」字中，亦有 11 個作「諚」。

[3] 《清仁宗實錄》，卷 55，頁 719。

乾、嘉時代的書法家鄧石如，原名琰，因避嘉慶帝御名，改以字行；嘉慶《雷州府志》在記雍正朝歲貢翁祥琰時，編輯者曾自行將其名改書為翁祥炎；[4] 嘉慶《海康縣志》亦將洪武二十六年舉人宋繼顒之名更為宋繼禺（圖表 8.2）。又，張惟驤《歷代諱字譜》稱「殿板書遇周顒等古人名，皆改作禺」（圖表 1.6），經查董誥等編《欽定全唐文》嘉慶內府刻本，確未見任何「顒」字，只見諱改後的「周禺」「李禺」「邢禺」「何禺」等人名，惟嘉慶以後出版的殿本是否皆改「顒」為「禺」，仍待考。

《欽定四庫全書總目》初編於乾隆四十六年二月，翌年七月定稿。學界通常稱原浙江按察使謝啟昆等在六十年十月刊竣者為「浙本」（浙江大學圖書館現藏一本），[5] 同年十一月十六日武英殿刻本（中國國家圖書館藏一本）成書，是謂「殿本」。[6] 兩本皆避諱六十年九月初三日才剛被立為東宮之顒琰（已宣布明年登基）：殿本的「琰」多缺末筆（107 處有 4 處漏避），浙本則改成 14 個「琰」、6 個「炎」、82 個「琬」，5 個漏避；殿本的「顒」多缺末筆（55 處有 2 處漏避），浙本則改成 46 個「容」、1 個「永」，8 個漏避。由於當時尚未規定「顒」「琰」如何諱改（因其仍為皇太子身分），知此舉乃自發行為。又，前述殿本應不難在付印前剷去其中「顒」「琰」的末筆；但對主要以改字敬避皇太子名諱的浙本而言，若需在約一個多月內將犯諱的百餘字挖改，[7] 雖較殿本難，仍屬可能。當然，也不排除此兩本是在顒琰即位後不久才挖改的可能（故未依四年二月改成「顒」「琰」之諱例）。

---

4 安徽通志館纂修，《安徽通志稿》，列傳，卷 10，頁 12；雷學海修，陳昌齊纂，《雷州府志》，卷 15，頁 61。

5 兩浙學政阮元於乾隆六十年十一月朔抵杭州，其視學之初，浙本適刊成。參見崔富章，〈《四庫全書總目》武英殿本刊竣年月考實："浙本翻刻殿本"論批判〉。

6 夏長樸，〈《四庫全書總目》「浙本出於殿本說」的再檢討〉。

7 或將第一波發現的 46 個「顒」和 82 個「琰」剷板，並分別嵌入音義相近的「容」「琬」；然遇「琬琰」連用，就改作「琬炎」；次將繼找出的 14 個「琰」缺末筆。

圖表 8.1：《清實錄》中有關敬避嘉慶帝御名的規定。

❖《清高宗實錄》，乾隆六十年九月初三日條

天聽維聰朕志先定難以勉順羣情茲於十月朔日頒朔用是諏吉於九月初三吉日御門理事召皇子皇孫王公大臣等將癸巳年所定密緘嗣位皇子之名公同閱看立皇十五子嘉親王▇▇為皇太子用昭付託定制孟冬朔頒發時憲書其以明年丙辰為嗣皇帝嘉慶元年俟朕長至齋戒後皇太子即移居毓慶宮以定儲位皇太子生母

（中略）

例具奏皇太子名上一字改書顒字其餘兄弟及近支宗室一輩以及內外章疏皆書本字之永不宜更改清書缺寫一點以示音同字異而便臨文至朕仰承

卷1486，頁859-860

❖《清高宗實錄》，乾隆六十年九月初六日條

成德為戶部侍郎○甲寅諭向例皇帝之名理應避寫明歲即行歸政皇太子名下一字乃舊有清語又係常用之字毋庸迴避朕意皇太子名下一字旁加一點繕寫❶▇字嗣後單寫連寫之❷字俱不必迴避仍照舊書寫

卷1486，頁866

❶　❷

❖《清仁宗實錄》，嘉慶四年二月二十四日條

凡筵前供奠○諭內閣現在會試居期士子文藝詩策內於朕名自應敬避如遇上一字著將頁字偏旁缺寫一撇一點書作顒字下一字將右旁第二火字改寫又字書作琰字其單用禺字頁字炎字俱毋庸缺筆至乾隆六十年以前所刊書籍凡遇朕名字樣不必更改自嘉慶元年以後所刊書籍著照此缺筆改寫）

卷39，頁461-462

五年二月十八日條○辛丑諭內閣祝雲棟奏請將民閒應納錢糧以穀代銀一摺所奏斷方官買補倉穀若非豐收應補之年尚不准各州縣率行採買恐糧價增昂有妨民食祝雲棟即因調劑倉儲起見自有舊定章程可以遵辦何得率請以穀代銀實屬全不曉事至摺內於永字缺寫末一筆竟不成字乾隆六十年欽奉

皇考諭旨

特賜朕名天下臣民皆所共知永字本無可避何庸缺筆祝雲棟係科甲出身現任道員豈於中外通行文字尚不諳曉則其辦理地方事務不能留心更可概見

卷60，頁789-790

圖表 8.2：「中國方志庫」中對「顒」「琰」二字的缺改。

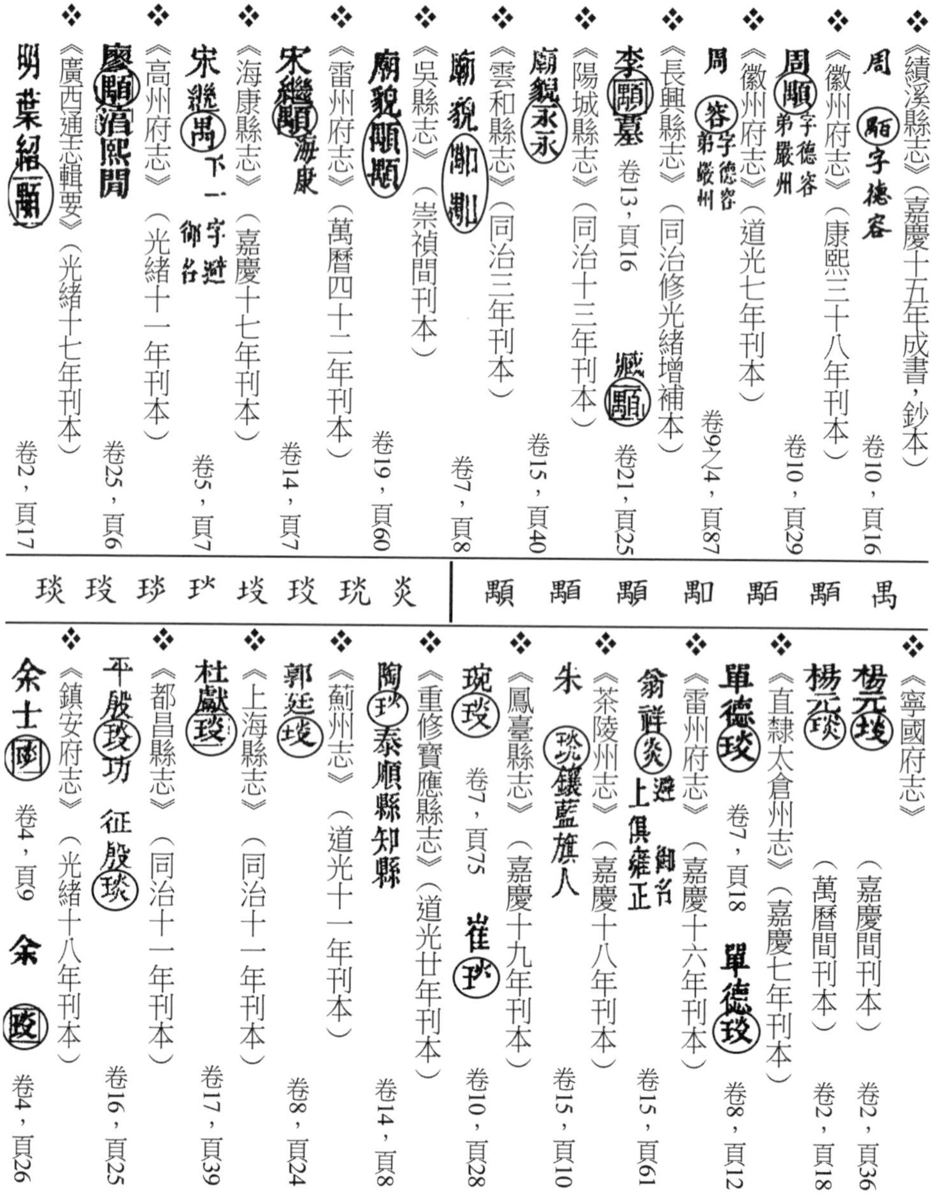

❖《績溪縣志》（嘉慶十五年成書，鈔本）卷10，頁16　周顒字德容

❖《徽州府志》（康熙三十八年刊本）卷10，頁29　周顒字德容弟嚴州

❖《徽州府志》（道光七年刊本）卷9之4，頁87　周顒字德容弟嚴州

❖《長興縣志》（同治修光緒增補本）卷13，頁16　李顒臺；卷21，頁25　臧顒

❖《陽城縣志》（同治十三年刊本）卷15，頁40　廟貌永永

❖《雲和縣志》（同治三年刊本）　廟貌顒顒

❖《吳縣志》（崇禎間刊本）卷7，頁8

❖《雷州府志》（萬曆四十二年刊本）卷19，頁60　廟貌顒顒

❖《海康縣志》（嘉慶十七年刊本）卷14，頁7　宋繼顒海康

❖《高州府志》（光緒十一年刊本）卷5，頁7　宋繼禺下一字避御名

❖《廣西通志輯要》（光緒十七年刊本）卷25，頁6　廖顒湞熙間；卷2，頁17　明葉紹顒

琰　琰　珱　玖　埮　玟　琺　炎 | 顒　顒　顒　鄖　顒　顒　禺

❖《寧國府志》（嘉慶間刊本）卷2，頁36　楊元琰

❖（萬曆間刊本）卷2，頁18　楊元琰

❖《直隸太倉州志》（嘉慶七年刊本）卷7，頁18　單德琰；卷8，頁12　單德琰

❖《雷州府志》（嘉慶十六年刊本）卷15，頁61　翁祥炎避御名上一字雍正

❖《茶陵州志》（嘉慶十八年刊本）卷15，頁10　朱琰鑲藍旗人

❖《鳳臺縣志》（嘉慶十九年刊本）卷7，頁75　琬琰；卷10，頁28　崔琰

❖《重修寶應縣志》（道光廿年刊本）卷14，頁8　陶琰泰順縣知縣

❖《薊州志》（道光十一年刊本）卷8，頁24　郭廷琰

❖《上海縣志》（同治十一年刊本）卷17，頁39　杜獻琰

❖《都昌縣志》（同治十一年刊本）卷16，頁25　平殷琰坊　征殷琰

❖《鎮安府志》（光緒十八年刊本）卷4，頁9　余士琰；卷4，頁26　余琰

圖表 8.3： 嘉慶至宣統朝志書中避諱「顒」「琰」二字的統計。

「中國方志庫」書名*	依規改避	缺末筆	不避諱	依規改避	缺末筆	不避諱
	顒	顒	顒	琰	琰	琰
嘉慶《東昌府志》	2	0	3	8	0	6
嘉慶《廬州府志》	2	0	0	10	0	0
嘉慶《直隸太倉州志》	3	0	0	10	0	0
嘉慶《臨桂縣志》	10	0	1	3	0	0
嘉慶《溧陽縣志》	2	0	0	9	3	0
嘉慶《湖南通志》	31	0	0	2	0	0
嘉慶《耀州志》	0	0	0	0	0	15
嘉慶《長興縣志》	14	8	0	1	0	0
道光《永州府志》	6	0	0	7	0	4
道光《遵義府志》	2	0	0	15	0	0
道光《重修儀徵縣志》	0	0	0	28	0	0
道光《浮梁縣志》	4	0	0	11	0	0
道光《崑新兩縣志》	1	0	0	12	0	2
道光《貴溪縣志》	7	0	0	10	0	0
道光《南海縣志》	12	0	0	2	0	0
道光《鎮原縣志》	11	0	0	0	0	0
道光《富順縣志》	12	0	0	0	0	5
道光《嵊縣志》	32	0	0	0	0	0
咸豐《大名府志》	1	0	1	5	0	9
咸豐《重修棗陽縣志》	4	0	1	9	0	1
同治《廣信府志》	20	0	1	23	0	9
同治《徐州府志》	0	0	0	25	0	1
同治《南昌府志》	14	0	0	23	0	2
同治《建昌府志》	12	1	0	13	0	1
同治《湖州府志》	0	0	0	2	7	1
同治《臨江府志》	3	0	0	9	0	1
同治《沅州府志》	0	0	1	0	0	49
同治《連州志》	19	0	0	0	0	1
同治《嵊縣志》	36	0	1	0	0	2
同治《番禺縣志》	12	0	1	4	0	1

「中國方志庫」書名*	依規改避	缺末筆	不避諱	依規改避	缺末筆	不避諱
	顒	顒	顒	琰	琰	琰
同治《貴溪縣志》	7	0	0	13	0	1
同治《永新縣志》	2	1	0	9	0	2
同治《東鄉縣志》	0	0	0	3	0	8
同治《豐城縣志》	1	0	0	10	0	0
同治《廣豐縣志》	16	0	0	0	0	0
同治《泰和縣志》	5	0	2	3	0	12
同治《棗陽縣志》	1	0	0	10	0	0
同治《安福縣志》	10	0	0	3	0	0
光緒《麻城縣志》	1	0	0	0	0	12
光緒《崑新兩縣續修合志》	2	0	0	13	0	2
宣統《重修恩縣志》	0	0	1	0	19	5
宣統《續蒙自縣志》	0	0	0	0	0	13
42 種嘉慶至宣統朝志書	317	10	13	305	29	165

* 僅列出「顒」或「琰」（含其缺改字）出現次數超過 10 次的志書。

嘉慶七年十二月廣南的阮福映滅安南，遣使向清廷入貢，建元嘉隆，八年六月受封為越南國王。[8] 然因其國新立，「恐未必即能知天朝諱名之義」，[9] 故禮部左侍郎莫瞻菉於八月初八日奏稱「臣等擬於該貢使回國時，由臣衙門敬謹將應行避寫代字樣開具清單，知照該國，於嗣後所進表文內，知所遵循，留心檢點，以著下國敬事之誠，以昭四海同文之治」，同日奉旨：「除緬甸不識漢字各國外，其用漢字表文朝鮮等國，著查前于嘉慶元年如未經通行知照，此次着一併行知。」《同文彙考》就收錄了朝鮮國王所接到的照會。[10] 八年十一月清廷以咨文告知朝鮮該如何避寫聖諱、廟諱與御名（圖表 8.4），再度要求藩屬國應敬謹書寫以凸顯宗藩關係。

8 許文堂，〈十九世紀清越外交關係之演變〉。

9 恭阿拉等修，《欽定學政全書》，卷 23，頁 4。

10 鄭昌順等編，《同文彙考》（奎章閣藏本），原編續，敕諭一，頁 4。

然藩屬國似乎只有在外交文書上，才謹守清帝名諱。查《朝鮮王朝實錄》中有關「顒」「琰」二字的寫法，即可發現純祖在位時 (1800-1834)，不僅多次直書中國當朝嘉慶帝的御名，亦屢見未避諱「玄」字（圖表 8.4）。類此不避清朝廟諱與御名的情形，也可見於朝鮮其它的實錄。

嘉慶十二年四月因御史程世淳奏請敬避關帝神諱一事，諭內閣曰：

> 關帝在我朝靈應昭著，一切祀典，備極隆崇。至敬避名諱，專係本朝臣子尊奉君上之義，前代帝王及往哲、神明，其名概不避用，蓋臨文不諱，垂訓《禮》經。況關帝祠宇廣遠，薄海臣民皆知敬祀，其於神諱亦必不敢輶褻，正無庸官設科條，頒為令甲〔原指第一道詔令，後為法令的通稱〕。[11]

認為避諱無庸擴及「前代帝王及往哲、神明」，且臣民本知敬祀，必不敢褻瀆，故無需訂定諱法。[12]

又，臺北故宮博物院藏清史館纂修的傳稿，其中《皇子傳》卷 6 記嘉慶十七年五月「以武英殿刻《高宗聖訓》譌書廟諱，罷永璇管理武英殿御書房處差，仍罰王俸三年」。[13] 儀親王永璇的俸祿依例是歲給銀萬兩，他自乾隆四十二年三月起長期管理武英殿事務，至嘉慶十七年才因譌書廟諱遭罷並罰俸。永璇雖於十八年的林清之變時，以督捕勤勞，免除先前一切處分，[14] 但他或仍是清代因犯諱曾遭罰銀最多之人。

11　《清仁宗實錄》，卷 177，頁 328。

12　同治六年江蘇學政鮑源深亦曾奏請敬避關帝聖諱，同樣遭駁回。參見奎潤等修，詹鴻謨等纂，《欽定科場條例》，卷 42，頁 21-23。

13　臺北故宮博物院文獻編號 701007309。

14　宗譜編纂處編，《愛新覺羅宗譜》，冊甲，頁 142；趙爾巽等，《清史稿》，卷 221，頁 9093-9094。

圖表 8.4：《朝鮮王朝實錄》中有關「顒」「琰」二字的寫法。

❖《朝鮮王朝實錄》

因持平沈普永上疏尹琰書院擅享有無關問於湖西嶺南兩道矣查報今始

純祖元年（嘉慶六年）八月初九日條，卷3，頁33

臣十亂而婦人有焉愉色婉容恭承　殿宮之樂陰功玄化用答臣民之情於

卜六禮咸宜漢宮之寶冊初宣百祿鼎至載是琬琰諧我琴鐘蓋闡天地交泰

議政李時秀漢城府判尹李敬一持節備禮冊命為王妃朱鴈玄端賁儀文於

純祖二年（嘉慶七年）十月十三日條，卷4，頁38

為成均館大司成○庚申進講○召對○北京禮部以諱名代寫咨文出送聖
祖仁皇帝聖諱上一字為書經元德升聞句內首一字應以元字恭代下一字
左從火右從華應以煜字恭代世宗憲皇帝聖諱上一字為詩經永錫祚允句
內第四字應以允字恭代下一字左從示右從真應以禎字恭代高宗純皇帝
聖諱上一字為易經含宏光大句內第二字應以宏字恭代下一字為書經歷
象日月星辰句內首一字應以歷字恭代皇上御名上一字為易經有孚顒若
句內第三字應將頁字偏旁缺寫一撇一點下一字為書經宏璧琬琰在東序
句內第四字應將右旁第二火字改寫又字至聖諱加有偏旁之字無論音義
是否相諧俱敬缺一筆相應知照○辛酉次對　大王大妃曰國典元子外子

純祖三年（嘉慶八年）十一月二十九日條，卷5，頁45

龍輔等曰以　聖上篤摯之孝興民顒祝之情賀儀猶云不足而千萬意外法

純祖三年（嘉慶八年）十二月十七日條，卷5，頁49

穪維新冲鑑在上二字琬琰垂鴻烈於無窮百世珪璋降駿命於不已知經筵趙鎭寬

純祖五年（嘉慶十年）三月二十二日條，卷7，頁16

之謂務順人心有孚顒若也總挈經傳言意備盡聖謨洋洋無以加矣率是而

純祖二十七年（道光七年）二月十八日條，卷28，頁31

二、涉及顒琰兄長端慧皇太子永璉的諱例

永璉乃乾隆帝最摯愛之孝賢皇后所生的嫡長子，帝因極喜愛永璉，登基不久即將其名密貯於「正大光明」匾額之後，欲以之為儲君，但不意竟於三年十月夭折，年僅九歲，冊贈皇太子，諡端慧。永璉是有清一代百餘位皇子當中，唯一依皇太子儀注下葬者。[15] 乾隆帝為其園寢造「享殿五間，兩廡各五間，大門五間，琉璃花門三座，燎爐一座，覆以綠瓦」，當中的配殿、神廚庫及井亭均為其他皇子所無，且挑披甲 40 名在其陵當差。[16] 嗣後的祭祀之儀更比一般的親王、皇貴妃要高，每年於清明、中元、冬至、歲暮的四時大祭，均由皇帝欽點王公大臣前往致祭，規格近乎帝、后，直至宣統三年溥儀正式退位方止。[17]

嘉慶九年以「與端慧皇太子名同」為由，先後命新任的錦州知府善璉以及報捐貢生的奉天鑲黃旗附生王璉，改其名中末一字為「連」(圖表 8.18)。[18] 嘉慶帝對異母兄永璉的敬謹態度，應頗受其父影響。乾隆帝於六十年九月冊立永琰為皇太子時，除改其名之上一字為「顒」（避免其兄弟將來均需因避御名而改字），還在宣布此事的詔書中，特別提及永璉在生前已被秘密立儲且死後冊贈為皇太子。翌年元旦嘉慶帝登基，三月旋奉太上皇之命詣永璉的園寢酹酒，太上皇也親赴孝賢皇后陵（位於河北遵化昌瑞山的裕陵，與

15 本節改編自拙文〈對清代端慧皇太子永璉諱例的 e 考據〉(2023)，另參見拙文〈史實與傳說的分際：福康安與乾隆帝關係揭祕〉(2013)。

16 《清高宗實錄》，卷 83，頁 311、卷 192，頁 469。

17 如帝、后大祭時，膳品桌擺放 18 盤碗，餑餑桌擺放 65 盤碗，而端慧皇太子則分別是 17 盤碗和 63 盤碗。參見《清實錄・宣統政紀》，卷 65，頁 1200；徐廣源，〈清代唯一的皇太子園寢〉。

18 杜受田等修，英匯等纂，《欽定科場條例》，卷 42，頁 13；《嘉慶道光兩朝上諭檔》，冊 9，頁 137；《清仁宗實錄》，卷 128，頁 733。

北京的直線距離逾百公里）前告知自己內禪之事，知孝賢皇后母子在乾隆帝的心目中地位甚高。[19]

乾隆五十一年十一月河南伊陽縣知縣孫岳灝被奸民所殺，書辦夏璜因逃亡被捕，諭旨稱：

> 犯名夏璜，伊堂兄又名夏璉，其所取名字竟與大阿哥、二阿哥相同，雖取名原無一定，但何以不名「瑚」「璉」，而適取「璜」「璉」二字，恐該犯亦係邪教，有心僭犯，並著畢沅留心訪察。[20]

「瑚」「璉」二字常連用（見後文），是古代宗廟盛黍稷的禮器，夏曰「瑚」，殷曰「璉」，亦用以比喻治國安邦之才。《魏書》即稱李平「實廊廟之瑚璉，社稷之楨幹」，蘇軾也以「念君瑚璉質，當今臺閣宜」句譽其表弟程之邵。乾隆帝指稱「璜」「璉」二字較少連用，遂質疑夏璜和夏璉的取名恐「有心僭犯」。

查乾隆朝的皇長子永璜和皇次子永璉分別生於雍正六年和八年，夏家以「璉」「璜」兩字為相繼出生（時間不詳，但應在雍正八年以後，否則不會被斥責是蓄意取此二名）的堂兄弟取單名，或非有意「僭犯」，因前人其實不乏類似情形：如萬曆十四年進士曹璜及萬曆二十九年進士曹璉即為兄弟；[21] 孔子的後代孔衍典有二子興璜、興璉；[22] 浙江李學鵬生士璉、士璜二子；[23] 雍正七年生的丁錦雲有子汝璉、汝璜；[24] 江蘇尤起鳳有宗瑚、宗璉、宗

19 黃一農，〈史實與傳說的分際：福康安與乾隆帝關係揭祕〉。
20 《清高宗實錄》，卷 1269，頁 1107-1108。
21 陳食花修，鍾鍔等纂，《益都縣志》，卷 7，頁 34-35、40。
22 孔尚任等，《孔子世家譜》，卷 21，頁 37。
23 李慧等修，《三江李氏宗譜》，卷 5，頁 22。
24 丁寶書纂修，《無錫南塘丁氏真譜》，卷 4，頁 4-5。

璜等子。[25] 乾隆帝對早逝之永璉應仍念念在心，[26] 從他並未直斥夏璉取名一事有違諱例，可略知當時應無避端慧皇太子之名的規定。

然因龍啟瑞與黃本驥於道光十八年初刊之《字學舉隅》中有云：

> 端慧太子諱：上一字「永」不諱，下一字左「玉」右「連」，仁宗睿皇帝面諭臣工避書作「連」（場屋〔代指科舉考試〕不必用此字）。[27]

道光二十六年黃本驥刊行之《避諱錄》，亦同稱此字「應試詩文不得用，士子不得以此命名」，[28] 這些似又反映清代有「璉」字之諱。

先前學界對清朝究竟曾否或何時開始敬避「璉」字，其嚴謹程度又為何，一直欠缺詳盡析探。而紅圈中人對此課題的興趣尤高，此因《紅樓夢》要角王熙鳳的丈夫即名為賈璉，然各早期鈔本、程高本以及後出的各刻本，皆未缺筆或改字，「璉」字的寫法可否用於斷定這本小說的版本，遂在該領域引發頗大爭議。

劉廣定 (2000) 指出唐邦治 (1875-1953)《清皇室四譜》記永璉曰：

> 三年戊午十月初二日巳刻殤，年九歲。十一月追贈為皇太子，謚端慧，後功令〔指相關法規〕諱其名「璉」字。

由於《紅樓夢》的各個清代版本全未避改「璉」字，故他認為此一諱例應未嚴格執行。歐陽健 (1997) 以乾隆有旨諱「璉」字（但他並未提出任何史證），曹雪芹不應自找麻煩將一重要角色命名為賈璉，故主張「《紅樓夢》於乾隆三年〔永璉被冊立為皇太子〕以前就已寫成」。梅節 (2000) 則以《綠野仙

---

25 尤鼎等修，尤雲章纂，《尤氏家乘》，卷上，顧橋下，頁 21-22。

26 乾隆十三年孝賢皇后薨逝時，永璜以大阿哥身分迎喪，遭切責不知禮，旋於十五年三月薨逝。參見趙爾巽等，《清史稿》，卷 221，頁 9091。

27 龍啟瑞、黃本驥，《字學舉隅》，敬避字樣，頁 3。

28 黃本驥，《避諱錄》，卷 1，頁 3。有關此書的討論，可參見巫佳燕，〈黃本驥《避諱錄》編纂與價值讀論〉。

蹤》（前有作者繫於乾隆二十七年的自序）亦有一位名為周璉的人物，且未避「璉」字，駁稱難道這本小說的成書時間也要挪前到乾隆三年？他還調侃歐陽健的徹底避諱說，並謂：「為九歲的殤子避諱，就有違常理了。且此例一開，如何得了？」范志新 (2003) 推判「璉」字諱法的行用時間較短，且僅用在科場和公文等特定場合，不像御名在皇帝的生前身後都要避。[29]

筆者在《二重奏：紅學與清史的對話》(2014) 亦曾對此有過初步探討：因從《清皇室四譜》和《字學舉隅》中，可見「功令諱其名"璉"字」「仁宗睿皇帝面諭臣工避書作"連"（場屋不必用此字）」之說，且耙梳嘉慶九年以迄清末的《清實錄》，有長達百餘年未出現「璉」字，然此前許多名中有「璉」字的乾隆朝官員卻皆不曾避改，故筆者認為該情形絕難以巧合解釋。此外，乾隆三十八年告成的《欽定學政全書》及四十四年成書的《欽定科場條例》，在記違式文字時，皆未提及應避端慧皇太子名，知當時尚無相關諱例。[30] 筆者遂疑避「璉」字之舉應起自嘉慶九年四月善璉奉旨改名時，此乃顒琰對曾為皇位接班人之兄長永璉的特別尊重。[31]

劉曉江 (2021) 則因《清皇室四譜》中關於永璉的內容有些訛誤，故質疑「功令諱其名"璉"字」說法的可靠性。又因乾嘉時期出現不少取名「璉」字的現象和無避「璉」字的事實，致使他認為善璉奉旨改名應只是嘉慶帝

---

29 此段參見劉廣定，〈《紅樓夢》抄本抄成年代考〉；歐陽健，《古小說研究論》，頁435-445；梅節，〈評劉廣定先生"紅樓夢抄本抄成年代考"：兼談紅樓夢版本研究中的諱字問題〉；劉廣定，〈再談《紅樓夢》抄本抄成年代：敬答梅節先生〉；范志新，〈說玄道寧：也論甲戌本的抄寫年代〉。

30 素爾訥等，《欽定學政全書》，卷18；德保等修，李翮等纂，《欽定科場條例》，卷43。

31 筆者先前曾誤以為「璉」字之避諱乃起自乾隆三年諡永璉為端慧皇太子時，惟因乾隆帝未嚴格要求該諱例而常遭臣民忽略。此段參見黃一農，〈清代傳禁紅樓夢之人脈網絡：從趙烈文日記談起〉；黃一農，《二重奏：紅學與清史的對話》，頁511-512。

懷念皇兄永璉（皇位本應由其嗣立）的一時之舉，而非以「璉」字為國諱，乾隆帝也不曾頒布避諱「璉」字的諭旨。[32]

鑒於先前學界罕見將大數據做為新工具有系統地研究避諱學，以致對「璉」字諱例的認識，常被抽離實際的歷史語境，只根據少數案例即試圖倒推和懸想清代社會對「璉」字的使用，遂導致看法不一且往往陷入誤區。下文即嘗試藉由大型文史資料庫所提供的效能與便利，全面耙梳幾種年代清晰的原典，希望能一舉釐清此議題。

（一）《清實錄》

經查永璉薨逝後的《清實錄》，我們屢可發現臣民有以「璉」字為名者，如在乾隆朝可見御史倪國璉、太僕寺卿蔣璉、正黃旗協領王璉、亳州知州朱之璉、國子監祭酒國璉、散秩大臣福璉、商人武璉、庶吉士沈孫璉等，入嘉慶朝亦見編修黃因璉、內閣侍讀善璉、遊擊晉之璉，此情形並非僅限旗人，而是文武或官民均見，這些人皆未改名以敬避端慧皇太子名（圖表 8.5）。然自嘉慶九年善璉奉旨更名起以迄清末，《清實錄》中則有逾一個世紀不再出現「璉」字，相對於此前 160 年間該檔出現約百位以「璉」字取名的狀況，這一見於嘉慶九年四月前後的大轉變，令人合理懷疑是因避諱所致。惟該轉變在《清實錄》以外的其它史料有時並不如此截然分明，下文將進一步追索該假說是否成立，並提供這些「波折」一合理解釋。

---

32 劉曉江，〈論“璉”字非國諱〉。

圖表 8.5： 乾嘉時期《清實錄》名中有「璉」字的官員。

❖《清高宗實錄》

◆乾隆元年五月（卷19，頁470）

考官御史倪國璉為副考官○山東巡撫岳

◆乾隆二年三月（卷39，頁707）

軍需庫官石曰璉

◆乾隆三年三月（卷64，頁38）

講官坐滿漢祭酒國璉李鳳翥講中庸天命

◆乾隆三年十月（卷78，頁238）

皇次子永璉疾是日永璉薨輟朝五日

◆乾隆五年十二月（卷133，頁936）

癸亥飭臣工勿事頌揚諭太僕寺卿蔣璉

◆乾隆七年二月（卷161，頁34）

正黃旗協領王璉強以家奴占補隅旗披甲

◆乾隆九年十二月（卷231，頁979）

知州朱之璉甘肅故西寧道歷陞湖廣總督

◆乾隆十一年九月（卷275，頁602）

大逆魏王氏與伊夫魏明璉先後承領左右
中宮授記及明璉故後公然接教開堂又與

◆乾隆十七年二月（卷408，頁357）

削者現在京工需用商人武璉等具呈往

◆乾隆二十二年三月（卷535，頁745）

吳寬徐曰璉俱著特賜舉人授為內閣中書

◆乾隆三十二年十一月（卷798，頁772）

以散秩大臣福璉為鑲紅旗漢軍副都統

◆乾隆四十年四月（卷981，頁101）

吉士余集沈孫璉朱紱潘曾起蘇青鰲裴謙

◆乾隆五十一年十一月（卷1269，頁1107）

屬實但該犯名夏璜伊堂兄又名夏璉其所
取名字竟與大阿哥二阿哥相同雖取名原
無一定但何以不名瑚璉而適取璜璉二字
恐該犯亦係邪教有心僭犯並著畢沅留心

❖《清仁宗實錄》

◆嘉慶元年四月（卷4，頁103）

麟黃因璉俱著授為編修漢書三甲之庶吉

◆嘉慶六年三月（卷80，頁31）

內閣侍讀善璉等二百五十四員俱准其一

◆嘉慶六年八月（卷86，頁138）

海常叅將蕭鳳來遊擊晉之璉花翎叅將蕭

◆嘉慶九年四月（卷128，頁733）

統○命奉天錦州府知府善璉改名善連以
與
端慧皇太子名同故也○庚辰諭內閣御史

（二）「中國方志庫」

經耙梳此資料庫初集及二集中 2,000 多部的清代方志，發現直書「璉」字的情形頗常見，但其間亦有以敬避永璉而改用「連」字者（光緒《嚴州府志》即見 3 例，同治《安義縣志》1 例、光緒《永興縣志》4 例；圖表 8.6）。此外，在滿清遺老劉承幹 (1881-1963) 於民初由「劉氏嘉業堂」重刻的章學誠 (1738-1801)《湖北通志檢存稿》中，則出現 9 個全缺末筆的「璉」字，鑒於該書嚴避清朝之御名，[33] 知缺筆「璉」字應為敬避端慧皇太子名的表現（圖表 8.6）。又，「劉氏嘉業堂」所出版的劉承幹《晉書斠注》中，亦發現 8 個「璉」字裡有 6 個缺末筆（參見圖表 12.2）。該缺末筆之「璉」字罕見於清代志書，或僅為少數民初遺民所使用（第 12 章）。

另，「中國方志庫」所收題為弘治刻的《中都志》（應同於《四庫全書存目叢書》本），[34] 可見薛希璉（明景泰年間歷官至刑部尚書）名中之「璉」字亦缺末筆，惟該書還有 5 個「璉」字全未缺筆；82 個「玄」字中也僅有 1 個缺末筆。然耙梳中國國家圖書館所藏此志的弘治間刊本，則發現「璉」「玄」全未缺筆（圖表 8.7）！前引此兩《中都志》的版式雖同，但字體有異，疑「中國方志庫」所錄之本乃重刻本，而該書中各僅見 1 孤例的缺筆「璉」與「玄」字，或非鐫刻時特意避諱所致。

---

33 此書未見任一「玄」「燁」「胤」「禛」「弘」「顒」或「琰」字，「曆」則被刻成「歴」或「厤」，「寧」全寫成「寕」，「淳」作「湻」，「儀」缺筆，且劉承幹在清朝滅亡之後連書寫年份也不肯用民國紀元。《湖北通志檢存稿》收錄在《續修四庫全書》，該本出自劉承幹重刻之《章氏遺書》（據沈曾植所藏王宗炎於嘉、道間編輯的《章實齋全集》稿本刊刻），其內容最晚之繫年為乾隆六十年（卷 24，頁 29）。參見章學誠纂，《湖北通志檢存稿》；陶德民，〈關於內藤文庫所藏鈔本《章氏遺書》來歷之考證〉；魯迅，〈病後雜談〉，收入《魯迅全集》，卷 6，頁 96。

34 此志繫年最晚的記事是弘治十二年知府孟侯捐俸修建臨淮縣學。參見柳瑛纂修，《中都志》，卷 3，頁 52、卷 6，頁 17。

圖表 8.6：「中國方志庫」中有關「璉」字的諱法。

❖《湖北通志檢存稿》（民國十一年重刻嘉、道間稿本）

幼子為璉擠墜而行遇賊索其裝則盡書也賊問之且為璉詣代賊並殺之其後監軍道王瑱河陽知州章驥復蘄黃漢陽諸州縣道三道進之從弟也為璉字叔暘道三字象生道三為璉皆在復社有名 卷25，頁67-68

明袁璉字汝器監利人弱冠有才補諸生明湘獻王辟永樂中改江西坐事免尋起為御史璉晉論事不避權事免再起為御史時階州賊方熾遣璉按治擒斬首惡事忤旨出為涪州知州子綸貴乃乞歸卒璉與少保楊誓成嶺又詩曰我貲本瑚璉宗廟供蘋蘩一朝嬰禍難 卷30，頁9-10及90

❖《湖南通志》（乾隆廿二年刊本）

提督湖南學政 倪國璉 浙江錢塘進士六年任 卷60，頁5

❖《湖南通志》（光緒十一年刊本）

提督湖南學政駐長沙府 倪國璉 浙江錢塘進士六年任 卷121，頁6

❖《嚴州府志》（光緒九年增修重刊本）

天順 黃璉 三年任名本左玉右連避書作連 卷10，頁42

王璉 通判名本左玉右連避書作連 卷16，頁2

劉兆璉 以孫嘉寶貴封文林郎名本左玉右連避書作連 卷17，頁38

❖《新建縣志》（康熙間刊本）

萬曆十九年辛卯 歐陽璉 璉弟大理司務有文行 卷5，頁29

❖《新建縣志》（同治間刊本）

萬曆十九年辛卯鄉試 歐陽璉 字子商璉弟大理寺司務 卷32，頁39

❖《絳縣志》（順治間刊本）

壬子 張璉 內黃縣知縣 寧州知州 卷下，頁29

❖《絳縣志》（光緒間刊本）

張璉 安治五年 壬子科廿 卷8，頁3

❖《臨江府志》（隆慶間刊本）

胡璉 正德六年進士 卷12，頁42

❖《臨江府志》（同治間刊本）

胡璉 正德六年進士 卷22，頁9

❖《南匯縣新志》（乾隆末刊本）

雍正十二年甲寅夏長興欽璉敘 前序，頁5

❖《松江府志》（嘉慶廿四年刊本）

欽璉長興人雍正元年進士 卷43，頁27

❖《長興縣志》（嘉慶十年刊本）

雍正 欽璉 榜姓葉元年 癸卯科詳人 卷18，頁34

❖《川沙廳志》（光緒間刊本）

欽璉長興人雍正元年進士 卷8，頁4

❖《雲南通志》（乾隆元年刊本）

雍正 癸卯 恩科 傅璉 建水人 卷20，頁34

❖《新纂雲南通志》（民國鉛印本）

雍正癸卯恩科 傅璉 建水 卷16，頁23

❖《白河縣志》（嘉慶六年刊本）

蔡璉 乾隆五十三年 卷10，頁2

❖《白河縣志》（光緒十九年刊本）

蔡璉乾隆五十三年署 卷8，頁3

❖《上海縣志》（同治間刊本）

南匯知縣欽璉 卷4，頁30

❖《江浦埤乘》（光緒間刊本）

欽璉字寶光浙江長興進士五年署 [illegible] 卷18，頁8

圖表 8.7：　明弘治《中都志》及其重刻本。

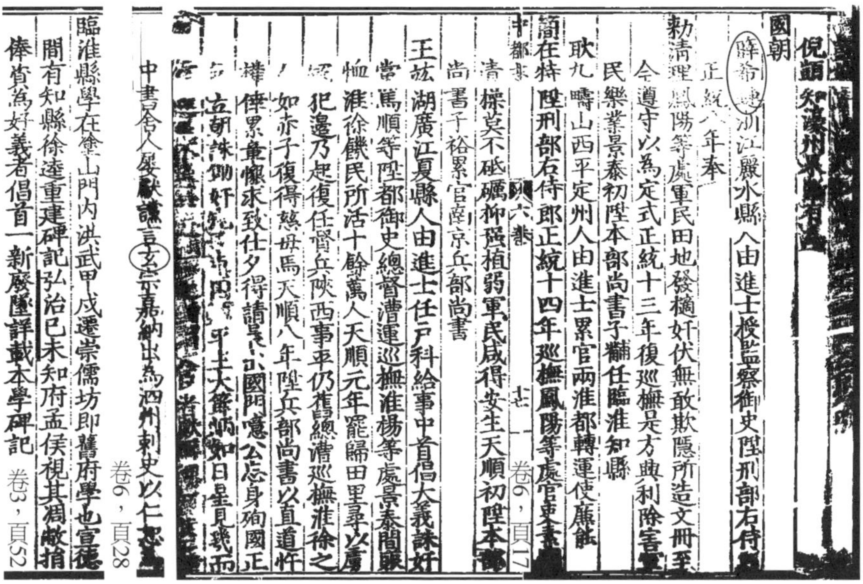

❖ 中國國家圖書館藏弘治間刊本

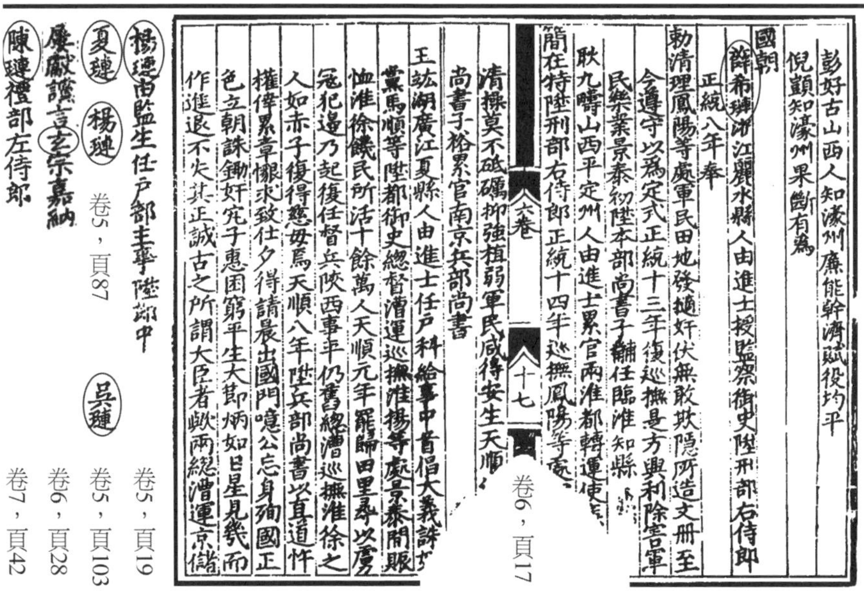

卷6，頁17　卷6，頁28　卷3，頁52

❖《四庫全書存目叢書》景印弘治本之重刻本

卷6，頁17　卷5，頁87　卷5，頁19　卷5，頁103　卷6，頁28　卷7，頁42

由於光緒《嘉祥縣志》兩度將薛希璉書成「薛希連」，但「連」的結體偏右，且有一例的部首「玉」還遺留殘劃；同書所記明代副使王璉亦被寫成王連（順治《嘉祥縣志》作「王璉」），其末字的結體也不居中；知此三例應均為後印時遭挖改（未缺改的明人龐璉之名則或屬漏避）。又，此志記曾子第七十一代孫為「曾紀連」（道光五年緣事革職[35]），然光緒《宗聖志》記其名「原從“王”旁，敬避作“連”」。查中國第一歷史檔案館藏有嘉慶十三年八月十七日的「題為曾紀連承襲五經博士事」，且嘉慶九年冬及十年秋的《大清搢紳全書》皆以「善連」知錦州府、「曾紀璉」世襲翰林院五經博士，知曾紀璉初並未依善璉之例改名，而是在嘉慶十年秋至十三年八月間才將己名的末一字改成「連」（此段參見圖表 8.8）。

筆者接著挑選一些在永璉被追贈為皇太子之前即已出仕且名中有「璉」字者，並於相關方志內找尋該人有無改作「連」的情形，結果在嘉慶以後刊刻的志書中就發現不少被更改的案例（圖表 8.6 及 8.8 可見 11 例）。事實上，耙梳「中國方志庫」所收從明初以迄嘉慶九年的千餘種志書當中，並不曾發現有將「瑚璉」以「瑚連」取代的表述（圖表 8.9），[36] 明代以前亦無「瑚連」一詞，知此詞應為避諱所產生的寫法。[37] 至於雍正元年進士欽璉之名的末一字，在光緒《川沙廳志》中乃用外加方框的方式表示敬諱；同治《上海縣志》和光緒《江浦埤乘》，除加方框還改書作「連」。綜前所論，清代直到末葉都有人以改字或加方框（同治朝以後較常見）的方式敬避「璉」字，但未避者更多（「中國方志庫」中即可見逾萬筆）。

---

35 特登額等，《欽定禮部則例》，卷 169，頁 3。

36 嘉慶朝僅見二十三年刻《東流縣志》中的「張瑚連」一例（卷 27 上，頁 69）。

37 光緒元年張之洞刻的《輶軒語》中，稱「瑚連」「允征」「歷象」「歷數」「治歷」「顒若」「琬琰」「翠琰」等詞皆不可用（卷 5，頁 1-4），但「中國方志庫」所收光緒朝以後的志書，仍可見這些用語。疑張之洞所提這些不見於官方明文諱例的嚴謹規定，乃對士子臨文的特殊建議，詳見第 10 章第 1 節的討論。

圖表 8.8：山東嘉祥縣以「璉」字命名的歷代官員。

❖《永豐縣志》（同治十三年刊本）

曾紀連木塘 卷20 頁24

鄭璉 卷4上 頁12

王伯璉 卷4下 頁5

❖《嘉祥縣志》（光緒三十四年刊本） 卷2，頁34

曾紀連字仲魯曾子七十一代孫 年襲因事革職不准其後承襲族人共推傳錫之子紀瑚承襲

麗璉任山海衛廣運倉副使陞和州河泊　王連任神木倉副使 卷2 頁67-68

兵部尚書薛希璉　刑部尚書薛希連 卷3，頁20

❖《嘉慶九年冬大清搢紳全書》（哈佛燕京圖書館藏）

錦州府 中缺 知州 [illegible] 連 [illegible] 滿洲正黃旗人 一 加四級 曾紀璉 山東嘉祥縣人 宗聖世襲

❖《嘉慶十年秋大清搢紳全書》（哈佛燕京圖書館藏）

知州 [illegible] 連 [illegible] 滿洲正黃旗人 九年四月陞 一 加四級 曾紀璉 山東嘉祥縣人 宗聖世襲

❖王定安等，《宗聖志》（光緒十六年刊本）

一 士娶田氏子一 紀連 原從王旁敬避作連 卷4，頁24

七十一代紀連 字仲魯襲翰林院五經博士因事

城武縣知縣單璉 卷15，頁17

❖《嘉祥縣志》（中國國家圖書館藏順治間刊本）

王璉任神木倉副使 卷3，頁41

❖《中都志》（中國國家圖書館藏弘治間刊本）

薛希連浙江麗水縣人由進士授監察御史陞刑部右侍郎

❖《中都志》（重刻弘治間刊本） 卷6，頁17

薛希璉浙江麗水縣人由進士授監察御史陞刑部右侍郎

❖《麗水縣志》（道光二十六年刊本） 卷6，頁17

永樂二十一年癸卯　薛希璉 庚戌進士 卷9，頁24

圖表 8.9：「中國方志庫」中連用之「瑚璉」與「瑚連」。

朝代	方志（種）	「瑚璉」（次）	「瑚連」（次）
明代	429	56	0
順治至乾隆	1,052	146	0
嘉慶	135	32	1
道光	169	22	0
咸豐	36	2	2
同治	243	30	5
光緒	476	41	19
宣統	27	6	0

（三）《中國第一歷史檔案館藏清代官員履歷檔案全編》

此30冊的套書共包含4萬多名清代官員的55,883件引見履歷，從康熙六十年至宣統三年的檔案大致被完整保存。筆者透過末冊的人名索引遍查「璉」字，[38] 再逐一回查其時代，發現自清初以迄乾隆朝共可見37人，[39] 然從嘉慶直至宣統（約佔檔案總件數的40%）卻只有兩例：嘉慶十年正月以捐納分籤掣湖南永明縣知縣的貢生顧汝璉以及嘉慶二十四年獲京察一等的奉宸苑筆帖式嵩璉。[40]

由於《（嘉慶十年秋）大清搢紳全書》雖已見錦州知府善璉改名善連，但仍記永明縣知縣為顧汝璉，知顧氏當時並未隨善璉改名。惟據光緒《永明縣志》，清代唯一姓「顧」的縣令，是嘉慶十一年知縣事的上元人顧烺圻，而其恰與《中國第一歷史檔案館藏清代官員履歷檔案全編》所記十年正月獲選永明縣令的顧汝璉同姓且同里，任官時間亦合，應可合理推判二名實為同一人，顧汝璉應是在初仕赴任之後至十四年六月間才改名顧烺圻（圖表8.10）。[41] 至於位階較低的嵩璉（筆帖式在京察名單中並不被視為「官員」），檢索第一歷史檔案館目錄，迄其道光十三年八月過世時仍未更名。

---

38 筆者先高清掃描此冊的人名索引，再以「PDF 文電通 6 專業版(Right PDF)」的OCR技術辨識其中文字（坊間功能相近的軟體以「Adobe Acrobat X Pro」較普及，然其辨識中文的能力略差，如「璉」字就無法識讀），接著即可快速檢索這4萬多位官員名中的「璉」字。

39 包含康熙朝的王璉，雍正朝的甘士璉、曲璉、朱曰璉、李璉、李毓璉、沈玉璉、沈成璉、侯璉、俞璉、徐璉、許作璉、張士璉、張曰璉、舒璉、趙璉、蔡璉、鍾璉、譚璉，乾隆朝的于璉、石開璉、沈孫璉、沈璉、明璉、郝璉、徐世璉、高質璉、商璉、張璉、惠璉、楊璉、樊奕璉、蔣璉、賦璉、謝璉、嚴廷璉、嚴秉璉。其中若遇時代不詳者，則透過「中國方志庫」查索其生平事跡以判斷時代。

40 《中國第一歷史檔案館藏清代官員履歷檔案全編》，冊1，緒言、冊24，頁158、冊29，頁404-405。

41 萬發元修，周詵詒纂，《永明縣志》，卷29，頁6。

圖表 8.10：　顧汝璉因避端慧皇太子諱而改名顧烺圻。

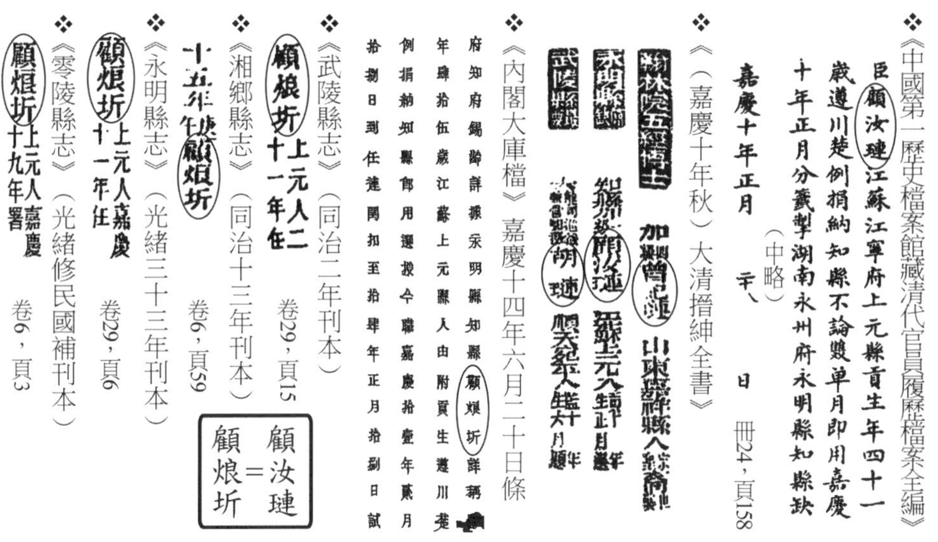

（四）《內閣大庫檔》

此檔藏中研院歷史語言研究所，內含 30 多萬件從入關前至宣統末的清代檔冊，以題奏本章佔最大宗。經檢索後，發現有 386 件檔案的人名出現「璉」字，時間繫於嘉慶九年四月善璉奉旨改名之後者僅 14 件：嘉慶朝的 8 件分別提及捐復（指以捐銀恢復受處分降革的原官）人員高璉、筆帖式成璉、天津縣縣丞宋齊璉、實錄館供事何璉、平陽縣民華斯璉、試用從九品嚴璉、鎮標中營守備（正五品）沙璉、兵部效力廢員曾佩璉；餘者皆在道光朝，分別為句容縣民吳啟璉、嘉應州職員蕭晉璉、新城縣生員孔廣璉、阜城縣民丁懷璉、新城縣民谷璉。知善璉被要求敬避端慧皇太子名之後，《內閣大庫檔》中的「璉」字就只偶而出現於五品以下的官吏、生員或一般民眾。

其中嘉慶十年五月吏部的一份移會較有意思，稱實錄館供事何璉（順天宛平縣人），因與端慧皇太子之名重一字，故應准其所請，避改為「何玘〔音“起”〕」。[42] 查嘉慶七年諭曰：

> 前因恭纂《高宗純皇帝實錄》，已進至乾隆二十年，特降旨將在館官員及謄錄、供事等交部議敘。茲據該總裁等，將在館官員等分別等第，開單具奏。[43]

後以總裁彭元瑞等具摺懇辭，故決定待全書告成時才「一體給予議敘」。由於此書預定在十二年敬呈御覽，故何璉或趕在議敘之前申請改名。[44]

（五）《硃卷》及《縉紳錄》

顧廷龍主編的《清代硃卷集成》420 冊，共收錄從康熙到光緒間的鄉試、會試、五貢等硃卷 8,235 份。當時考取者有將自己的試卷刻印分送親友，稱為「硃卷」，其中的重要內容就是履歷，詳載當事人的嫡系、同族、母系、配偶及師承等大量人名。從「中國譜牒庫」的檢索系統，可發現《清代硃卷集成》內共可見 542 個「璉」字，無一缺筆；《光緒己丑恩科鄉試朱燿采硃卷》中，且記其十世伯叔祖名永璉（明邑庠生）；即使是嘉慶朝的硃卷，亦不避諱（圖表 8.11）。但這些以「璉」字入名者，多為應考者的已故親屬，生於或仕於嘉慶九年善璉奉旨改名之前，如正白旗人普璉任工部虞衡司郎中（參見西榮慶堂《（乾隆五十三年春）縉紳全書》，頁 38）、滿洲正黃旗人德璉任工科掌印給事中（榮慶堂《（嘉慶三年冬）搢紳全書》，頁 48）。唯有嘉慶十二年丁卯科鄉試廷瓚（內務府正白旗滿洲人）的硃卷，記其從堂叔文璉「現任奉宸院員外郎兼十五善射」，此人顯然未隨善璉事而改名（中國第一歷史檔案館所藏嘉慶十六年二月二十七日文檔就提及奉宸院郎中文璉事）。

---

42 《內閣大庫檔》登錄號 232669。

43 托津等，《欽定大清會典事例》，卷 59，頁 4。

44 《清仁宗實錄》，卷 106，頁 430、卷 171，頁 224、卷 176，頁 308。

圖表 8.11：《清代硃卷集成》中未避諱的大量「璉」字。

❖ 嘉慶六年辛酉恩科會試秀寧硃卷

❖ 嘉慶十二年丁卯科鄉試廷璸硃卷

❖ 嘉慶十三年戊辰科鄉試周誥硃卷

❖ 嘉慶十五年庚午科鄉試英魁硃卷

❖ 嘉慶二十三年戊寅科鄉試文興硃卷

❖ 道光十二年壬辰科鄉試李鑠硃卷

❖ 道光十八年戊戌科會試沈祖懋硃卷

❖ 咸豐九年己未科鄉試札隆阿硃卷

❖ 同治二年癸亥科會試景善硃卷

❖ 光緒二十年甲午科鄉試陳宗麟硃卷

❖ 宣統元年己酉科拔貢錢世昌硃卷

筆者曾疑嘉慶帝是因滿洲正黃旗的善璉為覺羅（旁支皇族）或初仕者，[45] 故特別要求敬避。然因中國第一歷史檔案館所藏從嘉慶九年以迄清末的清宮檔案中，仍屢見名中有「璉」字的宗室或覺羅（見後文），且嘉慶九年也曾命捐貢之鑲黃旗附生王璉將其末一字改作「連」，又，善璉在授錦州知府前即已歷任內閣中書和侍讀（圖表 8.12），知嘉慶帝應是一時感觸，並不曾明確規範更名適用的對象。

事實上，在善璉奉旨改名之後，文獻中仍屢可見官員名中有「璉」字者，如《（嘉慶十年秋）大清搢紳全書》中，除記錦州知府為善連，亦出現翰林院博士曾紀璉、永明縣知縣顧汝璉、武陵縣巡檢胡璉之名。雖曾紀璉和顧汝璉稍後分別改名曾紀連和顧烺圻（兩人皆甫出仕，想必是為使其在宦途上的發展不受不必要阻礙），但未改似也無妨。以廣東程鄉人蕭晉璉為例，他於乾隆五十五年九月以拔貢試用知縣，[46] 嘉慶《臨安府志》記其在嘉慶三年署嶍峨縣知縣（卷 11，頁 40），道光《昆陽州志》稱他於嘉慶十五年知昆陽州（卷 11，頁 7），光緒《嘉應州志》有其小傳（卷 23，頁 60），這些志書皆未避改蕭氏名中之「璉」。至於民籍之士子與小吏，更偶可見名中有「璉」字者。[47]

---

45 民國《愛新覺羅宗譜》將善璉記為同音之「善廉」（圖表 8.15；原檔或不曾因嘉慶九年改名之旨而更改其譜名為善連），此應為避諱之舉。他於乾隆四十七年考取候補中書，六十年授中書，嘉慶四年補授侍讀，九年知錦州府，十八年任湖北道員。又，此譜將平僖郡王慶寧（乾隆十五年卒）改寫成「慶明」，亦應是後來的編輯者為避道光帝旻寧的下一字所為，譜中對類此觸犯御諱之名者均謹避。參見宗譜編纂處編，《愛新覺羅宗譜》，冊己，頁 1611、冊乙，頁 3207；黃一農，《曹雪芹的家族印記》，頁 306-307。

46 《清高宗實錄》，卷 1363，頁 287；何懷道修，萬重篔纂，《開化府志》，卷 5，頁 14。

47 如嘉慶十四年思南府恩貢的劉璉以及嘉慶十五年任延川縣典史的蔣學璉（乾隆間授陝西候補從九品）。參見謝長清纂修，《重修延川縣志》，卷 4，頁 19；宋瑛等修，彭啟瑞等纂，《泰和縣志》，卷 14，頁 7；夏修恕等修，蕭琯等纂，《思南府續志》，卷 6，頁 50。

圖表 8.12：《清代縉紳錄集成》中含「璉」字的官員名。

❖《（乾隆二十六年秋）縉紳全本》
- [illegible]璉 滿洲正白旗人
- 領催千總金世璉 奉天[illegible]旗人
- 知州加一級徐世璉 奉天正[illegible]旗人

❖《（乾隆三十年春）縉紳全書》
- 滿洲[illegible]旗人[illegible]璉 滿洲[illegible]旗人
- 知府[illegible]璉 江南江寧人
- 銀庫員外郎加二級英璉 滿洲[illegible]旗人
- 加一級[illegible]璉 奉天正[illegible]旗人
- [illegible]高璉 奉天[illegible]旗人

❖《（乾隆三十年冬）爵秩全本》
- 銀庫員外郎加二級英璉 滿洲正藍旗人
- 知州加二級沈璉 浙江餘杭人
- [illegible]于璉 奉天[illegible]旗人
- 鹽課大使張璉 安徽合肥人

❖《（乾隆三十三年秋）爵秩全本》
- 員外郎加二級英璉 滿洲正[illegible]旗人
- [illegible]高璉 奉天[illegible]旗人

❖《（乾隆四十二年秋）縉紳全書》
- 加一級沈璉 浙江錢塘縣人
- 知州加一級曾璉 滿洲正白旗人

❖《（嘉慶元年冬）縉紳全書》
- 中書加一級[illegible]璉 滿洲[illegible]旗人
- 加四級曾紀璉 山東嘉祥人

❖《（嘉慶六年夏）縉紳全書》
- 侍讀加一級[illegible]善璉 滿洲正黃旗人
- 加四級曾紀璉 山東嘉祥人

❖《（道光三年秋）大清中樞備覽》
- 千總姜廷璉 浙江人

❖《（道光六年秋）爵秩全覽》
- [illegible]洪璉 漢軍[illegible]旗人

❖《（道光七年秋）縉紳全書》
- [illegible]璉 貴州人

❖《（道光十年冬）縉紳全書》
- 復設訓導[illegible]璉 貴州人
- [illegible]璉 [illegible]州人

❖《（道光十一年冬）縉紳全書》
- [illegible]洪璉 漢軍[illegible]旗人
- [illegible]璉 [illegible]州人
- 復設訓導[illegible]璉 貴州人
- 典史汪[illegible]璉 [illegible]人

❖《（道光十七年冬）縉紳全書》
- [illegible]璉 湖南沅江人
- [illegible]璉 [illegible]州人

❖《（道光二十年冬）縉紳全書》
- 復設訓導賀汝璉 吉安人

❖《（道光二十三年春）縉紳全書》
- 侍衛加一級趙璉 直隸天津縣人

❖《（道光二十八年冬）縉紳全書》
- 訓導[illegible]陳日璉 韶州人
- [illegible]張璉 山東滕縣人

❖《（咸豐六年春）縉紳全書》
- [illegible]謝國璉 [illegible]陽人
- [illegible]張璉 山東滕縣人
- 千總[illegible]璉 山西人

❖《（同治元年冬）中樞備覽》
- [illegible]謝國璉 四川理番人
- 二司把總[illegible]璉 雲南人

❖《（光緒十四年夏）中樞備覽》
- 左營[illegible]趙璉 直隸人
- 頭司把總袁璉 順天人

此外，檢索「中國譜牒庫」所收錄的 105 種清代縉紳錄後，發現從乾隆三年（永璉被追贈為皇太子）以迄清末期間，屢可見含「璉」字的官員名，且無分旗民或文武，但明顯以低階的官吏居多。筆者還另外逐頁翻查了現存約 10 種左右的嘉慶朝縉紳錄，[48] 發現在嘉慶九年之後仍持續可見以「璉」字入名的官吏，如《（嘉慶十七年秋）縉紳全書》中即有翰林院編修黃因璉、工部營繕司郎中黃璉、阜陽縣巡檢王鍾璉、山陰縣縣丞謝肇璉（圖表 8.13）；《（嘉慶二十年春）大清縉紳全書》中亦有永清縣令宋齊璉、望江縣訓導朱嘉璉；這些人名中的「璉」在其它晚出的文獻則被寫成「連」或「漣」。

黃因璉於乾隆六十年登進士第，[49] 文獻中對其名的下一字還出現「蓮」「漣」「連」等多種變體（圖表 8.13）。他在嘉慶元年四月獲授翰林院編修，[50] 至二十五年冬仍為編修。由於北京清華大學圖書館所藏《（道光四年夏）縉紳全書》中的翰林院官員名單，已不見其名，疑他於嘉、道之際致仕。嘉慶十九年秋或之前的縉紳錄中，雖皆記其名為「黃因璉」，但二十一至二十五年間現存的六本《縉紳全書》中，則均作「黃因漣」。由於他在序道光十六年徐燦《陽溪遺稿》及十九年甘揚聲《勤約堂文集》時，皆自署「黃因蓮」，且其籍隸的同治《新城縣志》中共 15 處提及他，全寫成「因蓮」（但同書的汪國璉、魯璉二名，並未避改），不知他是否於休致歸里後才自行更名「因蓮」？縉紳錄的修纂者或是擅自改避。類似的混雜情形，亦發生在嘉慶七年過世的馬宗璉，他於乾隆五十一年中舉，嘉慶四年成貢士，六年中進士，然編纂於他卒後的方志，對其名末一字則有改避成「漣」「槤」或「連」者（圖表 8.14），若欲釐清他曾否更名，恐還需詳考。

---

48 筆者過眼的清代縉紳錄主要出自「中國譜牒庫」、《清代縉紳錄集成》（收錄 209 種現藏北京清華大學圖書館者）以及 CCRM 發行的全美藏 97 種縉紳錄微捲，其中許多尚不曾數位化。參見鍾少華，〈支離破碎的《清代縉紳錄集成》〉。

49 《清高宗實錄》，卷 1477，頁 736。

50 《清仁宗實錄》，卷 4，頁 103。

圖表 8.13： 清代文獻裡黃因璉等官名中「璉」字之避改。

❖《（嘉慶十七年秋）縉紳全書》

翰林院編修 加一級黃因璉 江西新城縣人 乙卯

❖《（嘉慶十九年秋）縉紳全書》

加一級黃因璉 江西新城縣人 乙卯

❖《（嘉慶二十一年冬）縉紳全書》

加一級黃因璉 江西新城縣人 乙卯

❖《（嘉慶二十二年春）縉紳全書》

加一級黃因璉 江西新城縣人 乙卯

❖《（嘉慶二十二年冬）縉紳全書》

加一級黃因璉 江西新城縣人 乙卯

❖《（嘉慶二十四年春）縉紳全書》

加一級黃因璉 江西新城縣人 乙卯

❖《（嘉慶二十五年夏）縉紳全書》

加一級黃因璉 江西新城縣人 乙卯

❖《（嘉慶二十五年冬）縉紳全書》

加一級黃因璉 江西新城縣人 乙卯

黃因璉＝黃因漣＝黃因蓮＝黃因連

王鍾璉＝王鍾連

謝肇璉＝謝肇連

❖《建昌府志》（同治十一年刊本） 卷8，頁39

黃因蓮字東秀號穀生新城人弱冠工文章尤善書法翁學

❖《新城縣志》（同治十年刊本） 卷8，頁12

乾隆六十年乙卯 恩科王以銜榜

黃因蓮 翰林院編修嘉慶庚申恩科浙江副考官

卷8，頁16

乾隆五十九年甲寅先行正科

黃因蓮 見進士

❖《諸城縣續志》（道光十四年刊本） 志14，頁5

鍾連姿貌魁梧能馬上舞槊援例補阜陽縣沈邱鎮巡檢連獲巨盜每出常佩數十斤銅椎人呼為王二鋼椎

志9，頁4

王鍾璉 候選阜陽縣巡檢見元烈

❖《信豐縣志續編》（同治九年刊本） 卷3，頁13

道光四年孟冬邑紳謝肇連

❖《建德縣志》（宣統二年鉛印本） 卷17，頁50

編修黃因漣贈有激揚貞風額

❖《清秘述聞續》（光緒十四年刊本） 卷1，頁1

黃因連字東秀江西新城人乙卯進士

❖《國子監志》（道光間鈔本） 卷78，頁40

頌璉序

皇帝御極之三年春二月丁未

嘉慶三年 黃因連

❖董誥等輯，《皇清文穎續編》（嘉慶十五年刊本） 卷33，頁16

臨雍講學頌謹序 黃因璉

皇帝御極之三年春二月丁未

圖表 8.14： 方志中對馬宗璉名字的不同表述。

❖《續修桐城縣志》（道光七年修十四年刻本）

馬宗璉字魯陳號器之澤孫嗣綽子少從舅氏姚比部鼐學詩文早有時譽既而精通古訓及地理之學乾隆丙午舉於鄉解論語過位升堂合於古制朱文正珪亟稱之入都與邵學士晉涵任侍御大椿王觀察念孫輩質疑問難所學益進至嘉慶己未會試中式辛酉成進士又一年而歿歿後以子瑞辰貽工部都水司員外

卷15，頁24

❖《重修安徽通志》（光緒四年刊本）

辛酉恩科舉人 孫起峘 桐城人蘇州教授 馬宗漣 桐城人有傳

卷157，頁16

丙午科 楊邦直 懷甯人見進士 余鵬飛 懷甯人余鵬翀 張元宰 桐城人見進士 馬宗漣 桐城人見進士

卷162，頁27

馬宗槤字器之桐城人嘉慶己未會試中式辛酉廷試成進士僅一年而卒所著有左傳補注博徵漢晉諸儒之說

卷218，頁11

毛鄭詩訓詁考證四卷 馬宗槤著

卷336，頁2

周禮鄭注疏證一卷 馬宗槤著

卷336，頁5

革考一卷 馬宗槤著

卷339，頁4

戰國策地理考一卷 馬宗槤著

卷339，頁4

❖《安徽通志》（民國二十三年鉛印本）

馬宗璉瑞辰傳 宗璉曾祖棠臣 祖澤 父嗣綽 瑞辰子尼瓚 孫若濂

史籍考

馬宗璉字魯陳一字器之桐城人也曾祖棠臣有文學不樂仕進

列傳稿，卷4，頁16

清馬宗璉撰宗璉字魯陳一字器之桐城人嘉慶四年會試中式

藝文考稿，卷11，頁3

❖《定安縣志》（光緒四年刊本）

梁玉繩 王引之 郝懿行 馬宗璉

卷2，頁6

❖《鎮安府志》（光緒十八年刊本）

春秋左傳補注三卷 馬宗連著

卷15，頁8

❖《象山縣志》（民國十五年鉛印本）

補義補左氏未言之義非如顧炎武惠棟馬宗槤沈欽韓梁履繩朱駿聲諸人僅補杜氏集解

卷18，頁17

馬宗璉＝馬宗漣＝馬宗槤＝馬宗連

（六）「清代歷朝起居注」

清代《起居注冊》是歷朝纂修實錄和正史的重要原始文獻，現存約 3,000 餘冊，分藏於北京的中國第一歷史檔案館和臺北的故宮博物院，已陸續由臺北的聯合報國學文獻館及聯經出版公司、北京的中華書局、桂林的廣西師範大學出版社景印出版。至於北京書同文公司據此製作的「清代歷朝起居注」資料庫，更提供了可全文檢索的高效工具。

查嘉慶朝《起居注冊》共出現有「璉」字之名 74 次，其中在九年四月命善璉改名之前共 55 次，餘者包含九年七月補放鑲藍旗滿洲都統（從一品）的璉陞、十年七月兼攝寧遠州知州及十年八月降補寧遠州知州的善璉（圖表 8.15），知避端慧皇太子名諱之旨並未被嚴遵。[51] 至於之後的 14 次，則均為民眾和低階官吏，內以寧陝中營守備吳璉的官階最高。[52] 道光朝《起居注冊》所出現的 37 次「璉」字，官階以守備高玉璉及驍騎校（正六品）瑚璉、韓國璉最高。[53] 咸豐朝亦見「璉」字 9 次，以驍騎校兼署佐領德璉位階最高。[54] 同治至宣統間的《起居注冊》，則未見任何「璉」字。亦即，「璉」字的出現頻率從雍正至清末明顯快速下降（圖表 8.16），且以之為名的官吏僅限於五、六品以下者（相對於乾、嘉兩朝擔任較高品級的太僕寺卿、協領、國子監祭酒、散秩大臣、游擊者；圖表 8.5），此應非只是巧合。

---

51 嘉慶九年已奉旨更名的善連，不僅稍後在《起居注冊》被兩度寫成「善璉」，當其在道光二十一年病故後，清宮的相關檔案仍有見記其名為「閑散覺羅善璉」者。參見中國第一歷史檔案館檔號 06-02-007-001836-0057 及 06-01-001-000162-0008。

52 其他如正紅旗滿洲披甲璉保、亳州職員謝璉、行唐縣民侯璉、廣西副榜毛若璉、福建生員黃登璉、定州廩貢生王璉、靖遠縣民呂璉、嶧縣民曹廷璉、嘉興縣謝璉、東河候補通判費璉、寧夏縣民柴璉、千總陳國璉、廣元縣儒士屈璉。

53 另有江寧縣儒童王邢璉、嘉應州職員蕭晉璉、歸安縣民潘廷璉、日照縣生員徐淑璉、經書惠璉、守備朱璉、額書趙璉、候選縣丞董璉、生員姚璉、知州銜祁璉、庠生彭璉、兵丁陳玉璉、武庠生夏芝璉、員外郎尹璉選、委官瑚璉、捐職員外郎尹璉選、監生金璉、候選從九品謝國璉、監生劉之璉、民沈尚璉、周璉、胡士璉、傅大璉、王玉璉、邵誠璉、李璉、王錫璉、鮑慶璉、呂璉、沈璉、王璉、范宗璉。

54 其他如民陳家璉、防禦寶璉、從九品易秉璉、把總田鍾璉、內務府恩璉。

圖表 8.15： 文獻中的善璉。

❖ 嘉慶朝《起居注冊》

◆ 嘉慶六年三月初一日

內閣侍讀善璉等二百五十四員俱准其一等

◆ 嘉慶九年三月二十六日

內閣侍

讀覺羅善璉等二百五十四員俱准其一等加

◆ 嘉慶九年四月二十日

諭旨奉天錦州府知府員缺著善璉補授璉字係

朕兄端慧皇太子之名不應用著改連字又奉

◆ 嘉慶十年七月二十九日

傑嚴行管束所有寧遠州知州印務著善璉暫

行兼攝知府善璉府尹良貴於所屬承修道路

未經豫備民夫咎實難辭著先行摘去頂戴交

◆ 嘉慶十年八月十六日

善璉著降補寧遠州知州賞給五品頂戴仍帶

革職留任所遺錦州府知府員缺著八十三補

授其八十三未到任以前仍著善璉暫行護

❖ 《愛新覺羅宗譜》，冊己，頁1611

第一子道員善廉八子乾隆二十九年甲申九月二十日申時嫡母納喇氏

副都統常德之女生四十七年十月考取候補中書六十年授中書嘉慶四年由中書補授侍

讀九年四月由侍讀補授盛京錦州府知府十年八月巡幸盛京因路途泥濘奏旨革職降爲

甯遠州知州賞五品職銜仍帶革職留任十八年發往湖北以道員用道光廿一年辛丑八月

十四日巳時卒年七十

善廉＝善連＝善璉

圖表 8.16： 「清代歷朝起居注」人名中「璉」字的統計。

朝代	總頁數（頁）	「璉」（次）	「璉」（次/百頁）
康熙	14,507	10	0.07
雍正	8,418	304	3.61
乾隆	39,580	247	0.62
嘉慶	27,805	74	0.27
道光	29,590	37	0.13
咸豐	17,410	9	0.05
同治至宣統	33,836	0	0

（七）中國第一歷史檔案館檔案目錄

該館的明清檔案共有 77 個全宗，至 2023 年年底，線上已開放內閣、軍機處、宮中、內務府等 44 個全宗的目錄檢索，可惜仍無法在館外直接觀覽內容。從該館目錄共可查得二十幾位名中有「璉」字的宗室或覺羅，其中 19 位的事跡繫於嘉慶九年之後（圖表 8.17），內有 14 位的「璉」字在民國《愛新覺羅宗譜》中已被改字。如以嘉慶十一年八月初三日因娶妻而祈請恩賞的鑲藍旗宗室珩璉為例，因《愛新覺羅宗譜》中名字最接近的是德特亨額第六子珩瑞（8 萬多個譜名中唯一以「珩」字開頭者），他生於乾隆五十一年，咸豐二年卒，嘉慶十一年為二十一歲，介適婚年齡，疑其名的下一字在抄錄時被諱改成偏旁相同且字義有所關合的「瑞」。[55] 另見 8 位宗室之名遭改「璉」為「連」、4 位改成「廉」、1 位改成「聯」。[56]

由於民國《愛新覺羅宗譜》中名字包含「璉」者，除永璉外，僅見乾隆九年卒之景璉及光緒年生之瑛璉、振璉、寶璉，而圖表 8.17 內的 19 位宗室或覺羅之名，竟然全未見此譜，這應是該譜在嘉慶至光緒間的編抄者自行避改所致。[57] 綜前，知乾隆朝並不曾頒布有關端慧皇太子的諱令，官方開始出現敬避「璉」字的案例，乃起自嘉慶九年善璉的奉旨改名，但此規定既不嚴格且非全面。「璉」字的避諱法則（主要關心是否以之命名）應較避諱御名的情形複雜且不明確，也與康熙朝皇太子胤礽頗異（第 3 章）。

---

55 宗譜編纂處編，《愛新覺羅宗譜》，冊丁，頁 8609。

56 此得力於「愛新覺羅宗譜網」中「查看父級」「查看關係」的功能。該非營利性網站乃 2016 年由愛新覺羅‧海青所創辦。

57 清代自順治十三年起每十年續修一次《玉牒》，1936 年偽滿洲國皇帝溥儀下令修譜，這次不僅統整了歷次《玉牒》，還補充了 1921 年最後一次續修《玉牒》之後各宗支的新內容。其與原來豎格玉牒最大不同，是刪除有關女兒、女婿的記載，改用橫格，並於 1938 年以「愛新覺羅宗譜」之名刊行。1998 年學苑出版社重印此本時，曾請常林編製一冊依人名首字之拼音排序的索引，名後附當事人的父名。

圖表 8.17： 中國第一歷史檔案館目錄內以「璉」為名的宗室或覺羅。最右欄為其在民國《愛新覺羅宗譜》中的譜名。

紀年	中國第一歷史檔案館目錄內之題名	譜名
嘉慶十一年	為鑲藍旗宗室珩璉娶妻，請恩賞事	德特亨額六子珩瑞
嘉慶十二年	為盛京右翼正黃旗閑散覺羅慶璉娶妻，請領恩賞銀兩請諮查對紅檔事致宗人府	富春次子慶連
嘉慶十二年	為鑲紅旗閑散覺羅春璉病故，請賞事	哈凌阿次子春連
嘉慶十二年	為已故宗室達爾沖阿〔倭新布三子達充阿〕之嫡妻佟佳氏病故，其叔伯弟宗室璉靠承辦呈報宗人府事	待考
嘉慶十九年	為鑲白旗覺羅巴璉病故，請賞事	常明九子巴廉
嘉慶二十三年	為正藍旗宗室祥璉病故，請領恩賞銀兩事	平翰次子祥連
道光元年	為宗人府理事官宗室成剛之次子慶璉同伊父回京，補請錢糧行戶部該旗事	成剛次子慶廉*
道光四年	為呈報肅親王長子輔國將軍華璉等穿祖母孝服滿事	敬敏長子華連
道光四年	為鑲紅旗閑散宗室寶璉之親叔伯宗室康喜病故，請領恩賞銀兩事致宗人府	華英長子寶廉*
道光九年	為鑲藍旗宗室定璉續娶妻，請賞事	安凌長子定連
道光十一年	為鑲藍旗閑散覺羅璉昌之父慶太病故，請領恩賞銀兩事	慶泰三子連昌*
道光十二年	為正藍旗宗室松璉病故，請領恩賞銀兩事	仙聰三子松連
道光十六年	為盛京左翼鑲黃旗閑散覺羅福璉女大妞出聘事	待考
道光十八年	為正藍旗宗室國璉告假，前往盛京祭掃墳塋事	待考
道光二十一年	為正黃旗閑散覺羅善璉病故，請領恩賞銀兩事	德敏長子善廉
道光二十一年	為正黃旗閑散覺羅善連病故，請領恩賞銀兩事	德敏長子善廉
咸豐三年	為盛京鑲黃旗覺羅寶璉娶嫡妻……事	待考
光緒七年	為宗室崇極之堂祖杭璉病故，請領恩賞銀兩并無冒領虛情事甘結	華貴三子杭連
光緒二十一年	為盛京正紅旗覺羅……玉璉娶嫡妻白姓事	待考
光緒三十四年	為佐領宗室文治病故，伊子瑞璉承辦事等查驗屬實應領恩賞銀兩……呈報宗人府事	文治三子瑞聯*

* 生於嘉慶九年四月錦州知府善璉奉旨改名善連（民國《愛新覺羅宗譜》記為「善廉」）之後。

現將本節從各種文檔所得到之有關「璉」字避諱的新認識整理如下：

1. 年僅九歲即離世的永璉，雖為乾隆帝最摯愛之孝賢皇后所生的嫡長子，且曾被密立為儲君，並是清代唯一依皇太子儀注下葬的皇子，但乾隆朝並未頒布與其相關的諱例。

2. 嘉慶帝為表達對已故兄長端慧皇太子永璉（若其未早逝，理當接掌帝位）的尊敬，於九年先後諭命知府善璉以及報捐貢生的鑲黃旗人王璉，將其名之末字改成「連」；十年五月實錄館供事何璉亦獲允改名「何玘」。稍後，世襲翰林院五經博士曾紀璉和永明縣知縣顧汝璉也分別更名為曾紀連和顧烺圻。但當時應無全民一體適用的改名規定，故此後仍屢見普通百姓、低階官吏與覺羅宗室有以「璉」字入名者。如嘉慶《南陵縣志》記「戴永璉現年九十歲，目覩五代，嘉慶十三年敎諭甯給"五世同堂"扁」，《潤東苦竹王氏族譜》記王永璉「生於嘉慶十一年……卒於道光廿八年……」，名中二字與端慧皇太子全同，亦均未被要求改避。[58] 至於嘉慶十四年選思南府恩貢的劉璉、十五年任延川縣典史的蔣學璉、十五年知昆陽州的蕭晉璉、元年至二十五年任翰林院編修的黃因璉、十六年任奉宸院郎中的文璉、二十年任永清縣令的宋齊璉與望江縣訓導的朱嘉璉，其名皆不曾因善璉奉旨更名一事而改變，知當時並未要求官員禁用名中的「璉」字，而是聽其自行決定。

3. 嘉慶和光緒的《欽定大清會典》，均規定生員不得取「璉」字為名，[59] 咸豐《欽定科場條例》亦稱「端慧皇太子名"璉"，臣下不得以此命名，士子臨文，酌量敬避，其不避者免議」（圖表 8.18），

---

58 參見徐心田纂修，《南陵縣志》，卷 5，頁 45；王振澤等修，《潤東苦竹王氏族譜》，卷 24，頁 42。

59 托津等，《欽定大清會典》，卷 25，頁 11-12；崑岡等，《欽定大清會典》，卷 32，頁 12。

禁止名中有「璉」字者參加科考，且臨文亦要求儘量不用此字（但無罰則），表明此一特殊諱例僅限於科場。惟考察實際情形，發現道光朝任官的夏煒璉（歲貢出身）、紀毓璉（副榜）、潘璉（廩貢）、汪時璉（監生）、李璉（武舉）、賀汝璉（拔貢）、陳曰璉（拔貢），均未被要求改名，類似情形也可見於「清代歷朝起居注」（見前一小節）。疑此禁令或主要針對參加會試者，而未嚴格行於鄉試。[60] 另，道光二十九年在獎敘湖北官紳士民捐輸米石時，曾命疏內名中有「璉」（所謂「从"王"从"連"」）字者應依《欽定科場條例》敬避（圖表 8.18），由於當時捐米通常會「呈請虛銜、封典、翎枝以及請加陞銜」，[61] 知即使是捐官者亦忌名中有「璉」字。故直迄清末，上層官場少有人以「璉」字命名，但相關規定在道光以後似已日益玩弛（如見圖表 8.12）。

4. 清人書寫或刻書時，遇「璉」字並無特別規定。此故，「中國方志庫」中雖屢見以改字（多將名中的「璉」寫成「連」「漣」「蓮」或「廉」）的方式敬避，然更多未避；嘉慶以後的《清代硃卷集成》內亦仍可見大量無缺改的「璉」字。且查索「漢籍全文資料庫」中的官書，發現即使是咸豐《欽定科場條例》一書內的 7 個「璉」（其中一處稱「端慧皇太子名璉」），及光緒《欽定大清會典事例》內的 14 個「璉」（內有 8 個「永璉」），皆未以任何形式避諱。

60 檢索「中國譜牒庫」，雖可發現同治元年冬、二年夏、三年冬的《中樞備覽》均記駐永春州的福建左營遊擊趙璉乃進士出身，然《（道光二十三年春）縉紳全書》則指道光二十年庚子科武進士的「趙漣」時任藍翎侍衛（圖表 8.12）。再者，《清穆宗實錄》亦記同治三年七月護汀州鎮總兵官「趙漣」因甯化遭亂賊攻陷，奉旨「革職，留營效力」（卷 109，頁 411），知前引同治《中樞備覽》不僅未能掌握趙漣之官銜，甚至誤書其名（他有可能原名趙璉，後以避端慧皇太子名改成趙漣）。

61 載齡等修，福趾等纂，《欽定戶部漕運全書》，卷 75，頁 34。

圖表 8.18：　咸豐《欽定科場條例》中與「璉」字相關的諱例。

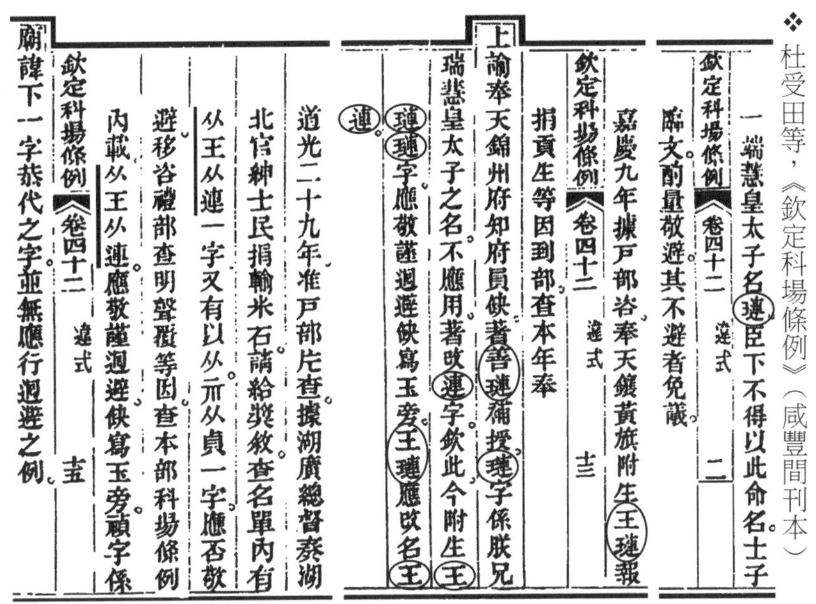

一端慧皇太子名璉。臣下不得以此命名。士子
欽定科場條例《卷四十二　違式　二
臨文酌量敬避。其不避者免議。

嘉慶九年據戶部咨奉天鑲黃旗附生王璉報
欽定科場條例《卷四十二　違式　十三
捐貢生等因到部查本年奉
上諭奉天錦州府知府員缺著善璉補授。璉字係朕兄
瑞慧皇太子之名。不應用著改連字。欽此。今附生王
璉。璉字應敬謹迴避缺寫玉旁。王璉應改名王
連。

道光二十九年准戶部片查據湖廣總督奏湖
北官紳士民捐輸米石請給獎敘。查名單內有
从王从連一字。又有以从而从貞一字。應否敬
避移咨禮部查明聲覆等因。查本部科場條例
內載从王从連應敬謹迴避缺寫玉旁。禎字係
欽定科場條例《卷四十二　違式　十五
廟諱下一字恭代之字。並無應行迴避之例。

❖ 杜受田等，《欽定科場條例》（咸豐間刊本）

三、小結

乾隆帝在六十年九月冊立永琰為皇太子並宣布明年退位時，為避免將來因避御名而產生過多困擾，命永琰改名顒琰，但當時尚未規定「顒」「琰」二字如何諱改。嘉慶帝在四年二月親政後，始明定遇御名應分別改成「顒」「琰」，但不同的敬避方式所在多有，一些明確不遵諱例的情形（非少數不小心的漏避行為）也可見，且未致罪。

本章接著嘗試釐清避乾隆朝端慧皇太子永璉名諱一事，此課題是筆者以 e 考據之法研究避諱學的重要範例，經竭澤而漁地耙梳了清代的 2 千多部方志、4 千多卷《實錄》、5 萬多份官員引見履歷、8 千多份硃卷、3 百多種《縉紳錄》，以及內含 30 多萬件題奏本章的《內閣大庫檔》、8 萬多名宗室與覺羅小傳的《愛新覺羅宗譜》、逾 17 萬頁記事的《起居注冊》，[62] 確認此一在聖諱、廟諱與御名之外的諱例，應起自嘉慶九年。然或因清代絕大部分的諱字均涉及帝名（除雍正三年規定孔子聖諱的「丘」應改成「邱」外[63]），而端慧皇太子永璉的身分地位相對較低，以致敬避名諱的方式遂顯得較特殊且複雜。

在大數據所營造的新研究環境之下，前一節透過具體且多樣的歷史語境，終於梳理出關涉「璉」字用法較接近真實的景況，現就將該成果運用在對此課題最感興趣的紅學之上。先前歐陽健在缺乏理據的情形下，錯以乾隆三年永璉被追贈皇太子之後即開始避「璉」字，進而主觀將《紅樓夢》的成書時間推至乾隆三年之前，[64] 其說現已可證明純屬無根之談。事實上，不僅曹雪芹在乾隆朝寫小說時不致因取賈璉為角色之名而遭罪，後世各脂本的抄手亦無須敬避「璉」字。又，乾隆二十七年刊行的《綠野仙蹤》以及道光間出版的《綠牡丹》《施案奇聞》等小說，分別出現「周璉」「胡璉」及「方璉」等人名，這些皆不曾也無必要避諱。亦即，單純根據「璉」字的未改避，很難用來斷代。

或受滿人傳統上對避諱並不嚴謹的影響，曹雪芹雖於《紅樓夢》的故事裡提及避諱，但在小說中除法令規定不能不避之帝名外，不僅未避曹家先人之諱（如前八十回中有四處用「寅」字、一處用「璽」、三處用「振」、十一處用「宣」），且「雪芹」亦與其祖曹寅之號「雪樵」重字。此外，他還將清太祖次子代善、乾隆帝長子永璜、次子永璉、七子永琮等名均用於小說角色。又安排榮府兄弟賈赦、賈政之名與「攝政」同音，而寧府賈珍與

62 參見竇懷永，〈幸存者偏差與唐代避諱觀察：唐代避諱複雜性表現之一種〉。

63 《清世宗實錄》，卷 39，頁 581。《歷代諱字譜》中稱清人在「無避諱明文」的情形下，仍避孟子和朱子之名（圖表 1.5 及 1.6），然因「中國方志庫」的清代各朝志書中，共可見 1,252 條「孟軻」和 3,936 條「朱熹」，知此說有誤。

64 歐陽健，《古小說研究論》，頁 435-446。

榮府賈政之名，恰又與胤禛（*jen*，音「真」）、胤禎（*jeng*，音「徵」）兩同母兄弟末一字之滿文相同。作者還將十分照護寶玉的北靜王取名水溶，此亦令人不得不聯想起名字形近的皇六子永瑢（乾隆八年生；娶傅恒兄傅謙女，其同母妹嫁傅恒次子福隆安）。[65]

然而，前述這些愛新覺羅氏或非曹雪芹從真實歷史中隨手拈來，他們皆曾在曹家的生命歷程很巧合地扮演過重要角色。如曹寅祖父曹振彥乃長期擔任其領主阿濟格王府的長史，該旗的旗主則是阿濟格的同母弟攝政王多爾袞。曹寅家、傅恒家、納蘭家且皆與代善家族有密切之姻婭關係：曹寅長女是清代首位被指婚為王妃的包衣女子，其婿平郡王納爾蘇即出自代善支；阿濟格將第五女配納蘭明珠，明珠次子揆敘的長子永壽，亦以長女嫁納爾蘇的次子福秀；永壽次女及五女也分別配傅恒、弘曆，傅恒且是永璉與永琮的親舅。又，曹寅的長婿納爾蘇、次婿青海親王羅卜藏丹津皆曾黨結撫遠大將軍胤禎，並在雍正初期分別遭圈禁或被迫起兵叛清；胤禛取得政權後，曹家及其親友更不乏遭整肅者，甚至被抄沒。筆者因此懷疑《紅樓夢》中某些角色與皇族的重名之舉，很可能是有意為之，他們不必然就是小說中相應人物的原型，但卻反映出作者遊走政治和社會容忍邊緣的寫作風格。[66] 以曹雪芹因抄家而歸旗北京的痛苦生命經驗，他肯定不會在無明文禁令的情形下，還自行選擇敬避「璉」字。

綜前，我們應無法單純藉由「璉」字的未改避，來推斷文本（如出現賈璉一角色的《紅樓夢》脂本）抄寫或成書的時間，更無理由因小說中的不避諱，進一步推定曹雪芹「同情被壓迫民族和被壓迫階級，從而在一定程度上產生反清情緒」，或稱曹雪芹「有與眾不同的獨立自由思考能力」！[67]

---

65 陳詔，〈紅樓夢不避諱論〉；范志新，〈《紅樓夢》避諱譚：兼論清初避諱〉。
66 相關討論散見於拙著《二重奏：紅學與清史的對話》及《曹雪芹的家族印記》。
67 陳詔，〈紅樓夢不避諱論〉；劉廣定，《讀紅一得》，頁 75-85。

【補白 5：小斜坡上的鬱金與黃蝦花】

我在二寄軒書桌旁的大玻璃窗外，有一小塊近 40 平方米的陡峭山坡瘠地，先前因不易到達，故一直雜草叢生。今年利用鄰居整修房子淘汰的廢木料，釘了一張粗獷的梯子，就決定自屋頂爬出去好好整理。

家維在他的「荒堂」種了不少女王鬱金 (*Curcuma petiolate*)，此是薑科薑黃屬下的一個種，花開時層層疊疊的苞片配上高雅脫俗的粉紅色，著實令人驚艷。而其莖部磨成的粉末，即是俗稱的「薑黃」，在東南亞常會被拿來製作咖哩。我看中鬱金的觀賞價值，就「低調地」從荒堂挖了幾顆塊根來試栽，目前皆已存活。此外，屬常綠灌木的黃蝦花 (*Pachystachys lutea*)，其花序呈四方塔形，鮮黃色苞片甚為醒目討好，尤其開花期長達好幾個月，我也以扦插法從荒堂成功繁殖。希望這些新栽的女王鬱金與黃蝦花，能讓來年的小山坡有很可看的花況。

二寄軒外小斜坡瘠地新栽的黃蝦花與女王鬱金

第九章 從道光帝名諱談己卯本《石頭記》版本*

己卯本《石頭記》因多處以缺筆避「祥」「曉」，前人遂臆度此是怡親王弘曉家人偷抄這本「謗書」的痕跡。然因弘曉兩兄乃乾隆四年弘晳逆案的重要當事人，怡府中人想必不會為一本小說而甘冒大不韙。筆者在細梳歷朝各種「寧」字的寫法及其使用頻率後，推判己卯本抄於道光帝即位後至咸豐四年間，其祖本應與怡府關係密近，惟因書中仍不乏漏避家諱的情形，知為怡府原鈔本的可能性不高。

嘉慶帝於二十五年七月二十五日崩殂，繼位之道光帝的御名為旻寧（上一字「旻」原為行字「綿」，登基後改），其下一字正、俗體的書寫方式與乾隆帝名中的「曆」字同等多樣。筆者先前在研究清代宗室裕瑞的《棗窗閒筆》鈔本時，即發現一般情形是無法單純根據「寧」字寫法來判斷一文本刊抄的上下限，除非我們可掌握書寫者或刊刻者的習慣。考裕瑞在嘉慶年間各寫刻本中所用的 20 幾個「寧」字，有過半是隨性寫成「寧」「寕」「甯」「寗」（亦常作「寕」。下文如非引文，即採用方便打字的「寕」，不再區分二字）等俗體，而入道光朝後則全依官方的新頒諱例將「寧」寫作「寕」。對長期處於圈禁狀態的裕瑞而言，[1] 此一謹遵諱法之舉應可理解。由於《棗窗閒筆》中的 8 個「寧」字全依規定寫成「寕」，故可推判此本最可能抄於道光帝即位之後。[2] 下文即再以己卯本《石頭記》為個案，詳論該如何從道光帝旻寧下一字的寫法，判斷此本的抄寫時間。

---

* 改寫自拙文〈從 e 考據看避諱學的新機遇：以己卯本《石頭記》為例〉(2019)。

[1] 嘉慶十八年任右翼前鋒統領的裕瑞，因有屬下在當年發生的天理教之變中從亂，故被以失察革職，遷往盛京管理宗室事務。翌年他又因買有夫之婦為妾等事遭圈禁，諭令「派弁兵看守，不拘年限」，至道光十八年卒時仍未獲寬免。有關天理教之變的討論，可參見張瑞龍、黃一農，〈天理教起義與閏八月不祥之說析探〉。

[2] 此段參見黃一農，《二重奏：紅學與清史的對話》，頁 481、495-499。

一、與道光帝御名旻寧相關的諱例

甫登基的道光帝綿寧於嘉慶二十五年八月初十日頒布諱例，曰：

> 乾隆四十一年十一月恭奉皇祖高宗純皇帝諭旨：「“綿”字為民生衣被常稱，尤難迴避，將來繼體承緒者當以“綿”作“旻”，則係不經用之字，缺筆亦易等因，欽此。」今朕欽遵成命，將御名上一字敬改，至臣下循例敬避，上一字著缺一點，下一字將「心」字改寫一畫一撇，其奉旨以前所刻書籍俱無庸追改。

稱已謹遵皇祖諭旨，改名中的「綿」為「旻」，並規定應敬避成缺點的「旻」，下一字「寧」中的「心」寫成一畫一撇。肅親王永錫等雖奏請將「寧」改成音義相通的「甯」，但得旨不必。至於清字，遇上一字在字傍加點書寫，遇下一字則寫為呢英（*niyeng*，此為 *ning* 的切音；圖表 9.1 及 9.2）。原任西寧辦事大臣秀寧、刑部尚書和寧、盛京將軍松寧及前江寧布政使恒敏，即於道光帝登極後，以犯諱而分別改名秀堃、和瑛、松筠及恒敬。[3]

咸豐帝為表達對皇考大行皇帝的更高敬意，於甫即位的道光三十年三月初十日諭命：「凡奏章文移，遇有援引宮殿、地名、官名，聖諱上一字〔指“旻”〕即照禮部所擬，以“靈”“明”二字恭代。」[4] 董恂刻於咸豐十年的《江北運程》，在描寫揚州名勝「高旻寺」時，即可見 5 處改稱「高明寺」，但仍有 11 處稱「高旻寺」。此因該寺不僅寺名、金佛和碑記乃康熙帝御賜，連整體建築也是曹寅等人揣摩上意捐建，[5] 故官方或未便強命其更名，晚清各種文本遂出現「高旻寺」「高明寺」互見的情形。

---

3 趙爾巽等，《清史稿》，卷 353，頁 11282-11283；翟文選等修，王樹枏等纂，《奉天通志》，卷 38，頁 1；《清宣宗實錄》，卷 12，頁 226；中國第一歷史檔案館檔號 03-1642-038。

4 《清文宗實錄》，卷 5，頁 115。

5 李智，〈曹寅與高旻寺考略〉。

道光間初刊的《字學舉隅》中記載敬避旻寧之方式（圖表 10.3），稱：

> 上一字《爾雅》「秋為〇天」，敬缺中點作「旻」，下一字《易》「萬國咸〇」，敬改作「寕」。二字雖奉諭旨，究不敢用。近日刻書、行文有用「甯」字代者，場屋不可代用。

知從嘉慶二十五年八月起，當時雖奉有明旨將「寧」寫作「寕」，但民間有人終究不敢用，而改寫成「甯」，只是在科考時，仍得遵官方諱例寫作「寕」。至咸豐四年春應為更表敬諱，又諭：「嗣後凡遇宣宗成皇帝廟諱，缺筆寫作"寕"者，悉改寫作"甯"。」[6] 改用字形差異較大的「甯」（原多用於姓氏或地名）。

查「異體字字典」網站，發現《說文解字》有云：「寍，安也。从"宀"，"心"在"皿"上。」清・段玉裁注：「此安"寧"正字，今則"寧"行而"寍"癈矣。」亦即，段氏以「寍」字原本才是正體，但至後世反被「寧」字取而代之。再耙梳乾隆《三希堂法帖》，知「寕」的寫法也早已存在（圖表 9.3）。至於「寍」亦與諱例之缺筆無關，而是「寍」的異體字。

經檢索「中國方志庫」，可發現清人雖從道光帝登基起就多敬避「寧」字，但其諱法卻往往不遵官方改用「寕」字之規定，而有作「甯」「寗」，或將「寕」「寧」缺末筆者。然這些敬避之字在旻寧即位前就都已行用，並常混見於同一書。亦即，單從「寧」字的另類寫法，並不能明確判斷其為避諱，從而推估一刻本或鈔本的時間上下限。如以乾隆五十四年的《安縣志》為例，全書的 15 個「寧」字就全刻作「寕」，但此顯然非因避道光

---

[6] 此諭出自崑岡等修《欽定大清會典事例》（卷 344，頁 15），無日月。然因遼寧省檔案館編的《黑圖檔・咸豐朝》記四年三月初四日諭旨稱「嗣後恭遇宣宗成皇帝廟諱，除章奏常用字樣，仍遵前旨避寫"甯"字外，如遇內廷、宮殿名目，事關典禮，應行擡寫之處，均着缺筆寫作"寍"字，無庸一體改寫"甯"字」（冊 5，頁 215），知改「寕」為「甯」字之旨乃發生在此諭之前。

帝名諱所致。故若一《紅樓夢》脂批本中之「寧」字多抄成「寗」，在不知抄者書寫習慣的情形下，並無法就此判斷其必為道光帝即位之後的鈔本。

圖表 9.1：《清實錄》中與道光帝相關的漢字諱例。

❖嘉慶二十五年八月初十日
○又諭乾隆
四十一年十一月恭奉
皇祖高宗純皇帝諭旨綿字為民生衣被常稱
尤難迴避將來繼體承緒者當以綿作旻則
係不經用之字缺筆亦易等因欽此今朕欽
遵
成命將御名上一字敬改至臣下循例敬避上
一字著缺一點下一字將心字改寫一畫一
撇其奉旨以前所刻書籍俱無庸追改尋肅
親王永錫等奏臨文不諱
聖主不以為嫌而臣子之心究多惶悚謹案康
熙字典寗字註乃定切引漢書永以康寗一
語與
御名下一字音義相通嗣後文移奏牘恭請避
寫寗字得旨既知臨文不諱何用瑣瑣仍遵
前旨改寫一畫一撇又奏前代避諱原有改
用音相近者批不可為法○ 卷2，頁98-99

❖道光六年十二月初三日
○諭內閣朕以雲仍衍慶卜世延
長前經降旨於奕載輩分以下續增溥毓恒
啟四字按序命名引用勿替因思避名之典
歷代相沿我
皇祖高宗純皇帝特降
諭旨御名缺筆書寫以存其義復
諭以奕字輩以下亦可推廣此意永遠遵行朕
思命名之字既經排次酌定昭示來茲自應
崇效
聖謨將缺筆書寫之處豫示折衷以垂法守將
來億萬年繼體承緒者奕字寫奕載字寫載
溥字寫溥毓字寫毓恒字寫恒啟字寫啓嗣
後遵茲令典接續奉行萬萬世子孫率循罔
替此旨著軍機大臣敬謹存記並繕錄二道
一交內閣封貯一交上書房恭貯敬識前降
選用溥毓恒啟四字諭旨一道亦著繕錄一
分交上書房存記○ 卷110，頁848

❖道光二十六年三月二十三日
○戊寅諭內閣我朝景運延長雲礽衍慶避
名之典我
皇祖高宗純皇帝特降
諭旨以不經用之字改避復
諭以奕字輩以下亦可推廣此意永遠遵行
聖謨煌煌洵為萬世法守朕御極初年曾經降
旨豫示奕載溥毓恆啟等字缺筆書寫因念
國家燕翼相承宗支蕃衍依次命名者久而
愈多自宜推廣前奉
諭旨援引二名不偏諱之義用示折衷將來繼
體承緒者上一字仍舊毋庸改避亦毋庸缺
筆其下一字應如何缺筆之處臨時酌定以
是著為令典俾我子孫繼繼繩繩率循罔替
此旨著軍機大臣敬謹存記並繕錄二道一
交內閣封貯一交上書房恭貯敬識以垂永
久○ 卷427，頁357-358

圖表 9.2：《清實錄》中與道光帝相關的清字諱例。

❖道光元年二月初八日

○諭內閣前次擬定避寫朕名遇上
一字於字傍加點書寫遇下一字避寫呢英
凡書寫單字應遵照避寫乃近閱各處奏摺
內或將寧溫連寫呢英溫夫清語皆係原定
舊話連寫已久今忽改寫不但不成字樣且
有避寫者有不避寫者亦不畫一著通行曉
諭嗣後凡應連寫清語仍照舊制書寫若書
寫單字遇朕名上一字仍依前次所定於字
傍加點書寫遇下一字著避寫呢英○

卷13，頁251

❖道光十年二月二十二日

○辛巳諭內閣英惠等奏請補放防禦所擬
驍騎校人員名內有應敬避之滿洲字並未
避寫實屬粗心該驍騎校之名業經令其改
寫齊克唐阿吳著玉麟通行西北二路將軍
大臣等嗣後該管官員兵丁名內儻有應避
字樣俱令改寫○

卷165，頁562-563

圖表 9.3：乾隆《三希堂法帖》中歷代各種「寧」字的寫法。[7]

黃庭堅 (1045-1105)〈伏承帖〉	曾肇 (1047-1107)〈奉別帖〉	米芾 (1051-1107)〈苕溪詩〉	史浩 (1106-1194)〈霜天帖〉	仇遠 (1247-1326)〈跋春帖子詞〉	趙孟頫 (1254-1322)〈太平興國禪寺碑〉	虞集 (1272-1348)〈跋孝女曹娥碑〉	迺賢 (c1309-c1369)〈南城詠古〉	董其昌 (1555-1636)〈跋與中峰帖〉	朱彝尊 (1629-1709)〈跋龍江留別詩〉	名不詳〈跋與中峰帖〉

7 《三希堂法帖》乃乾隆十二年吏部尚書梁詩正、戶部尚書蔣溥等人奉敕所編，整理內府珍藏之魏晉至清初的書法作品，其內容可自「CNS11643 中文標準交換碼全字庫」網站進行檢索。

此外，「寧」亦不必然是清前期最常使用之寫法，如在《（順治十八年）縉紳冊》共有254個各種「寧」字，其中「寧」字竟然僅見1處，「寜」字更付之闕如，倒是「寍」和「𡨊」合見226處（圖表9.4）！而當時絕無可能避道光帝御名，後兩字亦應非道光以後在雕板上挖削去末筆以避諱之舉，因該書中的「寍」「𡨊」等字在刊刻時常與下一字緊貼在一塊，兩字之間絕無可能容下一豎一鉤。換句話說，若有人將此書唯一的「寧」字歸於漏避，而僅根據諱字，則很容易會誤以為該書乃刊於道光帝即位之後！

今從「中國方志庫」所收600多種乾、嘉兩朝刊刻的志書中，可發現至清中葉時「寧」或「寜」的使用率已明顯超過其它寫法，以圖表9.4中隨機選取（但刊刻時間仍有些代表性）的方志為例，最低者乃乾隆三十一年的《鳳翔府志》，共占 47% (= 144/306)；而最高者則是乾隆四十六年完成之《文淵閣四庫全書》中的《甘肅通志》，達 99.8% (= 2,948/2,954)。再者，此圖表中的各書亦皆見「寕」字，其出現頻率雖有高達 46% 者（= 141/306；乾隆《鳳翔府志》），但在所選的7種乾、嘉方志中，有3種只占 3-5%，更有低至 0.14% 者（乾隆《甘肅通志》）。或因時人已常將「寧」字簡筆寫作「寕」（臺北故宮博物院所藏《宮中檔》及《軍機處檔》的大量乾隆朝文檔亦然），道光帝為了最小程度影響社會，遂以此作為避改之字。較特別的是，道光朝以後刊刻的方志雖罕見直接觸犯諱字「寧」或「寜」，但部分文本所改用的諱字有時卻迴異於官定，如道光二十一年《濟南府志》出現1,383個「寍」、咸豐元年《安順府志》則用了2,077個「甯」（圖表9.5）。

咸豐四年的新頒諱令雖改「寕」為「甯」（「甯」字原已常用於姓名；先前亦有「義雖相通，場屋不可代用」之規定；參見圖表9.5及9.6），此故，咸豐九年《固安縣志》、九年《武定府志》、十年《濱州志》，多依規定使用「甯」字，但如七年《瓊山縣志》及十年《袁州府志》，仍屢見「寕」字。入同治朝，《甯海州志》《番禺縣志》《瑞州府志》雖多用「甯」字，然《廣信府志》仍可見673個「寕」字（約占96%）。

圖表9.4：　道光帝即位前清代文本中各種「寧」字的出現頻率。

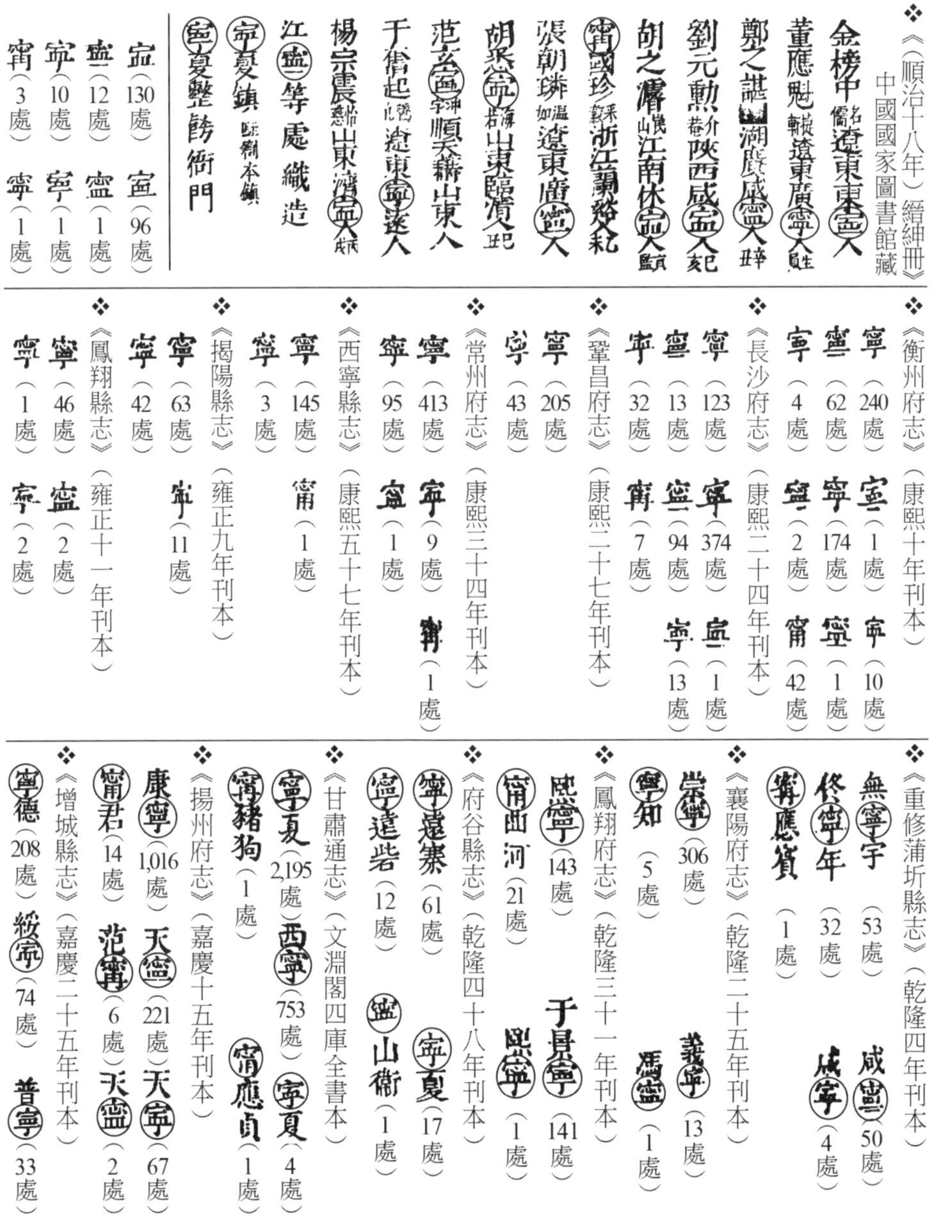

❖《（順治十八年）縉紳冊》中國國家圖書館藏

金榜中 名儒 遼東東寍人
董應魁 拔軒 遼東廣寧人 貢生
鄭之諶 湖廣咸寍人 辛丑
劉元勳 介菴 陝西咸寍人 己亥
胡之濬 崑山 江南休寍人 貢監
寗國珍 浙江鄞縣人
張朝璘 溫如 遼東廣寍人
胡兆寍 海若 山東臨清人 己丑
范玄寍 字沖 順天籍山東人
于倚起 遼東寍遠人
楊宗震 山東濟寍人 丙戌
江寍等處織造
寍夏鎮 駐劄本鎮
寍夏整飭衙門

寍（130處）　寍（96處）
寍（12處）　寍（1處）
寕（10處）　寕（1處）
甯（3處）　寧（1處）

❖《衡州府志》（康熙十年刊本）
寧（240處）　寍（1處）　寕（10處）
寧（62處）　寧（174處）　寍（1處）
寧（4處）　寕（2處）　甯（42處）

❖《長沙府志》（康熙二十四年刊本）
寧（123處）　寧（374處）　寍（1處）
寍（13處）　寍（94處）　寧（13處）
寧（32處）　寗（7處）

❖《鞏昌府志》（康熙二十七年刊本）
寧（205處）
寧（43處）

❖《常州府志》（康熙三十四年刊本）
寧（413處）　寕（9處）　寧（1處）
寧（95處）　寍（1處）

❖《西寧縣志》（康熙五十七年刊本）
寧（145處）　甯（1處）
寧（3處）

❖《揭陽縣志》（雍正九年刊本）
寧（63處）　寕（11處）
寧（42處）

❖《鳳翔縣志》（雍正十一年刊本）
寧（46處）　寍（2處）
寧（1處）　寕（2處）

❖《重修蒲圻縣志》（乾隆四年刊本）
無寧字（53處）　咸寍（50處）
終寧年（32處）　咸寧（4處）
寧應賓（1處）

❖《襄陽府志》（乾隆二十五年刊本）
崇寧（306處）　義寧（13處）
寧知（5處）　馮寍（1處）

❖《鳳翔府志》（乾隆三十一年刊本）
熙寧（143處）　于昌寧（141處）
甯曲河（21處）　熙寍（1處）

❖《府谷縣志》（乾隆四十八年刊本）
寧塞寨（61處）　寧夏（17處）
寧遠砦（12處）　寍山衛（1處）

❖《甘肅通志》（文淵閣四庫全書本）
寧夏（2,195處）　西寧（753處）　寧夏（4處）
甯豬狗（1處）　甯應貞（1處）

❖《揚州府志》（嘉慶十五年刊本）
康寧（1,016處）　天寍（221處）　天寧（67處）
甯君（14處）　范寗（6處）　天寍（2處）

❖《增城縣志》（嘉慶二十五年刊本）
寧德（208處）　綏寧（74處）　普寧（33處）

圖表 9.5： 道光帝即位後清代方志中的各種「寧」字。

❖《廣東通志》（道光二年刊本）
寕（約5,200處） 甯（71處）

❖《鳳凰廳志》（道光四年刊本）
寕（84處） 寗（2處）

❖《歙縣志》（道光八年刊本）
寕（613處） 甯（7處）

❖《萬州志》（道光八年刊本）
寕（103處） 寗（3處）

❖《大同縣志》（道光十年刊本）
寕（223處） 寗（3處）

❖《長清縣志》（道光十五年刊本）
寕（89處） 甯（3處）

❖《濟南府志》（道光二十一年刊本）
寍（1,383處） 寕（2處）

❖《新都縣志》（道光二十四年刊本）
寕（142處） 寕（1處）

❖《安順府志》（咸豐元年刊本）
甯（2,077處） 寕（3處）

❖《噶瑪蘭廳志》（咸豐二年刊本）
甯（14處） 寕（1處） 寍（12處）

❖《平山縣志》（咸豐四年刊本）
寍（69處） 甯（3處）

❖《瓊山縣志》（咸豐七年刊本）
寕（207處） 甯（9處） 寍（2處） 寗（2處）

❖《固安縣志》（咸豐九年刊本）
甯（91處） 寕（1處） 寍（1處）

❖《武定府志》（咸豐九年刊本）
甯（457處） 寧（2處） 寧（1處） 心（1處）

❖《濱州志》（咸豐十年刊本）
甯（61處）

❖《袁州府志》（咸豐十年刊本）
寕（19處） 寗（1處） 寍（14處）

❖《甯海州志》（同治三年刊本）
甯（523處） 寕（1處）

❖《番禺縣志》（同治十年刊本）
甯（384處） 寗（2處） 寕（9處）

❖《瑞州府志》（同治十二年刊本）
甯（316處） 寗（3處） 寕（7處）

❖《廣信府志》（同治十二年刊本）
寕（673處） 寗（23處） 寧（1處） 甯（2處）

❖《江陵縣志》（光緒三年刊本）
甯（200處） 寍（52處） 寕（8處） 寍（2處） 寍（4處）

❖《虞城縣志》（光緒二十一年刊本）
寍（72處） 寍（9處） 寧（1處） 寗（8處）

圖表 9.6：　道光二十六年黃本驥所刻《避諱錄》中的清代諱例。

序
諱始於周詛曰臨文不諱見於經者惟金縢元孫某一
條見於傳者惟左傳申繻數語國語范鞅聘魯一事此
外固無所諱也秦漢以後臨文之諱始興然漢諱盈莊
茅盈以之命名鄭莊以之為字雖諱猶未盡諱也降至
唐宋避之愈謹而史傳因以日淆非有一書以裒集之
本朝敬避字樣次敘歷朝國諱而以家諱終焉分為五
卷以備遺忘至詳徵經史使歷朝掌故一字無遺尚有
待於博雅君子時
道光二十六年四月望日龍標學長黃本驥自識

避諱錄卷一　　三長物齋叢書
本朝敬避字樣
聖祖仁皇帝諱上一字从亠从幺字典缺末點今
須行條例用元字代舊本書有用𢆯𤣥字代者今
不用詩文內□德□黃□鳥□牡□圭等字皆不
得用直書本字者舉人罰停會試三科進士罰停
殿試三科生員罰停鄉試三科雖經缺筆仍各罰停
一科生員均發學戒飭各諱犯者準此策內漢儒鄭康成
元歐陽原功皆書其字唐明皇不稱某宗史官劉
知幾本以字行今仍書其名炫弦絃眩等字缺末
避諱錄　卷一　一
點牽字缺中點畜字不必缺點牽字寫作𤛓兩諱
相竝之字作玆或作兹　下一字从火从華韓愈
文其膏沃者其光□字典作燁唐宋文醇作爗科
場舊例作爗今
須行條例用煜字代著後漢書之范蔚宗行文只書
其字不以名稱又从火从𦐇之字詩□□震電字
典作爗从日从華之字後漢書張衡傳列缺□其
照夜字典作曄二字音義相近一體敬避單用華
字音義各別不得缺筆作𦻏亦不得寫古字作𠌶
陵號曰景北魏宣武帝唐憲宗明宣宗陵號相同策內稱

某帝某宗不得以某陵稱古竟陵縣在今湖北安
陸府後晉避敬字嫌名改竟作景歷代因之
本朝改名天門以避
陵號明鍾惺其縣人也明史文苑傳稱竟陵人策內不得
仍用前代縣名以竟作景士子命名不得於景字
下著林齡等字後泰裕昌字竝同
世宗憲皇帝諱上一字从爿从乚用允字代舊本書有缺
筆作㣧者今不用詩之祚□書之□征皆不得用
遇文義應用□字者以嗣裔等字代之　下一字
从示从眞雍正初兼避眞字改直隸眞定府眞定
避諱錄　卷一　二
縣貴州眞安州河南眞陽縣甘肅眞寧縣眞皆作
正江蘇儀眞縣眞作徵今府州縣名皆因之而眞
字不避字典缺末點科場舊例用正字代改
本朝刑部尚書王文簡名作士正四庫全書又改作
士禎舊本書改明崇禎年號作崇正今不改遇貞
眞字缺末點今不缺其引詩維周之禎書唐相元
稹名皆不缺筆
陵號曰泰策內唐明皇明孝宗不得以某陵稱
宗純皇帝諱上一字从弓从厶用宏字代詩文中□道
□化含□等字皆不得用偏旁字缺末點紘字可

通作紭㧊泓字不可通作汯浤義別故也強字寫
作強寫宏字不得缺末點亦不得避改本字作弘
引　下一字从厤从日用歷字代歷字中本从秝
从止今改从林从心□數字用氣數字代□本稱
時憲書萬年□稱萬年書□象□法治□律□等
字皆不得用
陵號曰裕策內宋神宗明英宗不得以某陵稱
端慧皇太子諱上永字不避下一字从玉从連應試
詩文不得用士子不得以此字命名
仁宗睿皇帝諱上一字从禺从頁敬缺頁旁一撇一點詩
避諱錄　卷一　三
文內□昂□若等字皆不得用
殿板書遇周□等古人名皆省作禺場屋不可引用
下一字从玉从炎右旁第二火字改作又改詩
韻上聲第十八部以儉字為首書顧命球圖璧琬
詩文中可拆用不可整句全用單用炎字及談淡
等字音義各別不得改炎作𤆍
陵號曰昌宋太祖陵號永下一字同策內不得以某陵稱
皇上御名上一字从曰从文敬缺文上一點詩文內□
天蒼□等字皆不得用　下一字从宓从寍敬改
作寕詩文內咸□康□等字皆不得用即策內前

代地名年號不可改易然試題未及者亦不得用
時文中虛字常用者以安能豈不字代不可代者
皆不得用近日刻書行文有用甯字代者公羊傳甯公公孫甯於陳漢書郊祀歌正直從甯王莽傳采以康甯酷吏傳有甯成地理志有㝠甯郡鄭康成禮運註引陳孔甯皆與敬避字義相通
謹案君父之名可得而知不可得而言也今
須行條例既曰某字用元字代某字用允字代某字
用歷字代而科場文字有用元下著德允上著祚
歷下著數者自以為避例避改矣磨勘例仍以犯
諱譏罰者減直書一等蓋字雖避改究屬親言口言為言筆言亦言
避諱錄　卷一　四
也如賦得詩云五言八韻一字即一言自作詩文豈無他字可以代
用如舜事甚多何必定用升聞句而必欲於
功令所講十餘字中取材耶此理鄉曲儒生多有未
喻故申言之又如府廳州縣名輿
上同者未奉裁改自當改宓從宁避
制正書如江寧建寧等府縣人自書鄉貫或書他人
之籍不得輒以同義同音字代代之是改
制也此理雖通人亦有未喻者近見名公為人書墓志以寧鄉作甯鄉
後世無考故并及之

光緒朝刊刻的方志中，更屢可見在同書中混用各種缺筆或俗體的「寧」字。由於缺一豎一鉤的寧「宝」「寍」「寗」，在道光前就已存在，而非原誤認的避諱缺筆，故單從「寧」字的寫法，我們並不易推論其是否避道光帝的御名。但若此字的使用具統計意義（如雖大量出現，但無一寫成「寧」），或有其它旁證支撐（如筆者在前文所提及的《棗窗閒筆》），則仍可加以推估。

二、己卯本《石頭記》的發現

中國國家圖書館藏己卯本《石頭記》，業經重新裝裱，現每5回1冊，凡10冊，每半葉10行，行25或30字不等。[8] 此本在1936年之前由董康(1867-1947)收藏，後歸陶洙(1878-1959)，[9] 其第2冊總目書名下註稱「脂硯齋凡四閱評過」，第3冊總目書名下復註「己卯冬月定本」，故名「己卯本」，而己卯歲為乾隆二十四年。此本殘缺，原只存1-20回、31-40回、61-70回，21-30回係陶洙轉抄自庚辰本，校以甲戌本。又，第1冊總目缺，第1回前缺3頁半，10回末缺1頁半，70回末缺1頁多（圖表9.7）。

己卯本的第64及67回乃後人抄配，陶洙曾於丁亥(1947)春批記曰：

> 庚辰本八十回內缺六十四、六十七兩回，此己卯本封面亦書「內缺六十四、七回」，而卷中有此兩回，並不缺。細審非一手所寫，但可確定同時在別本鈔補者，與通行本相近，可知即高鶚所據之本也。嘗以戚本對校，則六十四一回異同雖多，大體無差，六十七一回則大不相同，直是另一結構，無法可校，衹得鈔附於後，以存初稿時面目。丁亥春，記於滬上憶園。

8 相關的版本資料可參見馮其庸，〈關於己卯本的影印問題及其他〉。

9 陶洙在己卯本上共留下五段署年的題記，最早的紀年是1936年丙子歲，共三條，其次是1947年丁亥歲，最後一條是己丑年正月初七日（人日）。至於陶洙生卒時間的考證，可參見高文晶，《陶洙校抄本《脂硯齋重評石頭記》研究》，頁6-7。

指所購的己卯本雖有第 64 和 67 回，但因原封面題「內缺六十四、七回」，且這兩回的筆跡異於其它各回，知其應為稍後所補。又從第 67 回末的「《石頭記》第六十七回終。按：乾隆年間鈔本，武裕菴補抄」附記，亦可判斷武氏必為嘉慶以後人士，否則就與「乾隆年間抄本」的語氣不合。再因第 64 回未署名之抄手的筆跡與武氏迥異，且第 64 回的版式為半葉 10 行、行 30 字，不同於第 67 回的半葉 11 行、行 25 字，知此兩回應為不同人抄補。

陶洙亦發現第 64 和 67 回的文句大致同於程高本，但第 67 回則頗異於戚序本（圖表 9.7 及 9.8；與甲辰本、列藏本或有正本也頗差）。亦即，武裕菴補鈔時或根據乾隆末年已擺印刊傳的程高本，當時他應不易見到其它脂本，此與武氏生活在嘉慶以後的推論相合。陶洙在收藏己卯本後曾加以校錄補鈔：1. 補足了首回和第 10 回的殘頁，2. 據庚辰本抄補了第 21-30 回，3. 用藍筆過錄了甲戌本的全部批語和凡例，並用朱筆過錄了庚辰本的全部批語，再以甲戌、庚辰兩本校改。

1959 年冬，北京琉璃廠中國書店收到《石頭記》殘鈔本一冊，存第 55 後半回、56-58 回及第 59 前半回，此本旋由中國歷史博物館（今名「中國國家博物館」）購藏。該殘本於 1975 年經吳恩裕、馮其庸等先生仔細鑒定後，判斷應是己卯本在陶洙收藏之前即已散失的部分。中國國家圖書館與中國國家博物館分藏的這兩殘本，迄今已多次被以合璧的方式重印，稱為《脂硯齋重評石頭記》己卯本，且還原後（指去除陶洙補改內容）的己卯本亦曾被編輯整理出版，[10] 下文所提及的己卯本即指後者。筆者將嘗試析究此本與怡親王府的關係，及其未見於《怡府書目》的可能原因，並細探該如何以己卯本中的國諱與家諱推判其抄成年代。

10 曹雪芹原著，馮其庸評批，《馮其庸評批集》，卷 2-3，瓜飯樓手批己卯本《石頭記》。

圖表 9.7：己卯本中的第 64 和 67 回。上圖乃陶洙對現存回數狀況的整理記述，中左為武裕菴抄補，中右為另人所補。

❖己卯本《石頭記》

己卯本殘存

存　一回至二十回　❶第一回首殘三頁半　已據庚辰本補全　尚未釘入

第十回末殘一頁半　已據庚辰本鈔補　尚未釘入　第四回有注　各本無

❷第十回有行間批語　亦各本無

第十一至二十回均有注　十七八回未分卷　與庚本同

第十六回末有批語　十九回　各回目有鈔補　與庚本同

第二十回有後評　與戚本同

❸二十一回至三十回　缺　此十回現據庚本已鈔補齊全　並以甲戌本庚辰本互校　所有評批均依式過錄　尚未裁釘

存　三十一回至四十回

卅一回只注有若後評批　庚本無

卅二回有前評　卅四回有注　各本無

卅五回有後評　卅六回有注有後評

卅七至卅九回均有注　四十回有注　只一條

四十一回至六十回　缺　未鈔補（擬照庚本鈔以戚本校）

存　六十一回至七十回

六十三回有注　各本無

❹六十四回有　係同時從別本鈔補　但非一手所鈔　與戚本雖有異同大致無差　庚本無

六十五回有注

❺六十七回有　此回亦庚本所無　此亦同時從別本鈔補　但非同時所寫　與戚本相校　大不相同　竟另一結構（無從校起　只得另寫一篇附後）

七十一回至八十回　缺　未鈔補（擬照庚本鈔補以戚本校）

以上己卯鈔本殘存回數及與庚本異同大概情形也　凡八十回之本只見四種

脂硯齋重評石頭記卷之

第六十四回

幽淑女悲題五美吟　浪蕩子情遺九龍珮

話說賈蓉見家中諸事已妥　連忙趕至寺中回明賈珍　於是連夜分派各項執事人役　並預備一切應用旛杠等物　擇於初四日卯時請靈柩進城　一面使人知會諸位親友　是日喪儀焜耀　賓客如雲　自鐵檻寺至寧府　夾路看的何止數萬人　內中有嗟嘆的　也有羨慕的　又有一等半瓶醋的讀書人　說是喪禮與其奢易　莫若儉戚的　一路紛紛議論不一　至未申時方到　將靈柩停放正堂之內　供奠舉哀已畢　親友漸次散回　只剩族中人分理迎賓送客等事　近親只有邢舅太爺相伴未去　賈珍賈蓉此時為禮法所拘　不免在靈傍藉草枕塊　恨苦居

脂硯齋重評石頭記卷之

第六十七回　見土儀顰卿思故里　聞秘事鳳姐訊家童

話說尤三姐自盡之後　尤老娘合二姐兒賈珍賈璉等俱不勝悲

（中略）

興兒趕忙答應回來　鳳姐道　快出去告訴你二爺去　是不是啊　興兒回道　奴才不敢　鳳姐道　你出去提一個字兒　堤防你的皮　興兒連忙答應著纔出去了　鳳姐又叫旺兒　旺兒連忙答應着過來　鳳姐把眼直瞪瞪的瞅了兩三句話的工夫　纔說道　好旺兒　很好　去罷　外頭有人提一個字兒　全在你身上　旺兒答應着　也慢慢的退出去了　鳳姐便叫倒茶　小丫頭子們會意　都出去了　這裡鳳姐纔和平兒說　你都聽見了　這纔好呢　平兒也不敢答言　只好陪笑兒　鳳姐越想越氣　歪在枕上只是出神　忽然眉頭一皺　計上心來　便叫平兒來　平兒連忙答應過來　鳳姐道　我想這件事竟該這麼着纔好　也不必等你二爺回來再商量了　未知鳳姐如何辦理　且聽下回分解

十五

❻石頭記第六十七回終　按乾隆年間抄本　武裕菴補抄

❶第一回首殘三頁半，已據庚辰本補全，尚未釘入。

❷第十回有行間批語，亦各本無。末殘一頁半，已據庚辰本鈔補，尚未釘入。

❸二十一回至三十回，缺。此十回現據庚本已鈔補齊全，並以甲戌本、庚辰本互校，所有評批均依式過錄，尚未裁釘。

❹六十四回有。係同時從別本鈔補，但非一手所鈔。與戚本雖有異同，大致無差。庚本無。

❺六十七回有。此回亦庚本所無。此亦同時從別本鈔補，但非同時所寫。與戚本相校，大不相同，竟另一結構（無從校起，只得另寫一篇附後）。

❻《石頭記》第六十七回終。按：乾隆年間抄本，武裕菴補抄。

圖表 9.8：己卯本第 67 回內容與它本之比較。己卯本此回大致根據程高本抄補，此可參照圖下左和下右。然己卯本部分內容與有正書局石印大字本頗差，單從此圖所框出之文句，我們即可明顯發現兩者至少有 600 餘字的不同。

❖有正書局石印大字本

是給姐姐來道謝竟是又要定下明年的東西來了寶
玉笑說我要出來難道沒有你一分不成你不知道
幫著說反倒說起這散話來了黛玉聽了笑了一聲
寶釵問你二人如何來的這樣巧是誰會誰去的寶
玉說休提我因姐姐送我東西想來林妹妹也必有
我想要道謝想林妹妹也必來道謝故此我就到他
房裡會了他一同要到這裡來誰知到了他家正在
房裡傷心落淚也不知是為什麼這樣愛哭寶玉剛
說到落淚二字見黛玉瞪了他一眼恐他往下還說
寶玉會意隨即換過口來說道林妹妹這幾日因身
上不爽快恐怕又病扳嘴故此著急落淚我勸解了
一會子纔來了一則道謝二則一個人在房坐著發
悶寶釵說妹妹怕病悶固然是正理也不過是在那
飲食起居穿脫衣服冷熱上加些小心就是了為什
麼傷起心來呢妹妹你難道不知傷心難免不傷血
氣精神把要緊的傷了反到要受病的妹妹你細想
想黛玉說姐姐說的狠是我自己何嘗不知道呢只

石頭記

因我這幾年姐姐是看見的那一年不病一兩場病
的我怕的了見了藥吃了見效不見效一聞見先就
頭疼發惡心怎麼不叫我怕病呢寶釵說雖然如此
說卻也不該傷心到是覺著身上不爽快反自己強
扎掙著出來各處走走逛逛把心鬆散鬆散比在屋
裡悶坐著還強呢傷心是自己添病的大毛病我那
兩日不是覺著發懶渾身乏倦只是要歪著心裡也
是為時氣不好怕病因此偏扭著他尋些事件作作
一般裡也混過去了妹妹別怪我說越怕越有鬼寶
玉聽說忙問道寶姐姐鬼在那裡呢我怎麼看不見
一個鬼惹的眾人烘聲大笑寶釵說道獃小爺這是
比喻的話那裡真有鬼呢認真的果有鬼你又該唬
哭了黛玉因此笑道姐姐說的狠是狠該說他誰叫
他嘴快寶玉說有人說我的不是你就樂了你這會
子心裡也不懊悔了偺們也該走罷於是二人又說
笑一回二人辭了寶釵出來寶玉仍把黛玉送至瀟
湘館門首自己回家這且不提且說趙姨娘因見寶

❖中國國家圖書館藏己卯本

姐來道謝、竟又要定下明年的東西來了、
說的寶釵寶玉都笑了、
三個人又閒話了一回、因提起黛玉的病來、寶玉勸了一回、因說
道、妹妹若覺着身上不爽快、倒要自己勉強扎掙着出來各處走
走逛逛散散心、比在屋裡悶坐着到底好些、我那兩日不是覺着
發懶渾身發熱、只是要歪着也因為時氣不好、怕病、因此尋些事
情自己混着這兩日纔覺着好些了、黛玉道、姐姐說的何嘗不是、
我也是麼這想着呢、大家又坐了一會子方散寶玉仍把黛玉送
至瀟湘館門首、纔各自回去了、且說趙姨娘因見寶釵送了賈環
些東西、心中甚是喜歡、想道怨不得別人都說那寶丫頭好會做人、
狠大方、如今看起來果然不錯、他哥哥能帶了多少東西來、他挨

❖中國國家圖書館藏程甲本

了、說的寶釵寶玉都笑了、三個人又閒話了一回因提起黛玉
的病來、寶釵勸了一回、因說道、妹妹若覺着身子不爽快倒要
自已勉強扎掙着出來各處走走逛逛散散心比在屋裡悶坐
着到底好些、我那兩日不是覺着發懶渾身發熱只是要歪着、
也因為時氣不好怕病、因此尋些事情自已混着這兩日纔覺
着好些了、黛玉道、姐姐說的何嘗不是、我也是這麼想着呢、大
家又坐了一會子方散寶玉仍把黛玉送至瀟湘館門首纔各
自回去了、且說趙姨娘因見寶釵送了賈環些東西、心中甚是
喜歡想道、怨不得別人都說那寶丫頭好會做人狠大方如今

紅樓夢　八

三、己卯本與怡親王府的關係及其抄成年代

1975 年，吳恩裕與馮其庸共同發現今存的四十幾回己卯本《石頭記》中，出現多個「祥」及「曉」字，[11] 經統計共可見 12 個「曉」字缺筆，7 個不缺筆（前人少算了 1 個）；5 個「祥」字缺筆（3 個缺右側「羊」字末筆的一豎，1 個缺此豎的後半部，1 個缺「羊」字最下一橫），1 個不缺筆（圖表 9.9）。由於這兩字恰為頭兩代怡親王允祥和弘曉（雍正八年允祥逝世，弘曉襲爵，乾隆八年因事解理藩院職，四十三年卒，由次子永琅襲爵）的名諱，他們因此推論該本應是怡親王弘曉府中的原鈔本。

的確，從乾隆《三希堂法帖》可知前人似未以缺筆之形式寫「祥」和「曉」，且他人同以此二字為家諱的概率極低。惟劉廣定因己卯本中出現三種缺筆的「祥」字，遂認為怡王府的家諱絕無可能如此混亂，又謂弘曉於乾隆四十二年自刻的《明善堂詩文集》（有 88 個「曉」、1 個「聴」，[12] 但無「祥」字）不見家諱，故「可證弘曉是不避諱的」。並稱己卯本中部分「祥」和「曉」字缺筆的原因，或是由於某位抄手曾在怡親王府擔任抄胥工作所致，另疑這也可能只是抄手的省筆習慣，從而推論己卯本與怡府無關。然在筆者所提出更合理的解釋之下（見後文），劉說似乎流於過奇。[13]

弘曉自刻的《明善堂詩文集》原本就不該避自己名諱，然怡府的抄手則可能會以缺筆方式敬避貴為親王之主人名及其家諱。除己卯本中缺筆的「祥」「曉」，怡府家諱還可見於山東師範大學藏《白燕栖詩草》鈔本。該書乃集清代宗室王公的詩選，卷首鈐用弘曉的「怡府世寶」「明善堂珍藏書畫印記」「冰玉主人珍玩」等印，內容選抄了康熙三十五年博爾都《問

11 馮其庸，《石頭記脂本研究》，頁 126-128。

12 「中國基本古籍庫」「雕龍」所收此書，皆未能正確呈現此數目；「聴」乃訛字。

13 劉廣定，〈己卯本《石頭記》之研究〉(2011)；黃一農，〈從 e 考據看避諱學的新機遇：以己卯本《石頭記》為例〉(2019)；劉廣定，〈重新檢討己卯本石頭記〉(2023)。

亭詩集》12 卷中的 4 卷，還附抄德普、高塞、吞珠的詩。由於「明善堂」是乾隆五年御賜名，故從《白燕栖詩草》卷首所鈐的「明善堂珍藏書畫印記」，知怡府抄手或在乾隆五年之後始抄成此書，並敬避了弘曉名。[14]

此外，中國國家圖書館所藏《昇平寶筏》鈔本，應亦與怡府有關（圖表 9.10），該書殘存一冊，共二十四出，乃乾隆帝命張照 (1691-1745) 編製的院本，以備樂部演習。書內嚴守避諱，所有 8 個「曉」字皆缺末筆，14 個「祥」亦全缺筆（10 個缺右側「羊」字末筆的一豎，4 個缺「羊」字最下一橫），明顯是避允祥和弘曉父子的名諱。此外，「元鶴」「元機」「九天元女」等詞中的「元」，乃避康熙帝玄燁的上一字「玄」；「牽」字內的字根「玄」亦缺筆；「儀」字未避宣統帝溥儀名諱；「青邱」則符合雍正三年為避孔子聖諱而改「丘」為「邱」之規定。至於 4 個「寕」字的出現，雖與道光帝旻寧登基時所訂定的諱例一致，但因「寕」字原就為「寧」的俗體，故與此本編成於乾隆前期（弘曉已襲爵）的時代背景亦合。[15]

據中國第一歷史檔案館藏《內務府呈稿》，乾、嘉兩朝每逢四月初八日的浴佛節，皆在永寧寺、弘仁寺舉行獻戲活動，通常會由南府學生、和親王府與怡親王府戲班交替承應，怡府即至少在乾隆二十二、二十五、二十七、四十一、四十六年獻戲，而《昇平寶筏》是清宮最受歡迎的七部連臺本大戲之一，[16] 演唐・玄奘西域取經事。由於前引《昇平寶筏》中避「曉」「祥」的方式，均可見於己卯本及《怡府書目》，尤其是非典型缺筆的「祥」字（圖表 9.12），更大幅增加己卯本《石頭記》源出怡親王府鈔本的可能。

---

14 《白燕栖詩草》鈔本中無「祥」字，而「香山曉望」「書懸曉榻前」及「曉行」的「曉」字均缺末筆。參見黃斌，〈清代宗室詩學經典之選：兼論山師藏本《白燕栖詩草》的文獻價值〉；丁丙，《善本書室藏書志》，卷 2，頁 11。

15 由於此本為數人分抄，故若他們非怡府抄胥，很難在抄寫多達 22 個缺筆的「祥」或「曉」字（非國諱）時不漏避，亦即，此本為怡府原鈔本的可能性頗高。

16 張義，〈《內務府呈稿》中的清宮戲曲史料及其價值〉。

圖表 9.9：己卯本《石頭記》中的「曉」「祥」二字。

- ① 世人只曉神仙好惟有功名　第1回
- ① 世人都曉神仙好只有金銀　第1回
- ① 世人都曉神仙好只有姣妻　第1回
- ① 世人都曉神仙好只有兒孫　第1回
- ③ 如春曉之花　第3回
- ③ 都都曉得是　第3回
- ③ 誰曉这拐子　第4回
- ② 本也不曉得什麽　第10回
- ③ 如何連兩句俗語也不曉　第13回
- ③ 修國公侯曉明之孫　第14回
- ② 这樣大事，到不曉得了　第33回
- ② 姑媽那裡曉得这是　第35回
- ① 捧心西子玉為魂，曉風　第37回
- ② 無賴詩魔昏曉侵　第38回
- ② 就在曉翠堂上調開桌案　第40回
- ② 曉散時賈母等順路　第57回
- ① 一日清曉寶釵春困已醒　第59回
- ② 是寫看霜曉寒姿四字　第63回
- ① 就奔平安州大道曉行夜　第66回

- ① 賈天祥正照風月鑑　第11-20回總目
- ③ 賈天祥正照風月鑑　第12回
- ③ 華日祥雲籠罩奇　第17-18回
- ③ 故用一不祥之語為讖　第17-18回
- ② 門客見打的不祥了　第33回
- ② 跟他的小丫頭子小吉祥兒　第57回

① 無缺筆　② 缺筆

③ 原有缺筆，但由陶洙以朱筆補全，該句下方另顯現諱字原本之字形

圖表 9.10： 源出怡府之《昇平寶筏》鈔本中的諱字。

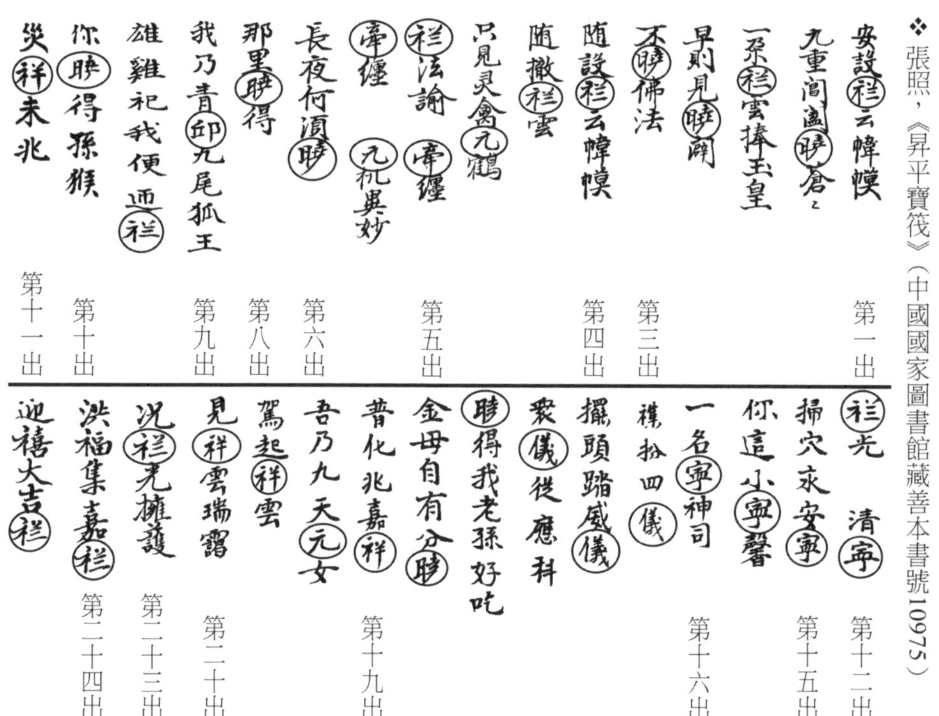

先前紅學界有人因己卯本避諱「曉」字，故稱該本應是弘曉過世後的鈔本，但情理上怡親王府的抄胥於弘曉在世時，就可能會避主子之名。[17] 再者，避諱主要是為了表達敬謹之意，故無論改字或缺筆均可被接受，其中缺筆通常是缺末筆，但亦不限於此。如嘉慶二十年段玉裁所刊傳《說文解字注》中的「丘」字，就大多寫成少了倒數第二筆的「丘」；[18] 清代秋柯草堂重刊的宋・劉子翬《屏山全集》，可見缺末筆的「斤」；乾隆《昌化

[17] 類似案例發生在權臣李鴻章（曾歷官湖廣、兩廣、直隸總督以及文華殿大學士）身上，因其父名文安，故其屬遂不敢書「鈞安」一詞，此事詳見後文。

[18] 段玉裁注，《說文解字注》，第 8 篇上，頁 44-45。

縣志》則全用異體字「玊」。[19] 至於康熙帝御名「玄」字的缺筆，除最常見的「玄」外，也有缺首筆以及同時缺首末筆者（圖表 2.15）。嘉慶帝御名中的「顒」字多缺末兩筆，但偶亦見只缺末筆的情形（圖表 8.2）。

明末藏書家毛子晉在跋唐・鄭谷《雲臺編》的舊鈔本時，亦因避家諱（其父名清）而將「清」字缺末二筆。[20] 《紅樓夢》第 2 回也稱林黛玉因其母名賈敏，故「凡書中有"敏"字，皆念作"密"字〔缺尾音〕，每每如是；寫字遇著"敏"字，又減一、二筆」。這些案例均表示古人若用缺筆來呈現避諱時，要如何減以及該減一或二筆，並無定法。

此外，同一人的避諱方式也不一定一致。如《怡府書目》第 4 冊收錄第 213 號之《弘覺禪師語錄》以及第 248 號之《界弘量禪師語錄》（圖表 9.12），從兩者書寫字跡的相似性判斷，明顯出自同一人，但其對國諱「弘」字的處理卻是一缺末筆、一依俗體作左「弓」右「口」（此寫法屢見於《三希堂法帖》所收元代趙孟頫與明代董其昌的作品），故遇家諱亦不見得講求統一。綜上所論，劉廣定所謂「怡王府的家諱絕無可能如此混亂」及「可證弘曉是不避諱的」之說法，不攻自破。我們應可合理推論怡府曾抄存一《石頭記》的脂本，且與己卯本的淵源頗深。

吳恩裕、馮其庸、劵德寶等紅學家曾從筆跡判斷己卯本是由數人（有稱七或八人）聯手抄成的，[21] 吳氏並揣測曰：

> 曹雪芹在世的時候，《紅樓夢》已經被視為「謗書」了。弘曉之所以親自參加、領導他的家人抄書而不用外人抄，其原因就是怕外人傳播他家「抄錄」了這部書。《怡府書目》中之所以找不到他家抄的《石頭記》，也是怕外間知道他家「收藏」了

---

19 參見謝鶯興，〈館藏劉子翬《屏山集》板本述略〉；甘文蔚等修，王元音等纂，《昌化縣志》。

20 張金吾，《愛日精廬藏書志》，卷 29，頁 17。

21 如見劵德寶，〈己卯本《脂硯齋重評石頭記》是怎樣抄成的〉。

這樣一部書。[22]

然弘曉貴為親王，很難想像他會率家人偷偷抄錄這本所謂的「謗書」小說。尤其，弘曉的同母四兄寧郡王弘晈以及異母長兄貝勒弘昌，皆曾深涉乾隆四年的理親王弘晳（康熙朝廢太子胤礽的嫡長子）逆案，此事應對其家產生嚴重的寒蟬效應。

弘晳案是康熙末年儲位之爭的重大餘波，肇發於乾隆三年十月皇次子永璉因偶感寒疾而猝死一事。由於孝賢皇后無他子，而其餘皇子（大阿哥永璜及三阿哥永璋）皆侍妾所生，皇位繼承遂引發各方覬覦，皇族參預者還包含政壇中最位高權重的莊親王允祿以及不少宗室，但此案的細節迄今隱晦不明。當時朝中一些持「立嫡立長」觀點的宗室，因黨附康熙嫡長孫弘晳，而被控往來詭秘，有悖逆之嫌，乾隆帝且責弘晳「自視為東宮嫡子，居心叵測」。後因不願事態擴大，四年十月諭旨將本擬革退王爵的弘晈，從寬仍留王號，終身永遠住俸；允祿亦免革親王，仍管內務府事，其親王雙俸以及議政大臣、理藩院尚書二職俱著革退；弘昌革去貝勒；弘晳革去親王，雖不必於高牆圈禁，仍准住在京郊昌平的鄭家莊，但不許擅出；弘普（允祿庶出之長子）則革去貝子。十二月，又以弘晳聽信邪說，且仍萌異心，故開除其宗籍，並永遠圈禁於景山的東果園。[23]

原本因父允祥在前朝「一德一心，贊襄國政」而深受加恩的弘曉，[24] 遂遭池魚之殃。乾隆帝先在七年三月解其正白旗漢軍都統一職，八年八月再解其理藩院事務，此後弘曉與其兄弟就長期遭冷落。[25] 由於弘曉的大兄弘

---

22 吳恩裕，《曹雪芹叢考》，頁 257。

23 此段參見《清高宗實錄》，卷 103，頁 545-548、卷 106，頁 587-588；楊珍，《清朝皇位繼承制度》，頁 381-396。

24 如雍正十三年八月甫即位的乾隆帝即嘗曰：「朕當仰體皇考聖心，眷愛怡親王弘曉，教誨作養之。伊年甫十四，在內行走豈可無人護從，著總理事務王大臣選派妥善侍衛二員隨護。」參見《清高宗實錄》，卷 1，頁 151-152。

25 宗譜編纂處編，《愛新覺羅宗譜》，冊甲，頁 837-879。

昌（庶長子）以及四兄弘晈（嫡長子）均屬弘晳逆案的重要當事人，即使弘曉本人並未涉入，但從《明善堂詩文集》所留下大量他與兩兄詩歌往還的事實（該情形至弘昌及弘晈分別於乾隆三十六年及二十九年過世之前皆如此），且從乾隆二十三年冰玉主人弘曉序弘晈《菊譜》一書時所稱「聊書數語跋譜後，以見余昆弟得以退食餘閒寄情嘉卉、歌詠太平」，知弘曉與兩兄關係密切，故他的一舉一動亦應承受相當大的外在或自我壓力。

綜前，弘曉及其家人在弘晳逆案的陰影下，應不會為一本小說而甘冒大不韙。何況，一般人即使讀完《紅樓夢》，也很難具體感覺此為「謗書」。[26] 再者，乾隆時人額爾赫宜、永忠、明義讀過此書之事，均見諸公開出版或預備刊刻的詩文集，知該小說在當時實未被定為「謗書」。又因己卯本內共有 19 個「曉」及 6 個「祥」，其中仍有 7 個「曉」及 1 個「祥」不缺筆（圖表 9.9），[27] 說明己卯本應非藏書大家怡府的原鈔本，否則，就很難解釋為何書中有如此多的「非專業」現象：不僅未嚴避所有家諱，亦見幾處「玄」或「眩」字未缺末筆，且出現一些錯別字（圖表 9.11）。[28]

梅節 (1981) 在細探己卯本後，合理總結稱弘曉曾獲見「脂硯齋凡四閱評過」之本並加以過錄，是為怡府本，而現存的己卯本則是怡府本的過錄本。[29] 類似說法亦見於林冠夫、王毓林等，如後者有云：

---

26 但有宗室疑此書涉及政治諷刺，如弘旿（康熙帝皇二十四子允秘次子）在眉批永忠（皇十四子允禵之孫）《延芬室集》時，嘗稱：「余聞之久矣，而終不欲一見，恐其中有礙語也。」參見黃一農，《二重奏：紅學與清史的對話》，頁 466、524。

27 怡府晚輩平日書寫或抄胥抄書時，才較可能避諱歷任怡親王之名。但王爺在刊刻己作時，通常並不會避己名，譬如乾隆四十二年弘曉所自刻《明善堂詩文集》中的 89 個「曉」字，即均未缺筆。又，永琅在五十六年為已故張賓鶴所刻的《雲汀詩鈔》，內含 32 個「曉」，因是他人著作，故亦不好意思因贊助出版而避自己家諱。但《白燕棲詩草》鈔本因是怡府抄胥所為，僅供弘曉自家賞玩，遂避其諱。

28 如己卯本中屢見「黛玉」被寫成「代玉」，亦有不少「訴」字被寫成「訢」，而此與怡府家諱似無關係。王懋竑(1668-1741)也曾逐一指出《北史》中的「訴」多被誤作「訢」。參見王懋竑，《讀書記疑》，卷 14-15。

29 梅節，〈論己卯本《石頭記》〉。

> 現存己卯本可能即是怡府己卯本的過錄本，還有可能是怡府本幾經轉抄後的過錄本。這樣的推測，可以使己卯本抄錄雜亂、抄手避諱前後不一的矛盾現象得到較為圓滿的解釋。正是由於己卯本是怡府本的繁衍本，它的抄藏主無力雇用水平較高的抄手，便組織身邊的人來抄錄，抄錄者的水平不在同一水平線上，所以誤抄較多，字體優劣差異就很大，它的抄手之中就有可能加入非怡府成員，甚至組織抄錄工作的此本的所有者本人就不是怡府後人。非怡府成員的抄手，既可以照描底本上的諱字，也可以按正常筆劃抄寫，這就形成了同一抄手對「祥」字既諱筆又不諱筆的特殊情況。[30]

主張己卯本或是由與怡府無關之人過錄自怡府的原鈔本，故有些字因受抄手平常運筆習慣的影響，而忽略了原鈔本中的缺筆。這與馮其庸所持「己卯本是怡親王府原抄本」的觀點明顯有異，[31] 下文即嘗試深入梳理此事。

由於先前文史學界對清代避諱知識的理解一直不夠全面且未能深入，[32] 以致紅圈中人對己卯本的抄成年代長期處於爭論狀態。先前主張己卯本是怡親王府原鈔本者，其所持理由一是稱己卯本避了允祥和弘曉的名諱；二謂該本乃多人合抄，字跡的美醜相差懸殊，不合書賈抄賣的要求；三指《石頭記》或《紅樓夢》於乾隆二十四年以及稍後尚未傳世，故應無書賈抄賣本行世。[33] 然因己卯本很可能純粹是以其內容與程本有異而被喜好這

---

30 王毓林，《論石頭記己卯本和庚辰本》，頁 105。

31 馮其庸，《敝帚集：馮其庸論紅樓夢》，頁 222-223。

32 如王毓林在討論此事時所根據之幾本涉及版本鑑定的專書（包含陳垣的《史諱舉例》），對「寧」字避諱的認知，即均有誤或不夠全面。參見王毓林，《論石頭記己卯本和庚辰本》，頁 94-95。

33 如見馮其庸，〈三論庚辰本〉。

本小說者抄錄，且當中仍有多達8處不避「曉」或「祥」，此很難用「不小心」為由一以蔽之。[34]

劉廣定因將己卯本出現的「寕」「寍」與「寍」（圖表9.11）均逕自認定是「寧」字諱改之替代寫法或缺筆形式，故多年來一再撰文指稱此本應抄於道光帝旻寧即位後（諭旨改「寧」字中的「心」為一畫一撇的「寕」）至咸豐四年新諱例（改「寕」為「甯」）頒布前，[35] 且進而主張「是否確有所謂怡府本，洵屬可疑，己卯本實與怡親王無關」。[36] 但梅節 (2000)、黃一農及蕭永龍 (2014)、陳傳坤 (2015) 等人則指出「寕」「寍」「寍」亦為「寧」的俗體，各舉出許多案例具體說明這些寫法早在道光之前的小說或方志中就已頻頻出現，故若僅依己卯本上所見到的這些俗體字，應不足以斷定版本年代。[37] 然此前包含筆者在內的研究者對「寧」字各種異體與避諱之間的關係，多僅執著於官方的規定，而不詳社會大眾實際的因應方式，以致常因未能掌握足夠證據而無法有效說服持異見者，且因大家皆未能詳查某一寫法在該時代曾否以俗體形式呈現，亦不曾考慮其使用頻率（參見本章第1節），遂在認知上產生一些誤區。

---

[34] 應必誠，《紅學何為》，頁553-556。

[35] 劉廣定主張己卯本中部分「祥」和「曉」字缺筆的原因，可能是因某位抄手曾在怡親王府擔任抄胥工作所致，但其說就無法解釋為何該本對咸豐以前封怡親王之奕勳、綿標、載坊、載垣等人的下一字（有約20處），均不曾敬缺末筆。

[36] 劉廣定，〈《紅樓夢》抄本抄成年代考〉〈己卯本與蒙府本後四十回抄成時期考〉。

[37] 先前有疑「寍」字乃「抄胥省筆之誤」，不知此字原就是清前期的俗體。參見梅節，〈評劉廣定先生"紅樓夢抄本抄成年代考"：兼談紅樓夢版本研究中的諱字問題〉；黃一農、蕭永龍，〈論道光帝廟諱與古書中「寧」字的寫法〉；陳傳坤，〈酒未敵腥還用菊，性防積冷定須薑：《紅樓夢》避諱詮辨兼與劉廣定先生商榷〉。

圖表 9.11：己卯本《石頭記》中對「玄」「寧」等字的寫法。

❖《脂硯齋重評石頭記》己卯本

不辦是何氣味身子如在雲端里一般滿屋中之物都是耀眼争光的使人頭懸目眩刘姥姥此时惟点頭咂嘴念佛而已 于是来至東边这间屋内 乃是賈璉　第六回

賈薔亦係寕府中之正派玄孫　第九回

就坐上寕府里来到了寍府進了車門到了東边小角門前下了車進去見了賈珍的妻尤氏也未敢氣高殷殷勤勤叙過寒温説了些閑話方問道今日怎庅沒見蓉大奶奶尤氏説道他这些日子不知是怎庅自經期有兩個多月沒来叫大夫瞧了又説并不是喜那兩日到了下半天就懶待動話也懶待説眼神也發眩我説他你且不必拘礼早晚不必照例上来你竟好生養養罷就是有親戚一家兒来有我呢就有長輩們怪你等我替你告訢連蓉哥我都囑咐了我説你不許累　第十回

家事消亡首罪寕　第五回

把代玉腿上一擰　第八回

第六十一回至七十回　內缺六十四、六十七回

脂硯齋凡四閱評過

自鐵檻寺至寕府　第六十四回（凡7處，此回乃後人抄補，非屬原己卯本）

寕榮街後二里　第六十四回（凡1處）

原己卯本中的字形

寕　凡97處

寜　凡1處

寍　凡1處

擰　凡6處

而在己卯本的案例當中，我們或許有機會從道光以後官定須避之「寧」字的完全消失，或按規定該用諱字「寕」的大量出現，以及眾多抄手所顯示的一致性，嘗試推判其抄寫時間的上下限。查原己卯本（指不含抄補之第64、67回的殘鈔本）裡，共出現97處「寕」、1處「寜」、1處「寍」以及6處「擰」字，但在這多達105處的表述中，竟然完全不見乾、嘉時最常用且被多數人視為正體的「寧」或「寗」字（圖表9.4），此一極端「偏頗」的結果應只能理解為避諱所致。

事實上，在「中國方志庫」所收錄的大量乾、嘉兩朝志書中，雖常可在同書內發現各種「寧」字的不同寫法，但卻尚未見獨缺「寧」或「寜」字者（圖表 9.4）。尤其，己卯本並非一人所為，而是由七、八名抄手在很短期間內分頭所寫，有時是一人抄錄一回，有時是數人共同分工抄錄一回，甚至是一人負責一頁，想見當時眾抄胥分抄的是散頁，且因書法往往不十分工整，判斷應是匆促找人趕工所致，[38] 這些抄手似乎也未曾預先商定該如何處理諱字。如若他們是在乾、嘉間抄書，應不太可能所有人在分別抄寫了多達 105 個各種寧字後，竟然全未出現一般人慣寫的「寧」或「寜」。[39] 亦即，從概率的角度判斷，己卯本應最可能是抄成於道光帝即位之後。[40] 當時的諱例雖已明令將「寧」字字根中的「心」改寫成一畫一撇，但在實際敬避時，我們屢可發現包含缺筆在內的幾種不同寫法（圖表 9.5）。換句話說，只要不直書「寧」或「寜」字即可被接受。

尤有甚者，即使咸豐四年規定應將原本的諱字「寕」改為「甯」，但之後刊刻的志書其實罕見僅使用「甯」或「寗」的情形（圖表 9.5）。然在由後人為補全己卯本而抄配的第 64 回中，所有的 8 處「寧」字全被寫成「寗」，而己卯本其它各回雖有多達約百處的「寕」「寕」或「寍」字，卻無一被七、八名抄手們寫成「甯」或「寗」，故從統計學的立場推判，第 64 回的抄寫者很可能就是呼應了咸豐四年改「寕」為「甯」的新諱例，亦可推斷己卯本的抄寫下限最可能為咸豐四年。

---

38 林冠夫，《梅杈樓文集》，頁 160-162。

39 如以圖表 9.4 中最極端的乾隆《鳳翔府志》為例，該書未用「寧」或「寜」兩字的比例約為 53 %，此一出現頻率若與抄寫己卯本時略同，則己卯本連續 105 處不出現「寧」或「寜」的概率 $(= 0.53^{105})$ 應趨近於零。事實上，即使未用「寧」或「寜」的比例達到 90%，連續 105 處不出現「寧」或「寜」的概率亦只有 0.000016。

40 若「寕」字僅出現少數幾次或抄手不過一、兩人，則仍有可能歸因於個別的特殊書寫習慣。

綜前所論，我們從己卯本上各種「寧」字的出現頻率，應可推得此本抄於道光帝即位以迄咸豐四年間，此一斷年雖與劉廣定等人相同，但卻是基於統計學所獲得迄今最嚴謹的推論，且對己卯本與怡親王府間關係的判斷，亦迥異於劉氏。從「曉」「祥」兩字的缺筆，推知己卯本的祖本應與怡府關係密近，然因該本全部的 19 個「曉」及 6 個「祥」，仍有 8 個未缺筆（《昇平寶筏》即嚴守怡府家諱），知己卯本為怡府原鈔本的可能性不高。

四、己卯本為何未見於《怡府書目》？

然而，中國國家圖書館所藏《怡府書目》中為何未發現《紅樓夢》或《石頭記》，此一情形雖曾引發許多討論，但始終欠缺一較合理的說法。查《怡府書目》原鈔本凡 4 冊，共分為 17 部類，所收書的數目不等，各冊編號均重新起算。第 1 冊共收經部、史部、子部、類書、集部、醫部之書凡 699 種，其中宋版書即多達 77 種（今臺北故宮亦不過收 175 種），餘 3 冊則未見宋版。其封面以及頁首分別可見「訥齋珍賞」「怡親王寶」「怡王訥齋覽書畫印記」等印（圖表 9.12），均為永琅（號訥齋）所鈐。[41]

41　《紅樓夢》中唯一之「琅」字出現在第 50 回寶玉製作的詩謎「天上人間兩渺茫，琅玕節過謹隄防」，但己卯本缺此回。

圖表 9.12：《怡府書目》中的鈐印、諱字與小說類收藏。圖下左可見怡府稍後所輯《影堂陳設書目錄》中著錄的《紅樓夢》。

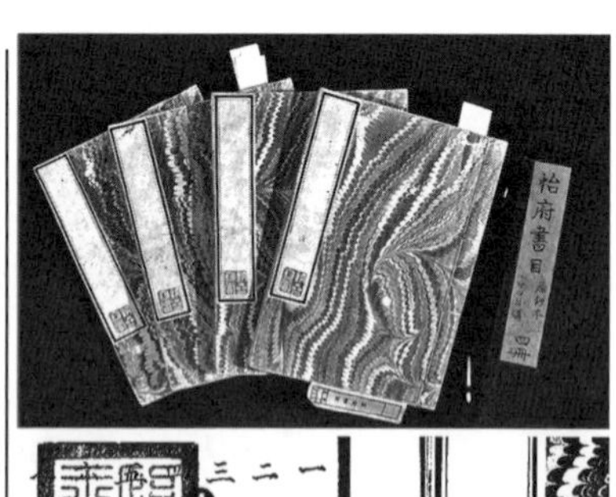

❖中國國家圖書館藏《怡府書目》原鈔本

一號 經解 新板 六十四套
二號 四書集編 舊板 二套
三號 周易義例啟蒙附論 一套 內府板
號 周易義例啟蒙附論 一套 內府板
號 增修東萊書說 宋板 四套
號 三禮圖 宋板 一套
號 篆文六經四書 內府板 二套

❹ 怡親王寶
❷ 怡王訥齋覽書印記
❶ 訥齋珍賞
❸ 國立北平圖書館收藏

冊一
四十六號 名臣碑傳琬琰之集 一套 抄本 計十二本

冊二
二百二十號 史紀鉤玄 一套 計四本
七十五號 啟正野乘 一套 計四本

冊三
九百七十號 嘉樂堂詩集 二本
一千一百九十六號 曉亭詩抄 四本
二百二十一號 寶元天人祥異書 十本

冊四
十一號 丘祖眼科 一套 計四本
十六號 曉嶸祖禪師語録 一本
二百二十三號 弘覺禪師語録 一本
二百二十五號 山曉禪師語録 一本
二百四十八號 界弘量禪師語録 一本
二百八十一號 長春邱祖傳 一本

冊三
七百八十八號 今古奇觀
七百八十九號 拍案驚奇
七百九十號 醒世恒言
七百九十一號 六才子書
七百九十二號 五才子書
七百九十三號 批點彈詞
七百九十四號 牡丹亭
七百九十五號 水滸後傳
七百九十六號 五種傳奇
七百九十七號 玉茗堂四種
七百九十八號 棃花齋四種
七百九十九號 笠翁傳奇十種
八百號 第一奇書
八百二十六號 醒世恒言
八百二十七號 西遊
八百二十八號 東遊

八百四十二號 艷史
八百四十三號 西湖佳話
八百四十四號 十二樓
八百四十五號 十二樓
八百五十八號 古今傳奇
八百五十九號 桃花扇
八百六十號 綴白裘
八百六十一號 六才子
八百六十二號 七才子
八百六十三號 第一才子
八百六十四號 第一奇書
八百六十五號 第五才子
八百六十六號 西遊
八百六十七號 六幻西廂

❖南京圖書館藏《影堂陳設書目錄》鈔本

五十一號 曉嶸旭禪師語録 一本
十五號 紅樓夢 四套 二十四本

內文則大多遵依官方諱例，如《史紀鉤玄》之「玄」字因避康熙帝名而缺末筆；《啟禎野乘》之「禎」字因避雍正帝嫌名而改成「正」；又，此書屢因敬避乾隆帝名而將「弘」字缺末筆，或將其右偏旁改作「口」，「曆」字則改寫成「歷」「厯」等；《長春邱祖傳》之書名亦依雍正朝諱例敬避長春子丘處機的姓氏為「邱」。然失諱的情形亦可見，如《丘祖眼科》即未敬避孔子聖諱「丘」。再者，第 3 冊雖出現嘉慶十六年始刊刻的和珅《嘉樂堂詩集》（見後文），但《名臣碑傳琬琰之集》卻未避嘉慶帝御名中的「琰」字。此等錯誤或矛盾究竟是不小心，還是另有解釋，則為下文討論的焦點。

筆者過眼的《嘉樂堂詩集》乃中國國家圖書館藏，遼寧省圖書館亦藏。據後者之著錄，此為《長白英額三先生詩集》的一部分，[42] 該家集是豐紳宜緜（或名豐紳伊綿，和琳子，受和珅案牽連，自公爵改襲雲騎尉，在本旗當閒散差使[43]）所輯，包含和珅《嘉樂堂詩集》1 卷、和琳（和珅弟）《芸香堂詩集》2 卷以及豐紳殷德（和珅子）《延禧堂詩鈔》1 卷，其中僅《延禧堂詩鈔》的裕瑞序繫於嘉慶十六年十月，其它兩書並未記刊刻時間。

查乾隆帝於嘉慶四年己未歲正月初三日駕崩，初八日大學士和珅即遭革職拏問，十八日以二十大罪賜令自盡。其子豐紳殷德因尚固倫和孝公主（乾隆帝最小女兒），加恩免罪，但革爵並停世襲；七年以川、楚、陝教匪平，推恩給民公品級，授散秩大臣；後以國服期間生女罪被褫公銜，罷職在家圈禁；十一年授頭等侍衛，擢副都統，賜伯爵銜；十五年病，乞解任，賜公爵銜，尋卒。[44] 故知《嘉樂堂詩集》最末所收的〈上元夜獄中對月二

42　王清原，〈遼寧省圖書館館藏清代八旗詩文集目錄〉。

43　《清仁宗實錄》，卷 38，頁 433-434。

44　和孝公主府內已革長史奎福，呈控豐紳殷德於嘉慶五年二月與侍妾「鳳珠姑娘」生下長女，知其曾在乾隆帝逝世的國喪期間行房，嘉慶帝因此切責他「於國服一年內生女，實屬喪心無恥」。參見《清仁宗實錄》，卷 118，頁 565-567；趙爾巽等，《清史稿》，卷 319，頁 10756-10758；趙郁楠，〈檔案中的和珅後代〉。

首（己未）〉一詩，乃嘉慶四年和珅在卒前三日賦於獄中。情理上，和珅被抄家賜死後的前幾年，其家肯定忐忑不安，不致高調趕著為其出版詩集。又由於《長白英額三先生詩集》各卷的字體與版式皆雷同，疑《嘉樂堂詩集》應是豐紳宜緜於嘉慶十六年為其已故親長們所刻家集的一部分。

綜前所述，《怡府書目》應主要是永琅襲第三代怡親王期間（乾隆四十三年至嘉慶四年）由府中之人所輯，書首遂鈐有「訥齋珍賞」「怡親王寶」「怡王訥齋覽書畫印記」等印，而其中《寶元天人祥異書》、《曉亭詩抄》、《山曉禪師語錄》三書名中的「祥」字或「曉」字，亦因此出現類似己卯本中的缺筆現象（圖表 9.12）。[45] 但此書目應是持續遞抄的，如第 3 冊在編次完 1,206 種集部書之後，緊接著的 869 種雜類書即混收了經史子集各部，且從《嘉樂堂詩集》的出現，知在永琅之孫奕勳襲第四代怡親王爵（嘉慶四年十二月至二十三年九月）期間或稍後，該書目仍略有增益。[46] 至於第 1 冊則應成於乾隆後期，此故，其中《名臣碑傳琬琰之集》的書名即因此未避嘉慶帝御名中的「琰」字。

怡府藏書顯然是以版本學上的珍稀書籍（如宋版）為最大特色，相對地，其家所收的小說就不特別突出，主要散見於第 3 冊子部的 788-867 號之間，包括《今古奇觀》《拍案驚奇》《醒世恒言》《水滸後傳》《豔史》《西湖佳話》《十二樓》《桃花扇》《綴白裘》《牡丹亭》《第一才子》《五才子書》《六才子書》《七才子》《第一奇書》《六幻西廂》《西遊》《東遊》等（圖表 9.12），其中《第一才子》應是《三國志》，第五至第七才子書分別為《水滸傳》《西廂記》《琵琶記》，《第一奇書》則是《金瓶梅》。

---

45 至於《怡府書目》第 4 冊釋子類第 16 號《曉嵣袓禪師語錄》書名之「曉」字，所以未缺筆，則或可歸因於怡府抄手的無心之失。在《影堂陳設書目錄》中，則將此書名裡的「曉」字敬缺末筆。

46 前人因不知目錄中有《嘉樂堂詩集》等後出之書的出現，遂誤稱《怡府書目》的抄寫年代「是乾隆晚期，也就是永琅晚年」。參見侯印國，〈清怡親王府藏書考論：以新發現的《影堂陳設書目錄》為中心〉。

前述這些小說多屬一般風行之本，明末清初大量新創作的人情世態小說就多未被《怡府書目》著錄。[47] 至於中國國家圖書館所藏避「曉」「祥」二字的《昇平寶筏》，也未收在此書目。此外，我們亦不見由弘曉撰序的《平山冷燕》、[48] 乾隆四十二年由弘曉自刻的《明善堂詩文集》以及永琅在五十六年為張賓鶴所刻的《雲汀詩鈔》，而怡府肯定藏有此三書。

換言之，怡府本《石頭記》很可能因是當代人作品的鈔本，其在文學或版本學上的價值還不曾受到重視，遂未被收入《怡府書目》，[49] 而非如前人所臆測的，是為了避禍（設若確實擔心，那就更無理由揣想弘曉會率同家人私下偷抄這本小說）。事實上，弘曉珍視的鈔本也不一定皆會被收入《怡府書目》，如前文曾提及之鈐有弘曉「怡府世寶」「明善堂珍藏書畫印記」以及「冰玉主人珍玩」等印的《白燕棲詩草》即然。

咸豐十一年九月，輔政的第六代怡親王載垣被發動政變的慈禧太后賜死，家道漸趨沒落的怡府，即在同治、光緒間將藏書陸續散出，其散出前所編的《影堂陳設書目錄》（書內的「寧」字多據咸豐四年的新諱例寫作「甯」），著錄的圖書總數比《怡府書目》多出近千種，其中包含在第 4 冊「中雜字號」第 15 號的《紅樓夢》（圖表 9.12），凡 4 套、24 本。[50] 雖從函數和本數來看，恰與擺印的程高本《紅樓夢》相合，但並無法因此確定其必非鈔本。鑒於《白燕棲詩草》《昇平寶筏》《怡府書目》及《影堂陳設書目錄》

---

47 如見林辰，《明末清初小說述錄》。

48 有學者稱《平山冷燕》被收錄於《怡府書目》中，然經筆者細搜之後，發現此說應誤。但怡府編於《怡府書目》之後的《影堂陳設書目錄》，即收錄有《平山冷燕》一書，且在該條目之下還有小字注釋「破爛不堪」。參見侯印國，〈《影堂陳設書目錄》與怡府藏本《紅樓夢》〉。

49 此或亦可解釋為何除《影堂陳設書目錄》外，迄未發現有其他清代藏書家著錄這本小說。參見侯印國，〈《影堂陳設書目錄》與怡府藏本《紅樓夢》〉。

50 侯印國，〈《影堂陳設書目錄》與怡府藏本《紅樓夢》〉。

中亦屢見「曉」或「祥」字的缺筆，更加支持己卯本《石頭記》之祖本是源出怡府的說法。

五、小結

前文利用大數據的新研究環境，透過融通數位與傳統的 e 考據之法，嘗試對不同時期「寧」字之各個異體、俗字或官定諱字的呈現情形，做出既具統計意義且又足夠深廣的探討，其結論有時雖與前人相同（總共也只可能有幾種結論），但推導的過程卻遠為周延且嚴謹。由於在大多數案例中，我們或許並不易從「寕」或「甯」的出現與否，判斷一書的刊刻或傳鈔時代，[51] 然從此一新研究，我們發現在官定諱字完全消失或出現頻率極高的個案中，若從概率的角度切入，仍有機會判斷抄刻一文本的當事人曾否避道光帝御名下一字的「寧」，此結果應可協助釐清紅學界長期以來推判脂本抄寫年代的紛爭。

此外，透過前述對涉及「寧」字等國諱以及「祥」「曉」等家諱的深入探討，筆者具體論證己卯本《石頭記》不可能是馮其庸等先生所主張之弘曉府中的原鈔本，而是由怡親王府外的抄手（非前人所臆度的弘曉一家人）於道光帝即位至咸豐四年之間所為，但其所根據之本則源出怡府。此說對主張「脂假程真」之人應是一記當頭棒喝，因他們在無堅實證據的情形下，認定己卯本是書賈為迎合胡適考證的需要而被「製造」出來的。[52] 至於在永琅和奕勳等怡王命人持續編輯遞抄的《怡府書目》（先前多誤此書為弘曉或永琅襲爵期間完成）中，之所以未著錄《石頭記》，亦應非如前人所指是為了避禍，而是由於該書當時還不曾受到足夠肯定所致。

---

[51] 此為筆者先前的認知。參見黃一農，《二重奏：紅學與清史的對話》，頁 495-498。

[52] 歐陽健，《紅學辨偽論》，頁 92-93。

怡王府與曹雪芹（約 1716-1763）家擁有相當密切的主從關係，雍正帝嘗指派第一任怡親王允祥（1686-1730；弘曉之父）為「傳奏」並「照看」曹頫之人，且對曹頫稱：「諸事聽王子〔指允祥〕教導而行……王子甚疼憐你，所以朕將你交與王子。」[53] 再者，與曹雪芹互動密切的李世倬 (1687-1770)，曾於乾隆二十六年委請世姪雪芹持己所繪的山水畫冊向以書法名世的陳浩索題，他亦可能拉起雪芹與怡府間的另一座橋樑。[54] 李世倬籍隸允祥擔任旗主之正藍旗，世倬與其父李成龍不僅均因允祥的庇廕而受到雍正帝格外恩遇；[55] 世倬且與允祥二女婿福增格 (1709-?) 頗多往來。[56] 雍正帝嘗謂李成龍與年羹堯有「世誼」，[57] 此或因兩家均與納蘭家結姻：納蘭成德（其外祖父阿濟格原本是曹雪芹高祖振彥的管主，曹振彥且長期擔任阿濟格王府長史）之長女適高其倬（蔭爵子），次女適年羹堯，而李世倬的母親又恰是高其佩（1660-1734；其倬堂兄，世倬曾從其習畫）的同母妹。

此外，富爾敦（成德子）、年羹堯、鄂爾泰（其姪鄂倫娶成德孫瞻岱之長女）皆是康熙三十八年順天鄉試的同年。[58] 高其佩之堂弟高其偉（承爵子）與富爾敦、年羹堯且同為三十九年庚辰科之八旗進士，高、年二人又同改庶吉士，而當時翰林院的掌院學士就是成德弟揆敘，[59] 富爾敦更以高其倬的第三子書勳為婿。另，年羹堯（與曹寅妹夫傅鼐同為雍邸舊人）在元配過世

53 黃一農，《二重奏：紅學與清史的對話》，頁 208。

54 黃一農，《二重奏：紅學與清史的對話》，頁 405-407。

55 李成龍自安徽巡撫陞為湖廣總督，李世倬陞授陝西甘肅按察使及湖北布政使。參見《清世宗實錄》，卷 35，頁 529、卷 69，頁 1044、卷 138，頁 758。

56 福增格在其《松巖集》中，嘗於乾隆四十年自稱已為六十七歲（頁 144-145、315-316）。又，福增格之父伊都立與允祥同是娶馬爾漢女的連襟，其祖伊桑阿與納蘭明珠、馬爾漢同任康熙帝年少時之伴讀，伊都立且曾序弘曉的《明善堂詩文集》；參見黃一農，《二重奏：紅學與清史的對話》，頁 419。

57 《世宗憲皇帝硃批諭旨》，卷 34，頁 19。

58 鐵保等，《欽定八旗通志》，卷 105，頁 15-16。

59 《清聖祖實錄》，卷 199，頁 21-22、卷 225，頁 259。

後，又繼娶敦誠（曹雪芹知交）的堂姑，傅鼐亦曾在雍正十一年平郡王福彭（1708-1749；曹雪芹之大表兄，其弟福秀娶成德弟揆敘之孫女）以大將軍銜征準噶爾時參贊其軍。[60]

前述這種種淵源，加上新發現弘曉早於乾隆二、三十年即已閱覽《紅樓夢》，[61] 且熱愛這本小說的弘曉與敦誠，稍後更聯手完成一本涉紅的書畫合冊，[62] 此讓我們可合理推判，怡府在弘曉襲爵期間曾據脂硯齋四閱評本抄副過《石頭記》，己卯本的祖本極有可能就是源出此本。然因其文字雖屢見敬避怡府家諱，卻亦不乏漏避的情形（此想必不是藏書大家怡親王府所聘抄胥的水平），故應非怡府的原鈔本，但仍是「次真跡一等」的珍本。

同樣，蒙府本《石頭記》的抄寫時間亦可略加推判。查該書中的脂本與配補部分，共出自至少5位抄胥之手，內可見3個「寧」、42個「寕」、5個「寗」，其它寫法未見。雖然「寧」「寕」「寗」（後兩字合於道光帝甯登基時所頒諱例）亦可能出現於嘉慶朝之前的清代文本，但在該段時期的書籍中，若頻頻出現此字，則仍多寫成「寧」或「寧」，而非以「寕」或「寗」為主（圖表9.4）。又因這些抄胥亦無任一人在書寫這幾十個「寧」字時，曾依咸豐四年的新諱例改用「甯」，知蒙府本最可能是在道光即位至咸豐四年間所抄。至於此本出現的3個「寧」字，因是乾嘉時人最常見的寫法，則應屬漏避。[63]

---

60 此段參見黃一農，《二重奏：紅學與清史的對話》，頁419；黃一農，《曹雪芹的家族印記》，頁297-360。

61 最近有學者透過具體事例，先後舉證弘曉的詩文有些是化用了《紅樓夢》中的文句。參見沈治鈞，〈怡親王弘曉與《紅樓夢》〉；劉偉、傅亞冬，〈從《明善堂集》看弘曉與《紅樓夢》之關係〉。

62 敦誠與弘曉應屬最早期的紅迷，此合冊的內容是以敦誠年輕時所賦歌詠黛玉、寶釵等女子之〈香奩〉詩十二首為基底，再由弘曉請人配圖而成。參見黃一農，《紅樓夢外：曹雪芹《畫冊》與《廢藝齋集稿》新證》，頁127-145。

63 先前學者因不知「寕」是道光朝官定且最常用的諱字（圖表9.5），遂誤認蒙府本是乾隆或嘉慶年間的產物。參見沈治鈞，〈蒙府本的抄成年代及其他〉。

第十章　清代末四朝的避諱

清末咸豐帝奕詝、同治帝載淳、光緒帝載湉、宣統帝溥儀四朝的諱例，同稱是遵道光二十六年諭旨，以上一字的行字無庸改避，下一字則採缺筆或改字。但方志中仍偶可見有以各種缺筆的「奕」字自行敬避，且帝名下一字未避諱的比例也日益增高，知清末的諱例已逐漸玩弛。本章也討論了作空圍（將諱字以框圍起）的避諱方式，清代文本中的此類表述在嘉慶、道光開始出現，同治朝以後更為常見。

一、與咸豐帝御名奕詝相關的諱例

道光三十年正月十七日，甫登基的咸豐帝奕詝（音「貯」）諭稱：

> 道光二十六年三月皇考特降諭旨，以「二名不偏諱」「將來繼體承緒者，上一字仍舊無庸改避，亦無庸缺筆，其下一字應如何缺筆之處，臨時酌定，以是著為令典」。朕敬遵成命，將御名上一字仍舊書寫，毋庸改避，下一字著缺寫末一筆，書作「詝」字，以示改避之意。其奉旨以前所刻書籍，俱無庸議。[1]

依此規定，咸豐帝御名的首字「奕」無庸避諱，但第二字則須缺末筆寫成「詝」。惟因「詝」為罕用字，故翻查「中國方志庫」所收的 36 種咸豐朝志書刻本，並未見任何「詝」字的出現。同治朝以後刊刻的清代方志中，也只見 10 個「詝」字，內有 7 個缺末筆。

1　《清宣宗實錄》，卷 427，頁 358；《清文宗實錄》，卷 1，頁 73。

道光三十年四月二十七日武備院卿存住因與御名下一字同音，獲准更名存佑，但七月初五日雲南騰越總兵拴住（蒙古正紅旗人）稟請更名時，諭稱「嗣後凡與朕名同音之字，均著毋庸改避」，[2] 咸豐四年卻又議准鑲白旗監生鐵柱、鋼柱改下一字「柱」為「林」。[3] 此外，文本中偶亦可見一些偏旁有「宁」之字（如貯、佇、紵、竚、柠、泞）被敬缺末筆（圖表 10.1），此或受咸豐二年《欽定科場條例》中所規定「皇上御名上一字，奉旨仍舊書寫，毋庸改避，下一字寫"詝"字，至遇有加偏旁之字，敬缺一筆」的影響。[4] 再者，咸豐朝以後刊刻的清代志書中，共查得 8,986 個「奕」字，內有 230 個明確缺末筆，另還有以其它缺筆方式所呈現的諱例（如缺首筆、缺末兩筆等；圖表 10.1），知即使有「毋庸改避」之旨，仍有人自行敬避。

咸豐間更有考生因避帝名而於參加會試前改名（通常試前不准更名）：如江蘇舉人沈奕齡、拔貢沈奕豹，同因避諱獲准更名為錫齡與錫豹；[5] 雲南舉人向于宁也獲允更名為于賓（雖「賓」「宁」的音義皆不同，但「賓」的上半部同「宁」）。又，雲南舉人傅作櫄呈稱因需親填三代履歷，但其父監生傅秉詝與御名下一字同，[6] 故奉准可改寫成「傅秉詩」。[7]

---

2 中國第一歷史檔案館檔號 05-13-002-000714-0123；《清文宗實錄》，卷 13，頁 197；《（道光三十年秋）大清搢紳全書》，頁 64。

3 崑岡等修，劉啟端等纂，《欽定大清會典事例》，卷 1149，頁 24。

4 杜受田等修，英匯等纂，《欽定科場條例》，卷 42，頁 1。

5 沈錫齡與沈錫豹皆為江蘇徐州銅山縣人，錫齡是道光二十九年己酉科舉人，錫豹乃道光拔貢，光緒九年十月選授六合縣教諭。參見《（光緒十一年冬）大清搢紳全書》，頁 28；吳世熊修，劉庠纂，《徐州府志》，卷 8 上，頁 14-15。

6 何懷道修，萬重篔纂，《開化府志》，卷 10，頁 15。

7 此段參見奎潤等修，詹鴻謨等纂，《欽定科場條例》，卷 42，頁 15-16。

圖表 10.1：　咸豐朝以後方志有關帝名奕詝的各種諱字。

❖《興化縣志》（咸豐二年刊本）
太守鄒亦（御名避） 卷8，頁3
❖《靖江縣志稿》（咸豐七年活字本）
朱世奕 卷11，頁8
以善奕名 卷13，頁54
承光奕葉 卷14，頁59
❖《淅川廳志》（咸豐十年刊本）
奕葉　奕葉 卷2，頁23、46
❖《鍾祥縣志》（同治六年刊本）
奕葉　奕學 卷5，頁13、24
❖《增修甘泉縣志》（光緒七年刊本）
舊縣新四關奕然 卷2，頁7
鼓瑟博奕 卷4，物產志，頁1
附貢生薛奕姑病 卷17，頁7
❖《開州志》（光緒七年刊本）
方游奕近郊 卷6，頁17
諸像皆奕奕神采 卷8，頁41
奕葉何堪同苦節 卷8，頁93

❖《解州志》（光緒七年刊本）
喜射嗜奕 卷8，頁39
搴嚌燕奕於河 卷12，頁8
奕世臣民之勸 卷12，頁9
熚燿奕奕 卷14，頁13
造化奕葉衍 卷17，頁16
❖《淮安府志》（光緒十年刊本）
朱啟奕 卷23，頁1
聽琴觀奕 卷27，頁62
琴奕書畫 卷32，頁35
❖《永昌府志》（光緒十一年刊本）
程　奕 修志姓氏
知縣程奕同修 卷10，頁2
程　奕 湖廣人 卷36，頁13
❖《高密縣志》（光緒廿二年刊本）
李奕烈 卷6，頁16
風流奕世 卷9中，頁39
輪輪奕奕 卷9中，頁45

奕　奕　奕　奕　奕　亦

❖《大名府志》（咸豐三年刊本）
紅紵衣 卷19，頁110
❖《梓潼縣志》（咸豐八年刊本）
苧見人文煥發 卷5，頁39
❖《固安縣志》（咸豐九年刊本）
逍遙獨延佇 卷8，頁4
延佇整裝 卷8，頁4
❖《青州志》（咸豐九年刊本）
貯穀集泉 卷23，頁2
貯須發書籍 卷28，頁2
❖《瑞州府志》（同治十二年刊本）
傅爲詝 卷8，頁30
貯治平行 卷3，頁40
將藏積貯 卷18，頁80
❖《廣州府志》（光緒五年刊本）
四子奕詝爲皇太子 卷4，頁10
❖《光州府志》（光緒十三年刊本）
學正李士詝 卷2，頁26
❖《柘城縣志》（光緒廿二年刊本）
李士詝 卷4，頁26

咸豐八年十二月磨勘先前科考的試卷時，因發現有考生直書廟諱，而學政未經抹出（指將有問題之處圈出或畫線），也有考生未依《欽定科場條例》的規定改字，而僅以缺筆方式敬避廟諱（圖表 4.14），署刑部尚書麟魁等遂疏請議處湖北學政馮譽驥等，稱：

> 歲科前列試卷未知敬避廟諱，雖經缺筆，學政雖經圈出，仍罰俸六個月；未經抹出，亦應照不諳禁例例，罰俸一年。

指出在咸豐六年拔取的考生當中，有的答卷雖被學政圈出缺筆之字，卻仍名入前列，故擬請將學政罰俸六個月；對未圈出缺筆的學政，更建議罰俸一年。[8] 雖然這些未檢出之試卷錯誤乃屬公罪，例准抵銷，但麟魁還是上疏請旨，諭命則強調不許依前例以原先之加級或紀錄折抵（圖表 10.2）。

同治元年任會試同考官的翁同龢，在其四月初四日的日記中有云：

> 磨勘之例最重，直書廟諱、御名，同考官未經抹出，革職；如書偏旁不缺筆，同考官降一級調。此次各卷「率」字、「弦」字最多，如掃落葉。[9]

提及磨勘時乃以犯諱最嚴重，未能抹出的考官常遭革職或降調。知科考時對避諱的要求是比一般諱法更謹嚴，如遇廟諱或御名，得依咸豐二年《欽定科場條例》的規定避寫，不得擅自以缺筆或其它方式避改。道光朝起屢屢再版的《字學舉隅》和《臨文便覽》，或因提供了科考時如何應付避諱的具體內容（圖表 10.3 及 10.4），遂成為暢銷書。

---

8 乾隆二十一年福建舉人呂廷儀即因在試卷上三次直書御名的上一字而受罰，乾隆《欽定科場條例》中記此事的處分稱：「受卷官未經貼出，交部議處，本生罰停會試三科，主考、房官俱未指出，交部議處。」（圖表 6.22）呂廷儀不知是否受此事影響，一直未能考取進士，至四十七年始出任崇安縣教諭。參見劉超然修，鄭豐稔纂，《崇安縣新志》，卷 8，頁 14。

9 翁同龢，《翁文恭公日記》，王戌，頁 32。

圖表 10.2： 咸豐八年對考官未能看出試卷直書廟諱事的議處。

署吏部尚書臣麟魁等謹
奏為議處具奏事准禮部咨稱禮部奏結磨勘各
省咸豐六年分歲考應議等卷一摺查科場條
例內載試卷不諳禁例直書
廟諱考官雖經指出仍照例罰俸一年又載歲科前列
試卷未知敬避
廟諱雖經缺筆學政雖經圈出仍罰俸六個月未經抹
出亦應照不諳禁例例罰俸一年又載卷內詩
出韻失黏者學政未經抹出大省罰俸三個月
中省小省每卷罰俸兩個月草稿不全學政未
經抹出罰俸六個月等語於咸豐八年十二月
初六日具奏奉
旨依議欽此抄錄原奏並將應議各該學政職名開
單一併移咨吏部查照辦理等因到部 除
浙江桐廬縣第九名增生胡燕詩題曉字誤寫
小字學政業經抹出應毋庸議外應請將湖北
巴東縣第二名廩生喬正瑢書寫
廟諱雖經缺筆未經看出之湖北學政翰林院侍讀學
士馮譽驥照例罰俸一年恩施縣第五名增生
陳文煊詩內失黏未經抹出應照例再罰俸兩
個月施南府第一名廩生姚復旦草稿不全未
經抹出應照例再罰俸六個月浙江嚴州府第
六名廩生方鳳國詩內失黏未經抹出之浙江
學政前任內閣學士周玉麒照例罰俸三個月臨安
如僅照例每卷罰俸兩個月四川雅州府第三
名增生高汝瑶草稿不全未經抹出之四川學
政翰林院侍講學士鄭瓊詔照例罰俸六個月
俱係公罪例准抵銷可否准其抵銷之處恭候
欽定所有臣等議處緣由理合恭摺具
奏伏乞
聖鑒訓示遵行謹
奏
均不准抵銷

臺北故宮統一編號：故宮128737

圖表 10.3：《字學舉隅》光緒十二年刻本中有關避諱的記載。[10]

敬避字樣
聖祖仁皇帝廟諱上一字書○德升聞用元字恭代然
元德元黃元烏等字皆不得用　弦絃炫眩等
字敬缺末點率字亦宜缺點惟畜蓄字不缺點
兩諱相並之字作玆今借用玆　舊本書有
用𢆯玄字代者今不用
下一字韓愈文其膏沃者其光○用煜字恭代
又从火从華之字詩○○震電字典作爗从
日从華之字後漢書張衡傳列缺○其照夜字
典作曄二字音義相近一體敬避皆不得用
世宗憲皇帝廟諱上一字詩永錫祚○用允字恭代然
祚允允征等字皆不得用○滑字敬缺乙旁
下一字左从示右从真用禎字恭代
高宗純皇帝廟諱上一字論語人能○道用宏字恭代
然宏道宖彀等字皆不得用　偏旁字敬缺末
點弘字可通作紘綋泓字不可通作浤浤義別
故也　強字寫作強　寬厷宏字不得缺末點
下一字書天之○數在爾躬用歷字恭代歷字
中本从秝从止今从林从心　歷象歷數治歷
等字皆不得用
仁宗睿皇帝廟諱上一字詩○○卬卬敬缺頁旁末一
撇一點然○卬○若等字皆不得用
殿板書遇周○等古人名皆改作禺場屋不可用
下一字書宏壁琬○奉

敬避字樣　二　李華書

諭旨改右下火字作又無恭代之字　琬○琰○等字
皆不得用　單用炎字及談淡偏旁音義各別
不得改炎作𤆍
宣宗成皇帝廟諱上一字爾雅秋為○天敬缺中點作
旻
下一字易萬國咸○敬改作寧二字雖奉
諭旨究不敢用　近日刻書行文有用甯字代者場屋
不可代用
文宗顯皇帝廟諱上一字詩○○梁山
下一字左从言右从宁無恭代之字敬缺末筆
如當宁綿紵積貯延佇等字音韻相近場屋
一體敬避皆不得用
穆宗毅皇帝廟諱上一字詩○戢干戈
下一字隋書政謐化○無恭代之字右旁敬避
作亯　享字不得寫作亯敦惇等偏旁皆然惟
从酉从享之字音義相同場屋敬避不用
皇上御名上一字詩上天之○
下一字左思賦瀆○漢而無涯無恭代之字奉
諭旨敬缺末筆場屋敬避不用安恬甘甜等字音韻
相同應避不用
端慧太子諱上一字永不諱下一字左玉右連
仁宗睿皇帝面諭臣工避書作璉場屋不必用此字
至聖先師孔子諱惟恭遇
圜丘則不避餘皆加阝旁作邱然時文中稱名之處雖
避寫究不敢用
孟子諱一體敬避

10 《字學舉隅》乃龍啟瑞與黃本驥於道光十八年輯編。北京「國家哲學社會科學文獻中心」（以中國社會科學院圖書館為首）在網上公開的道光三十年鏡水園重刻本，文字內容與此光緒本相同，只不過少了文宗與穆宗兩段。參見羅天，〈龍啟瑞致周必超手札三通考述〉。

圖表 10.4：《臨文便覽》光緒刻本中有關避諱的記載。

敬避字樣
聖祖仁皇帝廟諱上一字書玄德升聞用元字恭代然
元德元黃元鳥等字皆不得用　弦絃炫眩等
字敬缺末點率字亦宜缺點惟畜蓄字不缺點
兩諱相並之字作兹今借用兹　舊本書有
用糸公字代者今不用
下一字韓愈文其膏沃者其光○用煜字恭代
又从火从華之字詩○○震電字典作爗从

敬避字樣　一　陸潤庠書

日从華之字後漢書張衡傳列缺○其照夜字
典作曄二字音義相近一體敬避皆不得用
世宗憲皇帝廟諱上一字詩永錫祚○用允字恭代然
祚允允征等字皆不得用○滑字敬缺乚旁
下一字左从示右从真用禎字恭代
高宗純皇帝廟諱上一字論語人能○道用宏字恭代
然宏道宏毅等字皆不得用　偏旁字敬缺末
點紭字可通作紘綋泓字不可通作浤浤義別

故也　強字寫作强　寫左宏字不得缺末點
下一字書天之○數在爾躬用歷字恭代歷字
中本从秝从止今从林从心然歷象歷數治歷
等字皆不得用
仁宗睿皇帝廟諱上一字詩○○卬卬敬缺頁旁末一
撇一點然○卬○若等字皆不得用
殿板書遇周○等古人名皆改作禺場屋不可用
下一字書宏璧琬○奉

敬避字樣　二　陸潤庠書

諭旨改右下火字作又無恭代之字　琬○翠○等字
皆不得用　單用炎字及談淡偏旁音義各別
不得改炎作[illegible]
宣宗成皇帝廟諱上一字爾雅秋為○天敬缺中點作
旻
下一字易萬國咸○敬改作寧二字雖奉
諭旨究不敢用　近日刻書行文有用甯字代者場屋
不可代用

文宗顯皇帝廟諱上一字詩○○梁山
下一字左从言右从宁無恭代之字敬缺末筆
然如當宁絺紵積貯延佇等字音韻相近場屋
一體敬避皆不得用
穆宗毅皇帝廟諱上一字詩○戢干戈
下一字隋書政謚化○無恭代之字右旁敬避
作高○享字不得寫作亯敦惇等偏旁皆然惟
从酉从享之字音義相同場屋敬避不用

敬避字樣　三　陸潤庠書

皇上御名上一字與
穆宗同
下一字左思吳都賦澶○漢而無涯杜牧詩微
漣風定翠　無恭代之字右旁敬缺末筆作
舌然如引恬神恬等字及蒙恬等人名音義相
類場屋一體敬避不用　又如易乾卦九二在字田字並非應避之字惟二字連寫音韻太嫌相近慎勿連用
端慧太子諱上一字永不諱下一字左玉右連

仁宗睿皇帝面諭臣工避書作連然瑚連字仍不得用
至聖先師孔子諱惟恭遇
圜丘則不避餘皆加阝旁作邱然時文中稱名之處雖
避寫究不敢用
孟子諱一體敬避

磨勘條例摘要
鄉會試
一試卷文理悖謬文體不正不遵小註章旨者黜
華
一不諳例禁直書
廟諱
御名及
先師孔子諱者罰停四科　凡停科者舉人停會試貢士停殿試

條例　一　黃湘書

科歲考按禮部則例科場條例增入
一試卷內不敬避
廟諱
御名及
先師孔子諱者罰停鄉試兩科發學戒飭其有已經
缺筆者罰停鄉試一科仍發學戒飭

臨文便覽

李鴻章題

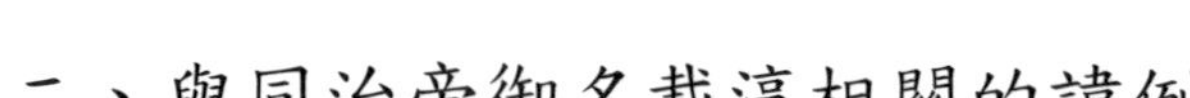

二、與同治帝御名載淳相關的諱例

咸豐十一年七月十八日，甫登基的同治帝載淳諭稱：

> 道光二十六年三月皇祖特降諭旨，以「二名不偏諱」「將來繼體承緒者，上一字仍舊毋庸改避，亦毋庸缺筆，其下一字應如何缺筆之處，臨時酌定，以是著為令典」等因，欽此。今朕敬遵成憲，將御名上一字仍舊書寫，毋庸改避，下一字毋庸缺筆。凡臣工奏章內遇有此字，著用「湻」字改避，其奉旨以前所刻書籍，俱毋庸議。[11]

以御名中的行字「戴」，無庸改避，下一字「淳」改用古文之「湻」（明至清中葉的文本不難見到此字；圖表10.5），但先前已刻書籍無需追改。據近人王初慶的解釋，「亯」乃「享」之古文，隸變之後，從「𦎫〔音"淳"〕」與從「亯〔音"享"〕」「享」之偏旁同化，「湻」遂為「淳」之異體字。[12]

同治帝於三年五月又諭內閣：

> 御史陳廷經奏「詩文敬避御名，請無庸兼避偏旁」等語，朕御極之初曾經降旨，將御名上一字無庸改避，下一字凡臣工章奏，著用「湻」字改避，本未嘗諭令兼避他字偏旁。茲覽該御史所奏，近來各省奏牘及考試詩文，凡字之偏旁從「享」者，一概改作「亯」字，殊與前降諭旨不符。嗣後諸臣章奏及各項考試文字，於御名下一字，仍止敬避本字。[13]

指出他在即位之初僅降旨改「淳」為「湻」，然或因咸豐《欽定科場條例》規定遇加偏旁之字須缺筆，故近於奏牘及考試詩文中，每見有將偏旁從「享」者改作「亯」，同治帝因此強調嗣後只需敬避本字即可，毋需兼避偏旁字。

---

11 《清穆宗實錄》，卷1，頁76。

12 https://dict.variants.moe.edu.tw/dictView.jsp?ID=23979.

13 《清穆宗實錄》，卷103，頁271。

圖表 10.5：同治朝之前字書中與「淳」相關的字。

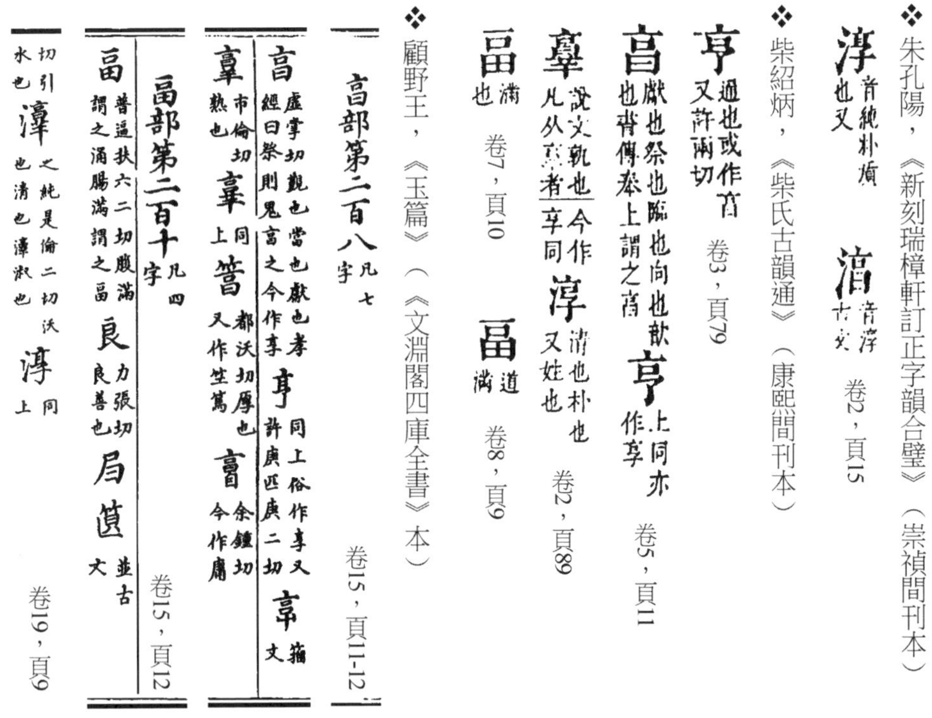

❖ 朱孔陽，《新刻瑞樟軒訂正字韻合璧》（崇禎間刊本）

淳 音純朴塡也又　渞 音淳古文　卷2，頁15

❖ 柴紹炳，《柴氏古韻通》（康熙間刊本）

亨 通也或作亯又許兩切　卷3，頁79

亯 獻也祭也臨也向也歆也背傳奉上謂之亯　亨 上同亦作享　卷5，頁11

𦏧 說文孰也今作享同凡从𦏧者　淳 清也朴也又姓也　卷2，頁89

畐 滿也　卷7，頁10　畐 道滿　卷8，頁9

❖ 顧野王，《玉篇》（《文淵閣四庫全書》本）

亯部第二百八字凡七　卷15，頁11-12

亯 虛掌切獻也當也獻也孝經曰祭則鬼亯之今作享　亨 同上俗作享又許庚匹庚二切　亯 籀文

𦏧 市倫切熟也　𦏧 同上　管 都沃切厚也又作竺篤　亯 余鐘切今作庸

畗部第二百十字凡四　卷15，頁12

畗 普逼扶六二切腹滿謂之涌腸滿謂之畗　良 力張切良善也　㿝 並古文

切引水也　淳 之純是倫二切沃也清也淳漬也　淳 同上　卷19，頁9

同治六年二月再諭內閣，命賈楨、周祖培、寶鋆、董恂、靈桂、伊精阿、察杭阿等年高德劭的文臣，在送往盛京崇謨閣以及北京皇史宬珍藏的《文宗顯皇帝實錄》《文宗顯皇帝聖訓》上，用筆照本字恭填廟諱、御名，「限一日竣事，以昭虔肅」，但無需缺筆或改字，只需在名上浮貼一小張黃綾蓋住（所謂「貼黃」；圖表 10.6）。[14] 類似作法亦見於嘉慶十二年五月的上諭，當時將恭繕的《高宗純皇帝實錄》送盛京、皇史宬各一分。[15]

14　《清穆宗實錄》，卷 197，頁 533；周正，〈《黑圖檔》所見清代文書工作中的避諱制度〉。

15　《清仁宗實錄》，卷 179，頁 360。

圖表 10.6： 清末所編《玉牒》中避諱用的貼黃。

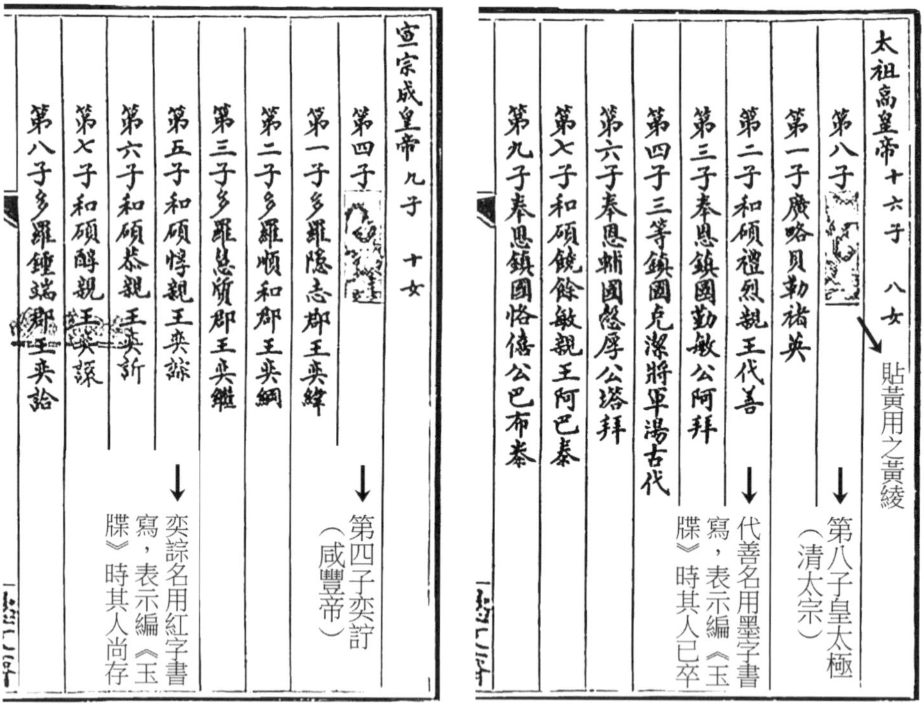

宣宗成皇帝九子　十女
第四子
第一子多羅隱志郡王奕緯
第二子多羅順和郡王奕綱
第三子多羅慧質郡王奕繼
第五子和碩惇親王奕誴
第六子和碩恭親王奕訢
第七子和碩醇親王奕譞
第八子多羅鍾端郡王奕詥

第四子奕詝（咸豐帝）
奕誴名用紅字書寫，表示編《玉牒》時其人尚存

太祖高皇帝十六子　八女
第八子
第一子廣略貝勒褚英
第二子和碩禮烈親王代善
第三子奉恩鎮國勤敏公阿拜
第四子三等鎮國克潔將軍湯古代
第六子奉恩輔國慤厚公塔拜
第七子和碩饒餘敏親王阿巴泰
第九子奉恩鎮國恪僖公巴布泰

貼黃用之黃綾
第八子皇太極（清太宗）
代善名用墨字書寫，表示編《玉牒》時其人已卒

同治十二年覆勘試卷的大臣寶鋆發現江西舉人章樹元等人將「强」寫作「強」，「牽」中的「玄」亦未缺筆，惟因乾隆三十年已有「上中嵌寫之字與本字全無關涉，更可毋庸迴避」之上諭，故未遭斥責或處分。[16]

先前學界對一般諱字的認識多僅止於缺末筆，但我們在「淳」字的案例中，則可見到有缺「氵」「享」或「亯」各部件之首、末筆，或將右側增筆為「富」的情形。在雕版印刷盛行的清代，這些異於官方諱例的表述變化，鐫刻者皆頗易施行，原則上只要不同於帝名本字即不犯諱，諱字即

16 奎潤等修，詹鴻謨等纂，《欽定科場條例》，卷 42，頁 17。

使再進一步改避亦可（如將「湻」再缺筆）。而與「淳」字右偏旁相通的「亯」「富」「䯧」（圖表 10.5），就順理成章地成為改筆或缺筆的部件。清代知名學者暨書畫家吳大澂，原名吳大淳，他在同治帝登基後，即因避載淳的下一字而改名，此故，同治三年江南鄉試以及同治七年會試的榜名，他就均已書作「吳大澂」。[17] 北京中國民族圖書館所藏光緒刻滿漢合璧本《御製勸善要言》中，亦因避同治帝名諱，而將卷末圖海序文中的「淳良」改作「純良」。[18]

耙梳「中國方志庫」所收同治朝刊刻的方志 243 種，可見逾萬個「淳」及其諱字（圖表 10.7 及 10.8），經逐一檢視其避諱方式，[19] 發現以官方規定的「湻」字最常見（10,848 個），內有將「湻」加框者（114 個；如同治《上海縣志》《湖州府志》）；至於將「湻」字缺、增筆者，至少有 6 種形式（358 個），其中以缺末筆者最多，但亦有將「湻」內的「曰」增一豎改成「田」（「亯」「富」皆為「享」之異體），或在「湻」的右下側加「羋」成為「𣾰」者（以同治《江華縣志》《衡陽縣志》最多）；「淳」字缺筆者僅 9 個。

由於同治以前刊刻的清代方志中，已偶可見「淳」的異體字「湻」（如道光二十九年刻《南部縣志》即有 4 個「湻」、29 個「淳」），故若僅根據一文本中偶見的「湻」字，並不能斷定其抄刻於同治朝之後。但如全書大量使用「湻」，即使其中夾雜少量「淳」字，仍可能將斷代上限定在同治初。

---

17 上海博物館編，《吳湖帆書畫鑒藏研討會論文集》，頁 103-105。

18 李雄飛、顧千岳，〈順治十二年內府刻本《御製勸善要言》辨證：《國家珍貴古籍名錄》及《圖錄》糾謬一則〉。

19 愛如生的「中國方志庫」常不能準確析辨「淳」「湻」等相關字。如以《金鄉縣志》同治元年刻本為例，逐一翻查後可見 17 個「湻」、10 個「淳」、1 個「𣾰」；但若使用該庫的精確檢索功能（不含異體字或簡體字），搜「湻」字時僅出現 7 個，全可核實；搜「淳」有 21 個，惟內將 10 個「湻」、1 個「𣾰」皆識讀成「淳」，並未能清楚析分！不知其它公司所推出的相似資料庫（如北京籍古軒的「中國數字方志庫」、美國東方瞭望的「中國綜合方志庫」等），是否亦有類似問題？

圖表 10.7：「中國方志庫」裡同治朝志書中避諱「淳」字的統計。

書名	「湻」字	「湻」加框	「湻」增缺筆	「淳」字	「淳」缺筆
《瑞州府志》	88	0	0	0	0
《廣信府志》	293	0	8	0	0
《贛州府志》	204	0	0	5	0
《武岡州志》	82	0	1	7	1
《九江府志》	102	0	0	2	0
《徐州府志》	66	0	0	1	0
《南昌府志》	451	0	6	1	0
《義寧州志》	93	0	3	0	0
《建昌府志》	214	0	1	0	0
《湖州府志》	443	18	9	0	0
《臨江府志》	83	0	1	0	0
《南康府志》	125	0	3	0	0
《沅州府志》	1	0	0	60	1
《饒州府志》	102	0	2	0	0
《韶州府志》	92	0	6	1	0
《南安府志》	140	0	1	2	0
《麗水縣志》	57	0	1	2	0
《祁門縣志》	56	0	0	2	0
《萍鄉縣志》	57	0	2	0	0
《太湖縣志》	55	0	1	2	0
《河源縣志》	58	0	0	2	0
《上海縣志》	12	86	1	0	0
《黃縣志》	108	0	0	1	0
《宜城縣志》	51	0	1	0	0
《萬年縣志》	45	0	0	5	0
《江山縣志》	90	0	0	0	0
《番禺縣志》	148	0	3	2	0
《臨武縣志》	7	0	0	60	0
《鉛山縣志》	87	0	1	0	0
《星子縣志》	62	0	1	0	0

書名	「涫」字	「涫」加框	「涫」增缺筆	「淳」字	「淳」缺筆
《貴溪縣志》	115	0	1	8	0
《新淦縣志》	110	0	5	0	0
《興國縣志》	61	0	1	6	0
《安仁縣志》	52	0	2	1	0
《平江縣志》	115	0	0	1	0
《新喻縣志》	136	0	5	1	0
《上高縣志》	67	0	0	1	0
《樂平縣志》	72	0	1	0	0
《永新縣志》	99	0	5	1	0
《南康縣志》	93	0	3	0	0
《奉新縣志》	87	0	0	1	0
《臨川縣志》	220	0	5	1	0
《都昌縣志》	50	0	0	1	0
《弋陽縣志》	52	0	2	0	0
《玉山縣志》	72	0	0	0	0
《進賢縣志》	46	0	1	52	0
《分宜縣志》	104	0	2	4	0
《高安縣志》	116	0	2	1	0
《樂安縣志》	91	0	2	0	0
《東鄉縣志》	44	0	1	5	0
《南城縣志》	211	0	1	0	0
《餘干縣志》	80	0	0	0	0
《武寧縣志》	120	0	4	2	0
《萬安縣志》	73	0	1	0	0
《豐城縣志》	106	0	3	28	0
《廣豐縣志》	108	0	0	1	0
《德化縣志》	89	0	3	0	0
《贛縣志》	98	0	3	0	0
《雩都縣志》	105	0	1	1	0
《新建縣志》	33	0	1	89	0
《瑞昌縣志》	63	0	1	1	0
《桂陽直隸州志》	63	0	0	0	0

書名	「湻」字	「湻」加框	「湻」增缺筆	「淳」字	「淳」缺筆
《直隸綿州志》	71	0	0	4	0
《嘉定府志》	0	0	0	89	1
《潯州府志》	58	0	2	16	0
《隨州志》	51	0	8	0	0
《袁州府志》	106	0	13	10	0
《成都縣志》	74	0	5	0	0
《巴陵縣志》	58	0	0	0	0
《大庾縣志》	79	0	2	0	0
《崇陽縣志》	60	0	0	0	0
《靖安縣志》	58	0	1	0	0
《永豐縣志》	128	0	0	0	0
《宜黃縣志》	107	3	0	52	0
《崇仁縣志》	147	0	5	3	0
《祁陽縣志》	48	0	3	0	0
《德興縣志》	72	0	1	0	0
《上饒縣志》	110	0	1	0	0
《長沙縣志》	54	0	4	0	0
《霍邱縣志》	50	0	1	13	0
《江西新城縣志》	59	1	1	0	0
《上江兩縣志》	61	0	116	0	0
《龍泉縣志》	55	0	0	16	3
《新昌縣志》	78	0	4	4	0
《清江縣志》	85	0	2	0	0
《安仁縣志》	54	0	0	0	0
以上 86 種志書*	8,146	108	277	568	6
其餘 157 種志書	2,588	6	81	320	3
243 種同治朝志書（占比）	10,734 (88.7%)	114 (0.9%)	358 (2.9%)	888 (7.4%)	9 (0.1%)

* 只列避諱及不避諱「淳」字共超過 50 個的志書（無法確定者不計）。

圖表 10.8：同治朝方志中有關帝名「淳」的各種諱字。

❖《武岡州志》（同治十二年刊本）

宏治　房昂 岳州衛人 史湻　卷6，頁3

先儒陳湻　卷24，頁10

❖《施南府志》（同治十年刊本）

湻熙八年卒　卷8，頁19

淳熙四年重修　卷9，頁4

湻熙十二年　卷15，頁1

湻厚湻學其曾孫也　卷27，頁5

❖《南昌府志》（同治十二年刊本）

范　湻 己卯　卷34，頁10

咸湻甲戌挈家之官　卷40，頁32

與弟湻耕　卷48，頁57

❖《義寧州志》（同治十二年刊本）

湻祐十年庚戌　卷19，頁10

咸湻四年戊辰　卷19，頁10

風俗之湻漓　卷33，頁8

淳　湻　浮　湻
淳　湻　湻　潭
沪　湻　湢　湻

❖《南安府志》（同治七年刊本）

棻　湻　卷12，頁2

湢熙十年　卷30，頁3

湻熙十三年　卷30，頁5

❖《武邑縣志》（同治十一年刊本）

先賢周敦頤宋湢祐元年從祀　卷4，頁5

先賢程頴宋湻祐元年從祀　卷4，頁5

❖《上海縣志》（同治十一年刊本）

咸湻　卷15，頁2

嚴氏陸合湻妻　卷24，頁9

湻熙三年　卷31，頁22

❖《山陽縣志》（同治十二年刊本）

閻學湻　卷6，頁10

泞熙十年　卷8，頁2

沪熙三年　卷20，頁23

❖《江華縣志》（同治九年刊本）

咸淳二年　卷4，頁50

咸湻四年　卷9，頁4

湻祐壬子　卷9，頁24

❖《衡陽縣志》（同治十一年刊本）

孝宗湻熙五年　卷2，頁17

宋咸淳二年　卷9，頁7

❖《續修慈利縣志》（同治八年刊本）

魏了翁黃幹陳淳　卷5，頁9

宋湢熙五年　卷5，頁21

❖《德化縣志》（同治十一年刊本）

咸湻四年　卷3，頁9

子湻繫生員　卷42，頁47

❖《贛縣志》（同治十一年刊本）

咸湻六年　卷11，頁8

湻祐四年甲辰　卷29，頁5

湻熙二年　卷54，頁19

❖《嘉定府志》（同治三年刊本）

李　淳 達州人 進士　卷23，頁7

陳　甯 淳熙中 有傳　卷25，頁5

❖《建昌縣志》（同治十年刊本）

湻熙十一年　卷7，頁16

湻熙十四年　卷7，頁16

三、與光緒帝御名載湉相關的諱例

同治十三年十二月初五日載淳崩於北京紫禁城養心殿，因無子嗣，慈禧皇太后命醇親王奕譞的次子載湉（音「田」；慈禧妹妹的親生子）過繼於咸豐帝並登基。翌日諭曰：

> 道光二十六年三月皇祖宣宗成皇帝特降諭旨，以「二名不偏諱」「將來繼體承緒者，上一字仍舊毋庸改避，亦毋庸缺筆，其下一字應如何缺筆之處，臨時酌定，以是著為令典」等因，欽此。今朕欽遵成憲，將御名上一字仍舊書寫，毋庸改避，下一字著缺寫末一筆，書作「湉」字，以示改避之意，其奉旨以前所刻書籍，俱毋庸議。[20]

命將御名下一字缺寫末一筆作「湉」。

光緒元年十月十二日諭內閣：

> 御名下一字，前已有旨：凡清文內如遇「天」字等音，均著加寫外點，俾協臣民敬避之心。恭查同治元年十月奉有「虞舜乃萬代祖述，嗣後纂修書籍及文字引用，均毋庸改寫」之旨，因念建中立極，唯天為大，朕之御名下一字若一律避寫，朕心實有未安，嗣後凡清文內遇有「天」字還音，毋庸加寫外點，以昭誠敬，其餘還音字樣，仍遵同治十三年十二月初六日諭旨避寫。[21]

所謂「還音」，即指音譯。也就是說，甫即位的光緒帝於同治十三年十二月規定，如遇與「湉」同音之滿文時，均加寫外點以避諱，但因「建中立

---

20 《清德宗實錄》，卷 1，頁 76。
21 《清德宗實錄》，卷 19，頁 307-308。

極，唯天為大」，以致「心實有未安」，故旋又改命嗣後凡「天」字的滿文對音，無需加寫外點，以表誠敬。

光緒三年十二月十五日奉天府府丞兼學政的王家璧奏稱，在士子試卷中常見避寫與同治帝廟諱載淳及光緒帝御名載湉兩者偏旁相同之字（如「恬」「話」及從「舌」之字），故呈請釐清。[22] 諭旨重申「淳」應改為「湻」，而「湉」字本易恭避，因其非時文公牘的常用字，且詩賦中大多僅與「澶」字相連，[23] 若將字異音同及偏旁相似之字亦缺筆，「勢將無所底止」，故嗣後抄錄書籍，遇「湉」字時，或恭缺末筆，或以「恬」字恭代；至於應試詩文，遇「先帝廟諱本字」，則「一律恭避」；而「恬」「括」「話」「憩」「甜」等偏旁相同之字，均無庸再行缺筆。[24]

四年正月又因是否敬避皇帝的輩分字而諭內閣：

> 劉坤一奏「廣西右江鎮右營右哨千總潘奕勳保升都司，請開底缺，並請更名承勳」，飭部註冊，著照所請行。至該督以潘奕勳原名應敬避廟諱上一字等語，恭查道光二十六年三月欽奉諭旨，援引「二名不偏諱」之議，將來繼體承緒者，上一字毋庸改避，亦毋庸缺筆，聖訓昭垂，著為令典。該督所稱敬避廟諱字樣，與前奉諭旨不偏諱之義不符，且「奕」字係輩分字，嗣後仍應毋庸避用，以昭畫一。[25]

雖同意潘奕勳以與咸豐帝奕詝上一字相同而請改名一事，但以「奕」為輩分字，故重申道光帝的諭旨，稱將來無論是承繼大位者或其同輩宗室，均毋需改上一字，亦毋庸缺筆。光緒七年以滿洲繙譯生員溥容、文生員溥受

---

22 《清德宗實錄》，卷 63，頁 878；中國第一歷史檔案館檔號 03-7180-074。

23 如明・皇甫涍〈子循歸贈〉有「澶湉柔波淨」句，清・弘曆〈永恬居〉有「野橋幾渡水澶湉」句。參見「搜韻-詩詞門戶網站 (https://sou-yun.cn/)」。

24 此段參見奎潤等修，詹鴻謨等纂，《欽定科場條例》，卷 42，頁 19。

25 《清德宗實錄》，卷 65，頁 5-6。

之名與宗室輩分「溥」字相重，准其改為「普」字。[26] 該更名之舉並非是又改變了前諭的精神，而是因二人皆滿人，卻僭用了帝室的行字，其名易讓人誤以為是愛新覺羅裔孫。

前述有關光緒朝的諱例，似未具體反映在實際狀況，時人常不遵循相關規定，過與不及者皆見。如在「中國方志庫」的 476 種光緒朝志書中，即屢出現「恬」字缺末筆的情形，且在可見的共 35 個「湉」字當中，18 個缺末筆，13 個未缺，另有 4 個無法確認（圖表 10.9、10.10 及 10.11）。

圖表 10.9： 光緒朝方志中的「湉」字。

❖《三續華州志》（光緒八年刊本）
- 王司城志湉公墓 卷1，頁14
- 王諱志湉字千波 卷7，頁1
- 王志湉千波 慶建 卷11，頁6
- 嘉慶三年三月二十二日 王志湉以弟志瀜 卷11，頁16
- 咸豐十年三月十一日 王志湉以子劭曾棠 卷11，頁20
- 徵士王志湉著 卷12，頁2
- 王志湉千波 卷12，頁81

❖《嘉興府志》（光緒五年刊本）
- [illegible]陸以湉杭府教授 卷47，頁56
- 陸以湉撰傳略 卷64，頁124

❖《河津縣志》（光緒六年刊本）
- 王志湉陜西華州人 卷13，頁46

❖《盱眙縣志稿》（光緒十七年刊本）
- 辛湉為程監生 卷7下，頁13

❖《鳳凰廳續志》（光緒十八年刊本）
- [illegible]湉熙 卷5，頁48

❖《湖南通志》（光緒十一年刊本）
- 奕譞之子載湉著承繼 卷首之8，頁48

26 崑岡等修，劉啟端等纂，《欽定大清會典事例》，卷 1149，頁 24。

圖表 10.10：「中國方志庫」裡光緒朝志書中避諱「湉」字的統計。

書名（版本）	缺末筆	無避諱	無法確認
《廣州府志》（光緒五年刊本）	1	0	0
《重修天津府志》（光緒二十五年刊本）	1	0	0
《三續華州志》（光緒八年刊本）	5	1	1
《嘉興府志》（光緒五年刊本）	7	1	0
《河津縣志》（光緒六年刊本）	0	1	0
《遂昌縣志》（光緒二十二年刊本）	1	0	0
《盱眙縣志稿》（光緒十七年刊本）	0	1	0
《鳳凰廳續志》（光緒十八年刊本）	0	1	0
《湖南通志》（光緒十一年刊本）	0	1	0
《吉安府志》（光緒元年刊本）	0	5	3
《蔚州志》（光緒三年刊本）	2	0	0
《平越直隸州志》（光緒三十三年刊本）	1	0	0
《順天府志》（光緒十五年重印本）	0	1	0
《翼城縣志》（光緒七年刊本）	0	1	0
《吉林通志》等 462 部	0	0	0
476 種光緒朝方志	18	13	4

同治七年七月中國自製的第一艘木質明輪蒸汽軍艦工竣，一直推動此事的大學士調任直隸總督曾國藩命名為「恬吉」，取「四海波恬，廠務安吉」之意，[27] 入光緒朝後，因避御名載湉的下一字，又改名「惠吉」。[28] 十二年十月知縣江良醇呈請更名，則被以「醇」字並非應避字樣而遭拒。[29]

27 寶鋆等修，《籌辦夷務始末（同治朝）》，卷 61，頁 27-28。

28 如在光緒元年十月十九日李鴻章與沈葆楨所呈的〈上海機器局報銷摺〉，即已提到「惠吉」之船名。參見李鴻章，《李肅毅伯奏議》，卷 5，頁 4-5。

29 《清德宗實錄》，卷 233，頁 148-149。

圖表 10.11：光緒朝方志中「恬」字的缺避。

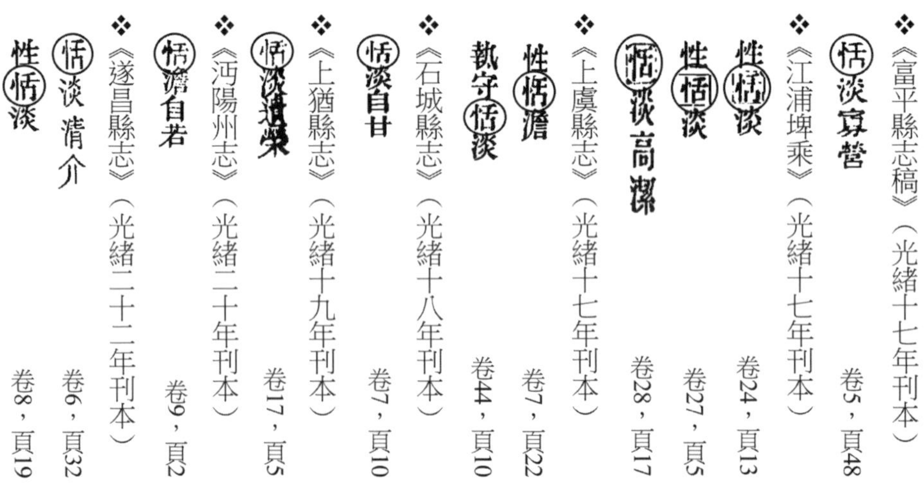

十六年十二月議光緒帝親生父親醇親王奕譞的喪禮規格，慈禧親定奕譞的身分為「皇帝本生考」，祀典應照天子之禮，且嗣後凡遇「譞」字，一律避寫。[30] 但在「典海」平台所能查到的少數用例，「譞」字亦多未避諱。[31] 又，二十七年五月二十日赴貴州擔任鄉試副考官的華學瀾，在行經正定縣時，記稱：「借城內之花廠宿焉，所宿室似一蒙館，壁貼應敬避廟諱，居然大書特書，並不缺筆！」[32] 該在牆上明寫應避廟諱之舉，若在乾隆朝，很可能就會釀成另一樁《字貫》案，知諱法至清末已有些怠弛。

再者，清代的避諱不只是針對皇帝以及孔子，官場之中亦見以卑避尊之例。民初徐彬彬（原名凌霄）的《凌霄漢閣筆記》即舉例言此：

---

30 《清德宗實錄》，卷 291，頁 880、卷 292，頁 893-894。

31 曾紀澤，《曾惠敏公奏疏》，卷 3，頁 11；時庸勱，《聲譜》，卷上，第 8 部，頁 2；沈家本等修，徐宗亮等纂，《重修天津府志》，卷 24，頁 15-16；朱言詩等纂修，《梁山縣志》，卷 10，頁 4。

32 華學瀾，《辛丑日記》，頁 52。

> 清代避諱之類例，限於廟、聖、御三類。若幼避長、卑避尊，如吳鋆避寶鋆而改「均金」，李鴻章父名安，其屬不敢書「鈞安」，改用「鈞祺」「鈞綏」，則非常例〔指非慣習〕。夏同龢以全榜狀頭而犯師相〔原謂宰相，此指協辦大學士翁同龢〕二字，自不能無所凜凜。高君〈執贄〉一首似即為同龢而作……註曰：「某君大卷課為常熟〔指翁同龢，以其籍隸常熟〕所拔取。[33] 會試前贄見常熟曰：僭師相名，例應改避，禮部試前不允，請俟闈後。常熟頷之，喜其知禮。及殿試後，常熟去位，遂永不改。」[34]

吳鋆為同治九年江南舉人，官內閣中書，擢內閣典籍廳之主官。因寶鋆於同治、光緒間皆擔任大學士，為其頂頭上司，吳鋆遂將己名拆字改成「均金」（圖表 10.12）。至於前引文中的「高君」，即作《金鑾瑣記》的高樹，他在此書以詩譏諷光緒二十四年戊戌科狀元夏同龢，指其曾於會試前拜見翁同龢，稱因禮部不准試前改名，但已於試後一定更名，以避免僭越。[35] 翁同龢稍後在貢士覆試時拔取了夏同龢，然因當年四月二十七日翁氏即以「攬權狂悖」而開缺回籍，十月二十一日更以保舉推動戊戌變法的康有為遭革職，且永不敘用，已成新科狀元的夏同龢遂不再提改名之事。[36]

---

33 「大卷」在此指貢士覆試時的試卷，「課」則謂評判等次。夏同龢於覆試被列為一等之首，稍後殿試更高中狀元。參見翁同龢著，翁萬戈編，《翁同龢日記》，卷 7，頁 3167、3169。

34 轉引自劉顯世等修，任可澄等纂，《貴州通志》，雜志 2，頁 32。

35 乾隆四十一年六月因發現貴州按察使國棟與糧驛道國棟同名，諭稱：「雍正年間曾奉諭旨，遇有與大臣同名之人，令官小者改避。今國棟雖非大臣，但黔省一司一道同名，究非體制，著將道員國棟改名國梁。嗣後著各督撫留心查考，如一省內有司道同名者，將道員奏請改名；有道府同名者，將知府改名。」參見《清高宗實錄》，卷 1011，頁 571。

36 夏同龢，字季平，同治十三年生，其所取之字應是以同名的翁同龢（咸豐六年狀元，字叔平）為表率。參見趙青、鍾慶編著，《夏同龢書文輯釋》，頁 66-67；《清德宗實錄》，卷 418，頁 484、卷 432，頁 674。

圖表 10.12： 文獻中有關吳鋆改名吳均金的記事。

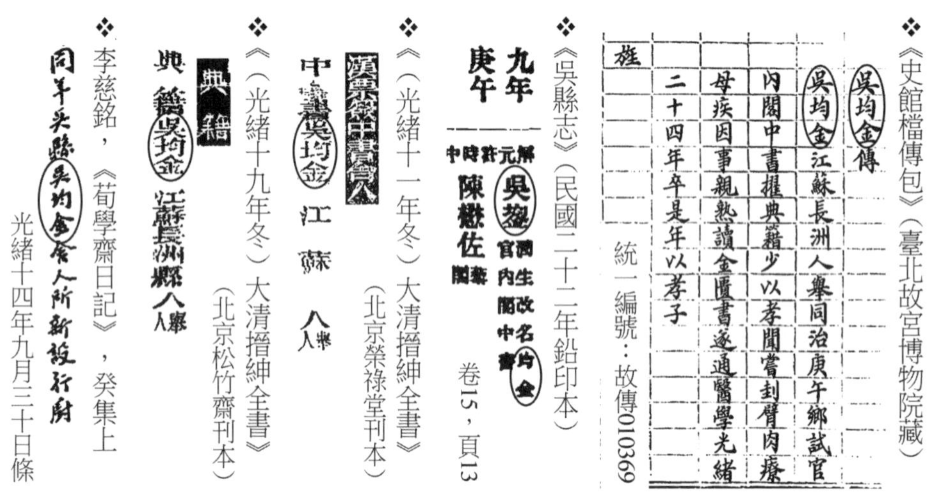

至於李鴻章的部屬避書「鈞安」而改用「鈞祺」「鈞綏」一事，有謂是諱李父名中的「安」。據《合肥李氏宗譜》，李殿華育有四子，依次為文煜、文瑜、文球、文玕（音「竿」）。第四子即李鴻章之父，他是道光十八年三甲進士，榜名李文玕，與曾國藩同年登科，族譜與方志均稱他後改名文安，但不曾提及時間與理由。[37] 咸豐三年李殿華以覃恩獲贈誥命，上稱「邑庠生李殿華，迺刑部郎中、記名御史李文玕之父……茲以覃恩贈爾為中憲大夫」（圖表 10.13）；[38] 同年五月十七日的《清文宗實錄》記李文玕等人「俱著記名以御史用」；咸豐朝《起居注冊》十一月初十日稱戶部

[37] 雷祿慶《李鴻章年譜》(1977)及劉憶江《李鴻章年譜長編》(2015)二書，皆未論及此改名細節。又，《起居注冊》記道光二十六年十月給予八品頂帶李文安同知銜、同治二年四月賞知府李文安花翎，此人恰與咸豐五年五月過世的李鴻章父同名。

[38] 《合肥李氏宗譜》未記此事之日期，查當年三月初三日以孝和睿皇后升祔太廟禮成，頒詔天下，且稱「內外大小各官除現在品級從前已得封贈外，其升級改任者，著照新銜封贈」。但為何同一年李文玕又能以刑部雲南司員外郎加一級的身分，貤贈其兄李文球為奉政大夫？此待考。參見《清文宗實錄》，卷 87，頁 138-140。

右侍郎王茂蔭上奏，請責成其同鄉李文安，速回籍協剿。[39] 知李文玕的更名時間可以限縮在咸豐三年五月至十一月之間。

再查哈佛大學燕京圖書館所藏北京榮祿堂的幾本咸豐朝《縉紳全書》，發現「李文玕」在咸豐二年秋季任刑部雲南司員外郎，但至咸豐四年春季「李文安」已陞授刑部督捕司郎中。又，臺北故宮博物院藏的《李文安傳稿冊》，記其「道光十八年進士，用主事，籤分刑部，補官洊升捕司郎中，記名以御史用，改名文安」，最末插入的「改名文安」四字（圖表 10.13），出處不詳。由於李文玕當時已五十多歲，且在刑部任官亦十多年，不知他為何起意改名？

筆者初疑李文玕因與太平天國干王洪仁玕（洪秀全曾因其學習西方事物而封為軍師，讓他總理天國政事）的末一字相同，故以惡諱（指因嫌憎某人、某事，遂不欲使用其名）改名。然由於洪仁玕在咸豐九年始自香港抵天京（即南京），稍後獲封為「九門御林開朝精忠軍師頂天扶朝綱干王」，亦即，當李文玕改名時，洪仁玕在太平天國尚無重要名位，知此一假說並不成立。

查咸豐三年二月太平軍攻克江寧，李文玕的家鄉廬州府（安徽省城）亦危急，其子翰林院編修李鴻章當時正在籍督帶練勇，文玕或也想返鄉協剿，以對抗勢若燎原的太平軍，遂請同鄉王茂蔭疏薦，疑他為求吉利並討口彩，就事前更名，以應「安邦」之意（「玕」與「安」兩字不僅韻母相同，聲母亦相近），惟此假說待考。文安後雖曾打敗陳玉城之叛軍，但旋以疾作歸，並在五年五月因積勞病故，[40] 享年五十有五。

---

39 臺北故宮博物院的「清代檔案檢索系統」有此摺（故閣 001334），惟尚未電子化。經調閱檔案，知王茂蔭於咸豐三年十一月上奏時，李文安已更名（圖表 10.13）。

40 咸豐五年秋、冬兩季的《縉紳全書》，在其卒後仍記他擔任督捕司郎中的職名。

圖表 10.13： 文獻中的李鴻章之父李文安。

❖《李文安傳稿冊》（臺北故宮博物院藏） 故傳008997

李文安傳
李文安原名文玕安徽合肥人道光十八
年進士用主事籤分刑部補官洊升督捕
司郎中
記名以御史用（改名文安）其居鄉時倡立淮南鄉約條教精

❖咸豐三年十一月初十日內閣部院檔奏摺 故閣001334

戶部右侍郎王茂蔭跪
奏為謹請保員回籍督帶練勇防剿恭摺
（中略）
籌防禦之法惟有督率練勇協力剿防事或有
濟但該處督帶練勇僅翰林院編修李鴻章一
（中略）
不揣冒昧懇
飭令刑部郎中李文安迅速回籍帶勇協剿其揚文

❖《（咸豐二年秋）縉紳全書》

雲南司 專管雲南所屬各衙門……
員外郎 二加二級 李文玕 安徽合肥人 戊戌

❖《（咸豐四年春）縉紳全書》

督捕司 專管八旗逃人
郎中 二加二級 李文安 安徽合肥人 戊戌

（哈佛大學燕京圖書館藏北京榮祿堂刊本）

❖李鶴章，《合肥李氏宗譜》

服官資撤聿昭式好之勛爾李
文球迺刑部雲南司員外郎加
一級李文玕之胞兄矩範嚴明
操修淯懿家風仁讓儲杞梓之
良材世德友恭啓詩書之令聞
茲以覃恩貤贈爾為奉政大夫

皇帝之寶
大清咸豐三年 月 日

國恩用揚庭訓爾邑庠生李殿
華迺刑部郎中記名御史李文
玕之父躬修士行代啓儒風抱
璞自珍克毓圭璋之秀析薪能
荷彌彰杞梓之良茲以覃恩贈
爾為中憲大夫錫之誥命於戲

皇帝之寶
大清咸豐三年 月 日

卷1

❖《（咸豐五年秋）縉紳全書》

督捕司 專管八旗逃人
郎中 二加二級 李文安 安徽合肥人 戊戌

❖《（咸豐五年冬）縉紳全書》

督捕司 專管八旗逃人
郎中 二加二級 李文安 安徽合肥人 戊戌

❖《（咸豐六年夏）縉紳全書》

督捕司 專管八旗逃人
郎中 二加二級 桂榮 滿洲鑲旗人

文安 殿華公四子
榜名文玕字
式和號玉川
（中略）
人戊戌科會
試第一百十
二名進士
殿試三甲
朝考入選刑
部主事充
道光辛丑科
會試外簾官
廣西奉天山
西等司主稿
督理提牢廳
兼行秋審處
四川司主事
雲南司員外
郎督捕司郎
中
記名御史
欽差督辦安
徽團防 記
名知府先換
頂戴奉
旨照知府軍
營病故例賜
卹追贈道銜
（中略）
公卒於
咸豐乙卯年
五月二十三
日午時葬葛

卷4，頁57-59

四、與宣統帝御名溥儀相關的諱例

光緒三十四年十月二十一日，載湉駕崩，慈禧太后在重病之際立醇親王載灃之三歲長子溥儀繼承大統，翌日慈禧亦卒。二十二日監國攝政王載灃頒布敬避御名之詔，《清實錄・宣統政紀》稱：

> 道光二十六年三月宣宗成皇帝特降諭旨，以「二名不偏諱」「將來繼體承緒者，上一字仍舊毋庸改避，亦毋庸缺筆，其下一字應如何缺筆之處，臨時酌定，以是著為令典」等因，欽此。今朕敬遵成憲，將御名上一字仍舊書寫，毋庸改避，下一字敬缺一撇，書作「儀」字，其奉旨以前所刻書籍，俱毋庸議。[41]

引道光二十六年三月有關避諱的諭旨，聲明御名的上一字無庸改避，下一字「儀」則敬缺一撇。前引文亦一字不易地出現於宣統朝《起居注冊》，但後者還多了一段與滿文避諱相關的規定，稱：「嗣後凡應行聯寫之清語，著仍照舊書寫。遇書寫單字御名下一字，避寫作“儀”“[illegible]”。」（圖表 10.14）

「中國方志庫」共收錄 27 種宣統朝的方志，當中只有《固原州志》（23 個「儀」字）及《永綏廳志》（22 個「儀」字），全書以敬缺一撇的方式謹守諱例；《長白彙徵錄》《重修恩縣志》《南海縣志》《貴州全省地輿圖說》《寧陵縣志》《滕縣續志稿》《昭覺縣志稿》《續蒙自縣志》八種方志，則完全未敬避「儀」字；另有 11 種志書中的「儀」字，既見缺筆，亦可見未避諱的形式（圖表 10.15 及 10.16）。而在這 27 種宣統朝方志出現的 1,208 個「儀」字當中，避諱與未避的比例為 1.13：1，知當時雖有諱例，但不遵守的情形頗多。

---

41 《清實錄・宣統政紀》，卷 1，頁 7。

圖表 10.14： 宣統朝有關御名及廟諱的規定。

❖《宣統帝起居注》，光緒三十四年十月二十二日

前謨有厚望焉喪服二十七日而除布告天下咸使聞知
又奉
諭旨道光二十六年三月
宣宗成皇帝特降
諭旨以二名不偏諱將來繼體承緒者上一字仍舊毋庸
改避亦毋庸缺筆其下一字應如何缺筆之處臨時酌
定以是著為令典等因欽此今朕敬遵
成憲將御名上一字仍舊書寫毋庸改避下一字敬缺一
撇書作儀字其奉旨以前所刻書籍俱毋庸議又奉
旨凡遇避寫御名下一字應避寫定作儀著通行曉諭
嗣後凡應行聯寫之清語著仍照舊書寫遇書寫單
字御名下一字避寫作儀又奉
諭旨朕以冲齡仰蒙
大行慈禧端佑康頤昭豫莊誠壽恭欽獻崇熙太皇太后

圖表 10.15： 宣統朝方志中避諱「儀」字的案例。

❖《固原州志》（宣統元年刊本）
山右東敬儀翰鴻于逵氏序 前序
移郭子儀重戍涇州 卷7，頁21

❖《鄜縣志》（宣統元年鉛印本）
典儀正 卷6，頁5
遷睿宗山陵儀注 卷8，頁3

❖《臨安縣志》（宣統二年刊本）
麵燭桃餅等儀 卷1，頁2
聖廟儀注 卷4，頁1

❖《涇陽縣志》（宣統三年鉛印本）
縣丞石鳳儀 書首
張裕穀儀封 卷10，頁5

❖《狄道州續志》（宣統元年刊本）
物儀業持 卷首，頁19
國朝先儒陸世儀 卷5，頁2

❖《濮州志》（宣統元年刊本）
瑕弟子儀 卷1，頁98
不洽威儀 卷1，頁103
董鳳儀靈壽人舉人 卷3，頁19

圖表 10.16：「中國方志庫」裡宣統朝志書中避諱「儀」字的統計。

書名（版本）	缺筆	無避諱	無法確認
《長白彙徵錄》（宣統二年刊本）	0	4	0
《固原州志》（宣統元年刊本）	23	0	0
《新民府志》（宣統元年鉛印本）	0	0	0
《昌圖府志》（宣統二年鉛印本）	0	0	1
《郿縣志》（宣統元年鉛印本）	44	5	0
《臨安縣志》（宣統二年刊本）	65	27	1
《重修恩縣志》（宣統元年刊本）	0	31	0
《輝南廳志》（宣統二年石印本）	0	0	0
《撫順縣志略》（宣統三年鉛印本）	0	0	0
《西安縣志略》（宣統三年石印本）	0	0	0
《南海縣志》（宣統二年刊本）	0	45	0
《涇陽縣志》（宣統三年鉛印本）	60	2	0
《貴州全省地輿圖說》（宣統元年石印本）	0	4	0
《狄道州續志》（宣統元年刊本）	16	4	1
《濮州志》（宣統元年刊本）	155	11	0
《寧陵縣志》（宣統三年刊本）	0	24	0
《滕縣續志稿》（宣統三年鉛印本）	0	41	0
《昭覺縣志稿》（宣統三年稿本）	0	1	0
《聊城縣志》（宣統二年刊本）	43	7	0
《承德縣志書》（宣統二年石印本）	1	1	0
《長武縣志》（宣統二年刊本）	17	4	0
《永綏廳志》（宣統元年鉛印本）	22	0	0
《續蒙自縣志》（宣統間刊本）	0	51	0
《樂會縣志》（宣統三年石印本）	6	65	1
《建德縣志》（宣統二年鉛印本）	178	11	1
《諸暨縣志》（宣統二年刊本）	11	229	23
《硝河城志》（宣統元年鉛印本）	0	0	0
27 種宣統朝方志	641	567	28

近人惲寶惠 (1885-1979) 的〈避諱改名〉一文中有云：

> 宣統帝溥儀嗣位，於是唐紹儀改紹怡（民國後又復原名），王儀通改式通，曾儀進改彝進。儀貞〔「真」字的避改〕縣先避世宗嫌名改儀徵，茲又改為揚子，鑾儀衛改鑾輿衛，猶可說也。全國各官署皆有儀門，原取整肅威儀之義，乃改為宜門，失其命名本義，則禮臣不學之過也。[42]

由於光緒帝在三十四年十月二十一日駕崩，十一月初九日溥儀嗣位，隔年改元宣統，知前述與御名相重的機構、官名或人名，應於光緒、宣統之交更改。唐紹儀為避溥儀諱，改名紹怡，清亡後又復名紹儀，曾任中華民國國務總理；王式通為光緒二十四年進士，民初出任司法部次長；[43] 曾彝進則擔任過袁世凱大總統府秘書。

經查《宣統政紀》，知宣統元年閏二月命改鑾儀衛為鑾輿衛、鑾儀使為鑾輿使、治儀正為治宜正、整儀尉為整宜尉、內務府掌儀司為掌禮司。[44] 三月從兩江總督端方之請，將儀徵縣（舊名揚子縣，又名儀真縣，雍正元年因避胤禛嫌名而改）復舊名為揚子縣，[45] 且將江南省城的「儀鳳門」改為「威鳳門」（圖表 10.18）。八月，四川總督趙爾巽以民間常習慣寫未缺筆的「儀」，遂請改順慶府儀隴縣為宜隴縣，而先前禮部已奏明將各署所有儀門皆改為「宜門」（圖表 10.18）。然耙梳哈佛大學燕京圖書館所藏宣統初年的幾本《搢紳全書》，發現自三年夏季的縉紳錄起，才全依旨將禮部所屬的儀制司改成典制司、鑾儀衛為鑾輿衛、鑾儀使為鑾輿使（圖表 10.17）。

---

42 惲寶惠，〈避諱改名〉。

43 據臺北故宮博物院藏光緒帝三十四年十一月初一日的《軍機處檔》摺件（故機 168747），王儀通之名與御名下一字相同，「雖經缺筆，仍應敬避」。

44 《清實錄・宣統政紀》，卷 10，頁 191。

45 《清實錄・宣統政紀》，卷 11，頁 218。

圖表 10.17：宣統帝溥儀即位後鑾儀衛與儀制司的改名。

❖《（宣統元年春）憲政最新搢紳全書》（哈佛大學燕京圖書館藏榮寶齋刻本）

頁47　儀制司

頁111　鑾儀衛衙門　滿鑾儀使　滿鑾儀使　漢鑾儀使

頁111　鑾輿司

❖《（宣統三年夏）大清最新搢紳錄》（哈佛大學燕京圖書館藏榮祿堂刻本）

頁24　典制司

頁161　鑾輿衛衙門　鑾輿衛鑾輿使　鑾輿衛鑾輿使　漢鑾輿使

頁161　鑾輿司

圖表 10.18： 因避宣統帝御名改儀徵縣為揚子縣事。

端方片　臺北故宮統一編號：故機177726

再據江甯布政使樊增祥詳據儀徵縣稟，該縣舊名揚子縣，又名儀真縣，雍正元年因避
聖諱嫌名改儀徵縣，現以上一字應避
御名，並無可以恭代之字，應請仍復舊名，改為揚子縣所有該縣印信，並教、佐各員鈐記，均應改換另鑄，容飭造呈模冊，分別咨部飭司更換。再，江南省城有「儀鳳門」，並擬改為「威鳳門」，以歸一律，所有擬改縣名及城門名緣由，理合會同江蘇巡撫臣陳啟奏附片具陳，伏祈
聖鑒，謹
奏
宣統元年三月初四日奉
硃批：「該部知道。欽此。」

趙爾巽片　臺北故宮統一編號：故機181591

再四川順慶府屬之儀隴縣上一字與
御名下一字相同，初原遵照部章敬缺末筆，現查民間習慣，易於誤寫，自應敬謹改避。查各署所有儀門業經禮部奏明改為「宜門」，該縣事同，一律擬即改名「宜隴」，以存其舊，如蒙
俞允，即請
敕部改鑄印信頒發，以便換用。除咨禮部查照外，理合附片具陳，伏乞
聖鑒訓示，謹
奏
宣統元年八月二十一日奉
硃批：「允行，該部知道。欽此。」

由於道光二十六年曾頒諭旨，稱「將來繼體承緒者，上一字仍舊毋庸改避，亦毋庸缺筆，其下一字應如何缺筆之處，臨時酌定，以是著為令典」，故清末咸豐帝奕詝、同治帝載淳、光緒帝載湉、宣統帝溥儀四朝的諱例，即同以御名上一字的行字無庸改避，下一字則採缺筆或改字的方式。然方志中仍偶可見以各種缺筆的「奕」字自行敬避，且帝名下一字未避諱的比例也日益增高。

五、作空圍的敬避方式

清代後期還常見一種作空圍（將諱字以框圍起）或空字（空其字而不書）的敬避方式，[46] 現略述之。經查「中國方志庫」康、雍、乾三朝刊刻的志書，尚未見帝諱有加框者。嘉慶《黔西州志》全書可見 1 例「禛」字，外有方框，框內無避諱，而「曆」字均作「曆」，「弘」字有不諱者。道光《永州府志》卷 18 的〈金石略〉則有多例方框字，以表達「字已蝕，僅存形似」的情形；至於文字帶圓框者，則註稱「敬避」，惟框內之字有缺筆、亦有未缺筆者；同書也可見頗多諱字未加圓框（圖表 10.19）。

自同治朝起，使用方框強調避諱的情形漸增，但在當朝所刻方志中仍是少數。從同治到宣統朝，粗估至少有 25 本方志出現帶方框之帝諱，框內的字有些是偏旁與帝名相同者，有的是嫌名，也有的是諱改字或原字，如同治《湖州府志》的「允」「宏」，同治《上海縣志》的「泓」，光緒《江浦埤乘》的「宏」「恬」「元」「醋」等字。但並非所有帝諱皆加框，且同書屢見有／無方框或避／不避的情形，十分混亂（圖表 10.19）。

---

[46] 在南宋紹熙間閩刻本《周禮》中，即已出現加墨圍的情形，然此舉並非傳統避諱常見的作法。參見李致忠，《宋版書敘錄》，頁 108-112。

圖表 10.19： 清代文本中因避諱而作空圍的情形。

❖《黔西州志》（嘉慶間刊本）

胡陳氏　年十九適[禎]　卷4，頁23

恢弘　卷8，頁15

卜史星曆　卷1，頁8

萬曆改元　卷6，頁21

萬曆二十六年　卷6，頁23

❖《江浦埤乘》（光緒十七年刊本）

江[寧]句容高[淳]等縣　卷7，頁6

陳俊[懷][寧]恩貢
華歷翔字[寧]齋金[匱]人十一年任。　卷18，頁17

稱爲畏友充萬[歷]二十三年選貢入太學揭夢禎黃琢
庵兩司成皆深器之屢蹶場屋中三十七年副榜卒年
四十五鄉閭莫不惋惜著作詳藝文子鼎[允]字孟調諸
生亦有文名浦纂
楊鳳白馬鄉人性[淳]篤不妄言動幼嘗割股愈母及長　卷26，頁5

❖《永州府志》（道光八年刊本）

上鐫[玄]敕避　治二年造　卷18上，頁7

祖父[曄]敕舉學[闕]三　卷18上，頁11

秘書丞吳太[壽]字已蝕存形似[闕]傳　被命同巡檢張維[學]遠尉翟帷　卷18中，頁33

❖《鄞縣志》（同治十二年刊本）

執帛秉璋[顒]若有孚兮　卷4，頁25

❖《石城縣志》（光緒間刊本）

孫玠[顒]公墓　卷末，頁52

勞　琰滿流人歲貢　卷6，頁4

鄧宗琰謝鳌村人　卷7，頁77

李　祖[壽][甯]人三十七　卷5，頁8

楊仲甯　卷6，頁34

先儒陳[湻]　卷4，頁11

[恬]淡樂道　恬淡自甘　卷7，頁4及10

❖《永嘉縣志》（光緒八年刊本）

徐弘道御史　卷12，頁4

錢[弘]俶　卷22，頁3

恢弘道德　卷23，頁13

[弘]治十四年　卷27，頁8

第十一章　太平天國的避諱

太平天國避諱的特色是不僅涉及宗教信仰，還包含惡意和迷信的諱字，至於傳統避尊親的諱字，更被大幅擴大，不但避洪秀全及其父母、幼主的名諱，還避天王諸子和首義諸王之名。但太平天國的避諱或因過於繁雜，諱字又常多元，故往往並不十分嚴謹。

太平天國時期 (1851-1864) 明文規定的避諱字樣，首見於〈永安封五王詔〉中的干支用語「辛開元年〔即辛亥元年；1851〕十月」，但早在該政權革命之初，洪秀全即以己名「火秀」犯了上帝「爺火華」（Jehovah；猶太教與基督宗教所敬拜之唯一真神）的名諱而改名。自癸好（即癸丑）三年 (1853) 二月定都天京以後，洪秀全、楊秀清等人高高在上，官爵間的等級日益森嚴，避諱制度也日趨嚴密，且對首義諸王特別尊重。

太平天國創立的拜上帝教，以天兄耶穌為上帝太子，天王洪秀全為上帝次子，以下依次為第三子南王馮雲山、第四子東王楊秀清、第五子北王韋昌輝、第六女洪宣嬌（配西王蕭朝貴）、第七子翼王石達開，這些人被洪秀全視為「同胞」，太平天國因此敬避其名諱中的「耶」「穌」「秀」「全」「雲」「山」「清」「昌」「輝」「正〔韋昌輝原名〕」「朝」「貴」「達」「開」。中國傳統避諱不能直書尊者之名，太平天國則反之，將其名專門保留給最早期諸王，在記其人時得直書，以避免人不知其名。燕王秦日綱（本名日昌）和補天侯李俊良（本名俊昌），即因避北王韋昌輝諱而更名；滅胡侯黃益芸（本名益雲）亦為避南王馮雲山名諱而改。此外，因避翼王石達開名，鎮國侯盧賢達改名盧賢拔，定胡侯李開芳改名李來芳。[1]

[1] 吳良祚，《太平天國避諱研究》，頁 323-324；王云慶，〈太平天國的文書避諱〉。

太平天國辛酉十一年 (1861) 五月洪秀全頒〈萬國來朝及敬避字樣詔〉，稱：

> 上帝聖諱爺火華，中華等字一直加。避稱「炎」「焼」「夥」「伙」字，全敬上帝滅妖邪。天兄基督諱耶穌，基督尊號僭稱差。「耶」避稱「也」「乎」「哉」字，「穌」避稱「蘇」「甦」亦嘉。幼主名洪天貴福，見「福」加點錦添花。「桂福省」改「桂福省」，普天一體共爺媽。古今前後「爺」獨一，凡是父輩避稱「爹」。詔頒普天，咸使聞知。欽哉。[2]

指出為敬避上帝「爺火華」之聖諱，「爺」字唯可崇稱天父，凡稱父輩則改用「爹」，「火」字改用「炎」「焼」「夥」或「伙」，「華」字應寫作「華」（將末筆的一豎往上加長至「艹」中間，此即所謂的「一直加」），「耶」字改用「也」「乎」或「哉」，「穌」字改用「蘇」「甦」。對幼主洪天貴福亦應避諱，凡「福」改「福」。

干王洪仁玕於十二年奉命頒行的《欽定敬避字樣》，[3] 更是集相關規定之大成，將 60 多個應諱字詞及其代用者詳細開列並解說（圖表 11.1 及 11.2）。[4] 迄太平天國晚期，為維繫渙散人心且加強皇權，避諱字不斷增加，規定也越嚴。目前涉及太平天國避諱的專著首推吳良祚的《太平天國避諱研究》，他指出避諱在當時既是重要的禮制，亦為盛行的習俗，而探討這種禮俗，是研究太平天國文化史不可忽略的課題。[5] 該書還末附 162 個避諱禁用字的字譜，各有簡要的釋文及事例。學界近年雖然新出了幾本相關的碩、博士論文，但大致仍不出吳書的框架。

---

2 太平天國歷史博物館編，《太平天國文書彙編》，頁 61。

3 太平天國歷史博物館編，《太平天國文書彙編》，頁 103-104。

4 太平天國歷史博物館編，《太平天國印書》，冊 20。

5 吳良祚，《太平天國避諱研究》，頁 290-291。

圖表 11.1： 太平天國於 1862 年頒行的《欽定敬避字樣》。

天父天兄天王太平天国

欽定敬避字樣

遵依

欽命文衡正總裁殿前吏部正天僚領袖頂天扶朝綱干王洪 為
諭京都內外大小官員及各書士人等知悉照得文以載
道當先尚夫尊崇而修辭立誠豈可罔識忌諱緣蒙
天父上主皇上帝暨
救世主天兄基督大開天恩親命我
真聖主天王暨
救世真聖天幼主下凡御世主宰太平體統尊而萬
物作則紀綱肅而萬彙有條凡於奏本諭稟及
一切文書往來有所當諱字樣各宜凜遵敬避
以見朝拱尊敬之意不得引用誤書致有褻瀆至
于凡情典故并一切荒誕妖稱避句概須滅跡消聲
刪除淨盡方於真道無有朦混也乃今本章文書
之內多有未能敬謹遵避者是以屢蒙
聖詔下頒教導周詳並多採夢
聖心御筆改正故 兄等前曾行諭令將各樣妖荒浮
文務須除去誤用等文已遵知矣惟思敬避字樣
並代替各字為數頗多誠恐爾等未能遍知多有錯
誤弁罔特將當遵敬避字樣并代替等各字備細
開列于後仰爾大小官員及文人書士等各宜銘
心刻骨並存座右以便觸目警心不致偶有差錯
倘諭後仍不檢點一經勘出不獨奏稟文章概不收
閱而且有蹈故違之咎致干罪戾也切切凜遵毋貽
後悔此諭

聖神真神天父神父是
上帝也神子天子是救
救世主天兄
天王
天王 幼主也聖靈是 東王也以尚諱避各字樣務宜
謹記其一切至尊至榮之字必在
天父天兄天王幼主份尚方可稱用至前侯及一切人名物名等
俱不得泛用若意有近似者可即借代之字引用若
是正用必須依字義之尊卑或四抬三抬二抬一抬
不得些瀆也列王寫
天父四抬
天兄三抬
天王兩抬 幼主一抬寫與 東西王及
信勇王又當遜一抬以下大小官員寫與
尚司尊於己者俱宜遜一抬

以尚各字均當認真謹用至仙佛妖魔鬼誕僧
尼宗廟社稷祠寺等字總以滅跡銷聲置而
不提為妙而章奏稟報內凡當虔淨不得些瀆也
其三生有幸前身再世一切仙佛怪誕之說不得
引為故事凡是物類比例之句不得借為麗詞凡祝
壽不得用鶴算龜年亦不得以虎比將及虎威虎報
爪牙等字蓋蛇虎畜生人為萬物之靈不得與

❖《欽定敬避字樣》收入《太平天國印書》第20冊，原鈔本藏上海圖書館

圖表 11.2：《欽定敬避字樣》中所記太平天國的諱字。

諱字	《欽定敬避字樣》中的諱例	備註
爺	此字唯可崇稱天父，不得別用	避上帝爺火華（即耶和華）
火	凡用，以「燒」「伙」「夥」「炎」等字代	避爺火華
華	凡用「華」，以「花」字代	避爺火華
主	上主皇上帝、救世主、真主、幼主、贖病主、主將、主宰之主可用，餘俱以「司」字、「專」字、「柱」字代	
上	唯尊崇天父可用，餘以「尚」字代	
皇	唯崇稱天父可用，不得別用	
帝	唯崇稱天父可用，不得別用	
老	唯崇稱上帝，餘俱以「考」字、「邁」字代用	
神	崇稱上帝，不准偶像假稱，餘以「辰」字代	
基	凡用，以「居」字代	避基督
督	凡用，以「總」「統」字代	避基督
洪	凡用，以「鴻」「宏」字代	避洪秀全
耶	凡用，以「乎」「也」字代	避耶穌
穌	凡用，以「蘇」字代	避耶穌
秀	凡用，以「綉」「繡」字代，或意近似者，可代以「美」「麗」等字代	避洪秀全、楊秀清
全	凡用，以「銓」「詮」等字代，凡意近似者，可代以「完」「備」「純」「周」「普」「徧」「廣」「大」「合」「通」等字	避洪秀全
君王	前侯〔指前代列侯〕皆不得妄稱此二字，唯上帝、基督、君王父、君王母、真聖主、幼主、代代幼主可稱此「君王」二字，東王、西王之嗣君可稱「君」，餘信、勇至列王、長主可稱「嗣鈞」。凡單稱「君」字、「王」字，是指天父、天兄、天王、幼主，餘外稱列王。凡王姓可用「𤣩」字避之	信王為洪秀全長兄洪仁發，勇王為二哥洪仁達。「𤣩」即「王」加頭上三點，有稱此為「小王」二字的連寫
鏡	君王父聖諱，不准用。凡用，可以「鑑」字代	

諱字	《欽定敬避字樣》中的諱例	備註
貴	改用「桂」字，或意近似者，代以「尊」「榮」「恩」「寵」「重」「隆」等字	避洪天貴福
福	代用「衣」旁，或用「復」「複」「馥」等字，或意近似者，代以「恩」「寵」等好字義	避洪天貴福
聖	此字於天父、天兄、天王、幼主、代代幼主之外不得泛用。唯東王贖世人之病是夙職，可稱「聖靈」	
天堂、天朝	天父、天兄、天王聖殿也，別邦、別代、別省不得僭稱「朝堂」字樣	
聖闕	大殿、榮光殿，金闕也。餘外，不得稱「闕」	
天京、天都	京都，天城也。餘不准稱京、稱都	
天国	獨我天父、天兄、天王、幼主、太平天国可稱，其餘列邦及人地各名，俱以「郭」字代	
綸音、欽定	聖教、聖訓也	
詔音	龍鳳詔頒行天下者也	
御照	本章尾、御批、聖詔，為真聖主太陽所照見者也	
天酉	單是真聖主上天之年稱之，以誌天恩也，餘仍用「丁酉」字樣	
俞允	恩准、旨准也	
聖聰、聖哲、天亶、睿鑒、聖心、宸衷、聖懷、聖慮	俱崇稱萬代聖主	
聖顏	不得瀆以妖「龍顏」字	
聖德	不得瀆以妖「龍德」字	
聖恩	不得瀆妖「龍恩」字，可用「隆恩」	
聖壽	不得瀆以「嶽降嵩年」等字	
下凡御世	不得瀆以妖「承運」「應運」及妖「龍飛」「龍興」等字	
太平天国	是天父、天兄、天王開闢之国，不得瀆以妖「社稷」「宗廟」「百靈」等字	

諱字	《欽定敬避字樣》中的諱例	備註
真命	天父上帝真命、我、救世主、真聖主、幼主，為天子之稱也	
欽命	上帝基督、真聖主、天王、幼主欽命臣下之稱也	
光、明	唯光王、明王可用，其餘若取名字，加水旁「洸」「湖」字樣	避洪天光、洪天明
鑈、璽	有金、玉之分，前代不准僭稱也	
師	先師、後師、軍師可用此字，餘用「司帥」「司長」「司傅」「出司」，俱不得泛用「師」字也	
府	王府之稱。至地名，皆以「郡」字代	
清	凡用，以「菁」字代	避楊秀清
雲	凡用，以「芸」字代	避馮雲山
山	凡用，以「珊」字代	避馮雲山
僚	凡用，以「寮」字代	避「六部僚」之封號
諭	列王與天將可稱，其餘不可僭用	
臣	天父、天兄、天王、幼主統下之人方是「臣」，前代列侯屬下之人不得稱臣，概以「下」字稱之	
丑	改用「好」字	
卯	改用「榮」字	
亥	改用「開」字	
魁	凡寫「魂」「魄」「愧」「魏」等字，字根中的「鬼」均寫成「人」	
豫	王銜	避豫王
預	官爵，雖不避，亦宜分寫	
華人	宜稱天人、華人、花人，不得仍稱「漢人」也	
良民	不得稱子民，唯上帝可呼其民為子也	
韃	加「犬」傍，作「㺚」字	
妖	此字指「㺚」，妖鬼類，有從韃妖及拜鬼者，皆以妖崽稱之	

鑒於學界的太平天國避諱研究已成績斐然，且筆者對此段歷史素無涉獵，又無新材料的襄助，本章因此僅據前人著述略加統整，謹作為清代避諱之對照，並幫助讀者能快速掌握太平天國避諱之內容及其特徵。至於更深入或具體的認知，則請參考相關專門著述。圖表 11.2 及 11.3 就分別整理出《欽定敬避字樣》中所記太平天國的諱字與其它未見於此書的諱字。

圖表 11.3：太平天國在《欽定敬避字樣》外所用的諱字。

諱例／備註	出處
諱例：劍橋大學圖書館藏《天情道理書》將「北王」改為「背土」 備註：「背」字是「北」字的避諱加筆，又取其「背反」之貶義，「王」字則因避諱而減筆作「土」	1
諱例：1857年刊印的《天父詩》，把「不信山中清貴正」改為「不信山中清貴止」 備註：此因北王韋昌輝於1856年天京事變中被誅削爵，改「正」（韋昌輝原名「正」）為「止」，乃惡意避諱減筆	1
諱例：《武略書・孫子》中的「廟算」改作「謀算」，「厲於郎廟之上」十八字刪去。《武略書・吳子》告廟卜龜一段全刪，「廟廷」「廟門」改「衙中」「衙門」 備註：「廟」作為諱字，非因「朝」字不可用於藏有偶像之「廟」，而是由於禁用「社稷、宗廟等妖魔字樣」而避惡諱	1
諱例：《創世傳》改「主臣」為「侯卑」或「侯屬」，《頒行詔書》改「臣僕」為「卑僕」，《出麥西郭傳》改「百臣」「臣工」為「百工」，《聖差言行傳》改「臣民」為「屬民」，《戶口冊紀》將自稱「臣」者改稱「從」 備註：「臣」字是避諱字，其代用字有「下」「卑」「僕」「從」「屬」「工」等字	1
諱例：《貶妖穴為罪隸論》的天王詔旨稱「北京」為「北燕」，《欽定舊、前遺詔聖書》改「京」為「郡」，《馬太傳福音書》改「聖京」為「聖城」、改「耶路撒冷京」為「也路撒冷城」、改「大王之京師」為「前侯之城池」，《約書亞書記》改「都城」為「侯城」	1

諱例／備註	出處
諱例：改「會」為「覲」，因而出現「公覲」「聖覲」「教覲」「大覲」「集覲」「覲堂」「覲吏」等詞語	1
諱例：《創世傳》和《馬太傳福音書》改「王后」為「貴聘」或「侯聘」，《欽定英傑歸真》改「后稷」為「後稷」，《聖差言行傳》改「天后」為「添後」或「天厚」	1
諱例：《約書亞書記》將「干犯」「亞干」的「干」改作「千」，將「隱干寧」「無干」「無干涉」的「干」改作「于」 備註：避洪秀全族弟洪仁玕名諱，他是拜上帝會早期創始成員。1859年到天京，封干天福，同年獲封「九門御林開朝精忠軍師頂天扶朝綱干王」	1
諱例：《天條書》改「喪事」為「升天」，《天朝田畝制度》稱喪事為「喜事」。《欽定舊遺詔聖書》中凡「死」「亡」「卒」「崩」均改成「升」，或作「升天」，還把「死日」改「忌日」，「死前」改「生前」。《武略書》把「月有死生」改為「月有圓缺」	1
諱例：《誅妖檄文》中將「咸」「豐」二字皆左加「犭」旁。《天理要論》「皇及后指男女雙辰」、《資政新編》「心領靈會」，分別改「神」為「辰」「靈」。《欽定軍次實錄》改「菩薩」為「該殺」。《欽定英傑歸真》改「黑龍江」為「烏隆江」 備註：此屬惡意避諱字	1, 5
諱例：洪秀全《天父詩》共500首，有64處以「亮」代「火」 備註：《欽定敬避字樣》稱「火」字可以「焫」字代，以避爺火華名諱，而「焫」與「亮」音義相同，洪秀全本人凡用到「火」字大都代以「亮」字	2
諱例：《太平天日》直斥孔丘之名，以孔丘之書「甚多差謬」 備註：太平天國以上帝教立國，實行政教合一，不僅排斥三教，且否認孔子「聖人」「先師」的地位，故取消清朝避孔子聖諱的作法	2
諱例：1861年五月洪秀全頒〈萬國來朝及敬避字樣詔〉，稱：「上帝聖諱爺火華，中華等字一直加。」 備註：為避爺火華聖諱，故將「華」字的「艹」中間加上一豎作「華」。1860年的《干王洪仁玕等勸諭清朝官兵棄暗投明檄》亦收在次年刻印的《誅妖檄文》裡，但前者屢見之「中国」即被改書為「中華」	2, 3

諱例／備註	出處
諱例：黃輔辰《戴經堂日鈔》(1853) 記：「居民洗去門對，用黃紙書"歸順"二字貼門首；惟"順"字只寫兩直。」 備註：太平天國文書常見「順」字缺首筆一撇或缺「川」字的中豎，此或與其嫌惡天地會有關（該會用拆字格以「川大丁首」為「順天行道」，「川大車日」為「順天轉明」，均以「川」旁代「順」）	2
諱例：《天理要論》以「大稱之中莫如天，故稱上帝者，用"天"一字可也」 備註：在太平天國的文書當中，「天」與上帝是同義詞，書寫時則將「天」字的上橫加長作「天」。用於人名或臨文時，則改字，如改「曾天養」為「增添養」，將「恩并天高」改成「恩并添高」	3
諱例：1862年定稿頒行的《太平天日》記黃盛均是洪秀全的表兄，覲王黃為正（《天兄聖旨》均書作「黃為政」）是其子 備註：黃盛均本姓王，後因太平天國避諱「王」字，遂改姓黃，黃為正後又因避北王韋昌輝原名中之「正」，改名中之「正」為「政」，《天兄聖旨》亦嘗將「王」姓代以「珠」字。太平天國後期，蘇浙一帶的王姓則多改姓汪，此比改姓黃更普遍。此外，保王童容海（原姓洪）也因避國姓「洪」而改姓「童」，1862年降清後，始恢復原姓。《建天京於金陵論》中提到的劉洪恩，亦改名作「劉鴻恩」或「劉宏恩」	2
諱例：1853年天王下詔：「天下大哥獨一，天兄耶穌是也。」太平天國遂以「哥」字為天兄耶穌的專稱，需避諱。譬如幼主在《救世真聖幼主詔旨》中稱呼其堂兄為「和元薵」「利元薵」「錦元薵」「葵元薵」，以音近的「薵」代「哥」	3
諱例：《資政新篇》稱「如演戲鬥劇、庵寺和尼，凡此等弊，則立牧司教導官親身教化之」，「和尼」即「僧尼」。《欽定前遺詔聖書・約書亞書記》稱「有誣師庇耳之子巴蘭」，「誣師」是由「巫師」諱改。《建天京於金陵論》戊午遵改本改「可以卜邦基之永固」句中的「卜」為「定」 備註：太平天國禁止拜上帝教以外的其它宗教，也反對民間流傳的巫神、巫術。「僧」字臨文時或以「和」字（「和尚」之省稱）替代，而「誣師」一詞則屬惡意避諱	3
諱例：浙江省博物館藏石門縣一都七圖花戶委德潤辛酉拾壹年糧串，「委德潤」原姓魏，避「鬼」旁改姓為「委」	3
諱例：改人名「邱昌明」「陳昌桂」為「邱瑲明」「陳瑲桂」。《天情道理書》也曾將「武昌」改成「武瑲」 備註：避北王韋昌輝名諱	4

諱例／備註	出處
諱例：《金陵癸甲紀事略》：「至祭祀祖先俱為妖，二帝三王俱為僭，悉改之。」歷代帝王廟號中有稱「祖」或「宗」者，悉改為「俟」，如《欽定英傑歸真》稱「明太俟立武學，用武舉」「唐玄俟手撰六典」，即分別指明太祖與唐玄宗 備註：太平天國反對祖先崇拜	3
諱例：《殿前又副掌率鄧光明發給石門沈慶餘勸諭》稱其「前蔳時曾受凌辱，欲復前仇」。又常以「妖朝」「妖清」「妖總」「妖胡」「胡妖」「韃妖」「滿妖」稱清朝 備註：改「清」為「蔳」是因太平天國嫌惡清朝，又常以「妖」指「清」、以「胡」「韃」指「滿洲」	5

出處：
1. 吳良祚〈太平天國避諱字說〉(1987)
2. 吳良祚《太平天國避諱研究》(1993)
3. 董婷婷《太平天國宗教避諱詞語研究》(2011)
4. 王苗《太平天國印書避諱字研究》(2018)
5. 馬秀蘭《太平天國文書特色詞彙研究》(2012)

太平天國曆（所謂「天曆」）的規則與用字，也極具新政權的特色。此曆為太陽曆，每年三百六十六日，單月三十一日，雙月三十日，立春、清明（後改「菁明」）、芒種、立秋、寒露、大雪俱長十六日，其餘節氣俱十五日，立春為元旦。無閏月，每四十年置一「斡」年，該年每月二十八日，節氣俱十四日。天曆每七天會標明「禮拜」，更完全刪除了傳統曆書中大量鋪注的吉凶宜忌，而是純以農時為正，稍後更增加了植物萌芽月令，如庚申十年七月記「立秋一：雞冠髻開花落，白菜秧。立秋三：種葱……」又，天干中的「丑」字改用「好」、「卯」改「榮」、「亥」改「開」，二十八宿的「鬼」改「魁」，「壁」則有時作「璧」（圖表 11.4）。[6]

---

[6] 如見《太平天國辛酉拾壹年新曆》（收入《太平天國印書》，冊 17）。新曆保留二十八宿，應是因其可被七整除，故若每日不間斷地依二十八宿值宿輪流排序，即可藉以呈現星期幾，如每逢房、虛、昴、星四宿即代表應做禮拜的星期日。參見黃一農，《制天命而用：星占、術數與中國古代社會》，頁 239-261。

圖表 11.4：　太平天國所編新曆之書影。避諱之字皆圈出。

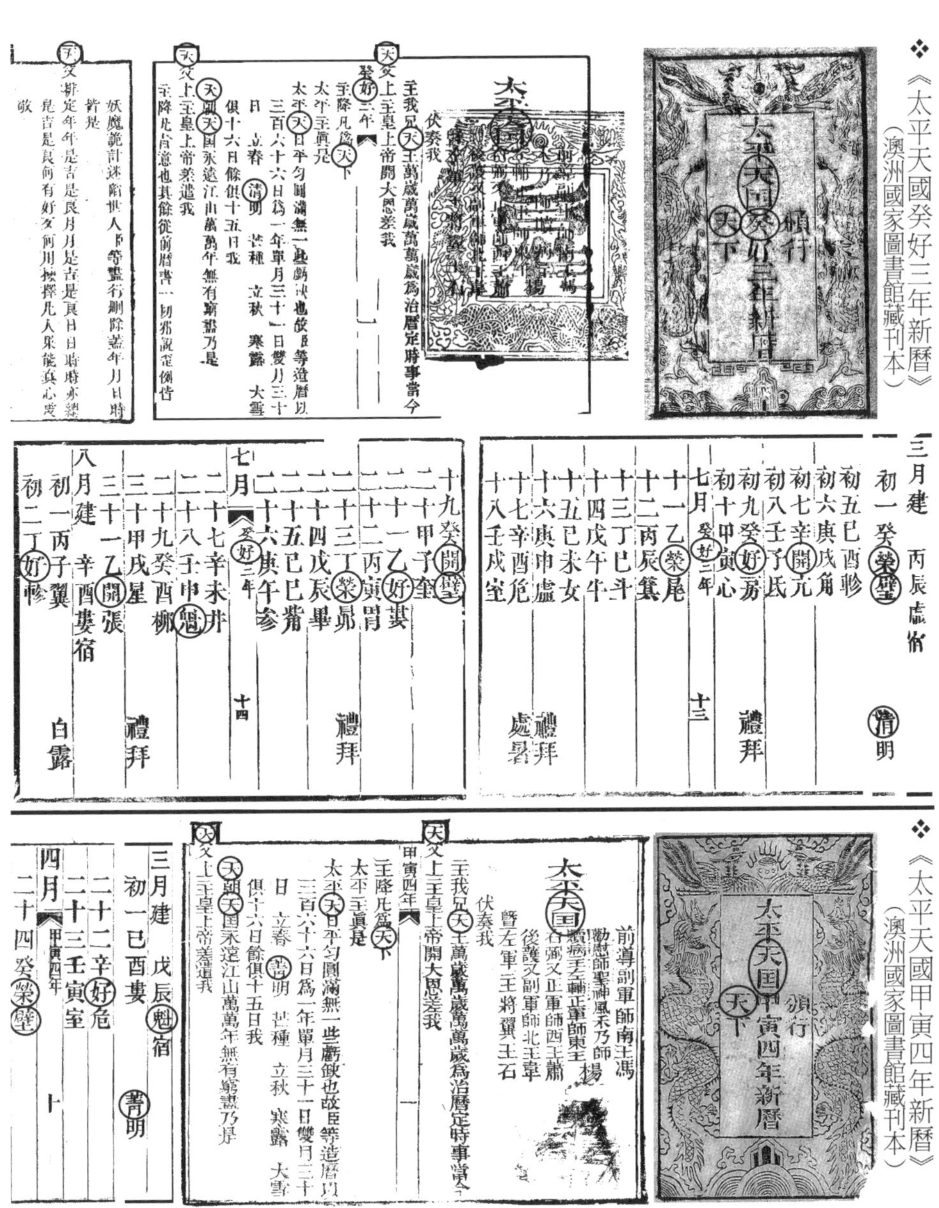

然而，太平天國的諱例似未被嚴遵或常更改，如干王洪仁玕曾在 1859 年《資政新篇》（《太平天國印書》，冊 16）中有云：

> 上帝之名，永不必諱。天父之名，至大、至尊、至貴、至仁、至義、至能、至知、至誠、至足、至榮、至權，何礙一名字……若諱至數百年之久，則又無人識天父之名矣。況「爺火華」三字，乃猶太土音，譯即「自有者」三字之意……蓋上帝為爺，以示包涵萬象；基督為子，以示顯身……總之謂為上帝者……可以名指之曰「自有者」，即大主宰之天父上帝、救世主如一也……若諱此名，則此理不能彰矣！〔頁 6-7〕

主張無需避諱上帝之名「爺火華」三字，否則，數百年後無人識天父名，且此理將不彰。然書中亦有「無如我中花之人，忘其身之為花，甘居韃妖之下」句（頁 4），改「華」為「花」。

但洪仁玕於 1861 年三月序刊的《欽定英傑歸真》，內可見 5 處未避諱之「華」；同年五月洪秀全所頒〈萬國來朝及敬避字樣詔〉，稱「上帝聖諱爺火華，中華等字一直加」，命將「華」字末筆的一豎往上加長至「艹」中間，寫作「華」；八月洪仁玕所撰的《欽定軍次實錄》，10 處的「華」全改為「花」；洪仁玕在下半年以後刊刻之《誅妖檄文》（內提及咸豐帝已於七月崩逝），則將所有「華」字均寫成「華」。至洪仁玕於 1862 年奉欽命頒行《欽定敬避字樣》時，又稱「華」應以「花」字代。

再以東王楊秀清的《行軍總要》（1855；《太平天國印書》，冊 13）為例，共可見「炮燒」2 處、「自來燒」「堆燒」各 1 處，均改「火」為「燒」；另 9 處改「火藥」為「紅粉」；但漏改之「火」字亦有 13 處，包含「火燭」「火星」各 1 處、「炮火」11 處。知太平天國的避諱並不十分嚴謹，且諱字亦相當多元。本章最末則以洪仁玕撰《太平天日》為樣本，讓讀者略覽太平天國文本中頗具特色的諱字（圖表 11.5）。

圖表 11.5：　洪仁玕撰《太平天日》中的諱字略覽。

此書　詔明于戊申年冬今于
天父天兄天王太平天国壬戌十二年欽遵
旨准刷印銅板頒行

太平天日

- 「詔明」乃出自天王洪秀全，故無需避明王洪天明名諱
- 「天」與上帝是同義詞，書寫時須將「天」字的上橫加長作「天」
- 「國」字改寫成「国」

天父上主皇上帝怒甚命天使鞭撻他孔丘跪在
天兄基督前再三討饒鞭撻甚多孔丘哀求　頁10

- 太平天国批判孔子，故未如清人將其名「丘」以「邱」字或缺筆的方式敬避

天兄基督亦在其後執金璽照妖妖不能害主且
天父上主皇上帝諭曰這妖是考蛇能迷人食人靈
⿰云人若卽收他許多被他食之靈⿰云人無　頁11

- 此「天」字漏改寫；璽有金、玉之分，金璽書作「璽」
- 「考蛇」為「老蛇」之諱改，因「老」唯用以崇稱上帝
- 「魂」字根中的「鬼」均寫成「人」

其父兄及旁人俱不⿰氵明其故總以為顛

- 避明王洪天明諱，「明」寫成「⿰氵明」

君王父且罵之主曰朕不是爾之子爾罵
得朕麼人愈以為顛不知此正是高天妙
算正天所以遮護主也主自是志度　頁18

上帝遺降旨意死後三日復醒仍與門徒講⿰氵明天情
四十日之久然後昇天吩咐門徒曰天地
之間朕操萬權矣爾們且往普天下萬郭
廣傳福音與衆人聽信者則得救　頁19

- 「⿰氵明」為「明」的諱字，「天」為「天」的諱字
- 「萬國」避寫成「萬郭」，因「国」僅用於稱天国
- 避幼天王洪天貴福之諱，「福」改寫成「福」

起天酉年昇天及下天所見所為　頁20

- 因耶穌於丁酉年升天，故改書「天酉年」以誌天恩

盜既舉鎗砲刀銃圍住　主此時身尙所
帶一劍盒尙鑿有全字者亦被奪去　頁28

- 「上」字唯尊崇天父可用，餘以「尚」字代
- 此劍盒乃主所攜，故「全」字無需避洪秀全名諱

是日到紫荊珊南王喜出望外越二日
主與南王馮雲山曾澐正曾玉景曾觀瀾
土人說象州有一什妖庙甚靈　頁31

- 避南王馮雲山名諱，故改「山」字為「珊」
- 「雲」「山」唯用於南王，「曾雲正」遂改名「澐正」
- 太平天国惡佛教等宗教，遂以「妖庙」稱「廟」

鬚割去帽踏爛隆袍扯碎身放倒手　頁33

- 太平天国視龍為妖魔，故改「龍袍」為「隆袍」

【補白 6：二寄軒屋頂上的遮陽篷】

建完屋旁遮陽又通風的發呆亭後，着實多了一處休憩兼工作之所，然因酷暑烈日的曝曬，二寄軒白天的室內溫度往往高達攝氏 30 幾度，故決定在屋頂上再撐起號稱可耐日曬雨淋的黑色遮陽篷。幾經測量規劃，就下單網購了 4 x 12 m、5 x 5 m、6 x 8 m、5 x 10 m 各一張包邊打孔的平織網，並嘗試利用四周的地形地物加以捆綁固定。從清早到黃昏，爬上爬下，汗流浹體，完工時精力已幾乎耗盡。我跟大家說不准批評，內人很夠意思地回應說，結果遠超乎她的預期，家維也呼應稱譽張開的弧度美似蝙蝠雙翼。

之前看工人蓋房子，在屋頂如履平地，等到自己戰戰兢兢爬上去時，卻得亦步亦趨學著螃蟹橫行，以避免踩凹鐵皮浪板突起的部分，畢竟我的體重在久事筆耕後已變得頗有份量。張網過程，腦海突然湧現百老匯音樂劇《屋頂上的提琴手 (Fiddler on the Roof)》裡一幕幕經典場景，以及那首老父歌詠孩子長成的動人名曲〈日出，日落 (Sunrise, Sunset)〉。希望女兒、女婿能常帶孫子回來探望二老，阿公保證會暫離電腦桌，陪小孫去捉蝦、種菜、採果、挖筍、賞鳥、觀星、露營……，婆婆則會扮演好「屋簷下的胡琴手 (Erhuist under the Roof)」，教他欣賞民族音樂之美。

SUNRISE, SUNSET

Is this the little girl I carried?
When did she get to be a beauty?
Sunrise, sunset. Sunrise, sunset.
Swiftly flow the days.
Seedlings turn over night to sunflowers,
blossoming even as we gaze.
Sunrise, sunset. Sunrise, sunset.
Swiftly fly the years.
One season following another,
laden with happiness and tears ...

二寄軒屋頂上用汗水張起的遮陽篷。然因去夏的一場颱風，此景只成追憶

第十二章　避諱學的新時代*

2010 年我毅然闖入陌生的紅學圈，在兩岸共出版了 55 篇期刊論文以及 3 本專書後，[1] 2022 年決定引退，這是我在面對大數據時代的第一次重大學術探險。不過這些年的經驗並不太令人愉悅，雖自認有許多新發現，但影響明顯不如預期。此因主流的文史學界多不認同也不了解紅學，而紅圈又欠缺擁有足夠學術高度的共識，以致不少重要議題往往陷入始終各說各話的輪迴。[2] 也就是說，多年來自以為精心釀出的單一麥芽威士忌 (12 Years Old Single Malt Whisky)，恐主要只成就了自己對 e 考據的運用能力，並深化了個人對曹雪芹的認識及其如何寫成曠世小說《紅樓夢》的體悟！

避諱學作為文史工作者皆須具備的基礎素養，則是我在脫離紅圈後回應大數據衝擊的第二次探險。此領域自陳垣的《史諱舉例》成書以來，雖不斷積澱其知識體系，但不容諱言，近年也迭遇瓶頸並少見突破。本書即選擇以清代（外加太平天國）為個案，嘗試探究 e 考據對類似課題所可能產生的新機遇。這是我學術生涯迄今感覺挑戰最大的一本專著，透過傳統閱讀與數位檢索的幫助，筆者耙梳了大量方志、詩文集、引見履歷、硃卷，以及《實錄》《縉紳錄》《內閣大庫檔》《愛新覺羅宗譜》《起居注冊》等文獻，一個又一個新的研究結果開始不斷衝擊先前有關清代避諱的固有認知。換句話說，這本雖仍有不足的拙著，應正在重新定義避諱學 2.0 該有的研究模式。由於過程中努力嘗試以幾乎竭澤而漁的方式檢核各文本內

---

* 本章部分內容曾發表於拙文〈漫談民初遺老對清諱的敬避〉(2023)。

1 此約百多萬字的學術成果，可參見 https://vocus.cc/user/@ylhuang。

2 紅學專門刊物多欠缺正規的同儕評審機制 (peer review)，所發表的文章常對先前相近研究視若無物，以致欠缺學術積累與對話，始終停留在同人刊物的層次。少數投身其中的學界人士，因不掌握資源與地位，故一直無法在圈中扮演主導角色，也未能積極引進學術規範，推動該領域的正向發展。

大量關涉避諱的用字，此相較於前人僅根據少數事例之舉隅為證的作法，應更為科學、精確且具統計意義。

清朝在入主中原之初，尚未受到明代以前中國傳統避諱文化的影響。順治四年初刻《大清律集解附例》時，雖因襲明律而列有對誤犯御名及廟諱者的罰則（所謂的「諱法」），但對此並不特別在意，如順治帝福臨在命名十年七月出生的次子福全時，就與己名上一字相重。康熙朝也從未頒布具體諱例，以致臣民對御名「玄」「燁」二字的缺筆或避改（出現頗多不同作法，且常較注重避諱御名的上一字），多採自由心證，不僅不諱者屢見，且少有人因此被問罪。有清一代至雍正朝始見明文諱例，胤禛於即位之初先改同輩宗室名中之行字「胤」為「允」，[3] 並命將康熙帝名的上一字寫「元」，下一字寫成原就存在的異體字「㷔」，稍後，又諭命章奏內有與御名相同之字應避改。但因雍正朝對「胤」「禛」二字並未明定該如何避諱，以致文獻中不乏未避的情形，直至乾隆帝即位後才規定採用改字的敬避方式，將「胤」書成「允」，將「禛」寫成「正」。

乾隆朝的避諱或是中國歷朝歷代最複雜者，因其名的上下兩字均為常用字，且皆須避諱，而官定諱例又幾經更改：雍正十三年九月命凡遇御名不必避諱，但臣工名字如有相重者，上一字可寫成缺末筆的「弘」，下一字改書俗體之「曆」即可；乾隆二十八年起則轉嚴，命科場文字及文移書奏，凡遇御名上一字俱寫「宏」，下一字俱寫「歷」。或從處理過程中學到教訓，乾隆帝在四十一年又諭稱「朕以為與其改眾人之名以避一人之名，莫若改一人之名，使眾無可避」，指出將來繼承帝位者，應改行字中的「永」

---

[3] 康熙帝共生 35 子，只有 24 個稱「皇○子」（除 4 人外，多活到成年）。康熙六年生的承瑞乃實際上的長子，但因早殤未序齒。十一年生的胤禔（本名保清），因四兄長皆夭殤，遂為皇長子。自十六年皇三子胤祉出生後，命名皇子才全用「胤」字表行輩。雍正帝的 10 子當中除 3 人以「福」字命名外，餘者的上一字皆為「弘」字，最幼的弘瞻生於雍正十一年六月。乾隆帝在世時，則明定「永、綿、奕、載」四字為皇子皇孫及近支宗室命名的行字。參見《清宣宗實錄》，卷 110，頁 828。

作「顒」、「綿」作「旻」，此因「顒」「旻」皆不常用，缺筆亦易。嘉慶帝在被立為皇太子時，即因此改名「顒琰」，道光帝綿寧亦改作「旻寧」，如此，其同輩兄弟就無需因避諱而改名。至於嘉、道兩帝對御名上一字的敬避，則分別在登基後旋規定「顒」缺筆作「顒」、「旻」缺中點作「旻」。

道光二十六年更加變革，諭命將來新帝即位時，可不必更改其御名上一字的「奕」「載」「溥」等行字（所謂「毋庸改避，亦毋庸缺筆」），至於下一字應如何缺筆，則「臨時酌定」。清末咸豐帝奕詝、同治帝載淳、光緒帝載湉、宣統帝溥儀四朝的諱例，均遵道光帝此諭。圖表 12.1 即臚列先前各章所提過的較常見諱改字，包含以同義互訓之字相代的「諱訓」、以音近或音同之字相代的「諱音」，及更改字中部分筆畫的「諱形」。

圖表 12.1：清代諱改字略覽。但異體字只列出較常見者。

敬避之人	應敬避之字（諱改字）
清聖祖康熙帝玄燁	玄（元、𤣥、玄、玄、云）、燁（爗、燁、華、燁、燁、煜、曄、曄、曅、爗）
皇太子胤礽	胤（胤、胤、胤、胤）、礽（仍、礽、礽）
清世宗雍正帝胤禛	胤（允、印、廕、蔭、應、引、胤、胤、胤、胤、胤、胤、胤、胤）、禛（禎、真、正、貞、禛、禛、貞、真、禎、禛）
清高宗乾隆帝弘曆	弘（弘、宏、宏）、曆（歴、歷、曆、厤、厤、壢）
端慧皇太子永璉	璉（連、漣、槤、蓮、廉、聯）
至聖孔丘	丘（邱、丘、斤、丠）
清仁宗嘉慶帝顒琰	顒（禺、容、顒、顒）、琰（炎、琰、琰、琬）
清宣宗道光帝旻寧	旻（旻）、寧（寕、寍、寗、寍）
清文宗咸豐帝奕詝	奕（亦、弈）、詝（詝）
清穆宗同治帝載淳	淳（湻、淳、純、漗）
清德宗光緒帝載湉	湉（恬、恬、湉）
宣統帝溥儀	儀（怡、宜、輿、禮、典、威、儀）

除了前述傳統清諱之外，雍、乾二帝對「胡虜夷狄」等字應否避忌，亦有多次諭旨，嘉慶年間也規定漢名應禁用與「景陵」「泰陵」「聖謨」諧音者。筆者在本章末尾以編年體整理出一頗長的附錄，提供清代各朝所頒諱法或諱例的原文，希望能幫助讀者更具體掌握避諱的規定及其變化。但我們也必須理解，清人實際所採行的避諱方式，常未嚴遵明文的律令，而會使用各種變體（如改筆、改字或作空圍），[4] 以致文獻中偶因避諱改字而出現原義不清或一人數名之情形。大體上，清人只要不直接書寫御名、廟諱或聖諱，就不算犯諱。再者，大清律中雖一直有明確的罰則，但各種文本中仍不乏未敬避之例，甚至官書中亦屢見漏避的情形。乾隆後期的臣民或較嚴守避諱，此因當時爆發的許多文字獄，往往以違反諱例做為當事人的主要罪狀或定罪旁證。

清末社會雖受西方思潮的影響，諱法明顯鬆弛，但隨著帝制遭推翻，敬避清諱一事竟轉化成部分遺老呈顯故國情懷的政治認同符號。我們在民初羅振玉 (1866-1940) 的「上虞羅氏排印本」、劉承幹 (1881-1963) 的「吳興劉氏刻《嘉業堂叢書》本」，即可發現他們不僅不用民國紀年，且在出版物中仍謹避清帝之名（圖表 1.2 及 12.2）。1923 年密韻樓主人蔣汝藻以聚珍版刊刻王國維 (1877-1927) 自選並親校之《觀堂集林》，也是如此。亦即，避清諱的書不一定必成於民國締造之前。

2023 年 6 月筆者至浙大首次演講治避諱學的一些新發現，初識的書友小囧慨贈一篋複製的《寶篋印陀羅尼經》（圖表 12.3）。該卷出土於民國十三年甲子歲崩塌的雷峰塔，是由五代十國吳越王錢俶大量刊刻，並塞入頂層藏經磚中永充供養。寓杭的陳曾壽（號蒼虬）當時獲得好幾本，其子邦直遂在此本加繪雷峰塔圖，並題「宣統甲子年十一月邦直寫雷峰塔影」。陳

[4] 增筆之案例亦可參見徐軍華，〈通過避諱看《延芬室集》中無編年詩的抄寫者和抄寫時間〉。永忠在乾隆朝所編的詩文集《延芬室集》中，為避其父弘明的下一字，遂將書中約 82 處「明」字，全用「眀」或「朙」替代，以避家諱。

曾壽也曾為另幾個卷子寫跋，他在今上海圖書館所藏之一本上自題「宣統甲子冬十月，蒼虬居士」，[5] 知陳氏父子當時還仍使用清朝年號！該眷念舊朝的情愫，同見於遺老曹元弼及胡思敬詩文集中所署的「宣統九年歲在丁巳十月中旬序」及「宣統甲子刊於南昌退廬」等文字（圖表 12.2）。然大清的光芒已永遠落下地平線，這一小撮遺民群體只能苦澀地將清代避諱及年號的使用帶進他們不認同的民國，並藉生命的餘暉反映其政治堅持。

圖表 12.2：民初遺民所排印書籍中的清諱。

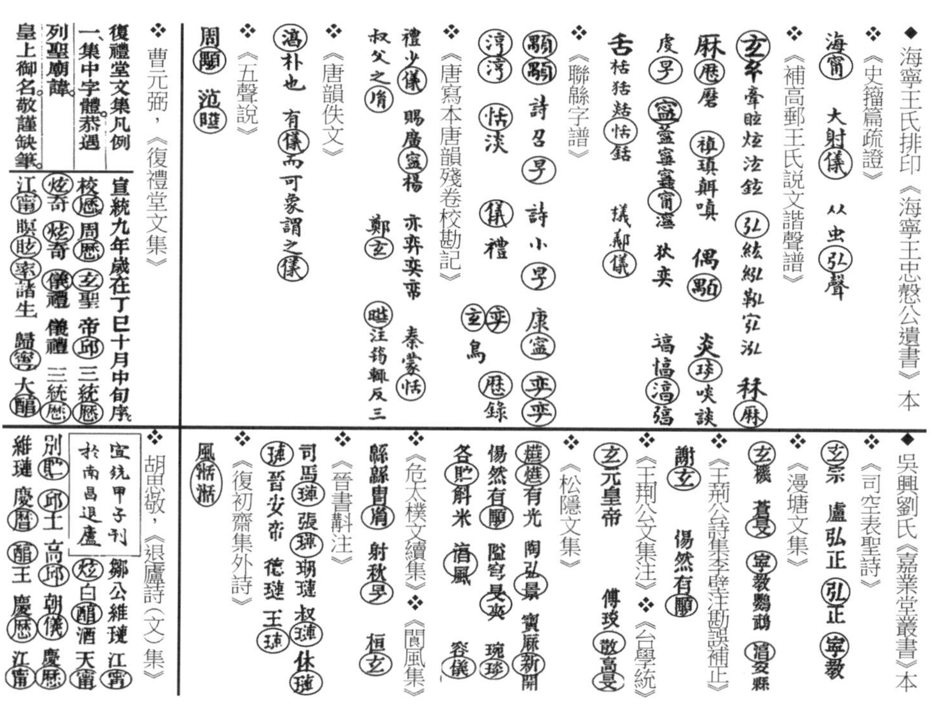

5　任光亮、沈津，〈杭州雷峰塔及《一切如來心秘密全身舍利寶篋印陀羅尼經》〉；謝永芳，〈陳曾壽年譜〉。陳曾壽嘗在天津擔任溥儀妻子末代皇后婉容的老師。

圖表 12.3： 吳越王錢俶刊印於公元 975 年的《寶篋印陀羅尼經》。[6]

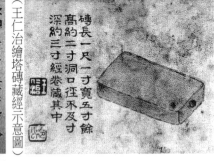

此經卷的板寬約5.6cm，長150cm，原卷頭尾的文字多殘缺剝落，已據它本補寫。原名《一切如來心秘密全身舍利寶篋印陀羅尼經》，前題「天下兵馬大元帥吳越國王錢俶造此經八萬四千卷，捨入西關磚塔，永充供養，乙亥八月日紀」。此本於1934年由陳邦直轉贈日人杉村勇造。

內蒙古自治區圖書館藏

西關磚塔藏經

甲戌端午敬贈 杉村先生惠存 陳邦直

西關塼塔藏經 甲子冬十月 拜松

經卷外皮用絹囊束以帶 內層夾以細篾棒二 亦束以帶 上題寶篋印經四字捲心有篾棒當是安息香

磚長一尺一寸寬五寸餘 高約二寸洞口徑不及寸 深約三寸經卷藏其中

（王仁治繪塔磚藏經示意圖）

（中略）

（中略）

篋印陀羅尼經 如是我聞一時佛薄伽梵在 摩伽陀國無垢園寶光明 池中與大菩薩眾及大聲 聞僧天龍藥叉健闥婆阿 蘇羅迦樓羅緊那羅摩睺

（中略）

所沒榛草充遍覆諸壇礫 狀若土堆爾時世尊遂往 塔所爾時塔上放大光明 赫然熾盛於土聚中出善 哉聲讚言善哉善哉釋迦 牟尼如來今日所行極善 境界又言汝婆羅門汝於 今日獲大善利爾時世尊

（中略）

時大眾比丘比丘尼優婆 塞優婆夷天龍夜叉揵闥 婆阿脩羅迦樓羅緊那羅 摩睺羅伽人非人等皆大 歡喜信受奉行 寶篋印陀羅尼經

---

6 一歸、金亮主編，《寶篋自千秋：雷峰塔藏經》，頁 69。

只書干支而不書新朝年號之舉，首見《宋書・陶潛傳》，稱劉裕於義熙十四年 (418) 縊殺晉安帝司馬德宗，次年篡位，起國號為「宋」，改元永初，然陶淵明因忠於晉朝，不肯向劉宋稱臣，故「所著文章皆題其年月，義熙以前則書晉氏年號，自永初以來唯云甲子而已」。此說雖被朱自清等人質疑為附會，[7] 但因書於正史，故深植人心，後世多有仿效。常來我辦公室蹭茶的哲學所楊儒賓教授，藏宣統三年六月顧鶴逸為孫德謙所繪的《南窗寄傲圖》（圖表 12.4；已連同其收藏的數千件珍貴文物捐贈給新竹清華大學），上有翌年清亡後王國維、劉承幹、朱孝藏、金武祥、吳昌碩、曹元忠等前清遺老的題跋，他們即多以義熙及山陽（「山陽公」是曹丕篡漢後賜給禪讓之劉協的封號）之典抒情，[8] 不僅不書民國紀年，畫上的題字更全都敬避清諱。

清人教育從童蒙書起就透過避諱以強化對統治者的敬畏之心（圖表 12.5），科考中的相關要求也最嚴格。避諱最常採行缺筆方式，有時亦會改用相應的俗體或異體字，惟若只根據後者的出現，那就不一定可歸因於避諱。然當避改後的字形有別於先前行用漢字時（如玄、玄、玄、燁、曄、胤、胤、胤、胤、胤、胤、胤、礽、礽、禛、禛、禎、貞、真、丘、弘、宏、曆、厤、麻、顒、顒、琰、琰、旻、奕、詝、湉、恬、儀），[9] 則大多可確定為諱字，這就是《唐六典》以來所標舉之「為字不成」的作法。[10] 而從諱字的出現以及相關諱例的頒布時間，通常即可對該文本的斷年得到一清楚上限。然若只從犯諱之字的出現，則較難根據相關諱例判定文本的下限，因避諱的深入社會，有時需要一段不算短的適應期，且漏避的情形在清代亦非罕見。

---

7 朱自清，〈陶淵明年譜中之問題〉。

8 彭玉平，〈北窗無此閑逸：《南窗寄傲圖》與王國維、孫德謙之素心〉。

9 有些看似缺筆之字，並不見得是諱字，如「曆」亦為俗體字，而「寍」才是正體。

10 「為字不成」是中國古代諱法的重要概念，指以不成字的書寫方式（缺筆、增筆或改筆）避諱，而非替代以已有之字，然陳垣等近人多不使用此傳統詞彙。參見竇懷永，《敦煌文獻避諱研究》，頁 129-142；向輝，〈古代避諱“為字不成”小考〉。

圖表 12.4：清末民初顧鶴逸為孫德謙所繪的《南窗寄傲圖》。此借陶淵明〈歸去來兮辭〉中的「倚南窗以寄傲」句，抒發易代之慨。

圖表 12.5：童蒙書《龍文鞭影》光緒刊本中的諱字。[11] 書中有些諱字（如「厤」「鹵」等）與官方的規定不同，且作空圍者亦不一致。

❖ 楊臣諍等，《龍文鞭影》（光緒十一年刊本）

禹夢玄彝　禹治水至衡山血白馬以祭夢有赤繡文男子稱玄彝蒼水使者曰欲得我簡書齋于黃帝之宮禹齋三

弘治凝脂　晉杜乂字弘治預孫其膚清絕王右軍見之歎曰面如凝脂眼如點漆神仙中人也

管甯割席　漢管甯字幼安少好學與華歆同席肄業有乘軒過門者歆廢書往觀甯遂割席分坐曰子非

瑕邱賣藥　唐瑕邱仲甯人賣藥百餘年因地動卒或取仲尸棄水中收其藥仲披裘造之取藥

誤國章惇　宋章惇字子厚助王安石行新法哲宗朝外斥尋內召通判陳瓘中道謁之問曰天子待公爲政何先惇曰司馬光

大厤十人　大厤唐代宗年號十人謂盧綸吉中孚韓翃錢起司空曙苗發崔峒耿湋夏侯審李端也皆工

甯越彌勤　周甯越中牟人苦耕稼之勞謂其友曰何爲可以免此友曰莫如學也勤三十年則

孫璉織屨　宋孫璉家貧嗜書善吟咏不應舉躬耕織屨以爲食壽百歲嘗賦述懷詩云坐倦秋

長歌甯戚　周甯戚衛人家貧爲人挽車至齊夜宿車下飯牛扣角而歌曰南山矸白石爛生不逢堯與舜

郭弈三歎　晉郭弈字太業有才望初爲野王令羊祜還洛至野王弈遣人要之便自往既見歎曰羊叔子何

弘景作相　南北朝陶弘景字通明讀書萬卷一事不知以爲深恥齊高帝引爲諸王侍讀永明中脫朝服掛神武門上表辭祿隱居茅山華陽洞性

童烏預玄　漢揚雄草太玄或嘲以玄之尚白雄解之號曰解嘲又有難其太深者又解之號解難劉歆亦曰空自苦吾恐後人

茂弘練服　晉王導字茂弘善於因事運機初過江時帑藏空虛惟有練數千端鬻之不售而國用不給導患之乃與

玉署貯賢　宋蘇易簡字太簡才思敏贍太宗時進士第一累官翰林學士承旨上飛白書玉堂之署四字賜之曰美

鄭虔貯柿　唐鄭虔字弱齊玄宗朝置廣文館上愛其才以爲博士居官貧約淡如也微時好書

茂弘龍超　晉王導小字阿龍出將入相戮力王室元帝即位進侍中司空桓廷尉彝作兩髻葛

戴顒鼓吹　晉戴顒字仲若譙郡人逵子春日攜雙柑斗酒人問何之曰往聽黃鸝聲此俗耳鍼砭詩腸鼓吹汝知之乎○砭石

公瑾醇醪　東漢周瑜字公瑾廬江舒人英達有文武才程普頗以年長數陵侮瑜瑜折節容下終不與校普後乃告人曰與公瑾交如飲醇醪不覺自醉初孫

車胤重勞　晉車胤字武子太元中領國子博士遷吏部尚書孝武將講孝經謝公兄弟與諸人私庭講習

鄭弘還箭　漢鄭弘字巨君山陰人微時採薪白鶴山得一遺箭頃有人覓箭弘還之問弘所欲弘曰常患若耶溪載薪爲難願得

弈寬李訥　唐李訥性卞急而酷嗜弈棋每下子極寬緩有時躁急家人密以棋具置前便欣然

弈世貂珥　漢金日磾休屠王子沒入官武帝奇其貌拜爲侍中駙馬金氏後爲車騎將軍與霍光同受遺詔輔昭帝素者忠勤封秺侯二子賞建昭帝時俱爲

傅弈除邪　唐傅弈上表請除佛法蕭瑀詰之弈曰蕭瑀不生于空桑乃遵無父之教太宗得胡

蔡琰胡笳　漢蔡琰邕女六歲知音律及笄適衛仲道爲胡騎所獲在胡二十年曹操痛邕無子

順鹵邦昌　徽欽北狩金人使吳幵莫儔入城議立異姓張叔夜請立太子不許張邦昌爲相遂受僞命立爲楚帝舍人吳革等數百人皆

嫁鹵王嬙　漢武帝使畫工圖後宮按圖召幸宮女皆賂工昭君王嬙姿容甚麗志不苟求工遂毀其狀匈

巨惜繁纓　衛孫桓子帥師伐齊與齊遇敗新築人救桓子是以免衛人賞之邑辭請曲縣繁纓以朝許之仲尼聞之

車胤囊螢　晉車胤風姿美劭太守王胡之謂其父曰此兒當成卿門戶宜資令學胤每篤學貧無膏燭

玄拜隱侯　漢王玄隱侯山景帝再徵不屈就其山封侯因名侯山宋之問詩王玄拜隱侯荆公

蒙恬造筆　秦蒙恬始作筆以枯木爲管鹿毛爲柱羊毛爲被非若今之兎毫竹管也昌黎毛穎傳似誤又許慎說文云楚謂之聿吳謂之

玄德桑陰　季漢劉備字玄德涿郡涿縣人少孤與母販屨織蓆爲業舍東南角籬上有桑樹生高五丈餘遙望見童童如車蓋往來者皆怪此樹非凡邑

鹵懼仲淹　宋范仲淹鎮延安夏人相戒曰毋以延安爲意小范老子胸中有數萬甲兵不比大范老子可欺也公與

公孫白紵　公孫僑鄭大夫吳使季札聘魯通嗣君也故遂聘於齊旋聘於鄭以及晉衛於鄭見子產如舊

在過去一年多的寫書生活中，最高潮應是理清康熙朝文本為何出現缺筆「胤」字一事，此個案的論述與推理亦凸顯了 e 考據的威力與潛力（第 3 章）。依據先前學界的認知，若一文本出現缺筆「胤」字，通常會斷定是刊於或抄於雍正帝胤禛登基之後。然在透過大數據檢索近千種康熙朝刊刻的方志與文集後，筆者於約 6,000 個各種形式的「胤」字當中，卻發現至少有 300 多例缺筆的情形。又，耙梳明代以迄順治朝的文本，則罕見缺筆的「胤」字（宋人曾用以避諱太祖趙匡胤之名），這些皆強有力地論證缺筆「胤」字在清初並非俗體字！又由於迄今所有出現缺筆「胤」字的康熙刻本，幾乎均不見刊於康熙十四年十二月胤礽獲封皇太子之前，知康熙朝「胤」字的缺筆應是敬避皇太子的上一字，而這些書籍也同時較嚴避御名玄燁。在無明文諱例的康熙朝，此應皆屬部分臣民的自主行為，但因不避諱者亦不在少數，可知清代避諱的複雜程度遠超過學界固有的了解。

至於以避諱判斷文本年代的效力，亦需重新認識與評估，最好要能整體考量所有相關諱字的情形，以了解當事人是否嚴守諱例，而非僅根據少數幾個字的呈現方式就逕行得出結論，[12] 且還要從版式、紙墨、字體風格等方面綜合考量。本書的許多個案皆是 e 考據很好的範例，讓我們清楚看到大數據確有可能為文史研究提供無可取代且極具效率的解決工具，並開啟學術的新典範。而大數據的檢索雖常可經由各種資料庫便利取得，但在進行具體分析時，仍需要考據學的清晰問題意識並搭配朱子所謂「爬梳剔抉，參互考尋」的傳統功夫。質言之，傳統與數位的對話與融通，將是新一代人文學者無法逃避的挑戰。

---

11 《龍文鞭影》是由楊臣諍於順治十七年大幅增訂先前童蒙讀物所編，此後不斷以各種版本重印。這本書乃以四言韻文編成，凡千餘句，收錄從上古以迄明末清初的歷史故事。詩文創作者如需用典，亦可按照相應的韻部去搜求。

12 如見筆者在《二重奏：紅學與清史的對話》中對《棗窗閒筆》的研究（頁 495-499）。

筆者也很希望 e 世代的文史工作者能從這些案例中深刻體會：數位落差（digital divide；或稱「數字鴻溝」）不僅是衡量所掌握資料庫的充分與否，更取決於如何能透過傳統功底和邏輯思維，在大數據的新環境提出一個又一個具學術意義的問題，並統合這些問題以形成有機會成功的運作模式（此相當於企業經營所謂的「商業模式 (business model)」）。接著，還得善用資料庫的特性，盡全力且高效率地去找出可解決各個問題的論證。對研究者而言，雖然多會先預想出可行性較高的運作模式，但在廣泛耙梳文獻與資料庫之前，往往並不完全清楚可能挖出礦脈的好壞。此故，鑽探過程就常需不斷調整該問的問題，並讓蒐得的蕪雜材料開始有機串連，以成就新的學術認知。[13]

筆者於近二十年前所提出的 e 考據，應屬目前學界所謂「數位人文／數字人文 (digital humanities)」中的實證取向，它不只是一種技術手段，更是文史研究者難以逃避且該用心擁抱的技藝 (craft)。[14] 曾主持臺灣「數位典藏與數位學習」大型計畫的王汎森院士，在追索數位如何可以幫助開啟人文世界的豐富性時，就曾敏銳地指出：

> 在過去想斷言某樣事物不存在於歷史紀錄中，或非常稀有罕見是十分困難的，如今藉助數位技術處理大規模史料的優勢，人們比較可以有信心地討論史料中所無或所缺少的部分。換句話說，歷史的「空白」處有了重要意義，沒有證據即是一個重要

---

13 如筆者在查索中國第一歷史檔案館的目錄時，發現直至清末均可在宗室或覺羅名中屢見「璉」字，然在「愛新覺羅宗譜網」中卻赫然發現從嘉慶迄同治間均無人以「璉」字為名！故研究者得要先有此學術敏感度，再願意花功夫加以編排整理，接著，才善用滿文漢譯時的對音變化以及「愛新覺羅宗譜網」的檢索功能，憑藉父名、卒年以及合理的成婚年紀，逐一去耙梳圖表 8.17 中各當事人在《愛新覺羅宗譜》的譜名，此即典型的 e 考據研究過程。

14 如筆者以 e 考據之法嘗試掌握古詩用典的努力。參見 Huang Yi-Long（黃一農）& Zheng Bingyu（鄭冰瑜）, "New Frontiers of Electronic Textual Research in the Humanities: Investigating Classical Allusions in Chinese Poetry through Digital Methods"。

> 的證據，這是以前不容易辦到的事。雖然我們不敢單憑資料庫就判定有無，但史料分布的稀少和眾多，都將提供研究者各種解釋的可能。[15]

此恰可與本書中的一些個案相呼應。如在第 8 章對端慧皇太子永璉之名如何避諱的討論中，可發現《清實錄》自嘉慶九年以迄清末有逾一個世紀不再出現「璉」字，且《清代官員履歷檔案全編》及《內閣大庫檔》裡以「璉」字入名的情形，在嘉慶九年之後亦大幅減少，然《清代硃卷集成》所見的 542 個「璉」字卻全未缺筆或避諱。由於前述文獻皆頗具統計意義，若要分析史料分布所凸顯的有無與豐稀，研究者就得暫離大數據，以傳統的治史思維進行深度的梳理與探勘，並嘗試解釋這些表面上出現違和的資料。

又因檢索有時並無法直接得到所追求的答案（如現有資料庫多未能析分諱字的變體或缺筆情形），做為一名在 e 時代遂行考據的學者，不僅必須得會通傳統與數位兩者的工具與方法，[16] 在習慣享受資料庫所提供的快速性與便利性之餘，必要時還得以耗時費力、逐條審視的執著態度去面對挑戰。[17] 亦即，當我們開始邁步迎接嶄新的數位環境之際，也必須清楚認識大數據的侷限。資料庫的有效使用明顯可提昇文史研究的功力，然此並不是解決問題的保證，惟我們仍應透過現階段的條件（當然與時俱進，但或許永遠達不到完備），努力去突破各領域的既有限制，方不辜負 e 時代所給予文科學者大幅超越前人的可能機遇。

---

15 其說乃從郭沫若先生的〈金文所無考〉出發。參見王汎森，〈數位人文學之可能性及限制：一個歷史學者的觀察〉。

16 以第 8 章所研究永璉名如何避諱為例，筆者在從「愛新覺羅宗譜網」查無覺羅善璉（奉旨改名善連）之名後，即透過學苑出版社《愛新覺羅宗譜》刊本最末兩冊的人名索引，遍查無聲調滿文漢譯時的各種可能對音，終於發現其人在譜中被寫成了「善廉」。又，《中國第一歷史檔案館藏清代官員履歷檔案全編》尚無可檢索的電子檔，但研究時仍可透過第 30 冊的人名索引遍查名中有「璉」字的官員。

17 「中國方志庫」所收清代以後的志書中，可見約兩萬個「璉」，但得逐筆檢視，才可發現僅民初《湖北通志檢存稿》以缺末筆「璉」字來敬避端慧皇太子名諱。

猶記 1987 年 6 月筆者攜妻帶女自服務滿兩年的美國麻州「五大學電波天文台 (Five College Radio Astronomy Observatory)」束裝返臺，從「天文」轉行至僅缺「二」筆的「人文」領域（內人戲稱是避諱）。當時因擔心隨身行李中的十幾本大陸簡體字學術書遭沒收，還自行將封面和版權頁皆撕除，沒料到 7 月臺灣就宣布解除了戒嚴令。為補足知識缺口，從那時起我就開始了文科人大量買書、讀書、藏書的宿命。[18] 臺北文史哲出版社於當年 1 月三版重印的陳垣《史諱舉例》，就是我完讀的前幾本專著之一，然其作者卻題為「陳新會」！此因籍隸廣東新會的陳垣曾在 1959 年加入中國共產黨，並於 1952-1971 年間擔任北京師範大學校長，他的著作遂在臺遭禁。書商於是改採前述掩耳盜鈴的方式刷印牟利，相同作法早見於 1962 年臺北世界書局《增訂中國學術名著》中收入的此書。該改作者名為「陳新會」的「避諱」之舉，承載了中國近代史多少的傷痛與無奈。

接著在自我學習、摸索方向的漫長過程中，我發現欲研究的領域常避不開援庵先生的學問範疇，如在整理唐代朔閏時，即需與其所編的《二十史朔閏表》有所對話；[19] 治明清天主教傳華史時，更屢屢得參考他的相關論著。[20] 只是沒想到 35 年之後，他的《史諱舉例》會在新冠疫癘大流行期間又進到我的生命故事。拙著《清代避諱研究：e 考據的學術實踐》，嘗試站在大師肩膀上，大幅增補了這本經典名著中原本近千字的相關內容（圖

---

[18] 現常有找不到書或重複購書的困擾，在兩萬多本藏書中還包含數百種十七世紀以來的較珍稀中、外文古籍，前幾年就曾將一套 1809 年出版的十幾大冊《英國皇家自然科學會報 (*The Philosophical Transactions of the Royal Society of London: From Their Commencement in 1665 to the Year 1800*)》捐給了新竹清華大學。

[19] 筆者發現從麟德三年至開元十六年的 63 年間（皆使用《麟德曆》），各通行曆表（包含《二十史朔閏表》）可能有 51 個月的朔日干支有誤，其中儀鳳三年甚至連置閏亦差了一個月。參見黃一農，〈中國史曆表朔閏訂正舉隅：以唐《麟德曆》行用時期為例〉。

[20] 拙著《兩頭蛇：明末清初的第一代天主教徒》中就出現了 61 次「陳垣」。

表 1.4），謹以此效顰之作紀念《史諱舉例》出書 90 週年 (1933-2023)，[21] 並期許年輕一代的文史工作者，也勇於利用大數據的新環境，努力為各自的領域注入有機會開展其學術深度與廣度的臍帶血。

2024 年 4 月定稿於二寄軒。[22]

【補白 7：清諱鉛字與日星鑄字行】

前文所提及吳越王錢俶於公元 975 年刊印的《寶篋印陀羅尼經》，是存世較早的雕板印刷文物，略次於敦煌遺書中發現的唐咸通九年 (868)《金剛經》。我一直對出版史文物極感興趣，二十多年前即曾四處收集瀕臨絕跡的各式雕板，在費心蒐得的幾十塊藏品當中，有一塊記灶神源由的圖文、一塊孤本古書的一葉……，最珍視的則為一套康熙八年雙面精刻的密宗經典（其一見下圖），圖文交錯，楷體端秀。

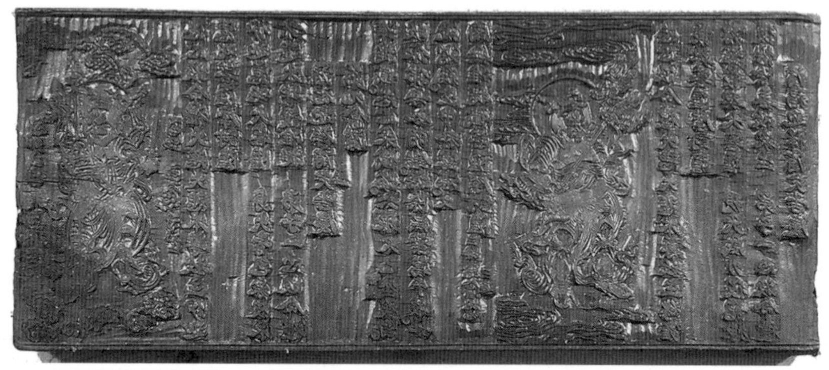

21 此書自上世紀 50 年代起，即是科學出版社、中華書局、上海書店出版社屢屢重印的長銷書，最近還入選上海古籍書店的「2023 年度好書榜」，並被列為「年度致敬」的 9 種好書之一。參見 https://www.sohu.com/a/750439032_121124776。

22 由於本書所涉及的內容極其繁冗，先前怎也沒料到竟花了大半年才完成四校。

撰寫本書末章時，內人聽我講起羅振玉等滿清遺老於民初還以謹守清諱的鉛字印書，就建議我該抽空去位於臺北後火車站巷弄內的日星鑄字行走一遭。該行創辦於 1969 年，不顧平版印刷與電腦排版早已成為主流，仍堅持傳承「正體中文活版印刷」工藝，並持續生產傳統鉛字。更在許多志工的協助下，帶入文創的新觀念以保存此一文化遺產。經腦力激盪，兩老決定造訪這間全球唯一仍在經營的正體中文鑄字行，打算從其收藏的鉛字當中，檢出並購買一批包含清朝帝名的活字，再用刀子把該避諱的點劃小心剔除掉，希望能自製出一組歷史感飽滿的清代諱字印章，並鈐蓋於初印本的書首，以紀念此書的完成。

入店後，迎面是幾大排多達十幾萬個大小不一的鉛字。我們與七十多歲的日星鑄字行第二代負責人張介冠 (1951-) 先生相談甚歡，並留影為念。接著，就依照字典部首的排列次序，欲挑出清諱中較具代表性的「玄燁胤禛弘曆顒琰旻寧奕詝淳湉儀礽」16 個字，但卻發現宋體的「禛顒琰詝湉礽」均屬罕用字，且欠缺相應的銅模及鉛字（清末時應不難購得），最後只得選買二號字（0.74 cm 見方）的「玄燁胤」「弘曆奕」「淳儀旻」各三套，以 3 x 3 字排列成邊長 2.2 cm 的正方印，搭配上該店特製的絨布束口袋與鈐蓋必備的油性印泥，看起來還頗富設計感。

只不過剷筆的功夫要比事前想像難得多，我的博士生高淑悅花了二十分鐘才以普通美工刀小心翼翼完成缺末筆的「玄」字。她於是又購置黑化合金工具鋼刀片，一點一點削除鉛屑，共用三個小時才製成缺末筆的「胤」（因末筆的筆劃頗長）。但在面對缺末一豎的「燁」字時，就令半吊子的我們徒呼負負了。當然，此對眼力、手工與工具皆高一等的專業人士而言，或許還是可能。

做為工業革命重要發明之一的鑄字機 (Pivotal Type Caster)，是布魯斯 (David Bruce, 1802-1892) 於 1843 年得到專利，1858 年由美北長老會差會

(American Presbyterian Mission, North) 的傳教士姜別利 (William Gamble, 1830-1886) 攜入華。最初只能鑄西文鉛活字，但翌年姜氏就首創以電鍍法成功鑄出漢文字模。[23] 臺灣最早的鑄字機及漢字銅模是 1949 年自廈門渡海傳來，其主要結構包含鑄型與鉛鍋兩部分，乃用手搖之法驅動鑄型上的字母銅模，以與加熱的熔鉛密合澆鑄成鉛字。情理上，民初應不太有人會花大本錢，去製造專供生產特殊清諱（部分缺末筆之字與清代的明文諱例明顯有別）鉛字的銅模，但對羅振玉等大量排印書籍的遺老而言，因使用率高，應是請人特製缺筆的諱字，[24] 並藉以緬懷舊朝！

當發現無法買齊清朝較具代表性的諱字，也不易用剷筆的方式「加工製造」後，略感沮喪，因新鑄銅模的成本甚高，何況得處理多達 16 個字。然兩天後竟峰迴路轉，張介冠先生電告他正趕製這批清代避諱字的銅模。情感內斂的他，其實在我們離開鑄字行當天，就沒日沒夜地開始用 Adobe Illustrator 和 AutoCAD 軟體來設計這幾個字的字型，這將是百年來世間僅見的一組專為清代諱字製作的銅模！不知此事若發生在民初，一生謹守清諱的遺老陳曾壽 (1878-1949) 會否將其所藏至少約十本的珍貴印刷史文物《寶篋印陀羅尼經》，讓或送一本給夢想成立印刷文物館的張介冠？[25]

23 孫啟軍，〈六種還是七種？——姜別利創制中文鉛活字略論〉。

24 如從圖表 1.2 可見《明季三孝廉集》中有結體居中之「胤」字，且《雪堂叢刻》之「曄」字，亦無空間容納最後一豎，知羅氏排印書籍中的缺末筆字，並非自正體鉛字剷去部分筆劃所致。

25 筆者已將小囧送我的《寶篋印陀羅尼經》複製品，轉贈張介冠先生留存。這其實是小囧快遞贈我的第二份，因原先我自杭州攜回的那份，早在返臺之初就被好友李家維供於他家的古佛之前。稍後，我將會寄一組搭配新鑄清諱鉛字的「字田活印盒」，供小囧賞玩，並送一套給剛獲北京大學文獻學博士的小友高樹偉當畢業禮物，他的超絕功力讓筆者在研究過程中常可快速獲得許多重要材料。感謝我身邊這些沛然流動的良善與友情，讓彼此的生命能在互動中更有溫度，也更加精彩。

避清諱宋體字

顒 弘 胤 玄
琰 曆 禛 燁
儀 淳 弈 㝉
仍 湉 詝 寧

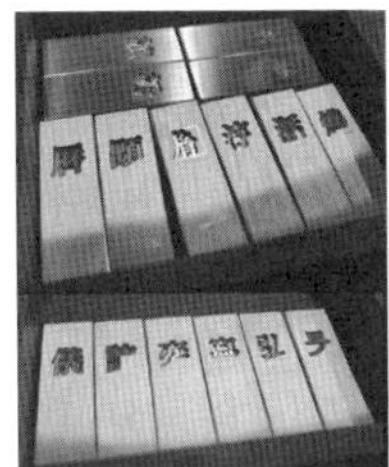

新鑄清諱銅模

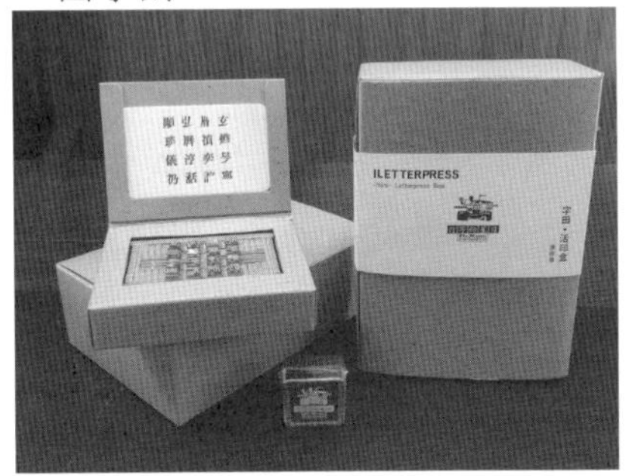

搭配新鑄清諱鉛字的「字田活印盒」

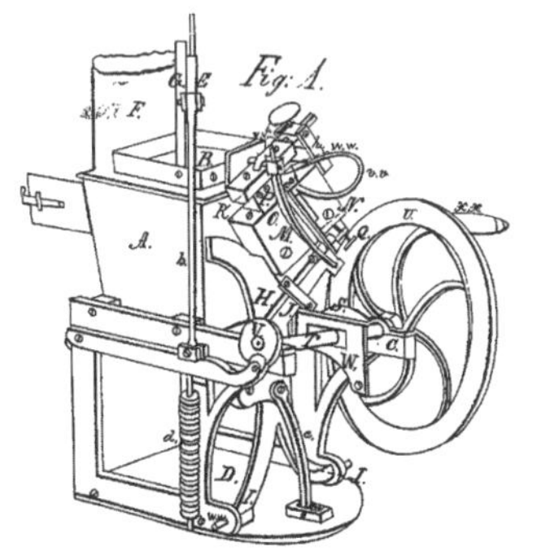

David Bruce 於 1843 年獲得專利的鑄字機

筆者與日星鑄字行第二代負責人張介冠

仍然堅持傳承「正體中文活版印刷」的日星鑄字行

【補白 8：白居易、劉禹錫與滿天紅霞】

《清代避諱研究》有可能開啟了避諱學的新頁，不過出書之際，也就是筆者轉進其它領域之時，雖然該行學者我都還緣鏗一面。無論拙著能否在文史界掀起漣漪，近兩年來的努力畢竟已留下足跡。唐代詩人劉禹錫 (772-842) 曾以名句「莫道桑榆晚，為霞尚滿天」酬答好友白居易 (772-846)，稱夕陽仍可傾灑出滿天的動人紅霞，但他可沒建議要長期佇留觀賞。還是趁著天光尚明，整理行囊和心情，趕赴下一趟探秘之旅吧！倒是 e 考據遺留下嚴重副作用：讓我老眼昏花。再不去配付眼鏡，若像「休看小字書」的白樂天或「廢書緣惜眼」的劉夢得，那可就沒法完成規劃中的《e 考據與文史研究》《歷史的印象與真相》《楊光先與清初曆獄》……等書了！[26]

❖白居易以〈詠老〉詩贈好友劉禹錫（字夢得）

欽定四庫全書

詠老贈夢得

與君俱老也自問老何如眼澀夜先臥頭慵朝未梳有時扶杖出盡日閉門居嬾照新磨鏡休看小字書情於故人重迹共少年踈唯是閑談興相逢尚有餘

御定全唐詩 卷四百五十五 十九

❖劉禹錫酬答白居易（字樂天）的〈詠老〉詩

欽定四庫全書

酬樂天詠老見示

人誰不顧老老去有誰憐身瘦帶頻減髮稀冠自偏廢書緣惜眼多炙為隨年經事還諳事閱人如閱川細思皆幸矣下此便翛然莫道桑榆晚微（一作霞）尚滿天

御定全唐詩 卷三百五十五 十七

---

26 前些日子因兩眼老花、近視、遠視、散光並存而去配鏡，碰到的驗光師王舜渙竟然是正在新竹清華攻讀博士的小學弟，更沒想到老闆蕭智仁在發現我的多彩人生後，執意相贈我此生擁有的頭兩副眼鏡（近遠視皆用德製 Zeiss 高階鏡片及日製 Spivvy 手工鏡框）。遭際若此，雖已髮禿齒豁，敢不奮進，以不負平生！

附錄：清代各朝所頒之諱法與諱例

日期	諱法與諱例（出處）*
順治四年 三月	「凡上書，若奏事誤犯御名及廟諱者，杖八十；餘文書誤犯者，笞四十；若為名字觸犯者（誤非一時，且為人喚），杖一百。其所犯御名及廟諱，聲音相似、字樣各別及有二字止犯一字者，皆不坐罪。」（順治《大清律集解附例》）
康熙二十四年 正月十三日	「往見贊禮郎宣讀祝版，至朕名，聲輒不揚。“父前子名”，《禮》經所載。朕對越之次，惟懼誠敬稍有未至，無以昭格神靈，為子孫者，通名於祖、父，豈可涉於慢易。嗣後俱高聲朗讀，無庸顧忌。」
康熙二十八年 十月三十日	「朝鮮國王李焞題請將伊妃閔氏斥廢，冊副室張氏為妃。上顧大學士伊桑阿問曰：“此奏表內稱伊室為後宮，且遇皇太子名亦不避諱，於例可否？”伊桑阿奏曰：“外藩將伊室稱為後宮，非禮；不避皇太子名，尤屬不合。”上曰：“冊立王妃，令該部察例表內違式之處，一併察議具奏。”」（康熙朝《起居注冊》）
康熙二十九年	「凡上書，若奏事誤犯御名及廟諱者，杖八十；餘文書誤犯者，笞四十；若為名字觸犯者，杖一百。其所犯御名及廟諱，聲音相似、字樣各別及有二字止犯一字者，皆不坐罪。」（康熙《大清會典》）
康熙二十九年 八月二十四日	「朝鮮國王李焞遵旨回奏，前請封側室張氏疏內，有應避諱字樣，不行避諱，又稱德冠後宮，實屬違例，惟候嚴加處分。得旨：李焞著從寬免議。」
康熙三十九年 十一月初九日	「御史朱廷鋐條奏：“孔聖之名宜行避諱。”上曰：“汝等意如何？”王熈奏曰：“此本似宜發還。”吳琠、熊賜履、張英等俱奏曰：“難行。”上躊躇久之曰：“若皆如此避諱，則其字相值甚多，此本著發還。”」（康熙朝《起居注冊》）
康熙六十一年 十二月二十日	「先是，宗人府奏稱親王、阿哥等名上一字與御諱同，應請更定。上以名諱由聖祖欽定，不忍更改，禮部宜奏請皇太后裁定。至是，禮部等衙門具摺啟奏。得旨：朕曾奏聞皇太后，諸王、阿哥名上一字著改為“允”字。」
雍正元年 八月二十二日	「從來只諱上一字，近來將下一字都要諱，覺太煩，況朕諱下字同音者頗多。況“珍”字於御諱摠不相干，若書滿字，他們都寫“貞”字，這還猶可，漢字何必改。」（《宮中檔》奏摺）
雍正元年 十一月初九日	「諭大學士等：古制凡遇廟諱字樣，於本字內但缺一筆，恐未足以伸敬心。昨朕偶閱《時憲曆》二月月令內，見聖祖仁

	皇帝聖諱上一字，不覺感痛。嗣後中外奏章文移，遇聖諱上一字，則寫"元"字，遇聖諱下一字，則寫"燁"字，爾等交與該部，即遵諭行。」
雍正二年 正月十九日	「諭內閣：嗣後本章奏摺內，字樣及人名有與朕名同者，應迴避更改外，其餘與朕名音同字異及邊傍字樣畧同者，俱不必迴避更改。」
雍正三年 八月初八日	「諭內閣九卿等：古有諱名之禮，所以昭誠敬、致尊崇也。朕臨御以來，恐臣民過於拘謹，屢降諭旨，凡與御名聲音相同字樣，不必迴避。近見各省地名，以音同而改易者頗多。朕為天下主，而四海臣民竭誠盡敬如此。況孔子德高千古，道冠百王，正彝倫，端風化，為往聖繼絕學，為萬世開太平，自天子以至於庶人，皆受師資之益。而直省郡邑之名，有聖諱字在內者，古今相沿未改，朕心深為不安。爾等會議，凡直省地名有同聖諱者，或改讀"某"音，或另易他字。至於常用之際，於此字作何迴避，一併詳議具奏。」
雍正三年 十二月二十七日	「禮部等衙門遵旨議覆，先師孔子聖諱理應迴避，惟祭天於圜丘，"丘"字不用迴避外，凡係姓氏，俱加偏旁為"邱"字。如係地名，則更易他名。至於書寫常用之際，則從古體"丠"字。得旨：今文出於古文，若改用"丠"字，是仍未嘗迴避也。此字本有"期"音，查《毛詩》及古文，作"期"音者甚多，嗣後除四書五經外，凡遇此字，並用"邱"字，地名亦不必改易，但加偏旁，讀作"期"音。」
雍正四年	「天門縣舊名景陵縣，雍正四年改。」（雍正《大清會典》）
雍正八年 五月十五日	「諭內閣：朕名及諸兄弟之名皆皇考所賜。朕即位之初，允祉、隆科多等，以諸王之名上一字與朕相同，奏請更改，朕不允行，而伊等援引往例，陳懇再三。朕不得已，奏聞太后，勉強許之。今怡親王薨逝，朕回思昔日與王同事皇考，家庭孝友之情，宛然如昨，凡告廟典禮所關，有書王名之處，仍用原名，以誌朕思念弗釋之意。」
雍正十一年 四月二十八日	「諭內閣：朕覽本朝人刊寫書籍，凡遇"胡虜夷狄"等字，每作空白，又或改易形聲，如以"夷"為"彝"、以"虜"為"鹵"之類，殊不可解。揣其意，蓋為本朝忌諱，避之以明其敬慎，不知此固背理犯義，不敬之甚者也……若昧於君臣之義，不體列聖撫育中外、廓然大公之盛心，猶泥滿漢之形迹，於文藝紀載間，刪改夷虜諸字，以避忌諱，將以此為臣子之尊敬君父乎？不知即此一念，已犯大不敬之罪矣！嗣後臨文作字及刊刻書籍，如仍蹈前轍，將此等字樣空白及更換者，照大不敬律治罪。各省該督撫、學政有司，欽遵張揭告示，窮鄉僻壤，咸使聞知。其從前書籍，若一槩責令填補更換，恐卷帙繁多，或有遺漏，而不肖官吏遂借不遵功令之名，致滋

	擾累。著一併曉諭，有情願填補更換者，聽其自為之。」
雍正十三年九月初四日	「定廟諱字。諭曰：自古臣子之於君父，皆有諱名之義，載在《禮》經，著於史冊，所以展哀慕而致誠敬也。雍正元年皇考特頒諭旨，謹將聖祖仁皇帝聖諱二字欽定避易書寫。今朕紹承大位，哀慟方深，皇考聖諱理應恭避。敬遵皇考從前欽定典制，嗣後凡內外各部院文武大小衙門，一切章奏文移，遇聖諱上一字則書"允"字，聖諱下一字則書"正"字。著總理事務王大臣，交部敬謹遵行。」
雍正十三年九月初九日	「諭總理事務王大臣：朕之兄弟等，以名字上一字與朕名相同，奏請更改。朕思朕與諸兄弟之名皆皇祖聖祖仁皇帝所賜，載在《玉牒》，若因朕一人，而令眾人改易，於心實有未安。昔年諸叔懇請改名，以避皇考御諱，皇考不許，繼因懇請再四，且有皇太后祖母之旨，是以不得已而允從。厥後常以為悔，屢向朕等言之，即左右大臣亦無不共知之也。古人之禮"二名不偏諱"，若過於拘泥，則帝王之家祖、父命名之典，皆不足憑矣。朕所願者，諸兄弟等修德制行，為國家宣猷効力，以佐朕之不逮，斯則尊君親上之大義，正不在此儀文末節間也。所奏更名之處，不必行。」
雍正十三年九月二十日	「諭：據大學士鄂爾泰等，奏請迴避朕之御名，上一字擬書"宏"字，下一字擬書"歷"字。朕思尊君親上，臣子分誼當然，但須務其大者，以將恭敬。至於避名之典，雖歷代相沿，而實乃文字末節，無關於大義也。中外臣工如身膺文職者，當思宣猷布化，裨益於國計民生；官居武職者，當思効力抒忠，奏績於疆埸牧圉；士子讀書勵行，黎民守法奉公，方為克盡愛戴尊崇之實。若但於御名謹避，將字畫更改，並失其字之本義。揆諸古人"二名不偏諱"之理，既不相符，且區區拘泥之見，亦不足以明敬悃，甚無取焉。所請改寫"宏"字、"歷"字不必行。嗣後凡遇朕御名之處，不必諱。若臣工名字有同朕，心自不安者，上一字著少寫一點，下一字將中間"禾"字書為"木"字，即可以存迴避之意矣。爾部可傳諭中外，一體遵行。」
雍正十三年十月十六日	「至於古人臨文，原無避諱，誠以言取足志，一存避諱之心，則必輾轉囁嚅，辭不達意。嗣後一切章疏，以及考試詩文，務期各展心思，獨抒杼軸，從前避忌之習，一概掃除。尤宜禁者，鄉、會兩試考官，每因避忌字樣，必摘取經書中吉祥之語為題，遂使士子易為揣摩，倩人代作，臨場鈔寫，以致薄植之少年，得以倖取科名，而績學之老生，無由展抒底蘊。嗣後凡考試命題，不得過於拘泥，俾士子殫思用意，各出手眼，以覘實學。」

雍正十三年 十一月二十三日	「吏部為咨覆事，稽勳清吏司案呈准實錄館咨稱，本館收掌官鑲紅旗滿洲都統富昌佐領下內閣中書德禮，請更名德峻等因前來。查雍正十三年九月二十日總理事務王大臣奉上諭，據大學士鄂爾泰等奏請廻避朕之御名，上一字擬書"宏"字，下一字擬書"歷"字。朕思尊君親上，乃臣子分誼當然，但須務其大者……愛戴尊崇之寔。若但於御名謹避，將字畫更改，並失其字之本義。揆諸古人"二名不偏諱"之禮，既不相符，且區區拘泥之見，亦不足以昭敬悃，甚無取焉。所請改寫"宏"字、"歷"字不必行。嗣後凡遇朕御名之處，不必諱。若臣工名字有同而心自不安者，上一字着少寫一點，下一字將中間"禾"字書為"木"字，即可以存廻避之意矣。該部可傳諭中外，一體遵行……又，於本年九月內江南総督趙弘恩提請更名丹恩，於十月十一日奉旨：趙弘恩不必改名，已有旨了，該部知道，欽此。今中書德禮更名之處，相應移咨內閣實錄館，欽奉御旨遵行，毋庸另行更改。」(《內閣大庫檔》)
乾隆十一年 四月三十日	「禮重諱名，查清書還音祗係一字，甘省所轄之真寧、鎮原兩縣，印文清篆竟與世宗憲皇帝聖諱同字，其鎮番縣印，係屬新頒，已經改正。又查陝省之鎮安、河南之鎮平、山西之天鎮、江南之鎮江、浙江之鎮海、廣東之鎮平、廣西之鎮安、雲南之鎮沅、貴州之鎮遠等府縣，各印信均應一律改鑄頒換，以昭誠敬。得旨：《禮記》不曾熟讀。」
乾隆十一年 十月初八日	「諭：朕自正定回鑾，固城、祁水之間有縣焉，與堯母同名，雖述古之義也，觸目踟躇，於意弗安。其易之，仍為"望都"。」
乾隆十三年 四月初三日	「我朝凡遇列祖廟諱，清、漢字樣概行敬避，此亦臣子尊崇敬謹之道。但漢字較多，避寫尚易，清字無幾，如同漢字一體避寫，難得本音之字，不得不另用音聲相似者，以至去本音太遠，不能成文，且古有"二名不偏諱"之義。嗣後繕寫清字，如遇人名以及二字相連者，仍行避寫外，若獨遇一字，仍用原字，不必避寫。」
乾隆十四年 八月初三日	「諭軍機大臣等：朕覽大學士等議奏兩郊壇宇工程一摺，夾單內開"成正門"字樣，想係"成貞門"，伊等欲避世宗憲皇帝廟諱，是以如此開寫，不知此最為無識。在清文音同者皆屬一字，亦不當如此避諱；若漢字同者，各有字義，尤不應諱。而此字亦並非同音，必拘嫌名而故為更改，是轉將應諱之字顯出矣！朕從前降旨申飭甚明，況在天壇，即當諱亦不應諱，著大學士等照舊改正。」
乾隆二十二年 七月十三日	「諭曰：彭家屏前以收藏明末野史，其有無批評之處，已被伊子燒燬滅跡，經軍機大臣會同九卿，審擬斬決具奏。朕以罪疑惟輕，特降諭旨，改為監候，秋後處决。嗣據圖勒炳阿奏，其所刻族譜，取名"大彭統記"，甚屬狂妄等語，因命新

	調巡撫胡寶瑔查取進呈，則以大彭得姓之始本於黃帝、昌意、顓頊。夫氏族譜系，士大夫家恒有之，亦何至附會荒遠，以為迢迢華冑，乃身為臣庶，而牽引上古得姓之初，自居帝王苗裔，其意何居？且以"大彭統記"命名，尤屬悖謬，不幾與累朝國號同一稱謂乎！至閱其譜，刻於乾隆甲子年，而凡遇明神宗年號，於朕御名，皆不闕筆。朕自即位以來，從未以犯朕御諱罪人，但伊歷任大員，非新進小臣及草野椎陋者可比，其心實不可問，足見目無君上，為人類中所不可容……彭家屏原係應斬立决之犯，即秋審時亦必予勾，著從寬免其肆市，即賜令自盡，以為人臣之負恩狂悖者戒。」
乾隆二十五年二月十四日	「禮部議覆兵部左侍郎錢汝誠奏稱：鄉試磨勘則例內，不諳禁例一條，未將字面款式輕重分別，概予罰停三科，未為平允。請嗣後除直書廟諱、御名及先師孔子諱者，仍罰停三科外，其行款偶謁、字面違式，均照文內疵謬例，罰停會試一科。應如所請……詳悉分別，纂入則例……從之。」
乾隆二十五年	「聖祖仁皇帝聖諱上一字寫"元"字，下一字寫"燁"字；世祖〔應為"世宗"〕憲皇帝聖諱上一字寫"允"字，下一字寫"正"字；皇上御名上一字減一點，下一字中"秝"字寫作"林"字；至聖先師諱偏傍加"阝"字，如作"邱"字者，仍以違禁論，如用"圜丘"字者，仍不加"阝"傍。」（乾隆《欽定科場條例》）
乾隆二十六年六月二十五日	「諭軍機大臣等：據高晉查奏閻大鏞摺內稱，該犯刺譏憤激，甚至不避廟諱，並有狂悖不經語句，如此情節可惡，自當照呂留良之例辦理，已於摺內批示矣。復又將原書閱看，其悖逆尚不至如呂留良之甚，雖其不避廟諱，猶可云村野無知，但該犯書內，筆舌詆毀，毫無忌憚，若姑容寬縱，則此等匪徒，不知悛改，反因此次查辦，益肆其怨誹，充其所至，必將入於呂留良一派，該犯斷不可留。著傳諭高晉等，勘得確情，即將閻大鏞按律定擬，速行完案，此外不必似呂留良之案，輾轉推求，以致株累。」
乾隆二十六年六月二十九日	「是月，署兩江總督高晉奏，沛縣抗糧監生閻大鏞，現在搜查伊家及該犯親友處，有從前刊刻、續經燒燬之《俁俁集》。詩文中有譏刺官吏……甚至不避廟諱，更有狂悖語句，謹粘籤呈覽。得旨：如此可惡，當引呂留良之例嚴辦矣！」
乾隆二十六年十一月初六日	「如慎郡王以親藩貴介，乃直書其名，至為非體。更有錢名世在雍正年間獲罪名教，亦行入選，甚至所選詩人中，其名兩字俱與朕名同音者，雖另易他字，豈臣子之誼所安！」
乾隆二十八年十月十四日	「軍機大臣等議覆福建學政紀昀奏稱：坊本經書尚仍全刻廟諱、御名本字，應倣唐石經、宋監本例，凡遇廟諱俱刊去末一筆，并加有偏旁字者俱缺一筆。又，武英殿官韻及各經書，於御名本字尚係全刻，及加有偏旁字者俱未缺筆，請將

	本字及加有偏旁字者並行缺筆，載入《科場條例》。如誤書者，依不諱禁例處分。武英殿書板校正改刊，并行文各省一體遵奉，將坊刻各經籍改刊，從之。」
乾隆二十八年	「鄉會試應行敬避字樣，科場久有定例，惟坊本經書，尚全刻本字，自應倣唐石經、宋監本之例敬避重刊。今恭擬聖祖仁皇帝聖諱上一字，如有"弓""金"等字偏旁者，並缺一點；世宗憲皇帝聖諱，無加偏旁之字，無庸另為校正；御名上一字，如有"水""系"等字偏旁者，並行缺筆。所有經書悉依此更正，至科場文字及一切文移書奏，凡遇應用御名上一字者，俱寫"宏"字，應用御名下一字者，俱寫"歷"字，庶為臣子敬謹之道。」（嘉慶《欽定大清會典事例》）
乾隆三十年閏二月二十日	「諭：前據福建學政紀昀條奏敬避廟諱、御名一摺，經大學士等會同禮部議覆，請將偏旁各字缺筆書寫，原屬臣子敬謹之意，嗣經武英殿校改書版、推廣字類，如"率""衒"等字，亦俱一律缺筆。朕思廟諱、御名偏旁字畫，前代如石經刊本，俱係缺筆，自應仿照通行，但祇可令現在臨文繕寫及此後續刊書版，知所敬避。若將從前久經刊藏之書，一概追改，未免事涉紛擾。至上中嵌寫之字，與本字全無關涉，更可無庸迴避。嗣後如遇廟諱、御名應行敬避缺筆之處，仍照舊例遵行外，所有武英殿頒行字樣，及紀昀所請改刊經書之處，俱不必行，將此通諭中外知之。」
乾隆三十年十一月十三日	「諭曰：陳宏謀等奏，覆勘順天、山東、山西、河南、陜西等五省中式試卷，分別應議、免議一摺，著照所擬交部辦理。科場取士，原以文體為重，即如單內所舉疵蒙各句，於文風大有關係。此等句，無論唐之韓、柳文章大家，固所擯棄弗道，即前明歸有光、黃淳耀等，為制藝專門，亦斷不肯掉以輕心，淺率為此……凡遇廟諱字面，理應恪遵敬避，加意檢點，如有違錯，自難貸其處分。至擡頭小誤，既無關於弊竇，且與文體毫無干礙，而條例所定字樣甚多，如必斷斷較量，曲為指摘，何異吹毛求疵。」
乾隆三十二年六月初六日	「臣陳宏謀謹奏：前經禮部于原任福建學政紀昀條奏敬避御名等字案內，議准將一切文移書奏，如恭遇皇上御名上一字擬寫"宏"字、下一字擬寫"歷"字等因，通行在案。臣名前經面陳改避，未蒙俞允，是以不敢擅改。現在文移疏奏、每日書寫，雖缺一點而音字相同，于心寔覺不安。臣子恭避御名乃古今通義，臣應照禮部原議，將臣名改用"宏"字，庶于臣下之誼允協，而臣心亦安。理合奏明，以便咨會吏部改註官冊，並通行各衙門知照。伏乞皇上聖鑑，臣謹奏。乾隆三十二年六月初六日奉旨：知道了，欽此。」（《內閣大庫檔》）

乾隆三十二年六月二十七日	南河總督李弘上「奏為照依禮部原議改名"宏"字請旨事」(中國第一歷史檔案館藏)
乾隆三十四年九月初二日	「諭：本日內閣進呈河南巡撫題本一件，票簽內於"宏"字缺寫一點，甚屬無謂。避名之說，朕向不以為然，是以即位之初，即降旨於御名上一字，只須少寫一點，不必迴避。後因臣僚中有命名相同，心切不安，屢行陳請者，始許其易寫"宏"字。其實臨文之體，原可不必，故於前代年號、地名，凡有引用之處，概令從舊，不准改易。至於臣子尊君奉上，惟在殫心宣力，為國為民，方為克盡誠敬，豈在字畫末節，拘拘於小廉曲謹哉！且"宏"字已屬避寫，即與本字無涉，若因字異音同，亦行缺筆，輾轉相仍，必至八"紘"等字，概從此例，勢將無所底止，復成何事體耶！此簽即著補點，嗣後俱照此書寫，將此通諭中外知之。」
乾隆三十九年十二月初三日	「諭：原任刑部尚書王士正之名，原因恭避廟諱而改，但所改"正"字，與原名字音太不相近，恐流傳日久，後世幾不能復知為何人。所有王士正之名，著改為王士禎，凡各館書籍記載，俱一體照改。」
乾隆四十一年十一月十二日	「朕御極之初，大學士等奏請避朕御名。朕以避名之典，雖歷代相沿，實乃文字末節，無關大義，特降諭旨，遇朕御名，上一字少寫一點，下一字將中間"禾"字書為"木"字，以存其義。至臣工命名有相同者，概不令改易，彼時趙宏恩曾請改避，亦未允行。若"二名不偏諱"，聞之孔子，而嫌名不諱，則韓愈〈諱辯〉言之甚詳，是以朕於御名同音之字，凡臣工奏對，俱不令迴避，眾所共知。至於清字，既不可缺筆，而十二字頭之字本少，每一字必對音數字，至十餘字不等，與漢字嫌名無異，更何必諱乎！即漢字亦有不能盡同者，如"永"字世所習用，而體義亦不宜缺筆，"綿"字為民生衣被常稱，尤難迴避，且皇子輩"永"字乃皇祖欽定，皇孫輩"綿"字則朕所命名，而近派宗支蕃衍，依次取名者，愈久愈多，我世世子孫，自必遵朕舊章，不令改易。第恐後來臣工等不能深體朕意，妄謂於心不安，輕有所請，或致無可適從，自當豫示折衷，以垂法守。朕以為與其改眾人之名以避一人之名，莫若改一人之名，使眾無可避，較為妥善，將來繼體承緒者，惟當以"永"作"顒"，以"綿"作"旻"，則係不經用之字，缺筆亦易，而"永""綿"等字，均可毋庸改避。至於清文，則仍其舊，總不必改避。其"奕"字輩以下，則所謂過此以往，朕未之或知，然亦可推廣此意，永遠遵行。此旨著軍機大臣，敬謹存記，並繕錄二通，一交內閣封存，一令阿哥等於書房恭貯敬識。朕常有願，俟春秋八十有五，即當歸政，至時再行宣示。」

乾隆四十二年十月初七日	「朕於異代之臣，尚不欲直呼其名，千古以下之臣，轉將千古以上之君，稱名不諱，有是理乎？朕命諸臣辦理《四庫全書》，親加披覽，見有不協於理者，如關帝舊諡之類，即降旨隨時釐正。惟準以大中至正之道，為萬世嚴褒貶，即以此衡是非，此等背理稱名之謬，豈可不為改正，以昭示方來……並諭《四庫全書》館臣等，於校刊書籍內，遇有似此者，俱加簽擬改，聲明進呈，毋稍忽略，將此通諭知之。」
乾隆四十二年十月二十一日	「諭軍機大臣曰：海成奏，據新昌縣民王瀧南呈首舉人王錫侯，刪改《康熙字典》，另刻《字貫》，實為狂妄不法，請革去舉人，以便審擬等因一摺。朕初閱以為不過尋常狂誕之徒，妄行著書立說，自有應得之罪，已批交大學士、九卿議奏矣。及閱其進到之書，第一本序文後凡例，竟有一篇將聖祖、世宗廟諱及朕御名字樣開列，深堪髮指，此實大逆不法，為從來未有之事，罪不容誅，即應照大逆律問擬，以申國法而快人心。乃海成僅請革去舉人審擬，實大錯謬，是何言耶！」
乾隆四十二年十月二十六日	「諭：前經海成奏，王錫侯妄作《字貫》一書，請革去舉人審擬等語，朕閱其進到之書，第一本凡例竟有一篇將先師孔子諱、聖祖、世宗廟諱及朕御名字樣全行排列，實屬大逆不法，已諭令海成將該犯王錫侯挐解來京，交刑部嚴審治罪矣！廟諱、御名，凡為臣子者皆所敬悉，至先師孔子之諱，尤眾所共知，何至遍為告語，乃該犯膽敢逐一羅列，筆之於書，實係有心顯斥，反明列先師之諱於前，以遁其蹟，此非大逆不道而何？其妄作《字貫》駁書之罪，轉不足論矣！況此篇係序文後之凡例，開卷即見，海成豈得諉為不知，乃摺內尚稱其無悖逆之詞，是真視大逆為泛常，全不知有尊君親上之義，實屬昧盡天良，海成著交部嚴加議處。」
乾隆四十二年十一月十四日	「諭：前日披覽四庫全書館所進《宗澤集》內，將"夷"字改寫"彝"字，"狄"字改寫"敵"字；昨閱《楊繼盛集》內，改寫亦然。而此兩集中，又有不改者，殊不可解。"夷狄"二字屢見於經書，若有心改避，轉為非禮，如《論語》"夷狄之有君"、《孟子》"東夷西夷"，又豈能改易，亦何必改易？且宗澤所指係金人，楊繼盛所指係諳達，更何所用其避諱耶！因命取原本閱之，則已改者，皆係原本妄易，而不改者，原本皆空格加圈。二書刻於康熙年間，其謬誤本無庸追究，今辦理《四庫全書》，應鈔之本理應斟酌妥善，在謄錄等草野無知，照本鈔謄，不足深責，而空格則係分校所填，既知填從原文，何不將其原改者，悉為更正！分校、覆校俱係職官，豈宜失檢若此，至總裁等，身為大臣，於此等字面，尤應留心細勘，何竟未能逐一校正，其咎更無所辭，非他書總校記過者可比。所有此二書之分校、覆校及總裁官，俱著交部分

	別議處，除此二書改正外，他書有似此者，並著一體查明改正，并諭該館臣，嗣後務悉心詳校，毋再輕率干咎。」
乾隆四十二年十一月十八日	「諭軍機大臣等：朕前此諭令各督撫查辦應行銷燬書籍，原因書內或有悖理狂誕者，不可存留於世，以除邪說而正人心。乃逆犯王錫侯所作《字貫》一書，大逆不法，各省俱未經辦及，已疊降諭旨飭諭矣！本日高晉奏，應燬各書單內亦並無此種，可見外省查辦書籍，不過以空言塞責，並不切實檢查。昨據海成奏，續查《字貫》板片及新刷《字貫》二部，其凡例內廟諱、御名一篇，另行換刻，與初次奏到之本不同，可見該犯亦自知悖逆，潛行更改。而海成已見其初刻，尚稱其書無悖逆之詞，實屬天良澌滅，全不知有尊君親上之義，是以降旨將海成革職，交刑部治罪。至江寧省城與江西省相隔不遠，該逆犯初刊《字貫》之本，斷無不傳行至江寧之理，高晉等此次查辦應燬書籍，何以尚未將此等大逆之書列入，豈止查舊人著作，而於現在刊行者轉置不問耶！著傳諭高晉，即飭屬通行訪查，如有與《字貫》相類悖逆之書，無論舊刻、新編，俱查出奏明，解京銷燬。如有收藏之家，此時即行繳出者，仍免治罪。若藏匿不交，後經發覺，斷難輕宥，即該督撫亦難辭重譴矣！並著傳諭各督撫一體遵照妥辦，毋稍疎漏干咎。」
乾隆四十二年十一月二十五日	「諭：前因江西逆犯王錫侯編刻《字貫》一書，竟將廟諱、御名排連開列，實為大逆不法，當即降旨將該犯派員鎖押進京，嚴審治罪，並令收查該犯家內書籍。嗣據解到查出書內《王氏家譜》有原任大學士史貽直序文，其《經史鏡》及《唐人試帖詳解》有加尚書銜錢陳羣序文，朕因二人俱經物故，已降旨毋庸深究。第該犯既請史貽直、錢陳羣作序，斷無不將原書送閱之理，伊兩家自必存留其書，錢汝誠、史奕昂自應即將原書繳出銷燬。現已令軍機大臣傳諭錢汝誠，即行呈繳，並著傳諭楊魁，即遣員前至史奕昂家傳朕此旨，令將所有該犯之書即行查出，呈交該撫解京銷燬。因係伊兩人故父之事，并不干涉伊等，已屬加恩，即此時傳旨詢問，仍係朕善示保全之意，伊等當知感激朕恩，如或稍有隱匿，此時不即呈出，倘後別經發覺，恐錢汝誠、史奕昂均不能當其罪也，將此傳諭楊魁知之。」
乾隆四十二年十二月初三日	「山東巡撫臣國泰跪奏為欽奉上諭恭摺覆奏事，竊臣於本年十一月二十八日接奉廷寄上諭：“昨據海成奏，續查《字貫》版片及新刷字貫二部，其凡例內廟諱、御名一篇，另行換刻，與初次奏到之本不同，可見該犯亦自知悖逆，潛行更改。著傳諭高晉，即飭屬通行訪查，如有與《字貫》相類悖逆之書，無論舊刻、新編，俱查出奏明，解京銷燬。如有收藏之家此時即行繳出者，仍免治罪；若藏匿不交，後經發覺，

	斷難輕宥，即該都撫亦難辭重譴矣。並著傳諭各督撫一體遵照妥辦，毋稍踈漏干咎。將此通行諭令知之，欽此欽遵。”臣前於十一月初二日接奉廷寄上諭查繳逆犯王錫侯所刻《字貫》一書，當即欽遵，嚴行轉飭所屬，一體實力設法，查繳在案。茲復欽奉上諭，臣伏查逆犯王錫侯所刻《字貫》一書及換刻《字貫》，實屬悖逆不法，必須查繳淨盡，不得稍有遺留。臣遵，即復又札行布、按兩司，並濟南等十府、二直隸州，各轉飭所屬及衛所一體遵照，明白曉諭：無論紳衿士庶及市肆書坊店鋪，凡有收藏初刻及換刻《字貫》并翻刻板片者，俱即立時盡行繳出，並不加罪。至凡有與《字貫》相類悖逆之書，無論舊刻、新編，亦一并查繳。有版片者亦皆繳出，毋許存留。臣思各該地方官固均有訪查之責，而生監衿士與教官尤為熟識切近，且此等書籍惟讀書之家恐有收藏，臣復密札各該教官曉諭：士子凡有此等逆書，盡皆繳出，不得稍有留存，自貽後悔。又切諭：各該州縣不得差役四出，以杜滋擾，惟慎遣妥當親信之人，於所管境內遍行訪查。臣又選派在省之試用教職，查察書坊、店鋪，並派委勤幹之試用佐雜等員，分赴各該州縣地方查訪搜繳，並稽查該地方官及教官是否俱係實力查繳，俾各知上緊辦理。臣惟有嚴加督率，務期查繳淨盡，不致稍有踈漏，以冀無負聖主委任之至意。所有臣遵旨查辦緣由，理合先行恭摺覆奏，伏祈皇上睿鑒謹奏。」（《宮中檔》奏摺）
乾隆四十三年十一月二十一日	「諭軍機大臣曰：鄭大進奏，據祥符縣知縣楊暨訪獲縣民劉峩裱褙鋪內，刷賣《聖諱實錄》一書，刊有廟諱、御名，各依本字正體寫刻，殊屬不法。訊據劉峩及買板之李伯行等，僅供稱乾隆二十年間，馬均璧將書板四塊、書簽一條，向劉峩之祖劉振當錢六百文，後因馬均璧病故，積欠工銀，即將書板抵給，其買自何人，實不知情。惟閱書內有得於江右藩幕之語，似其書即起於江右，而著書姓名及刊刻月日，并未開載，已密咨江西巡撫查究等語。此書雖以欲使人知所避諱為名，乃敢將廟諱及朕御名，各依本字全體寫刊，不法已極，實與王錫侯《字貫》無異，自當根究刊著之人，按律治罪。雖李伯行等訊係走腳為生，不通文義，即刷賣之劉峩，亦不知此書來歷，但書內載有雍正年得於江右藩幕之語，自無難查考而知。著傳諭郝碩，即速查明彼時江西藩司係屬何人，如何得有諭旨，并所延幕友何人，此書確係何人著述刊刻，逐一詳晰訪查確實，據實具奏，毋得稍存延緩諱飾，將此由五百里發往。鄭大進原摺一併鈔寄閱看，仍著郝碩查明，由驛覆奏，并諭鄭大進知之。至此書恐有流傳各省者，并著傳諭各督撫實力確查，解京銷燬，不得僅以具文塞責。尋郝碩奏，查書內傳旨係雍正三四年間頒發，其時江西藩司係丁士

	一，幕友無檔可查，俟飛咨山東巡撫傳訊丁士一子孫確查，另奏報聞。」
乾隆四十四年三月十六日	「據三寶等奏，興國州候選訓導馮王孫呈所著《五經簡咏》二本，語多狂悖并有不避廟諱之處，現在提同應質犯證，嚴審究擬，俟將刷印各本搜查淨盡，同起出板片一併解京等語。朕初閱時，尚以為不過如李湖前奏陶汝鼐、黎元寬詩集一例，及加細閱，則馮王孫現係捐貢候選訓導，且曾在國子監肄業，久為學校教育之人，理應知法守分，今閱簽出詩內各句，悖妄狂誕，不可枚舉，且有復明削清之語，並於廟諱全然不避，悖逆顯然，實屬可惡，應即嚴訊該犯，錄取確供，照大逆凌遲緣坐例，迅速問擬具奏，以正人心而伸法紀。並將所有刷印各本盡行查繳，毋使片紙存留，并查此外不法詩文，一併解京銷燬，勿以具文了事。計此時三寶應已遵旨馳驛赴閩，圖思德尚未到任，此案即交鄭大進，速行妥辦具奏，此旨著由五百里傳諭知之。」
乾隆四十四年四月二十九日	「諭曰：智天豹以鄉曲小民，竟敢編造年號，妄稱大清天定運數，指使張九霄於御道旁跪獻，狂誕悖逆，情罪實為可惡。經軍機大臣會同刑部審訊，照大逆律定以凌遲，亦屬罪所應得……惟該犯敢於妄編年號三十餘條，且於皇祖廟諱直書不避，並謊稱世祖章皇帝顯聖於彼，希冀惑眾動聽……不可不按律懲治，然究與誹謗毀斥者，稍為有間，智天豹著從寬改為斬決……張九霄著從寬改為應斬監候，秋後處決。」
乾隆四十五年正月初九日	「步軍統領衙門奏：京城內外寺廟、菴觀、碑碣，有文義違礙鄙俚者，應全行磨淨，其有關廟諱、御名者，亦應將字磨去。得旨：所有磨淨碑身，著交工程處刻碑及各項應用，其磨去數字各碑，著更易妥字重鐫。」
乾隆四十七年三月十四日	「諭曰：李世傑奏查獲《滄浪鄉志》一摺，內摘出各種字句，指為狂悖，並稱飭屬查明住址，密往各家搜訊……其名字內有稱"弘遠""弘開"者，尤為鄉愚無知，不足深責，若俱以違悖繩之，則如從前之趙弘恩、陳弘謀等，又將何說！」
乾隆四十七年十一月初七日	「至於東夷、西戎、南蠻、北狄因地而名，與江南、河北、山左、關右何異？《孟子》云"舜為東夷之人，文王為西夷之人"，此無可諱，亦不必諱。但以中外過為軒輊，逞其一偏之見，妄肆譏訕……。」（《乾隆朝上諭檔》）
乾隆五十年七月二十三日	「諭：前因步軍統領衙門奏，江西廬陵縣生員郭榜呈控該縣修理志書生員彭賓等，經理藉端，派累銀兩，及將不應入傳之劉遇奇濫入志書，將劉遇奇所作《慎餘堂集》呈首，因交薩載、舒常，秉公審辦。茲據舒常奏，委員起獲《慎餘堂集》版片，並《清風亭集》鈔本一帙，逐加校覈，其中實有狂謬語句，粘簽進呈，並將劉遇奇之元孫劉員位拏獲審訊，從重

	辦理等語。朕將其書詳加披閱，其簽出之處，如"對明月而為良友，吸清風而為醉侯"，"清風明月"乃詞人引用成語，此而目為悖妄，則欲將"清明"二字避而不用，有是理乎？至其餘簽出各處，俱係廟諱暨朕御名未經避寫，無論劉遇奇係順治年間進士，其人身故已久，安能豫知敬避？即現在鄉曲愚民，其不知廟諱者甚多，豈能家喻戶曉，即偶有未經避寫，亦無足深責，此而指為語句狂謬，將其子孫治以悖逆之罪，則將來挾嫌告訐之徒，勢必吹毛求疵，謬加指摘，使人何所措手足耶！此事舒常辦理太過，已有旨諭令將劉遇奇子孫省釋，以免拖累矣。外間所著詩文，果有如錢謙益、呂留良等，其本人及子孫俱登膴仕而狂吠不法者，自應搜查嚴辦。若並非有心違悖，不過字句微疵，朕從不肯有意吹求，所謂"不為已甚"之素志，實天下人所共見共聞者。前屢經降旨嚴切申諭，而舒常尚有此過當之舉，各省督撫文理不通者，遇此等挾嫌控訐事件，恐不免拘泥太過，任聽劣員、庸幕謬加簽摘，以致辦理失當，滋擾閭閻，殊失朕不為已甚之意，於吏治民生大有關係，因劉遇奇一案再行明白宣諭知之。」
乾隆五十一年十一月十九日	「犯名夏璜，伊堂兄又名夏璉，其所取名字，竟與大阿哥、二阿哥相同，雖取名原無一定，但何以不名"瑚璉"，而適取"璜璉"二字，恐該犯亦係邪教有心僭犯，並著畢沅留心訪察。」
乾隆五十二年五月十九日	「諭軍機大臣等：熱河文津閣所貯《四庫全書》，朕偶加繙閱，其中訛謬甚多，已派隨從熱河之阿哥及軍機大臣，並部院隨出之阮葵生、阿肅、胡高望、嵩貴、吉夢熊再行詳加校閱改正。因思文淵、文源二閣所貯《四庫全書》，其訛舛處所，亦皆不一而足，除年老大學士嵇璜不派外，著派科甲出身之尚書、侍郎、京堂以及翰、詹、科、道、部屬等官，分司校閱。其尚書、侍郎管理事務繁多者，每日每人著各看書一匣；六阿哥、八阿哥及事簡之堂官，各看書二匣；京堂、翰、詹、科、道、部屬等官，每人每日各看書二匣；再六部司員中，並著該堂官，每司各派出一人，每日各看書二匣。總計大小各員，不下二百餘人，每人每日二匣，計算不過兩月，兩閣書籍即可校閱完竣。其文淵閣書籍，著在文華殿、內閣等處閱看；文源閣書籍，著在圓明園、朝房閱看……如有語句違礙錯亂簡編，及誤寫廟諱，並繕寫荒謬錯亂過多，應行換五頁以上者，再隨報進呈，仍查明原辦總纂、總校、提調、校對各員，分別治罪，並將業經議敘已登仕版之該謄錄，亦予斥革……」
乾隆五十八年五月十二日	「諭兵部：帶領引見守備之護軍校，竟有與太宗文皇帝之兄二貝勒諱同者，昨將凡與近派宗室王公同名，尚令更改，況此諱轉可同乎？雖伊家無知，該都統等所司何事，著將正白

	旗蒙古都統申飭外，此名著改為"阿勒坦"，並將此旨通諭八旗，嗣後再有似此者，將該都統一併議處。」
乾隆六十年二月十二日	「諭軍機大臣曰：……管幹珍之名，係取《易傳》"貞固足以幹事"之意，乃將"貞"字改寫"珍"字，自因敬避世宗憲皇帝廟諱下一字，不知"珍"字聲音轉覺相近，而其文義不典，雖嫌名不諱，朕從不以字義責臣下，但管幹珍係讀書人，自應深知敬避之義。著傳諭該漕督，嗣後即行改正繕寫，當書"貞"字為是。」
乾隆六十年九月初三日	「皇太子名上一字改書"顒"字，其餘兄弟及近支宗室一輩以及內外章疏，皆書本字之"永"，不宜更改。清書缺寫一點，以示音同字異，而便臨文。」
乾隆六十年九月初六日	「諭：向例皇帝之名理應避寫，明歲即行歸政，皇太子名下一字，乃舊有清語，又係常用之字，毋庸迴避。朕意皇太子名下一字，旁加一點，繕寫"[illegible]"字。嗣後單寫、連寫之"[illegible]"字，俱不必迴避，仍照舊書寫。」
嘉慶四年二月二十四日	「諭內閣：現在會試屆期，士子文藝詩策內於朕名自應敬避，如遇上一字，著將"頁"字偏旁缺寫一撇一點，書作"顒"字；下一字將右旁第二"火"字改寫"又"字，書作"琰"字。其單用"禺"字、"頁"字、"炎"字，俱毋庸缺筆。至乾隆六十年以前所刊書籍，凡遇朕名字樣不必更改；自嘉慶元年以後所刊書籍，著照此缺筆改寫。」
嘉慶四年十一月二十七日	「禮部查奏：嘉慶元年以後換鑄印信時，將湖南永綏廳及直隸永年等縣，已於清字篆文"永"字闕點，惟各省舊印尚未查改，實為疏忽，請交部察議等語。各省文武衙門印信，應隨時蓋用，其清篆有與朕名上一字同音者，自當一體闕筆。著照所請，通行各省，均照四川永寧道印信之例辦理。至另片所稱殿名、門名，清字未經闕點者，請一體改正。又，嘉慶元年以前王公等冊誥未經闕點者，應令宗人府查明繳回修改等語。殿名、門名由來已久，未便另易，至王公等冊誥，係皇考頒發，且祇係敬謹供奉，非印信常用者可比，俱無庸一體修改。」
嘉慶四年	「奏准宋代官韻於當時廟諱、御名同音者，皆不收載，有《禮部韻畧》可考。又，各韻部首之字有當避者，則改標一字為部首，有《重修廣韻》改"二十一殷"為"二十一欣"可考。現在考試所用官韻，係屬舊刻，於廟諱尚未盡避，而上聲第二十八部之首，又直同御名下一字，應於本韻內請旨另定一字為部首，交武英殿重刻頒行，以符體制。奉旨：詩韻內上聲第二十八部，已改儉字為部首，業於春間經武英殿奏明刊刻通行矣！」（嘉慶《欽定大清會典事例》）
嘉慶五年	「諭內閣：祝雲棟奏請將民間應納錢糧以穀代銀一摺，所奏

二月十八日	斷不可行……至摺內於"永"字缺寫末一筆，竟不成字。乾隆六十年欽奉皇考諭旨，特賜朕名，天下臣民，皆所共知，"永"字本無可避，何庸缺筆！」
嘉慶六年 五月二十八日	「前因滿漢文職各衙門堂官圓明園向無公寓，特賞給弘雅園屋宇，作為各該堂官等公所。因思園名係聖祖仁皇帝御題，是以彼時"弘"字未經缺筆，今既賞作公寓，自應敬避，著將原奉御書扁額繳進，恭瞻後交壽皇殿敬謹尊藏，朕書"集賢院"扁額，頒給懸掛，以昭恩賚。」
嘉慶八年 四月初二日	「大學士等議奏："此次新纂《科場條例》於列聖廟諱恭避字樣，請勅該部謹遵高宗純皇帝《欽定四庫全書》，於聖祖仁皇帝聖諱下一字，用"煜"字恭代，世宗憲皇帝聖諱下一字，用"禛"字恭代，並通行內外大小各衙門，一切官私文字，一體遵照書寫。"從之。」
嘉慶八年	「現在《科場條例》內開聖祖仁皇帝聖諱，下一字用"燁"字恭代，係屬本字之古體，未足以示敬。查從前纂修《四庫全書》，曾奉高宗純皇帝諭旨，凡撰書人名同此字者，有字號則書其字號，無字號則以"煜"字恭代。故現刊《四庫全書總目》，《後漢書》題范蔚宗撰，《吳越春秋》則題趙煜撰。世宗憲皇帝聖諱，下一字舊例以"正"字恭代，亦奉高宗純皇帝諭旨，以"禛"字恭代，故原任刑部尚書王士禛之著作，皆遵旨改寫，《科場條例》應照《四庫全書》一律更正。奉旨：列聖廟諱恭避字樣，久載《科場條例》，今禮部請照《四庫全書》改定通行，其應如何恭避以昭畫一之處，著滿漢大學士、六部尚書會同詳議具奏，欽此。遵旨議定：字體有古今之分，雖筆畫稍殊，究屬一字。又恭代之字，須與本字相近，於選用之中，仍不失本文意義，方為明備。今《條例》內開聖祖仁皇帝聖諱下一字恭代之字，係屬本字古體；世宗憲皇帝聖諱下一字恭代之字，與本字體制迥殊，音義亦別。是以從前纂修《四庫全書》時，高宗純皇帝諭令館臣，於聖祖仁皇帝聖諱下一字以"煜"字恭代；世宗憲皇帝聖諱下一字以"禛"字恭代……自應敬謹遵照，以昭畫一，並通行內外大小各衙門，一切官私文字，一體遵照書寫。各直省學政及監臨明白出示，俾士子敬謹避寫。其有仍用舊文者，即以違式論。」（嘉慶《欽定大清會典事例》）
嘉慶九年 四月二十日	「命奉天錦州府知府善璉改名"善連"，以與端慧皇太子名同故也。」
嘉慶九年 六月十五日	「諭內閣：昨據紀昀奏稱，四川省職官生員等，有因敬避陵名漢字呈請改名咨部覈辦之案，因令查取原案呈覽。一係該省縣丞樊泰詳請改名樊仲翔，經勒保咨請部示，業經禮部咨駁；一係貢生張景超由該學政錢栻飭令改名步超，咨請換給

	貢單，禮部尚未劄覆。前因山陵稱號各清語，非臣下所當命名，應行一律更改，當經明降諭旨，專指清語而言。至各陵稱號漢字，臣民等如有以"景"字、"泰"字等字命名，而下一字係"齡""林"等字者，兩字相連，兩音相叶，如"策丹""玉福"之原名者，是以更改。其專用"景"字、"泰"字等字命名者，原不在敬避之例。」
嘉慶九年	「端慧皇太子名"璉"，臣下不得以此命名。士子臨文，酌量敬避，其不避者免議。嘉慶九年據戶部咨奉天鑲黃旗附生王璉報捐貢生等因到部，查本年奉上諭，奉天錦州府知府員缺，著善璉補授。"璉"字係朕兄端慧皇太子之名，不應用，著改"連"字，欽此。今附生王璉"璉"字應敬謹迴避，缺寫"玉"旁。王璉應改名"王連"。」（咸豐《欽定科場條例》）
嘉慶十年 十二月十九日	「諭內閣：朱珪等奏，覆勘各省歲科考前列試卷，分別應議、免議，開單呈覽，請交禮部比較科場之例，酌量減議，分別辦理一摺。此項磨勘歲科考前列試卷，自與鄉、會試中卷有閒，但應議各卷內，如直隸大名鄉學歲考一等三名之崔應宿、保定府學歲考一等三名之王嶙，文內於廟諱俱未經敬避，而王嶙卷內，高宗純皇帝廟諱次一字直行書寫，該生等身列膠庠，且近在畿輔，非遐陬僻壤可比，乃於廟諱不知敬避，實屬粗率。該學政於此等有干磨勘之卷，斷不應拔置前列，現係立法之初，向未定有章程，著禮部將考取前列之卷，經原勘及覆勘官簽出應議者，查明學政係屬何人，與本生俱照鄉、會試之例，酌減議定處分，此次即照新例辦理。」
嘉慶十二年 四月初十日	「諭內閣：禮部議駁御史程世淳請避關帝神諱，及增定趙累等從祀加封一摺，所議甚是。關帝在我朝靈應昭著，一切祀典，備極隆崇，至敬避名諱，專係本朝臣子尊奉君上之義，前代帝王及往哲、神明，其名概不避用，蓋"臨文不諱"，垂訓《禮》經，况關帝祠宇廣遠，薄海臣民，皆知敬祀，其於神諱亦必不敢輙褻，正無庸官設科條，頒為令甲。」
嘉慶十二年 五月十五日	「諭內閣：現在恭繕《高宗純皇帝實錄》業經告成，所有盛京、皇史宬尊藏本二分，凡書內恭遇廟諱暨朕名，自應仍循舊章照本字填寫，著派慶桂、董誥、曹振鏞、玉麟、劉鳳誥、英和、特克慎，敬謹填寫，玉麟、英和現俱出差，屆期如尚未回京，著桂芳恭填。」
嘉慶十三年 六月十八日	「諭內閣：昨日兵部帶領武職各員引見，有張聖謨一員已降旨准其補授湖南綏靖鎮標中營守備矣，"聖謨"二字豈臣下所可命名！兵部於該員到部時即應將伊名更正，何以漫不加察，率行帶領引見。除此次疏忽之咎，姑從寬免議外，嗣後吏、兵二部於應行帶領引見各員內，遇有此等命名不合者，即當留意更正，若再失於查察，經朕看出，定將該部堂司官

	分別懲處。所有張聖謨一員，即著改為張謨。」
嘉慶二十五年 八月初十日	「諭：乾隆四十一年十一月恭奉皇祖高宗純皇帝諭旨，“綿”字為民生衣被常稱，尤難迴避，將來繼體承緒者，當以“綿”作“旻”，則係不經用之字，缺筆亦易等因，欽此。今朕欽遵成命，將御名上一字敬改，至臣下循例敬避，上一字著缺一點，下一字將“心”字改寫一畫一撇，其奉旨以前所刻書籍，俱無庸追改。尋肅親王永錫等奏，臨文不諱，聖主不以為嫌，而臣子之心究多惶悚，謹案《康熙字典》，“甯”字註“乃定切”，引《漢書》“永以康甯”一語，與御名下一字音義相通，嗣後文移奏牘，恭請避寫“甯”字。得旨：既知臨文不諱，何用瑣瑣，仍遵前旨改寫一畫一撇。又奏：前代避諱，原有改用音相近者。批：不可為法。」
嘉慶	「生員不得任意命名，致涉謬妄有乖敬謹之義，如“肇”“興”“景”“顯”字下不得用“祖”字，“永”“福”“昭”“孝”“景”“泰”“裕”字下，併不得用“林”“齡”等字。又如“璉”字係端慧皇太子諱，亦不得取名。其“劉”姓，名“興漢”“紹漢”；“李”姓，名“繼唐”“嗣唐”；“王”姓，名“宗帝”“法帝”；及“帝裔”“帝命”“帝璽”“乘乾”“御天”等名，俱嚴查飭改。至前代聖賢、名臣、大儒、本朝大臣及現任大臣，亦應一體避忌，不得名姓全行相同。」（嘉慶《欽定大清會典》）
道光元年 二月初八日	「諭內閣：前次擬定避寫朕名，遇上一字於字傍加點書寫，遇下一字避寫“呢英”，凡書寫單字，應遵照避寫。乃近閱各處奏摺內，或將“寧溫”連寫“呢英溫”，夫清語皆係原定舊話，連寫已久，今忽改寫，不但不成字樣，且有避寫者，有不避寫者，亦不畫一。著通行曉諭，嗣後凡應連寫清語仍照舊制書寫，若書寫單字，遇朕名上一字，仍依前次所定，於字傍加點書寫，遇下一字著避寫“呢英”。」
道光六年 十二月初三日	「諭內閣：朕以雲仍衍慶，卜世延長，前經降旨，於“奕”“載”輩分以下，續增“溥”“毓”“恒”“啟”四字，按序命名，引用勿替。因思避名之典，歷代相沿，我皇祖高宗純皇帝特降諭旨，御名缺筆書寫，以存其義，復諭以“奕”字輩以下，亦可推廣此意，永遠遵行。朕思命名之字，既經排次酌定，昭示來茲，自應崇效聖謨，將缺筆書寫之處，豫示折衷，以垂法守。將來億萬年繼體承緒者，“奕”字寫“奕”，“載”字寫“載”，“溥”字寫“溥”，“毓”字寫“毓”，“恒”字寫“恒”，“啟”字寫“启”，嗣後遵茲令典，接續奉行，萬萬世子孫率循罔替。此旨著軍機大臣敬謹存記，並繕錄二道，一交內閣封貯，一交上書房恭貯敬識。前降選用“溥”“毓”“恒”“啟”四字諭旨一道，亦著繕錄一分，交上書房存記。」

道光十年 二月二十二日	「諭內閣：英惠等奏請補放防禦所擬驍騎校人員名內，有應敬避之滿洲字，並未避寫，實屬粗心，該驍騎校之名，業經令其改寫"齊克唐阿"矣，著玉麟通行西北二路將軍、大臣等。嗣後該管官員兵丁名內，儻有應避字樣，俱令改寫。」
道光二十六年 三月二十三日	「諭內閣：……避名之典，我皇祖高宗純皇帝特降諭旨，以不經用之字改避，復諭以"奕"字輩以下，亦可推廣此意，永遠遵行。聖謨煌煌，洵為萬世法守。朕御極初年，曾經降旨豫示"奕""載""溥""毓""恆""啓"等字，缺筆書寫，因念國家燕翼相承，宗支蕃衍，依次命名者，久而愈多，自宜推廣前奉諭旨，援引"二名不偏諱"之義，用示折衷。將來繼體承緒者，上一字仍舊毋庸改避，亦毋庸缺筆，其下一字應如何缺筆之處，臨時酌定，以是著為令典，俾我子孫繼繼繩繩，率循罔替。此旨著軍機大臣敬謹存記，並繕錄二道，一交內閣封貯，一交上書房恭貯敬識，以垂永久。」
道光二十九年	「准戶部片查，據湖廣總督奏湖北官紳士民捐輸米石，請給獎敘。查名單內有从"王"、从"連"一字，又有以从"示"、从"貞"一字，應否敬避，移咨禮部查明聲覆等因。查本部科場條例內載，从"王"、从"連"應敬謹迴避，缺寫"玉"旁；"禎"字係廟諱下一字恭代之字，並無應行迴避之例。」（咸豐《欽定科場條例》）
道光三十年 正月十七日	「諭：道光二十六年三月皇考特降諭旨，以"二名不偏諱""將來繼體承緒者，上一字仍舊無庸改避，亦無庸缺筆，其下一字應如何缺筆之處，臨時酌定，以是著為令典"，朕敬遵成命，將御名上一字仍舊書寫，毋庸改避，下一字著缺寫末一筆，書作"詝"字，以示改避之意，其奉旨以前所刻書籍，俱無庸議。」
道光三十年 正月二十七日	「諭：朕紹承大位，自應敬避皇考大行皇帝聖諱，惟宮殿、廟宇舊名及省郡州縣名印，宜如何分別避易之處，著禮部詳慎妥議具奏。」
道光三十年 三月初十日	「諭內閣：前據禮部遵議皇考大行皇帝聖諱，上一字擬以"靈""明"字樣改避，下一字擬以"安""定""靜""康"字樣改避。今據大學士耆英奏稱：天下省郡州縣名印，以下一字誌禎祥者甚眾，四海臣民，藉獲嘉休，似可仍遵嘉慶二十五年欽奉諭旨，中間避寫一畫一撇，與高宗純皇帝聖諱下一字避從"止"字之命意相合等語。著照所請，所有宮殿、廟宇舊名及各省地名、官名，均著毋庸改易，凡奏章文移，遇有援引宮殿、地名、官名，聖諱上一字即照禮部所擬，以"靈""明"二字恭代，遇下一字，仍遵聖諭，中間避寫一畫一撇，不從"心"字，毋庸以"安""定""靜""康"四字代易，非此概不准用，仍應敬避。該部即行通飭，一體敬謹遵行。」

道光三十年 七月初五日	「諭內閣：程矞采奏總兵稟請更名一摺，拴住著毋庸更名。嗣後凡與朕名同音之字，均著毋庸改避。」
咸豐初	「皇上御名上一字，奉旨仍舊書寫，毋庸改避，下一字寫“詝”字，至遇有加偏旁之字，敬缺一筆。」（咸豐《欽定科場條例》）
咸豐四年	「嗣後凡遇宣宗成皇帝廟諱，缺筆寫作“寕”者，悉改寫作“甯”。」（光緒《欽定大清會典事例》）
咸豐四年 三月初四日	「嗣後恭遇宣宗成皇帝廟諱，除章奏常用字樣，仍遵前旨避寫“甯”字外，如遇內廷、宮殿名目，事關典禮，應行擡寫之處，均着缺筆寫作“寍”字，無庸一體改寫“甯”字。」（《黑圖檔・咸豐朝》）
咸豐七年 二月二十日	「諭內閣：宣宗成皇帝《實錄》《聖訓》告成，所有尊藏盛京本、皇史宬本內廟諱、御名，應仍循舊章，照本字恭填，著派彭蘊章、柏葰、花沙納、周祖培、趙光、穆蔭、雙福，敬謹填寫，限一日竣事，以昭虔肅。」
咸豐八年 十二月二十五日	「署吏部尚書臣麟魁等謹奏為議處具奏事，准禮部咨稱，禮部奏結磨勘各省咸豐六年分歲考應議等卷一摺。查《科場條例》內載“試卷不諳禁例，直書廟諱，考官雖經指出，仍照例罰俸一年”，又載“歲科前列試卷，未知敬避廟諱，雖經缺筆，學政雖經圈出，仍罰俸六個月。未經抹出，亦應照不諳禁例例，罰俸一年”，又載“卷內詩出韻失黏者，學政未經抹出，大省罰俸三個月，中省、小省每卷罰俸兩個月。草稿不全，學政未經抹出，罰俸六個月”等語，於咸豐八年十二月初六日具奏，奉旨依議，欽此。抄錄原奏並將應議各該學政職名開單，一併移咨吏部查照辦理等因到部……俱係公罪，例准抵銷，可否准其抵銷之處，恭候欽定。所有臣等議處緣由，理合恭摺具奏，伏乞聖鑒訓示遵行，謹奏。“均不准抵銷。”」（《宮中檔咸豐朝奏摺》）
咸豐十一年 七月十八日	「又諭：道光二十六年三月皇祖特降諭旨，以“二名不偏諱”“將來繼體承緒者，上一字仍舊毋庸改避，亦毋庸缺筆，其下一字應如何缺筆之處，臨時酌定，以是著為令典”等因，欽此。今朕敬遵成憲，將御名上一字仍舊書寫，毋庸改避，下一字毋庸缺筆，凡臣工奏章內遇有此字，著用“湻”字改避，其奉旨以前所刻書籍，俱毋庸議。」
同治三年 五月十七日	「御史陳廷經奏“詩文敬避御名，請無庸兼避偏旁”等語，朕御極之初曾經降旨，將御名上一字無庸改避，下一字凡臣工章奏，著用“湻”字改避，本未嘗諭令兼避他字偏旁。茲覽該御史所奏，近來各省奏牘及考試詩文，凡字之偏旁從“享”者，一概改作“亯”字，殊與前降諭旨不符。嗣後諸臣章奏及各項考試文字，於御名下一字，仍止敬避本字。」

同治六年 二月二十五日	「諭內閣：文宗顯皇帝《實錄》《聖訓》告成，所有尊藏盛京本、皇史宬本內廟諱、御名，應仍循舊章照本字恭填，著派賈楨、周祖培、寶鋆、董恂、靈桂、伊精阿、察杭阿，敬謹填寫，限一日竣事，以昭虔肅。」
同治十二年	「覆勘大臣寶鋆等奏准，恭查乾隆三十年奉上諭"上中嵌寫之字全無關涉，可毋庸迴避"等因，欽此。今江西舉人章樹元等卷，"强"作"強"，"□"作"牽"，均未缺筆，實係上中嵌寫之字，應毋庸議。」（光緒《欽定科場條例》）
同治十三年 十二月初六日	「諭：道光二十六年三月皇祖宣宗成皇帝特降諭旨，以"二名不偏諱" "將來繼體承緒者，上一字仍舊毋庸改避，亦毋庸缺筆，其下一字應如何缺筆之處，臨時酌定，以是著為令典"等因，欽此。今朕欽遵成憲，將御名上一字仍舊書寫，毋庸改避，下一字著缺寫末一筆，書作"湉"字，以示改避之意，其奉旨以前所刻書籍，俱毋庸議。」
光緒元年 十月十二日	「諭內閣：御名下一字，前已有旨，凡清文內如遇"天"字等音，均著加寫外點，俯協臣民敬避之心。恭查同治元年十月奉有"虞舜乃萬代祖述，嗣後纂修書籍及文字引用，均毋庸改寫"之旨，因念建中立極，唯天為大，朕之御名下一字若一律避寫，朕心實有未安，嗣後凡清文內遇有"天"字還音，毋庸加寫外點，以昭誠敬，其餘還音字樣，仍遵同治十三年十二月初六日諭旨避寫。」
光緒三年 十二月十五日	「諭內閣：奉天府府丞王家璧奏，士子試卷於穆宗毅皇帝廟諱及朕御名偏旁相同之字，誤會避寫，請飭通諭各等語。穆宗毅皇帝廟諱下一字，欽奉諭旨用"湻"字改避，朕御名下一字，亦經降旨缺寫末筆，其偏旁相同之字，本毋庸避寫，著禮部再行知照各直省學政，曉諭應試士子，一體遵循。」
光緒四年 正月初九日	「諭內閣：劉坤一奏，廣西右江鎮右營右哨千總潘奕勳保升都司，請開底缺，並請更名"承勳"，飭部註冊，著照所請行。至該督以潘奕勳原名應敬避廟諱上一字等語，恭查道光二十六年三月欽奉諭旨，援引"二名不偏諱"之議，將來繼體承緒者，上一字毋庸改避，亦毋庸缺筆，聖訓昭垂，著為令典。該督所稱敬避廟諱字樣，與前奉諭旨不偏諱之義不符，且"奕"字係輩分字，嗣後仍應毋庸避用，以昭畫一。」
光緒六年 三月二十九日	「諭內閣：穆宗毅皇帝《實錄》《聖訓》告成，所有尊藏盛京本、皇史宬本內，廟諱、御名應仍循舊章本字恭填，著派寶鋆、靈桂、董恂、廣壽、恩承、徐桐、潘祖蔭，敬謹填寫，限一日竣事，以昭虔肅。」
光緒十六年 十二月二十六日	「諭內閣：……醇賢親王廟著於新賜邸第建立……嗣後凡遇"譞"字，著一律避寫。」

光緒十七年 六月十五日	「總理各國事務衙門奏，現在石印《圖書集成》，醇賢親王諱下一字敬擬缺筆，欽奉慈禧端佑康頤昭豫莊誠壽恭欽獻皇太后懿旨，依議。」
光緒二十九年 三月初二日	「諭內閣：本日欽天監奏觀候日蝕一摺，摺內廟諱並未敬避，該衙門堂司各官均著交部議處。」
光緒三十四年 十月二十二日	「諭旨：道光二十六年三月宣宗成皇帝特降諭旨，以"二名不偏諱""將來繼體承緒者，上一字仍舊毋庸改避，亦毋庸缺筆，其下一字應如何缺筆之處，臨時酌定，以是著為令典"等因，欽此。今朕敬遵成憲，將御名上一字仍舊書寫，毋庸改避，下一字敬缺一撇，書作"儀"字，其奉旨以前所刻書籍，俱毋庸議。又奉旨：凡遇避寫御名，下一字應避寫，定作"儀""[illegible]"，著通行曉諭，嗣後凡應行聯寫之清語，著仍照舊書寫，遇書寫單字御名下一字，避寫作"儀""[illegible]"。」（光緒朝《起居注冊》）
宣統元年 三月初四日	端方片：「再據江甯布政使樊增祥詳據儀徵縣稟，該縣舊名揚子縣，又名儀真縣，雍正元年因避聖諱嫌名改儀徵縣。現以上一字應避御名，並無可以恭代之字，應請仍復舊名，改為揚子縣。所有該縣印信並教佐各員鈐記，均應改換另鑄，容飭造呈模冊，分別咨部飭司更換。再，江南省城有儀鳳門，並拟改為"威鳳門"，以歸一律。所有拟改縣名及城門名緣由，理合会同江蘇巡撫臣陳啟奏附片具陳，伏祈聖鑒，謹奏……奉硃批：該部知道，欽此。」（《軍機處檔》摺件）
宣統元年 八月二十一日	趙爾巽片：「再，四川順慶府屬之儀隴縣上一字與御名下一字相同，初原遵照部章敬缺末筆，現查民間習慣，易於誤寫，自應敬謹改避。查各署所有儀門，業經禮部奏明改為"宜門"，該縣事同，一律擬即改名"宜隴"，以存其舊，如蒙俞允，即請敕部改鑄印信頒發，以便換用。除咨禮部查照外，理合附片具陳，伏乞聖鑒訓示，謹奏……奉硃批：允行，該部知道，欽此。」（《軍機處檔》摺件）
宣統二年	「凡上書若奏事誤犯御名及廟諱者，處八等罰；餘文書誤犯者，處四等罰；若為名字觸犯者（誤非一時，且為人喚），處十等罰；其所犯御名及廟諱，聲音相似、字樣各別及有二字止犯一字者，皆不坐罪。」（宣統《欽定大清現行刑律》）

* 未出註者即請參見《清實錄》。

參考文獻

一、常用資料庫（商業者以“*”表示，需註冊獲授權者以“#”表示）

「CNS11643 中文標準交換碼全字庫」網站 (https://www.cns11643.gov.tw/)。

「（日本）國立國會圖書館檢索」(https://iss.ndl.go.jp)。

「中國哲學書電子化計劃」(https://ctext.org/zh)。

「日本所藏中文古籍數據庫」(http://kanji.zinbun.kyoto-u.ac.jp/kanseki/)。

「全國古籍普查登記基本數據庫」(http://202.96.31.78/xlsworkbench/publish)。

「異體字字典」(https://dict.variants.moe.edu.tw/index.jsp)。

「愛新覺羅宗譜網」(http://www.axjlzp.com/clan1.html)。

「古籍與特藏文獻資源資料庫」(https://rbook.ncl.edu.tw/NCLSearch/Search)。

上海圖書館之「中文古籍聯合目錄及循證平臺」(https://gj.library.sh.cn/)。

北京中國第一歷史檔案館資源檢索網站 (https://www.fhac.com.cn/consult.html)。

東京國立日本文學研究所之「国書データベース」(https://kokusho.nijl.ac.jp/)。

東京國立情報學研究所之「CiNii Books-大学図書館の本をさがす」(https://ci.nii.ac.jp/books)。

美國鹽湖城耶穌基督後期聖徒教會之家譜中心 (FamilySearch.org)。

臺北中研院之「人名權威人物傳記資料庫」(https://newarchive.ihp.sinica.edu.tw/sncaccgi/sncacFtp)。

臺北故宮博物院之「清代檔案檢索系統」(https://qingarchives.npm.edu.tw/)。

臺北故宮博物院之「圖書文獻數位典藏資料庫」（包含清代《宮中檔》奏摺及《軍機處檔》摺件）(http://rbk-doc.npm.edu.tw/npmtpc/npmtpall)。

臺北中研院之《內閣大庫檔》(https://newarchive.ihp.sinica.edu.tw/mcttp/)。

臺北中研院之「漢籍全文資料庫」（包含《二十五史》《明實錄》《清實錄》《十通》等）(http://hanchi.ihp.sinica.edu.tw)。

* 「中國知網」(https://www.cnki.net)。

* 「文淵閣四庫全書電子版」(http://www.sikuquanshu.com)。

* 「書同文古籍數據庫」（包含「清代歷朝起居注」「四部叢刊」「清代名臣奏疏文集彙編」等）(https://gujiku.unihan.com.cn/Products/Read/QDQJZ)。

* 「雕龍」(http://hunteq.com/ancientc/ancientkm)。

* 「讀秀」(https://www.duxiu.com/)。

* 愛如生之「典海」（包含「中國基本古籍庫」「四庫系列數據庫」「歷代詩文集總庫」「中國方志庫」「中國譜牒庫」「中國辭書庫」等）(http://server.wenzibase.com)。

二、傳統文獻（常用叢書首度出現時才詳註出版資料）

《（光緒十一年冬）大清搢紳全書》（日本東京大學東洋文化研究所藏榮祿堂刊本）。
《（光緒十九年冬）大清搢紳全書》（東京大學東洋文化研究所藏松竹齋刊本）。
《（咸豐二年秋）縉紳全書》（美國哈佛大學燕京圖書館藏榮祿堂刊本）。
《（咸豐五年冬）縉紳全書》（哈佛大學燕京圖書館藏榮祿堂刊本）。
《（咸豐五年秋）縉紳全書》（哈佛大學燕京圖書館藏榮祿堂刊本）。
《（咸豐六年夏）縉紳全書》（哈佛大學燕京圖書館藏榮祿堂刊本）。
《（咸豐四年春）縉紳全書》（哈佛大學燕京圖書館藏榮祿堂刊本）。
《（宣統三年夏）大清最新搢紳錄》（哈佛大學燕京圖書館藏榮祿堂刊本）。
《（宣統元年春）憲政最新搢紳全書》（哈佛大學燕京圖書館藏榮寶齋刊本）。
《（乾隆二十二年夏）新刻爵秩全覽》（北京中國國家圖書館藏本）。
《（乾隆二十六年秋）縉紳全本》（鄭州：大象出版社，《清代縉紳錄集成》景印同陞閣刊本）。
《（乾隆三十二年春）爵秩全本》（美國 Center for Chinese Research Materials [CCRM]《搢紳錄》微縮卷片藏榮錦堂刊本）。
《（乾隆三十三年秋）爵秩全本》（北京清華大學圖書館藏榮錦堂刊本）。
《（乾隆三十五年冬）大清職官遷除題名錄》（CCRM《搢紳錄》微縮卷片藏崇壽堂刊本）。
《（乾隆三十五年冬）搢紳冊便覽》（東京大學東洋文化研究所藏崇壽堂刊本）。
《（乾隆三十年冬）爵秩全本》（北京清華大學圖書館藏榮錦堂刊本）。
《（乾隆三十年春）縉紳全書》（《清代縉紳錄集成》景印寶名堂刊本）。
《（乾隆四十二年秋）大清搢紳全書》（《清代縉紳錄集成》景印世錦堂刊本）。
《（乾隆四十四年秋）大清搢紳全書》（CCRM《搢紳錄》微縮卷片）。
《（順治十八年）縉紳冊》（中國國家圖書館藏）。
《（道光三十年秋）大清搢紳全書》（東京大學東洋文化研究所藏榮祿堂刊本）。
《（嘉慶九年冬）大清搢紳全書》（哈佛大學燕京圖書館藏）。
《（嘉慶十年秋）大清搢紳全書》（哈佛大學燕京圖書館藏）。
《二十四史》（北京：中華書局，1965-1974 年點校本）。
《大同鎮圖本》（臺北故宮博物院藏順治以後彩繪本）。
《大清康熙十八年歲次已未時憲曆》（中國國家圖書館藏刊本）。
《大清康熙五十三年歲次甲午時憲曆》（中國國家圖書館藏刊本）。
《大清康熙五十五年歲次丙申便覽全倫通書》（中國國家圖書館藏刊本）。
《大清康熙六十一年歲次壬寅時憲曆》（中國國家圖書館藏刊本）。
《大清雍正九年歲次辛亥時憲曆》（中國國家圖書館藏刊本）。
《大清雍正二年歲次甲辰便覽溪口通書》（中國國家圖書館藏刊本）。
《太平天國甲寅四年新曆》（澳洲國家圖書館藏刊本）。
《太平天國癸好三年新曆》（澳洲國家圖書館藏刊本）。

《文獻叢編第十五輯》（北平：故宮博物院，1933）。
《文獻叢編第四輯》（北平：故宮博物院，1931）。
《世宗憲皇帝硃批諭旨》（臺北：臺灣商務印書館，《景印文淵閣四庫全書》本）。
《北京圖書館藏中國歷代石刻拓本匯編》（鄭州：中州古籍出版社，1989）。
《史館檔傳包》（臺北故宮博物院藏）。
《光緒十五年進士題名碑》（中國國家圖書館藏拓片）。
《光緒帝起居注》（桂林：廣西師範大學出版社，2007）。
《李文安傳稿冊》（臺北故宮博物院藏）。
《尚書》（北京大學圖書館藏宋刊本）。
《怡府書目》（中國國家圖書館藏原鈔本）。
《明實錄》（京都：中文出版社，景印中研院傅斯年圖書館藏舊鈔本）。
《宣大山西三鎮圖說》（日本宮內廳藏萬曆三十一年彩繪本）。
《宣統帝起居注》（桂林：廣西師範大學出版社，景印中國第一歷史檔案館藏本）。
《皇城宮殿衙署圖》（臺北故宮博物院藏）。
《宮中檔乾隆朝奏摺》（臺北：故宮博物院，1982-1987）。
《乾隆帝起居注》（桂林：廣西師範大學出版社，2002）。
《康熙十八年鴻博姓氏錄》（中國國家圖書館藏鈔本）。
《康熙十五年丙辰科會試二百九名進士三代履歷便覽》（中國國家圖書館藏）。
《康熙十五年進士題名碑》（中國國家圖書館藏拓片）。
《康熙三十二癸酉科順天鄉試錄》（中國國家圖書館藏）。
《康熙己未鴻詞科名賢履歷》（天津圖書館藏康熙間刊本）。
《康熙五十二年進士題名碑》（中國國家圖書館藏拓片）。
《康熙五十四年進士題名碑》（中國國家圖書館藏拓片）。
《康熙癸未科會試硃卷》（中國國家圖書館藏）。
《御定全唐詩》（《景印文淵閣四庫全書》本）。
《清代文字獄檔》（上海：上海書店出版社，2011 年增訂本）。
《清代起居注冊》（臺北：聯合報文化基金會國學文獻館，1983-1987）。此包含道光、咸豐、同治、光緒四朝。
《清代起居注冊‧康熙朝》（北京：中華書局，景印中國第一歷史檔案館藏本；臺北：聯經出版公司，景印臺北故宮博物院藏手稿本）。
《清代縉紳錄集成》（鄭州：大象出版社，2008）。
《清史稿校註》（臺北：國史館，1986-1991）。
《清國史館本傳稿》（臺北故宮博物院藏鈔本）。
《清實錄》（北京：中華書局，1986）。
《朝鮮王朝實錄》（首爾：東國文化社，1955-1958）。
《欽定千叟宴詩》（《景印文淵閣四庫全書》本）。
《雍正朝起居注冊》（北京：中華書局，1993）。
《嘉慶帝起居注》（桂林：廣西師範大學出版社，2006）。

《影堂陳設書目錄》（南京圖書館藏鈔本）。
《臨文便覽》（哈佛大學燕京圖書館藏光緒十二年刊本）。
丁世平修，尚慶翰纂，《平度縣續志》（中國國家圖書館藏民國二十五年鉛印本）。
丁丙，《善本書室藏書志》（上海：上海古籍出版社，《續修四庫全書》景印光緒二十七年刊本）。
丁廷楗修，趙吉士纂，《徽州府志》（臺北：成文出版社，《中國方志叢書》景印康熙三十八年刊本）。
丁度等，《集韻》（中國國家圖書館藏宋刊本及康熙四十五年揚州使院刊本）。
丁紹儀，《聽秋聲館詞話》（《續修四庫全書》景印同治八年刊本）。
丁寶書纂修，《無錫南塘丁氏真譜》（北京：北京燕山出版社，《清代民國名人家譜選刊續編》景印民國十四年鉛印本）。
于成龍等修，杜果等纂，《江西通志》（《中國方志叢書》景印康熙二十二年刊本）。
于敏中，《國朝宮史》（《景印文淵閣四庫全書》本）。
于琨等修，《常州府志》（中國國家圖書館藏康熙三十四年刊本）。
于慎行編，《兗州府志》（濟南：齊魯書社，景印萬曆二十四年刊本）。
中研院歷史語言研究所編輯，《明清史料》（臺北：中研院歷史語言研究所，1930-1975）。
中國第一歷史檔案館、故宮博物院編，《清乾隆內府繪製京城全圖》（北京：紫禁城出版社，2009，乾隆十五年完成）。
中國第一歷史檔案館、遼寧省檔案館編，《中國明朝檔案總匯》（桂林：廣西師範大學出版社，2001）。
中國第一歷史檔案館編，《乾隆朝上諭檔》（北京：檔案出版社，1991）。
中國第一歷史檔案館編，《乾隆朝軍機處隨手登記檔》（桂林：廣西師範大學出版社，2000）。
中國第一歷史檔案館編，《嘉慶道光兩朝上諭檔》（桂林：廣西師範大學出版社，2000）。
允祿、吳襄等纂，《御定子史精華》（中國國家圖書館藏雍正五年刊本）。
允祿等，《大清會典》（臺北：文海出版社，《近代中國史料叢刊三編》景印雍正十年序刊本）。
太平天國歷史博物館編，《太平天國文書彙編》（北京：中華書局，1979）。
太平天國歷史博物館編，《太平天國印書》（南京：江蘇人民出版社，1961）。
孔尚任等，《孔子世家譜》（《清代民國名人家譜選刊續編》景印康熙二十三年刊本）。
尤鼎等修，尤雲章纂，《尤氏家乘》（北京：線裝書局，《中國國家圖書館藏早期稀見家譜叢刊》景印乾隆四十八年刊本）。
尹繼善修，黄之雋纂，《江南通志》（《景印文淵閣四庫全書》本）。
文慶等，《國子監志》（《續修四庫全書》景印道光間鈔本）。
文儒等，《四聲篇海》（臺北故宮博物院藏明刊本）。
毛奇齡，《制科雜錄》（上海：上海古籍出版社，《清代詩文集彙編》景印康熙間刊本）。
毛漢光主編，《唐代墓誌銘彙編附考》（臺北：中研院歷史語言研究所，1984-1994）。
毛霦，《平叛記》（北京：國家圖書館出版社，《明清史料叢書續編》景印全祖望輯

《甲申野史彙鈔》本；北京舊學書局藏本；哥倫比亞大學圖書館藏本；華盛頓大學圖書館藏本；萊州市圖書館藏張謙宜批注之初刊本；黃永年家藏本；臺北：成文出版社，《中國方略叢書》本）。
毛霦著，王曉兵校注，《平叛記校注》（北京：中華書局，2017）。
王士禛，《池北偶談》（《景印文淵閣四庫全書》本）。
王士禛，《帶經堂集》（《續修四庫全書》景印康熙五十年刊本）。
王士禛，《題許力臣小像》（臺北何創時書法基金會藏）。
王舟瑤纂，《台州府志》（中國國家圖書館藏民國十五年鉛印光緒間刊本）。
王圻，《續文獻通考》（《續修四庫全書》景印萬曆三十一年刊本）。
王希琮等修，張錫穀等纂，《天門縣志》（《中國方志叢書》景印道光元年刊本）。
王廷曾纂修，《義烏縣志》（北京：國家圖書館出版社，《復旦大學圖書館藏稀見方志叢刊》景印康熙三十一年刊本）。
王叔英，《王靜學先生文集》（1920 年吳興劉氏上海刊本）。
王季烈等纂，《莫釐王氏家譜》（《清代民國名人家譜選刊》景印民國二十六年石印本）。
王定安等，《宗聖志》（揚州：廣陵書社，《中國祠墓志叢刊》景印光緒十六年刊本）。
王延熙、王樹敏編輯，《皇朝道咸同光奏議》（《近代中國史料叢刊正編》景印光緒二十八年石印本）。
王杰等修，羅正墀等纂，《欽定科場條例》（日本內閣文庫藏乾隆五十五年刊本）。
王恪等纂修，《續唐縣志略》（中國國家圖書館藏雍正十二年刊本）。
王昶，《國朝詞綜》（《續修四庫全書》景印嘉慶七年刊本）。
王振澤等修，《潤東苦竹王氏族譜》（成都：巴蜀書社，《中華族譜集成》景印民國二年鉛印本）。
王訓纂修，《續安丘縣志》（濟南：齊魯書社，《四庫全書存目叢書》景印康熙間刊本）。
王國維，《人間詞話》（《續修四庫全書》景印 1927 年石印本）。
王德乾修，崔蓮峯等纂，《望都縣志》（《中國方志叢書》景印民國二十三年鉛印本）。
王錫侯，《字貫》（內閣文庫藏金蘭堂本；北京：國際文化出版公司，1993，《字典彙編》重印金蘭堂本）。
王錫侯，《字貫提要》（內閣文庫藏江戶刊本；北京：北京出版社，《四庫禁燬書叢刊》景印遼寧圖書館藏日本刊本；哈佛大學燕京圖書館藏閱古堂文庫本；愛知教育大學圖書館藏閱古堂文庫本）。
王錫侯，《書法精言》（中國國家圖書館藏乾隆間刊本及周作人藏三樹堂本）。
王錫侯，《國朝詩觀二集》（《四庫禁燬書叢刊》景印乾隆三十五年刊本）。
王懋竑，《讀書記疑》（《續修四庫全書》景印同治十一年刊本）。
司馬光等，《類篇》（臺北故宮博物院藏景鈔宋刊本）。
弘晈，《菊譜》（中國國家圖書館藏乾隆間刊本）。
弘晝等，《八旗滿洲氏族通譜》（《景印文淵閣四庫全書》本，乾隆九年成書）。
弘曆，《御製詩四集》（《景印文淵閣四庫全書》本）。

札降阿修，程卓樑纂，《宜黃縣志》（《中國方志叢書》景印道光五年刊本）。
玄度，《九經字樣》（天津圖書館藏同治間刊本，唐代成書）。
甘文蔚等修，王元音等纂，《昌化縣志》（《中國方志叢書》景印乾隆十三年刊本）。
甘揚聲，《勤約堂文集》（《清代詩文集彙編》景印道光十九年刊本）。
白胤謙，《東谷集》（《四庫全書存目叢書）景印順治、康熙間刊本）。
石卓槐，《留劍山莊初藁》（《清代詩文集彙編》景印乾隆四十年刊本）。
伊桑阿等，《大清會典》（《近代中國史料叢刊三編》景印康熙二十九年序刊本）。
安徽通志館纂修，《安徽通志稿》（《中國方志叢書》景印民國二十三鉛印本）。
托津等，《欽定大清會典事例》（《近代中國史料叢刊三編》景印嘉慶間刊本）。
朱孔陽，《新刻瑞樟軒訂政字韻合璧》（《四庫全書存目叢書）景印崇禎間刊本）。
朱世緯纂修，王玲續修，《永年縣志》（中國國家圖書館藏乾隆十年刊本）。
朱言詩等纂修，《梁山縣志》（《中國方志叢書》景印光緒二十年刊本）。
朱長文，《墨池編》（天津圖書館藏乾隆間挖改雍正十一年序刊本；中國國家圖書館藏隆慶二年刊本）。
朱俊聲，《說文通訓定聲》（中國國家圖書館藏道光三十年刊本）。
朱軾、常鼐等纂修，《大清律集解附例》（北京：北京出版社，《四庫未收書輯刊》景印雍正三年刊本）。
朱彝尊，《曝書亭集》（《景印文淵閣四庫全書》本；臺北：臺灣商務印書館，《四部叢刊初編》景印康熙五十三年刊本）。
江蘩，《太常紀要》（《四庫全書存目叢書》景印康熙間刊本）。
何休注，徐彥疏，《春秋公羊傳注疏》（《景印文淵閣四庫全書》本）。
何源濬修，《四川敍州府志》（北京：中國書店，《稀見中國地方志彙刊》景印康熙間刊本）。
何懷道修，萬重篔纂，《開化府志》（中國國家圖書館藏道光九年刊本）。
余金，《熙朝新語》（《續修四庫全書》景印嘉慶二十三年刊本）。
佟企聖修，蘇毓眉等纂，《曹州志》（中國國家圖書館藏康熙十三年初刊本；《稀見中國地方志彙刊》景印康熙十三年挖改後印本）。
吳元滿，《六書正義》（中國國家圖書館藏萬曆三十三年刊本）。
吳元滿，《六書泝原直音》（中國國家圖書館藏萬曆十四年刊本）。
吳世熊修，劉庠纂，《徐州府志》（南京：鳳凰出版社，《中國地方志集成》景印同治十三年刊本）。
吳汝為修，劉元泰纂，《麟遊縣志》（南京：鳳凰出版社，《中國地方志集成》景印康熙四十七年增刊本）。
吳長元，《宸垣識略》（《續修四庫全書》景印乾隆五十三年刊本）。
吳振棫，《養吉齋叢錄》（《續修四庫全書》景印光緒間刊本）。
吳達海等纂，《大清律集解附例》（中國國家圖書館藏順治四年初刊本及中研院傅斯年圖書館藏康熙三年左右增修本）。
吳輔宏修，王飛藻纂，《大同府志》（南京：鳳凰出版社，《中國地方志集成》景印乾隆四十七年重校刊本）。

吳震方，《讀書正音》（《四庫全書存目叢書》景印康熙四十四年刊本）。
吳篪修，李兆洛等纂，《東流縣志》（《中國方志叢書》景印嘉慶二十三年刊本）。
呂坤，《去偽齋文集》（《四庫全書存目叢書》景印康熙三十三年刊本）。
呂懋先修，帥方蔚纂，《奉新縣志》（《中國方志叢書》景印同治十年刊本）。
宋祖乙修，申佳胤纂，《永年縣志》（中國國家圖書館藏崇禎十四年刊本）。
宋琬纂修，張朝琮續修，《永平府志》（《四庫全書存目叢書》景印康熙五十年刊本）。
宋嗣京修，藍應裕等纂，《埔陽志》（上海：上海書店出版社，《中國地方志集成》景印康熙二十五年刊本）。
宋瑛等修，彭啟瑞等纂，《泰和縣志》（《中國方志叢書》景印光緒五年刊本）。
李士楨，《撫粵政略》（《近代中國史料叢刊三編》景印康熙四十二年刊本）。
李世昌等纂，《平度州志》（哈佛大學燕京圖書館藏乾隆以後據康熙五年本挖改之本）。
李光濤，《明清檔案存真選輯第三集》（臺北：中研院歷史語言研究所，1975）。
李廷輝修，徐志鼎纂，《桐鄉縣志》（中國國家圖書館藏嘉慶四年刊本）。
李攸，《宋朝事實》（《景印文淵閣四庫全書》本）。
李京，《字學正本》（哈佛大學燕京圖書館藏康熙八年刊本）。
李昱修，陸心源纂，《歸安縣志》（上海：上海書店出版社，《中國地方志集成》景印光緒八年刊本）。
李恭簡修，魏儁纂，《興化縣志》（南京：鳳凰出版社，《中國地方志集成》景印民國三十三年鉛印本）。
李富孫，《曝書亭集詞注》（《續修四庫全書》景印嘉慶十九年刊本）。
李慈銘，《荀學齋日記》（北京：學苑出版社，《歷代日記叢鈔》景印民國九年稿本）。
李葆貞修，梅彥騊等纂，《浦城縣志》（《稀見中國地方志彙刊》景印順治八年刊本）。
李維楨修，《山西通志》（《稀見中國地方志彙刊》景印崇禎二年據萬曆三十九年本後印之本）。
李德懋，《青莊館全書》（首爾：景仁文化社，《韓國文集叢刊》本）。
李慧等修，《三江李氏宗譜》（《中華族譜集成》景印道光間刊本）。
李衛等修，傅王露等纂，《敕修浙江通志》（中國國家圖書館藏乾隆元年刊本）。
李應泰等修，章綬等纂，《宣城縣志》（《中國方志叢書》景印光緒十四年刊本）。
李懋仁纂修，《六安州志》（北京：線裝書局，《清代孤本方志選》景印雍正七年刊本）。
李鴻章，《李肅毅伯奏議》（上海：鴻文書局，光緒二十五年石印本）。
李鶴章修，《合肥李氏宗譜》（《清代民國名人家譜選刊續編》景印同治十一年木活字本）。
杜受田等修，英匯等纂，《欽定科場條例》（《續修四庫全書》景印咸豐二年刊本）。
汪日祺，《讀書堂詩稾・江鄉羇旅集》（中國國家圖書館藏雍正元年序刊本）。
汪循，《汪仁峰先生文集》（《四庫全書存目叢書》景印康熙間刊本）。
汪景祺，《讀書堂西征隨筆》（《續修四庫全書》景印民國初年鉛印本）。
汪楫，《崇禎長編》（臺北：中研院歷史語言研究所，景印傅斯年圖書館藏清鈔本）。

汪源澤修，聞性道纂，《鄞縣志》（上海：上海書店出版社，《中國地方志集成》景印康熙二十五年刊本）。
沈廷芳，《國朝歷科館選錄》（哈佛大學燕京圖書館藏乾隆十一年序刊本）。
沈廷芳，《隱拙齋集》（《清代詩文集彙編》景印乾隆間刊本）。
沈奕琛，《廣平府志》（中國國家圖書館藏康熙十五年刊本）。
沈括，《夢溪筆談》（《景印文淵閣四庫全書》本）。
沈家本等修，徐宗亮等纂，《重修天津府志》（《續修四庫全書》景印光緒二十五年刊本）。
沈德符，《萬曆野獲編》（北京：中華書局，1959）。
沈德潛，《國朝詩別裁集》（《四庫禁燬書叢刊》景印乾隆二十五年刊本）。
冼國幹修，張星法纂，《武強縣志》（北京：北京圖書館出版社，《地方志人物傳記資料叢刊》景印康熙三十三年刊本）。
周世昌撰，《崑山縣志》（《中國方志叢書》景印萬曆四年刊本）。
周壽昌，《思益堂日札》（《續修四庫全書》景印光緒十四年刊本）。
周榘，《廿二史諱略》（上海：上海書店出版社，《叢書集成續編》景印光緒間刊本）。
周廣業，《蓬廬文鈔》（《清代詩文集彙編》景印 1940 年排印本，嘉慶間成書）。
周德清，《中原音韻》（《景印文淵閣四庫全書》本）。
周樹槐等纂修，《吉水縣志》（《中國方志叢書》景印道光五年刊本）。
和珅，《芸香堂詩集》（中國國家圖書館藏嘉慶間刊本）。
宗源瀚修，周學濬纂，《湖州府志》（《中國方志叢書》景印同治十三年刊本）。
宗澤，《宋宗忠簡公集》（北京：國家圖書館出版社，《中國古籍珍本叢刊・東北師範大學圖書館卷》景印康熙三十年刊本）。
宗澤，《宗忠簡公全集》（中國國家圖書館藏康熙四十五年刊本）。
宗澤，《宗忠簡集》（《景印文淵閣四庫全書》本、文瀾閣本、文津閣本、中國國家圖書館藏崇禎十三年刊本）。
宗澤，《宗忠簡集》（杭州：浙江古籍出版社，1984，據《金華叢書》本排印標點）。
宗澤撰，東景南校注，《宗澤集校注》（北京：中華書局，2021）。
宗譜編纂處編，《愛新覺羅宗譜》（北京：學苑出版社，1998 年景印 1938 年鉛印本）。
屈大均輯，《廣東文選》（《四庫禁燬書叢刊》景印康熙二十六年刊本）。
岳宏譽，《靈丘縣志》（中國國家圖書館藏康熙二十三年刊本）。
岳廷楷重修，《永城縣志》（中國國家圖書館藏光緒二十七年刊本）。
林庭棉、周廣等修，《江西通志》（《中國方志叢書》景印嘉靖四年刊本）。
法式善，《八旗詩話》（《續修四庫全書》景印康熙間稿本）。
法式善，《槐廳載筆》（《續修四庫全書》景印嘉慶間刊本）。
金之俊，《金文通公集》（《清代詩文集彙編》景印康熙二十五年刊本）。
金光祖纂修，《廣東通志》（南京：鳳凰出版社，《中國地方志集成》景印康熙三十六年刊本）。
金海一，《燕行日記》（首爾：東國大學校出版部，《燕行錄全集》景印清代刊本）。

金毓黻輯，《金毓黻手定本文溯閣四庫全書提要》（北京：全國圖書館文獻縮微複製中心，1999）。
金鉷修，錢元昌纂，《廣西通志》（《景印文淵閣四庫全書》本）。
阿思哈修，嵩貴纂，《續河南通志》（《四庫全書存目叢書》景印乾隆三十二年刊本）。
保忠、吳慈，《平度州志》（中國國家圖書館藏道光二十九年刊本）。
俞正燮，《癸巳類稿》（《續修四庫全書》景印道光十三年刊本）。
南懷仁，《不得已辯》（臺北：臺灣學生書局，《天主教東傳文獻》本）。
南懷仁，《熙朝定案》（《天主教東傳文獻》本）。
奎潤等修，詹鴻謨等纂，《欽定科場條例》（《近代中國史料叢刊三編》景印光緒十三年刊本）。
奕劻等編，《欽定大清現行刑律》（香港：蝠池書院出版公司，《清代各部院則例》景印宣統二年排印本）。
姚潛，《姚後陶先生遺稿》（廣州中山大學圖書館藏康熙五十五年刊本）。
姚濬昌修，周立瀛等纂，《安福縣志》（《中國方志叢書》景印同治十一年刊本）。
姚覲元，《清代禁毀書目四種》（《續修四庫全書》景印光緒間刊本）。
姚寶煃修，范崇楷等纂，《西安縣志》（《中國方志叢書》景印民國六年據嘉慶十六年刊本重刻）。
查元偁等編，《海寧查氏族譜》（浙江圖書館藏道光八年刊本）。
查嗣瑮，《壬申紀游》（浙江圖書館藏手稿本）。
查嗣瑮，《廬山紀遊》（中國國家圖書館藏康熙三十一年刊本）。
查慎行，《敬業堂詩續集》（《清代詩文集彙編》景印乾隆間刊本）。
查慎行撰，張玉亮、辜豔紅點校，《查慎行集》（杭州：浙江古籍出版社，2018）。
柳瑛纂修，《中都志》（中國國家圖書館藏弘治間刊本及《四庫全書存目叢書》景印弘治本之重刊本）。
段玉裁注，《說文解字注》（《續修四庫全書》景印嘉慶二十年刊本）。
洪仁玕，《太平天日》（《太平天國印書》景印清刊本）。
洪若皐，《南沙文集》（《清代詩文集彙編》景印康熙二十八年初刊本及《四庫全書存目叢書》景印乾隆間據康熙間刊本挖改之本）。
紀昀等，《欽定四庫全書總目》（《景印文淵閣四庫全書》本、浙江大學圖書館藏謝啟昆刊本、中國國家圖書館藏武英殿刊本）。
胡文燁纂修，《雲中郡誌》（中國國家圖書館藏順治九年刊本）。
胡思敬，《退廬詩（文）集》（《近代中國史料叢刊正編》景印 1924 年刊本）。
范鄗鼎，《續垂棘編》（濟南：齊魯書社，《四庫全書存目叢書補編》景印康熙三十四年刊本）。
茅成鳳纂修，《建平縣志》（北京：國家圖書館出版社，《南京圖書館藏稀見方志叢刊》景印康熙三十九年刊本）。
凌稚隆，《春秋左傳注評測義》（哈佛大學燕京圖書館藏萬曆十六年刊本）。
唐邦治，《清皇室四譜》（上海：聚珍仿宋印書局，1923）。
唐孫華，《東江詩鈔》（《清代詩文集彙編》景印康熙五十六年刊本）。

唐祖價，《陳恪勤公年譜》（北京：北京圖書館出版社，《北京圖書館藏珍本年譜叢刊》景印道光間刊本）。

夏修恕等修，蕭琯等纂，《思南府續志》（成都：巴蜀書社，《中國地方志集成》景印道光二十一年刊本）。

孫琬等修，李兆洛等纂，《武進陽湖縣合志》（中國國家圖書館藏道光二十三年刊本）。

孫樹禮，《文瀾閣志》（揚州：江蘇廣陵古籍刻印社，景印光緒二十四年錢塘丁氏嘉惠堂《武林掌故叢編》刊本）。

徐元文，《含經堂集》（《續修四庫全書》景印清代刊本）。

徐心田纂修，《南陵縣志》（海口：海南出版社，《故宮珍本叢刊》景印嘉慶十三年刊本）。

徐光啟，《奏疏》，收入湯若望等修輯，《西洋新法曆書》（《故宮珍本叢刊》景印明崇禎刻清順治年間頒行本）。

徐如翰，《檀燕山藏稿》（中研院傅斯年圖書館藏膠片，泰昌間刊本）。

徐秉元修，仲弘道纂，《桐鄉縣志》（哈佛大學燕京圖書館景印康熙二十五年刊本）。

徐政修，馬驌纂，《鄒平縣志》（《清代孤本方志選》景印順治十七年刊本）。

徐珂，《清稗類鈔》（北京：商務印書館，1916）。

徐家保等纂修，《錫山徐氏宗譜》（上海圖書館藏光緒三十一年刊本）。

徐家瀛等修，舒孔恂等纂，《靖安縣志》（《中國方志叢書》景印同治九年活字本）。

徐釚，《南州草堂集》（《續修四庫全書》景印康熙三十四年刊本）。

徐乾學，《憺園文集》（《四庫全書存目叢書》景印康熙三十六年刊本）。

徐澂，《俞曲園先生年譜》，收入趙一生主編，《俞樾全集》（杭州：浙江古籍出版社，2021）。

徐燦，《陽溪遺稿》（《四庫全書存目叢書》景印道光十六年刊本）。

恭阿拉等修，《欽定學政全書》（《故宮珍本叢刊》景印嘉慶十七年刊本）。

時庸勱，《聲譜》（《續修四庫全書》景印光緒十八年刊本）。

桂敬順纂修，《渾源州志》（中國國家圖書館藏乾隆二十八年刊本）。

特登額等，《欽定禮部則例》（臺北：成文出版社，景印道光間刊本）。

秦國經主編，《中國第一歷史檔案館藏清代官員履歷檔案全編》（上海：華東師範大學出版社，1997）。

納喇性德（納蘭成德），《合訂刪補大易集義粹言》（《景印文淵閣四庫全書》本）。

納蘭成德，《通志堂集》（中國國家圖書館藏康熙三十年徐乾學刊本）。

納蘭成德，《詞人納蘭容若手簡》（上海：上海圖書館，1961）。

納蘭成德，《飲水詞集》（中國國家圖書館藏康熙三十年刊本）。

納蘭成德、徐乾學等輯，《通志堂經解》（天津圖書館藏康熙十九年刊本）。

納蘭性德（納蘭成德），《通志堂集》（上海：華東師範大學出版社，2008）。

素爾訥等，《欽定學政全書》（《續修四庫全書》本，乾隆三十八年成書）。

翁同龢，《翁文恭公日記》（《續修四庫全書》景印稿本）。

翁同龢著，翁萬戈編，《翁同龢日記》（上海：中西書局，2012）。

耿維祜修，潘文輅纂，《石門縣志》（中國國家圖書館藏道光元年刊本）。
郝玉麟監修，魯曾煜編纂，《廣東通志》（《景印文淵閣四庫全書》本）。
郝玉麟監修，謝道承編纂，《福建通志》（《景印文淵閣四庫全書》本）。
郝獻明修，胡嶽立纂，《樂陵縣志》（北京：線裝書局，《孤本舊方志選編》景印順治十八年刊本）。
馬之駿，《玅遠堂全集》（《四庫全書存目叢書》景印天啟七年刊本）。
馬如龍、楊鼐等纂修，李鐸等增修，《杭州府志》（北京：國家圖書館出版社，《浙江圖書館藏稀見方志叢刊》景印康熙三十三年增刊本）。
高士奇，《隨輦集》（天津圖書館藏康熙二十八年或稍後刊本）。
高士英編纂，《濮州志》（中國國家圖書館藏宣統元年刊本）。
高似孫，《史略》（內閣文庫藏寶慶元年刊本）。
高得貴修，張九徵等纂，朱霖等增纂，《鎮江府志》（南京：鳳凰出版社，《中國地方志集成》景印乾隆十五年增刊本）。
崑岡等，《欽定大清會典》（《續修四庫全書》景印光緒間石印本）。
崑岡等修，劉啟端等纂，《欽定大清會典事例》（《續修四庫全書》景印光緒間石印本）。
崔華、張萬壽纂修，《揚州府志》（《四庫全書存目叢書》景印康熙間刊本）。
張九成，《橫浦先生文集》（北京：北京圖書館出版社，《中華再造善本》景印宋刊本）。
張之洞，《輶軒語》（《叢書集成續編》景印光緒元年刊本）。
張予介等，《崑山新陽合志》（中國國家圖書館藏乾隆十六年刊本）。
張太昇主修，《嘉祥縣志》（中國國家圖書館藏順治間刊本）。
張世浣等修，姚文田等纂，《重修揚州府志》（《中國方志叢書》景印嘉慶十五年刊本）。
張玉書、陳廷敬等，《御定佩文韻府》（哈佛大學燕京圖書館藏康熙間內府刊本）。
張玉書等，《康熙字典》（哈佛大學燕京圖書館藏康熙五十五年序刊本）。
張玉書等，《御定佩文韻府》（哈佛大學燕京圖書館藏康熙內府刊本）。
張自烈，《正字通》（哈佛大學燕京圖書館藏康熙二十四年刊本）。
張行孚，《說文審音》（臺北：藝文印書館，《百部叢書集成》景印光緒間刊本）。
張廷玉，《澄懷園語》（《清代詩文集彙編》景印乾隆十一年刊本）。
張庚，《國朝畫徵錄》（《續修四庫全書》景印乾隆四年刊本》。
張金吾，《愛日精廬藏書志》（《續修四庫全書》景印光緒十三年刊本）。
張思勉修，于始瞻纂，《掖縣志》（《中國方志叢書》景印乾隆二十三年刊本）。
張英，《存誠堂詩集》（《清代詩文集彙編》景印康熙四十三年刊本）。
張國經纂修，《廉州府志》（《稀見中國地方志彙刊》景印崇禎十年刊本）。
張惟驤，《歷代諱字譜》（中研院傅斯年圖書館藏《小雙寂庵叢書》刊本，1932）。
張欽纂修，《大同府志》（《四庫全書存目叢書》景印正德刻嘉靖增修本）。
張雲章、查嗣瑮，《橘社唱和集》（中國國家圖書館藏鈔本）。

張楷纂修，《安慶府志》（《中國方志叢書》景印康熙六十年刊本）。
張照，《昇平寶筏》（中國國家圖書館藏鈔本）。
張照等，《石渠寶笈》（《景印文淵閣四庫全書》本）。
張藎修，沈麟趾纂，《金華府志》（上海：上海書店出版社，《中國地方志集成》景印宣統元年據康熙間刊本石印之本）。
戚學標，《漢學諧聲》（中國國家圖書館藏嘉慶九年刊本）。
曹元弼，《復禮堂文集》（臺北：文史哲出版社，《近代名家集彙刊》景印 1917 年刊本）。
曹文埏等纂修，《太平縣志》（中國國家圖書館藏康熙二十二年刊本）。
曹寅，《楝亭詩鈔》（《續修四庫全書》景印康熙間刊本）。
曹雪芹，《脂硯齋重評石頭記》（中國國家圖書館和中國國家博物館藏己卯本）。
曹雪芹原著，馮其庸評批，《馮其庸評批集》（青島：青島出版社，2012）。
曹履吉，《博望山人稿》（《四庫全書存目叢書》景印崇禎十七年刊本）。
章學誠纂，《湖北通志檢存稿》（《續修四庫全書》景印 1922 年重刊本）。
許容等監修，李迪等編纂，《甘肅通志》（《景印文淵閣四庫全書》本）。
許傳霈等原纂，朱錫恩等續纂，《海寧州志稿》（《中國方志叢書》景印民國十一年鉛印本）。
郭子章，《郭氏易解》（法國國家圖書館藏萬曆四十六年刊本）。
郭正域，《皇明典禮志》（《續修四庫全書》景印萬曆四十一年刊本）。
郭忠恕，《佩觿》（《景印文淵閣四庫全書》本）。
郭祚熾纂修，《建昌縣志》（中國國家圖書館藏道光元年刊本）。
陳允錫，《史緯》（《四庫全書存目叢書》景印康熙間刊本）。
陳弘謀，《四種遺規摘鈔》（天津圖書館藏嘉慶十九年勉行堂刊本）。
陳弘謀，《宋司馬文正公年譜》（中國國家圖書館藏乾隆六年桂林陳氏培遠堂刊本、乾隆間刊本）。
陳孝威，《壺山集》（《四庫禁燬書叢刊》景印順治間刊本）。
陳廷敬，《午亭集》（《四庫全書存目叢書補編》景印康熙四十一年刊本）。
陳洪書修，王錫侯纂，《望都縣新志》（《四庫禁燬書叢刊》景印乾隆三十六年刊本）。
陳食花修，鍾鍔等纂，《益都縣志》（《中國方志叢書》景印康熙十一年刊本）。
陳彭年等撰，《廣韻》（中國國家圖書館藏康熙六年及四十三年刊本）。
陳殿桂，《與袁堂文集》（《四庫未收書輯刊》景印清刊本）。
陳夢雷等編纂，《欽定古今圖書集成》（中國國家圖書館藏雍正四年銅活字本）。
陳維崧，《迦陵詞全集》（《續修四庫全書》景印康熙二十八年刊本）。
陳錫輅修，朱煌等纂，《安陽縣志》（中國國家圖書館藏乾隆三年刊本）。
陳繼儒，《晚香堂集》（《四庫禁燬書叢刊》景印崇禎間刊本）。
陸以湉，《冷廬雜識》（《續修四庫全書》景印咸豐六年刊本）。
博爾都，《白燕栖詩草》（山東師範大學圖書館藏清代鈔本）。
嵇曾筠等監修，沈翼機等編纂，《浙江通志》（《景印文淵閣四庫全書》本）。

彭際盛等修，胡宗元等纂，《吉水縣志》（《中國方志叢書》景印光緒元年刊本）。
彭潤章纂修，《麗水縣志》（《中國方志叢書》景印同治十三年刊本）。
惲祖祁等修，《惲氏家乘》（FamilySearch 掃描民國六年刊本）。
惲敬，《大雲山房雜記》（《百部叢書集成》景印光緒九年刊本）。
揆敘，《益戒堂自訂詩集》（《清代詩文集彙編》景印雍正二年刊本）。
曾紀澤，《曾惠敏公奏疏》（《續修四庫全書》景印光緒十九年刊本）。
程良玉，《易冒》（《四庫全書存目叢書》景印康熙三年刊本）。
程素期修，程之芳纂，《鄒平縣志》（北京：學苑出版社，《天春園藏善本方志選編》景印康熙三十四年刊本）。
程雲等修，孫鴻淦等纂，《興縣志》（《中國方志叢書》景印乾隆十四年據雍正八年刊本增補本）。
華學瀾，《辛丑日記》（《續修四庫全書》景印民國二十五年鉛印本）。
鄂爾泰等修，《八旗通志初集》（哈佛大學燕京圖書館藏乾隆四年漢文刊本及臺北故宮博物院藏滿文本）。
閔從隆纂修，《芷江縣志》（《故宮珍本叢刊》景印乾隆二十五年刊本）。
黃本驥，《避諱錄》（《叢書集成續編》景印道光二十六年刊本）。
黃廷桂纂修，張晉生編纂，《四川通志》（《景印文淵閣四庫全書》本）。
黃宗羲，《〈明文海〉文淵閣本抽毀餘稿》（北京：全國圖書館文獻縮微複製中心，《中國公共圖書館古籍文獻珍本彙刊》景印乾隆間鈔本）。
黃宗羲，《南雷文案》（中國國家圖書館藏康熙間刊本）。
黃居中修，楊淳纂，《靈臺志》（蘭州：蘭州古籍書店，《中國西北文獻叢書》景印順治十五年序刊本）。
黃雲修，林之望等纂，《續修廬州府志》（《中國方志叢書》景印光緒十一年刊本）。
黃寬等修，王謙言等纂，《安福縣志》（天津：天津古籍出版社，《國家圖書館藏地方志珍本叢刊》景印康熙五十二年刊本）。
黃諫，《从古正文》（中國國家圖書館藏嘉靖十五年刊本）。
黃鴻壽，《清史紀事本末》（《續修四庫全書》景印民國三年石印本）。
楊士凝，《芙航詩襭》（《清代詩文集彙編》景印雍正元年刻乾隆四十一年增修本）。
楊文峰修，萬廷蘭纂，《新昌縣志》（《稀見中國地方志彙刊》景印乾隆五十八年刻增修本）。
楊臣諍等，《龍文鞭影》（杭州：浙江大學出版社，景印光緒十一年刊本）。
楊桓，《六書統》（《景印文淵閣四庫全書》本）。
楊慎，《太史升菴文集》（中國國家圖書館藏萬曆十年刊本）。
楊繼盛，《楊忠愍公集》（《故宮珍本叢刊》景印隆慶三年刊本；中國國家圖書館藏康熙三十三年刊本；合肥：黃山書社，《明別集叢刊》景印隆慶四年刊本）。
楊繼盛，《楊忠愍集》（《景印文淵閣四庫全書》本、文瀾閣本、文津閣本）。
楊繼盛，《楊椒山先生全集》（美國康奈爾大學圖書館藏道光增補重刊本）。
楊繼盛，《楊椒山先生集》（哈佛大學燕京圖書館藏康熙三十七年刊本）。

萬發元修，周詵詒纂，《永明縣志》（《中國方志叢書》景印光緒三十三年刊本）。
葉方藹，《葉文敏公集》（《續修四庫全書》景印康、雍間遞鈔本）。
葉春及纂修，《順德縣志》（中國國家圖書館藏萬曆間刊本）。
葉泰，《山法全書》（《四庫全書存目叢書》景印康熙間刊本）。
葉隆禮，《契丹國志》（《中華再造善本》景印元刊本）。
葛震撰，曹荃註，《四言史徵》（《四庫全書存目叢書》景印康熙三十九年序刊本）。
董其昌，《容臺文集》（《四庫全書存目叢書》景印崇禎三年刊本）。
董恂，《江北運程》（《四庫未收書輯刊》景印咸豐十年刊本）。
董誥等編，《欽定全唐文》（臺北：大通書局，景印嘉慶二十三年內府刊本）。
董誥等輯，《皇清文穎續編》（哈佛大學燕京圖書館藏嘉慶十五年刊本）。
虞德升，《諧聲品字箋》（哈佛大學燕京圖書館藏康熙十六年刊本）。
解縉、姚廣孝等編，《永樂大典》（《四庫全書存目叢書補編》景印明鈔本）。
賈雒英修，薛起蛟等纂，《新會縣志》（北京：書目文獻出版社，《日本藏中國罕見地方志叢刊》景印康熙二十九年刊本）。
載齡等修，福趾等纂，《欽定戶部漕運全書》（《續修四庫全書》景印光緒二年刊本）。
達靈阿修，周方炯纂，《重修鳳翔府志》（中國國家圖書館藏道光間據乾隆三十一年刊本增補之本；「中國方志庫」所收錄之增補本）。
雷學海修，陳昌齊纂，《雷州府志》（上海：上海書店出版社，《中國地方志集成》景印嘉慶十六年刊本）。
熊人霖纂修，《義烏縣志》（內閣文庫藏崇禎十三年刊本）。
福增格，《松巖集》（中研院傅斯年圖書館藏乾隆四十年稿本）。
翟文選等修，王樹枏等纂，《奉天通志》（瀋陽：奉天通志館，民國二十三年鉛印本）。
趙士麟等監修，《浙江通志》（中國國家圖書館藏康熙二十三年刊本）。
趙世安修，顧豹文、邵遠平纂，《仁和縣志》（上海：上海書店出版社，《中國地方志集成》景印康熙二十六年刊本）。
趙令畤，《侯鯖錄》（《百部叢書集成》景印乾隆間刊本）。
趙用賢等，《大明會典》（哈佛大學燕京圖書館藏萬曆間刊本）。
趙裔昌修，何名雋等纂，《蒙城縣志》（《中國方志叢書》景印康熙十五年刊本）。
趙爾巽等，《清史稿》（北京：中華書局，1976年點校本，民國十七年成書）。
劉玉瓚修，饒昌胤等纂，《撫州府志》（《清代孤本方志選》景印康熙四年刊本）。
劉承幹，《晉書斠注》（《續修四庫全書》景印1928年刊本）。
劉昉等，《幼幼新書》（哈佛大學燕京圖書館藏萬曆十四年重輯刊本）。
劉崇元等重修，《太平縣志》（《中國方志叢書》景印雍正三年刊本）。
劉棨修，孔尚任纂，《平陽府志》（《稀見中國地方志彙刊》景印康熙四十七年刊本）。
劉超然修，鄭豐稔纂，《崇安縣新志》（《中國方志叢書》景印民國三十年鉛印本）。
劉道著修，錢邦芑纂，《永州府志》（《日本藏中國罕見地方志叢刊》景印康熙九年刊本）。
劉顯世等修，任可澄等纂，《貴州通志》（成都：巴蜀書社，《中國地方志集成》景印民國三十七年鉛印本）。
德保等修，李翶等纂，《欽定科場條例》（內閣文庫藏乾隆四十四年刊本）。
慶霖修，戚學標纂，《太平縣志》（中國國家圖書館藏光緒二十二年重刻嘉慶十五年刊本）。
蔣景祁輯，《瑤華集》（《續修四庫全書》景印康熙二十五年刊本）。
蔣履泰續纂修，《鄷都縣志》（哈佛大學燕京圖書館藏光緒二十年據同治八年刊本增修重刊本）。
蔣應泰纂，黃雲史增修，《高州府志》（《稀見中國地方志彙刊》景印康熙十一年刊本）。
鄭昌順等編，《同文彙考》（臺北：珪庭出版社，景印朝鮮正祖八年木活字排印本；韓國首爾大學奎章閣藏本）。
鄭珍，《汗簡箋正》（民國九年重印光緒十五年廣雅書局叢書本）。
鄭澐修，邵晉涵纂，《杭州府志》（《續修四庫全書》景印乾隆四十九年刊本）。
鄭燮，《鄭板橋家書評點》（長沙：岳麓書社，2004）。
鄭燮著，卞孝萱編，《鄭板橋全集》（濟南：齊魯書社，1985）。
震鈞，《天咫偶聞》（《續修四庫全書》景印光緒三十三年刊本）。
戰效曾修，高瀛洲纂，《海寧州志》（中國國家圖書館及哈佛大學燕京圖書館藏道光二十八年據乾隆四十一年雕版重刷本）。
遼寧省檔案館編，《黑圖檔・咸豐朝》（北京：線裝書局，2016）。
錢大昕，《十駕齋養新餘錄》（《續修四庫全書》景印嘉慶間刊本）。
錢恂，〈閣目四〉，收入《壬子文瀾閣所存書目・文瀾閣目補》（杭州：浙江公立圖書館，1923）。
錢澄之，《田間詩集》（中國國家圖書館藏康熙二十九年序刊本）。
錢謙益，《列朝詩集》（《續修四庫全書》景印順治九年刊本）。
錢謙益，《牧齋初學集》（《續修四庫全書》本，民國涵芬樓據崇禎間刊本景印）。
錫惪修，石景芬纂，《饒州府志》（《中國方志叢書》景印同治十一年刊本）。
龍啟瑞、黃本驥，《字學舉隅》（東京都：雄山閣，《異体字研究資料集成（別卷）》景印光緒十二年刊本，道光十八年成書；北京中國社會科學院圖書館藏道光三十年鏡水園重刊本）。
戴澳，《杜曲集》（《四庫禁燬書叢刊》景印崇禎間刊本）。
薛承愛，《新刻星平總會命海全編》（哈佛大學燕京圖書館藏萬曆三十九年刊本）。
謝長清纂修，《重修延川縣志》（南京：鳳凰出版社，《中國地方志集成》景印道光十一年刊本）。
鍾惺，《隱秀軒集》（內閣文庫藏天啟二年刊本）。
瞿罕，《孝經對問》（揚州：廣陵書社，《孤本孝經貫註》景印崇禎七年刊本）。
豐紳殷德，《延禧堂詩鈔》（中國國家圖書館藏嘉慶十六年刊本）。
額騰額修，《葉赫那蘭氏八旗族譜》（北京：北京圖書館出版社，《北京圖書館藏家譜叢刊》景印道光三年鈔本）。
魏修，裘璉等纂，《錢塘縣誌》（中國國家圖書館藏康熙五十七年刊本）。

魏荔彤，《懷舫詩集》（《四庫全書存目叢書補編》景印康熙、雍正間刊本）。
魏荔彤修，陳元麟纂，《漳州府志》（中國國家圖書館藏康熙五十四年刊本）。
羅振玉，《雪堂叢刻》（北京：北京圖書館出版社，景印 1915 年上虞羅氏排印本）。
羅振玉，《敦煌石室碎金》（天津：東方學會，1925）。
羅振玉輯，《明季三孝廉集》（1919 年上虞羅氏排印本）。
羅綸、李文淵纂修，《永昌府志》（北京：書目文獻出版社，《北京圖書館古籍珍本叢刊》景印康熙間刊本）。
邊連寶，《杜律啟蒙》（北京首都圖書館藏乾隆四十二年刊本）。
嚴有禧纂修，《萊州府志》（天津圖書館藏乾隆五年刊本）。
寶鋆等修，《籌辦夷務始末（同治朝）》（《近代中國史料叢刊正編》景印清代鈔本）。
𢥞盦，《賑災輯要》（上海：廣益書局，1936）。
釋智樸，《盤山志》（《故宮珍本叢刊》景印康熙四十年刊本）。
釋道原，《景德傳燈錄》（《四部叢刊三編》景印宋刊本）。
蘭茂，《韻略易通》（《四庫全書存目叢書》景印萬曆三十七年刊本）。
鐵保等，《欽定八旗通志》（《景印文淵閣四庫全書》本，嘉慶元年成書）。
顧廷龍主編，《清代硃卷集成》（臺北：成文出版社，1992）。
顧汧修，張沐纂，《河南通志》（中國國家圖書館藏康熙三十四年刊本）。
顧炎武，《〈日知錄〉文淵閣本抽毀餘稿》（《中國公共圖書館古籍文獻珍本彙刊》景印乾隆間鈔本）。
顧炎武撰，劉永翔校點，《顧炎武全集》（上海：上海古籍出版社，2011）。
顧貞觀、成德同選，《今詞初集》（《續修四庫全書》景印康熙間刊本）。
顧野王，《玉篇》（《景印文淵閣四庫全書》本）。
顧景星，《白茅堂集》（《四庫全書存目叢書》景印康熙間刊本）。
顧景星，《黃公說字》（《四庫全書存目叢書》景印清代鈔本）。

三、近人論著

Huang Yi-Long（黃一農）& Zheng Bingyu（鄭冰瑜）, “New Frontiers of Electronic Textual Research in the Humanities: Investigating Classical Allusions in Chinese Poetry through Digital Methods,” *Journal of Chinese Literature and Culture*, vol. 5, issue 2 (2018), pp. 411-437.
Rowe, William T., *Saving the World: Chen Hongmou and Elite Consciousness in Eighteenth-Century China* (Redwood City, CA: Stanford University Press, 2001).
《草書大字典》（上海：掃葉山房，1924）。
一歸、金亮主編，《寶篋自千秋：雷峰塔藏經》（杭州：西泠印社出版社，2022）。
上海博物館編，《吳湖帆書畫鑒藏研討會論文集》（上海：上海書畫出版社，2021）。
卞仁海，《中國避諱學史》（北京：中國社會科學出版社，2017）。
方良，《錢謙益年譜》（北京：中國書籍出版社，2013）。
方豪，《中國天主教史人物傳》（香港：公教真理學會；臺中：光啟出版社，1970）。

毛昌祥等編，《東萊崇儒毛氏族譜》（FamilySearch 掃描 2017 年重刊本）。

王力堅，〈清初漢文人心態的轉變及其對詩詞風氣的影響：以康熙十八年(1679)博學鴻儒科為考察中心〉，《中國文哲研究集刊》，第 49 期(2016)，頁 41-81。

王子林，〈天穹寶殿考〉，《故宮學刊》，第 13 輯(2015)，頁 181-198。

王子林，〈慈寧宮大佛堂考〉，《故宮博物院院刊》，2014 年第 4 期，頁 70-90。

王云慶，〈太平天國的文書避諱〉，《尋根》，2014 年第 3 期，頁 32-36。

王民信主編，《中國歷代詩文別集聯合書目》（臺北：聯合報文化基金會國學文獻館，1981-1985）。

王玉來，〈毛霦《平叛記》初刻本的抽毀與流傳考述〉，《中國地方誌》，2016 年第 5 期，頁 52-58。

王玉來，〈清代張謙宜批《平叛記》初刻本的流傳與價值〉，《蘭臺世界》，2016 年第 6 期，頁 149-152。

王汎森，〈數位人文學之可能性及限制：一個歷史學者的觀察〉，收入項潔編，《數位人文研究與技藝》（臺北：臺灣大學出版中心，2014），頁 25-35。

王汎森，《權力的毛細管作用：清代的思想、學術與心態》（臺北：聯經出版公司，2013）。

王西明，《清朝文字獄中的避諱研究》（山東大學碩士論文，2015）。

王其亨、張鳳梧，〈康熙《皇城宮殿衙署圖》解讀〉，《建築史學刊》，2020 年第 1 期，頁 8-19、2021 年第 1 期，頁 4-18、2021 年第 3 期，頁 14-29。

王青平，〈《斬鬼傳》的版本源流及其刊行過程〉，《浙江學刊》，1983 年第 4 期，頁 73-78。

王青平，〈劉璋及其才子佳人小說考〉，收入《明清小說論叢（第一輯）》（瀋陽：春風文藝出版社，1984），頁 356-372。

王建，《中國古代避諱小史》（北京：中國長安出版社，2015）。

王建，《中國古代避諱史》（貴陽：貴州人民出版社，2002）。

王建，《史諱辭典》（上海：上海古籍出版社，2011）。

王彥坤，《歷代避諱字彙典》（北京：中華書局，2009）。

王為民，〈滿文文獻與尖團音問題〉，《中國語文》，2017 年第 3 期，頁 339-352。

王苗，《太平天國印書避諱字研究》（福建師範大學碩士論文，2018）。

王清原，〈遼寧省圖書館館藏清代八旗詩文集目錄〉，《滿族研究》，2004 年第 2 期，頁 81-96。

王進駒，〈一份清代失意文人病態心理的標本：談汪景祺的《讀書堂西征隨筆》〉，《廣西師院學報（哲社版）》，2000 年第 2 期，頁 52-54、70。

王愛亭，〈《通志堂經解》刊刻過程考〉，《圖書館雜志》，2011 年第 1 期，頁 83-86。

王毓林，《論石頭記己卯本和庚辰本》（北京：書目文獻出版社，1987）。

王曉兵，〈《平叛記》版本考述〉，《蘭臺世界》，2016 年第 6 期，頁 142-144。

王曉兵，〈孔尚任朱批《平叛記》鈔稿本述略〉，《文獻》，2015 年第 5 期，頁 107-120、2016 年第 3 期，頁 133。

古本小說集成編委會，《古本小說集成提要》（上海：上海古籍出版社，2018）。
史樹青，《書畫鑒真》（北京：北京燕山出版社，2009）。
永積洋子，《唐船輸出入品一覽 1637-1833 年》（東京都：創文社，1987）。
田坂興道，〈西洋曆法の東漸と回回曆法の運命〉，《東洋學報》，第 31 卷，第 2 號(1947)，頁 141-180。
申紅寶，《康乾盛世下的鄭家莊：從康熙帝兩廢太子看清朝百年皇權之爭》（北京：北京出版社，2023）。
任光亮、沈津，〈杭州雷峰塔及《一切如來心秘密全身舍利寶篋印陀羅尼經》〉，《文獻》，2004 年第 2 期，頁 98-116。
任篤行，〈一函不同尋常的《聊齋誌異》舊抄〉，《蒲松齡研究集刊（第一輯）》（濟南：齊魯書社，1980），頁 174-182。
向輝，〈古代避諱"為字不成"小考〉，《文津學志》，第 6 輯(2013)，頁 365-372。
向熹，《漢語避諱研究》（北京：商務印書館，2016）。
朱自清，〈陶淵明年譜中之問題〉，《清華學報》，第 9 卷，第 3 期(1934)，頁 573-609。
朱慶征，〈順治朝上帝壇：昭事殿始末談〉，《故宮博物院院刊》，1999 年第 4 期，頁 74-81。
朱露川，〈陳垣《史諱舉例》的思想、結構和方法論意義〉，《學術研究》，2015 年第 10 期，頁 106-110。
何大安，〈史諱中的音韻問題〉，收入史皓元、方妮安編輯，《漢語與漢藏語研究：方言、音韻與文獻》（臺北：中研院語言學研究所，2014），頁 27-36。
何巧云，〈王錫侯事履索隱〉，《圖書館理論與實踐》，2009 年第 7 期，頁 62-64、68。
何振作，〈王錫侯著述考〉，《江西圖書館學刊》，2010 年第 2 期，頁 118-120。
余福海、羅盛吉，〈「成」字清初官話音小考：兼論納蘭容若滿名 *Cengde* 改 *Singde* 之靈感〉，《漢語史學報》，第 24 輯(2021)，頁 253-258。
吳仁安，《明清時期的江南望族》（上海：上海書店出版社，2019）。
吳良祚，〈太平天國避諱字說〉，《浙江學刊》，1987 年第 5 期，頁 120-125。
吳良祚，《太平天國避諱研究》（南寧：廣西人民出版社，1993）。該書與史式《太平天國詞語研究》合刊，書名作《太平天國詞語、避諱研究》。
吳恩裕，《曹雪芹叢考》（上海：上海古籍出版社，1980）。
宋瞳，〈雍正時期暢春園的職能轉變〉，收入闞紅柳主編，《暢春園研究》（北京：首都師範大學出版社，2015），頁 134-144。
巫佳燕，〈黃本驥《避諱錄》編纂與價值譾論〉，《圖書館界》，2023 年第 2 期，頁 44-49。
李孝聰、陳軍主編，《中國長城志・圖志》（南京：江蘇鳳凰科學技術出版社，2016）。
李良子，《千峰任去留》（西安：西北大學出版社，2020）。
李致忠，《古書版本鑒定》（北京：北京聯合出版公司，2021 年重訂本；1997 年初刊）。

李致忠，《宋版書敘錄》（北京：北京圖書館出版社，1994）。
李雪濤，〈一位傳教士記載的王錫侯《字貫》案〉，《尋根》，2006 年第 2 期，頁 52-56。
李智，〈曹寅與高旻寺考略〉，《曹雪芹研究》，2023 年第 4 期，頁 49-53。
李雄飛、顧千岳，〈順治十二年內府刻本《御製勸善要言》辨證：《國家珍貴古籍名錄》及《圖錄》糾謬一則〉，《歷史文獻研究》，2019 年第 2 期，頁 103-105。
李聖華，〈查嗣庭案新論〉，《浙江社會科學》，2013 年第 7 期，頁 130-136、142、159-160。
李聖華，〈查慎行與《憶鳴詩集》案〉，《浙江師範大學學報（社科版）》，2014 年第 3 期，頁 30-36。
李聖華，〈查慎行與長生殿案〉，《蘭州學刊》，2015 年第 5 期，頁 47-53。
李齊，〈文淵閣《四庫全書》宗澤文集相關文獻述要〉，《天一閣文叢》，第 14 輯(2016)，頁 139-152。
李衛鋒、張建偉，〈陳廷敬文集版本考〉，《山西檔案》，2017 年第 3 期，頁 153-155。
李燮平，〈明至清初時期的養心殿〉，《紫禁城》，2016 年第 12 期，頁 54-75。
杜家驥，《杜家驥講清代制度》（天津：天津古籍出版社，2014）。
杜澤遜，《四庫存目標注》（上海：上海古籍出版社，2007）。
沈治鈞，〈怡親王弘曉與《紅樓夢》〉，《紅樓夢學刊》，2005 年第 2 輯，頁 37-59。
沈治鈞，〈蒙府本的抄成年代及其他〉，《曹雪芹研究》，2023 年第 3 期，頁 50-62。
周正，〈《黑圖檔》所見清代文書工作中的避諱制度〉，《蘭臺世界》，2021 年第 7 期，頁 20-24。
周作人，《風雨談》（石家庄：河北教育出版社，2002）。
孟森，〈字貫案〉，收入氏著，《心史叢刊》（瀋陽：遼寧教育出版社，1998，初刊於 1916 年），頁 205-212。
林辰，《明末清初小說述錄》（瀋陽：春風文藝出版社，1988）。
林冠夫，《梅杈樓文集》（北京：北京時代華文書局，2016）。
林祖藻主編，《浙江圖書館館藏珍品圖錄》（杭州：西泠印社出版社，2000）。
林健，〈西方近代科學傳來中國後的一場鬥爭：清初湯若望和楊光先關於天文曆法的論爭〉，《歷史研究》，1980 年第 2 期，頁 25-32。
阿辻哲次，〈王錫侯「字貫」の研究〉，《東方學》，第 66 輯(1983)，頁 89-102。
侯印國，〈《影堂陳設書目錄》與怡府藏本《紅樓夢》〉，《紅樓夢學刊》，2013 年第 4 輯，頁 62-75。
侯印國，〈清怡親王府藏書考論：以新發現的《影堂陳設書目錄》為中心〉，《臺大文史哲學報》，第 80 期(2014)，頁 109-143。
春花，〈清代皇帝御名避諱制及滿漢文避諱字譜〉，《滿語研究》，2022 年第 2 期，頁 23-34。
春花，〈論清代頒行曆“時刻表”內的地名特點〉，《明清論叢》，第 15 輯(2015)，頁 447-458。
柳詒徵，〈記王錫侯“字貫案”〉，收入楊共樂、張昭軍主編，《柳詒徵文集》（北京：

商務印書館，2018），卷10，頁216-221；原刊於1929年。
胡春麗，《毛奇齡年譜》（上海：復旦大學出版社，2021）。
胡琦，〈己未詞科與清初"文""學"之辨〉，《北京大學學報（哲社版）》，2014年第5期，頁78-87。
胡震，〈因言何以獲罪？："謀大逆"與清代文字獄研究〉，《中國農業大學學報（社科版）》，2013年第4期，頁57-65。
范志新，〈《紅樓夢》避諱譚：兼論清初避諱〉，《蘇州大學學報（哲社版）》，2008年第2期，頁78-82。
范志新，〈說玄道寧：也論甲戌本的抄寫年代〉，《（韓國大邱大學）人文科學研究》，第46期(2003)，頁41-49。
夏長樸，〈《四庫全書總目》「浙本出於殿本說」的再檢討〉，《臺大中文學報》，第40期(2013)，頁249-290。
夏衛東，〈雍正四年停浙江鄉會試始末〉，《歷史檔案》，2003年第1期，頁81-84。
孫永如，《柳詒徵評傳》（南昌：百花洲文藝出版社，2015）。
孫啟軍，〈六種還是七種？——姜別利創制中文鉛活字略論〉，《中國出版史研究》，2018年第1期，頁91-99。
孫耀卿，《清代禁書知見錄》，收入唐・孔穎達等撰，《偽書考五種》（臺北：世界書局，1965）。
徐軍華，〈通過避諱看《延芬室集》中無編年詩的抄寫者和抄寫時間〉，《文學研究》，2022年第2期，頁98-105。
徐葦，〈清乾隆年間江西禁毀書查繳始末研究〉，《江西圖書館學刊》，1999年第4期，頁3-6。
徐廣源，〈清代唯一的皇太子園寢〉，《紫禁城》，1990年第6期，頁22-23。
烏蘭其木格，〈試論《八旗通志初集》和《欽定八旗通志》的關係〉，《內蒙古師範大學學報（哲社版）》，2006年第4期，頁77-79。
秦公、劉大新，《廣碑別字》（北京：國際文化出版公司，1995）。
袁世碩，〈《聊齋誌異》康熙鈔本補說〉，《蒲松齡事跡著述新考》（濟南：齊魯書社，1988），頁353-374。
馬秀蘭，《太平天國文書特色詞彙研究》（山東大學博士論文，2012）。
馬熙運，〈納蘭成德改名初探〉，《滿族研究》，1988年第2期，頁57-60。
馬鏞，〈清代科舉的官卷制度〉，《歷史檔案》，2012年第3期，頁79-85。
高文晶，《陶洙校抄本《脂硯齋重評石頭記》研究》（中央民族大學碩士論文，2011）。
高景春主編，《新中國出土墓誌（北京）》（北京：文物出版社，2003）。
崔乃夫主編，《中華人民共和國地名大詞典》（北京：商務印書館，1998）。
崔富章，〈《四庫全書總目》武英殿本刊竣年月考實："浙本翻刻殿本"論批判〉，《浙江大學學報（人社版）》，2006年第1期，頁104-109。
張升，《四庫全書館研究》（桃園：昌明文化公司，2016）。
張冬冬，〈范鄗鼎與《續垂棘編》〉，《忻州師範學院學報》，2020年第6期，頁12-17。

張秀玉，〈光緒《壬午科浙闈第十房薦卷簿》及其價值〉，《歷史檔案》，2015 年第 1 期，頁 141-144。

張亞權，《康熙博學鴻儒科研究》（南京大學博士論文，2003）。

張宗祥，《補鈔文瀾閣四庫闕簡書目》（臺北：成文出版社，《書目類編》景印 1926 年刊本）。

張金明，〈查慎行之宋詩精神首開清初宗宋詩派〉，《河北學刊》，2011 年第 5 期，頁 85-89。

張涌泉，《漢語俗字研究（增訂本）》（北京：商務印書館，2010）。

張晨，《查慎行年譜》（廣西師範大學碩士論文，2010）。

張瑞龍、黃一農，〈天理教起義與閏八月不祥之說析探〉，《歷史研究》，2013 年第 1 期，頁 84-99。

張義，〈《內務府呈稿》中的清宮戲曲史料及其價值〉，《檔案》，2022 年第 1 期，頁 47-53。

張劍，〈清代科舉文人官年現象及其規律〉，《華南師範大學學報（社科版）》，2017 年第 4 期，頁 152-160。

張瑩，〈淺議清朝的避諱（國諱）制度〉，收入武斌主編，《多維視野下的清宮史研究》（北京：現代出版社，2013），頁 110-132。

曹生文，〈清代避諱制度與“竹泓”名稱的演變〉，《興化日報》，2022 年 2 月 11 日，楚水週刊，第 3 版。

曹伯言、季維龍，《胡適年譜》（合肥：安徽教育出版社，1989）。

曹振偉，〈紫禁城東、西六宮脊部彩畫調查研究〉，《故宮博物院院刊》，2021 年第 10 期，頁 80-87。

曹景洲，《北京沿途導遊詞》（北京：中國旅遊出版社，2011）。

梁庚堯，〈清初曆法的爭議〉，《天主教學術研究所學報》，第 7 期(1975)，頁 163-178。

梁苑，〈劉璋不是編次才子佳人小說的煙霞散人〉，《明清小說研究》，2007 年第 1 期，頁 288-295。

梅節，〈評劉廣定先生“紅樓夢抄本抄成年代考”：兼談紅樓夢版本研究中的諱字問題〉，《紅樓夢學刊》，2000 年第 2 輯，頁 234-249。

梅節，〈論己卯本《石頭記》〉，收入梅節、馬力，《耦耕集》（北京：文化藝術出版社，2009），頁 109-131；首發於 1981 年 6 及 7 月號的《中報月刊》。

章培恒，《洪昇年譜》（上海：上海古籍出版社，1979）。

莊吉發，〈王錫侯字貫案初探〉，《史原》，第 4 期(1973)，頁 137-156。

莊吉發，〈滿洲命名考：數字命名的由來〉，《故宮文物月刊》，第 57 期(1987)，頁 124-127。

許文堂，〈十九世紀清越外交關係之演變〉，《中研院近代史研究所集刊》，第 34 期 (2010)，頁 269-316。

許廣宇，《〈字貫〉的編撰特色及其學術價值初探》（上海大學碩士論文，2006）。

郭成康，〈《字貫》《一柱樓詩》兩案與乾隆查辦禁書〉，《史學集刊》，1988 年第

2期，頁33-39。
郭成康、林鐵鈞，《清朝文字獄》（北京：群眾出版社，1990）。
郭沫若，〈金文所無考〉，收入氏著，《金文叢考》（東京都：文求堂書店，1932），冊1。
陳志平，〈清刻本《墨池編》版本源流考述〉，《臺灣大學美術史研究集刊》，第45期(2018)，頁159-188。
陳垣，《二十史朔閏表》（北平：勵耘書屋，1925年石印本）。
陳垣，《史諱舉例》（北平：勵耘書屋，1933）。此書內容原於1928年發表在《燕京學報》第4期，後以專書形式收入《勵耘書屋叢刻》中。
陳垣，《舊五代史輯本發覆》（北平：輔仁大學，1937）。
陳雪雲，〈清廷毀書的罪證：論河南省圖書館館藏四庫全書《日知錄》《明文海》抽毀本的價值〉，收入夏雁主編，《河南省圖書館同仁文集》（長春：吉林文史出版社，2009），頁186-191。
陳婷婷，《《聊齋誌異》"康熙鈔本"研究》（山東大學碩士論文，2018）。
陳翔華，〈徐述夔及其《一柱樓詩》獄考略〉，《文獻》，1985年第2期，頁27-44。
陳詔，〈紅樓夢不避諱論〉，《紅樓夢研究集刊》，第6輯(1981)，頁309-317。
陳傳坤，〈酒未敵腥還用菊，性防積冷定須薑：《紅樓夢》避諱詮辨兼與劉廣定先生商榷〉，《紅樓夢研究輯刊》，第10輯(2015)，頁315-346。
陳敬璋，《查他山先生年譜》，收入查慎行撰，張玉亮、辜豔紅點校，《查慎行集》（杭州：浙江古籍出版社，2018），冊7，頁324-349。
陶德民，〈關於內藤文庫所藏鈔本《章氏遺書》來歷之考證〉，《東アジア文化交渉研究》，第10號(2017)，頁411-421。
勞德寶，〈己卯本《脂硯齋重評石頭記》是怎樣抄成的〉，《紅樓夢研究集刊》，第13輯(1986)，頁295-309。
單樹模主編，《中華人民共和國地名詞典（江蘇省）》（北京：商務印書館，1987）。
彭玉平，〈北窗無此閑逸：《南窗寄傲圖》與王國維、孫德謙之素心〉，《文史知識》，2017年第12期，頁40-47。
彭澤益，〈清代廣東洋行制度的起源〉，《歷史研究》，1957年第1期，頁1-24。
惲寶惠，〈避諱改名〉，收入張伯駒等，《春遊瑣談》（鄭州：中州古籍出版社，1984），頁63。
馮其庸，〈三論庚辰本〉，《紅樓夢學刊》，2014年第2輯，頁1-16。
馮其庸，〈關於己卯本的影印問題及其他〉，《社會科學戰線》，1981年第3期，頁291-300。
馮其庸，《石頭記脂本研究》（北京：人民文學出版社，2016）。
馮其庸，《敝帚集：馮其庸論紅樓夢》（北京：北京時代華文書局，2015）。
黃一農，〈大數據時代避諱學的新機遇：以清初為例〉，《數字人文》，2022年第4期，頁1-35。
黃一農，〈中國史曆表朔閏訂正舉隅：以唐《麟德曆》行用時期為例〉，《漢學研究》，第10卷，第2期(1992)，頁305-332。

黃一農，〈王錫侯《字貫》案新探〉，《中國文化》，第 57 期(2023)，頁 243-260。
黃一農，〈史實與傳說的分際：福康安與乾隆帝關係揭祕〉，《漢學研究》，第 31 卷，第 1 期(2013)，頁 123-160。
黃一農，〈正史與野史、史實與傳說夾縫中的江陰之變(1645)〉，收入陳永發主編，《明清帝國及其近現代轉型》（臺北：允晨文化公司，2011），頁 131-202。
黃一農，〈吳明炫與吳明烜：清初與西法相抗爭的一對回回天文家兄弟？〉，《大陸雜誌》，第 84 卷，第 4 期(1992)，頁 1-5。
黃一農，〈吳橋兵變：明清鼎革的一條重要導火線〉，《清華學報》，新 42 卷，第 1 期(2012)，頁 79-134。
黃一農，〈查慎行與查嗣庭兄弟所遭逢的兩大案再考〉，《故宮博物院院刊》，2023 年第 6 期，頁 63-75。
黃一農，〈紅夷大砲與皇太極創立的八旗漢軍〉，《歷史研究》，2004 年第 4 期，頁 74-105。
黃一農，〈袁枚《隨園詩話》中涉紅記事新考〉，《清華學報》，新 43 卷，第 3 期(2013)，頁 525-553。
黃一農，〈袁枚《隨園詩話》編刻與版本考〉，《臺大文史哲學報》，第 79 期(2013)，頁 35-82。
黃一農，〈康熙朝涉及「曆獄」的天主教中文著述考〉，《書目季刊》，第 25 卷，第 1 期(1991)，頁 12-27。
黃一農，〈康熙朝漢人士大夫對「曆獄」的態度及其所衍生的傳說〉，《漢學研究》，第 11 卷，第 2 期(1993)，頁 137-161。
黃一農，〈從 e 考據看避諱學的新機遇：以己卯本《石頭記》為例〉，《文史》，2019 年第 2 輯，頁 205-222。
黃一農，〈清代傳禁《紅樓夢》之人脈網絡：從趙烈文日記談起〉，《紅樓夢學刊》，2013 年第 4 輯，頁 14-36。
黃一農，〈清初欽天監中各民族天文家的權力起伏〉，《新史學》，第 2 卷，第 2 期(1991)，頁 75-108。
黃一農，〈湯若望與清初西曆之正統化〉，收入吳嘉麗、葉鴻灑主編，《新編中國科技史》（臺北：銀禾文化事業公司，1990），冊下，頁 465-490。
黃一農，〈試論曹雪芹在《紅樓夢》中譏刺仇讎的隱性手法〉，《中國文化》，第 52 期(2020)，頁 72-90。
黃一農，〈對清代端慧皇太子永璉諱例的 e 考據〉，《數字人文研究》，2023 年第 1 期，頁 61-78。
黃一農，〈滿清第一詞人納蘭成德曾否改漢名為性德〉，《中國文化》，第 56 期(2022)，頁 234-245。
黃一農，〈漫談民初遺老對清諱的敬避〉，《中國文化》，第 58 期(2023)，頁 250-259。
黃一農，〈擇日之爭與「康熙曆獄」〉，《清華學報》，新 21 卷，第 2 期(1991)，頁 247-280。
黃一農，〈蘇州石刻天文圖新探〉，《清華學報》，新 19 卷，第 1 期(1989)，頁 115-131。

黃一農，《二重奏：紅學與清史的對話》（新竹：清華大學出版社，2014）。簡體修訂版於2015年由北京中華書局刊行。
黃一農，《兩頭蛇：明末清初的第一代天主教徒》（新竹：清華大學出版社，2014年修訂三版）。初刊於2005年，簡體字版於2006年由上海古籍出版社刊行。
黃一農，《制天命而用：星占、術數與中國古代社會》（成都：四川人民出版社，2018）。
黃一農，《紅夷大炮與明清戰爭》（成都：四川人民出版社，2022）。
黃一農，《紅樓夢外：曹雪芹《畫冊》與《廢藝齋集稿》新證》（新竹：清華大學出版社，2020）。簡體修訂版於2021年由四川人民出版社刊行。
黃一農，《曹雪芹的家族印記》（新竹：清華大學出版社，2022）。簡體修訂版將於2024年由四川人民出版社刊行。
黃一農、王偉波，〈李煦幼子李以鼐小考〉，《文與哲》，第35期(2019)，頁1-18。
黃一農、吳國聖，〈清代對「胡虜夷狄」的文字避忌：以《宗忠簡集》《楊忠愍集》《平叛記》為例〉，《清華學報》，新54卷，第1期(2024)，頁7-59。
黃一農、蕭永龍，〈論道光帝廟諱與古書中「寧」字的寫法〉，《文與哲》，第25期(2014)，頁1-19。
黃永年、賈二強撰集，《清代版本圖錄》（杭州：浙江人民出版社，1997）。
黃斌，〈清代宗室詩學經典之選：兼論山師藏本《白燕栖詩草》的文獻價值〉，《民族文學研究》，2011年第5期，頁93-95。
黃愛平，《四庫全書纂修研究》（北京：中國人民大學出版社，1989）。
楊立誠，《文瀾閣目索引》（杭州：浙江省立圖書館四庫目略發行處，1929）。
楊共樂、張昭軍主編，《柳詒徵文集》（北京：商務印書館，2018）。
楊念群，《何處是"江南"？》（北京：三聯書店，2017年增訂版）。
楊珍，〈順治朝滿文檔案札記〉，《滿語研究》，2015年第1期，頁36-39。
楊珍，《清朝皇位繼承制度》（北京：學苑出版社，2009年修訂本）。
楊瑞芳，〈《字貫》東傳朝鮮半島考辨〉，《域外漢籍研究集刊》，第11輯(2015)，頁368-380。
楊樹達，《積微居小學金石論叢》（北京：商務印書館，2017）。
董婷婷，《太平天國宗教避諱詞語研究》（山東師範大學碩士論文，2011）。
虞萬里，《中國古代姓氏與避諱起源》（上海：華東師範大學出版社，2023）。
鄒長清，《清代翰林院庶吉士制度研究》（北京：商務印書館，2021）。
雷祿慶，《李鴻章年譜》（臺北：臺灣商務印書館，1977）。
裴世俊，《四海宗盟五十年：錢謙益傳》（北京：東方出版社，2001）。
趙秀亭，〈納蘭性德經解諸序編年考略〉，《河北民族師範學院學報》，2014年第4期，頁6-11。
趙秀亭、馮統一，〈納蘭性德行年錄〉，《承德民族師專學報》，2000年第4期，頁12-21。
趙迅，《納蘭成德家族墓誌通考》（北京：文津出版社，2000）。
趙青、鍾慶編著，《夏同龢書文輯釋》（南京：江蘇鳳凰美術出版社，2016）。
趙彥昌、姜珊，〈《黑圖檔·嘉慶朝》所見清代文書制度若干問題研究〉，《北京檔案》，2020 年第 1 期，頁 7-10。
趙郁楠，〈檔案中的和珅後代〉，《中國檔案》，2019 年第 4 期，頁 86-87。
趙剛，〈康熙博學鴻詞科與清初政治變遷〉，《故宮博物院院刊》，1993 年第 1 期，頁 90-96、43。
趙海明，《碑帖鑒藏》（合肥：黃山書社，2015）。
劉文鵬，〈彭家屏案與雍乾黨爭〉，《清史研究》，2016 年第 1 期，頁 8-16。
劉玉秀，〈清代小說家劉璋生平及交遊考略〉，《呂梁學院學報》，2011 年第 5 期，頁 4-5、16。
劉希偉，《清代科舉冒籍研究》（武漢：華中師範大學出版社，2012）。
劉虹、石煥霞、張森，《清代直隸科舉研究》（北京：科學出版社，2012）。
劉偉、傅亞冬，〈從《明善堂集》看弘曉與《紅樓夢》之關係〉，《明清小說研究》，2020 年第 4 期，頁 175-191。
劉敦楨，〈清皇城宮殿衙署圖年代考〉，《中國營造學社彙刊》，第 6 卷，第 2 期(1935)，頁 106-113。
劉廣定，〈《紅樓夢》抄本抄成年代考〉，《明清小說研究》，1997 年第 2 期，頁 124-135。
劉廣定，〈己卯本《石頭記》之研究〉，《紅樓夢研究輯刊》，第 3 輯(2011)，頁 1-22。
劉廣定，〈己卯本與蒙府本後四十回抄成時期考〉，《曹雪芹研究》，2014 年第 4 期，頁 66-76。
劉廣定，〈再談《紅樓夢》抄本抄成年代：敬答梅節先生〉，《紅樓夢學刊》，2000 年第 3 輯，頁 217-221。
劉廣定，〈重新檢討己卯本石頭記〉，《紅樓夢版本研究輯刊》，第 2 輯(2023)，頁 1-9。
劉廣定，《讀紅一得》（太原：北岳文藝出版社，2014）。
劉德鴻，《清初學人第一：納蘭性德研究》（北京：中國社會科學出版社，1997）。
劉憶江，《李鴻章年譜長編》（保定：河北大學出版社，2015）。
劉曉江，〈論“璉”字非國諱〉，《曹雪芹研究》，2021 年第 2 期，頁 59-69。
樊志斌，《納蘭成德傳》（北京：北京聯合出版公司，2020）。
歐陽健，《古小說研究論》（成都：巴蜀書社，1997）。
歐陽健，《紅學辨偽論》（貴陽：貴州人民出版社，1996）。
潘重規等編，《敦煌俗字譜》（臺北：石門圖書公司，1978）。
鄭炳純，〈記周廣業的《經史避名彙考》〉，《文獻》，1983 年第 2 期，頁 126-138。
鄭喜夫，《民國丘倉海先生逢甲年譜》（臺北：臺灣商務印書館，1981）。
魯迅，〈病後雜談〉，收入《魯迅全集》（廣州：花城出版社，2021），卷 6，頁 91-99。
盧正恒，〈清代滿文避諱：兼論乾隆朝避諱運用實例〉，《清華學報》，新 48 卷，第 3 期(2018)，頁 489-524。
盧雪燕，〈故宮博物院藏彩繪本《山西邊垣圖》與《山西三關邊垣圖》考述〉，《故宮學術季刊》，2013年第4期，頁105-153。
興化縣地名委員會編，《江蘇省興化縣地名錄》（興化：興化縣地名委員會，1983）。
應必誠，《紅學何為》（上海：復旦大學出版社，2006）。
謝永芳，〈陳曾壽年譜〉，《詞學》，第35輯(2016)，頁257-335。
謝國楨，《江浙訪書記》（北京：三聯書店，1985）。
謝國楨著，謝小彬、楊璐主編，《謝國楨全集》（北京：北京出版社，2013）。
謝鶯興，〈館藏劉子翬《屏山集》板本述略〉，《東海大學圖書館館訊》，新82期(2008)，頁29-54。
鍾少華，〈支離破碎的《清代縉紳錄集成》〉，《博覽群書》，2010年第10期，頁66-68。
羅天，〈龍啟瑞致周必超手札三通考述〉，《中國地方志》，2018年第1期，頁118-123。
羅波，《清代王錫侯字貫案的歷史人類學考察》（南昌大學碩士論文，2008）。
羅威廉(William T. Rowe)著，陳乃宣等譯，《救世：陳宏謀與十八世紀中國的精英意識》（北京：中國人民大學出版社，2016）。
羅盛吉，〈清朝滿文避諱漫議〉，《滿語研究》，2014年第2期，頁17-23。
羅繼祖，《我的祖父羅振玉》（天津：百花文藝出版社，2007）。
嚴迪昌，〈查慎行論〉，《文學遺產》，1996年第5期，頁88-100。
竇懷永，〈幸存者偏差與唐代避諱觀察：唐代避諱複雜性表現之一種〉，《敦煌寫本研究年報》，第16號(2022)，頁1-25。
竇懷永，《敦煌文獻避諱研究》（蘭州：甘肅教育出版社，2013）。
釋堅融、羅盛吉、黃一農，〈清初詞學大家成德名諱新考〉，《文史》，2013年第1輯，頁63-74。
蘭良永，〈新發現《後陶遺稿》考察報告〉，《紅樓夢學刊》，2013年第1輯，頁62-86。
顧真，〈查嗣庭案緣由與性質〉，《故宮博物院院刊》，1984年第1期，頁11-15、24。

全文檢索：

為減少對地球自然資源的浪費，本書末尾未提供重要名詞之索引。但為發揮e時代的特色，筆者特商請出版社設計了一套系統 (http://thup.site.nthu.edu.tw)，讓讀者可在網上對拙著的內容進行任意字句（惟尚未能處理百餘個由造字所產生的諱字）之檢索，相信此舉應可提供研究者更大助益。

玄燁旻寧
胤禛奕詝
弘曆淳湉
顒琰儀礽

國立清華大學出版社 & 日星鑄字行

讓活歷史來活歷史：
百年來唯一開鑄的清代避諱鉛字

由全球碩果僅存的繁體中文鑄字行——日星

重新設計開造銅模，並鑄成 16 個避清代帝諱的鉛字

在您品讀本書之餘

歡迎至「活歷史」的現場

索取富含歷史文化意義的新珍藏——清代避諱鉛字

初版首刷贈品兌換方式

憑《清代避諱研究：e 考據的學術實踐》初版首刷紙本書（或本頁右上截角）

可至日星鑄字行隨機兌換特製「清代避諱字」鉛字一枚

（共 1000 枚，每書可兌換一枚，數量有限，換完為止）

日星鑄字行地址：臺北市大同區太原路 97 巷 13 號

兌換集印區

清代避諱研究：e考據的學術實踐

作　　者：黃一農
發 行 人：高為元
出 版 者：國立清華大學出版社
社　　長：巫勇賢
行政編輯：劉立葳
責任編輯：孫韻潔
美術設計：高淑悅
地　　址：300044 新竹市東區光復路二段 101 號
電　　話：(03)571-4337
傳　　真：(03)574-4691
網　　址：http://thup.site.nthu.edu.tw
電子信箱：thup@my.nthu.edu.tw
其他類型版本：無其他類型版本
展 售 處：紅螞蟻圖書有限公司 (02)2795-3656
http://www.e-redant.com
五南文化廣場 (04)2437-8010
http://www.wunanbooks.com.tw
國家書店 (02)2518-0207
http://www.govbooks.com.tw
出版日期：2024 年 5 月初版
定　　價：精裝本新台幣 1200 元

ISBN 978-626-97249-8-7　　GPN 1011300273

國家圖書館出版品預行編目 (CIP) 資料

清代避諱研究：e 考據的學術實踐／黃一農著. -- 初版. -- 新竹市：國立清華大學出版社, 2024.05
526+xii 面；17x23 公分

ISBN 978-626-97249-8-7(精裝)

1.CST: 避諱學 2.CST: 清代

532.81　　113002005